中国式教育现代化的探索与实践

纪念李端棻诞辰190周年暨吴雁南教育活动研究文集

周术槐　刘纪荣◎主编

光明日报出版社

图书在版编目（CIP）数据

中国式教育现代化的探索与实践：纪念李端棻诞辰190周年暨吴雁南教育活动研究文集 / 周术槐，刘纪荣主编. -- 北京：光明日报出版社，2025.1. -- ISBN 978-7-5194-8332-6

Ⅰ.G40-092.6

中国国家版本馆CIP数据核字第2024U22N20号

中国式教育现代化的探索与实践：纪念李端棻诞辰190周年暨吴雁南教育活动研究文集
ZHONGGUOSHI JIAOYU XIANDAIHUA DE TANSUO YU SHIJIAN：JINIAN LIDUANFENDANCHEN 190 ZHOUNIAN JI WUYANNAN JIAOYU HUODONG YANJIU WENJI

主　　编：周术槐　刘纪荣	
责任编辑：舒　心	责任校对：许黛如
封面设计：中联华文	责任印制：曹　净

出版发行：光明日报出版社
地　　址：北京市西城区永安路106号，100050
电　　话：010-63169890（咨询），010-63131930（邮购）
传　　真：010-63131930
网　　址：http://book.gmw.cn
E - mail：gmrbcbs@gmw.cn
法律顾问：北京市兰台律师事务所龚柳方律师
印　　刷：三河市华东印刷有限公司
装　　订：三河市华东印刷有限公司
本书如有破损、缺页、装订错误，请与本社联系调换，电话：010-63131930

开　　本：170mm×240mm	
字　　数：503千字	印　　张：28
版　　次：2025年1月第1版	印　　次：2025年1月第1次印刷
书　　号：ISBN 978-7-5194-8332-6	
定　　价：99.00元	

版权所有　翻印必究

编委会

主　　　编 周术槐　刘纪荣

副 主 编 许桂香

编委会成员（按姓氏笔画）

冯祖贻　陈　奇　张成洁

郑永华　欧阳恩良　侯昂妤

赵　泓　徐　扬　梁家贵

曾光光

深入推进"端棻文化"研究

文化是一个国家、民族的灵魂和生存、发展的重要力量；没有高度的文化自信和文化的繁荣兴盛就没有中华民族伟大复兴，没有社会主义文化的弘扬和繁荣就无法全面建设社会主义现代化国家和全面推进中华民族伟大复兴。党的十八大以来，以习近平同志为核心的党中央高度重视文化的建设。习近平总书记就文化的传承、发展与创新的问题，发表了系列重要讲话，形成了习近平文化思想。党的二十大报告明确指出："全面建设社会主义现代化国家，必须坚持中国特色社会主义文化发展道路，增强文化自信，围绕举旗帜、聚民心、育新人、兴文化、展形象建设社会主义文化强国，发展面向现代化、面向世界、面向未来的，民族的科学的大众的社会主义文化，激发全民族文化创新创造活力，增强实现中华民族伟大复兴的精神力量。"在这一过程中，我们要"讲好中国故事、传播好中国声音，展现可信、可爱、可敬的中国形象"。2022年12月8日，习近平总书记在《致国史学会成立30周年的贺信》中进一步指出，在新中国史研究的过程中，广大国史研究工作者要"不断提高研究水平……激励人们坚定历史自信、增强历史主动，更好凝聚团结奋斗的精神力量，为全面建设社会主义现代化国家、全面推进中华民族伟大复兴作出新贡献"。贵州作为我国西南地区的一个多民族省份，有着十分丰富的民族地域文化、红色文化和生态文化。在贵州多元文化的建设中，李端棻文化是近代贵州贵阳特有的一种文化。李端棻因其于1902年创办了贵阳公立师范学堂而与贵阳学院结下了不解之缘。贵阳学院明确地将"端棻文化"作为学校校园文化建设的重要组成部分。李端棻因向光绪皇帝建议创办京师大学堂而在近代中国教育发展史上留下了浓墨重彩的一笔。今天，在深入学习贯彻习近平文化思想的热潮中，我们应深化"端棻文化"的研究，推进"端棻后学"的研究。讲好李端棻的故事，传播好李端棻的声音，扩大"端棻文化"的社会影响力，让"端棻文化"服务于贵州高质量发展的实际需要。对此，我们应从两个方面着手。

首先，要让民众知晓何为"端棻后学"。

"端棻后学"属"端棻文化"的重要组成部分。知名历史学家冯祖贻先生明确指出，"端棻后学"概念的提出，不仅时间长、范围广，而且让李端棻的研究目标指向更加清晰，对推进李端棻的研究有重要意义。所谓"端棻后学"，是指受李端棻影响的有关的人与事，或者是景仰李端棻，从事李端棻文化研究的人。从"人"的角度来看，受李端棻影响的人，既有直接影响的，也有间接影响的。从直接影响的人来讲，譬如严修、黄干夫、梁启超、周素园等。从间接影响的人来讲，譬如李大钊（北京大学图书馆馆长）、王若飞（中共中央秘书长）、秦天真（贵阳市首任市长、市委原书记、贵州省原副省长）、顾久（省人大原副主任、省文史研究馆原馆长）等。从"事"的角度来看，李端棻因向光绪皇帝提出创建京师大学堂而在近代中国教育发展史上留下了浓墨重彩的一笔。正是因为如此，贵州省委原书记谌贻琴同志在2022年8月看望参加"中国—东盟教育交流周"活动的北京大学校长龚旗煌时指出，北京大学与贵州有历史渊源关系，期待双方能有深度合作。故北京大学实际上亦应列入"端棻后学"的研究范畴。此外，贵阳达德学校、贵阳一中、贵阳市师范学校（今贵阳学院前身）、贵州师范大学，都与李端棻有着十分重要的渊源关系，也应纳入"端棻后学"中深度研究。我们将吴雁南的教育活动纳入"端棻后学"的研究范畴，正是基于李端棻与贵州师范教育的特殊关系（开创之功），基于"端棻后学"对贵州师范教育产生的影响来考虑的。

其次，要努力打造"端棻文化"这一品牌。李端棻被列为贵阳十大历史文化名人之首。在李端棻的影响下，诸多知名的教育家、政治家、科学家、军界人物，在贵州乃至在全国，都有着重要影响。现在，不仅贵阳市乃至贵州省在着力推进"端棻文化"的研究，而且贵阳市南明区、贵阳一中、贵阳一中李端棻中学、贵阳学院、南明区永乐乡等单位都在着力推进"端棻文化"品牌的打造。

针对"端棻文化"的品牌打造，贵阳一中、贵阳学院、贵阳一中李端棻中学都已做了大量工作。我们以贵阳学院为例。贵阳学院不仅在校园内为李端棻建造了一尊高大的塑像，而且还在新建的校史馆内，将李端棻文化元素植入其中，充分发挥了李端棻文化在学校人才培养中的重要影响作用。

在"端棻文化"品牌打造的过程中，我们建议在贵阳达德学校历史材料的展陈中植入李端棻的文化元素。这主要是基于三个方面的考虑：首先，从达德学校的创办人来看，黄干夫是达德学校的创始人，是中共革命党人王若飞的大舅父。黄干夫的教育维新思想来自时任贵州学政严修的影响，严修创办了贵州经世学堂，黄干夫就是经世学堂招收的第一届学生，而严修是李端棻推荐来贵州的维新官员。这种师承关系表明，黄干夫实际上也深受李端棻教育维新思想的影响，属李端棻教育维新事业的重要追随者与践行者。其次，从李端棻与达德学校的关系来看，李端棻生前十分关心达德学校的发展。达德学校多次邀请李端棻巡视指导，李端棻也乐于来达德学校巡视指导并与学校师生合影留念。看到学校的发展理念与新式人才的培养模式与他倡行的理念模式相同，李端棻倍感欣慰。最后，达德学校的培养成效十分显著。正是达德学校倡行的新的办学理念与人才模式，培养出了党的杰出领导人王若飞、贵州气象事业的开创人李良骐、贵州文化老人刘宗棠等成千上万的优秀人才。达德学校植入李端棻的文化元素，为我们讲好李端棻的故事提供了又一个重要平台。

在"端棻文化"品牌打造的过程中，我们建议深化贵州师范教育的研究。李端棻是贵州师范教育的重要开创者。贵州师范教育能有今天这样良好的发展格局，以李端棻为代表的一代贵州乡贤的开创功不可磨灭。深化贵州师范教育的研究，可以让我们更好地了解与认识贵州师范教育的"源"与"流"。

在"端棻文化"品牌打造的过程中，我们建议，深化贵阳学院的校史研究。贵阳学院与李端棻先生有着深厚的渊源关系。1902年李端棻等人主持创办的"贵阳公立师范学堂"即后来的贵阳市师范学校于2009年6月并入贵阳学院。贵阳市师范学校并入贵阳学院，不仅充实了贵阳学院的办学条件，而且将贵阳学院的办学历史往前推进了100余年。因此，研究李端棻与贵阳学院的关系，对打造"端棻文化"品牌不仅是必要的，而且完全可行。它可以增强贵阳学院学子的历史荣誉感，对丰富与提升贵阳学院学子的人文素养有重要意义。

总之，值此李端棻诞辰190周年之际，我们强调深化"端棻文化"的研究，有着十分重要的历史与现实意义。我们期待，通过"端棻文化"的研究，扩大"端棻文化"的社会影响力，深化贵州优秀历史文化的研究与传承，满足民众的文化需求，丰富民众的精神世界，增强民众的精神力量，不断激发谱写多彩贵州现代化建设新篇章的重要动力。

周术槐
于贵阳学院明理楼418室

目 录
CONTENTS

专题一　纪念李端棻诞辰190周年研究文集 …………………………… 1

李端棻赋 ………………………………………………………… 王晓卫/3

黔省教育赋 ……………………………………………………… 谭佛佑/5

李端棻获颁覃恩封赠圣旨校释
　　——兼析李端棻"受恩深重"仍支持变法缘由 ………… 赵　青　钟　庆/7

达德教育：贵州现代教育的成功范例 ………………………… 谢廷秋/24

李端棻教育思想的特点研究
　　——以"经世致用"为中心 ………………………… 李玉奇　吴小丽/39

李端棻与近代中国优秀知识分子的交往及其影响 ……… 许桂灵　许桂香/45

李端棻生平事迹钩述 …………………………………… 许桂香　许桂灵/56

处实效功：家谱伦理规训中内蕴的家风家教
　　——以《贵阳李氏家谱》为中心 …………………… 余文武　李宜霖/69

一部"有突破、有创新、有分量的著作"
　　——读《中国近代教育奠基人李端棻》有感 ………………… 刘宗棠/78

李端棻与三级师范教育的关系 ………………………………… 马筑生/91

李端棻教育改革思想研究 ……………………………… 栾成斌　郑发高/108

《请推广学校折》再研究 ……………………………… 林晓彤　吴小丽/119

李端棻育人思想及其当代价值研究 …………………… 冷　强　陈培各/125

刘其沛及其女婿们的"端棻情缘" …………………………… 李持平/131

李端棻对近代教育改革的贡献 ………………………… 余政潼　吴小丽/138

李端棻：一位影响我家两代人的传奇人物 …………………… 蓝　毅/145

李端棻：晚清文化的一面旗帜	康振贤	/148
李端棻的学校教育改革思想探析	周　艳　王福元	/159
李端棻教育思想研究	刘艳娜　吴小丽	/166
李端棻的教育改革思想及其价值研究	万　亮　李　理	/173
李端棻教育思想对贵州师范教育的影响	胡定华　刘春廷	/181
"实学"对李端棻教育改革思想的影响研究	崔伊健	/189
李端棻教育改革的影响研究	张铭洋	/195
关于将"端棻文化"融入贵州高校人才培养体系的思考	周术槐　张学艳	/200

专题二　吴雁南教育思想与教育活动研究文集 …… 205

仰望学术丰碑：编辑《史海深潜——吴雁南文选》之思	熊宗仁	/207
创新：吴雁南先生的学术灵魂	陈　奇	/215
吴雁南先生与新中国的经学史研究	陈　奇	/223
《中国近代社会思潮》成书经过与启示	赵　泓	/230
吴雁南先生的高等教育思想	徐　杨	/239
吴雁南先生与中国秘密社会史研究	梁家贵	/246
吴雁南先生与太平天国史研究述评	周松柏	/255
吴雁南、何正清先生与中国秘密社会史研究——兼及哥噜初期档案的新发现	郑永华	/266
印象雁南师	周术槐	/280
试论吴雁南先生的史学成就——以思想史研究为中心兼谈我与吴雁南先生的历史因缘	黄　诚	/288
忆《中国近代社会思潮》书稿的整理与校对	曾光光	/298
吴雁南与中国"三农"历史研究	刘纪荣	/302
吴雁南先生与太平天国史研究	刘永生	/314
吴雁南先生与辛亥革命史研究	黄江华	/324
立德树人：吴雁南研究生教育的理念与实践	敖以深	/332
春风化雨　人生至幸——忆恩师吴雁南先生	侯昂妤	/339
随雁南师读书	张成洁	/343

张朋园、吴雁南与黔台史学交流 ………………………… 杨金华/349
辛亥革命中的隐秘角落
　　——吴雁南先生与会党研究述论 …………………… 任　牧/362
吴雁南先生关于历史教学的论述对当前思政课教学的意义 ……… 刘　军/372
吴雁南先生经学史研究旨趣初探
　　——以《中国经学史·导论》为考察中心 …………… 熊　艳/379
新文旅融合视域下"苾园"记忆赋能乡村产业振兴
　　路径探赜 ……………………………… 张语熙　黄秀平/400
崇"实"致"用"：吴雁南先生的阳明学观 ………………… 程妙洪/411
吴雁南高等师范教育思想研究 ………………… 刘春廷　胡定华/419
浅谈吴雁南先生于史学教育理论之贡献 …………………… 汪　营/426

后记 ……………………………………………………………… **432**

专题一　01

纪念李端棻诞辰190周年研究文集

李端棻赋①

王晓卫②

（贵州大学，贵州贵阳，邮编：550025）

　　玉蕴黔中，山浮芳苾。慈母抚幼孤，季椒③传笃实。亮清④导精进之途，学政⑤欣非常之笔。遂乃腾跃顺天，昂扬宫室。

　　辞兹翰院，著意学园。滇省有捐输广额之请，庐陵⑥传玉尺⑦衡才之魂。主考楚庭⑧，得未冠之杰⑨；裁量锦里⑩，延平远⑪之恩。

　　书案来风，芸窗上月。花甲神清，才思骏发。感黉序之沉沦，求芝兰之郁勃。条推广之文，上丹衷之笏。

　　诸贤翘首，玉镜摇辉。朝廷议覆，蓟北扬旂。家鼐⑫再奏，苾园持颐⑬。两

---

① 律赋。以"苾园月辉顽强守道"为韵，八章，每章八句。
② 作者简介：王晓卫，农工党员，贵州大学人文学院教授，曾任硕士生导师、贵州大学学科学术带头人。从事中国古代文学教学。现为中华辞赋研究院研究员、贵州省文史研究馆馆员、贵州省古典文学学会会长、贵州省史学会常务理事、中国赋学会理事等。
③ 或称叔为椒，此指李朝仪。
④ 舅父何亮清。
⑤ 贵州学政翁同书。
⑥ 欧阳修。
⑦ 李白《上清宝鼎诗》："仙人持玉尺，度君多少才。"
⑧ 广州最早叫楚庭。
⑨ 梁启超中举时年仅十六。
⑩ 成都或称锦里。
⑪ 丁宝桢，平远（今织金）人，晚年任四川总督，颇重四川文教之兴。
⑫ 孙家鼐。
⑬ 形容神态专注安详。

载收京庠之效,一时动郡省之闱。

戊戌新潮涌动,宫墙旧类愚顽。条陈变法当务,缕析求贤所关。忧南海①之冒进,荐诗人②以旋还。升礼部之长,领清流之班。

齿唇岂护,帝后谁强?光绪洒瀛台之泪,众贤③归聚鬼之乡。爰离旧署,远谪新疆。天宁寺④别依依之友,张掖⑤风吹落落之裳。

赦旨忽来,孤心何守?年逾古稀,眼装宇宙。回乡梓办学堂,盼青衿脱机縠。普通学说骋光,隐约鸡声穿牖。

雨侵老松,霜满黔道。禹域起星陨之悲,康梁来魄惊之吊。群士有复官之呈,后人生瞻岱之眺。赋写兮诗吟,文追兮足蹈。

王晓卫癸卯孟秋于绎史属文斋

---

① 康有为。
② 指黄遵宪。
③ 谓谭嗣同等。
④ 在北京广安门外。
⑤ 苾园至此因病重停止西行。

黔省教育赋

谭佛佑①

（贵州省文史研究馆，贵州贵阳，邮编：550001）

华夏西南，多彩贵州。夜郎立国之故土，物华天宝；牂柯置郡之旧域，人杰地灵。夫唯山川锦绣，史述荒服蛮陬。时至两汉，遂有三贤。中原研经习赋，桑梓传学青衿。南域始有学焉，天荒竟破；西鄙更续雍序，人文渐骎。魏晋丧乱，学务难继；唐宋羁縻，文教维新。李太白夜郎幽梦，王昌龄龙标咏吟。家塾文庙，播州杨氏肇始；书院杏坛，沿河銮塘敷陈；科场举业，冉氏从周提名。蒙元入主，社学广布闾里；书院讲席，志存鳌山鳖溪；顺元儒学，筑城忠烈桥西。

朱明大统，黔中始定；永乐置省，行政划一；洪武兴学，教化勃兴。田汝力疏请开闱，科甲挺秀；王文成悟道龙场，玩易诱迪。筑龙岗训诲诸夷弟子，署文明始论知行合一。是为吾黔学祖。有楚中王门蒋道林先生，提学黔中，建书院以传师学，道学问以训士林。孙山甫炉山学孔精研，李同野思南为仁讲习，马心庵南明栖云宁心，陈尚象匀城南皋修行。世称黔中王门。阳明心学，遍及黔中；顺情适性，此心光明；引车卖浆，学为圣人。

清人当国，因明制重八比而尊程朱；兴书院开鸿词以笼真儒。是故，贵山三先生乐育英才，誉满华夏；黔南三状元魁夺天下，远胜滇蜀。沙滩郑莫黎传经纂史，西南巨儒；兴义刘王何笔山受业，国是中枢。嗟夫！鸦战败北，西学东渐。新学浪潮迅猛，旧学岌岌衰亡。津门严修使黔，学古书院改制，开黔省教改之滥觞。王家巷内，奋起李尚书②，诚疏推广学校名折，乃新教改之惊雷，振聋发聩，唤醒朝纲；六洞桥头，育养张学部③，厘定壬寅癸卯学制，为新体制

---

① 作者简介：谭佛佑，贵州师范学院退休教授，现为贵州省文史研究馆馆员。主要从事贵州历史文献的研究与教学工作。
② 李尚书，指李端棻（1833—1907）。
③ 张学部，指张之洞（1837—1909）。

之基础，弃旧图新，启秀八荒；石门坎上，留驻柏牧师，创办光华苗胞学堂，男女合校，五洲流芳。

辛亥国变，贵州首义。新军陆小发难，贵师达德助威。师生奋勇，立传树碑。兴学施教，国之四维。黄齐老掌教达德，是以走遍世界；任可澄领衔学部，皆得北洋嘉誉；王伯群主创大夏，因此名冠中西；张廷休首长贵大，由是黔教勃兴。毛邦伟女子师大，司铎修史；姚茫父京华美专，监校译诗。叹我中华，命途多舛。抗倭军兴，千万精英学子，血洒沙场；数所雍宫黉序，内迁黔疆。嗟夫！省垣筑城，惨遭轰炸。学校疏散郊野，清庙多作课堂。抗战建国，护我黉墙；传薪不辍，共扶炎黄。

李端棻获颁覃恩封赠圣旨校释[①]
——兼析李端棻"受恩深重"仍支持变法缘由

赵 青 钟 庆[②]

（贵州省社会科学院，贵州贵阳，邮编：550002；
贵州乡贤文化研究中心，贵州贵阳，邮编：550002）

摘 要 光绪十五年（1889）光绪帝亲政，这一时期李端棻获颁的覃恩封赠圣旨显示，他为李氏家族赢得6个光禄大夫、7个一品夫人的荣耀，在贵州来讲，极为鲜见。李端棻因担任国史馆提调兼总纂官得朝廷表彰，随同光绪帝出行，多次获光绪帝召见，深得信任。从甲午战争后到戊戌政变发生前，无论是光绪帝还是慈禧太后，都趋向改革维新。李端棻积极参与国家变革图强，成为戊戌变法的主要推动者，正是"受恩深重"，深得朝廷信任的结果。

关键词 李端棻；封赠圣旨；变革图强

李端棻一生为官近40年，历经同治、光绪两朝，获颁大量覃恩封赠圣旨，故朝廷称其"受恩深重"。李端棻所获圣旨大多已散佚，藏于美国哥伦比亚大学中文图书馆的《李氏续修宗谱》修于光绪十九年（1893），其中载有李端棻光绪十五年、十六年（1890）所获六道圣旨文字。

一、覃恩封赠圣旨简说

圣旨是以皇帝的名义发布的各类文书，代表皇帝旨意。覃恩封赠圣旨是表彰类圣旨，是皇帝用于激发官员积极性的重要手段，是帝制时代国家治理的重

---

① 本文系2023年度贵州省社会科学院"黔学"重点学科建设（ZDKK202303）阶段性成果，获贵州省孔学堂发展基金会基金资助。
② 作者简介：赵青，贵州省社会科学院研究员、贵州乡贤文化研究中心主任、贵州省文史研究馆特约研究员、贵州历史文献研究会理事。钟庆，贵州乡贤文化研究中心研究员。

要组成部分。覃恩封赠圣旨的颁发有严格的规制，据《清光绪会典》载："清代国家遇有庆典广予百官封典，谓之'覃恩封赠'。在官员本身者曰授，其曾祖父母、祖父母、父母及妻，存者曰封，殁者曰赠。"封赠五品以上官员授诰命，封赠六品及以下官员授敕命。

封赠圣旨由满汉文书写，满文由左向右书写，汉文由右向左书写，集于中部。格式采用竖写，以"奉天诰命"或"奉天敕命"做标题，以"奉天承运，皇帝制曰"开头，将"天"顶格写，"皇"字低于天，但超出其他各行。表明"天"为上，作为"天子"的皇帝是除"天"之外，君临天下不可逾越的。正文为骈体文，按品级不同，规定有不同句数。"诰敕文书"的制作过程非常严肃、庄重，处处彰显着皇权的威仪。首先"由内阁或翰林院依式撰拟文字，然后交给诰敕房校阅。诰敕房校对无误后，再盖用御宝"①，先做好样本，因此我们看到的这类圣旨相同版本的内容除官职、人名外其他内容完全相同。

"覃恩封赠"圣旨按清制规定：为官者父、祖的封号同本人，一品官，曾祖父母以下均有封典；二、三品封赠其祖父母以下；四至七品，封赠其父母以下；八、九品仅给予其本身。另《清史稿》中记载，雍正三年，定："四品至七品，愿将本身妻室封典，封祖父母者；八、九品愿封父母者，皆许封。"② 覃恩封赠圣旨一般在有国家重大庆典时颁发，光绪十五年李端棻所获圣旨是因当年光绪皇帝亲政。

二、李端棻获颁覃恩封赠圣旨校订

李端棻获颁覃恩封赠圣旨载于《李氏续修宗谱》的共有六道，分别是光绪十五年颁发给其曾祖父母、祖父母、父母以及本人的四道圣旨和光绪十六年颁发给其伯父母、叔父母的两道圣旨。李端棻获颁此六道圣旨时，官居二品内阁学士，获颁荣誉职位是一品，六道圣旨为李氏家族带来的荣耀是6个一品光禄大夫和7个一品夫人。

《李氏续修宗谱》中刊载的六道圣旨并未完全按序编排，部分页码错乱，需重新整理排序。现据圣旨规制整理如下。

曾祖父母覃恩封赠圣旨

奉天承运，皇帝制曰：盛代酬庸之典，申锡命于五章；良臣报本之荣，极推恩于四世。载嘉旧德，爰沛丝纶，尔李文瑾乃内阁学士兼礼部侍郎衔加三级、

---

① 中国第一历史档案馆编：《清代文书档案图鉴》，岳麓书社2004年版，第53页。
② ［清］赵尔巽：《清史稿》十二，中华书局1976年版。

随带加一级稽查中书科事务李端棻之曾祖父，善以开先业能昌后，一经垂教，发诗礼之菁华；奕世贻休，表弓裘之矩镬。欣逢庆典，特赉天章。兹以覃恩赠尔为光禄大夫，锡之诰命。於戏！秩崇报渥，邀宠泽于中朝；源远流长，树风声于来祀。钦承显命，用阐幽光。

制曰：朝廷布荣绶之褒，礼求其始，彝典锡重闱之泽，恩逮所生。嘉命载颁，徽音益远。尔朱氏乃内阁学士兼礼部侍郎衔加三级、随带加一级稽查中书科事务李端棻之曾祖母，柔嘉维则，淑慎其仪。矩法娴明，夙协宜家之化；风规表著，式昭启后之模。集介福于曾孙，溯芳型于累世。兹以覃恩赠尔为一品夫人。於戏！龙章焕采，犹传珩瑀之声；凤诰增华，益焕笲珈之色。尚承宠渥，长席鸿庥。

光绪十五年二月十七日①

祖父母覃恩封赠圣旨

奉天承运，皇帝制曰：功隆赏懋，式弘锡类之仁积厚光，流兼溯贻谋之泽荣名上逮义问弥彰，尔李之治乃内阁学士兼礼部侍郎衔加三级、随带加一级稽查中书科事务李端棻之祖父，作室基先开祥裕后，一经代授传家泽衍，缥缃再世寖昌匡国，名高黼黻兴宗兆叶，縻爵阶崇。兹以覃恩赠尔为光禄大夫，锡之诰命，於戏！良臣懋绩实承旧德之光，大父蒙恩丕焕新纶之采，式承休渥，庶慰显扬。

制曰：职崇朝宁嘉丕绩于良臣，泽沛纶章推鸿慈于大母。重闱锡庆，累世承庥。尔刘氏乃内阁学士兼礼部侍郎衔加三级、随带加一级稽查中书科事务李端棻之祖母，轨仪娴习，风范淑嘉，主馈宜家启再传之令绪，含饴裕后邀三锡之宠光。启佑有原，恩施宜沛。兹以覃恩赠尔为一品夫人。於戏！芳规未邈，尚贻昌大于方来；宠赉仍加，庶保昭融于罔敦；用酬母训，载荷王纶。

光绪十五年二月十七日②

父母覃恩封赠圣旨

奉天承运，皇帝制曰：华胄清资，启佑必原于严父；令仪硕望，蕃昌聿振于名门。爰涣国恩，用彰家训。尔李朝桢乃内阁学士兼礼部侍郎衔加三级、随带加一级稽查中书科事务李端棻之父，操修纯粹，启迪勤劬。儒席传珍，琢就珪璋之器；良材肯构，蔚为台阁之英。门祚方新，宠章洊被，兹以覃恩赠尔为

---

① 李端棻挙修：《李氏续修宗谱》（上），美国哥伦比亚大学中文图书馆藏。
② 李端棻挙修：《李氏续修宗谱》（上），美国哥伦比亚大学中文图书馆藏。

光禄大夫，锡之诰命。於戏！承家有子，聿昭孝治之风；被命自天，用作义方之劝。式承茂奖，追念德音。

制曰：推恩溯本，爰锡庆于亲帏；禀训入官，并归功于母教。式颁渥典，用播嘉声。尔何氏乃内阁学士兼礼部侍郎衔加三级、随带加一级稽查中书科事务李端棻之母，顺以承夫，勤于课子。宅能三徙，凤成俎豆之容；织就七襄，早振文章之绪。徽音久著，宠命宜加，兹以覃恩赠尔为一品夫人。於戏！鸿章叠布，尚伸慈孝之恩；凯泽长流，弥笃靖共之谊。广宣休问，远树芳仪。

光绪十五年二月十七日①

本身及妻覃恩封赠圣旨

奉天承运，皇帝制曰：铃索深严，践黄屏二参国是；云霄咫尺，握丹笔以代王言。密勿攸司恪勤斯称，尔内阁学士兼礼部侍郎衔加三级、随带加一级稽查中书科事务李端棻，章程练达、学识淹通。人赞谋猷，克称进思之任；出敷辞命，允推摛藻之才；久佐务于枢衡，益殚心于禁闱，宜登显爵，载锡徽章，兹以覃恩授尔为光禄大夫。锡之诰命。於戏！职清地近，挺鸾阁之高标；赏懋秩崇，被凤池之异渥；益抒忠荩，勉副褒嘉。

制曰：职重中朝，允藉公忠之佐；德先内助，必资淑慎之仪。载贲丝纶，用光闺阃。尔内阁学士兼礼部侍郎衔加三级、随带加一级稽查中书科事务李端棻之妻傅氏，闲家维则，秉礼无愆。黾勉同心，退食励自公之节；谋猷克赞，进思抒报国之忱；特沛宜章，俾膺休宠。兹以覃恩赠尔为一品夫人。於戏！妇顺于臣，共同道义贵有终，国章并家乘偕辉。恩施勿替，式承异渥，长荷殊施。

制曰：人臣报国，官箴夙著于班联；女士宜家，壸范无分于先后。令仪并美，宠渥均颁。尔内阁学士兼礼部侍郎衔加三级、随带加一级稽查中书科事务李端棻之继妻王氏，德媲前徽，教娴中阃。鸣珰声协，式襄委佩之勤；映玉心清，克励饮冰之操。特颁殊典，用奖同心。兹以覃恩赠尔为一品夫人。於戏！被以光荣，用式酬夫惠问；承兹休泽，益懋著其柔嘉。祗服宠章，褒乃遗则。

光绪十五年二月十七日②

伯父母覃恩封赠圣旨

奉天承运，皇帝制曰：谊笃靖共，入官必资于敬；功归诲迪，犹子亦教以忠。爰沛国恩，用扬家训。尔原任贵州清镇县教谕李朝显乃内阁学士兼礼部侍

---

① 李端棻举修：《李氏续修宗谱》（上），美国哥伦比亚大学中文图书馆藏。
② 李端棻举修：《李氏续修宗谱》（上），美国哥伦比亚大学中文图书馆藏。

郎衔，随带加一级、寻常加三级李端棻之胞伯父，躬修士行，代启儒风，抱璞自珍，克发珪璋之秀；储材足用，聿彰杞梓之良。兹以覃恩貤赠尔为光禄大夫，锡之诰命。於戏！昭令问于经籯，书贻刻鹄；佩徽章于策府，宠贲迴鸾。茂典丕承，荣名益劭。

制曰：家有孝慈之范，美以相济而成，国崇褒锡之文，恩以并推而厚。尔刘、唐氏乃内阁学士兼礼部侍郎衔、随带加一级、寻常加三级李端棻之胞伯母，德可相夫，教能启后，一堂环佩和音，克著其慈祥，五夜机丝内治，聿昭其柔顺。兹以覃恩貤封尔为一品夫人。於戏！溥一体之荣施，鸾章贲采，表同心于训迪，象服分光。

光绪十六年三月二十日①

叔父母覃恩封赠圣旨

奉天承运，皇帝制曰：谊笃靖共，入官必资于敬；功归诲迪，犹子亦教以忠。爰沛国恩，用扬家训。尔原任顺天府府尹李朝仪乃内阁学士兼礼部侍郎衔加六级、随带加一级稽查中书科事务李端棻之胞叔父，躬修士行，代启儒风，抱璞自珍，克发珪璋之秀；储材足用，聿彰杞梓之良。兹以覃恩貤赠尔为光禄大夫，锡之诰命。於戏！昭令问于经籯，书贻刻鹄；佩徽章于策府，宠贲迴鸾。茂典丕承，荣名益劭。

制曰：家有孝慈之范，美以相济而成，国崇褒锡之文，恩以并推而厚。尔陈氏乃内阁学士兼礼部侍郎衔加六级、随带加一级稽查中书科事务李端棻之胞叔母，德可相夫，教能启后，一堂环佩和音，克著其慈祥，五夜机丝内治，聿昭其柔顺。兹以覃恩貤赠尔为一品夫人。於戏！溥一体之荣施，鸾章贲采，表同心于训迪，象服分光。

光绪十六年三月二十二日②

三、李端棻职衔及"议叙"制度解析

李端棻所留存圣旨皆在其任内阁学士期间。光绪十三年（1887）九月，李端棻升任内阁学士（从二品）兼礼部侍郎。内阁是清代中央重要机构，"表率百寮"。军机处设立后，内阁重要性降低，但仍有极高荣誉。内阁学士是满六人、汉四人，主要负责向皇帝呈进宣读奏章，宣布皇帝的诏令等，但满、汉学士具体职责不同，满学士"掌奏本章，御门听政，进折本，朝审，御前宣表……请

---

① 李端棻举修：《李氏续修宗谱》（上），美国哥伦比亚大学中文图书馆藏。
② 李端棻举修：《李氏续修宗谱》（上），美国哥伦比亚大学中文图书馆藏。

御宝，用御宝时，与汉学士轮班赴乾清宫恭请"；汉学士"掌批本，本章接下后，汉学士照钦定汉字签，用红笔批于本面"①，相当于皇帝秘书，与太后、皇帝见面较多，较易取得朝廷信任。很快李端棻获得"稽查中书科事务"。中书科事务在汉内阁学士四人中选择一人担任，曾国藩曾任此职，他在给六弟的信中提及此项工作内容："稽查中书科向系于阁学四人中钦派一人，只算差使不算升官。其属员有中书六人，笔帖式八人。其所管之事为册封造命，凡封亲王用金册，封郡王用银册，封贝勒、贝子以下用龙边笺，封镇国公以下及文武五品以上官俱用造命，六品以下俱用敕命，以上皆在中书科缮写。"② 主要工作就是书写册封文书。按惯例，凡获得皇帝钦派差使，要上奏折谢恩，《申报》记载了李端棻谢恩事。当日召见者其他三人皆是宗室，仅李端棻一人为汉人；"李端棻谢稽查中书科恩，召见军机、熙敬、桂全、文秀、李端棻"③。李端棻已深得皇室信任，参与一些重要事务，多次得到皇帝召见，仅《申报》就记载多次。

光绪十四年七月初十日，"礼部奏派搜检之大臣，派出庄王、锡珍④、奎润⑤、绍祺⑥、松森⑦、徐郙⑧、曾纪泽⑨、续昌⑩、廖寿恒⑪、丰烈⑫、李端棻、

---

① 杨立：《清代文官升转制度研究》，上海师范大学博士学位论文，2018年。
② 《曾国藩家书》一，燕山出版社2008年版，第176页。
③ 《光绪十四年七月初九日京报全录》，《申报》1888年8月23日。
④ 额尔德特·锡珍（？—1889），蒙古族；满洲镶黄旗人，官至吏部尚书。入《清史列传》。
⑤ 奎润，宗室，字链云，号星斋，正蓝旗，受庆子，海兰泰孙，同治二年（1863）进士，官至礼部尚书。
⑥ 绍祺，马佳氏，字子寿，号秋皋，升寅孙，镶黄旗，咸丰六年（1856）进士，官至刑部尚书、礼部尚书。
⑦ 松森（1826—1904），字吟涛。清朝宗室，正蓝旗，同治四年（1865）乙丑科进士，选翰林院庶吉士。官至理藩院尚书。著《平定粤匪功臣像》《钦定蒙文汇书》《钦定理藩院则例》等。
⑧ 徐郙（1838—1907），字寿蘅，号颂阁，江苏嘉定（今上海嘉定）人。同治元年（1862）状元，先后任翰林院修撰、南书房行走、安徽学政、江西学政、左都御史、兵部尚书、礼部尚书等职，拜协办大学士，世称徐相国。
⑨ 曾纪泽（1839—1890），字劼刚，号梦瞻，湖南湘乡（今双峰）人，曾国藩次子。清代外交家，与郭嵩焘并称"郭曾"，中国近代史上第二位驻外公使。
⑩ 续昌，字燕甫，满族人，隶蒙古正白旗。任内阁学士、理藩院员外郎、两淮转运使等职。是晚清时期的政治活动家。
⑪ 廖寿恒（1839—1903），字仲山，晚号抑斋，江苏嘉定（今属上海）人。廖寿丰之弟，清朝大臣。同治二年，选翰林院庶吉士，散馆授编修。历任湖南学政、国史馆纂修、侍读学士。官至礼部尚书。著有《廖宗伯奏议》。
⑫ 丰烈，镶白旗第二族族长（中国第一历史档案馆）。

德福、裕德、白桓①、果勒敏②、色普征额③、桂全④、乌拉布、吉恒、恩普、希隆阿、安兴阿⑤"⑥。

光绪十四年八月二十九日，"礼部奏派覆勘试卷之大臣，派出锡珍、麟书、徐桐、松森、许应骙、徐郙、胡隆洵、文治、白桓、李端棻"⑦。

光绪十四年九月初八日，"召见军机、曾纪泽、李端棻、井卫垣、文璞"⑧。

光绪十四年十月初三日，"召见军机、徐桐、乌拉喜崇阿、泽公、李端棻"⑨。

光绪十四年十月二十九日，"礼部奏派磨勘翻译试卷之大臣，派出锡珍、许应骙、松森、徐树铭、孙家鼐、李端棻、胡隆洵、文治"。⑩

光绪十四年十二月，"翰林院奏派经筵讲官，直阁事派出孙家鼐、霍穆欢、李端棻……李端棻等谢议叙恩"⑪。"议叙"是朝廷给予官员的一种恩赏、鼓励。《钦定大清会典》（卷八吏部）："凡议叙之法有二：一曰纪录，其等三：计以次，有纪录一次、纪录二次、纪录三次之别。二曰加级：计以级，有加一级、加二级、加三级之别，合之，其等十有二。自纪录一次至纪录三次其上为加一级，又自加一级纪录一次，至加一级纪录三次，其上为加二级，加二级以上纪录如之，至加三级而止，凡十二等。其加级随带者：凡议叙加级有指明随带与兵部所叙军功之级，遇升任皆准随带。食俸者：卿贰大员，有议叙加级食俸者，皆照所加之级支俸。予衔者：凡加级给予升衔者，即照所加之级换给顶戴，得旨乃准焉。"

在实际执行过程中，议叙政策并未完全按照《大清会典》的规定执行，加级不止三级，"在执行过程中，《大清会典》关于议叙之加级、纪录换算关系的规定也并未予以严格执行，且很有可能，将'加级'和'纪录'进行了单独计

---

① 白桓，字建侯，顺天通州人，工部尚书白镕之孙。同治二年（1863）进士，曾任都察院左副都御史、浙江乡试正考官，官至兵部右侍郎。
② 果勒敏，博尔济吉特氏，字杏岑，满镶黄，广州汉军副都统，杭州将军。
③ 色普征额，满洲正白旗。舒穆鲁氏，宁夏将军，逝世后赠太子太保，谥壮恪。
④ 桂全，镶黄旗汉军副都统（中国第一历史档案馆）。
⑤ 安兴阿，同治帝永兴大典时是内务府大臣。李寅：《清东陵揭秘》，中国人事出版社2001年版，第211页。
⑥ 《光绪十四年七月初十日京报全录》，《申报》1888年8月25日。
⑦ 《光绪十四年八月廿九日京报全录》，《申报》1888年10月13日。
⑧ 《光绪十四年九月初八日京报全录》，《申报》1888年10月21日。
⑨ 《光绪十四年十月初三日京报全录》，《申报》1888年11月18日。
⑩ 《光绪十四年十月廿二十九日京报全录》，《申报》1888年12月9日。
⑪ 《光绪十四年十二月廿五廿六日京报全录》，《申报》1889年2月19日。

算，而不再遵守'纪录到四次即升一级'的模式"①。李端棻所获圣旨就显示，从加三级增加到加六级，未按照《大清会典》执行。光绪十五年获颁圣旨显示，李端棻议叙加级的情况是"内阁学士兼礼部侍郎衔加三级、随带加一级稽查中书科事务"。到了光绪十六年，为叔父请得圣旨中议叙加级情况有所变化，"内阁学士兼礼部侍郎衔加六级、随带加一级稽查中书科事务"。

从光绪十五年到光绪十六年，李端棻为何得到恩赏加级？从这段时间李端棻的工作情况看，恩赏的主要原因可能是修纂国史。清代设有专门撰修国史的机构国史馆，从康熙二十九年（1690）设立，到宣统三年（1911）清朝灭亡，存续达221年。②李端棻在国史馆担任的职务是提调兼总纂官。提调一职是国史馆承上启下、提协调度的最高行政管理人员，负有管理吏役之责，又是权威的史籍审定者，"总一馆之成"③。同时李端棻兼任总纂，直接执笔撰写，对国史撰修有重要贡献，故国史馆上奏希望"奖叙"。

光绪十五年正月二十六日，"国史馆片。再臣馆前提调兼总纂官内阁学士兼礼部侍郎衔李端棻、前总纂署提调官太常寺乡徐致祥、前总纂官顺天学政刑部右侍郎周德润等均在馆有年，此次续纂大臣年表及皇清奏议等书，或当开办之初搜求博洽，或任编校之役考核详明。该员等以历蒙迁擢，受恩甚深，均据声称不敢仰邀奖叙，理合据实陈明，应否给奖之处，出自天恩，谨附片具奏，奉旨已录"④。

光绪十五年五月，李端棻赴广东主持己丑恩科乡试。广东是乡试大省，每次应考人数都在万人以上，录取名额仅85人。以12000名考生计，录取率只有千分之七，竞争异常激烈。广东有猜测中举人姓氏的闱姓赌博习俗，使人们对乡试的关注更加炽热。因为广东乡试极为复杂，朝廷选派考官格外慎重，派出正主考李端棻是"内阁学士兼礼部侍郎衔、文渊阁直阁事、稽察中书科事务左翼宗学"，副主考王仁堪是"五品衔翰林院修撰、上书房行走教习庶吉士"，都有丰富的政治经验和深厚学养。本次考试录取了一批俊杰之士，尤其是具有新学萌芽思想的俊杰，他们中的一些人后来成为影响乃至改变中国历史进程的重要人物，如梁启超、梁士诒、汪兆镛等。

光绪十五年五月，朝廷选派"内阁学士李端棻为广东乡试正考官，翰林院

---

① 杜立晖、刘雪燕：《家族文化社会 明清黄河三角洲杜氏家族文化研究》，天津古籍出版社2013年版，第269页。
② 邹爱莲：《清宫档案说清史》，华中科技大学出版社2020年版，第188页。
③ 邹爱莲：《清宫档案说清史》，华中科技大学出版社2020年版，第192页。
④ 《光绪十五年正月廿六日京报全录》，《申报》1889年3月9日。

修撰王仁堪为副考官"。

光绪十五年五月十三日,"李端棻等谢放正副考官恩"①。

从到广东成功主持乡试后回到北京,李端棻进一步赢得朝廷的信任,与军机、蒙古王公一起参加光绪帝的重要会见,随同光绪帝出行,与麟书、翁同龢等八人出任"磨勘试卷之大臣"等。

光绪十五年十二月初十日,"召见军机、蒙古王公、李端棻、王连三"②。

光绪十六年二月初十日,"内阁奏派随扈,派出文治、丰烈、李端棻"③。

光绪十六年三月三十日,"礼部奏派磨勘试卷之大臣,派出麟书、翁同龢、孙诒经、景善、廖寿恒、徐树铭、凤鸣、李端棻"④。

四、李端棻获颁圣旨涉及家族史事

李端棻所获圣旨中包括其曾祖父母、祖父母、伯父母、父母、叔父母以及本身及妻的信息,家族史事在光绪十九年由李端棻主修的《李氏续修宗谱》中有记载。作为家族中最有声望的人,李端棻为《李氏续修宗谱》作序,序中谈及家族迁徙历程:李氏最早为江西人,明建文帝时迁居湖南省清泉县,"江右迁清泉"⑤。《源流序》又细述家族原居江西庐陵县⑥,故梁启超在《清光禄大夫礼部尚书李公墓志铭》中将李端棻誉为"堪比庐陵",是把他比作同乡前辈欧阳修。

李端棻曾祖父李文瑾是承继子,因高祖李时襘无子,承继兄弟李时柞之子。⑦ 李文瑾及妻朱氏一生以子孙为荣,多次获得覃恩封赠圣旨,最高一级是李端棻为他们赢得的"光禄大夫""一品夫人"。

文瑾,字珍士,住毓兰塘。康熙六十年辛丑十月初七日子时生,乾隆四十五年庚子十月初八日辰时没,葬松山巽(山)⑧乾向,貤赠中宪大夫、诰赠通

---

① 《光绪十五年五月十三日京报全录》,《申报》1889年6月18日。
② 《光绪十五年十二月初十日京报全录》,《申报》1890年1月16日。
③ 《光绪十六年二月初十日京报全录》,《申报》1890年3月7日。
④ 《光绪十六年三月三十日京报全录》,《申报》1890年5月26日。
⑤ 李端棻举修:《李氏续修宗谱》(上),美国哥伦比亚大学中文图书馆藏,《首卷一重修家谱序》第2页。
⑥ 李端棻举修:《李氏续修宗谱》(上),美国哥伦比亚大学中文图书馆藏,《首卷一源流序》第2页。
⑦ 李端棻举修:《李氏续修宗谱》(下),美国哥伦比亚大学中文图书馆藏,《卷四制房时班详录》第123页。
⑧ 原文缺山字。

议大夫、晋赠资政大夫、诰赠光禄大夫。配朱氏，雍正七年己酉二月十一日亥时生，乾隆三十五年庚寅四月十三日丑时没，葬老屋场后，貤赠恭人、诰赠淑人、晋赠夫人、诰赠一品夫人。生之四，之汜、湘、治、洪。①

李文瑾有四子，李端棻祖父李之治是第三子。李端棻为祖父母赢得覃恩封赠圣旨，祖父赠为光禄大夫，祖母刘氏赠为一品夫人。李之治是贵阳李氏入黔始祖。据李端棻叔父、李之治第五子李朝仪撰《诰赠中宪大夫显考光国府君、诰赠恭人显妣刘太恭人传》记载，李之治因家道中落，"弃诗书，牵牛车，远服贾于黔筑"②，到贵州贵阳经商落户。李朝仪出生仅7个月，父亲李之治即病逝，归葬湖南省清泉县老家。③李朝仪母亲刘氏在父亲去世后抚育幼子长大成人，逝世后葬于贵阳南郊永乐乡大关口④，是葬于贵阳的李氏入黔始祖。

之治，字光国。乾隆二十九年（1764）甲申七月十八日亥时生，嘉庆十九年（1814）甲戌三月初二日亥时没，葬松山巽山乾向。貤赠修职郎、敕赠文林郎、诰赠中宪大夫、晋赠通议大夫、累赠资政大夫、诰赠光禄大夫。配刘氏，乾隆三十六年（1771）辛卯十二月二十九日子时生，道光十七年（1837）丁酉十月十一日子时没，葬贵州省南隅里大关口丁山癸向。貤封孺人、诰赠恭人、晋赠淑人、累赠夫人、诰赠一品夫人。生五子，朝显、杰、英、桢、仪；女二，适雷、邵。⑤

李之治育有五子，光绪十五年、十六年时长子李朝显、四子李朝桢、五子李朝仪及夫人都已过世，李端棻为他们请求封赠为光禄大夫、一品夫人。

李朝显是贵阳李氏第一个举人，嘉庆二十一年（1816）考取贵州乡试丙子科举人，嘉庆二十五年（1820）考取北京景山官学教习。《嘉庆庚辰（1820）考取教习齿录》记载："李作霖，字君弼，号泰云，行一，乾隆甲寅年（1794）六月初五日吉时生，贵州贵阳府贵筑县学廪生，原籍湖南衡州府清泉县。曾祖时禴，职员。曾祖母氏张；祖文瑾，太学生，母朱氏；父之治，例赠文林郎。

---

① 李端棻举修：《李氏续修宗谱》（下），美国哥伦比亚大学中文图书馆藏，《卷四制房文班详录》第136页。
② 李端棻举修：《李氏续修宗谱》（上），美国哥伦比亚大学中文图书馆藏，《卷一国翁夫妇传》第3页。
③ 李端棻举修：《李氏续修宗谱》（下），美国哥伦比亚大学中文图书馆藏，《卷八制房祥派之班详录》第14页。
④ 李良格、李良筑编：《贵阳李氏家谱》（第三稿），自印本2007年版。贵阳李朝仪玄孙李建先生提供家谱。
⑤ 李端棻举修：《李氏续修宗谱》（下），美国哥伦比亚大学中文图书馆藏，《卷八制房祥派之班详录》第14页。

母氏刘，例封孺人，慈侍下；胞伯之汜、之湘，胞叔之洪；胞弟朝杰、朝英、朝桢业儒、朝仪业儒；胞侄端人、端纯、端临、端宪俱业儒。妻刘氏、继娶唐氏，子端笏、端凝、端撰俱幼；丙子科本省乡试中式第十四名，钦取景山官学教习，第十五名。住省城北门一品坊。"① 据《李氏续修宗谱》，李朝显参加科举考试的榜名叫李作霖。李作霖于嘉庆二十五年考取教职，道光九年（1829）任遵义县教谕②，道光十一年（1831）出任清镇县教谕③。道光十六年（1836），捐资重修清镇县教谕署。④ 李作霖即李朝显，李朝显任教谕时为父亲李之治请得封赠"修职郎"⑤。据《李氏续修宗谱》，李朝显生于乾隆五十六年（1791），与《嘉庆庚辰（1820）考取教习齿录》记载生于乾隆五十九年（1794）有差异，比"宗谱"记载小了3岁。科举时代考生为了延长政治生命，通常在参加科举考试时改小自己的年龄，少则二三岁，多则十几岁都有。刊载于官方文献的年龄称为官年，真实的年龄应当以"宗谱"为准。

据《贵阳李氏族谱》，在李氏家族墓地有李泰云墓，子为端谷。查《李氏续修宗谱》，可知李泰云即李朝显，泰云是其字，端谷并非亲生子，是三弟李朝杰侧室王氏之子，因李朝显无子⑥，过继端谷为承继子。

朝显，字泰云，榜名作霖，住贵州省，乾隆五十六年（1791）辛亥六月初五亥时生，道光十七年（1837）丁酉四月初三日卯时没，葬贵州省南隅里大关口丁山癸向。嘉庆丙子科举人，道光丙戌科大挑二等，考取景山官学教习，清镇县教谕，署遵义县教谕。敕授修职郎、貤赠朝仪大夫、貤赠光禄大夫。配刘氏，乾隆五十六年（1791）辛亥十一月初三日子时生，嘉庆十八年癸酉九月二十七辰时没，葬贵州省北郊外李家坟甲山庚向。貤赠恭人，貤赠一品夫人。继配唐氏，嘉庆四年己未十二月十六日戌时生，同治三年甲子正月二十一日卯时没，葬大关口丁山癸向。貤赠恭人，貤赠一品夫人。承继子端谷。⑦

---

① 来新夏主编：《清代科举人物家传资料汇编》九十三，学苑出版社2006年版，第35页。
② 《郑珍全集4》，黄万机等点校，上海古籍出版社2012年版，第996页。
③ 黄家服：《中国地方志集成贵州府县志辑36民国清镇县志稿》，巴蜀书社2016年版，第545页。
④ 任可澄总纂：《续修安顺府志辑稿》，贵州人民出版社2012年版，第717页。
⑤ 周作楫辑，朱德璲刊：《贵阳府志》（上），贵阳市地方志编纂委员会办公室校注，贵州人民出版社2005年版，第538页。
⑥ 据《嘉庆庚辰（1820）考取教习齿录》，李朝显有三子，端笏、端凝、端撰，可能未成人。
⑦ 李端棻续修：《李氏续修宗谱》（下），美国哥伦比亚大学中文图书馆藏，《卷八制房祥派朝班详录》第44页。

李端棻的父亲李朝桢去世时，李端棻只有3岁，幼年失怙。但从"宗谱"看，李端棻还有一个姐姐（或妹妹），嫁给张姓男子，具体是谁还不得而知，但如果姐姐有后人，是与李端棻最亲的人。母亲何氏与父亲同岁，来自贵阳名门何氏家族。何氏先祖原为安徽凤阳人，入黔始祖何济川随军入黔，迄今约600年。贵阳何氏第一个举人是入黔第七代何图出，明万历二十二年（1594）甲午科举人[1]，此后家族代代有举人，世世为官宦，是书香官宦之家。

　　朝桢，字题庵，庠生，嘉庆十三年（1808）戊辰十月二十四日巳时生，道光十六年（1836）丙申四月十七日丑时没，葬李家坟乙山辛向。敕赠文林郎、诰赠奉直大夫、晋赠中宪大夫、叠赠资赠大夫、累赠光禄大夫。配何氏，嘉庆十三年（1808）戊辰四月十四日寅时生，光绪二年丙子五月十七日没，葬大关口丁山癸向。奉旨旌表节孝，敕封孺人、诰封宜人、晋赠恭人、叠赠夫人、累赠一品夫人。生子一，端棻；女一，适张。[2]

　　李朝仪是贵阳李氏的重要人物，官至顺天府尹，人丁兴旺，生有七子三女。其中仅一女为正室陈氏所生，其余七子二女都是侧室高氏所生。梁启超的妻子李蕙仙（族名李端蕙）即为高氏生。侧室地位较低，在李端棻为叔叔李朝仪所获圣旨中，只有正室陈氏获赠为一品夫人，侧室高氏没有得到封赠，三女即李蕙仙。

　　朝仪，字鸿卿，号藻舟，嘉庆十八年癸酉八月初一日丑时生，光绪七年（1881）辛巳四月初五寅时没，葬大关口酉山卯向。道光丁酉科举人、乙巳恩科进士，分发直隶即用知县。历任直隶饶阳、顺天平谷、三河等县知县，大兴京县知县，顺天府治中南路同知、东路同知，直隶顺德大名、广平等府知府，直隶永定河道、山东盐运使司盐运使、直隶按察使司按察使、山东按察使司按察使、顺天府府尹，钦加二品衔赏戴花翎，稽查右翼宗学。奉旨以事迹宣付史馆，永定沿河州县、固安等处建立专祠。诰授资政大夫、诰赠奉政大夫、貤赠光禄大夫。配陈氏，嘉庆十九年（1814）甲戌二月二十日寅时生，光绪七年（1881）辛巳正月初九日午时没，葬向同。诰封夫人、诰赠宜人、貤赠一品夫人。生女一，适丁。侧室高氏，道光七年（1827）丁亥八月初六日酉时生，诰封宜人，生子七，端槑、树、槩、荣、检、棨、棨；女二，适景、梁。[3]

---

[1] 贵州省文史馆编：《贵州通志·学校选举志》，贵州人民出版社2008年版，第278页。

[2] 李端棻举修：《李氏续修宗谱》（下），美国哥伦比亚大学中文图书馆藏，《卷八制房祥派朝班详录》第46页。

[3] 李端棻举修：《李氏续修宗谱》（下），美国哥伦比亚大学中文图书馆藏，《卷八制房祥派朝班详录》第46-47页。

《李氏续修宗谱》清晰地记载了李端棻到光绪十九年（1893）前所任官职，其中的家庭信息显示，到光绪十九年，李端棻有两位妻子已去世，没有孩子。续娶妻王氏，无子，过继堂弟李端桀之子李鼎忠为承继子。据《李氏续修宗谱》，李鼎忠生于光绪六年（1880）。① 据梁启超撰《清光禄大夫礼部尚书李公墓志铭》，李端棻曾有4个孩子，但都未成人。

端棻，字苾园，道光十三年癸巳九月初十日丑时生，同治壬戌恩科顺天乡试举人，癸亥恩科进士，历任翰林院编修、陕西道监察御史、詹事府右春坊右赞善、左春坊左赞善、左中允、日讲起居注官、司经局洗马、翰林院侍讲、侍读、侍讲学士、侍读学士、詹事府少詹事、詹事府詹事、署国子监祭酒、江南道监察御史。历充丁卯科山西乡试副考官、庚午科顺天乡试同考官、提督云南学政、己丑恩科广东乡试正考官、辛卯科四川乡试正考官、癸未科殿试受卷官、国史馆协修、纂修、总纂、提调官、文渊阁校理、翰林院撰文、咸安宫总裁、协同批本稽察本章、丙戌科武殿试读卷大臣、戊子科覆勘各省乡试试卷大臣、戊子科顺天乡试搜检大臣、庚寅科会试稽察接谈换卷大臣、丙寅科大考二等钦赏缎疋、文渊阁直阁事、壬辰科会试副总裁，内阁学士兼礼部侍郎衔、稽察中书科事务、稽察左翼宗学，现任刑部右侍郎加二级随带加一级。诰授光禄大夫。配傅氏，道光十四年（1834）甲午二月二十一日丑时生，同治九年庚午□月□日□时没，葬大关口丁山癸向，诰赠一品夫人。继配王氏，道光二十八年（1848）戊申二月十四日□时生，光绪四年（1878）戊寅正月十三日寅时没，葬大关口丁山癸向，诰赠一品夫人。再配王氏，道光二十八年（1848）戊申十二月十七日□时生，诰封一品夫人，承继子李鼎忠。侧室苏氏，□年□月□日□时生。侧室杨氏，□年□月□日□时生。②

四、李端棻"受恩深重"仍支持变法缘由浅析

当李端棻获罪时，朝廷谕旨说"该尚书受恩深重，竟将大逆不道之康有为等滥行保荐，并于召对时一再面陈。今据事后检举，实属有意取巧，未便以寻常滥保之例稍从未减。礼部尚书李端棻着即行革职，发往新疆，交地方官严加

---

① 李端棻举修：《李氏续修宗谱》（下），美国哥伦比亚大学中文图书馆藏，《卷八制房祥派忠班详录》第127页。《李氏续修宗谱》记载李端棻承继之为李鼎忠，但在"鼎"字旁手写"葆"字，从李端棻墓碑看，是李葆忠，不知李鼎忠是否就是李鼎忠？或光绪十九年后改为李葆忠？还需进一步查证。

② 李端棻举修：《李氏续修宗谱》（下），美国哥伦比亚大学中文图书馆藏，《卷八制房祥派端班详录》第86-87页。（注：方框处时间不详。）

管束，以示惩儆"。(《清光绪实录》卷四百二十七) 何以言此？李端棻一生获覃恩封赠圣旨有多少已不得而知，仅光绪十五年、十六年所获六道圣旨即表明他确如朝廷所说"受恩深重"。正是因为"受恩深重"，深得朝廷信任，李端棻作为支持维新的高官，被历史推上前台，成为戊戌变法的主要推动者。这场变法最终演变成戊戌政变，戊戌六君子被杀，并非李端棻初衷。

从甲午战争后到戊戌政变发生前，无论是光绪帝还是慈禧太后，他们总体的思想都是倾向改革维新的。在甲午战争中，北洋海军全军覆没，标志着历时35年的洋务运动失败。甲午战败后，朝廷加快了推进维新的步伐。光绪二十一年（1895）四月十六日光绪帝发布朱谕，对战争及条约的签订进行了深刻反省，希望"君臣上下，艰苦一心"，变革以图强，这被认为是"戊戌维新的起点"①。此时正处于乙未科会试期间，进京参加会试的举人们在都察院不断提交奏折，以康有为、梁启超等最有名，史称"公车上书"。公车上书得到朝廷的默认，形成了官员引导，举人们参加，"由政治高层发动，由文廷式等京官暗中策划，由梁启超、陈景华等公车直接参与组织的'公车上书'"②。

自甲午战争后，光绪和慈禧都开始倾向变革维新，这使得朝廷变法措施得以一步步推行。"'变'是甲午战后中国历史发展的主议题，统治集团中的主要人物都在开始思考变法的问题：变法中的两派斗争不是'变'与'不变'的斗争，而是谁来变、怎么变以及变什么的分歧。"③ 最初国家不知该如何变革，光绪帝广开言路，陆续有各地各部门官员纷纷上奏，奏折中谈及许多来自西方的变革元素。光绪帝最为赏识的奏折是康有为《为安危大计乞及时变法折》（即《上清帝第三书》）和胡燏棻《条陈变法自强折》，维新变法已成大势所趋。康有为在北京协同各方力量办强学会（又称译书局），是中国近代史上第一个学会，大批京城官员乃至朝廷重臣参加了强学会，如翁同龢、孙家鼐、文廷式、李鸿藻、王文韶、张荫桓；京外的有张之洞、刘坤一、袁世凯等。强学会在士大夫间引起震动，两广总督张之洞、两江总督刘坤一、直隶总督王文韶各捐银5000两。④ 光绪二十一年六月，梁启超协助康有为主办《万国公报》，因与上海广学会所办《万国公报》同名，十一月第46期开始更名为《中外纪闻》，双日刊，梁启超、麦孟华任编辑，意在广开智识，宣传变法。由英国麦肯齐著、李

---

① 孔祥吉：《晚清佚闻丛考——以戊戌维新为中心》，巴蜀书社1998年版，第157页。
② 茅海建：《戊戌变法史事考二集》，生活·读书·新知三联书店2011年版，第39页。
③ 朱育和：《维新变法研究中有关"变"的几个问题——兼论维新变法的复杂性》，《清华大学学报》（哲学社会科学版）1998年第3期。
④ 朱义禄：《康有为》，陕西师范大学出版社2017年版，第50页。

提摩太翻译的书籍《泰西新史揽要》在光绪二十一年五月正式出版,"初即印行三万册,为当时中国最风行的读物"①。光绪帝也在读这本书,"有两个月时间,他(孙家鼐)每天都为皇上读我翻译的麦肯西的《泰西新史揽要》"②。向光绪帝推荐此书的是翁同龢,光绪帝又将此书推荐给了大臣们。

在戊戌变法深入推进中,光绪帝面临如何深化改革的困境。孙家鼐建议将《校邠庐抗议》发放给"部院卿寺堂司各官,发到后限十日,令堂各官将书中某条可行,某条不可行,一一签出,或各注简明谕说,由堂官送还军机处,择其签出可行之多者,由军机大臣进呈御览,请旨施行"③。《校邠庐抗议》是近代思想家冯桂芬在咸丰十一年(1861)完成的一部政论集,提出"以中国之伦常名教为原本,辅以诸国富强之术",全面进行社会变革的变法主张。

戊戌变法是大势所趋,朝廷上下已基本形成变法图强的共识。"作为统治集团中最核心人物的慈禧太后和光绪皇帝,无疑是变法中的决策人物,没有他们的首肯和支持,任何变法举措都是不可思议的。"④ 直到戊戌政变发生前,有一事表明慈禧对变法所持支持的态度。光绪二十四年(1898)七月十九日,光绪帝在未经慈禧太后批准的情况下,直接罢免了礼部全部六位堂官:满尚书怀塔布、汉尚书许应骙、礼部满左侍郎堃岫、礼部汉左侍郎徐会沣、礼部满右侍郎溥颋、礼部汉右侍郎曾广汉。七月二十日,光绪帝下达朱谕,时任仓场侍郎的李端棻署理礼部汉尚书,裕禄署理礼部满尚书,"内阁学士寿耆、裁缺詹事府少詹事王锡蕃署礼部左侍郎,裁缺通政使司通政使萨廉、翰林院侍学士徐致靖署礼部右侍郎"。(《清光绪实录》卷四百二十四)七月二十一日,光绪帝赴颐和园见慈禧太后,慈禧将礼部六堂官中寿耆改成了阔普通武,其他人未变动。阔普通武是支持维新的满人,慈禧此举表明了此时她并不反对维新的态度。

"对变法起决定性作用的人物主要不是康有为、梁启超等没有实权的下层官员和知识分子,而是慈禧太后、光绪皇帝及中央和地方的一大批握有实权的高级官员。"⑤ 在李端棻看来,慈禧是支持变法的,有一事例为证。戊戌变法期

---

① 郑天挺、荣孟源:《中国历史大辞典清史卷》(下),上海辞书出版社1992年版,第577页。
② 茅海建:《戊戌变法史事考二集》,生活·读书·新知三联书店2018年版,第213页。
③ 中国第一历史档案馆编:《清廷签议〈校邠庐抗议〉档案汇编》一,线装书局2008年版,第1页。
④ 朱育和:《维新变法研究中有关"变"的几个问题——兼论维新变法的复杂性》,《清华大学学报》(哲学社会科学版)1998年第3期。
⑤ 朱育和:《维新变法研究中有关"变"的几个问题——兼论维新变法的复杂性》,《清华大学学报》(哲学社会科学版)1998年第3期。

间，李端棻升任礼部尚书，夏孙桐作为学生前往祝贺，"其擢长春官，夏闰庵以门弟子往贺"。师生谈话，倒也无所顾忌，临危上任的李端棻告诉夏孙桐："昨晤满尚书裕寿山，据言两宫慈孝无间，外间谣诼殆不足信。吾与言：最好由慈圣宣诏变法，庶可振观听、壹人心也。"夏孙桐坦言："师与之初识，得勿交浅言深乎？"李端棻听后顿时醒悟，感叹"吾功名止此矣"①。由此可知，李端棻直到戊戌政变发生前，仍认为慈禧是支持变法的。在变法陷入困境，受到守旧派极大阻挠的情况下，李端棻认为应该请慈禧太后亲自"宣诏变法"，这样才能统一人心，推进变法。李端棻知道此时慈禧与光绪间的矛盾已难以调和，只有以掌握实权的慈禧来推动，变革才能得以继续。后来的事实表明，慈禧亲政后，继续推进新政改革，改革力度甚至超过戊戌变法。

日后政变的发生，并非因为维新本身，而在于变法触及慈禧的权力，导火索是李端棻请开议政机构懋勤殿。"先是，康有为请开制度局，总署累挠之。至是言新政者，日盈千百，四参政轮班互阅，日不暇给。端棻请仿国初故事，开懋勤殿，选国中英才数十人议政，兼聘东西各国政治家为顾问官，议定一切制度。然后告太庙，誓群臣，大行更新。谭嗣同力赞之。上曰：'须至颐和园请命太后，然后施行。'"②但慈禧是不能容忍这种议政机构存在的，"七月二十九日，光绪帝又向慈禧太后面请开设懋勤殿（按：实即制度局），当即遭到褫夺帝位的威胁"③。同时懋勤殿的开设要起用新人，剥夺守旧派的权力，也是守旧大臣们所不能容许的。加上已经被罢免官员的阻挠、毁谤，慈禧太后与光绪皇帝之间的隔阂越来越深，时局一时陷入剑拔弩张之势。七月三十日，光绪帝速拟密诏交杨锐，期望能商议出妥善办法。"今朕问汝可有何良策？俾旧法可以全变，将老谬昏庸之大臣尽行罢黜，而登进通达英勇之人，令其议政，使中国转危为安，化弱为强，而又不致有拂圣意。尔其与林旭、刘光第、谭嗣同及诸同志等，妥速筹商，密缮封奏，由军机大臣代递，候朕熟思，再行办理。"④康有为、谭嗣同等商议的结果是去找袁世凯"起兵"。袁世凯随即报荣禄，荣禄再报慈禧太后，最终戊戌政变发生。

戊戌政变的发生，不是慈禧与光绪在是否变法上有分歧，而是慈禧与光绪再怎么变法上有分歧，并且这种分歧直接威胁到慈禧的统治。这也反映出维新

---

① 郭则沄：《洞灵小志续志补志》，栾保群点校，东方出版社2010年版，第344页。
② ［清］赵炳麟：《赵柏岩集》（上），广西人民出版社2001年版，第238页。
③ 张海荣：《甲午战后清政府的实政改革（1895—1899年）》，北京大学博士学位论文，2013年。
④ ［清］赵炳麟：《赵柏岩集》（上），广西人民出版社2001年版，第240页。

派政治冒进,不够成熟的问题。光绪二十四年八月初六日(9月21日)戊戌政变后,李端棻冒险出资帮助梁启超逃跑。据逃往日本的王照回忆:"迨逃至日本,任公(启超字)带李端棻所赠赤金二百两,立即于横滨创办《清议报》。"①梁启超在日本创办了维新派在海外办的第一张报纸《清议报》。世人皆知《清议报》,但少有人知,最早资助者是李端棻。李端棻为官清廉,能一下拿出赤金二百两助梁启超逃跑,可以说是倾囊相助。这不仅是因为梁启超是他的妹夫,更因为他认为梁启超是未来变法救国的希望。

李端棻是坚定的维新者,很快他因"竟将大逆不道之康有为等滥行保荐……未便以寻常滥保之例稍从未减",被"即行革职,发往新疆"。他晚年回到贵阳时,仍坚持传播新学,并与梁启超保持通信往来。在他晚年所写诗词中,有一首《政治思想》:"天地区分五大洲,一人岂得制全球。国家公产非私产,政策群谋胜独谋。君为安民方有事,臣因佐治始宣流。同胞若识平权义,高枕无忧乐自由。"② 这与他戊戌变法时期的政治思想是一致的。尽管在闭塞的贵阳阻力重重,他仍义无反顾,写下《普通学说》向人们介绍新学,主讲经世学堂传播新学,创办贵阳公立师范学堂、贵州通省公立中学堂等新式学校践行新学。

---

① 冯楠:《黔故续谈》,贵州省文史研究馆1995年版,第165页。
② 李端棻:《苾园诗存》,何麟书辑录:《贵州文献汇刊》1949年第5期。

达德教育：贵州现代教育的成功范例

谢廷秋①

（贵州师范大学，贵州城市职业学院，贵州贵阳，邮编：550025）

摘　要　达德学校是贵州现代化的一个成功范例，在贵州由传统社会向现代社会变迁中起到了重要作用，其教育理念和办学体制促进了贵州现代教育事业的发展，推动了近代社会的转型和社会文明的进步。

关键词　达德学校；现代化；成功范例

一、达德学校的历史沿革及办学宗旨

清代以前的贵州教育承袭的是千百年的中国科举制教育。当年设在贵阳府文庙的贵阳府学，是贵州最重要的教育场所。另有贵阳县学及贵山、正习（后改为学古）、正本三大书院闻名全省。

19世纪后半叶，贫穷落后的中国成为帝国主义列强欺凌和瓜分的对象，一些有识之士呼吁"废科举"，"倡新学"，提出"中学为体、西学为用"的教育救国主张，一场改革旧学制的浪潮逐渐兴起。

1894年近代著名教育家、天津人严修（1860—1929）任贵州学政，督学贵州，给封闭的贵州带来了新学的春风。他到任后亲拟旧学改革章程，倡设数、理、英语诸课，将贵阳学古书院改成贵州第一个新式学堂（后学古书院改名为经世学堂）。1897年经世学堂首期招收42人，新式学堂讲授西方科学知识，培养学生科学理性精神，树立知识分子对国家民族的责任，为贵州培养了一批具有新知识的现代人才。严修对贵州书院的改革（经世学堂），早于著名的京师大学堂和长沙时务学堂，为他后来在天津创办南开中学、南开大学奠定了实践与探索的基础。严修积极推动贵州文化教育，他还创立贵州官书局，把自己从天

---

① 作者简介：谢廷秋，女，贵州师范大学教授，贵州城市职业学院执行校长。主要从事近代中国历史文化的研究与教学工作。

津带来的 14 大箱书籍捐赠给书局，并为书局捐银购置大量图书。同时在全省各府、州、县建立图书发行机构。贵州官书局的成立，让地域偏僻的贵州学子开阔了视野。贵州新思想的推广走在全国前列。

表 1 贵阳经世学堂培养的新式人才

姓名	成就
毛邦伟	北京女子高等师范学校校长、北京师范大学教授
姚华	北京女子师范学校（北京女子师范大学前身）校长、北京京华美专校长、全国著名书画家
周恭寿	清末贵州大学堂教员、贵州第一任教育厅长
邢端	北洋政府农商部技监、矿政司司长、工商司司长
乐嘉藻	清末贵州教育总会会长、建筑学家
任可澄	民国教育总长（教育部长）
钟昌祚	贵州自治学社（中国同盟会的分会）社长、辛亥革命烈士
黄干夫	贵阳私立达德学堂的创始人之一
彭述文	科学家
王延直	文字训诂学和逻辑学家、著名书法家
唐尔镛	贵州通省公立学堂和贵州优级师范选科学堂创办者
土和叔	贵阳模范小学校长
尹笃生	贵阳教育界知名人士
徐天叙	贵阳教育界知名人士
杨立辉	贵阳教育界知名人士
刘显世	民国初年贵州政界重要人物
刘显潜	民国初年贵州政界重要人物
刘显治	民国初年贵州政界重要人物
陈廷策	民国初年贵州政界重要人物
熊铁光	民国初年贵州政界重要人物
张协陆	民国初年贵州政界重要人物

作为贵州第一所新式学堂，可以说贵州经世学堂开启了贵州的新学教育，培养了一批优秀的新式人才。其中，创办达德学校的黄干夫就出自经世学堂。

1901 年经世学堂培养出的黄干夫等人以贵阳忠烈宫（又叫忠烈庙，始建于元代，是为祭奠唐代忠臣南霁云而建。明清时曾多次重修和增修，后改建为忠烈宫）为馆址，创立"算学馆"，从事数学和物理等科学知识的传授和研究。后改为"达德书社"，继而开办民立小学堂，次年更名为达德学堂，后增设幼稚班、中学和女子中学，统称"达德学校"。它与平刚等创办的寻常小学（后改乐群小学）同为贵州最早的新式小学，是贵州第一批现代性质的学校。

表2 达德学校沿革及主要创办人员

学校沿革	主创人员
1901—1902年"算学馆"	黄干夫、凌秋鹗、贾一民、董伯平、聂竹书、刘芷阳等30余人
1903年"达德书社"	黄干夫、凌秋鹗、贾一民、贾渔卿、董伯平、聂竹书、刘芷阳、卢以庄、杨伯钊、王筱谷等34人
1904年"民立小学堂"	凌秋鹗任董事，黄干夫任校长
1905—1911年"达德学堂"	黄干夫、凌秋鹗、黄齐生，黄干夫任堂长
1912—1950年"达德学校"	黄干夫、凌秋鹗、贾绥之、董伯平、刘芷阳、聂竹书等18人。黄干夫、凌秋鹗、黄齐生、聂守微、王慎余、周杏村、谢孝思、曾俊侯、贺梓、刘方岳等先后任校长

达德学校主创人黄干夫（1871—1935），贵州安顺人，幼时师从外祖父王紫沾和信奉天主教的表兄彭雨生，得以接触西方科学和绘画书籍，对他产生了重要影响。1897年，黄干夫入选严修改办的贵阳经世学堂，因刻苦好学，受到严修褒奖和勉励。毕业后与凌秋鹗、贾一民等人在贵阳创立算学馆，建立达德学校，任达德学校第一任校长，奠定了达德现代性质的办学方向。

凌秋鹗（1876—1943），贵州贵阳人，曾中秀才。与黄干夫等人创办算学馆，共建达德学校。他两任达德学校校长，主持达德工作及任校董长达16年。他不断追求进步，不断进行教学改革，为达德学校的兴办竭尽全力。

黄齐生（1879—1946），贵州安顺人，黄干夫胞弟。1904年，黄齐生应凌秋鹗邀请，到民立小学堂协助办学，从此开始了他热爱一生的教学工作。他几度在达德工作，担任过总监、校长等职，竭诚团结全校师生，与学生"情同父子"，开创了一系列的教育创新活动，为办好达德学校费尽了心力。

中国近现代教育家，同济大学第四任校长沈恩孚（1864—1949），曾给达德学校题字"知仁勇三者　天下之达德也"。因为达德学校校旨就是智、仁、勇，达德学校校训是好学、力行、知耻。达德学校校旨校训出自《中庸》："子曰，好学近乎知，力行近乎仁，知耻近乎勇。"故"知、仁、勇三者，天下之达德也"。"知斯三者，则知所以修身。知所以修身，则知所以治人。知所以治人，则知所以治天下国家矣。"这一思想与黄干夫等创办达德学校的初衷是一致的。黄齐生校长的解释是：我们要有学问，有道德，有勇气，这就是我们的宗旨。培养新时代的新型人才就是达德学校的宗旨，我们从达德学校的校歌中也能感受到这样的宗旨：

校歌

校舍宏开正傍着，男儿南八好凭藉，中央位置，覃敷教泽。书社规模须记取，边疆风气先人得；唯民国，纪元前十年建设。德智体三事育，智仁勇三字诀，顾名思义，勿忘达德。改造国民原己任，颉颃欧美唯吾力；放光明，富水贵山间无终极。

不仅达德学校的校歌能使我们感受到这样的宗旨，达德学校的教育更充分体现了其以改造国民为己任的现代教育宗旨。

二、达德学校的组织管理

达德学校之所以能为社会培养出一批批有用之才，在社会上赢得良好声誉，与其建立了合理可行的组织管理体制不无关系。

中国私学历史悠久，管理基本上遵循由创办人一个人说了算的规矩。私学到了现代，在组织管理体制上打破了"千年一贯制"的陈旧格局，参酌西方的办学体制和西方传教士在中国创办的教会学校的管理体制，在组织管理体制方面进行了一些摸索，形成了在学校董事会下设置校务委员会，在校务委员会下设置教务、训育、事务等处的私立学校组织管理制度体系，形成中国现代私学组织管理的特色。

达德学校建立了学校董事会（校董会），采取校董会领导下的校长负责制。校董会由若干理事组成，共同管理学校事务。达德学校在1917年的理事名单就有：黄禄贞（干夫）、凌云（秋鹗）、黄鲁连（齐生）、顾以民、刘祀明（芷阳）、严涛（仁山）、余树声（葆苏）、聂正邦（守微）。

达德学校的管理，还有一系列的会议制度，这些会议形式灵活多样。校务会既可以解决一些必须统一办理的问题，又可以集思广益，取长补短；各部门的会议主要是统一解决各部门所要办理的问题。适应各部需要，自行处理工作，方便灵活。这些会议，既不过多占用时间，又切实解决问题，是达德学校高效管理的重要措施。

校友会，是学校的最高领导机构，每年召开一次。向校友汇报一年的工作

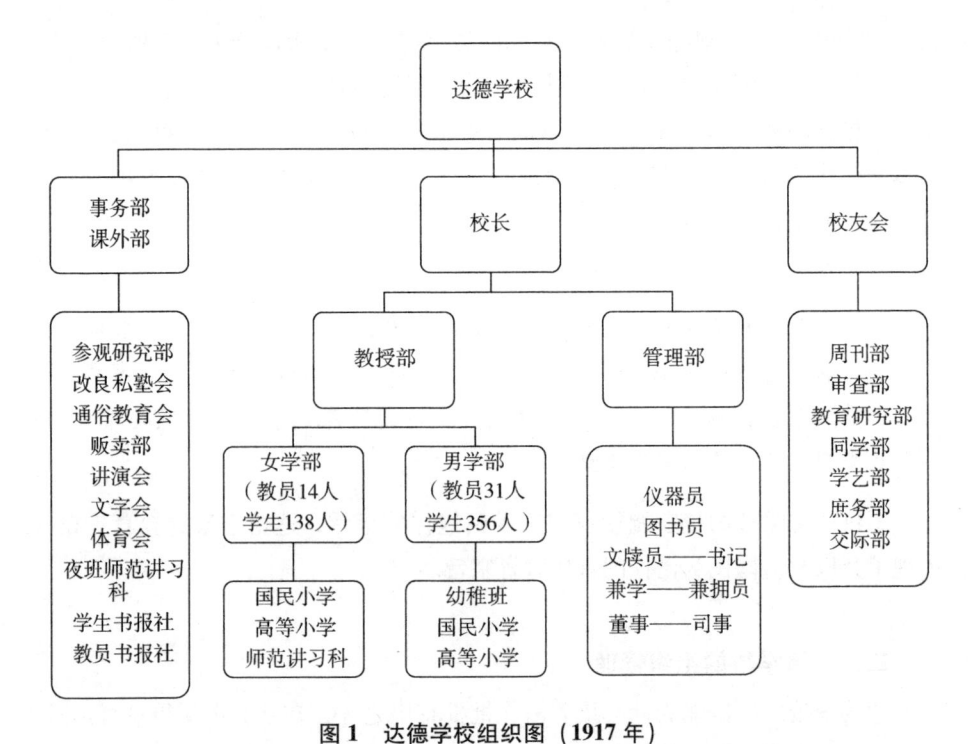

```
                          达德学校
         ┌──────────────────┼──────────────────┐
      事务部               校长              校友会
      课外部
         │        ┌─────────┼─────────┐        │
   ┌─────┴─────┐ 教授部              管理部  ┌──┴──┐
   参观         │                            周刊部
   研究部    ┌──┴──┐                         审查部
   改良私塾会 女学部 男学部                    教育研究部
   通俗教育会（教员14人）（教员31人）  仪器员    同学部
   贩卖部   学生138人 学生356人）     图书员    学艺部
   讲演会    │        │            文牍员——书记 庶务部
   文字会   国民小学  幼稚班        兼学——兼拥员 交际部
   体育会   高等小学  国民小学       董事——司事
   夜班师范讲习 师范讲习科 高等小学
   科
   学生书报社
   教员书报社
```

图 1　达德学校组织图（1917 年）

和讨论下一年的工作计划，广泛听取校友的意见。校董由校友会选举产生。

校董会，是学校的决策机构，每季度召开一次，有特殊事情就临时召开。主要决定校长和各部门主要负责人和经费的筹措、使用以及临时发生的比较重大的事情。

校务会，间周星期日上午开会一次，由校长主持。宣布各部共通性的应办之事，传达有关来文，听取各部工作汇报，研究解决一些疑难问题等。

部务会，每周开会一次，由部主任主持，讨论本部门的工作和学习有关资料，借以指导工作。

师生膳食委员会，由凌秋鹗倡导建立。凌秋鹗十分重视师生的身体健康，他逝世前告诫时任校长曾俊侯：“伙食一项须经理得人，经理得法，如稍有毛病，即宜救济，不可泄沓。拟应设一膳食委员会，以吾校之师生合组之。至膳食委员会，须一月改组一次，如是则银钱账目，可以逼迫结束清白，纵有弊端，亦易于发现，此法之至善者也。”因学校实行住读，学校伙食好坏直接影响师生的学习和工作。凌秋鹗先生强调师生要通过民主监督共同做好这项工作，并从制度上爱护师生，杜绝弊端。

这种组织管理体制完全是民主管理的体制，充分体现了其现代性。

办学经费由学校自行筹集。办学初期,由于学校经费拮据,教师多义务教学,经常由老师捐赠银两补充办学经费的不足。达德学校的校史馆有捐银统计:黄干夫63两3钱零6厘,大洋90元;凌秋鹗43两3钱零6厘,大洋70元;黄齐生22两7钱4分6厘,大洋60元等。

由于学校有完备的组织管理体制,在达德学校的创办者和继任者们的努力下,学校一年年地发展,教师和学生人数不断增加。1937—1938年,学校除了有幼稚班,男、女小学部,男、女中学部、高中部外,还有女子职业刺绣科,拥有各部教职员工一百多人,学生达一千五六百人,门类齐全。

1939年2月4日,日机轰炸贵阳,与达德学校相邻的贵阳大十字商业区及周边地段遭到严重破坏。此后,为了安全,贵阳的大部分学校搬到郊外,达德学校亦迁至南郊摆郎乡。迁到郊区后,办学条件受到很大限制,有些班级在田坝上、树荫下上课,教学十分艰难。其间也曾几易校舍,部分班又搬回忠烈宫。抗战胜利后,学校才全部搬回忠烈宫原址,坚持到贵阳解放。

三、达德学校先进的育人理念

自算术馆建立起,达德学校即以培养新时代的新型人才为宗旨,以校训"好学近乎知,力行近乎仁,知耻近乎勇"为指导思想,不但重视知识传授,而且重视师生思想品德教育。学校办学初期,新思想、新潮流不断涌现,各种时尚和进步报刊如《民报》《革命军》等先后输入贵州,对达德学校产生了一定的影响。学校在教育学制、新思想潮流和活动等多方面,都站在时代前列,以先进的教学思想和方法指导办学。

1. 率先开办女学,提倡妇女解放。1905年,在黄齐生的大力倡导下,达德学校冲破社会偏见,提倡妇女解放,率先在贵州开办女学。此后,达德学校分别开办了女子小学部和女子中学部。1909年《申报》对贵阳女学进行了统计,报道称贵阳风气渐开,女学林立,其中达德女学堂学生130余人。

为了顺利开办女学,达德学校请董赵德莹为女小教师,专门负责对女学生的教学和管理,这是贵州历史上第一位女教师。(董赵德莹:原名赵德莹,嫁给达德学校的董伯平后,加上夫姓,名为董赵德莹。)女生进校后,黄齐生又倡导"天足运动",让自己的女儿黄素昭和侄女王若芬带头不缠足,并动员女教师董赵德莹投入实际行动中起模范带头作用,运动很快在全校推行并普及贵阳社会,在贵州掀起了一阵妇女解放运动之风。

2. 首倡白话文教学,打破文言桎梏。为了适应社会的发展和需求,达德学校顶着社会压力,在贵阳首倡白话文教学。"我们总觉得文言文是儿童的桎梏,因为现在的社会不同了，应该有的知识多着呢！他们一个小小的脑袋，被什么派，什么派的一些旧东西充塞着，还能装点别的新东西吗？所以，我们再三的讨论，就毅然决然的提倡国语文"①。1920年，创办了《达德学校学生白话文成绩周刊》，凌秋鹗带头撰写文章，阐述学校观点，选载学生白话文作文，供师生参考学习。

3. 培养新时代新型人才的课程设置。教学是学校开展教育活动的主要形式，而课程则是教学的重要依托。从达德学校1926年小学开设的课程来看，小学课程内容有修身、常识、公民、国语、作文、算数、珠算、英语、音乐、国画、手工、体操、本国史、本国地理。课程设置不仅体现了德智体美劳的全面要求，公民课和英语课的开设更体现了培养现代公民的意识和睁眼看世界的视野。中学课程内容有公民伦理、国文、作文、英语读本、会话、图画、英语文法、代数、几何、三角、物理、化学、生物、音乐、体育、外国史、外国地理。中学课程设置在小学教育的基础上，循序渐进开展科学教育，强化了培养现代公民的意识和睁眼看世界的视野。这是培养新时代新型人才的需要，体现了国家意识和达德学校的先进性。

4. 推行"三完教育"和"三面向"计划。达德学校遵循陶行知先生的教导，极为重视学生的成长和身心健康，竭力减轻学生作业负担。凌秋鹗和黄齐生分别提出了"三完教育"和"三面向"计划，并在学校得以贯彻执行。

为保证教学质量，学校提出"三完教育"，即教科书必须教完、练习本必须改完、各种实验必须考完。为减轻学生作业负担，学校提出"今天事，今天了，不拖沓，不欠账"。学生学习，着重课堂讲授，课堂消化；学生作业，着重课堂做，面对学生课堂改，使学生知道错在哪里，为什么要改。有的作业教员只做例改，让学生互改、教员检查，既解决学生回家后因家务、环境等干扰不能专心做作业的困难，也可减轻学生作业和教员批改的负担。

学校提出"知识靠积累，不能搞突击"。每月给学生复习一次，小测验一次，着重平日学习，避免期末一次大改、过分紧张、考完丢光。

---

① 凌秋鹗《达校三十年的回忆》，中国人民政治协商会议贵阳市委员会、中国近现代史史料学学会贵阳市会员联络处编：《师生忆达德》，贵州省科技情报所印刷厂1997年版，第66页。

表3　达德学校课时课目概况表（1926年）

课目＼年级（每周课时）	男小 3	男小 4	男小 5	男小 6	课目＼年级（每周课时）	男中 1	男中 2	男中 3	附记
修身	2				公民伦理	2	2	2	（一）男中、小都为春季招生，秋季只收少数插班生。（二）男小自1922年后改为六年一贯制。（三）男中自1926年起改为三年制，于第四、五学期同年毕业
常识	2	2			国文	6	4	4	
公民					作文	2	2	2	
国语			6	6	英语读本	4	4	4	
作文			2	2	会话	2	2	2	
算数			6	6	图画	1			
珠算			2	2	英语文法	2	2	2	
英语					代数	4	4	4	
音乐			2	2	几何	2	4	4	
国画			2	2	三角	2	4	4	
手工			2	2	物理	2	2	2	
体操			4	4	化学	2	2	2	
本国史					生物	2	2	2	
本国地理					外国地理	2	2	2	
					音乐	1			
					外国史	2	2	2	
					体育	1	1	1	

"三面向"计划即由学校教育推广到社会教育，由普通教育推广到职业教育，由城市教育推广到乡村教育。达德学校积极按"三面向"计划将学校教育推广到社会教育，引导和鼓励学生参加社会实践，开展多种多样的社会教育活动，使达德学校成为一所富有朝气和对社会有一定影响力的学校。

组织师生进行郊游是达德的传统。1910年7月暑假期间，黄齐生和其他教员一起率领50多名学生徒步旅行到修文阳明洞。沿途访问，考察民情，增加学生对社会的认识。此后，组织学生郊游成为达德的传统。

1919年，谢孝思（1905—2008）进入达德学习，在这里结识了黄齐生等具有新思想的达德人士，受到重要影响，在达德高中毕业后留校任教。1928年，考入南京中央大学艺术教育系。毕业后，回到达德中学继续任教，1935—1938年任达德学校校长。

谢孝思任达德学校校长时，与教师汪汝衡创办达德学校分校履三小学，即按照履行和实现"三面向"计划来办学之意。教育要面向社会、面向职业、面向乡村。这些先进的教学理念，至今都不过时。

5. 注重品德教育。达德学校抱着为学生负责的态度，寻求多种教学方法，使学生得到全面发展。为了培养学生良好的思想品德，按一个学期20周，首尾两周不计，共18周，每周集中进行一个方面的训练，如"清洁周""礼貌周"等，由学校按内容拟出条文，写在大木牌上，每周一换。教师利用每天朝会和每周班会进行讲解。讲解的内容或为有关典故，或由学生发言补充，形式生动活泼，学生受益很大。

教师言传身教引领风尚："你生在川，服务在黔。我生在黔，乃今在川。事无大小，各奔前程。"学校劳工孙老头过世，黄齐生为其写墓志铭。教师言传身教，尊重普通劳动者，为学生做出榜样。

6. 创办《达德周刊》，传播新思想和新知识。1917年黄齐生创办的《达德周刊》第肆号上有黄齐生撰写的《对于蔡黄二君国葬之感言》："民国六年四月十三日为国葬蔡君松坡之期，越日为国葬黄君克强之期。二君为手造民国巨子，赝兹懋典，允无惭色。是日各校职员学生齐至城东忠烈祠行礼，缅怀往哲，昭兹来许，鼓舞英风，涤荡瑕秽。吾于是有感。有造时势之英雄，有为时势所造之英雄，二君者，虽非造时势之英雄，固时势所造之英雄也。有一乡一邑之英雄，有一道一省之英雄，有一国之英雄，有世界之英雄，二君者，虽未得为世界之英雄，固一国之英雄也。以一国英雄，受一国人之崇拜，亦固其宜。虽然吾国人崇拜英雄之习性，究果何如，中心真诚之表发乎，一时客气之冲动乎，是则不能无疑也。何言乎中心真诚之表发也，盖凡吾人作一事，必审其事之由来，此其事于吾有如何之关系，有如何之利益，吾之为是有如何不得已，非然者，亦将如专制时代之成例，皇帝寿诞相率而庆贺焉，皇帝典学相率而顶祝焉，皇帝大行相率而哭奠焉，问其于我心有丝毫之安否，吾恐千万人不得一二也。今者对蔡黄二君之敬礼，吾甚不愿仪式之崇隆有以优异于满清之君主，吾惟愿我国民敬礼蔡黄二君之心理稍有所别择于其间，蔡君之宜受吾人崇拜者何在，黄君之宜受吾人崇拜者又何在，崇拜矣而更思所以效法……其意岂不曰东西诸强国皆有新时代之英雄，而我国无之。吾不得不翘吾所有以与彼抗。若者可方彼俾斯麦也，若者可方格兰斯敦也，若者可方华盛顿、林肯也，若者吉田松阴、西乡隆盛也，夫不甘自馁而与人竞，此国民之良好性格。"黄齐生感言，有人认为东方西方列强都有新时代的英雄，而中国没有。列强新时代英雄有德意志"铁血宰相"俾斯麦，英国首相格兰斯敦，美国史上最伟大的总统华盛顿、林肯；日本明治维新的先驱及改革派思想家吉田松阴、西乡隆盛。黄齐生认为蔡锷、黄兴也是堪比上述人物的国家新时代英雄。不甘自馁而与人竞是国民的良好性格，致敬缅怀英雄，可以昭兹来许，鼓舞英风，涤荡瑕秽。由此可见《达德周刊》对新思想和新知识的积极传播。

为了向社会宣传达德学校，除《达德周刊》外，还相继编辑出版了《协同周刊》《达德学校学生白话文周刊》等，1933年4月又发行了《达德》。每年都要将毕业同学名录编辑成册，并收入教职员名单及毕业生文选，由校长作序留作纪念。

7. 成立各种学会。1907年12月29日，《东方杂志》报道达德学堂内设立达德学会，由学堂教员组成，以活跃学校的学术气氛。1908年7月23日，《东方杂志》报道达德学堂设教育谈话会，每星期开会一次。达德学堂的教职员及学生之父兄都可以参会，教育谈话会联络了家庭与学堂的关系，有助于加强对学生的教育。

为提高教学水平，达德学校倡导成立师生学会组织，建立学生自治，进行相互交流，培养学生社会活动能力和自主能力。

1908年，达德学校提倡改良私塾，得到贵州提学支持。在达德设立"改良私塾研究会"，由黄干夫担任会长，逢周日集合全市私塾教师在校开会，凌秋鹗、黄齐生、贾渔卿等先生向他们讲授科学知识和教学方法。

凌秋鹗十分关注达德学校的教学和发展，坚持订阅《上海县教育月刊》，从中吸取和借鉴新的教学思想和新的学术见解。1917年，凌秋鄂说："近闻天津南开学校纪事，所经之艰苦困难，界与吾校相似，以创办诸人百折不懈猛勇进取，始有今日。现其学生将近千人。所分学级中学、师范等部。校中有附设之学会不计其数，即出版之报纸亦不下四五种，其发展犹日进无已，可为吾国之庆应义塾。甚愿本校同人勉为继起，勿让他人独步也。"在凌秋鹗与达德同人们的努力下，达德学校始终跟随时代潮流，保持了较高的办学水平。

8. 免费开办贫儿教育。1915年，学校为了使贫穷儿童也能接受教育，特地开办了"贫儿部"，免费吸收家庭贫困交不起学费的儿童入学，并发给学习用具。这样的扶贫教育，在当时由私立学校开办，实为难能可贵。

9. 高瞻远瞩，开放办学。为了提高教学水平，加强教学人才的培养，达德学校于1910年12月，首次派学生黄鹤龄、聂守微、王慎余、徐炼甫、尚朴公到上海震旦学院学习深造。聂守微是达德学校第一期毕业生，1910年12月，被达德学校送到上海震旦学院学习深造，学成后回达德任教。1915年，黄齐生举荐聂守微为达德学校校长（1915—1916年），自任监学全力襄助聂守微。

1916年黄齐生带王若飞和朱梅麓到日本考察教育，感受较深，回来后倡议派人到日本留学，他说："不特于本校前途关系很大，就是对于本省、本国的发展，关系也很大。"达德学校很快同意，并积极筹款选派龙志澄、何玉书、熊铭青三人赴日留学。

"转坤旋乾仗人才，为问人才合出来。筹得千元留学遣，其中甘苦费君猜。"黄齐生的诗表达了达德学校筹集经费，派送学生的艰难。当时学校从一个基金会筹集3名留学人员费用，不足部分由凌秋鄂垫支，这样凑足了1000元派出3名留学生。还委托黄齐生起草了《达德学校暂行派人留学外国或外省简章》。从中可见达德对培养人才的高瞻远瞩。

1917年冬，达德学校推荐达德毕业生王若飞、刘方岳、刘嵩生三人考试为贵州官费赴日留学生，加上半官费和自费学生共26人，由黄齐生率领一同赴日。

为了增加学校师生的见识，让大家了解时事，聂守微任校长时经常举办报告会，邀请社会名流及留学回国人员来学校演讲。1938年，革命前辈徐特立过贵阳，受时任达德学校校长曾俊侯邀请，到达德学校讲演，介绍延安和宣传革命。各种讲演提供了很多从书本上学不到的知识，很受学生欢迎。

谢孝思在黄齐生的支持下，利用达德学校全部藏书并充实一些进步书刊，在达德校内建立贵山民众图书馆并向社会开放，为社会人士提供了阅览条件。

四、达德学校与新戏剧运动

在中国话剧史上，贵阳达德学校的新戏剧运动处于全国领先地位。师生们自编、自演，以话剧传播新思想，推动社会进步。

从1911年辛亥革命胜利上演改良川剧《大埠桥》起，达德学校每逢重要时局关头，都要创作和演出与时局紧密联系的新剧，以启发和鼓动大众的新思想。1913年，达德学校推出贵州第一部话剧《维新梦》，开启了贵州新戏剧运动之路。达德的新戏剧活动和实践，使贵州成为全国新戏剧运动的发源地之一，也使贵州成为全国最为活跃的，最早上演西方形式话剧的省区之一。

黄齐生在贵州辛亥革命成功后的第四天，便着手创作了《大埠桥》。他聘请川剧艺人排练演出，由著名川剧艺人熊昆山出演何腾蛟。在贵州光复后的第十天（11月14日夜），《大埠桥》在达德学堂演出。时人记述："军民先后入观者数万人，心动神移，泪涔涔下而不自觉也，则我齐生之戏典作用，安得日非神乎教育者耶？"演出的盛况，轰动贵阳城。

1913年，为庆祝达德学校成立十周年，黄齐生以"戊戌变法"为题材，编写文明戏（话剧）《维新梦》。编写之前，黄齐生与达德学校校友、曾就读于上海的聂守微、王慎余、朱冠山、徐炼甫等商议：既然别开生面地开创话剧，务必演出新意，震动民心，让市民对话剧产生浓厚兴趣，从中接受三民主义和民主、自由、图强等新思想。演出时舞台两侧"揭开黑幕，放大光明""把社会权作大戏场，聚英才演出新社会"的对联，就是达德新戏紧扣时局、启迪大众的写照。黄齐生成为贵州新戏剧运动的开拓者。

达德学校上演的话剧，大多为多幕剧。每幕在布景过程中，由一人到台前做剧情解说。常常是黄齐生先生立于幕前，介绍情节，说明要点。黄先生善于演说，幽默诙谐，妙趣横生。每每讲到精彩之处，他也不禁在台上手舞足蹈起来，观众常常听得津津有味，兴味无穷。

与《维新梦》同时上演的话剧还有《武训兴学》。两剧共上演五天五夜，观众场场爆满。《达德学校纪念会会志》中记述了当时的盛况："座位不敷，站立以视，院儿不容。时又大雨如注，秩序井然。每幕演到妙处，拍掌久声不绝。至九时半停演，来宾犹未尽然与觉，观者演者俱乐此而不疲也。"话剧在贵阳的首演，在社会上产生了极大的反响，获得了很大的成功。

黄齐生编写的新剧《共和鉴》于1915年在学校公演，借美国人民在华盛顿的领导下，经过斗争取得独立，建立民主共和国的历史，呼吁国人反对复辟，走向共和。

观众的踊跃，社会的肯定，更加坚定了黄齐生先生等人"以剧教人，以剧育人"的信心。1915年5月9日，袁世凯公然承认日本灭亡中国的"二十一条"。为反对袁世凯的卖国行径，黄齐生编写了新剧《亡国恨》，通过以朝鲜爱国人士安重根刺杀日本内阁总理大臣伊藤博文的历史事件，告诉国人不能够重蹈朝鲜亡国的覆辙。

在黄齐生先生带领学生赴日留学期间（1917—1919年），周杏村、刘方岳、熊志周、聂守微等担负起了话剧的编写和解说工作。1918年又公演了《林则徐焚烟》，自此，编演话剧成为达德学校的传统。

达德学校历年公演剧目

《大埠桥》	1911年	黄齐生编剧
《维新梦》	1913年	黄齐生编剧
《武训兴学》	1913年	黄齐生编剧
《丁文诚除奸》	1914年	黄齐生、聂守微、龙志澄编剧
《亡国恨》	1915年	黄齐生编剧
《共和鉴》	1915年	黄齐生编剧

《恢复共和》	1916 年	黄齐生编剧
《模范乡》	1917 年	周杏村、刘方岳、熊志周、王若飞、范拯民等编剧
《自治鉴》	1917 年	黄齐生编剧
《林则徐焚烟》	1918 年	不详
《意大利统一》	1918 年	不详
《沪江潮》	1925 年	刘方岳等编剧
《金丝笼》	1931 年	周杏村编剧
《尹奉暨》	1931 年	周杏村编剧
《金丝笼》	1933 年	周杏村、谢孝思主演
《奢香》	1936 年	黄齐生编剧

从达德学校编演的话剧里，不难看出达德"以剧教人，以剧育人"的启蒙意识。

《恢复共和》：1916年达德校庆纪念时编演的话剧。全剧分为前、后两部，各为六幕，以希腊奴隶城邦国家的兴起为背景，讲述民主政治与寡头政治的斗争并以平民胜利而结束的故事。

《自治鉴》：1917年11月7日至10日，黄齐生根据意大利建国维新故事改编。王若飞、周杏村等人参加了演出，这也是贵州历史上第一次有女子登台演出的话剧。上演的第一晚，便有很多女宾观看，"颇蒙社会之称赞"。

《模范乡》：1917年，由周杏村、刘方岳、熊志周、王若飞、范拯民等人根据贵州矿冶工人逸事编写的话剧，这是目前我们所知道的贵州最早反映劳动人民生活的话剧。

《丁文诚除奸》：又称《杀小安》。丁文诚即丁宝桢（1820—1886），贵州平远（今织金县）人。该剧演绎咸丰八年（1858）丁文诚在山东巡抚任内捕杀罪名昭著的清廷太监总管、慈禧太后宠信的安德海的事迹。

《意大利统一》：1918年达德十五周年庆时上演的新剧。表现意大利建国三杰马志尼、加里波的和加富尔等领导统一意大利的故事。该剧第三幕"礼贤"的布景采用写实手法。达德学校的话剧，彼时不仅在演技方面进行推敲，在布景道具及音响效果等方面也刻意追求，别开生面，使观众耳目一新。

《沪江潮》：1925年上海"五卅"惨案发生后，工人、商人和学生罢工、罢市、罢课，达德学校师生组成"沪案后援会"声援，并演出反映惨案的新剧，支援上海工人。

"贵州之有话剧,自达德学校黄齐生先生开始。远在辛亥革命成功之初,先生为宣传推翻满清的革命宗旨,用明末抗清英雄贵州黎平何腾蛟殉难的故事,写成《大埠桥》。这是一本改良川剧的剧本。一九一三年(民国二年),达德学校举办建校十周年纪念,黄齐生先生编演新剧(话剧)《维新梦》,本剧叙戊戌政变六君子事迹,这是贵州第一个话剧。旋又编演《武训兴学》(本山东义丐武训办学事迹)。其后黄齐生先生在达校期间,还编演了《共和鉴》(华盛顿抗英独立事迹)、《杀小安》(丁宝桢诛奸事迹)、《自治鉴》(意大利建国三杰事迹)、《亡国恨》(朝鲜志士安重根刺伊藤博文事迹),以及最后(一九三六年)的《奢香》(贵州省少数民族女英雄事迹)等话剧。很可惜,除《大埠桥》这本改良川剧还有孤本保存在省博物馆而外,这些话剧剧本尽都失传了。这些剧本的演出,都是先生自己导演。"(谢孝思,1990年6月2日记)

黄齐生先生及达德师生创演的话剧,不仅为贵州话剧的兴起和发展奠定了坚实基础,而且对全国的话剧活动产生了一定影响。抗战时期,各地名人、艺人相聚贵阳,贵阳话剧创演的经验得到交流和传播。程摸、赵彤、邱釜、陶熊、万流、郭家华等,就是从贵阳到上海、杭州、广州、武汉等地从事话剧的话剧家。

五、达德学校的办学成绩及影响

贵阳达德学校的建立,冲破了封建礼教的束缚,在新思想、新潮流的带领下,开创了贵州近现代教育史上诸多第一。它在贵州率先创办女学和幼稚园,拥有第一个女教师,倡导女子不缠足的"天足"运动;在贵州首次实现白话文教学,创办贵州第一份教育杂志,第一个派遣毕业生到国外留学。达德学校将教学与社会实践相结合,其先进的教学思想、新颖的办学方法,走在全国教育前列,是贵州教育史上一面鲜艳的旗帜。

贵阳达德学校创立于中国社会巨变前夕的20世纪初。它的创立打破了中国传统的封建教育体系。学校坚持以先进的文化思想教育人,传播科学知识,秉承"智、仁、勇"的传统精神,倡导"好学、力行、知耻"的优良品质,为社会培养了一批批有用之才,是贵州第一批近代性质的新式学校,开启了贵州近代教育的新篇章。1915年,首届巴拿马太平洋万国博览会举行,除了贵州茅台外,贵阳达德女校和育英高等女学、女子手工学校也在展会上获得金奖,享誉世界。

达德学校师生坚持以社会职责为己任,积极参与革命斗争。师生们在贵州民主革命运动的每一个重大时刻,都始终走在时代的前列,涌现了一批献身于人民民主解放事业的革命志士，在中国近代史上写下了光辉篇章，成为贵州民主革命的先锋。著名的革命志士如王若飞（1896—1946），7岁由其舅父黄齐生带至达德学校就读，并曾任教于达德学校。中国共产党早期杰出的无产阶级革命家，1946年参加国共两党"重庆谈判"，4月8日，从重庆返回延安途中坠机遇难，为"四·八烈士之一"。黄齐生（1879—1946），爱国民主人士，著名的进步教育家，曾任达德学校校长，1946年4月8日，与王若飞等从重庆返回延安途中坠机遇难，为"四·八烈士之一"。

达德学校也是贵州新戏剧运动的开拓者，利用话剧针砭时事，宣扬民主意识和民主思想，激发广大师生和社会民众的革命激情。

达德学校培养了众多的人才。达德毕业生统计（1904—1949年）：

小学部毕业43期，旧制中学部毕业4期，初级中学部毕业29期，高级中学部毕业6期，毕业学生总计近万名。达德学校培养的部分优秀人才有：

李良琪：气象学家；赵直中：化学副教授；王坪：著名新闻记者；肖家驹：音乐家；李家祁：农业副研究员；黄淑萱：教育家；来其苏：高级会计师；王克仁：教育家、贵阳师范学院首任院长；曾应祥：外语教授；林辰：作家、编辑、鲁迅研究院著名学者；何立贤：地质学家；周昌寿：数理学家、商务印书馆编辑；秦元魁：油画家；李光斗：作家、副研究员；蒋仲仁：教育家；黄晓芬：中国歌剧舞剧院首席大提琴家；弋良俊：作家；黄晓苏：歌剧演员、音乐家；朱厚锟：教育家；黄晓同：上海音乐学院指挥系教授；张桂筑：哲学副教授；黄晓和：中央音乐学院教授、著名指挥；刘宗棠：贵州师大教授；黄晓芝：中央音乐学院教授、小提琴家。

综上所述，达德学校推动了贵州近代学制体系的建立与完善，培养了大批优秀的人才，对促进贵州经济社会发展起到积极作用，不愧为贵州近代史的一面旗帜。

李端棻教育思想的特点研究
——以"经世致用"为中心

李玉奇　吴小丽[①]

(贵阳学院阳明学与黔学研究院，贵州贵阳，邮编：50005)

摘　要　李端棻被誉为"中国近代教育第一人"，又是戊戌变法的领袖人物，他企图通过教育来救国，其教育思想中透露出经世致用的特色。传统经世致用思想涉及道器、群己、知行等关系。以道器关系观照，李端棻将治国救民思想融入教育之道，体现在教学内容中，特色在于以中学道器观划分西学，并注重普通学说；以群己关系观照，李端棻将启智救群思想融入教育之道，体现在组织框架中，特色在于救群先救己，并加入平等思想；以知行关系观照，李端棻将学以致用思想融入教育之道，体现在教学方式中，特色在于理论实践合一，并注重践履游历。因时局变迁，李端棻教育思想中的经世致用思想体现出东西文化汇融的特征。

关键词　李端棻；教育；经世致用

纵观李端棻一生，他曾为戊戌变法领袖人物，亦官居一品，是一位出色的政治家，又是北京大学首倡者，倡导全国广办学校、推广现代教育，是一位优秀的教育家，这双重身份使得他将经世致用思想含摄在其教育思想中。

一、经世致用与教育之道

李端棻被誉为"中国近代教育第一人"，又参与戊戌变法，曾任礼部尚书，他意欲通过改革教育而救国，其教育思想中富含传统哲学中经世致用思想，其

[①] 作者简介：李玉奇，男，贵阳学院阳明学与黔学研究院中国哲学专业硕士，主要研究方向：中国哲学。吴小丽，女，哲学博士，贵阳学院阳明学与黔学研究院研究员，北京大学哲学系访问学者，主要研究方向：中国哲学与佛教哲学。

经世致用思想中又吸纳了西方科学文明，是为李端棻教育思想的一大特色。

经世致用是中国传统哲学中一个重要的思想，其义理涉及道与器、群与己、知与行等范畴，对于儒家来说，经世致用尤为关键，这体现在内圣外王之学中。"经世""致用"在早期是分开使用的，《庄子》中言："夫道未始有封，言未始有常，为是而有畛也……春秋经世先王之志，圣人议而不辩。"此语境中，"经世"二字关乎道体而见诸世间，道是中国哲学中的核心范畴，通常被视为万物之本源或行事之方法，与器、术等相对。《后汉书·西羌传论》记载："计日用之权宜，忘经世之远略。"① 此语境中，"经世"二字关乎治国而见诸策略，焦距重点乃是治国之术，与"日用"相对。"致用"最早见于《周易·系辞上》："备物致用，立成器以为天下利，莫大乎圣人。"② "致用"二字关乎群己而见诸器物，在日用常行中不可避免。后来，"经世""致用"合用，含摄二字的种种意蕴，其所指更为宽泛，而核心还是治国与实用。因注重家国天下与入世之用，儒家非常注重经世致用。春秋时期礼崩乐坏，孔子周游列国以推行仁政，是其"学以致用"的理念体现。后宋明儒学为抗衡佛学思想，亦注重经世致用，以王阳明为例，其"知行合一""事上磨炼"等理念无不体现出经世致用的思想。明清之际，面对国破危难，顾炎武、黄宗羲、王夫之批判王学末流中空谈心性的弊端，大力倡导经世致用，以解决现实问题。

以李端棻的人生经历来看，将经世致用思想应用于教育思想是自然而然的。李端棻自小读四书五经，受儒学影响较大，李端棻认为："吾一生为人之道，得之吾叔；为学之道，得之吾舅。"③ 李端棻舅父何亮清与叔父李朝仪皆注重儒学，引导其科举，李端棻后考中进士，进入翰林，被任命为乡试主考官，后又担任全国会试总裁，足见其生涯与经世致用、教育事业相关。1896年（光绪二十二年），李端棻写《请推广学校折》上奏光绪帝，分析国家近况的同时首倡建立京师大学堂（北京大学前身），其中引进西方文明和文化，一方面体现出经世救国思想，另一方面设计了近现代化教育的纲领，其间他支持戊戌变法，后戊戌变法失败受到牵连。1901年（光绪二十七年），李端棻回到贵阳，投身教育事业，主讲贵州经世学堂，次年与友一起创办了贵阳公立师范学堂等，成为近现代化教育的实践者。在贵期间，又撰写《普通学说》，该书关注教育与政治，包含几何、算术、地理等16个科目，对西方文化和科学吸纳甚多。

---

① 范晔：《后汉书》卷八十七，中华书局1965年版，第2901页。
② 王弼：《周易注疏》，中央编译出版社2013年版，第370页。
③ 李端棻：《苾园诗存》，许先德、龙尚学主编：《金筑丛书》之《贵阳五家诗钞》，贵州教育出版社1995年版，第2页。

二、道与器

传统经世致用思想极其重视道器关系,李端棻的教育思想以救国育人为目的,含有道器关系,其中的道器观体现出中西结合的特色。传统哲学中,道是一切显现之源,有其超越性,也有其现实性,对道的认识更注重离言领悟,不易用语言直接表述,在与经世致用思想的互动视角中,道倾向于形上的抽象治国理念或事物依据,器倾向于形下具体的事物现象或治国方法,道器往往是不离关系。李端棻曾分析当时治国之道不能行的原因:"诸馆皆徒习西语西文,而于治国之道,富强之原,一切要书,多未肄及。"① 在李端棻看来,教育是治国之道的关键,而学习者只学习西方语言文字而不学治理国家之道,这导致了国家不能富强,教育的理念和内容决定了治国之道的开展。

李端棻以中学道器观对西学进行了划分,并应用于教育。李端棻认为:先人有言,形上谓之道,形下谓之器,西学亦然。就理化类言,如声光电化,器也,其所以构成之公例,道也。就政治言,法令,器也,其所以制作之公理(日本人谓之原理),道也。故习理化者当以得其公例为主,习政治者当以得其公理为主。② 此处的"先人"指中国古代先哲,"形而上者谓之道,形而下者谓之器"的说法源自《易传》,可见,李端棻在此处是以中国传统哲学的分类方式来解析西学。李端棻认为,西学中的理科、文科可以分别被归入中学中的道、器之分:就理化而言,声光电化等具体现象是为器,具体现象背后的依据和构成公例才是道;就政治而言,法令等具体的条理方法是器,而条理方法得以制作的背后公理才是道。学习者必须做到主次分明,以道为主,以器为辅,学理者注重公例,学政者注重公理。李端棻不仅能够将中学化入教育理念之中,还能以此统摄西学,足见其中学修养深厚。

在道器观的影响下,李端棻在教学内容上既注重传承中学,又积极引入西学,其对中学的传承有知今而用的倾向,对西学的引入亦体现出致用倾向。李端棻认为:"知今而不知古,则为俗士;知古而不知今,则为腐儒。"③ 可见其对儒学的传承不是一味守旧的,而是要将古今融会贯通,只知道古代学问而不知现代发展的儒者是为腐儒。在内容上,府州县学习"《小学》等书"④,省学

---

① 汤志钧、陈祖恩:《戊戌时期教育》,上海教育出版社1993年版,第116页。
② 李端棻:《普通学说》,转引自钟家鼎:《李端棻评传——兼论维新官僚在戊戌变法中的地位与作用》,海南出版社2004年版,第344页。
③ 中国史学会:《戊戌变法丛刊》(二),神州国光出版社1953年版,第295页。
④ 陈学恂:《中国近代教育文选》,人民教育出版社2001年版,第64页。

"诵经史子及国朝掌故诸书"①，这些皆是传统中学；同时，府州县"辅之以各国语言文字及算学、天文、地理之粗浅者，万国古史近事之简明者，格致理之平易者"②；省学"辅之以天文、舆地、算学、格致、制造、农、商、兵、矿、时事、交涉等学"③。这实际是"中体西用"的体现，社会发展并非一蹴而就，李端棻看到了科举制度的弊端，但并没有废除科举制度，而是加以优化，并增加西学。晚年在贵州从事教育事业时，李端棻尤其强调西学中普通学科的重要性，著有《普通学说》，其中普通学分十六科，他认为，为学的最初一步就是普通学，普通学中富含科学思想。

三、群与己

传统经世致用思想极其重视群己关系，李端棻的教育思想以启民智而救国家，含有群己关系。传统哲学中，群指向群体，己指向个体，群体与个体共济是经世致用思想所服务的对象。李端棻教育思想中的群己关系主要体现为最大限度地开启民智，其中亦含有平等思想。李端棻强调教育开启民智的重要性："夫以中国民众数万万，其为士者十数万，而人才乏绝至于如是，非天之不生才也，教之之道未尽也。"④ 中国人口非常多，其中仁人志士也非常多，但人才缺乏，造成这一现象的问题就出现在教育之道不能尽，而非人种本身的问题，这无疑客观分析了教育与国情之间的关系，肯定了民族种性。

李端棻思想中的群己关系对传统有所突破，他强调先修己而后救群，并含有平等自由思想。李端棻在《赠何季纲表弟》中写道："霸主事功惟足食，圣门货殖亦称贤。治生岂曰非儒者，择术何妨法计然。欲救国贫先自救，萌芽商学要精研。"⑤ 随内忧外患，当时的社会结构发生变化，李端棻结合时局实况，对传统社会阶层的期待有所转变，其重视商业，认为儒者亦可以货物治生，这并不妨碍儒者成为圣贤。此外，李端棻认为，要救国家群体首先要救自己这个个体，并敏锐发现商学萌芽，鼓励精研商学，这些无疑都是非常切实致用的想法。

---

① 陈学恂：《中国近代教育文选》，人民教育出版社 2001 年版，第 64 页。
② 陈学恂：《中国近代教育文选》，人民教育出版社 2001 年版，第 65 页。
③ 陈学恂：《中国近代教育文选》，人民教育出版社 2001 年版，第 65 页。
④ 中国史学会：《戊戌变法丛刊》（二），神州国光出版社 1953 年版，第 292 页。
⑤ 李端棻：《苾园诗存》，许先德、龙尚学主编：《金筑丛书》之《贵阳五家诗抄》，贵州教育出版社 1995 年版，第 19 页。

在主持贵州经世学堂讲学期间，李端棻留下"君不堪尊民不卑""政策群谋胜独谋"①的诗文，体现出群己之间互动方式，蕴含平等思想。而且，他还讲授《卢梭论》、《培根论》、孟德斯鸠的三权鼎立论、达尔文的进化论等西方思想，并赞许学生把卢梭与孔孟并论，这都映射出他的群己观中对自由、平等的期待。

李端棻在《请推广学校折》中提出"一经五纬"的教育改革方案，体现出其教育思想中对群己关系的安置。李端棻主张自京师以及各省、府、州、县都开设学堂，其中县、府学最为基础但也最为核心，以此连接省学和京师之学，形成三级阶次，这实际是在组织框架上将不同群体连接起来，便于教育思想的深研与扩展。在新式学堂招生方面，他主张府、县学办学选拔学生要12至20岁，不限制贫穷富贵，这无疑扩大了教育的受众群体。省学选拔学生要25岁以下者获举人以上。京师学堂办学对学生入学资格要求严格，须贡监以上并且年30以下，或者是当时京官，这是对教育精纯度的保证条件之一。另外，李端棻主张设立藏书楼，尽可能为全体学子带来便利，尤其是有志读书而无财购书的群体的福利；李端棻主张广立报馆，企图让普通民众都能开启智慧，了解国家乃至世界的格局动态。

四、知与行

传统经世致用思想极其重视知行关系，李端棻的教育思想以致用而强国，含有知行关系。传统哲学中，知有道德之知与理论知识两个维度，行亦有道德之行与实践活动两个维度。李端棻教育思想中的知行关系主要体现为理论与实践的关系，亦有道德修养层面的指向。李端棻在任副堂办的贵阳公立师范学堂章程中明确标示："学生以修身、勤学、忠君、爱国为本源，以知行合一为宗旨。"足见李端棻重视"知行合一"。

从李端棻的生平实践和文字言语中，可透露出传统文化中知行观的两个维度。李端棻批判教育中动机不纯的功利现象："利禄之路，不出斯途，俊慧子弟，率从事帖括以取富贵，及既得科第，遂与学绝，终为弃材。"② 当时有许多学生学习只是为了考取功名、获取富贵，一旦获得科第，便放松甚至放弃学习，这是李端棻分析教育不能经世救国的原因之一，一旦学习动机出现问题，后面的道德践行就不可能达成。李端棻亦指出理论与实践脱节的现象："诸学或非试

---

① 李端棻：《苾园诗存》，载许先德、龙尚学主编：《金筑丛书》之《贵阳五家诗抄》，贵州教育出版社1995年版，第7-8页。
② 中国史学会：《戊戌变法丛刊》（二），神州国光出版社1953年版，第293页。

验测绘不能精，或非游历察勘不能确，今之诸馆，未备图器，未遣游历。"① 学问如果只停留在理论层面而不去切实地实践，对试验测绘、游历察勘等活动不加重视，就不可能取得精准明确的成果，只有将理论与实践结合才能实现真正致用。当然，基于国难当头的急迫性，李端棻在知行关系中更注重理论与实践这一维度，从他的《请推广学校折》与《普通学说》涉及的内容及数量便可以证明这一点。

针对教育中实践不足这一弊端，李端棻特别强调学以致用，并提出具体方法。早在1889年典试广东时，李端棻为题：（1）"子所雅言诗书执礼"至"子不语怪力乱神"；（2）"来百工则财用足"；（3）"离娄之明，公输子之巧"。② 这些题目都投射出李端棻选举人才的倾向，那就是经世致用，"子不语怪力乱神"意味着其注重现实，后两条强调工巧等实用之技与器。在晚年所著《普通学说》中，李端棻认为："今日读书分两途：一救时者，学成即以致用也；一穷理者，毕生优游于一学之中，穷其已发见者以增进人类之智识者也。"亦可以看出他将致用视为救世之良药。在《请推广学校折》中，李端棻提出创立仪器院、选派游历等举措，尤能体现出实践致用的方法。李端棻奏请在各级的学堂特别设院来购藏仪器，这就是要借实际仪器物件将学习落实在致用中。选派游历有两方面，一是将学生派至各省察验矿质、商务等，一是将学生派至各国考察学校、工厂等，这都体现为实地考察的实践活动。

---

① 中国史学会：《戊戌变法丛刊》（二），神州国光出版社1953年版，第292页。
② 丁文江、赵丰田：《梁启超年谱长编》，上海人民出版社1983年版，第21页。

李端棻与近代中国优秀知识分子的交往及其影响

许桂灵　许桂香[①]

(中共广东省委党校中国特色社会主义研究所，广东广州，邮编：510053；
贵州民族大学民族科学研究院，贵州贵阳，邮编：550025)

摘　要　贵州历史文化名人李端棻是中国近代著名政治家、改革家和教育家。在近代中国挽救民族危亡、实现民族振兴的时代背景下，他怀着强烈的经时济世和强国富民的爱国之忧，发动组织从朝廷到地方的各界知识分子为基本队伍，积极开展政治和教育革新运动，并取得了开拓性的成就，包括推动戊戌变法、创设北京大学和各省中小学等新式学堂、掀起留学运动、宣传西学等，开一代新风，产生了深远影响，彪炳于中国近代史册。

关键词　李端棻；近代中国优秀知识分子；社会交往；历史影响

人类在生产实践中不仅形成人与自然的关系，而且形成人与人的关系。马克思指出："生产本身是以个人彼此之间的交往为前提的"[②]，人的本质，"在其现实性上，它是一切社会关系的总和"[③]。贵州历史文化名人、一代大儒李端棻，是中国近代著名政治家、改革家和教育家，尤其是他作为中国近代教育的开拓者和先行者，对中国文化事业发展贡献甚大，彪炳于中国近代史册。李端棻一生，与知识分子相处，彼此建立了密切关系，对近代中国转型时期培养出来的知识分子的思想观念、思维模式和行为范式的影响，以及由此而产生的社会影响和社会效应等都巨大且深远。探讨李端棻与这些知识分子的交往关系及

[①] 作者简介：许桂灵，女，中共广东省委党校中国特色社会主义研究所研究员、博士，主要从事区域文化研究。许桂香，女，贵州民族大学民族科学研究院副研究员、博士，主要从事历史文化研究。
[②] 中共中央马克思恩格斯列宁斯大林著作编译局编译：《马克思恩格斯选集》（第一卷），人民出版社1995年版，第68页。
[③] 《马克思恩格斯全集》（第三卷），人民出版社1960年版，第5页。

其影响，既是研究李端棻其人其事的一个重要方面，也是一个绕不开的话题。本文拟就此做一个全景式扫描，以抛砖引玉。

一、李端棻交往知识分子的社会构成

李端棻生于贵州贵阳，祖籍湖南衡州（今衡阳）。他出身于官宦世家，大半生住在京城，晚年返筑，前后为官38载，主要从事选拔人才和教育事业。不仅日常接触的多为知识分子，而且工作对象也主要是知识分子，其社会交往关系也与这些知识分子紧密相关。这些知识分子，直接或间接与李端棻交往者，大致可罗列如下。

（一）朝廷高官

李端棻于同治二年（1863）考中进士，被任命为翰林院编修，从此踏上仕途，开始与朝中高官大吏密切往来、参与朝廷大事及以朝廷命官身份巡视各地，接触了一大批知识分子。在翰林院，他被擢为内阁学士，为大学士倭仁、尚书罗敦衍所器重。同治十一年（1872）李端棻出任云南学政，主管教育，足迹遍及全省，使云南教育大有改观。不久，他出任山西乡试主考官。光绪十五年（1889）至光绪二十年（1894），他先后出任广东、四川、山东等地乡试主考官及全国会试副总裁，接触了不少朝中高官。其中，张之洞、陈宝琛、张佩纶、宝廷、邓承修、黄体芳、张楷、邓庆麟、邵积诚等与李端棻同为清流派官员，他们相互砥砺，抨击时政，有"松筠十君子"之誉。[1] 帝党形成后，李端棻与翁同龢、孙家鼐、志锐、文廷式、汪鸣銮、长麟、张謇等帝党成员关系甚密。1898年戊戌变法前，李端棻向光绪帝密荐康有为、谭嗣同。变法期间，又向朝廷举荐严修、寿富、唐才常、曾习经、狄葆贤、夏曾佑、汤寿潜、欧榘甲、韩文举、崔朝庆、宋梦槐、程先甲、徐勤、罗普、戴修礼等16人。[2] 李端棻在被流放新疆之前，一直在朝中做官，与这些知识分子往来，影响他们的政治倾向和国家大事势在必然。

（二）维新人物

帝党后来转变为维新官员，李端棻也属其列，赞同、支持并参与了维新活动。光绪二十一年（1895），康有为与梁启超、麦孟华等人召集各省在京会试举人，联名上书光绪帝，反对清政府签订丧权辱国的《马关条约》，"以一昼两夜

---

[1] 何光渝：《山高人为峰》，贵州人民出版社2016年版，第205页。
[2] 秋阳：《李端棻传》，贵州民族出版社2000年版，第86页。

草万言书,请拒和、迁都、变法三者。……至此千余人之大举,尤为国朝所无"①,震动全国,拉开了维新变法的序幕。在《上皇帝书》上题名者中,广西有99人,贵州95人,广东87人,四川71人,甘肃61人,陕西55人,江苏47人,直隶(河北)37人,云南15人,山西10人,福建8人,安徽8人,湖北4人,湖南4人,江西2人,吉林1人,加上发起人"具呈举人康祖诒(康有为)"②,共计605人(包括李端棻的4个堂弟)③。其中贵州籍举人约占总数的1/6,位居第二,这与李端棻的参与和对贵州士人的影响是分不开的。这些举人来自16个省区,约占清代全国18个省区的89%,可见这场运动涉及地区之广。绝对人数虽不多,但革命的火种已燃烧起来,从部分朝廷高官到普通的知识分子都加入斗争的行列,其中有许多人是李端棻提拔的名士。这些知识分子矢志变法图强的勇气和家国情怀,唤醒和激励了越来越多的国人加入救亡图存的队伍中。建立学会、广泛发动知识分子、扩大维新宣传的影响,是全面推行维新变法的一个重要途径。康有为云:"思开风气,开知识,非合大群不可,且必合大群而后力厚也。合群,非开会不可,在外省开会,则一地方官足以制之,非合士大夫开之于京师不可,既得登高呼远之势,可令四方响应。"④"合群"以"广联人才,创通风气"⑤,成为知识分子现代觉醒的标志之一⑥。戊戌变法前和变法期间,李端棻向光绪帝举荐的人才,皆为各省区知识分子中的精英。正如有研究者指出:"这些人后来多为维新志士,在戊戌变法中起到了不可估量的作用。李亦曾举荐过康有为和谭嗣同,此二人乃戊戌变法的领导人,对变法的作用是不言而喻的。"⑦除了大力向光绪帝推荐相关人选,李端棻还是戊戌变法的积极参与者、康梁坚定的政治盟友。他与康梁等知识分子并肩战斗,终于迎来全国性的暴风骤雨。戊戌变法是中国近代史上一次重要的政治改革。梁启超云:"戊戌维新,虽时日极短,现效极少,而实二十世纪新中国史开宗明义第一章也。"⑧ 在这一过程中,李端棻等人也完成了由帝党向维新人物的转变。

---

① 梁启超:《康有为传》,团结出版社2004年版,第118页。
② 乔继常选编:《康有为散文》,上海科学技术文献出版社2013年版,第122页。
③ 涂宗涛:《莘楼藏书琐谈》,天津古籍出版社2013年版,第137页。
④ 《康南海自编年谱(外二种)》,中华书局1992年版,第29-30页。
⑤ 纪能文、罗思东:《康有为传》,安徽人民出版社1998年版,第86页。
⑥ 张景华:《公车上书:唯有变法才能图强》,《光明日报》2018年11月2日。
⑦ 王美东:《李端棻年谱》,《贵州世居民族文献与文化研究》2016年总1期,第80-81页。
⑧ 《梁启超评历史人物合集·明清卷》,华中科技大学出版社2018年版,第102页。

(三) 地方官员

戊戌变法席卷全国，也有部分地方官员参与其中。这些地方官多为科举出身，是知识分子群体的组成部分。他们或与李端棻站在同一条战线上，或响应变法维新的号召，执行具体的变法事项，是戊戌变法的积极参与者，李端棻与他们也有密切的关系。另外，李端棻的弟子遍天下，其中有人与地方官员有师承、门生、上下级等关系。这个几乎遍及全国的群体，极大地拓展了李端棻与知识分子的往来与联系。如李端棻任云南学政期间，与云南总督岑毓英往来甚密，两人曾联名上书，请求恢复云南因战乱而停办的乡试。作为岑毓英之子岑春煊的业师，李端棻很了解也很注重发挥学生的专长，并将其举荐给光绪帝，使其受到召见，"即被特简"。岑春煊《乐斋漫笔》云："不数日，即有简任广东布政使之命。旧例京曹外用者，大抵实任三品卿方能简授落司，余以销假请安尚未收缺人员，即被特简，实异数也。"① 1901 年，岑春煊任山西巡抚，创办山西大学、山西农林学堂。1902 年调任四川总督，先后创办四川高等学堂（今四川大学前身）、四川通省劝工局。1903 年，岑春煊调任两广总督，办学不遗余力，贡献甚大。至 1906 年，在广东，由提学司直辖学堂有：高等学堂 1 所、法政学堂 1 所、两广方言学堂 1 所、两广高等工业学堂 1 所、两广初级师范学堂 1 所、蚕业学堂 1 所、随宦学堂 1 所、理科研究所 1 所、岭东同文学堂 1 所、小学堂 8 所。加上其各地方之学堂，全省计有学堂 636 所，在校学生 36200 余人。② 1906 年，全国共有学堂 23888 所，在校学生 545338 人，③ 广东分别占 2.7% 和 6.6%。岑春煊在广东任职三年，广东教育发展迅速，这与其受李端棻的教育思想影响不无关系。又如云南一代才子陈荣昌，为时任云南学政的李端棻所赏识。陈荣昌于光绪九年（1883）中进士，光绪十二年（1886）授编修，光绪十四年（1888）提督贵州学政，二十一年回云南主讲经正书院。李端棻在任上时一直关心陈荣昌，到晚年仍与其保持良好的师生关系。陈荣昌虽未参加戊戌变法，但他一直支持李端棻在变法中的作为，同情变法失败后李端棻的处境。他曾为李端棻《消寒小集》诗集作后序，并两度入黔任职，与李端棻书信酬唱往来不断，交谊深厚。

(四) 教育界人士

李端棻一生致力于教育事业，故与教育界人士往来甚多，交游甚广。其教

---

① 荣孟源、章伯锋主编：《近代稗海》（第一辑），四川人民出版社 1985 年版，第 85 页。
② 谭群玉、曹天忠编：《岑春煊集》（第五册），广东人民出版社 2019 年版，第 362 页。
③ 李占萍：《清末学校教育政策研究》，河北人民出版社 2014 年版，第 182 页。

育改革思想、创新教育的举措,在这类知识分子中产生广泛而深刻的影响,这类知识分子也是接受李端棻教育革新思想最多的一个群体。李端棻提出《请推广学校折》这一极具教育创新的举措,首在京师得到拥护和实施,受众自然是京师的广大知识分子。这个奏折中提出的一大倡议是设立京师大学堂(今北京大学),得到光绪帝允许。梁启超据此拟定《京师大学堂章程》,交由孙家鼐具体操办,包括延聘中外教师、学科设置、校舍、学制、课程、考试、毕业等一系列问题。特别是对光绪帝选拔本地官员管理各地学堂,梁启超极为赞赏,称:"此诏命以各省在籍绅士督办,实为地方自治之权舆,益将以学校一事为起点,推而及于他事也。"①办学热潮兴起后,很快就形成了在校学生群体。1905年,京师大学堂举办首届运动会,各科学生都参加了。现场观摩者上至管学大臣、王公贵族以及大批记者和各国驻华使节,下至普通百姓。这次运动会的举办,不仅对全国学风产生了极大的影响,也极大拓展了李端棻的人脉,他由此声闻朝野,与教育界知识分子的联系与往来也更为密切。

李端棻获赦返筑后,不改初衷,继续为当地教育事业日夜奔忙,殚精竭虑,为推动贵州近代教育发展立下了汗马功劳,由此与贵州知识分子交往频繁,影响深广。如1902年,深受李端棻维新思想影响的贵州巡抚邓华熙,在李端棻返筑不久,即聘其为贵州经世学堂山长。是年7月23日,邓华熙将贵山书院改为贵州大学堂,并令各府设中学堂、各县设小学堂,由此在贵州掀起了办新学热潮。同年,李端棻与当地乡绅于德楷、李裕增、乐嘉藻等创办了贵州第一所公立的贵阳师范学堂,为我国最早设立的师范学堂之一。1905年,李端棻与于德楷、唐尔镛、任可澄、华之鸿等人创办贵州省第一所公立中学——贵州通省公立中学堂,是年2月开学,以后历经变迁,今为贵阳一中。②1906年10月,李端棻与唐尔镛、任可澄、华之鸿创立贵州教育总会筹备会,聚集了一批热心教育事业的知识分子,对发展贵州近代教育作用匪浅。同年,贵州当局奉命裁撤贵州学务处,改设贵州学务公所。时任贵州巡抚的岑春煊聘唐尔镛、任可澄、李端棻、赵以炯等人为议绅。加入这一教育管理机构后,李端棻结识了一批地方教育人士。据有关方志统计,从光绪二十八年到宣统二年(1902—1910年),贵州全省办起各类学堂683所③,发展迅猛,"也成为日后中华大地传播新思想,

---

① 中国史学会主编:《戊戌变法》(二),上海人民出版社1957年版,第46页。
② 《贵州省博物馆藏品志》编辑委员会编:《贵州省博物馆藏品志》,贵州人民出版社1990年版,第449页。
③ 任吉麟主编:《贵州省志·教育志》,贵州人民出版社1990年版,第14页。

教育培养新型知识分子和发动改革或革命的摇篮或基地"①。这与李端棻倾注的心血和努力是分不开的。一个庞大的知识分子队伍也由此应运而生，为贵州近代社会变革奠定了人才基础。

（五）实业界人士

李端棻紧跟时代潮流，重视实业，并在其中扩大知识分子队伍。1904年，他应湖广总督张之洞邀请去湖北，了解湖北新政运动。回黔后，他立即开展收回路矿权利的运动。在其大力倡导下，成立了贵州全省铁路矿务总公司，向社会招股，计划自办铁路。虽然这个总公司由于各种原因未能办成，但它却是贵州人积极探索自强之路的努力和尝试。民国杨恩元等所撰《历代黔贤传略》云："黔中铁路矿产，涎者数国，国内奸人，亦欲借外资以牟利，常谓利器不可假人，民膏不可外溢，力倡自办之议，事虽未就，而奸谋永塞。"② 李端棻曾任总公司总经理，于德楷为协理，周素园为文案。总公司组成和参股人员都是洋务运动中热心实业的人员，不乏技术、管理、金融界等知识分子。他们聚集在李端棻的周围，成为实业救国运动中的一支重要力量。

（六）家族成员

李端棻幼年丧父，先是在筑受业于舅父何中宪，后随侍叔父李朝仪于京师。李朝仪曾任顺天府府尹，何中宪学识渊博，咸丰十年中进士，曾被派往四川任知县。他们二人都视李端棻如己出，悉心培养，使之受到良好教育，并进入朝廷高层。作为朝廷的一位高官大吏，李端棻发现了广东新会梁启超这个人才，并将自己的堂妹李蕙仙许配给梁启超。梁启超的祖父和父亲均为当地乡绅，以教书为生，而李蕙仙则出身官宦世家，幼承家学，有才女之誉，李梁两家由此姻亲关系而连成一体，在情感上相互信任、相互依赖，在事业上相互扶持、相互成就。如梁启超是中国近代资产阶级改良派的著名政治活动家，李蕙仙是其政治活动的有力支持者和参与者。后来她随梁启超到上海创办《时务报》（该报为维新派最重要、影响最大的机关报，对推动维新运动起了很大作用），并在上海创办女子学堂，成为中国第一位女学校长，为培养新式女性知识分子做出了贡献。又如，梁启超是公认的清末优秀的学者、百科全书式的一代奇才，9个子女——梁思顺、梁思成、梁思庄、梁思永、梁思忠、梁思达、梁思懿、梁思宁、梁思礼深受家族文化熏陶，都很有成就，有"一门三院士、九子皆才俊"③ 之

---

① 谭佛佑：《论李端棻对中国近代教育改革的重大贡献》，《人文世界》2011年总1期。
② 张周全：《李端棻研究资料汇编》，中央民族大学出版社2021年版，第99页。
③ 朱广联编：《家书有约》，天津人民出版社2021年版，第151页。

誉，是中国知识分子的楷模，在中国近现代文化科技史上占有一定地位。他们的后代继承了李梁家族的崇文重教，以经时济世、强国利民为己任的优良传统，在不同领域取得了卓越成就。

李端棻的另一条宗亲关系是贵阳何氏家族。贵阳望族何亮清的姐姐是李端棻的母亲，由此衍生出李端棻与贵阳何氏的关系，也是李端棻建立与黔省知识分子关系的另一条渠道。贵阳何氏家族是明清时期贵州著名文化世家。清代贵州有"五代七翰林"（何氏家族进入贵州后，第十二代何锦，十三代何德新、何德峻，十四代何学林、何泌，十五代何应杰，十六代何亮清都是进士且都进入翰林院）、"一榜三进士"（咸丰十年，贵州进士五人，何家居其三，即何亮清、何鼎和何庆恩）[①]的美谈。何氏家族人才迭出，都是有名望的知识分子。这些宗亲关系为李端棻在京城等地任职，以及返筑后从事教育、推广新政、宣传西学提供了有力的社会基础。

二、李端棻与知识分子交往的社会影响

在清末中国社会转型、新旧政治格局交替之际，李端棻在参与戊戌变法的过程中，积极发掘和培养知识分子，形成了一支新生的社会力量，对改变中国社会结构和知识结构、开启民智、发展新式教育、开一代新风等作用匪浅。其在特定历史条件下与新兴的知识分子阶层所建立关系的社会影响，大抵可归结如下。

（一）助力变法维新

在清末国势衰微、内外交困之时，以康梁为首的一批爱国志士，冒着极大的风险，发动了震惊内外的戊戌变法运动。这些中国传统的旧式知识分子，在"西风东渐"的背景下，在不同程度上受到西方启蒙思想家（如洛克、卢梭、孟德斯鸠、狄德罗等）的影响。戊戌变法是以知识分子为主体的改良运动，虽未获成功，但推动光绪帝颁布了一系列有利于中国资本主义发展的政治、经济、文教等政策和诏令[②]，推动了中国近代化进程，影响深远。1857年恩格斯在《波斯与中国》一文中预言："中国的南方人在反对外国人的斗争中所表现的那种狂热态度本身，显然表明他们已觉悟到古老的中国遇到极大的危险；过不了多少年，我们就会看到世界上最古老的帝国做垂死的挣扎，同时我们也会看到

---

① 庞思纯：《明清贵州七百进士》，贵州人民出版社2021年版，第105-110页。
② 冯小琴主编：《中国近代史》，武汉大学出版社2011年版，第174页。

整个亚洲新纪元的曙光。"① 戊戌变法是这种斗争的一部分,它为其后的社会变革奠定了思想基础和社会基础。② 正是这次震撼全国的变法运动,促使更多的人觉醒。维新老人张元济在追忆这场变法的诗中写道:"谁识书生能报国,晚清人物数康梁。"③ 在这场空前的社会变革运动中,李端棻是一个核心人物,他向朝廷推荐了以康梁等为首的一批知识分子,形成了变法的领导层和中坚力量。

(二) 倡建京师大学堂(今北京大学)

李端棻在《请推广学校折》中提出建立京师大学堂(即今北京大学),培养高级人才:"京师大学选举、贡、监年三十以下者入学,其京官愿学者听之,学中课程一如省学,惟益加专精,各执一门,不迁其业,以三年为期。"④ 京师大学堂的课程,除经史子集及清朝掌故诸书,还辅以天文、舆地、算学、格致、制造、农桑、兵、矿、时事、交涉等课程,包括自然科学、人文社会科学和应用科学。虽然戊戌变法百日被扑灭,但京师大学堂被保留下来,成为全国最高学府,为国家和民族培养了一大批精英,也是先进思想的摇篮。李端棻作为京师大学堂的首倡者,在今北京大学有纪念他的铜像。北京大学原党委书记朱善璐指出,1896年刑部左侍郎李端棻上的《请推广学校折》,"是京师大学堂能在两年后建立的重要源头。仅就这一件事,称他为'京师大学堂之父',一点不为过",其贡献"不仅不可磨灭,而且应该永远记住"。⑤ 其后,全国新式高等教育机构发展迅速。其中,大学堂除了京师大学堂以外还有两所:北洋大学堂和山西大学堂。作为大学堂预备机构的高等学堂则遍设于国内多数省会城市。至1907年,全国已有高等学堂81所。全国高等学堂与大学堂的入学人数也增长较快,1907年为1.4万人,1908年为1.9万人,1909年为2.1万人⑥,接受高等教育成为时代潮流。这都是李端棻《请推广学校折》产生的直接或间接结果,而该折则是"集中了康有为、梁启超和李端棻三人的观点和主张而成"⑦,也是他们交往所产生的一大效应。

---

① 中共中央马克思恩格斯列宁斯大林著作编译局编译:《马克思恩格斯选集》(第二卷),人民出版社1972年版,第21-22页。
② 陈兰村、娄国忠、邵金生:《中华上下五千年》,浙江文艺出版社2020年版,第290页。
③ 《张元济诗文》,商务印书馆1986年版,第56页。
④ 杜涌、左羽主编:《历代上皇帝书》,中国政法大学出版社1996年版,第907-908页。
⑤ 周术槐主编:《李端棻与近代教育创新研究》,贵州文化音像出版社2021年版,第3-4页。
⑥ 刘少雪:《中国大学教育史》,山西教育出版社2007年版,第17-18页。
⑦ 秋阳:《李端棻传》,贵州民族出版社2000年版,第76页。

（三）留学运动兴起

李端棻首倡建立京师大学堂后，张伯苓与严修创办南开大学，其他大学也接踵而起，"教育救国"浪潮席卷全国。学子们不仅踊跃进入国内高等学堂，还开始积极走上到海外留学之路，由此掀起了中国历史上第一次留学热潮。即使地处边陲的云南、贵州也不例外，其中以留学日本的学生为最多。如1904年云南赴日留学生达137人。① 1905年贵州赴日留学生多达151人。② 据清政府学部统计，至1906年8月7日，中国留日学生已有1.3万余人。③ 这些留学生回国后，成为推动中国社会变革的中坚力量。如李端棻家族的晚辈李启艺于1905年被选派至日本宏文学院留学，后执教贵州省立贵阳女子师范学校，成为贵州一代名师。另外，还有不少中国文化精英，如辛亥革命志士陈天华、黄兴、李待琛，以及杨昌济、鲁迅、陈寅恪、李四光、厉绥之等，都是这个留学时代的俊彦，对推动中国历史发展和文化进步做出了卓越贡献。

（四）推动贵州近代教育发展

戊戌变法失败，李端棻受到株连，被流放新疆，后途中因病获赦回黔。他从光绪二十四年（1898）八月至光绪三十三年（1907）十月，差不多有10年时间在办教育，主持贵州经世学堂讲席、创办贵阳公立师范学堂和贵州第一所公立中学堂、成立贵州教育总会筹备会、受聘为贵州培养新学师资等，皆为开拓性事业，他无愧为贵州近代教育先驱。1902—1910年，在短短不到10年的时间里，贵州全省办起各类学堂683所，其中小学堂655所、中学堂6所、高等学堂6所④、师范学校10所、实业学堂3所、军事学堂3所⑤。时贵州风气未开、民智未启。李端棻遇赦甫返贵阳，便在课堂上积极传播西方学说，讲授天赋人权、自由平等、三权分立、进化论、天演论等。他还亲自编写了《普通学说》作为教材。他指出"凡人类应有之知识"皆属普通学之列，其"最不可少者，曰算术，曰几何，曰代数，曰中国地理，曰中国历史，曰外国地理，曰外国历史，曰地文，曰地质，曰理化，曰生理，曰博物，曰政治，曰法制，曰经济，曰伦

---

① 王丽云：《留学生与云南近代化》，云南人民出版社2013年版，第14页。
② 冯祖贻、曹维琼、敖以深主编：《辛亥革命——贵州事典》，贵州人民出版社2011年版，第138页。
③ 杨海若编著：《寻索云南最早的留学生》，云南教育出版社2012年版，第5页。
④ 刘学洙：《黔疆初开》，贵州人民出版社2013年版，第147页。
⑤ 李双璧：《清末贵州新政与辛亥革命》，转见范同寿主编：《辛亥革命与贵州社会变迁》，贵州人民出版社2002年版，第78页。

理，凡十六科"。① 这个科目清单类似今高校各科通论，故称《普通学说》甚为得当。他不仅在贵州倡导变法，主张维新，而且是一个不惧生死的"斗士"和敢于为推广新式教育而献身的改革家。他晚年在给梁启超的信中说："昔人称有三岁而翁，百岁而童。吾年虽逾七十，志气尚如少年，天未死我者，犹将从君子后，有所尽于国家矣"②，满腔报国之志跃然纸上。他在贵阳讲授西方新学，受到顽固保守者的抵制，攻击他的打油诗在贵阳的大街小巷传得沸沸扬扬。如"康梁遗党至今多，请尔常将颈子摩；死到临头终不悔，敢将孔孟比卢梭""居心只想做奸臣，故把康梁分外亲；此君曾被康梁误，复把康梁再误人""新疆谪戍感君恩，得庆生还返玉门；好了伤疤忘了痛，夸了卢梭又培根"等。近代教育家、爱国民主人士黄齐生痛斥写这些威胁、恐吓的打油诗者"心似蛇蝎"，是"见不得阳光的宵小、丑类！"③ 今研究者充分肯定了李端棻"敢将孔孟比卢梭，宣扬民主开新风"④。在贵州近代教育史上，李端棻是首屈一指的，具有卓识远见，独立不移、学贯中西的教育大家，贡献巨大且影响至今。

（五）开启社会新风气

历史上贵州地处偏远，经济发展较为滞后，民生困苦，被视为"蛮荒之地"。李端棻晚年回到家乡，面对这样的生活环境，他并没有灰心，依然秉持其传播文化、发展教育、改变贵州社会的强烈愿望。为此，他老当益壮，四处奔走，办学校，授课，培养了一批士子。还送大批青年外出留学，形成中国近代史上罕有的"贵州现象"。其产生的最重要的结果是打破了当地封闭、沉寂的社会风气，引入了一股清流，促使黔人觉醒，建立起自强自觉的意识。这正如李端棻《国家思想》诗云："君不堪尊民不卑，千年压制少人知。奴隶心肠成习惯，国家责任互相推。峡经力士终能剖，山有愚公定可移。缅昔宣尼垂至教，当仁原不让于师。"⑤ 诗人痛陈在千年封建压迫下，国人形成的奴习十分顽固，只有开天辟地的大力士、移山的愚公可以改变这种状况。想起孔子当年的教导，自己当仁不让应承担这一重任。这是号召国人打破精神枷锁、变革社会的宣言。其《癸卯（1903 年）元旦试笔》诗云："更逐国民知爱国，文明大启亚洲

---

① 何幼兰：《新学入黔：贵州近代教育的源流及发展》，贵州教育出版社 2007 年版，第 60—61 页。
② 冯楠总编：《贵州通志·人物志》，贵州人民出版社 2000 年版，第 202 页。
③ 王鸿儒：《黄齐生传》，贵州教育出版社 1995 年版，第 29 页。
④ 查继堃：《教育谈丛》，汕头大学出版社 2004 年版，第 244 页。
⑤ 许先德、龙尚学主编：《贵阳五家诗钞》，贵州教育出版社 1995 年版，第 8 页。

东。"① 该诗视野更加宽广，目的也更加明确，充满了家国情怀，不愧为大家手笔。然而，要打破这种积习已久的闭锁的社会风气，仅靠李端棻一个人是不够的。他培养的或所倡建新式学堂培养的新型知识分子，形成了一股强大的新生力量，在后来的社会变革中，起到了先锋和推动作用。

三、小结

李端棻作为戊戌变法的积极策划者、政治家和中国近代教育的倡导者、先行者，为改变中国落后面貌贡献了毕生精力，影响巨大且深远，而他所依靠的基本力量是知识分子。这个知识分子队伍包括朝廷高官、维新人物、地方官员、教育界人士、实业界人士、家族成员等，由此形成一个新的社会阶层，对封建社会展开了猛烈冲击。他们是以李端棻为首的资产阶级改良派，以引进的西学为武器，批判腐朽的封建文化，直指清政府顽固派。特别是李端棻《请推广学校折》对发展近代中国教育事业起到了纲领性作用，也主要以此为纽带把各类知识分子联合成一个整体，作为一种独立的力量，掀起以教育改革为主体的救亡图存浪潮，对旧的教育制度进行了深刻反思和批判，并做了建设新教育制度的尝试，取得了重大成就，在中国近代历史上留下深刻印记。李端棻赤诚的爱国情怀、大无畏的献身精神和孜孜以求的不懈努力，永远值得后人敬仰和学习，并作为一种珍贵的历史文化遗产，在新时期继续发扬光大，为全力推动我国社会高质量发展服务。

---

① 许先德、龙尚学主编：《贵阳五家诗钞》，贵州教育出版社1995年版，第8—9页。

李端棻生平事迹钩述

许桂香　许桂灵①

（贵州民族大学民族科学研究院，贵州贵阳，邮编：550025；
中共广东省委党校中国特色社会主义研究所，广东广州，邮编：510053）

摘　要　清代同治、光绪朝历史人物李端棻（1833—1907），生于贵州贵筑（今贵阳）。同治二年（1863）中进士，入翰林院任编修。同治六年（1867）起，先后担任山西乡试主考、提督云南学政，后任监察御史。光绪十五年（1889），以内阁学士衔出任广东乡试主考，光绪十七年（1891）任山东乡试主考，光绪十八年（1892）任全国会试副总裁。之后，任刑部左侍郎、工部侍郎、仓场总督。光绪二十四年（1898），升任礼部尚书。"戊戌政变"后，被革职流放新疆，途中因病滞留甘州。光绪二十七年（1901）赦回贵阳。光绪三十三年（1907）十月十二日在贵阳病逝。

关键词　李端棻；教育家；生平事迹

清朝末年内政外交发生剧变，思想领域充满新与旧、开放与封闭、进步与保守等激烈的冲突，教育的近代化成为社会变革的突破口。李端棻，清朝著名政治家、教育家，"他毕生最大贡献是参加了戊戌维新运动，是光绪朝维新官僚的代表。但他当时和后世影响最大的还是教育上的成就"②。他一生主要经历都与教育有关，为发展中国近代教育做出了许多重大贡献。终其一生，治学报国的精神在他的身上体现得淋漓尽致，影响至今，值得新一代学者传承。但目前学术界对其生平事迹方面的研究或受论述角度限制或因史料不足，多囿于某一个（些）层面或要素，而未将其生平事迹作为一个整体，系统地展现其一生对

---

① 作者简介：许桂香，女，博士，贵州民族大学民族科学研究院副研究员，主要从事历史文化研究。许桂灵，女，博士，中共广东省委党校中国特色社会主义研究所研究员，主要从事区域文化研究。
② 周术槐主编：《李端棻与近代教育创新研究》，贵州文化音像出版社2021年版，第5页。

教育的贡献,实有必要加强这方面的研究。

一、李端棻的出身及其学习经历

（一）出身世宦之家

对李端棻的生平事迹进行分析,我们首先要了解他的出身,从而更为完善清晰地呈现一位历史教育名家的人生轨迹。但是关于李端棻的出身,我们知之甚少,《清史稿》里的记载只有"李端棻,字苾园,贵州贵筑人"①寥寥数字,除了籍贯信息之外,我们无法确切得知李端棻的家庭背景情况。除了《清史稿》,我们还可以从梁启超为李端棻写的《清光禄大夫礼部尚书李公墓志铭》中获得一些稍稍丰富的资料："公讳端棻,字苾园。其先湖南衡州清泉县人。曾祖、祖俱赠顺天府尹,复赠公官。祖始迁黔,乃籍贵阳之贵筑。父以公贵,赠如其官。母何氏,赠一品夫人。公幼而孤,依母以育,而季父京兆公朝仪实教养之。"②

从上述资料并结合其他相关史料,我们得知,李端棻,字苾园,祖籍湖南衡州清泉县。李氏宗族为世宦之家,曾祖、祖俱赠顺天府尹,入黔始祖受朝廷征调,定居贵阳王家巷（今勇烈路）。③李端棻幼年时父亡,他由母亲何氏抚育,在何家成长。何氏是何正机之女、何亮清之姐,出身名门。道光十四年（1834）,何氏父亲何正机宦途受挫,导致家道中落。没过几年,何氏丈夫早逝,留下何氏与儿子李端棻相依为命,生活由此陷入困顿,幸得亲友周济。李端棻对母亲非常孝顺,他的表弟何麟书在《李苾园先生遗诗序》中记载,"性至孝,家无儋石,自甘藜藿；而日必竭蹶备甘旨以奉母"④。即家里没有粮食,他宁愿每天吃野菜,也要想办法弄点好吃的来孝敬妈妈。因而受到舅父何亮清的赞许,曰："苾园忠孝之忱根于性生,异日必能为国家尽瘁。"

（二）学习经历

1. 舅父何亮清的教导

何亮清（1828—?）,字湘雪,贵州贵筑人。据何亮清嫡系重孙何克勤回忆,何亮清虽是舅舅,只长端棻5岁。由于家道中落,日子过得也很艰难,对端棻

---

① 天津古籍出版社编辑部编：《二十四史》第14卷《清史稿》,天津古籍出版社2000年版,第632页。
② 张周全主编：《李端棻研究资料汇编》,中央民族大学出版社2021年版,第100页。
③ 赵青：《中国近代教育奠基人李端棻》,贵州教育出版社2022年版,第1页。
④ 何麟书：《李苾园先生遗诗·序》,载许先德、龙尚学主编：《贵阳五家诗钞》,贵州教育出版社1995年版,第2页。

母子的帮助有限。道光十八年（1838），何亮清父亲何正机受命任广东河浦（今广东省汕头市）知县，亮清随父赴任。道光二十五年（1845）何正机病逝，亮清回乡为父守丧三年。三年中端棻每日必来问候，亮清则悉心教授端棻，尤其在诗词、古文方面。

道光二十九年（1849）何亮清中举，随后被聘为贵山书院讲学，开始了"舌耕"生涯，可以按时领取俸禄。何亮清于同治二年中进士，赴四川就任知县。① 何亮清赴四川就任之后，李端棻离开家乡到河北投奔当官的叔父李朝仪。

2. 叔父李朝仪的教导

李朝仪（1817—1881），字藻舟，贵州贵筑人，道光二十五年进士，在今北京、河北地区为官长达37年，一生忠于职守，廉洁奉公，"以学问吏治闻于时"。他任三河知县时，捐银创建书院；任东路厅同知时，奉命筑宁河营城北塘大沽炮台，用国库钱财近百万，出入无丝毫差错。事情完毕后，得到补助费巨万，亦上交官府，未尝取公家一钱。在永定河道任上，治河8年勤于职守，痛革河工积弊。因其一生为国家建功，由史馆立传，于固安县（在河北省廊坊市）建祠传之后世。李端棻一生做人行事"大节凛然不可范"，很大程度上得益于叔父的教导。

叔父对端棻视如己出，学业上督促甚严。端棻勤奋好学，于同治元年（1862）应顺天乡试中举，同治二年30岁时考中进士，入翰林院任编修，官至礼部尚书。

李端棻对叔父、舅父的教导铭刻于心，至晚年，仍牢记不忘，"吾一生为人之道得之吾叔，为学之道得之吾舅"。显见，此二人对他一生影响极大，其舅影响他一生的为学之道，其叔对他一生的为人之道影响深远。

二、李端棻任职期间主要事迹

李端棻任职期间的事迹主要集中在任云南学政、广东乡试主考官、刑部左侍郎时期。其事迹主要集中在教育方面，包括振兴文教事业、为国荐才、首倡兴办京师大学堂三个方面。

（一）振兴文教事业

同治十年（1871），李端棻38岁，时任云南学政，关于他振兴文教事业的主要记载如下。

---

① 何克勤：《真情绵绵无绝期——记何亮清、何麟书父子与李端棻》，《贵阳文史》2010年第5期。

《清史稿》卷四百六十四载：

（同治）十年，出督云南学政。值回寇乱后，荒服道亘，前使者试未遍，端棻始一一按临，文化渐振。①

《贵州通志·人物志》载：

其在云南学政任时，值滇乱初平，前任学政所畏难不至者，端棻皆一一按临，期共沐中兴文化。念地方凋敝，则躬先节俭，澈杜需求。终日危坐堂皇，悉心校阅。权豪有以贿赂干进者，辄正色斥去。时值选拔之年，士多寒畯，乃偕总督刘岳昭、巡抚岑毓英，合词请援滇、黔两省举人会试例，给火牌驰驿至京。得旨，准如所请。嗣后滇黔优贡、拔贡赴京朝考，得给火牌驰驿，实自端棻建议始。②

关于优、拔贡给领火牌的确切时间，见于任可澄《续修安顺府志辑稿》：

同治十二年（1873年）奏准，贵州拔贡、优贡来京朝考，每以寒士无资，难于就道，准照该省举人会试例，由司填给兵部火牌，资以入都。（按：贵州优、拔贡给领火牌，即自同治十二年癸酉始。③）

由上可知，李端棻到达云南后，非常重视教育，集中力量发展文教事业。主要事迹有以下三个方面。

一是赴云南各府州县巡视。云南正当"滇乱初平"，社会较为动乱，文教事业每况愈下。他到任后不辞劳苦，跋涉山川，前任学政害怕困难而不去巡视的地方，端棻都一一去巡视，足迹遍及全省。所到之处，"躬先节俭，澈杜需求"，使得云南"文化渐振"。在当时云南局势混乱的情况下，赴云南各地巡视是冒险之行，故他的行为是很了不起的。只是关于李端棻的资料实太稀少，我们也就无法知道具体的经过。

二是公平取士。学政是朝廷钦派大臣，不受地方政府管辖，有很大的科举事务处置权。他每日"悉心校阅"考卷，当时云南有钱有势的人想要以重金贿赂他，为自己的子弟营私，被他当面呵斥回去，遏制了人才选拔中的不正之风。经他严格整顿，不数年，云南文教渐振。

三是在科考中特别优恤云、贵寒士。鉴于云、贵僻处西南，入京路途遥远，

---

① 天津古籍出版社编辑部编：《二十四史》第14卷《清史稿》，天津古籍出版社2000年版，第632页。
② 冯楠总编：《贵州通志·人物志》，贵州人民出版社2001年版，第201页。
③ 任可澄总纂：《续修安顺府志辑稿》，贵州人民出版社2012年版，第250页。

加之二省素来地瘠民贫,"士多寒畯",无钱进京而埋没人才的情况,他与云贵总督刘岳昭、云南巡抚岑毓英联名上奏清廷,请照滇、黔两省的举人会试例,滇黔两省的优贡、拔贡(指从地方学校选拔保送到国子监去读书的优秀学生)进京,领取火牌(即官府发给的证明,可以享受沿途驿站免费提供马匹、盘费银的待遇)驰驿至京。同治十二年得到批准。此举为云贵两省寒士进京提供了很大便利。

在李端棻的多项教育举措之下,战后云南文教迅速恢复与振兴。李端棻的出色表现,得到了云南巡抚岑毓英的敬重和赏识。当时云南布政使(相当于现在的省长一职)空缺,岑毓英推荐李端棻接任,但他坚辞不受。

(二)为国荐才

李端棻认为人才对国家前途至关重要,因此对士子们的学业成绩极为关注,一生致力于为国家培养和选拔人才,梁启超是他荐拔的典型代表。李端棻举荐梁启超的事迹,《清史稿》卷四百六十四载:

> 喜奖拔士类。典试广东,赏梁启超才,以从妹妻之。自是颇纳启超议。娓娓道东西邦制度。

光绪十五年秋,李端棻为广东乡试主考官,副考官为福建的王仁堪。两位考官阅卷时,见考生梁启超应答考题文笔"熔经铸史",才华超群,非常欣赏,遂将他录取,榜上排名第八。这使梁启超脱颖而出,很快走上政治舞台,参与发动了震动全国的维新变法,对改变中国历史进程做出了重大贡献。

李端棻亲率梁启超入京会考,考后多次约见。几经会晤,言谈中,李端棻见他温文尔雅,谦恭有礼,有忧国忧民、胸怀四方之志,认为他是一位前程似锦的高才,遂萌生联姻之意,做主将堂妹——京兆尹李朝仪的千金李蕙仙许配给梁启超为妻,李梁联姻一时传为佳话。

光绪十七年,梁启超前往北京与李蕙仙完婚。婚礼在北京李家举行,由李端棻亲手操办。梁启超赴京前,康有为对梁启超的婚姻表示祝福,特题诗一首相赠,诗云:

> 道入无人际,江门风月存。小心结豪俊,内热救黎元。忧国事其己,乘云世易尊。贾生正年少,跌荡上天门。

这是对梁启超新婚的祝贺,更是对他未来的鞭策和期许——走上广阔的"天门"大道。梁启超初至北京,李蕙仙教以北京官话,帮助他消除了语言上的障碍。在京期间,梁启超住在李端棻府第,两人朝夕相处,经常在一起议时政、谈西学,关系可谓情同父子。

1889年至1898年这10年间,梁启超到京师多住在李端棻府第。李端棻利用自己的关系为梁启超援引,使梁启超得以结交各界名流。梁启超曾说:"启超以光绪己丑受学贵筑李公,旋婿公妹,饮食教诲于公者数十年。"① 表达了对李端棻的敬爱之情。梁启超后来能与康有为并列为戊戌变法的两大领袖,与当年李端棻的慧眼识才息息相关。

经李端棻识拔的人才很多,且他所举荐的都大有作为,"皆一时名士"。所举荐者,有翰林院编修严修、庶吉士熊希龄、寿富、唐常才,工部主事曾习经,知县狄保贤、夏曾佑、汤寿潜,教习欧榘甲、韩文举,助教崔朝庆,举人宋梦槐、陈先甲,附生徐勤,监生罗普,学生戴修礼等②,所荐最出类拔萃者为康有为、梁启超、谭嗣同。

(三) 首倡兴办京师大学堂

李端棻首倡兴办京师大学堂的事迹,《清史稿》卷四百六十四记载如下:

> (光绪) 二十二年,端棻遂疏请立京师大学,凡各省府、州、县遍设学堂,分斋讲习;并建藏书楼、仪器院、译书局,广立报馆,选派游历生。

甲午战争之后,光绪帝下诏征求"通达中外能周济时用之才",但时过数月,应者寥寥。清代教育以科举为重,科举之制,肇端于隋,唐乃完备,后历宋、元、明,在清前期达到顶峰,考试采用八股文,取"四书""五经"内容命题。到晚清,已经不能适应社会发展对人才的需求。康有为指出,当时的高官大吏群体"守旧,不通外国"③。洋务教育举办历时三十多年,仍无法为国家提供足够的可用之才。洋务派举办的学堂,教学内容,除"四书""五经"等旧学外,主要是"西文"和"西艺"。"皆徒习西学西语西文,而于治国之道,富强之原,一切要书,多未肄及。"④ 人才十分缺乏的困局,使得社会开明之士普遍认识到,旧式教育无法为国家提供能够应付时局的人才。人才匮乏,并不是"天之不生才也",而是"教之之道未尽也"。

基于上述认识,为了改进以往办学之缺失,光绪二十二年(1896)六月,刑部左侍郎李端棻向光绪皇帝上了一道《请推广学校折》,提出设置"京师大学堂"的建议,提出了一整套办学纲领。

---

① 张周全主编:《李端棻研究资料汇编》,中央民族大学出版社2021年版,第100页。
② 秋阳:《李端棻传》,贵州民族出版社1999年版,第86页。
③ 中国史学会主编:《戊戌变法》(四),上海人民出版社2000年版,第146页。
④ 罗廷光:《教育行政》(上),福建教育出版社2008年版,第75页。

在学制方面，一是府州县学堂，学习选民间英俊聪明子弟 12 岁到 20 岁的入学堂学习，也允许那些有诸生以上功名的人入学，三年为期。二是省里学堂，选诸生中 25 岁以下的人入学，也允许那些有举人以上功名的人入学学习，三年为期。三是京师大学堂，选举人、贡生、监生中 30 岁以下的人入学，也允许那些京官中愿意学习的人入学学习，三年为期。

在教学内容方面，一是府州县学堂，"四书"《通鉴》《小学》等书，并有各国语言文字、算学、天文、地理中浅显的知识，各国古代历史和近期时事中简明的知识，自然科学理论中的初步知识。二是省里学堂，读经、史、子和国朝典章制度等各种书籍，并有天文、舆地、算学、自然科学、兵、矿、时事、制造、农商、外交谈判等课程。三是京师大学堂，课程和省里学堂一样，只是更加专门、精细，每人学一门学问，不能随便改专业。

在办学经费方面，各省及府州县一般都有书院，可以命令每省每县各改一处书院作为学堂，增加功课，修改原来章程。书院原有公款，如果不足，拨官款补助。就近由地方官分别筹款，所需筹措的款就少，易于筹集。至于京师大学堂，是全国模范，应当酌量动用国库银两，以扩大建筑规模。每年得十余万两，学堂就可以很好地建成。

在讲课教习方面，命令朝廷内外的封疆大吏各推荐才能可任教师的人，报上全部名单，或者就地聘请，或经考试后选拔补充为教师。中国之大，定有可以承担这个职务的人。

此外，他又提出几种与兴办学校可以互相配合的办法。一是设藏书楼（即公共图书馆）。二是创仪器院（即实验室）。三是开译书局。四是广泛设立报馆。五是选派游历。[①] 如此，既有大学堂为之经，又有此五者为之纬，这可称为"一经五纬"。10 年以后，贤才俊杰满朝，用都用不完。治国之道没有比这更急迫的了。

急欲图强的光绪帝对此倡议非常重视，即诏谕总理衙门议行。学校普及之时，也就是科举废弃之日。许多靠科举进身的朝臣，担心一旦废了科举，官职难保，深感不安，乃以经费困难、"事属创始，筹画匪易"[②] 为由，主张缓办。自 1896 年 6 月李端棻上《请推广学校折》至 1898 年 6 月，前后两年之久，京师大学堂仍在"议行"中，光绪帝很不满意。1898 年 6 月 26 日，光绪帝下诏敦促

[①] 杜涌、左羽主编：《历代上皇帝书》，中国政法大学出版社 1996 年版，第 911 页。
[②] 李国钧、王炳照总主编，金林祥主编：《中国教育制度通史》（第 6 卷）（清代·下·1840 至 1911 年），山东教育出版社 2000 年版，第 242 页。

加紧开办京师大学堂。这样,军机处和总理衙门不得不把梁启超请来,代他们起草了一份京师大学堂章程上报。梁启超对李端棻的《请推广学校折》评价很高,拟定"京师大学堂章程"时,就是本着李端棻奏折制订了章程8章54节。这是中国近代高等教育最早的学制纲要。章程规定"各省学堂皆当归大学堂统辖"。这样,京师大学堂不仅是全国的最高学府,也是全国最高的行政机构。

1898年7月3日,光绪帝正式下令,批准设立京师大学堂。光绪三十一年(1905)废除科举制度,这是中国教育发展史上的一件重要事项,它宣告了旧教育制度在形式上的结束。① 1912年,京师大学堂改名为北京大学。李端棻的《请推广学校折》,实为中国建立近代学制的发端。

李端棻的倡议得到光绪帝的采纳,对中国近代教育的发展,影响是相当大的,全国出现了兴办近代学堂的热潮。据统计,从光绪二十八年至宣统三年(1902—1911),全国学堂数量为:1903年有769所,1904年有4476所,1905年有8277所,1906年有23862所,1907年有37888所,1908年有47995所,1909年有59117所,1910年有42696所,1911年有52500所。② 近代学堂大规模的兴起,对中国的政治、经济和文化等方面皆造成了深刻的影响,极大地推动了中国近代化的进程。李端棻作为京师大学堂的首倡者,无愧于中国近代教育之父之誉。其远见卓识是黔人,亦是国人之骄傲。

三、李端棻在贵阳期间的主要事迹

"戊戌政变"后,65岁的李端棻被革职流放新疆,中道因病滞留甘州。光绪二十七年,李端棻赦回贵阳,已须发皆白。李端棻认为"贵州要摆脱贫困落后,必须从改革传统教育着手"。他"以开启民智为己任"③,不顾年高体病,回乡便投入贵州文化教育事业中,在推动贵州教育、传播新思想方面做出了重大贡献。

(一)主讲"贵州经世学堂"

李端棻回乡便受聘"贵州经世学堂"的事迹,主要记载如下。

《清史稿》卷四百六十四载:

> (光绪)二十七年,赦归,主讲贵州经世学堂。

---

① 曲铁华:《中国教育史》,武汉大学出版社2011年版,第225页。
② 王笛:《清末新政与近代学堂的兴起》,《近代史研究》1987年第3期。
③ 张羽琼、郭树高、安尊华:《贵州:教育发展的轨迹》,贵州人民出版社2009年版,第193页。

《贵州通志·人物志》载：

> 端棻回籍后，贵州巡抚延主经世学堂讲席，谆谆以开通风气，导引后进为务。按月两开讲演，教以立身敦品根柢之学，备他日朝廷器使。

由上可知，李端棻被赦回贵阳，虽成为一个老百姓，但威望极高。贵州巡抚邓华熙顶着压力，不以李端棻为罪臣，尊他为师，聘他为贵州经世学堂山长（校长）。

学堂位于顺城街（今南明区护国路），原是贵州学政严修创办的。严修是李端棻在戊戌变法中向光绪皇帝举荐的新派人物之一。严修当初对贵阳学古书院进行了改造，中学、西学兼收并蓄，开设了经史、时务、算学、格致、地理、英语等课程。办学宗旨是培养讲求时务、经世致用的人才，因此于光绪二十三年（1897）定名为"经世学堂"。每月考试一次，曰"考课"，头天出题，第二天交卷。

李端棻欣然应聘，并决心继续其未竟事业，宣传新学，开启民智。他在《应经世学堂聘》一诗中云："暮年乍拥皋比位，起点如何定课程。"① 皋比，指讲学。意为晚年突然得到讲学的职位，首先要考虑的问题是上什么课程。他每月讲演一次，教学子"立身敦品根柢之学"②，同时讲西学。

第一次月考，李端棻出题《卢梭论》。学生们不知道卢梭是哪个朝代的人，翻遍人名辞书，如《历代名臣录》《尚友录》等，都无从查考。李端棻将梁启超主编的一期《新民丛报》拿了出来，上面有卢梭的传记给大家传写抄阅，回家作文，三天后交卷。评比结果，获得头名的一篇文章是拿卢梭与孔孟相对比。

第二次月考他出题《培根论》，将《新民丛报》中有关培根的传记，给大家抄写。李端棻还召集诸生在他家（王家巷）客厅讲学。他以《卢梭论》《培根论》命题，阐述科学、民主、民权、博爱、自由等思想。又以《新民丛报》教读诸生，宣讲孟德斯鸠的"三权论"、达尔文的"进化论"、赫胥黎的"天演论"等西方的学术思想。③ 然而，由于贵州闭塞，民智未开，学生有非议。李端棻为自己所讲内容不为人理解感到遗憾。

第三次月考，他出题"朋友相处，常觉自己的不是，方能感化他人的不是说"。并做联语"我犹未免为乡人，甫邀恩命释回，莫补前愆，敢谓蒇躬堪表

---

① 许先德、龙尚学主编：《贵阳五家诗抄》，贵州教育出版社1995年版，第7页。
② 季啸风主编：《中国书院辞典》，浙江教育出版社1996年版，第429页。
③ 贵阳市政协文史和学习委员会编：《贵阳历史人物丛书·文化教育卷》，贵州人民出版社2003年版，第144页。

率。师不必贤于弟子，所愿英才崛起，突超先辈，庶几垂睹文明"，用木刻悬挂在学堂墙壁上，以表心迹。学生们读后感慨说，老师从大处着眼，对地方人才流露出一片真诚的希望。

总之，经世学堂开一时的新风，培养出了一批贵州历史上学兼中西的人才，如唐尔镛、任可澄、陈廷棻、张光炜、刘显治①、刘显世、刘显潜、张寿龄、姚华、尹于忠、黄禄贞、桂诗成、熊范舆、牟琳、金开祥、罗椿等数以百计。② 这些人在贵州政治、经济、文化、教育方面做出了重大贡献，尤以教育方面贡献最突出。辛亥革命前贵州最有影响的几所学校，都是经世学堂的学生创办的。③

（二）创办贵州最早的师范学校

光绪二十八年春，李端棻回乡第二年，为了培养更多人才，与于德楷、乐嘉藻、李裕三人集资创办了"贵阳公立师范学堂"，这是"贵州省最早的师范学校"④。

贵阳公立师范学堂位于贵阳次南门的丁文诚公祠内，学堂领导由创办的四人公推于德楷为总办，其他三人为帮办。乐嘉藻主持学堂日常事务，李端棻主持教育工作，制定了详尽的学堂章程，内容涵盖学堂领导、学堂宗旨、经费事宜、开设课程、招生条件、教习聘任、考试评点、教材及图书、仪器购置等诸多方面。学堂第一年招收学生30人。学校课程除国学外，还开设了算数、代数、几何、化学、博物、日文、万国历史、万国地理、地文天文学、生理学、法制学大要、国家大要、国际公法大要等课程。当时曾就读于贵阳公立师范学堂的学生金峙青后来追忆说：

> 先开甲班授课，学校遂告开学。次年，又续开乙班。于仲老（于德楷）在亲戚中与笔者先父同辈，他嘱我入校，并谆谆以致力新学相勖勉，所需伙食书籍等费用，概由仲老供给，于是我即进了乙班。甲、乙两班同学总数共40多人，学习期限以四年为度。⑤

光绪三十一年，贵阳公立师范学堂解散。1908年更名为贵州优级师范选科学堂，1911年改为两级师范学堂，1912年改名为贵州省立师范学校。省立贵阳

---

① 庞思纯、郑文丰编著：《明清之际的贵州书院》，贵州人民出版社2017年版，第96页。
② 谢红生主编：《贵阳地名故事4》，贵州人民出版社2012年版，第575页。
③ 冯祖贻、曹维琼、敖以深主编：《辛亥革命·贵州事典》，贵州人民出版社2011年版，第123页。
④ 任吉麟主编：《贵州省志·教育志》，贵州人民出版社1990年版，第266页。
⑤ 贵州省政协文史与学习委员会编：《贵州文史资料选粹 教科文卫篇》，贵州人民出版社2010年版，第2页。

女子师范学校1950年并入该校，1957年该校由省属改为市属，定名为贵阳市师范学校。2009年该校并入贵阳学院。李端棻热诚创办新式师范学堂，此乃贵州师范教育之始，为贵州师范教育事业做出了重要贡献。

（三）创办贵阳中学堂

光绪三十一年十月，李端棻联合四川候补知府于德楷、内阁中书唐尔镛与任可澄、前仁怀直隶厅训导华之鸿等人，呈请贵州巡抚林绍年，就贵阳次南门雪涯洞创设中学堂。①

这一申请很快得到林绍年批示，准将原设在正本书院（又名北书院）的"贵阳府中学堂"（创办于1902年）移至雪涯洞改办，定名为"贵阳中学堂"，并任于德楷、唐尔镛为监督。经过短时间的筹备，于第二年即光绪三十二年（1906）三月正式开学，学生共54人。

这年的六月，奉学务公所的指令，将学校的名称更改为"官立通省中学堂"。同年十月，唐尔镛、华之鸿等认为雪涯洞空间狭窄，遂于门前南明河对岸公地另建新校。学校的教职人员认为学堂经费除政府指定拨助的款项外，还有集自公款和私人的捐助款项，同时，所招收的学生并不限于贵阳一府之人，因此应当另定一个能表达这些特点的合理名称。于是，监督唐尔镛、教员任可澄、孙世杰、姚景崇等便联名呈请提学使陈荣昌，准更名为"贵州通省公立中学堂"。第二年（1907）正月，获巡抚庞鸿书批准。经过以上周折，学堂名称才算最后确定下来。开设的课程有修身品行、读经讲经、国文、外国语、历史、地理、算学、博物、物理、化学、法制、理财、图画等。招收新生一班76人，招收的学生无地域、年龄、性别的限制。"贵州通省公立中学堂"是当时贵州规模最大、条件最好的中学，也是"贵州最早的中学堂"。

"贵州通省公立中学堂"这个校名一直沿用到民国元年（1912）才改名为"贵州公学"。民国二年（1913）改名为"私立南明中学"，民国十二年（1923）改名为"省立第二中学"。民国十七年（1928），学校与省立第一中学合并，迁往省立第一中学校址，原校址办"省立贵州大学"。民国十九年（1930）停办省立贵州大学，原校址改立"贵州省立高级中学"。民国二十四年（1935），更名为"贵州省立贵阳中学"。1950年，贵州省立贵阳中学与贵州省立贵阳高级中学、贵阳私立中山中学及贵阳师院附中合并组建为"贵阳市第一中学"。② 贵阳

---

① 中国人民政治协商会议贵州省贵阳市委员会文史资料研究委员会编：《贵阳文史资料选辑》（第7辑）（内部资料）1983年版，第27页。

② 濮振远、赵福菉主编：《一中百年 1906—2006》，贵州教育出版社2006年版，第20页。

一中发展至今，是贵州省最重要的高级中学之一。李端棻致力推动近代贵州教育的发展，贵阳中学堂的创办，为贵州中学教育事业做出了重要贡献。

（四）著《普通学说》

普通学与专门学均为从西方输入的新名词。普通学，类似于西方国家大学教育中的通识教育课程。专门学，类似于西方大学的主修学科或专业教育课程。

《普通学说》是光绪二十九年七月初二李端棻在经世学堂的讲稿。是他有感于贵州闭塞，缺少学习新学的途径，特别为那些没有条件进入学堂学习的学子宣传普及新学普通学课程的书籍。《普通学说》为单行小册子，约6400字，共存4本，其中一本封面左上有《普通学说》书名，末页印刷有定价、代发行所、编辑部、印刷者。

在《普通学说》中，李端棻指出"为学之最初一步，普通学是也"，即做学问的第一步，是普通学。他在书中为贵州学子介绍普通学，让贵州学子了解到什么是普通学。他指出，普通学包括"算术、几何、代数、中国地理、中国历史、外国地理、外国历史、地文、地质、理化、生理、博物、政治、法制、经济、伦理"，共16科课程，并在文末附普通学需要用到的一些书籍，以便贵州学子按类寻找书籍。

《普通学说》是李端棻对贵州近代教育发展的一大贡献，他向处于闭塞状况的贵州学子介绍普通学，"对新学在贵州的传播及其本土化产生了巨大的影响"①。

（五）竭力捐资助学

李端棻在经济上乐于施众，为官数十年未留下多少财产。他的妹夫梁启超在《清光禄大夫礼部尚书李公墓志铭》中说："公制行方正，而和以待人，自奉淡泊，而博施济众。服官数十年，所得俸钱，咸散诸亲旧。"李家臻回忆伯父李端棻曰："苾园公为官清正，终身并无积蓄富裕。苾园公家原住贵阳长春巷，该房为一胡姓人家当来，期满被胡家赎回。因而，他回乡后是租住他人房屋。"②李端棻临终前数月，虽是年逾古稀，步履维艰，但仍由人搀扶巡视贵阳各学堂。③"临殁前日，犹谆嘱子弟出资，捐助学堂经费。又念尚节堂为风化所关，亦令子弟措资捐助。其系心公益，谊笃桑梓，乡人士至今犹称颂之。"④他留下

---

① 赵青：《中国近代教育奠基人李端棻》，贵州教育出版社2022年版，第10页。
② 张周全主编：《李端棻研究资料汇编》，中央民族大学出版社2021年版，第160页。
③ 张祥光：《读史集稿》，云南人民出版社2013年版，第223页。
④ 冯楠总编：《贵州通志·人物志》，贵州人民出版社2001年版，第201页。

遗嘱，将平时省吃俭用的1000两白银捐给贵州通省公立中学堂作办学经费。他为推动贵州近代教育发展倾尽了最后的精力。

光绪三十三年十月十二日，李端棻在贵阳病逝，终年75岁，葬于贵阳市南明区永乐乡。他在去世前数日，给流亡日本的梁启超去信说："吾虽年逾七十，志气尚如少年，天不死我，犹将从诸君子之后，有所尽于国家矣。"拳拳爱国之心，至今读来仍十分感人。

四、小结

李端棻作为中国近代史上一位重要的历史人物，从云南学政，到山西、广东、云南、四川及山东等省乡试主考官及顺天乡试、会试总裁、全国会试副总裁，再到礼部尚书，一生主要经历都与教育有关。包括他任职云南学政、广东乡试主考官、刑部左侍郎期间振兴文教事业、选拔和培养梁启超等人才、首倡兴办京师大学堂，以及在贵阳期间主讲贵州经世学堂、创办贵州最早的师范学校、创办贵阳中学堂、竭力捐资助学等诸多方面，为推动中国近代教育事业的发展尽心竭力，做出了卓越的贡献。在教育方面，他提倡设立京师大学堂，各省、府、州、县遍设学堂，创办贵州最早的师范学校和贵阳中学堂，推进了教育的近代化、民主化进程。在教育制度方面，他对学制、教学内容、办学经费、讲课教习等有一系列系统的规定，为中国近代新学制的制定提供了蓝本，推动了中国近代教育制度的形成。在教育内容方面，他倡导并引进了西方的新学，加速了教育内容的近代化。在教育思想方面，他宣传、引进了孟德斯鸠的"三权论"、达尔文的"进化论"、赫胥黎的"天演论"等西方学术思想，启迪了一代人。这些都具有时代的进步意义。

处实效功：家谱伦理规训中内蕴的家风家教[①]
——以《贵阳李氏家谱》为中心

余文武　李宜霖[②]

(贵阳学院教育科学学院，贵州贵阳，邮编：550005；

阳明学与黔学研究院，贵州贵阳，邮编：550005)

摘　要　作者将《贵阳李氏家谱》作为探查家谱伦理规训的"切片"，意在证实优质谱牒内蕴之家风家教的明效大验。家谱本身有明血统、序昭穆的道德目的，可敦促后人知书达礼；潜藏的伦理规训则有蒙以养正的动因，借以生发阐幽明微之效。家族世代相传的门风（家风）与春风风人的道德礼节教育（家教）具有同条共贯的一致性，二者的联袂前行将开出"注重家庭、注重家教、注重家风"之与世推移的新风尚。

关键词　家风家教；家谱；伦理规训；《贵阳李氏家谱》

在此选取的《贵阳李氏家谱》（以下简称《家谱》），可谓树俗立化的优质谱牒。贵阳李氏家族门庭赫奕，不但有官至顺天府尹的李朝显，还有建倡"京师大学堂"的礼部尚书李端棻，更有哺育出"一门三院士"的李蕙仙（梁启超的结发夫人，梁思成的母亲），堪称书香门户、"将门有将"。实际上，光大门楣李氏家族的不仅是这三位族中重量级人物，还有众多顶门壮户的莘莘学子（据《家谱》不完全统计，读书人多达上千人）。如此显赫的家世必然会引起世人的关注，尤其是在诗礼传家上的火尽薪传的做法，必将引发伦理学学者的眷注。《家谱》所具有的伦理规训势能如何，以及在生成李氏家族的家风家教中的作用

[①] 基金项目：国家社科基金项目一般课题"古苗疆走廊各民族伦理规训及现代转化研究"（项目批准号：19BZX107）的阶段性成果。

[②] 作者简介：余文武，1970年生，贵州湄潭人，博士，贵阳学院教育科学学院教授（三级），兼博士研究生导师。研究方向：民族伦理、德育原理。李宜霖，1997年生，贵州石阡人，贵阳学院阳明学与黔学研究院2021级硕士研究生，研究方向：民族伦理学。

69

又如何？这正是本文意欲破解的问题。

一、运筹制胜：《家谱》堪称道德谱牒

若以家谱的一般表现形态为准，《家谱》并不在轨物范世之列，因为它连一般家谱起码的体例要素也不完全具备。修谱主要包含谱序、凡例、遗像、恩荣录、姓氏源流、族规家法、祠堂、世系与世传、传记、族产、契约、坟墓、艺文、字辈排行与行第、领谱字号等15种形质要素。它们是一个家族修谱的"规定动作"，每一个体例要素均有其内在价值，缺之便有引以为憾之叹。譬如，作为寻根主要依据的"世系与世传"，是家谱中最本质的内容，是区分各门各户之归属的重要凭据；再如，作为约束与教化族人的"族规家法"，会开宗明义地讲明家族的伦理规训意图等。可《家谱》并未按照代代相传的方式率由旧章，亦未见对于体例要素的移步换形之举，而是一破常规地做出独出机杼的现代表达。《家谱》不是传统意义上全始全终式的谱牒，而是现代社会树俗立化的文本，虽有东完西缺之憾，但不失为家庭家风家教的有效载体。

《家谱》目录分为前言、第一章始祖"之"字辈、第二章"朝"字辈、第三章"端"字辈、第四章"忠良启家声"字辈、第五章年谱、第六章北京聚会、第七章贵阳聚会、附录等9个部分。前言有"谱序"的意味。第一章至第四章相当于"世系与世传"。第五章、第六章的年谱实际上是16位家族成员的"传记"。附录是11幅家谱总图和家谱图，即为"字辈排行与行第"。实事求是地讲，《家谱》在形式上只具备了一般家谱的四种体例要素，何以将之归为优质谱牒的范畴呢？理由是：它不以形式占优，而以内容聊胜一筹。

就编撰家谱的动因而言，《家谱》字里行间透露出不是基于彰显门楣、矜功自伐的考虑，而是怀有光大前业、遗惠后代的意图；并希望所有的家族中人行动起来，为家谱的重修出气出力。两位古稀之年的老人对主编《家谱》可谓一往情深，屡次从重庆返回贵阳寻根究底，对所触及的李家故事聆音察理，对族人递交的材料晰毛辨发，达到了一丝不苟的地步；明证是我们在《家谱》中找不到妄言妄听、率尔成章的情形。老人感叹她们已站在人生之路的高处，本来有进退裕如的空间，之所以熬心费力地克尽厥职，实有希望《家谱》能协力祖宗家法，以达到感召族人同心并力并呈现枝繁叶茂的美意。老人坦言因历史之故，祖上的家谱已遁迹潜形，重修家谱与采集资料的工作横跨30年，说明其间的含辛茹苦。但辛苦的家谱寻根与家族联络自有其差异性存在的价值，那就是"在于了解贵阳李家是怎样的一个家族，祖先们有着怎样的高贵品质和优良传统,自己的身上流的是什么样的血液"①。老人笃信李家后代的命运与李家的伦理传统是休戚相关的,熟谙先人命运的轨辙,有利于推测自己命运的走势。即借力家谱这面历史视镜,来剖析自己的过去、现在与未来。

一个人终身生活在特殊社会组织——家庭或家族中,家庭/家族美德的超功利性深刻地影响着家族共同体成员。他/她不以物质利益为基础来判定自己行为的合理性,而是着眼于血缘亲情来处理问题。②历史视镜提供了家族共同体成员之道德面貌的恒常性特征,因此《家谱》虽然在呈现时间上跨越3个世纪,在辈分上涉及之、朝、端、忠、良、启、家、声等八代上千人,但是它的着眼点不仅在于个体记录(编写年谱),更有群像作为的形上阐释(通篇贯彻)。有如主编所言:"群像中会透露出一般规律,以及每个李家人都有的李家人共性。对于李家读这本家谱的人,从平凡或不平凡的群像中,希望能有所助益。"③这里重申了李氏家族共同体的形质要素及群像价值。值得一提的是,《家谱》并非主编两人完成,而是多达几十人的分工合作,此写作群像在一定程度上表征了李氏家族的道德感召力。

在字辈、年谱、聚会和附录等章节中,主要是对历史事实与历史事件的写真,不过对于材料的处理却是有详有略。譬如,简略叙述的有"之"字辈入黔始祖,奉调从衡阳到贵阳为官,因身葬异乡而不可考证其名,但留下"勤奋、清廉、不购房、不置产"的家训。内容不多却宛如晨钟暮鼓,给族人以警觉醒悟的道德自觉。详细叙述的有"李朝仪年谱",用足足五页来详述这位家族伟人。称他幼年得到众亲友的倾力相助而成就学业,说明家族内部有守望相助、慷慨仗义的精神风貌。此后他文治武功的一生亦颇有"得道多助"的意味,促成他终生扶危济困、克己奉公的人生底色,进而为国家和民族建立了不朽的功勋。如此不惜浓墨重彩地详述族中"重要他人",意在标举李氏家族的道德价值取向,为家族后裔指明蹈厉奋发、得失在人的有为人生,摒弃乐天知命、游戏人间的随意人生。《家谱》全书仅128页,很难想象它能承载一个家族150年的历史积淀。它缺失一般家谱的体例要素,缺少明明白白的族规族约,甚至连光耀门庭的"恩荣录"也缺项(事实是确有清廷对李端棻的封赠),但它详略得当的手法、遇物持平的姿态、隐秘渗透的意图,已然收到云布雨润之效,此可

---

① 李良格、李良筑主编:《贵阳李氏家谱》,北京大学校史馆藏(未刊印)2007年版,第3页。
② 《伦理学》编写组:《伦理学》,人民出版社2012年版,第330页。
③ 李良格、李良筑主编:《贵阳李氏家谱》,北京大学校史馆藏(未刊印)2007年版,第4页。

从五湖四海赶到贵阳参加家族聚会的人潮中获得确证。

二、不教之教：《家谱》阐幽明微之效

在家谱中渗透家风家教，这是编撰者的通行做法。可《家谱》以历史事件的写真与家族人物的白描为主，并未见"施衿结缡"般的谆谆告诫，不经意间成就了不教之教的明效大验。此做法的作用可从教育心理学中获得解释：假设李氏家族祖上的功业是学习对象，家族后裔通过对其行为动作、结果的观察而获得信息，再经由家族后裔这个学习主体的大脑加工、辨析和内化，即可将其习得的行为在日后的表现中以行为动作和观念的形式反映出来，从而彰显家谱对于家族后裔的隐性价值。以下试着从《家谱》的写真和白描中审察其记述的效能。

因入黔始祖的信息中断，李氏家族改换门闾的故事要从李朝仪说起。李朝仪显姓扬名不在于学问，而在于枵腹从公的政绩。他少年科第中举，历任知县、同知、知府、直隶按察使到顺天府尹，为官37年却无一处地产、半亩田地，倒是他养育的七子一女（李端棨、李端树、李端棐、李端荣、李端燊、李端棻、李端棨、李蕙仙）深得其诗礼之训，个个是人中龙凤。他还将创巨痛深的李端棻带在身边，以立身处世的行为示范感染他。《家谱》中详述了关于他的几个重要事件：一是在平谷县知县任上组织衙役追捕猖獗的盗贼，并亲自轻骑暗访缉拿；二是在南路厅同知任上将欺压百姓的军官"白大帅"绳之以法；三是在东路厅同知任上修筑宁河与大沽炮台，成为日后抵御外国侵略者的坚强阵地；四是在通州抵御英法联军和在沙河击退捻军；五是治理永定河和管理永利盐场积盐；六是在顺天府尹任上改善吏治。李朝仪究竟是怎样的一位官吏呢？《家谱》中所举案例颇能说明问题："英法联军再度入侵，直逼北京近郊的通州，军情危急，加之当地土匪趁火打劫。在内忧外患交集的情况下，朝仪决定开仓取粮练兵。有人反对说：'仓粮不可擅自动用。'朝仪说：'这是什么时候？外寇已逼近通州，难道还可按常规办事？若有处分，我李朝仪一人担当。'人心才安定下来，齐心合力，在通州附近，共御敌寇。"[①] 此道德叙事中"我李朝仪一人担当"一句振聋发聩，穿过160余年的历史长河，依然在家族后裔的心头萦绕。

另一位可以当门抵户的李氏家族先人当属李端棻。从叔叔李朝显那里寻摸到范水模山之法，一面做满腹经纶的绩学之士，一面做忧国忘家的朝廷重臣，

---

① 李良格、李良筑主编：《贵阳李氏家谱》，北京大学校史馆藏（未刊印）2007年版，第50页。

进入近代名人之列当属实至名归。他的伟大在于身在体制之内却能反戈相向，指正旧体制的沉疴宿疾；他气度宏远而密荐康有为、梁启超等维新派进入晚清中枢；他上呈《请推广学校折》《变法维新条陈当务之急折》两个重要奏折，使近代教育面貌焕然一新；他在戊戌变法的紧要关头取代守旧派大臣出任礼部尚书，对中国之近代化推波助澜；他在归隐后创建中国近代史上最早的师范学堂之一——"贵阳公立师范学堂"；他曾与张之洞、陈宝琛、张佩纶之流同列"松筠十君子"……

李端棻17岁进入日后成为翰林院编修的舅舅何亮清执教的贵山书院，潜心学习帖括辞章（应试的道德文章）。之后赴京投叔叔李朝仪门下，继续钻研《诗》《书》《经》《史》。李端棻晚年曾与其表弟何麟书讲道："吾一生为人之道，得之吾叔（李朝仪）；为学之道，得之吾舅（何亮清）。"[①] 此表明李端棻领受书香门第之家风家教的实在性。从同治二年（1863）入翰林院到光绪二十四年（1898）遭免官流放，李端棻为官长达35年之久，其立身处世的风格颇有李氏家族的门风。无论是少年时代的积学待时，还是中年在朝的公而忘私，抑或是晚年在筑的踔厉奋发，实际都有家族先人口耳并重、训练有素的影子。关于这一点，遵义郑珍、莫友芝、黎庶昌"沙滩三杰"之书香门户亦可提供证据来支撑家族伦理规训的判断。

还有饱经世变的"十七姑奶奶"李蕙仙，不但要侍奉阿家阿翁，而且要辅助丈夫梁启超的政治与学术人生。李蕙仙虽在贵阳李氏家族之列，却是生于永定河道署、长在北京的千金小姐；《家谱》称李蕙仙"幼承家学，能诗善文，琴棋书画无所不通，有才女之时誉"[②]。因李端棻在李朝仪家长大，和李蕙仙亲如同胞兄妹，于是在李蕙仙21岁的时候，由李端棻作主将她许配给才貌俱全的梁启超（此时李蕙仙的父亲李朝仪已不在人世）。《家谱》认为梁启超一生在政治与学术上的作为与其结发夫人李蕙仙紧密相关，提供的证据是梁启超的《祭梁夫人文》："呜呼哀哉！自君嫔我，三十三年。仰视父母，俯育儿女，我实荒厥职，而君独任其仔肩。一家之计，上整立规范，下迄琐屑米盐，我都弗恤……"[③] 此番情凄意切的祭文足以证明夫妻二人的故剑情深。《家谱》中的这个片段颇能触动家族后人的心怀。夫妻双方具有共同的道德义务，彼此的体恤入微，能使人

---

① 余文武：《对李端棻规训后学的学术性考证》，《教育文化论坛》2017年第6期。
② 李良格、李良筑主编：《贵阳李氏家谱》，北京大学校史馆藏（未刊印）2007年版，第59页。
③ 李良格、李良筑主编：《贵阳李氏家谱》，北京大学校史馆藏（未刊印）2007年版，第63页。

感受到夫妻统一于体的人性温暖。《家谱》以简练的笔触叙述了李蕙仙的典型事迹：受聘上海女学堂提调（校长）、任《妇女报》主编（之一）、"百日维新"失败后赴广东新会照顾公婆、帮助中国留日学生、支持丈夫与蔡锷一起组织护国军讨袁等，由此看出李蕙仙巾帼不让须眉般的才干。她在养儿哺女上的功绩亦值得大书特书：梁思顺，中央文史馆员/诗词研究专家；梁思成，建筑学家/院士；梁思永，考古学家/院士；梁思忠，美国弗吉尼亚陆军学院/西点军校毕业并参加淞沪会战；梁思庄，图书馆学家/北京大学图书馆副馆长；梁思达，经济学家；梁思懿，燕京大学毕业；梁思宁，南开大学毕业后奔赴新四军参加革命；梁思礼，火箭控制系统专家/院士。如此满门俊秀的育人佳绩，在《家谱》中还应当分途追踪，阐明其家族成员领受伦理规训的要秘。

三、修齐治平：高明警策的伦理规训

《家谱》中主编对16位爷爷和一位姑奶奶做了挨门逐户的排查，发现家族中人无一匠门弃材，似可说明家族教育的超强效能。从门单户薄的游宦之家发展到高门大户，靠的是诗礼人家的道德教化，这一点已然得到上述《家谱》之内容与形式的双重证明：虽无长篇大论的人物传记，却能呈现大含细入的诸多事象；虽无包罗万象的通行家谱的体例要素，却能生动地提供家族后裔欲知其详的祖先信息。由此，我们当选取伦理规训的视角对这个颇有云锦天章之美的谱牒做一番钩深致远的探察。

从依靠谱牒来达到讲信修睦、诗礼传家的道德目的而言，《家谱》与平凡人家的谱牒并无二致，均有对于一个家族繁衍历史的追述，因为那里潜藏有前人命运的轨辙。不过，对比旧时名门望族的家谱中对于门阀制度的恪守，以及标榜郡望来争夺权势的做法，《家谱》在编撰上似有超越古代累世显荣的世俗做法，其呈现的笔调和缓的慎终追远之念即可证明。在那些同宗共祖的入谱者中，全是真实可信的历史人物，并无半点逞强逞能之意。无论是入黔始祖立下的家训传家、官至顺天府尹的李朝仪的导德齐礼，还是礼部尚书李端棻的忧国忧民、名门闺秀李蕙仙的林下风度，均是作民族志般的照实白描。这里显示出编撰者的福慧双修，既沾溉了祖先光前裕后的恩德，又体体面面地做敦本务实的"道德写生"。

本文作者在《家谱规训的教育学解读——以李端棻家族后裔编撰之〈贵阳李氏族谱〉为例》一文中认为："巨室之家是由谱系维持的，而逾百年之家则是靠家谱中的墓图得以固化。借《家谱》可以管窥基层社会秩序重构的要秘，即明血统、序昭穆是动因，敬宗与收族是目的。敬宗即崇敬祖先，表明宗族内部

的尊卑有序；收族即团结族人，表明人群的自组织性。"① 为此，《家谱》中还提供了 11 块碑文和数幅华表题词，它们是后人凭吊先人、重修家谱的证据。其中为入黔始祖刘太夫人所立的两尊华表，至今仍立在贵阳市区通往永乐李家祖茔地的大路旁。其中李朝仪的题词为："祖武克绳家声勉缵箕裘绪，义方追彝训表识稍酬父母恩"；李端棻的题词为："孙谋用翼彝训延兴驷马门，非分窃殊荣科名幸遂男儿志，修德后必昌有子有孙华国都为名世器。"② 无论是墓碑还是华表，不同于考古学所言之器物，后者容易丢失且易失察，而前者以"庞然大物"的姿态面世，有历经数百年而不衰的特点，正好成为教化后人追慕先贤的有效介质。《家谱》借助明血统、序昭穆的动因，实则达成敬宗与收族，进而促成家族后裔在这两面旗帜的感召之下同心协力，达到家庭文明建设的美好前景。

  《家谱》所齐集的人群是一拨特殊人群（除研究者外），其血脉谱系在现代医学与体质人类学的协力之下分得出亲亲疏疏，但是人们并不愿意那样区隔；相反，坚信同宗共祖的"同质性"因素大于分门别户的"异质性"因素，并且义无反顾地服从家族共同体的伦理召唤，身体力行地介入重修谱牒的实际行动当中。这正是我们依靠家谱来行家风家教的基点。《家谱》在编后语中称："（李氏家族）家教有方，人才辈出，男儿成名成家，多有贡献；女儿大家风范，秀丽大方，成就不亚于男儿。""李家代有人才出，朝仪为官清正，是少有的清官，老百姓为他建祠堂。端棻为国为民，名垂青史。忠、良、启、家这四代也是人才济济……""四爷爷李端棻努力奋斗了一生，对中华民族做出了巨大贡献，到了后来，他悟透了人生，无论功名、金钱、伉俪、儿孙、甚至于自己的身躯，都不再系怀，放下了个人的一切忧念，唯一挂在心头的只有老百姓的利益和国家的未来，直到他去世前一天，还在为贵阳的学堂操心。这是何等高远的境界！"③ 其文其语感人肺腑，可以推测家族后裔从朴斫之材出发，去领受祖宗之教并内外兼修，最终达到修齐治平的高远境界。

  因此，修谱可以解决家族伦理认同与成员品德内化的问题，因为谱牒本身潜藏道德感化与自我教育的能量，家谱中析义翔实的个案能收到吹糠见米之效。譬如，《家谱》中叙述的"学子群"："忠"字辈就有为共产国际派给孙中山的

---

① 余文武：《家谱规训的教育学解读——以李端棻家族后裔编撰之〈贵阳李氏族谱〉为例》，《贵阳学院学报》2018 年第 1 期，第 27 页。
② 李良格、李良筑主编：《贵阳李氏家谱》，北京大学校史馆藏（未刊印）2007 年版，第 6 页。
③ 李良格、李良筑主编：《贵阳李氏家谱》，北京大学校史馆藏（未刊印）2007 年版，第 110-111 页。

顾问鲍罗廷当俄语翻译的李绩忠、出任台北故宫博物院院长的李寿曼、建筑学家/院士梁思成、考古学家/院士梁思永、火箭控制系统专家/院士梁思礼等18位专家学者;在"良"字辈则有气象学家李良骐,医学家李良华,音乐家、中央音乐学院教授李苁荪与李昌荪等13位专家学者。他们的学术成就既有脉脉相通的相互熏陶,又有抚躬自问的自我教育。是故,高明警策的伦理规训当由家族共同体开出,一则家族自有其统同群心的道德目的;二则家族有其强大的道德感召力;三则家族智慧可以创新多种行之有效的规训方法。因此,鉴于家谱在伦理规训上的突出效能,我们当开出家谱自我作故的新法,一方面齐集力量为家族垂范立训,"整齐门内,提撕子孙"①;另一方面集中家族的理智力量,树立人生秉持的原则,从而达到家谱植根民间、反哺民间的功用。如此,还可引发我们对于"家风家教文化"的反思。当有人抱怨家风家教实难找到一个有效的载体之时,拙文的研究在一定程度上抛出了"不刊之论":家谱当以社会主义核心价值观为重心,以便开出民间伦理规训助力家风家教的新范式。

四、结语:家风家教必将与世推移

家谱的教育效能究竟如何?毕竟它并未建构成体系的德性品行教育。它静态式的道德叙事还有诸多瑕疵,所选取的成名成家的道德榜样还有咫尺天涯之感。如何开出更为适切的方式,指明家族伦理文化的发展方向,唤起族人完成德性品行的自我修炼,当是金石之计。

伦理规训当如何有效实施?伦理规训不过是教育者单方面的道德意图,其笃信人的发展主要借力外在力量来达成的观点亦颇受质疑。家谱的流行似可解决家族伦理文化认同问题,但无法彻底解决家族成员的品德内化问题,因此现代家谱的编撰还应有防微虑远之计。

家风家教应如何正确认识?家风家教并非由一代人速成,即便是经年累月的门风亦需历史与现实的双重检验,更何况一家一户的教育个性还有维护道德共性之责。是故,当怀有为后世子孙垂范立训的文化自觉,在伦理规训方式与道德载体形式上集思广益、群策群力。

由前述可知,贵阳李氏家族即便在华夏千千万万的家庭之中,亦可称为高门大户。其《家谱》自然有值得大书特书的内容,因为家族先人的道德表率已然列在历史的光荣簿上,其源远流长的家风家教更有后世子孙的行为示范来佐证。对于千千万万的寻常人家,如何修出一部具有一定道德价值的谱牒,并在

---

① 彭林:《家教与门风》,上海文艺出版社2015年版,第42页。

现代社会的革风易俗中发挥它应有的作用，是我们时下急如星火的大事。因为寻常人家修谱的困难在于，实难选出轨物范世的道德榜样，有的只是平平淡淡的言传身教。因此，建议不要对祖先懿德添盐加醋，而是本着秉笔直书的态度，拣选其中富含道德价值的佚文逸事，加以伦理规训上的适度阐发，从而达到生聚教训、有风有化的教育效果。综上所述，正因为有家谱这样颇具伦理规训效能的载体，优良家风家教的形成必将与时俱化、蔚成风气，产生妙处不传的屡试屡验之效。

一部"有突破、有创新、有分量的著作"
——读《中国近代教育奠基人李端棻》有感

刘宗棠①

(贵阳学院，贵州贵阳，邮编：550005)

摘 要 《中国近代教育奠基人李端棻》是一部"有突破、有创新、有分量的著作"。该书为赵青同志深入研究李端棻长达7年（2015—2022）的结晶。该书的出版发行，进一步丰富与拓展了李端棻的研究，对推进李端棻文化的研究有重大意义。2023年是李端棻先生诞辰190周年，该书的出版发行是对李端棻先生最好的纪念。

关键词 李端棻；教育改革；京师大学堂；中国近代教育奠基人

2023年是贵州先贤李端棻先生（1833—1907）诞辰190周年，应该隆重纪念。前不久，赵青同志的新著《中国近代教育奠基人李端棻》（贵州出版集团、贵州教育出版社出版发行，2022年11月版。以下简称《李端棻》）隆重出版。在这部书的首页题词"谨以本书纪念李端棻诞辰一百九十周年"，这是很有意义的。

笔者仔细地通读了这部新著，收获很大。正如吴大华先生在为本书写的序中所说："《李端棻》一书运用大量新发现的史料，极大地丰富了李端棻的人生经历，弥补了以往研究的不足，提升了李端棻的历史地位，是有突破、有创新、有分量的著作。"

一、李端棻在近代中国教育改革中的贡献曾被"忽视"和"遗忘"

李端棻是清末著名的政治家、改革家、教育家，是支持维新变法的帝党大

---

① 作者简介：刘宗棠，男，1931年9月生，汉族，贵阳学院哲学专业教授。长期从事逻辑学的教学与研究工作。

臣中的佼佼者。康有为、梁启超、谭嗣同等著名的维新人士，都曾经得到李端棻的赏识和推荐。李端棻逝世后，康梁分别撰写祭文和墓志铭，高度评价李端棻。《清史稿·戊戌变法传论》指出："戊戌变法，德宗发愤图强，用端棻等言，召用新进。百日维新，中外震仰，党争遽起，激成政变。"这里，对李端棻在戊戌变法中的地位和作用给予了充分的肯定。

然而，在辛亥革命以后到改革开放以前，相当长的一段时期，由于种种原因，李端棻被"忽视"，甚至被"遗忘"。对此，一些专家着重进行了分析。例如，闫长丽著的《被遗忘的"百日维新"领袖》（《文史天地》2008年第4期）、何克勤著的《李端棻 不能忘却的贤者》（《贵阳文史》2013年第3期），等等。

二、改革开放后，李端棻在近代中国的重要作用逐渐被"发现"

改革开放以后，学界对李端棻的研究成果不断增多。李端棻的重要作用逐渐被"发现"。2000年元月，秋阳先生著的《李端棻传》，由贵州民族出版社出版发行。接着，2004年12月，钟家鼎先生著的《李端棻评传——兼论维新官僚在戊戌变法中的地位与作用》，在海南出版社出版。2007年11月，"纪念李端棻逝世100周年暨李端棻学术研讨会"在贵阳隆重举行。

2016年，贵阳市启动"弘扬李端棻教育思想"工作，积极推进李端棻系列项目工程建设。2017年12月，贵阳市举行李端棻墓地修缮捐赠仪式。北京大学贵州校友会捐赠30万元，助力李端棻墓地修缮及环境整治。李端棻墓地及其周边环境得到改善。

2017年春季，在贵州省、贵阳市主要领导的关心下，同意贵阳学院设立正处级教辅单位——"李端棻研究院"。当年7月5日，贵阳学院举行了隆重的"李端棻研究院"挂牌仪式。接着，2017年11月，在贵阳学院召开了"纪念李端棻逝世110周年"全国学术研讨会，并且编辑出版了《李端棻：近代教育改革的先驱》学术论文集。

此后，2020年"李端棻与近代教育创新研究"全国学术研讨会、2021年"李端棻教育思想及其当代价值研究"全国学术研讨会、2022年"李（端棻）梁（启超）交往与近代中国和贵州"全国学术研讨会陆续举办，并且都编辑出版了学术论文集。学术研讨会的胜利召开，推进了李端棻的研究，扩大了李端棻的影响力。

三、全面深入地认识、理解、学习和弘扬李端棻文化

近年来,尤其是2017年以研究李端棻为宗旨的研究机构——"李端棻研究院"在贵阳学院成立以来,贵阳市和贵州省对于李端棻文化的研究和弘扬,都得到更好的开展。

2023年4月28日下午,《李端棻》新书分享会暨纪念中国近代教育先驱李端棻先生诞辰190周年,在贵阳一中李端棻中学隆重举行。

这部研究李端棻的重要著作,是贵州乡贤文化研究中心赵青同志历经7年(2015—2022)完成的30余万字的著作。顾久先生说:"赵青女士的著作进一步挖掘利用了大量新史料,完整讲述了李端棻一生的事迹与贡献,提升了李端棻的历史地位和当代价值。"(《李端棻》"序一",第1页)吴大华先生说:"赵青女士秉承谨慎、客观的态度,以足量的史料为支撑,按照'左图右史'的治史之法,图文并茂、深入浅出,既有学术的严谨性,又有文学的生动性。"(《李端棻》"序二",第5页)

的确,在《李端棻》的开头部分,有"图录"16页,载有李端棻像、李端棻墓、与李端棻贵阳故居和北京旧居地有关的照片,等等。笔者特别感兴趣的是"光绪三年(1877),李端棻为祖母刘氏墓着前华表题字"、"光绪二十二年(1896)三月十五日,李端棻写信给同年好友张之洞,向他推荐妹夫梁启超"(藏中国国家博物馆)、"光绪二十三年(1897)十一月,李端棻堂妹、梁启超夫人李蕙仙参加裙钗大会"和"李端棻八言联"(藏贵州省博物馆)这几幅图片,这些难得的照片生动、具体、形象地展现了有关的史实。

而且,在正文中也插入了一些重要的图片,如李端棻在云南大理府主持的"大理府考试院"(第71页),李端棻当年参加"顺天乡试"的"顺天贡院号舍图"(第106页),"李蕙仙摹《柳塘春晓》(山水镜片)"(第121页),"贵阳公立师范学堂中外教官合影(前排右一为李端棻)"(第248页),等等,都有助于增加对有关内容的理解,也更能增加阅读的兴趣。

在"图录"之后、正文之前,有14页《李端棻概说》(代前言)。分为以下11个小段:少年英才享赞誉,"堪比庐陵"的教育家,天下之师誉百官,五年少司寇生涯求正义,《请推广学校折》奠基近代教育,仓帅直言为国家,推动维新谋变法,懋勤殿议政遭政变,撰写《普通学说》引领贵州新学,创办学堂为桑梓,《苾园诗存》留后世。实际上只用了12页半,非常简洁,但相当全面地概述了李端棻一生的重大事件。接着,只用1页半的篇幅概述了李端棻的"简历简况"。从咸丰十年(1860)李端棻离开家乡贵阳北上,投奔在直隶任职

的叔叔李朝仪处，直到光绪三十三年十月十二日（1907年11月17日），李端棻逝于贵阳。浏览了这14页，也就能够对李端棻一生的重要经历和重大贡献有一个比较全面的概略认识。想来这样的安排可能更会受到一些喜欢"快读，略读，速读"的人士欢迎。不过，要更深入、更全面地了解李端棻，还是应该通读全书。

笔者特别欣赏这部资料丰富、内容充实、论断精当的《李端棻》。为此，笔者用"慢读，通读，细读"的方式，认真地品读了这部重要的著作，并且写下自己的认识，期待与更多的同志就李端棻文化相关问题深入交流。

本书的主干部分有九章，每章又分为一些小节，全书共有79个小节，讲述了李端棻从"出身名门 幼年失怙"到"暮年归里""巨擘陨落"的主要内容。大致可以分为以下三段：

第一段，从第一章到第二章的第四节"同年才俊"（第1到45页，李端棻从1岁到30岁，1833—1863）。记述李端棻的家世和成长。

第二段，从第二章的第五节"清流议政"到第八章"推动维新 贬谪千里"（46-239页，李端棻从31岁到67岁，1864—1900）。记述李端棻的宦海浮沉，特别是他五任考官，折耀神州，推动维新，以至于贬谪千里。这是李端棻进入清末官场后积极活动，大有作为的37年，内容非常丰富。

第三段，包括第九章"暮年归里 壮心不已"的全部（240—269页，李端棻从68岁到75岁，1901—1907）。记述李端棻"少小离家老大回"，虽遭贬谪，遇赦返乡，仍然壮心不已，积极传播新思想，开通风气，造福桑梓，为国为民，始终不渝。

各章的主要内容如下。

第一章"出身名门 幼年失怙"，讲到李端棻"母出名门 六百年家世"，讲到李家"叔侄四进士 两代九举人"，讲到对李端棻的成长有重大影响的四位长辈：伯父李朝显、母亲何氏、舅父何亮清、叔父李朝仪。

第二章"科考连捷 清流议政"，讲述李端棻是"少年英才，乡试中举，会试连捷"，接着顺利入选翰林，清流议政，相当顺风顺水。

此后，第三章"临危受命 振兴文教"、第四章"五任考官，堪比庐陵"，讲的是李端棻在振兴文教、拔擢人才方面的突出贡献。梁启超在《清光禄大夫礼部尚书李公墓志铭》中说李端棻"其历次典试所拔擢，皆一时知名之士，世亦以此比庐陵"。

庐陵是现在江西省吉安市的古称，位于江西省中部，古代是著名的"江南望郡"和"文章节义之邦"。庐陵文化，源远流长，科举文化非常突出。从隋至清的一千多年间，朝廷主要通过科举选拔人才和任命官吏。于是科举考中进士的多少，往往成为衡量一个地方文风是否昌盛、文化是否发达、人才是否众多、声望是否显扬的重要标志。庐陵地区考取的进士近3000名，而文化发达的苏州只有1771人。就一个州府而言，庐陵地区是全国考中进士最多的。明《永乐大典》中有"天下多举子，朝中半江西，翰林多吉安"的记载。庐陵先贤中有欧阳修、文天祥、胡铨、杨邦义、解缙、李时勉、刘球等杰出的代表人物。

本书中说："庐陵欧阳修任宋仁宗嘉祐二年（1507）礼部试主考时，录取苏轼、苏辙、曾巩、程颢、张载、吕大钧等振聋发聩之才；李端棻录取的戊戌变法主将梁启超，民国总理熊希龄、梁士诒，两广总督张凤鸣，出版业巨擘张元济等，都是一时的风流人物。"（《李端棻》，第84页）显然，说李端棻"堪比庐陵"，也是非常恰当的。

第五章"君子之交 世纪情谊"，讲到李端棻朋友圈中几位最重要、最亲密的人物：梁启超、张之洞、岑春煊、梁士诒、熊景钊。这几位都是当时勇立潮头、处于风口浪尖、大有作为的风云人物。从李端棻和这些人物的交往中，显现了他与这些人物的君子之交，也显现了李端棻关心国计民生、爱护人才的情怀与作为。

第六章"司寇之职 仓帅之责"，记述李端棻在刑部和户部的一些经历，讲到刑部的组成、任务和运行机制。在"少司寇生涯"一节中引述刑部主事唐烜的日记，讲到刑部堂官们日常工作的情形，还记述了一些案子中堂官到堂审案的情形。一些事件，"真实地反映当时官场生态"。李端棻任刑部侍郎5年，经历众多大案、要案，是进行决策的六堂官之一，在工作中，上下、左右、前后都要应对；有时还要应对满汉堂官意见不一的情况，的确很不容易。

这一章还记述李端棻参与修缮清帝陵的工作，以及调任"总督仓场户部右侍郎"的工作。在这些具体的事务中，显现了李端棻的能力和人品。梁启超在《清光禄大夫礼部尚书李公墓志铭》中评论说：关于修缮帝陵，"前此奉职者，率以侵冒着为固然，公严绝苞苴，同列惮之，官纪一肃"。关于总督仓场，"其督仓场也，睹漕政之积弊，抗疏请尽撤漕仓诸官，而身乞退职以为之倡。……公倡汰冗官之议，而所汰则请自隗始，盖所知惟国家之利害，而藐躬未遑计也。呜呼，忠矣！"这些在第六章中，用丰富的资料、具体的事实加以阐述，相当生动和感人。

第七章"折耀神州 奠基学制"，主要讲述李端棻"上奏《请推广学校折》"和"首倡京师大学堂"的有关内容。这是李端棻生平活动中特别重大、特别光彩的事件，也是自20世纪80年代以来，研究李端棻，纪念李端棻，弘

82

扬李端棻精神,着力最多,也最为人们津津乐道的内容。

本章的特点是,先讲述甲午战争(1894—1895)中国战败,"维新图强思潮涌","大势所趋谋变革"。这一时期,李端棻多次得到光绪帝的召见。据《申报》记载,1895年2月到12月,李端棻被召见八次之多,得到更多的信任。这是李端棻能够上奏折,并且得到支持的重要条件。

光绪二十二年五月初二(1896年6月12日),李端棻"上奏《请推广学校折》",光绪帝很快就要求总理衙门办理。总理衙门迟迟没有回复。正在上海筹办《时务报》的梁启超、黄遵宪、汪康年等人非常关心这个奏折的回复情况,从他们那时互通的信函中,可以看出,都很焦急地等待着这个奏折的结果。

光绪二十二年七月初三,"朝廷议覆《请推广学校折》的上谕,对《请推广学校折》所提的建议予以肯定,认为'其在于今,诚为切要'。这是朝廷正式全面回应社会各界已普遍认同的维新变革,李端棻所提出的各项建议得到官方认可,成为日后相关改革之发轫,标志着维新变法的序幕已经拉开"。(《李端棻》,第188页)

值得注意的是,虽然"维新变革"在"社会各界已普遍认同",不少有识之士也都认识到改革教育、用新的方式培养人才的重要性和必要性,但是,只有得到朝廷的认可和肯定,才能得到全国各地的广泛认同、响应和贯彻执行。因此,维新人士都非常关心《请推广学校折》能否得到朝廷的认同。

当时,"《请推广学校折》上奏朝廷的回覆立刻在社会各界产生很大反响,《时务报》全文刊载《李侍郎端棻请推广学校折》和《总署议覆李侍郎请推广学校折》"。其他报刊也非常关注这个奏折,例如,《秦中书局汇报》《渝报》等都全文刊载了这两个文件。(《李端棻》,第189页)

的确,《请推广学校折》的上奏和得到朝廷的肯定回复,作用和意义非常重大。《李端棻》中引用了《剑桥中国晚清史》中这样一段重要的论述:

"士大夫开始改组书院和创办学校,起初是零星的,在1895年以后数目日渐增加。这种教育改革的倡导者是一些省级官员,如张之洞、盛宣怀、廖寿丰和江标。比起这些地方的努力更为重要的是1896年清朝官员呈送的一批要求普遍建立新学堂的奏折,最突出的是与康梁有密切关系的朝廷命官李端棻的奏折。他提出,通过修改课程来改造传统的书院是开办新学堂的最切实可行的方法。这个建议为朝廷所接受,并作为政府的政策加以颁行。在响应这一政策的过程中,据说全国许多地区的旧式书院已按建议作了改变,对于开办新学堂的工作也作了重大的努力。这样,在1896到1898年的两年中,教育改革之风席卷全国,最后体现在百日维新期间修改考试制度和建立全国教育体系的全面努力

中。"(《李端棻》,第 188 页)

本章着重阐述了上奏《请推广学校折》前后的形势和这个文件得到"议覆获推行"后的重大影响。接着分节讲述"奠基中国近代学制""首倡京师大学堂""书院改革的先声""近代图书馆的发端""各地开启近代教育变革"等重要内容,多侧面又有重点地展现了李端棻在中国近代教育改革中的重大贡献。

第八章"推动维新 贬谪千里",重点阐述了戊戌变法前后李端棻的一些重要活动,以及政变失败后李端棻的遭遇。从李端棻"设法代奏康有为'上清帝第五书'",可以看到李端棻积极支持康有为,非常难能可贵。那时,康有为"没有上奏权",要把他的折子递上去,并不容易。康有为首先请工部尚书松溎代递,松溎不肯代递;又找到山西监察御史王鹏程、兵部掌印给事中高燮代奏,也不成;再请都察院御史徐树铭代奏,也没有成功。

"此时李端棻正任职仓场侍郎,……因薛允升案受牵连,被罚俸半年,尚在处罚之中,但李端棻依然热衷帮助康有为寻求代奏。据康有为《我史》记载:'李苾园侍郎激厉忠愤,欲联九卿上奏,为草之,后无联名者'。"(《李端棻》,第 209 页)虽然李端棻也未能为康有为代奏,但他把此事交给了自己的学生贻谷。……"可惜的是,最终未见贻谷代奏此折,康有为、李端棻等人的努力并没有抵达朝廷。光绪二十三年(1897)十二月,康有为将《上清帝第五书》发表在上海大同译书局《南海先生五上书记》中。"(《李端棻》,第 210 页)

戊戌变法正式开始后不久,李端棻向朝廷上奏《变法维新条陈当务之急折》,阐释自己的变法主张。这是戊戌变法期间的重要事件,推动了变法的深入。遗憾的是,现在还没有看到这个奏折的原件。幸而光绪非常重视这一奏折,当即发下交片谕旨,"着奕劻、孙家鼐会同军机大臣核实具奏"。从他们的审读意见中,也可以知道这个"急折"的具体内容。

后来,康有为在《我史》中也说到这一事件。李端棻在《急折》中所奏四事是:一曰御门誓群臣;二曰开懋勤殿、议制度;三曰改定六部之则例;四曰朝士归办学校。

赵青同志认为:"李端棻奏折中第一、二条与康有为《请大誓臣工开制度新政局革旧图新以存国祚折》(又称《上清帝第六书》中所提建议基本一致,但三、四条应当是李端棻自己深思熟虑的结果。其中关于各地办新式学堂一事,是李端棻光绪二十二年(1896)所上《请推广学校折》的进一步推进,戊戌政变后得以保留的京师大学堂表明李端棻的两次上奏对奠定近代教育基础有重要贡献,而请修改《则例》,亦是他长期任职各部官员深思熟虑的结果。"(《李端棻》,第 215 至 216 页)

在"《校邠庐抗议》签议谋变法"一节中，说到近代思想家冯桂芬的这部政论集对洋务运动的影响很大。翁同龢、孙家鼐都向光绪帝推荐这部书。光绪帝接受建议，立即印刷1000册分发各部门，"要求各部门官员进行签注，提出自己的变法主张"。后来，"军机处汇总各部门签注的《校邠庐抗议》共计251部，其中各部门堂官提交了65部，包括李鸿章、孙家鼐、李端棻等都提交了签注本，但令人遗憾的是，3人的签注本都已散失"。不过，至今留存的"签注各本及说帖，共计各衙门官员五百二十二人，签注一万余条，涉及原书所有内容。这些意见，真实反映了戊戌变法期间，清朝中央政府官员们的政治态度和主张"。(《李端棻》，第218页）可以推想，当时赞同维新变法的意见应该处于主导地位，而李端棻是其中坚定的积极分子。

说到"举荐维新人士"，当时维新变法正有力推进，光绪帝求贤如渴，加紧推行经济特科人才的选拔。"着三品以上京官及各省督抚、学政，各举所知，限于三个月内，迅速咨送总理各国事务衙门，会同礼部，奏请考试。"(《李端棻》，第218页）

然而，"对经济特科人才的举荐并没有引起三品以上大员们的足够重视，只有17人向朝廷举荐了235人，平均每人举荐14人，其中李端棻举荐了16人"，而且，"总体而言，都是维新人士。名单最终由李端棻与梁启超商议确定是有可能的"。(《李端棻》，第219页）

在维新变法大力推进中，光绪帝求贤若渴，广开言路。在光绪二十四年六月十五日有谕旨要求："都院司员有条陈事件者，着由各堂官代奏。士民有上书言事者，著赴都察院呈递。"然而，七月五日，礼部主事上书《请布纶言广慈训设教部折》，请礼部堂官代奏。直到11天后的七月十六日，礼部才将奏折送上。光绪十分生气，盛怒之下，直接罢免了礼部全部六个堂官。七月二十日，光绪帝下达朱谕，时任仓场侍郎的李端棻署理礼部尚书，裕禄署理礼部尚书。似乎是在这样一件偶发事件中，李端棻"升任礼部尚书"，其实，这也是李端棻长期勤谨为官，积极支持维新变法，深得光绪帝信任的结果。

维新人士积极主张并且努力推进设立参政议政机构。康有为在《上清帝第六书》中就明确提出开"制度新政局"。而首先明确提出开懋勤殿的是李端棻上奏的《变法维新条陈当务之急折》。一些维新人士继续为此努力。后来又传出"请开懋勤殿用顾问官十人"的名单——有不同版本的四张名单，其中都有李端棻和梁启超。

然而，"懋勤殿议政是戊戌政变的导火线……维新派要光绪帝于七月底开懋勤殿，召东西洋政治家，朝夕讨论政治，使矛盾更加激化"。(《李端棻》，第

226 页)

七月二十九日（9月14日），光绪帝召见严复、张英麟后，随即赴颐和园，向慈禧太后当面请示开懋勤殿，立即引发了一场大冲突。慈禧太后否决了开懋勤殿的要求。形势急转直下。"戊戌政变后，四张名单中提及的懋勤殿相关人员除黄绍基外都成为朝廷惩治的对象。"（《李端棻》，第227页）

戊戌政变后，李端棻紧急拿出赤金200两资助梁启超逃亡。梁启超逃到日本后，用这些钱在横滨创办了《清议报》。

面对艰难的形势，光绪二十四年八月十九日（1898年10月4日），李端棻上了《滥保匪人自请惩治折》，随即受到朝廷的惩处："礼部尚书李端棻着即行革职，发往新疆，交地方官严加管束，以示惩儆。"（《李端棻》，第232页）

李端棻获罪贬谪新疆，这时他已经65岁，而且身患严重骨疾，但是也只能艰难地走上西行之路。不过，他仍然坚信维新变法是正义的。有诗为证："怕听中秋月有声，要从菜市哭忠贞。幸予被遣为迁客，匹马秋风出帝城。"（《苾园诗存·和文信国乩诗》）可见李端棻认为在菜市口死难的六君子是"忠贞之士"，不是什么"匪人"。

在"贬谪新疆 遇赦返乡"一节中，引用了当时一些有关人士著作中的文字来讲述李端棻病情严重、身体衰弱的情况。如汤用彬在《新谈往》中记载，李端棻"年老行濡滞"，病情很严重。后来又突然"感冒风邪，发热咳嗽，胸膈饱胀，两肋作疼，呃逆不止，言语坐卧顿失其常"，在甘肃医治两个月也未见好，走路需要搀扶，身体极度虚弱，无法西行到新疆。（《李端棻》，第234页）

后来由随行陪伴的家丁向当地官员报告病情，接着逐级上报到朝廷。大学士荣禄奏请让李端棻在甘肃养病，待病好后再继续西行。

光绪二十七年（1901）夏，李端棻"奉旨赐还"，回到贵阳。他仍然不改初心，继续传播和推广新学。

第八章的最后一节是"维新之声——黎汝谦致李端棻的两封信"。黎汝谦出身于贵州遵义的世代书香之家，是一位中国变法维新运动的鼓吹者和参加者。光绪八年随叔父黎庶昌出使日本，先后任神户领事、横滨领事。他关注国家及天下形势，使日时，同翻译蔡国昭合译《华盛顿传》，这是一部向中国人民介绍西方民主的著作。为了推动维新变法，他写了两封信给李端棻，阐发了变法维新的迫切性，表述了康有为、梁启超有才识，堪大用，斥责了守旧大臣对康梁的诬蔑和攻击，并希望李端棻保荐康梁。他还根据自己对国外情况的一些了解，建议发行纸币。作者还把这两封书信附录在本章之后。

透过《李端棻》一书的主体内容，读者更加清晰地看到李端棻的人格魅力。

李端棻确实是维新大臣中的佼佼者。他既有认识，有能力，也有一定的地位能够推动维新变法。特别是书中的最后一章——第九章"暮年归里　壮心不已"，全面记述了李端棻1901年被赦免返乡后仍潜心教育改革的可贵品质。李端棻虽然已经"处江湖之远"，没有官职，但依旧努力传播新思想，推动维新变革，鞠躬尽瘁，直到1907年辞世。

1902年，具有维新思想、支持变法的贵州巡抚邓华熙聘请李端棻出任经世学堂——贵州第一所新式学堂的山长。"淡泊名利的李端棻拒绝了'山长'头衔……仅出任经世学堂讲习。"但是，"因维新获罪的李端棻仍坚持自己的维新主张，强调'萌芽新政要推行'，并认为要对贵州学子进行维新启蒙。……"而且付诸实际行动。"李端棻主讲经世学堂时，定期召集诸生讲演，阐发民权、自由、真理，月课以培根、卢梭诸学说命题，一般学生哗以为怪。"的确，在那个时代的贵州学堂中，真是惊世骇俗。"李端棻将自己收藏的梁启超主编的《新民丛报》给学生传阅抄写，上面登载有卢梭和培根的传记。其后有学生作文将卢梭与中国的孔子相提并论，李端棻阅后评为第一名。讲课之余，他在王家巷私宅召集学生讲学，介绍西方的学术思想，如孟德斯鸠的三权鼎立论、达尔文的进化论及赫胥黎的天演论等。"（《李端棻》，第243页）

然而，当时贵州的落后思想和顽固势力还是非常强大。一些反对李端棻的人在贵阳街头散布攻击李端棻的诗："康梁余党至今然，请尔常将颈子磨；死到临头终不悔，敢将孔孟比卢梭。""居心只想做奸臣，故把康梁分外亲，此君曾被康梁误，复把康梁再误人。"（《李端棻》，第244页）

尽管在那种情况下传播新思想压力很大，困难重重，李端棻仍然坚守维新的观点，并且在一些作品中有所表达。例如，他在《政治思想》一诗中说："……国家公产非私产，政策群谋胜独谋。……同胞若识平权义，高枕无忧乐自由。"在《国家思想》一诗中说："君不堪尊民不卑，千年压制少人知。奴隶心肠成习惯，国家责任互相推。"然而，这种情况是可以改变的，"峡经力士终能剖，山有愚公定可移"。他在一副对联中说："……所愿英才崛起，突超先辈，庶几垂老睹文明。"（《李端棻》，第245页）

李端棻非常关注推广和普及一些基础的、实用的新知识，因此特别撰写了《普通学说》一书。全书约一万字，是向广大群众普及新学的书籍。

所谓"普通学"，是相对于"专门学"而言的。这两个术语的内涵和外延，在梁启超所草拟的《京师大学堂章程》中有清楚的阐释："普通学者，凡学生所当通习者也。专门学者，每人各占一门者也。"而且，还"略依泰西、日本通行学校之种类"，参以中国当时学习的需要，列出了10种普通学：经学、理学、中外掌故学、诸子学、初级算学、初级格致学、初级政治学、初级地理学、文学、体操学。同时，又列出英、法、俄、德、日五种语言文字学，凡学生每人自认一种，"与普通学同时并习，其功课书悉各该本国原本"。①

李端棻从另一角度和层面阐释普通学的意义和作用。他说："今日读书分两途：一救时者，学成即以致用也；一穷理者，毕生优游于一学之中，穷其已发现者探其未发现者以增进人类之智识者也。穷理者，时时求胜人；救时者，处处求及人。"他认为，那时最紧迫需要的是"救时之学"。"若今日危急存亡之秋，救时之学断不可缓，亦不可少。"显然，首先要推广和普及普通学。"为学之最初一步，普通学是也。西人谓之文学、质学。质学，东人又谓之科学。凡人类应有之智识悉具于是。学校用者谓之教科书，程度之高低。则随学校之大小而异。不明普通学不能学专门，欲求专门之大成，则普通学之程度亦须随之而高。"

李端棻开列了16科普通学：算术、几何、代数、中国地理、中国历史、外国地理、外国历史、地文、地质、理化、生理、博物、政治、法制、经济、伦理。这里，和梁启超所草拟的《京师大学堂章程》相对照，有所不同。首先是舍弃了《章程》中的"经学、理学、中外掌故学、诸子学"这四门"参以中学"而列入的课程，完全都是"西学（新学）"。

"不设经学课程，在当时的中国来讲，是极其激进的。即使京师大学堂，及至遍设各地的各种新式学堂，经学都是基本课程。陈寅恪先生认为光绪朝的维新运动，维新人士可分为激进和稳健两派，李端棻属激进派，而陈宝箴属稳健派。""《普通学说》是贵州近代教育的奠基之作，'对新学在贵州的传播及其本土化产生了巨大影响'，已是古稀之年的李端棻，仍以壮年之豪情，为宣扬新学，推行新式教育积极奔走，是贵州新学领路人。"（《李端棻》，第247页）

1900年，八国联军发动侵华战争，清政府被迫签订《辛丑条约》，中国自此彻底沦为半殖民地半封建社会，给国家和人民带来了空前沉痛的灾难。清政府被迫重新举办一些新政。在这样的形势下，李端棻与一些热心人士一起，继续推进教育改革。1902年，李端棻与于德楷、乐嘉藻等创办了贵州第一所公立师范学堂，也是我国最早的几所设置规范的公立师范学堂之一。后来，贵阳公立师范学堂改为贵阳市师范学校。2009年，贵阳市师范学校并入贵阳学院，并在此基础上成立了贵阳学院教师教育学院。

1905年，李端棻又与于德楷、唐尔镛、任可澄、华之鸿等创办贵州第一所

---

① 《中国近代教育史资料汇编·戊戌时期教育》，上海教育出版社1993年版，第126页。

公立中学堂——贵州通省公立中学堂，1906年春季开学。1950年，省立贵阳中学等四校合并，从此，名为贵阳一中。1950年被省人民政府确定为全省4所省级重点中学之一。2012年，被批准为贵州省第一所省级一类示范性高中。

光绪三十年（1904）五月，慈禧太后70岁寿辰，大赦天下，下谕旨要求除康有为、梁启超、孙文三人不能赦免外，其余戊戌案涉案人员全部赦免，曾经革职者"具着开复原衔，着该部及各省督抚迅即查明具奏"。七月，署理贵州巡抚、布政使曹鸿勋为李端棻奏请恢复官衔。光绪三十年九月，"开复原衔"的李端棻北上进京谢恩。回到贵阳后，李端棻受到一些人士和学生的欢迎。他从事社会活动，也更加有地位了。

在积极推广新学之外，李端棻还积极地参与一些重要的社会活动。在"鞠躬尽瘁系桑梓"一节中，记述了李端棻参与当时"遍及全国的收回矿权及路权运动"。"光绪三十一年（1905），贵州成立全省铁路矿务总公司，推李端棻为总理，于德楷为协理，'当是时，端棻之清望，德楷之干略，黔中殆无第三人足以颉颃'。然而'所主持之事业，竭蹶丛脞，良不见有何成绩'，但李端棻等仍继续为桑梓之公益鞠躬尽瘁。"（《李端棻》，250-251页）以"端棻之清望，德楷之干略"却"良不见有何成绩"，应该是当时的形势使然；"得其人而不得其时"，不应该"以成败论英雄"。

1906年，贵州学务处设立。同年夏，改设为贵州学务公所，聘李端棻、唐尔镛、华之鸿、任可澄、赵以炯等人为议绅。继而，李端棻与唐尔镛、华之鸿、任可澄等官绅发起成立贵州教育总会筹备会，致力于推动近代贵州教育的发展。

李端棻非常热心公益事业。民国《贵州通志·人物志》说李端棻"及其临殁前日，犹谆嘱子弟出资，捐助学堂经费。又念尚节堂为风化所关，亦令子弟措资捐助。其系心公益，谊笃桑梓，乡人士至今犹颂之"。（《李端棻》，第251页）

这一章的最后一节，也是全书的最后一节"巨擘陨落康梁祭"，记述"光绪三十三年十月十二日（1907年11月17日），李端棻辞世，葬于贵阳永乐乡李氏家族墓地。光绪三十四年（1908）二月，《东方杂志》第三期《中国事纪》刊载了李端棻离世的消息。流亡海外的康有为、梁启超分别撰写祭文和墓志铭，高度评价李端棻的一生"。（《李端棻》，第261页）这些内容，知道的人比较多，而且，读过或者引用过康梁所撰写的祭文和墓志铭的研究者也不少。

但是，最后还记述"宣统元年（1909），贵州、云南京官翰林院学士许泽新、侍讲程棫林、编修杨兆麟、王庆麟、中书黄家琮等人呈请李端棻官复原职，得到朝廷批准，'将已故开复原衔革职礼部尚书李端棻开复原官一折李端棻加恩开复原官',李端棻得以官复礼部尚书一职,此时距其离世已两年矣"。(《李端棻》,第268页)关注到这一史实的人似乎不是很多。当然,"官复礼部尚书"对李端棻本人及其家族而言,都是锦上添花,更增了一些荣誉。

李端棻作为中国近代教育的奠基人,作为京师大学堂的首倡者,无论居庙堂之高,或者处江湖之远,都努力传播新思想,推动教育改革。其道德文章,进取的精神,都将永远受到人们的景仰和学习。

赵青同志研究李端棻是从2015年获得贵州省社会科学院重点课题"贵州乡贤文化研究"开始的,到2022年正式出版专著,共花了7年时间。她扎扎实实地刻苦钻研,"在前人研究的基础上,再细心挖掘史料,试图呈现更为真实全面的李端棻形象"。(《李端棻》"后记",第288页)这个目标,确实实现了。吴大华先生说他阅读本书后,有三大感受:其一,李端棻的形象得以丰满展开。其二,李端棻的精神得以凸显。其三,李端棻的当代价值得以彰显。(《李端棻》"序二",第5-6页)归纳得非常好。吴先生还说,这"是李端棻研究的重要著作,将提升贵阳乃至贵州的文化自信,值得推广、宣传"。笔者非常赞同吴先生的评价和意见,也希望有更多的读者喜欢阅读这部书。

李端棻与三级师范教育的关系

马筑生①

(贵阳学院教育科学学院，贵州贵阳，邮编：550005)

摘　要　三级师范（Three-level Teacher Education System）是由中等师范学校培养小学（幼儿园）师资（第一层级，中专）、高等师范专科学校培养初中师资（第二层级，大专）、师范学院或师范大学培养高中师资（第三层级，本科）的教师职前教育体系。传统三级师范教育体系虽然已经成为历史，但我们在研究李端棻教育思想的过程中可以发现，李端棻为推动我国特别是贵州三级师范教育的发展做出了重要贡献。

关键词　李端棻；三级师范；师范学院

三级师范是由中等师范学校培养小学（幼儿园）师资（第一层级，中专）、高等师范专科学校培养初中师资（第二层级，大专）、师范学院或师范大学培养高中师资（第三层级，本科）的教师职前教育体系。我国传统师范教育发端自清代末年。百年来，在学习日本师范教育模式的基础上逐渐形成了三级师范体系，并一直采取这种体系。特别是中华人民共和国成立以后，由于党和政府的高度重视，师范教育这架教育事业的工作母机得到了空前的发展壮大。为了满足中等及中等以下教育对师资的需求，至20世纪90年代，国家设置了具备相当办学规模的各级师范学校1100多所，其中中等师范学校就有800多所。20世纪80年代以来，我国师范教育加快了与国际师范教育接轨的步伐，主要是学习美国师范教育的模式。自1989年开始，我国传统三级师范教育体系向二级师范（专科、本科）或新三级师范教育体系［专科、本科和教育硕士三个层级的中小学（幼儿园）师资培养架构］转变。预定了未来师资培养的目标，即取消专科

---

① 作者简介：马筑生，贵阳学院教育科学学院教授。主要从事教育学、儿童文学等方面的研究与教学。

层次，建立以本科及本科+1年专业学习的教育文凭学位、本科+2年的教育硕士学位和本科+3年的专业硕士乃至博士的新的中小学师资培养架构。汲取国际师资培养经验，建立教师考级制度，以利于教师有层次地深入发展。建立新的师范教育机构评估制度，适应时代对师资提出的新要求，旨在将中国教师教育推向卓越教育的前沿。

传统三级师范教育体系已经成为历史。本文仅就李端棻与传统三级师范形成过程中的关系做一个述论，主要以贵州传统三级师范教育为例。

一、中国师范教育产生的背景

从清同治元年（1862）开始，许多有识之士开始关心新式教育问题。清同治元年五月十五日（1862年6月11日），总理各国事务衙门的恭亲王奕䜣开设了京师同文馆，挑选八旗子弟入馆学习外国语言文字。此为中国近代教育开设新式学堂之肇始。同治元年七月二十五日（1862年8月20日），奕䜣等向皇帝奏设京师同文馆，以培养翻译人才从事外交事务，得到皇帝批准。同治五年十一月五日（1866年12月11日），奕䜣等鉴于"洋人制造机器、火器等件，以及行船、行军，无一不自天文、算学中来"，向皇帝奏请于京师同文馆中派设一馆，学习天文、算学。京师同文馆学科得到增设。

新式学堂的出现，使新学堂师资缺乏的问题日益凸显。许多有识之士开始关心师范教育问题。光绪十九年（1893），孙中山在《上李鸿章书》中，专门论述了教师的重要性。

光绪二十二年五月二日（1896年6月12日），时任刑部左侍郎的李端棻向光绪皇帝上了《请推广学校折》，请自京师以及各省府州县皆设学堂，设藏书楼，创仪器院，开译书局，广立报馆，选派游历，并提议设立"京师大学堂"。李端棻《请推广学校折》受到皇帝的重视，批给总理衙门处理。是年七月十三日（1896年8月21日），总理衙门议复李端棻请建京师大学堂一节，请饬下管理官书局大臣妥筹办理。管学大臣孙家鼐议复开办京师大学堂六项办法，云："今中国京师创立大学堂，自应以中学为主，西学为辅；中学为体，西学为用。""泰西各国，有所谓师范学堂者，专学为师，大学堂学生，如不能应举为官者，考验后，仿泰西例奖给牌凭，任为教习。"

光绪二十二年（1896）八月，李端棻的学生、堂妹夫梁启超在《时务报》上发表《变法通议》等文章，教育方面有《学校总论》《论科举》《论师范》《论女学》《论幼学》《学校余论》等。他在《学校总论》一文中指出：

今之同文馆、广方言馆、水师学堂、武备学堂、自强学堂、实学馆之类，其不能得异才何也？言艺之事多，言政与教之事少。其所谓艺者，又不过语言文字之浅，兵学之末，不务其大，不揣其本，即尽其道，所成已无几矣。又其受病之根有三：一曰科学之制不改，就学乏才也，二曰师范学堂不立，教习非人也，三曰专门之业不分，致精无自也，故此中人士，阁束《六经》，吐弃群籍，于中国旧学，既一切不问，而叩以西人富强之本，制作之精，亦罕有能言之而能效之者。

他在《论师范》中谈道："故师范学校立，而群学之基悉定。""师也者，况，学子之根核也。师道不立，而欲学术之能善，是犹种稂莠而求稻苗，未有能获者也。"他认为中国"师范之不立、自数百年以来矣"。"欲革旧习，兴智学，必以立师范学堂为第一义。"

居今日而言变法，其无遽立大学堂而已，其必自小学堂始。自京师以及各省、府、州、县，皆设小学，而辅之以师范学堂。以师范学堂之生徒，为小学之教习。而别设师范学堂之教习、使课之以教术：即以小学堂生徒之成就，验师范学堂生徒之成就。三年之后，其可以中教习之选者，每县必有一人。于是荟而大试之，择其尤异者为大学堂、中学堂总教习，其稍次者为分教习，或小学堂教习。则天下之士，必争自鼓舞，而后起之秀，有所禀式以底于成，十年之间，奇才异能，偏行省矣。不由此道，时日无本，本之既拔，而日灌溉其枝叶以求华实，时曰下愚。（以上引文见《饮冰室合集》文集第1册第34-37页）

李端棻与梁启超有师生、姻亲的双重关系，非常亲近。梁启超在京城时，就住在李端棻府上。他们常常在一起探讨中西学术，每每议论国家前途，都主张引进西方思想，以改革朝廷弊政。特别是向日本学习师范教育，两人看法一致。李端棻"更逐国民知爱国，文明大启亚洲东"的诗句，表达了他"须向西方学习，以求中国自强"的思想。这样的思想绝非偶然产生，和他与梁启超、康有为等的交往有一定的关系。

光绪二十四年五月二十七日（1898年7月15日），湖北巡抚谭继洵（谭嗣同父亲）在《请变通学校科举折》中谈道：

古人云：师道立则善人多，后世师范一说，阙焉不讲，此亦失治之一端也。各州县既立学堂，拟请于京师及各省城，设立师范学堂，择年长行优而根孔孟之学者，入为生徒，学习三年，使粗知内政外政法律舆算各学之门径。果其品学均足为人师矣，即予以凭单，发往各府厅州县，充为学堂教习，其已聘得教习者，即毋庸发往。创办之时，应请先由京师同文馆挑选生徒之高才者，发往各省师范学堂为教习，不足则如广东、上海广方言馆之学生成材者，补充其选。共他化电制造方言武备各专门学堂，暂宜聘请西人为师，俟学生学成，然后自相传习，则师亦不难得矣。所谓立学校之规模者此也。（《戊戌变法档案史料》，第231-233页）

在上述背景下，中国师范教育应运而生。

二、李端棻与三级师范教育中第三层级的关系

中国师范教育是从第三层级肇始的。1896年末，时任铁路督办大臣的盛宣怀，受李端棻《请推广学校折》提议设立"京师大学堂"的启发，加上其曾任天津北洋西学学堂首任督办，有管理学校的经验，于是准备在南洋（上海）创建一所大学。清光绪皇帝御批盛宣怀着手在南洋兴建大学。学校为公学，经费半由官助，半由商民（即招商局、电报局）捐资。今上海地区在清朝末年被称为南洋，所以学校取名为南洋公学（Nanyang Mission College）。该校是西安交通大学和上海交通大学的前身。

光绪二十三年三月七日（1897年4月8日），南洋公学开学。南洋公学中分立上院（相当于民国后的大学及高等专门学校）、中院（相当于民国后的中学：初中、高中）、外院（相当于民国后的小学：初小、高小）、师范院（相当于民国初年的师范学校）。上、中、外三院教师均从师范院学生中挑选充任。是日，南洋公学师范学院借上海徐家汇民房一所，正式开学上课。第一次录取师范生40名，多为廪生、贡生和举人。南洋公学师范院是我国教育史上第一所高等学校师范院，是中国三级师范教育第三层级之肇始。南洋公学是中国最早兼有小学、中学、大学和师范这一完整教育体系的学校。光绪二十四年四月二十四日（1898年6月12日），大理寺少卿盛宣怀上《筹集商捐开办南洋公学折》并附南洋公学章程，向皇帝报告南洋公学开设师范院等情况。奏折中谈道："师道立则善人多，故西国学堂必探源于师范。"

中国三级师范教育第三层级正式形成的标志，是京师大学堂师范斋（馆）的开办。光绪二十四年（1898），戊戌变法期间，李端棻向光绪皇帝举荐维新人才，上奏《变法维新条陈当务之急折》等，积极推动维新变革。随着变法维新运动的开展，康有为在1898年初上《应诏统筹全局折》，折子中再次提出"自京师立大学，各省立高等中学，各府县立中小学及专门学"。在李端棻、康有为、梁启超等的推动下，光绪二十四年四月二十三日（1898年6月11日），光

绪皇帝颁布《明定国是诏》宣布变法，设立京师大学堂是变法的重要举措之一：

> 京师大学堂为各行省之倡，尤应首先举办，著军机大臣，总理各国事务王大臣，会同妥速议奏，所有翰林院编检，各部院司员，大门侍卫，候补候选道府州县以下官，大员子弟，八旗世职，各省武职后裔，其愿入学堂者，均准入学肄业，以期人才辈出，共济时艰，不得敷衍因循，徇私援引，致负朝廷谆谆告诫之至意，将此通谕知之。①

诏书中强调"京师大学堂为各行省之倡，尤应首先举办"，梁启超草拟了一份《奏拟京师大学堂章程》，提出"兼容并包""中西并用""重视师范教育，基础学科与专门学科相结合"的主张。光绪皇帝批准了该"章程"。

光绪二十四年五月十五日（1898年7月3日），光绪皇帝批准设立京师大学堂。是年夏五月，朝廷命孙家鼐管理京师大学堂事务，以景山东马神庙前（今景山东街）、嘉公主旧第（并准许稍购附近民房）、沙滩（故宫东北）红楼（今北京五四大街29号）等处为京师大学堂地址，拨户部向存华俄银行500万金为京师大学堂经费，创立京师大学堂。京师大学堂委任许景澄任中学总教习，聘任美国传教士丁韪良（W. A. P. Martin）任西学总教习。

孙家鼐（1827—1909），字燮臣，晚号澹静老人。安徽寿州（寿县）人。咸丰九年（1859）状元，为天子门生，光绪帝师。官至工部、礼部、户部、吏部、刑部尚书，拜体仁阁大学士，历转东阁、文渊阁，晋升武英殿充学务大臣等。逝后谥号文正公。李端棻与孙家鼐曾同为经筵讲官。光绪十四年（1888）十二月，翰林院奏派经筵讲官，直阁事派出进士出身的三位饱学之士——孙家鼐、霍穆欢、李端棻。

1898年9月21日，戊戌政变因光绪帝的失误而爆发，百日维新失败，但京师大学堂以"萌芽早，得不废"，没有被慈禧太后废止。然而作为变法维新的产物，京师大学堂的处境变得相当艰难。光绪二十六年（1900），八国联军入侵北京，京师大学堂校舍被占，图书设备被毁，大学堂遭到严重破坏，难以维持下去。是年8月3日，京师大学堂被下令停办。1898年至1900年的京师大学堂后来被称为"戊戌大学"。

光绪二十七年（1901），京师大学堂在"戊戌大学"基础上重新组建，"戊戌大学"成为京师大学堂最早的组成部分。光绪二十八年七月十二日（1902年8月15日），清朝廷颁布《钦定京师大学堂章程》。其中第二章规定了师范馆功

---

① 《德宗景皇帝实录》第418卷第15页，《戊戌变法》（二）第17页。

课。师范馆学制四年。第二章第九节列出了师范馆课程门目表，第十节列出了师范馆课程分年表，第十一节列出了师范馆课程及一星期时刻表。光绪二十八年七月十二日（1902年8月15日），清朝廷颁布《钦定高等学堂章程》，其中第一章第七节规定：高等学堂应附设师范学堂一所，以造就各处中学堂教员，即照《京师大学堂师范馆章程》办理。光绪二十八年十一月十八日（1902年12月17日），京师大学堂恢复办学，学堂藏书楼也于同年重设。朝廷派吏部尚书张百熙为管学大臣，吴汝纶和辜鸿铭任正副总教习，严复和林纾分任京师大学堂译书局总办和副总办，各个方面开始步入正轨。先设速成、预备两科。速成科分仕学、师范两馆，预备科分政科及艺科。1862年洋务运动期间恭亲王奕䜣创办的京师同文馆也并入京师大学堂。光绪二十九年（1903），朝廷增设进士馆、译学馆及医学实业馆。毕业生分别授给贡生、举人、进士头衔。同年改管学大臣为学务大臣，统辖全国学务。另设总监督，专管京师大学堂事宜。派张亨嘉为第一任总监督，京师大学堂从此成为单纯的高等学校。

光绪三十年（1904），京师大学堂师范馆改为优级师范科。1908年5月，京师大学堂优级师范科改名为京师优级师范学堂（1923年更名为北京师范大学），独立设校。标志着我国师范教育第三层级的正式形成。这一层级的正式形成，首倡京师大学堂的李端棻功不可没。

三、李端棻与中国三级师范教育第一、二层级的关系

（一）创办贵阳公立师范学堂（第一层级师范）

光绪二十八年（1902）春，遇赦回筑的原礼部尚书李端棻与他的学生贵阳士绅于德楷和乐嘉藻、李裕增等三人在贵阳创办了贵阳公立师范学堂。这是我国第一所独立开设的初级师范学堂（中师），是中国三级师范教育第一层级之肇始。直到光绪二十九年十一月二十六日（1904年1月13日），清廷才颁布了《奏定初级师范学堂章程》。李端棻等人创办贵阳公立师范学堂之举，走在全国的前面。

1901年底，贵阳士绅于德楷（仲芳）、乐嘉藻（彩澄）、李裕增（旗人、候补通判）等三人，到王家巷李宅拜会遇赦回筑的原礼部尚书李端棻，探讨如何才能发展贵州教育，振兴贵州文化的问题。

乐嘉藻，字采澄，贵州黄平州人，举人。先世自黄平移居省城贵阳，经营商业，颇有财产。他希望能为地方办学有所尽力，先找到贵州著名士绅、贵筑县人于德楷（字仲芳）谈到此事。北京籍旗人、候补通判李裕增与乐嘉藻素有

交往，也一同前往。李端棻等四人经过探讨，得出共识——要达到振兴贵州文化、发展贵州教育的目的，关键在于培养师资，开办师范学堂，这正合李端棻"维新毕竟输仍旧"，"……民智开通后，团体合群孰御之"的思想。于是四人进一步相商在贵阳创设师范学堂之事。最后做出决定，出于"谋黔省教育之发展，振兴贵州文化，培养新学师资以应教育发展之需求"的目的，共同发起集资，在贵阳创办一所师范学堂。

为了乡梓教育事业的发展，李端棻不顾年高体弱及腿疾带来的不便，不辞辛劳，与于德楷、乐嘉藻、李裕增等三人相约，考察了贵阳次南门外两江口一带的名胜雪涯洞、来仙阁、丁文诚公祠、黔军昭忠祠。通过考察，四人一致认为，雪涯洞风景优美，来仙阁、望水厅建筑清静雅致，丁文诚公祠、黔军昭忠祠富有文化意蕴，是学子读书的好地方。而且这里是官家地产，用来办学，容易得到官府的支持。于是便决定利用这一群老建筑，以这片建筑为师范学堂的校舍，报贵州巡抚邓华熙批准。李端棻为朝廷前重臣，受到邓华熙尊重，于是立即准予师范学堂立案，同意用这片建筑办师范学堂。

于是四人商定，师范学堂定名为"贵阳公立师范学堂"，商议办学经费大家集资。于德楷当即表示：筹款一事，事关地方公益，义不容辞，自己愿意承头经办。

四人根据李端棻从在籍绅士中"选择品学兼优，能孚众望之人，派令管理各学堂"，以"规范学堂管理和建设"的主张，商定"贵阳公立师范学堂"创办人为"李端棻、于德楷、乐嘉藻、李裕增"四人。商定学堂凡有重大事情，由四人会议决定。于德楷负责执笔草拟学堂章程。

四人商定，学堂的性质为初级师范学堂（中师），学制四年，培养目标为初等、高等小学堂教习。学堂要求学生以"修身、勤学、忠君、爱国"为本源，以"知行合一"为宗旨。

学堂章程规定：学堂经费全由集股，每股学生一名，首年20名，每名股银60两；二年40名，股银40两；三年60名，股银35两；四年80名，股银30两。李端棻随即捐出重金。

端棻已近古稀之年，年高体弱又有腿疾，不便主事学堂事务，做学堂的领导。四人公推于德楷为学堂总理，李端棻、乐嘉藻、李裕增三人为协理（副办）。于德楷表示，自己负有官家委办之事，筹办本省蚕桑学堂，不能兼顾师范学堂具体事务，学堂总理只能是挂名。至于学堂的具体筹办和学堂成立以后的内部管理及各项日常事务，得请采澄先生一手经理，他集资入股最多且年富力强；福田先生协理。对此，李端棻表示赞成，乐嘉藻、李福田亦表同意。于是，

97

就由于德楷负责筹款，而学校的具体筹办和内部日常管理事务，由乐嘉藻负责、李福田协理。据乐嘉藻辛亥日记记载，学堂开办后，学堂后来的一切经费，除收少数学费外，概由乐嘉藻负担。

学堂还规定了学生入学条件、课程设置。李端棻历来主张变法图强以救中国，以改革封建教育制度的弊病为己任。他在光绪二十二年五月二日（1896年6月12日）向光绪皇帝上的《请推广学校折》中，第一次全面系统地提出了以建立新式学堂为中心的教育改革方案。其中明确指出，"时事多艰，需才孔亟，请推广学校，以励人才而资御侮"，建议在全国进行教育制度改革，疏请在北京设立京师大学堂，各省会设中学堂，各府、州、县遍设各级学堂；重点教习外文、算学、天文、地理、理化和外国历史；还建议设图书馆、科学馆、翻译局，办报纸和派留学生等。李端棻的奏请被光绪帝采纳，于两年内逐一付诸实施。从此，兴学堂、废科举蔚然成风，拉开了向现代化教育转型的序幕。李端棻提倡中国的教育体制也应仿行西方的模式，"终身执业，聚众讲求"。在教学方法上，李端棻强调所学课程应"各执一门"，"分斋讲习"。即按学科分类讲习，才能致精、致深，培养真正的专门人才，且学习理论应该与实际紧密结合。李端棻还特别强调学习"普通学"的重要性，认为学习应从基础知识开始，"不明普通学，不能学专门，欲求专门之大成，则普通学之程度亦须随之而高"。回筑后，他撰写了《普通学说》一书。他所指的"普通学"包括算术、几何、代数、中国地理、中国历史等共16科。因此，李端棻力主在贵阳公立师范学堂开设外文、算学、天文、地理、理化和外国历史课。

贵阳公立师范学堂最后决定，开设的课程有东文、物理（格致）、化学、博物（动物、植物、矿物）、万国历史、中国历史、万国地理、中国地理、地文学（兼天文）、生理学（全体）、算术、代数几何、法制学大要、国家学大要、经济学大要、国际公法大要（交涉）、教育学、体操术、图画学、课外讲演等。这正好暗合了是年清朝政府颁布的《钦定学堂章程》（即"壬寅学制"，是我国教育史上正式颁布但未实行的第一个学制，是中国近代教育史上第一次法定学校系统）。学堂所需教材皆经日本编订，30册，由日本教习代购，"到黔之日，仍由学生自行分购"。

在教学管理上，李端棻主张"或就地聘延，或考试选补"。当时的贵阳，缺乏数理化和外文师资，非请外籍教师不可。然而，欲请外籍教师来黔，花费太多。乐嘉藻建议，武备学堂所聘日籍各教师，训练诸生，成绩尚好，不如就请武备学堂日籍教师就近兼职，薪金可省一半。以后如继续开班，再向日本聘请。经四人商定，学堂聘请天主教法国籍、比利时籍传教士、神父兼任英语教习

（即教师）；聘请学堂附近贵州武备学堂任教习的日本军官高山公通、金子新太郎、郡山猪之助、清宫宗亲、木滕武彦、冈山源六等六人来校担任日语和数理化专业教习。随后，于德楷、乐嘉藻到武备学堂，与日籍总教习高山公通及诸教师磋商。除高山公通以事务过多为由暂不应聘外，金子新太郎、清宫宗亲、木藤武彦三人欣然受聘。次年，续聘的日籍教师冈山源六、郡山猪之助、落合谦光先后到贵阳公立师范学堂任教。

贵阳公立师范学堂随即挂牌招收学生。因报名学生较多，突破了四人原定"首年二十名"的招生计划，第一期就招收了30名学生。光绪二十八年早春，贵阳公立师范学堂正式开学，举行了开学典礼，全体教职员工合影留念。时任贵州学政赵维熙到贺。

学堂先开甲班授课。次年又续开乙班。甲、乙两班学生总数计60人，每班学习期限四年。

学堂学生来自全省各地，年龄悬殊，年轻的约17至18岁，年长的近50岁。学生中有很多廪贡生员，也有无功名职业，只是在家自修，中文较有基础的人。贵州镇远籍学生刘堃，字择之，年已三十有余，就读甲班，在学堂食宿。学堂副办乐采澄见他办事认真，人也可靠，就委托他照料校内诸事。择之各门课程均列优等，待同学和蔼可亲，同学们特别敬重他。后来发生的日籍教师闹事打人，至学堂停课更名事件，他就是主要的当事人。

学堂副办李裕增，极精于数学，曾受到贵州学政严修（字范孙）推重。学堂开班时已年将五十，但他一直跟着甲班上课，直到肄业。有人问他："以君成绩如此优异，年龄又近半百，何以不惮其烦，仍与诸生一同受课？"他回答说："我于数学，原来所知者多为旧式，而日籍教师所授多新式，为我所不知者；且东洋科学发达，正当急起直追，岂宜以年龄自限？"福田先生在跟甲班学习期间，孜孜于数学研究，每值日籍教师考询，皆能完满回答；他所演算数学公式，比日籍教师更加简明，而答案与日籍教师相同，令日籍教师惊叹不已。

贵阳公立师范学堂即贵阳市师范学校的前身，自创立之年起，每年招收一届师范生。学堂教学秩序正常，在省内声誉日高。

继贵阳公立师范学堂之后，1902年有如下第一层级的师范学堂相继开办，如保定师范学堂、成都师范学堂、福建师范学堂、江苏如皋师范学堂，还有湖南分三路开办的师范学堂等。

需要说明的是，光绪二十八年九月开办的江苏如皋师范学堂，通常被认为是我国第一所规范设置的公立师范学堂。此学堂是在盛宣怀的推动下，由晚清进士、翰林院编修沙元炳（民国初任江苏省议会议长）在老师张之洞支持下，

图1 贵阳公立师范学堂教职员工合影（前排右起：李瑞棻、木滕武彦、金子新太郎、高山公通、清宫宗亲、赵维熙；二排左四为于德楷，三排右五为乐嘉藻）

于光绪二十八年九月创办的。沙元炳任创办总理，举人马文忠、拔贡张藩任副办，名"如皋公立简易师范学堂"。

光绪二十八年正月，张謇向清两江总督刘坤一提议，在南通地方创办公立师范学堂。他的提议遭到当地一些官僚的阻挠、反对，未成。后来，张謇约集范当世、沙元炳等地方士绅讨论，决定自办师范学校。是年三月，张謇以通州（今江苏省南通市）城东南千佛寺废址为基础，把自己办大生纱厂应得的酬劳拿出来作为建校资金，建筑校舍。五月，刘坤一同意该学校"准予立案"。学校初名"通州民立师范学校"，张謇亲任总理（民国后称校长）。光绪二十九年四月初一（1903年4月27日），"通州民立师范学校"正式开学。当天，张謇在校内揭示《总理开校演说词》。后来他把其中"艰苦自立、忠实不欺"八字作为校训。

通州民立师范学校历来被认为是我国第一所独立设置的师范学校，与南洋公学附设师范院（第三层级师范）、京师大学堂附设师范斋（第三层级师范）一起被公认为是"中国师范教育肇始的三大源头"，因而在中国近代教育史上具有重要的地位。

而李端棻、于德楷、乐嘉藻、李裕增等四人创办的贵阳公立师范学堂，于光绪二十八年春创办，设置规范，比沙元炳创办的如皋师范学堂早创办几个月，比张謇、范当世、沙元炳等创办的通州民立师范学校早开学 1 年左右。所以贵阳公立师范学堂才是我国第一所规范设置的中等师范学堂，开我国中等师范教育之先河。

（二）筹办贵州官立优级师范选科学堂（第二层级师范）

光绪二十八年四月十四日（1902 年 5 月 21 日），设于武昌宾阳门南的湖北师范学堂开学。学堂由李端棻的同年好友、出生于贵筑县（今贵阳市）、时任湖广总督的张之洞开办。张之洞委派武昌知府梁鼎芬为学堂监督，廪生陈毅、举人胡钧（1869—1944）为堂长。延聘日本师范教员一人为总教习。学堂所定学额 120 名，学制两到三年。暂取品学兼优之文生入学，以后逐渐以中学堂学生升入。学堂所开课程，除普通学外，另加师范专业必修的教育学、卫生学、教授法、学校管理法等科。日课 8 小时，专门培养中小学教习。为应付师资短缺，学堂设有速成班，一年毕业。第二班二年毕业，第三班三年毕业。学堂还以东路小学堂为附属小学堂，位于师范学堂旁，由师范学生教课实习。

湖北师范学堂是我国近代教育史上最早的独立完备的培养中学教师的师范学堂（第二层级师范）。

光绪二十九年十一月二十六日（1904 年 1 月 13 日），清廷颁布了《奏定优级师范学堂章程》，规定"优级师范学堂，京师及各省城宜各设一所"，"以造就初级师范学堂及中学堂之教员管理员为宗旨"。

光绪三十一年（1905），云南巡抚林绍年改任贵州巡抚，从云南到贵阳就任。经过普安，审阅了普安厅幕友周素园代普安州官员闵华甫写的一封条陈。受周素园条陈的启发，到贵阳接印后，在贵州考选留日官费生，为林绍年决定要优先办理的大事情之一。同治二年（1863），李端棻参加癸亥恩科会试，与出生于贵阳的张之洞一同考中进士，二人成了同年好友。他随即入翰林院，先选庶吉士。是年，李端棻参加散馆大考，成绩优异，授翰林院编修。放外官在云南学政任上四年后，为母丁忧三年，回京。光绪九年（1883）补翰林院侍讲学士，光绪十三年（1887）补授内阁学士（从二品）兼礼部侍郎。林绍年于 1874 年甲戌科会试中式，时年 25 岁。先选翰林院庶吉士，三年后散馆，授编修。1880 年和 1882 年先后充会试同考官和顺天乡试同考官。其间被委以国史馆、功臣馆纂修等差使。至 1887 年奉旨以御史用为止，都在翰林院供职，与李端棻同为京官，是旧相识了。林绍年深受李端棻"一经五纬"教育改革思想的影响，并大力推行。到任贵州巡抚以后，常与李端棻交往切磋，共商兴黔大计。林绍年两次到贵阳王家巷李端棻住宅所在地拜会才开复官衔从京师谢恩返筑的前礼部尚书李端棻，① 与他商榷发展贵州教育和派遣学生出洋留日之事。这在光绪三十一年十月林绍年《高等学堂设立预备科并派员出洋考察折》的奏稿中有记载："本年夏间，黔绅前礼部尚书李端棻、云南布政使刘春霖等呈请变通高等学堂，整顿中学堂。臣因与往返商榷。"

李端棻建议留日学生中应有学习师范者，并介绍了他们创办的贵阳公立师范学堂的情况。林绍年受李端棻等四人创办贵阳公立师范学堂的启发，不但在官费生中规定了师范生名额，还特别通令贵州每一行政区域就地筹款，至少派遣留日学生一名学习短期师范（一年）。他停办了有名无实的"贵州高等学堂"，移用该学堂款项，准备公开考送公费留日长期学生20名。据《贵州省志·教育志》记载，"清光绪三十一年（1905），贵州巡抚林绍年奏请选派学生出洋留学"。6—7月首次派出官费生共51人，包括内习速成师范者29人（周恭寿等）和习专门学科者22人（况天爵等）；自费生11人：内考查学务者2人、习速成师范者2人、习专门学科者7人；随官子弟自费生2人，总计64人。同年（1905）10月，林绍年又奏请"贵州高等学堂设立预备科并派员出洋考察"，这次共派14人前往考查学务。10—11月第二次派遣留学生赴日，其中官费生共50人，包括内习完全师范者8人（尹笃生、黄实森、杨灿等），习专门学科者5人（陈学钊等）和习速成师范者37人（傅师闵、肖万举等）；随官子弟及绅商自费生23人，总计73人。当年派出的留日学生中，学习师范的贵州留日学生共有76人（完全师范8人，速成师范68人）。后来做了"贵州省立师范学校"校长的尹笃生，便是当年受派东渡日本、入东京高等师范学校、攻读6年专习完全师范教育的留日学生之一。

根据光绪二十九年十一月二十六日（1904年1月13日）张百熙、荣庆、张之洞复奏重订学堂章程（即《奏定学堂章程》，亦称"癸卯学制"）中《优级师范学堂章程》的规定，清廷学部于清光绪三十二年（1906）规定，各省应办一所优级师范完全科（第三层级师范）以培养中学和师范学堂师资。限定招收中学毕业生和初级师范毕业生入学堂学习，学制4年（公共科1年，本科年3年。等于今师范大学毕业程度）。贵州为经济、教育"小省"。当时贵阳府只有两所中学堂：一所是贵州通省公立中学堂，一所是贵州官立中学堂。这两所中学堂均开办不久，还没有毕业生（那时普通中学堂是五年毕业）。若要按照规定办优级师范完全科，学生入学资格便成问题。按当时的条件，很难达到清廷办

---

① 【清】林绍年撰，康春华，许新民校注：《林文直公奏稿校注》，中国书籍出版社2013年版，第158页。

优级师范的要求。但贵州又急需中学师资，因而只得从权变通办理。于是贵州巡抚庞鸿书报学部，决定按学部规定，在没有完全中学毕业生的贵州省，先办优级师范选科学堂，招收普通中学二、三年级优等生及简易师范毕业生（简易师范一年毕业），或者招收旧日的举、贡、生、监等入学堂学习，并规定三年毕业（公共科1年，本科3年，相当于今师专毕业）。学生入堂，需填写志愿书，并缴纳保证金10元（毕业后退还）。在学堂期间，学生一律住宿，伙食、书籍、制服由学堂供给。这样既按清廷学部规定开办了优级师范学堂，又根据贵州实际情况，先开办优级师范学堂选科。庞鸿书决定在设在贵山书院的师范简易科（原贵阳公立师范学堂）的基础上筹办贵州官立优级师范选科学堂。

是年，巡抚庞鸿书拜会了李端棻等人，协商将通省公立中学堂迁离贵阳公立师范学堂原址之事。李端棻等人同意将通省公立中学堂搬离丁文诚公祠、黔军昭忠祠、雪涯洞、来仙阁，迁到南明河对岸河神庙新址办学。让出贵阳公立师范学堂原址为贵州官立优级师范选科学堂校址。在丁文诚公祠、黔军昭忠祠、雪涯洞、来仙阁基础上新建学生宿舍一栋、教室一栋。

贵州官立优级师范选科学堂规模：第一年公共科（习惯上称为预科）分甲、乙两班，每班60名学生，共120人。预科的课程，有国文、伦理、算术、历史、地文、教育、动物、化学、体操、音乐、图画、英文等。

第二、三年本科分为文科、理科两类。文科学生，主要学习科目有中外历史、中外地理、法制、经济、外语（日语）；理科学生，主要学习科目有数学、物理、化学、外语（英语）。文、理两科均开设教育学、体操等科目。

庞鸿书委任师范简易科监督、在籍内阁中书唐尔镛（李端棻主讲经世学堂时的学生）出任贵州官立优级师范选科学堂监督（学堂最高行政领导，相当于今校长），四品顶戴分部郎中华之鸿任学堂副监督。聘贵州饱学之士、在籍内阁中书任可澄（李端棻主讲经世学堂时的学生）担任学堂教务长，孟瑞廷、李祖峰、卢小香先后任监学，涂立成任学堂会计，周蔚文任学堂庶务，王万之任学堂医务，另有文牍书记数人。

关于学堂延聘的教习，国文：陈稚苏（举人）；伦理：乐嘉藻（举人，原贵阳公立师范学堂创始人之一）、李祖峰（举人）、陈稚苏；算术：陈稚苏、孙敬之（留学日本）；物理、博物、图画：黄干夫（秀才，留学日本）；英文：叶采生；日文：落合兼光（日籍）；化学：王延直（字仲肃，举人，留学日本）、陈梓和（京师大学堂毕业）；教育学：王仲肃（举人，留学日本）；中外历史：任可澄（兼）、钱效（举人，京师大学堂毕业）；中外地理：任可澄（兼）、李润庵（湖北舆地学会毕业）；体操（前后共4人）孟瑞廷（贵州武备学堂毕业）、

103

陈崧甫（贵州新军营管带）、姚荣廷（贵州武备学堂毕业）、刘文炳（贵州新军营队官）；音乐：孙敬之；法制、经济：金壮春（进士，留学日本学法政，知县）、曹季韩（举人，天津法政学堂毕业）；地质、地文：陈梓和、王仲肃；另有杨覃生、陈廷芬等。

优级师范选科学堂经费完全是官费，每月向清政府支领。教职员的待遇有所不同，职员如监督、教务长、监学、会计、庶务、文书、医务员、工友实行月薪制；教员则按钟点计酬，分专科与普通科两种。担任专科教学每小时支取生银一两五钱（当时尚无银圆，公私均用银两）；担任普通科教学每小时支取生银一两。

学生管理，两班学生只由监学一人负责，任务是负责有关学生请假和早晚清斋的事。课堂内的缺旷，则由学生轮值清理，监学不过问。

光绪三十三年三月十四日（1907年4月26日），设在次南门外丁文诚公祠、黔军昭忠祠、雪涯洞、来仙阁的贵州官立优级师范选科学堂正式开学。这是以培养中学师资为宗旨的贵州三级师范教育中第二层级师范（师专）之肇始，也是贵州最早开设的高等师范学堂。光绪三十三年（1907年11月17日），李端棻在贵州官立优级师范选科学堂创办后，在贵阳王家巷家中逝世，终年75岁。

宣统三年（1911）春，贵州提学使陈骧根据清《奏定优级师范学堂章程》第三节"省城优级师范学堂初办时，可与省城之初级师范学堂置一处，俟以后首县及外州县全设有初级师范学堂，即将省城初级师范学堂增高其程度，并入于优级师范学堂"的规定，经贵州巡抚沈瑜庆同意，奏请清廷学部，获准将贵州官立优级师范选科学堂改设为"贵州官立两级师范学堂"，分优级、初级两部。陈骧委任学者王仁阁任学堂监督，1902年春与李端棻等四人一起创办贵阳公立师范学堂的乐嘉藻任教育长，杨映阶（字孟辉）任学监。招优级预科学生一个班、初级部学生一个班。遗憾的是，贵州官立两级师范学堂开学未及一年，辛亥革命爆发，学堂因而停课。

1912年1月19日，中华民国教育部通电各省颁行《普通教育暂行办法》十四条，随之颁发《普通教育暂行课程标准》十一条及课程表。《普通教育暂行办法》规定："从前各项学堂，均改称为学校。监督、堂长应一律通称校长"；"清学部颁行之教科书一律禁用"；"初等小学可以男女同校"；"小学读经科，一律废止"；"废止旧时奖励出身"等。是年三月五日，教育部通告各省：大局初定，速令高等学校、专门学校开学。三月十四日，孙中山令教育部通告各省，将已设之优级师范、初级师范学校，与高等学校、专门学校一并开学。文云："惟教育主义首贵普及，作人之道，尤重蒙童"；"顾欲兴中小学校，非养成多数教员不可。欲养成多数中小学教员，非多设初级、优级师范学校不可。虽一时权宜与永久经制自殊，而统筹全局，亦不可顾此失彼。此时注重师范，既能消纳中学以上之学生，复可隐植将来教育之根本。是真当务之急者，为此合仰该部迅即妥筹办法"。是年八月，贵州执行中华民国教育部颁布的《师范教育令案》之"优级师范学堂改为高等师范学校"规定，但因条件限制，贵州官立两级师范学堂无奈"降格"，更名为"贵阳初级师范学校"（第一层级师范），委任在日本留学六年专习师范教育的贵阳人尹笃生为校长。翌年更名为"贵州省立师范学校"，培养中小学师资。

1921年（民国十年），贵州省议会一些议员在会议中动议，为奠定今后普及小学教育基础，满足各县需要，必须尽速培养小学师资。议会提请省政府创办一所女子师范学校（第一层级师范），向全省招生，毕业后可以分发回原籍任教。贵州省省长任可澄认可议会动议，委派省长公署教育科长桂百铸（诗成，1921年曾任贵州省立师范学校代校长）主持筹建女师工作。桂百铸选在贵阳东北文笔街、文明路、弯弓街、大树脚之间的土地为女师校址（今贵阳二中校址），筹建工作很快完成。任可澄委任周步瑛（润初）为首任校长。肖协臣为教务主任；冉德光任学校庶务；钟永康任学校会计；王从周、廖寅初先后担任文牍；邓志坚、杨镜如（女）、卢健秋先后担任管理员（负责住校学生生活方面的管理）。周步瑛曾于1905年留学日本学物理，回筑后在贵阳省立各校任教，在教育界声誉较高。1921年5月1日，贵州省立女子师范学校举行开学典礼，学校宣告正式成立。女师首届招生两班，学生90余人。中华人民共和国成立后，贵阳女师并入李端棻、于德楷、乐嘉藻、李裕增创办的"贵阳公立师范学堂"的后续学校——贵阳市师范学校。

四、肖文灿与国立贵阳师范学院

1941年6月，国民政府行政院"为培植西南师资之需要"，创立国立贵阳师范学院（第三层级师范）。教育部聘王克仁为首任院长。王克仁受命后，即在重庆着手筹备。经他多方努力，贵州省第一所高等师范院校——国立贵阳师范学院成立，于是年10月24日举行开学典礼。由于当时贵州省立师范学校因抗战时期贵阳被日机轰炸而疏散搬迁至清镇县卫城办学，学校校舍部分暂借给国立贵阳师范学院办学。

王克仁（1894—1981），名天鉴，字克仁，以字行，兴仁县巴铃下前所人。1924年毕业于美国芝加哥大学，获硕士学位。同年回国，先后在集美学校、暨南大学、湖北教育学院等校任教。1931年8月至1933年7月在厦门大学任教授,讲授学校卫生、学务调查、教育概论、现代教育思想、教育史等课程。1942年10月,国立贵阳师范学院初具雏形,"顾一载既终,院基已立"。之后王克仁院长萌生退意,向时任国民政府教育部部长陈立夫提出辞呈。陈立夫极力挽留,但王院长去意已决,于1943年7月辞职。王克仁院长辞职后,国立贵阳师范学院疏于管理,学院状况不佳,局面甚至混乱不堪。

1948年,国民政府教育部聘请肖文灿出任国立贵阳师范学院院长。肖文灿(1897—1963),字曜宸,贵州省赤水县复兴场打鱼坝人,1897年农历腊月初九出生在一户耕读之家。肖文灿在家乡读完高小后,于1912年考入设在次南门外丁文诚公祠、黔军昭忠祠、雪涯洞、来仙阁的贵州省立师范学校,是李端棻等人创办的"贵阳公立师范学堂"发展而来的贵州省立师范学校的首届毕业生。肖文灿上任后,在国立贵阳师范学院实行大刀阔斧的校务整顿。他首先发布了学院新的教学方针,广泛接触学院教职员工,分别与他们谈话,了解他们的情况;同时着手购买、增加教学设备;新建了理化实验室,增购了图书,延聘名师到校任教职等。通过实施一系列的整顿措施后,学院原来混乱不堪的局面很快得到改善,教学秩序井然有序,呈现焕然一新的面貌。肖文灿院长也因此受到师生员工的爱戴。

五、结语

中华人民共和国成立后,师范教育得到长足发展。20世纪60年代中期至70年代中期,师范教育发展一度受到严重挫折。以贵阳市师范学校为例,停招了三届学生不说,还于1973年以"学朝阳农学院"的名义被迁到城郊八公里办学,贵师教育教学资源损失殆尽。1976年后,出现了极其严重的中小学教师荒。各地加大力度发展师范教育。以贵州为例,甚至一度出现了"县办第一级师范"的局面。以贵阳市为例,云岩区、南明区、乌当区、花溪区、白云区5个区都开办了师范学校,教育质量也不可避免地受到严重影响。20世纪80年代,贵州省教育行政部门对"县办师范"状况进行调整,县级师范大多转为教师进修学校。全省只保留了贵阳、遵义、凯里、都匀、铜仁、安顺、毕节、兴义、六盘水、贵定、思南、织金、南白、黔西、纳雍、安龙师范学校等16所第一层级师范,后来又在贵阳创办了一所幼儿师范学校(第一层级师范)。下文定贵阳、贵定、思南三所师范学校为贵州省重点师范学校(第一层级师范)。

1977年,为了缓解贵州省中学师资严重缺乏的问题,贵州九个地级市(地区)政府指令教育行政部门与贵阳师范学院联合办学,分别在贵阳、遵义、安顺、铜仁、兴义、六盘水、黔东南、黔南、毕节开办了贵阳师范学院大专班,并于是年分别开始招收恢复高考后参加首届贵州省统一高考后的学生，学制两年。1978 年分别开始招收恢复高考后参加首届全国统一高考的学生，学制两年。1979 年，教育部正式批准在贵州九个地级市（地区）贵阳师范学院大专班基础上成立师范高等专科学校，分别招收高中毕业并参加全国统一高考后的学生，学制改为三年。至此，贵州省"三级师范教育"体系正式形成。

1989 年，中国开始实行三级师范教育向两级师范甚至一级师范教育过渡的政策，对中等师范进行调整缩减。贵州各地区第一级师范学校相继撤销，或办为县级教师进修学校，或改为普通中学，或撤销建制，师资分散到各中学。2009 年 6 月 19 日，贵阳市师范学校于并入以贵阳师范高等专科学校和贵阳金筑大学为基础创建的贵阳学院。以此为标志，贵州省中等师范学校（第一级，普师）全部消亡。全省只保留了才成立不久的贵阳幼儿师范学校这一所第一层级师范。后来，贵阳幼儿师范学校升格为贵阳幼儿师范高等专科学校（第二层级师范）。已经消亡的铜仁地区的思南师范学校、黔南地区的贵定师范学校和毕节地区的织金师范学校，也相继经教育部批准恢复并升格为铜仁、黔南、毕节幼儿师范高等专科学校（第二层级师范）。现贵州三级师范教育格局已经全部过渡为两级师范教育格局。第一层级师范教育有贵州师范大学（原贵阳师范学院升格）、贵州师范学院（原贵州教育学院改建）培养中学师资；各地州都成立了高等学院，各学院都开设有培养小教师资和幼教师资乃至培养中学师资的专业。如贵阳学院就设有"教育科学学院"，设置有师范教育的两个专业：培养小教师资的小学教育专业和培养幼教师资的幼儿教育专业。第二层级师范教育有上述贵阳、铜仁、黔南、毕节四所幼儿师范高等专科学校，培养幼教师资甚至小教师资。

李端棻教育改革思想研究[①]

栾成斌　郑发高[②]

(贵州大学历史与民族文化学院，贵州贵阳，邮编：550025;
普定县第四中学，贵州普定，邮编：562100)

摘　要　晚清名臣李端棻在国家危难之际，勇于上奏改革，进呈《请推广学校折》，提出"一经五纬"教育体系，设立从中央大学堂到地方学校及相关配套措施，为我国近代教育制度做出顶层设计。李端棻回到贵州后，因地制宜编撰《普通学说》，宣传自由、平等、民主等新思想，开创贵州教育新风气，延续改革创新等教育理念。

关键词　李端棻；教育改革；通识教育

甲午战争后，时事多艰。李端棻认识到"非天之不生才也，教之之道未尽也"[③]，即教育制度存在巨大缺陷，本国教育体系难以选拔本国人才，政治治理、军事国防等方面没有人才支撑，国势才如此衰弱。

一、"洋务教育疏于浅，未究根本成空谈"

对于之前的洋务教育，李端棻如是说：其一，"诸馆皆徒习西语西文，而于

[①] 本文系贵州大学省级本科教学内容和课程体系改革项目"《阳明学概论》课程思政建设项目"阶段性成果。
[②] 作者简介：栾成斌，男，山东青岛人，历史地理学博士，贵州大学历史与民族文化学院副教授，历史系副主任，文化遗产学、中国史硕导，中国史硕士点负责人，古籍修复实验室负责人，贵州省历史学会常务理事，贵州省社科院黔学研究院研究员，贵州省儒学学会副秘书长，研究方向：西南区域史、历史经济地理、传统文化等。郑发高，男，普定县第四中学历史教师。
[③] 北京大学校史研究室编:《北京大学史料》（第1卷1898—1911），北京大学出版社1993年版，第20页。

治国之道，富强之原，一切要书，多未肆及"①。李端棻认为洋务运动所设立的诸多学习馆虽然都学习西方国家的语言文字，也阅读西方国家的书本，但是流于表面，并未探究西方国家的政治体制、治国之道，也未探究其富强的根本原因，更未结合本国国情，为中国富强助力，局限性较大。郑观应曾论道，"今中国既设同文、方言各馆，水师、武备各堂，历有年所，而诸学尚未深通"②，也指出洋务教育流于表面的事实。具体在仪器制造方面仍"率仗西匠"，中国未有"别出心裁，创一奇器者"③，中国人并未参与学会制造。而在技术方面更是未得要道，即"授受之道未得也"。西国有用之书未翻译整理规范，既未分清何为有用之书，也未有学习之志。其二，"学业不分斋院，生徒不重专门"④，所设学校并不细分专业，导致学生难以学习专门知识。学习课程庞杂笼统，未经整理细分，难以激发学生兴趣，更难培养专门人才。其三，"今之诸馆，未备器图，未遣游历，则日求之于故纸堆中，终成空谈，自无实用"⑤。李端棻指出洋务教育所设立的学馆均未通过实践实验检验和领悟理论知识，也并未出国考察，紧跟时代步伐，而是整日沉迷于纸堆中，固守传统经验，并未获得有用的新知识。其四，"俊慧子弟……及既得科第，遂与学绝，终为弃才"⑥。读书人功利心过重，在取得官职后便放弃学习，并未对国家做出应有贡献。其五，"今十八行省只有数馆，每馆生徒只有数十……功课不精，成就无几"⑦。所开设学馆数量极少，每馆拥有学生数量也极少。许多学生苦于地理位置偏僻遥远而难以到达学习，而学馆又有招生限制，致使学生不能入学。即使入学后，所学习知识仍笼统庞杂，学问不精，效果不佳。

---

① 北京大学校史研究室编：《北京大学史料》（第1卷 1898—1911），北京大学出版社1993年版，第20页。
② 北京大学校史研究室编：《北京大学史料》（第1卷 1898—1911），北京大学出版社1993年版，第5页。
③ 北京大学校史研究室编：《北京大学史料》（第1卷 1898—1911），北京大学出版社1993年版，第5页。
④ 北京大学校史研究室编：《北京大学史料》（第1卷 1898—1911），北京大学出版社1993年版，第20页。
⑤ 北京大学校史研究室编：《北京大学史料》（第1卷 1898—1911），北京大学出版社1993年版，第20页。
⑥ 北京大学校史研究室编：《北京大学史料》（第1卷 1898—1911），北京大学出版社1993年版，第20页。
⑦ 北京大学校史研究室编：《北京大学史料》（第1卷 1898—1911），北京大学出版社1993年版，第20页。

二、"一经五纬"教育制度顶层设计

由此,李端棻提议"奏请各省、府、州、县遍设中学堂、小学堂,京都设立京师大学堂"①。李端棻力谏改革传统科举制度,建立由中央到地方成体系化的近代化教育制度,中央设立全国最高学府京师大学堂,地方设立配套的中、小学堂,集天下之英才而教之,广罗各地人才,为建设国家出力。具体措施有:其一,在生源方面。李端棻所设计的为京师大学堂、省级学堂、府州县级三级体系,在招生方面各级略有差异。府州县学在学生年龄方面要求12至20岁,诸生想要学习的也可以旁听。省学选拔年龄25岁以下的诸生入学,举人以上想要学习的也可以旁听。首都的京师大学堂招生年限为30岁以下的贡监生,在京的官员愿意学习的也可以前往听学。其二,在课程设置方面。李端棻在充分吸收西学的同时坚持以经学为本。府州县学以《四书》《通鉴》《小学》等为本,同时学习各国语言文字,算学、天文、地理也需涉猎。省学课程在府州县学的基础上难度加深,科目增多。以经史子集国朝掌故诸书为主,以天文、舆地、算学、格致、制造、农桑、兵、矿、时事、交涉等书为辅。京师大学堂课程与省学相同,不同之处在于京师大学堂更加专门深入,追求深度而非广博。另外,鉴于省学、大学课程繁多,李端棻建议学校分斋讲习,类似如今的学院层级。并建议授予相应官职,以鼓励学生认真学习,刻苦钻研知识,为国家建设出力。在如此激励机制下,李端棻认为便能"人争濯磨,士知向往,风气自开,技能自成,才不可胜用矣"②。其三,在学制方面。效仿西方,设置三年为一级学制。此学制较为适应人的身心发展,便于学生学习进步。其四,在教育资金筹集方面。李端棻考虑到国家正值困难之时,由于多次反侵略战争的失败,割地赔款,国家已负债累累,且开销之处繁多。李端棻考察得知各省府州县原本便有书院,只是时间久远,旧有弊病较多,未能起到书院作用,且难以教育出人才。但基础设施尚在,修缮之后仍可利用。由此,李端棻建议下令各省府州县将原有书院中的一个改为新式学堂。"增广课程,变通章程,以为学堂。"③ 此举节约了新建学校的各种费用,并且书院原有公款,如果改为新式学堂后出现

---

① 北京大学校史研究室编:《北京大学史料》(第1卷 1898—1911),北京大学出版社1993年版,第20页。

② 北京大学校史研究室编:《北京大学史料》(第1卷 1898—1911),北京大学出版社1993年版,第21页。

③ 北京大学校史研究室编:《北京大学史料》(第1卷 1898—1911),北京大学出版社1993年版,第21页。

经费不足情况可由官款暂为补缺。此外还可通过民间集筹。学校的硬件设施要求不必过高，便于学生学习即可。但此中除了京师大学堂，李端棻认为京师乃为国都，在一定程度上为国家门面，是国家荣誉的象征，不可过于节俭。其五，在教师选拔上。由于学校的广泛建设，学生的数量增多，届时教师的需求便会加大，"窃恐乏人堪任此职"①，因此采取举荐、直聘、考试等举措。他建议中外官员积极举荐优秀教师，也可在学校当地直接聘用，或举行相应教师考试选拔优秀教师。李端棻对教师招聘信心十足，曰"海内之大，必有可以充其任者"②。

除建立体系化的学校外，李端棻还根据实践经验提出相应配套措施，使之与学校体系相互促进、共同发展完善。其一，设藏书楼，担任过云南学政、广东主考的李端棻了解民情。李端棻知道许多好学之人均较为贫穷，既承担不起买书的费用，也难以找到借书之处。曰"好学之士，半属寒酸，购书既苦无力，借书又难其人"③，由此造成民众孤陋寡闻。其言江南成为文风甲天下之地，在于高宗纯皇帝设于江南的文宗、文汇、文澜三阁。后嘉庆大学士阮元起立书藏，以遗江南民众。西方诸国的藏书楼亦设立于都会之地，且数量庞大，内容丰富。由此李端棻建议京师及各省均需设立大型藏书楼，书本为殿版官书，同时兼有同文馆、制造局等所翻译的西方书籍，部分分配送至各个行省。对于民间重要刻本之书由官方有偿收购，分类整理归纳，发放与各个行省。翻译的西方书籍需设立专人负责，按时配送至各个行省。使"无书可读者，皆得以自勉于学，无为弃才矣"④。此举发展成为如今的图书馆，也是李端棻终身学习、自主学习思想的具体体现。清代人才不济，读书人少，除统治阶级刻意为之外，藏书楼数量少且经营管理不善是一重要原因。普通人难以获得书本，更何谈获取知识，通晓道理。其二，创仪器院，"格致实学，咸藉试验"。此项类似如今的实验室，是李端棻理论结合实际，重视实践活动思想的具体体现。"学而不思则罔，思而不学则殆"，在实践活动中能够很好地将学、思二者结合，并且能够提升自身动

---

① 北京大学校史研究室编：《北京大学史料》（第1卷1898—1911），北京大学出版社1993年版，第21页。
② 北京大学校史研究室编：《北京大学史料》（第1卷1898—1911），北京大学出版社1993年版，第21页。
③ 北京大学校史研究室编：《北京大学史料》（第1卷1898—1911），北京大学出版社1993年版，第21页。
④ 北京大学校史研究室编：《北京大学史料》（第1卷1898—1911），北京大学出版社1993年版，第21页。

手能力、检验真理能力等。"令诸学徒皆就试习,则实事求是"①,即教会学生们从实际出发,实事求是,优于传统科举制度下"之乎者也"的儒生们。其三,开译书局。鉴于洋务运动时期所译之书"详于术艺而略于政事,于彼中治国之本末,时局之变迁,言之未尽"②,且所译之书多为10年之前的书,数量极少。李端棻欲大量翻译西书之论政者、论时局者、言学校农商工矿者,及新法新学近年所增者。所译之书进行整理分类,大量印刷,以政府之力廉价发售。如此才能达到"增益见闻,开广才智"③。此举在于沟通世界,开眼看世界而非拘泥于一亩三分地。关注和了解国际事务,积极学习国外新思想、新技术、新理念。增长自身才智,内化于心,结合中外,寻求探索富强、救国之道。其四,广立报馆,使"足不出户而于天下事了然"。李端棻认为"欲博古者莫若读书,欲通今者莫若阅报,二者须相成,缺一不可"④,并举例西方国家富强的缘由在于报馆的广泛设立及报纸的广泛发行。报纸内容丰富,涵盖时局、政要、商务、兵机、新艺奇技等,使得民众在家便可知天下事,能够处江湖之远而知其政;管理者也能了解民众所思所想,居庙堂之高而观其民,实时优化更新相关政策,更好地治理国家。中国报馆仅少数城市有,且主编之人学术能力较低,所写文章知识浅薄,质量不高,关于西学的翻译极少。李端棻建议京师、各省会及主要通商口岸均要设立大报馆,选择和分类优秀内容进行翻译印刷,廉价出售予普通民众。同时设置相应检查监督之人,保障报业的正常规范营业。如此,才能"则识时之俊才日多,干国之才日出矣"⑤。报纸具有体积小、便携带、传播广、内容丰富等特点,能够实现启发民智等作用。报纸在后来维新派宣传新思想以及革命派宣传革命思想等方面发挥了重要作用,同时,报刊业对管控舆论、政治教化等具有重要作用。其五,选派游历,"学徒既受学数年,考试及合格者,当选高才以充游历"⑥。对于游历的人选,李端棻认为应当优中选优。关于

---

① 北京大学校史研究室编:《北京大学史料》(第1卷1898—1911),北京大学出版社1993年版,第21页。

② 北京大学校史研究室编:《北京大学史料》(第1卷1898—1911),北京大学出版社1993年版,第20页。

③ 北京大学校史研究室编:《北京大学史料》(第1卷1898—1911),北京大学出版社1993年版,第21页。

④ 北京大学校史研究室编:《北京大学史料》(第1卷1898—1911),北京大学出版社1993年版,第22页。

⑤ 北京大学校史研究室编:《北京大学史料》(第1卷1898—1911),北京大学出版社1993年版,第22页。

⑥ 北京大学校史研究室编:《北京大学史料》(第1卷1898—1911),北京大学出版社1993年版,第22页。

游历的途径，李端棻指出了两条。第一，游历于世界各国。主要是西方发达工业国家。参观其学校建设、教育等情况，参观学习其工厂，学习其制造技术。第二，国内游历。到各省实地考察矿产、地形、经济、文化等，并著书记录，归呈有司。李端棻建立了游历奖惩制度，对于游历完成优秀者，可将其文章发表并优加奖励。而对于未完成任务者，李端棻建议为官的当辞去官职，贬为普通人。有人质疑近几年所派留学生收效不大，对此，李端棻指出，前几年所选留学者多为官员，其既未领略本国传统经学，又对西学不感兴趣，留学不过是走流程，成效甚微。即使有少数学生，乃为旧馆所出，年龄较小，资历较浅。面对西方形形色色的文化，定力不坚，容易被次级文化袭扰，所学非善。李端棻认为通过新式学校培养选拔，可有效避免此类问题。此举在于选拔国内优秀人才出国留学，待其学成归国后建设祖国。在精益求精、优中选优的前提下，许多留学人才成为民国时期赫赫有名的人物，甚至为建立新中国做出重要贡献。

最后，李端棻认为"以上各项如能切实施行，十年以后，贤俊盈廷，不可胜用矣，以修内政，何政不举？以雪旧耻，何耻不除？"①

三、李端棻《请推广学校折》中教育思想特点

"《请推广学校折》是在改良思潮的不断高涨背景下李端棻所进呈的重要奏折"②，凝聚着李端棻的教育改革思想。其一，具有鲜明的改革创新性。李端棻作为晚清士大夫，以儒家经学思想为本，并无抱残守缺、秉承祖宗之法不可变的守旧思维，而是不断学习认知西学，选拔具有独立思维、接受新思想的年轻一代。对原有教育制度了解深入，对改革创新矢志不渝。他深知传统科举制度已无法适应时代的发展，国家面临千年未有之大变局。改革教育制度迫在眉睫。其二，具有鲜明政治性。李端棻认为中国政治颓废的原因在于人才不济，提出革新教育才能促进政治的发展。国势衰弱，根本原因在于人才未能被选拔出来。中国人数万万，只要革新教育选拔模式，给予下层民众学习晋升通道，便能培养选拔优秀人才。国家在能人治理下，政治、军事等各方面便能良性发展，最终达到国家富强。其三，具有平等性。即读书不再仅局限于上层阶级，中国人口万万数，却出现人才欠缺困境。李端棻的"一经五纬"理念，明确阐述建立从地方到中央层层选拔人才的学校，适龄人员便可入学，对招收学生的限制大

---

① 北京大学校史研究室编：《北京大学史料》（第1卷 1898—1911），北京大学出版社1993年版，第22页。
② 孙丽荣：《中国近代教育史》，黑龙江人民出版社2009年版，第44页。

幅降低，旨在促使普通民众入学。考虑部分人员难以入学，建议设立藏书楼，让其自行学习、自主探索。配套设立译书局，加强与国际社会沟通，将国外新鲜事物介绍于普通民众。又建议设立报纸等宣传新事物，使之惠及普通民众。其四，具有理论联系实际，重视实践活动的特性。创仪器院目的在于格物致知，在于通过实践活动检验所学知识，而非每天空谈。实践是检验真理的唯一标准，也是检验自身所学知识的最好途径。将书本中的理论知识实际应用并非易事，仍需不断练习试错，从不断地试错中寻求真理。其五，具有终身学习思想。建议设立藏书楼，目的在于使无书可读者自勉于学，使得普通民众得以读书。藏书楼为长期设立，则为民众终身学习提供了学习书本和良好场所，对于营造全民终身学习氛围意义重大。

四、李端棻教育改革的主要内涵

李端棻等维新派官员的改革之志仍坚，然时事多艰，政治风波阻断。光绪二十四年（1898）9月21日，戊戌政变发生，以慈禧为首的守旧派集团软禁光绪皇帝，标志着维新变法失败。维新派官员只得匆忙逃走，部分难以逃脱之人被杀害，谭嗣同、林旭、杨深秀、刘光第、杨锐、康广仁六人在北京宣武门外菜市口英勇就义，后人赞称其为"戊戌六君子"。谭嗣同面对死亡无所畏惧，其英勇行为宣示中国人民追求独立富强的决心，是民族精神的体现。李端棻被发配新疆，逐出权力中心。李端棻在前往新疆途中发病，遭受更多磨难，后被赦归。到贵阳后，应贵阳官员邀请，在贵州讲学。贵州地形为"八山一水一分田"，高山居多，道路崎岖，交通闭塞，经济文化远远落后于中原、江南地区。李端棻根据自身多年教育经验并结合贵州实际情况，认为贵州教育应当以基础、通识教育为先，并将自己的教育理念编撰为《普通学说》。李端棻的《普通学说》理念与梁启超的国民教育主义具有相同之处，"梁启超的国民教育主义倡导重视初等教育"[①]。李端棻积极寻求贵州官员的帮助，共同建设新式书院、学堂，作为《普通学说》的实践场所和宣传新思想、新文化的阵地。这对近代贵州教育发展做出重大贡献。

（一）课程目的与课程内容

《普通学说》开篇曰"睹吾乡人士未尝不思为学，而或敝或偏，莫能自拔。竭其所知与为学诸君共求进取之途，著之于编，以求众览"[②]。李端棻经实地考

---

① 陈青之：《中国教育史》，东方出版社2008年版，第518页。
② 李端棻：《普通学说》，武庙铅字活版所光绪二十九年（1903）铅印本。

察了解到贵州人士并非不学无术、不知进取，而是欲学无道。贵州地形多山，道路崎岖，学堂极少，书本资料更是缺乏。李端棻面对此景著写此书，意在为贵州民众开辟读书门路，让其能够进取仕途。

关于课程内容，李端棻说"为学之最初一步，普通学是也"①。明确指出学习当从普通学始，需了解基本文学与科学知识。以此为基础，循序渐进。强调"不明普通学，不能学专门，欲求专门之大成，则普通学之程度亦须随之而高"②。即基础知识十分重要且需不断巩固，基础知识与专门知识互相促进。"普通学之最不可少者，曰算术，曰几何，曰代数，曰中国地理，曰中国历史，曰外国地理，曰外国历史……曰政治，曰法制，曰经济，曰伦理，凡十六科，如上所列。"③ 可以看出李端棻不再注重传统儒家经学，所列科目已经无经学，而以历史科目代替。李端棻曾批评洋务教育所开设科目既未学到制造工艺，也未学到专业技术。故李端棻十分重视理科的设立，开设算术、几何、代数等科目，旨在为日后制造业打下基础。李端棻认识到法治观念需要从小培养，此后不断深入学习。对政治、法制的重视，是其坚持"教育与政治"相结合理念的具体实践。他在《请推广学校折》中阐发了教育应当与政治结合的观点，这里得以具体实践。他所推广的报业、译书局等在于强调时事的重要性，教导学生当与生活实际结合，与国际时事接轨。地文、地质、地理等科目的开设，表明李端棻对资源的重视，为以后工业的发展探明道路。学生学习不能不清楚国家所拥有资源及将来发展方向、发展目标。李端棻在贵阳公立师范学堂所开设课程科目便是《普通学说》的具体实践，开设"日文、化学、博物、万国历史、中国历史……体操学"④。李端棻坚持新学为主、爱国为本、文理并重、国际与国内视野相统一的近代化教学模式，意义深远。

（二）教材选取与课程实施

关于教材选取。李端棻曰："学校用者谓之教科书，程度之高低，则随学校之大小而异，何等学堂应用何等教科有一定之程，故其书特便教授。"⑤ 李端棻十分重视整理分类，对于教科书，明确说明应当与学校大小相匹配，与学校章程相匹配。不得笼统、混乱。为传播推广新学，李端棻十分重视西方书籍的译书工作。"西学之书，前此多由西文译出，而由英文来者尤夥。甲午以后，始有

---

① 李端棻：《普通学说》，武庙铅字活版所光绪二十九年（1903）铅印本。
② 李端棻：《普通学说》，武庙铅字活版所光绪二十九年（1903）铅印本。
③ 李端棻：《普通学说》，武庙铅字活版所光绪二十九年（1903）铅印本。
④ 秋阳：《李端棻传》，贵州民族出版社2000年版，第154页。
⑤ 李端棻：《普通学说》，武庙铅字活版所光绪二十九年（1903）铅印本。

译东文之说，其极盛亦只在此一二年间也。"① "若为寻常致用及寻常教习之学，则日本之中学教科书亦已足用。"② "西人之书以理解胜，大致浑朴类我国三代两汉时。东人则抉择最精当，体例极严整，其修辞之学较便于我国人之领受也。"③ 李端棻认为西方书籍十分重要，但是较难理解。近年日本进行西化改革，且取得不错效果，已经远远赶超中国。经日本翻译的西方书籍符合东方人的阅读习惯，所使用的修辞学等与中国相似。我们翻译日本书籍便可间接学习西方书籍，且便于我们理解学习，省时省力，效率较高。由此，李端棻重视日本教材。

在地理、历史等知识教材方面，李端棻曰："本国地理、历史所用之书，应自以本国人所纂述者为最适宜。然今日而为是学旧时之书，反不若外人代纂之书，此无容为讳也。"④ 李端棻认为中国地理、历史当由中国人自己编撰，但如今学习的仍是老旧版本，不符合时代潮流，甚至不如外国人编写得好。他指出："以前之史学家尚未有交通之智识，其所著书犹执其一偏之见，以剪裁天下之事，读之可以记事绩，而不足穷理趣。"⑤ 说明古人所编撰之地理局限性、主观性较强，当故事阅览便可，不能寻求到真理。他哀叹"今日之为是学者读旧书十年，其所得不过数千年之所云云"⑥，指出"然沿海溯江，西人之所测固已远胜旧图矣，故外人之所已知者，中人则尚未知之"⑦。中国沿海地理测绘不如外国人，西方人使用近代测绘技术所测地图，远比古代中国地图详细、精确，但中国人未了解清晰，只图大概，导致中国发展海洋技术极其困难。"办海军、开航路，须求本国之图于外人，而士子之为学更无论矣。"⑧ 海岸线尚且无从得知，海上航路的开辟只得求助于外国人。海军筹办也并未有清晰规划，海防更是难上加难，致使中国近代海防形同虚设，在多次鸦片战争中所设防点被外国人轻松绕过。海防线如此，陆路线亦如此。"边疆偶有划界之役，其图样例须由外人绘出，膏腴险要任其割取，而执事懵然莫能与争，尤属痛心之事。"⑨ 中国人尤其是执事官员，在边界谈判中既不清楚边界线，更无相关边界地图，任由

---

① 李端棻：《普通学说》，武庙铅字活版所光绪二十九年（1903）铅印本。
② 李端棻：《普通学说》，武庙铅字活版所光绪二十九年（1903）铅印本。
③ 李端棻：《普通学说》，武庙铅字活版所光绪二十九年（1903）铅印本。
④ 李端棻：《普通学说》，武庙铅字活版所光绪二十九年（1903）铅印本。
⑤ 李端棻：《普通学说》，武庙铅字活版所光绪二十九年（1903）铅印本。
⑥ 李端棻：《普通学说》，武庙铅字活版所光绪二十九年（1903）铅印本。
⑦ 李端棻：《普通学说》，武庙铅字活版所光绪二十九年（1903）铅印本。
⑧ 李端棻：《普通学说》，武庙铅字活版所光绪二十九年（1903）铅印本。
⑨ 李端棻：《普通学说》，武庙铅字活版所光绪二十九年（1903）铅印本。

外国人绘线,导致国土丧失而不知,可悲可叹。李端棻对此尤是痛心。

在具体课程实施即授课上,李端棻能够做到收放自如,既符合指定相关章程,又做到与时事结合,传播新文化新思想,开创贵州新风气。李端棻在第一次月课中便出题"卢梭论",让学生自行作文。许多学生不知所云,李端棻便将《新民丛报》发放学生,相传抄阅,限三日交卷,激发学生自主学习兴趣。后"榜发,考到第一的文中是以卢梭比孔孟,顽固人士认为渎圣"①。李端棻传播卢梭的天赋人权等自由平等思想,不利于统治者,遭到黔中守旧派的反对。后李端棻召集诸生讲学,"内容为新的学术思想,如孟德斯鸠的三权分立论、达尔文的进化论、赫胥黎的天演论等"②,进一步传播西方自由、平等、民主等新思想。第二次月课,李端棻出题"培根论",亦将《新民丛报》给予学生抄阅。《新民丛报》为梁启超所创所刊,由于戊戌变法失败,康梁等人被朝廷定为叛贼,所出版刊物为旧士大夫所抵制。故李端棻以《新民丛报》为授课教材,为一般学生所不解,部分黔中名士作竹枝词讥讽,李端棻亦作诗篇回应。第三次月课李端棻出题"朋友相处,常觉自己的不是,方能感化他人的不是说"③。曰:"与朋友真心相处,朋友却并未理解自己的意图,这种情况该如何化解。"并作联语一副:"我犹未免为乡人……所愿英才崛起,突超后辈,庶几垂老睹文明。"④ 表明自己并不在意非议,唯愿英才崛起,超越前辈,创造更加文明先进的世界。

(三) 课程评价与小结

在课程评价方面。《普通学说》中更多的是对科目的性质评价。贵阳公立师范学堂考试评点"学生在学期间,实行学期实验、学业实验、卒业实验三种。成绩以'评点'方式核定,每科以二十点为得点。其得点各平均不达三分之一者,为不合格"⑤。学有所得,李端棻对课业考查设定得较为科学,分学期、学业和毕业考试,能够较为全面考查学生所得,而得点方式能直观反映学生学习情况,学分绩点方式如今高等教育仍在使用,而学期、学业和毕业考试则贯穿如今教育始终。

《普通学说》的出版及贵阳公立师范学堂的具体实践,充分展示了李端棻超前的教育眼光与教育实施,其对中国近代教育尤其是贵州近代教育做出了卓越

---

① 秋阳:《李端棻传》,贵州民族出版社2000年版,第156页。
② 秋阳:《李端棻传》,贵州民族出版社2000年版,第157页。
③ 秋阳:《李端棻传》,贵州民族出版社2000年版,第157页。
④ 秋阳:《李端棻传》,贵州民族出版社2000年版,第157-158页。
⑤ 秋阳:《李端棻传》,贵州民族出版社2000年版,第154-155页。

贡献。其所设置的课程目的、课程内容、课程教材、课程评价等，具有体系完整、内容完备、实践性强等特点。其中，课程目的旨在培养爱国创新、敢为天下先的新型人才。课程内容坚持夯实基础，广度与深度相协调，国际视野与国内视野相统一。课程教材坚持便于理解，西方新学内容与中华优秀传统文化并重。课程实施坚持以学生为主体，充分发挥学生思考主动性。课程评价坚持得点模式，直观性与全面性相统一，便于看清学生学习问题并制定相应解决办法。

五、结语

李端棻"一经"理念，即广泛设立学校于全国，招收培养大量普通民众，具有平等思想、全民教育思想、终身学习思想等先进思想。配套"五纬"措施，设藏书楼、仪器局、译书局、报业、留学制度。辅之以全国学校的推广，解决因不可抗因素难以入学问题、理论难以联系实际问题、难以紧跟时事问题、学识不够广泛问题等。"一经五纬"构想符合实际，适于国情。但由于戊戌变法的失败，唯有京师大学堂得以保留。

居庙堂之高而所限繁多，辗转来到贵州的李端棻脱离了政治斗争的漩涡，消除了尔虞我诈的烦恼。贵州之地，山清水秀，然交通闭塞，民智未开。鉴于此，李端棻继续实践其《请推广学校折》的初心，因地制宜编撰《普通学说》，完整地传播西方新学思想。贵阳公立师范学堂的具体筹建与运行，授课"卢梭论""培根论"等天赋人权、三权分立、人民主权等民主、平等思想，一扫贵州颓气，对贵州平等化、全民化教育做出了良好示范。

李端棻教育改革旨在改变传统科举以政治世袭为标准的选拔模式，其教育思想旨在促进教育平等化、全民化、公平化等。这些理念在当下通识教育中不断注入时代的内涵，以阳明心学为核心的通识教育注重学生心理健康的教育与培育，注重文理学科之间的打通与互鉴，注重知行合一、实践能力的提升，注重化小我为大我万物一体格局的实现。李端棻先生的教育改革思想对当下教育实践的启示，仍是一个值得深挖的研究领域。

《请推广学校折》再研究

林晓彤　吴小丽[①]

(贵阳学院阳明学与黔学研究院，贵州贵阳，邮编：550005)

摘　要　李端棻作为"近代教育之父"，他的《请推广学校折》是近代教育历史上有名的纲领性文件，他在奏折中呈现的教育改革思想是充满智慧的、符合当时中国国情的，是切合实际又大胆创新的。戊戌变法中的教育改革基本以它为依据来进行，它推动了近代教育学制体系和近代课程教育体系的建立。时至今日，我们仍能从他的文章思想中寻找到解决现在问题的思路，具有重要的借鉴意义。

关键词　李端棻；教育改革思想；师范教育；主要举措

李端棻，字苾园，生于贵州贵筑（今贵阳市），幼时失怙，由母亲独自抚养他成人，后跟随叔父李朝仪进京求学。他于同治二年（1863）中进士，历任翰林编修、云南学政、监察御史、刑部左侍郎等官职，曾出任过多地的乡试主考官，为中国近代教育事业贡献了极大的力量。在戊戌变法时期，李端棻于光绪二十二年向光绪帝上奏《请推广学校折》，提出"时事多艰，需才孔亟，请推广学校，以励人才而资御侮"[②]，在奏折中他精准地指出了中国旧教育制度存在的弊端，并基于此指明了教育改革的重点，同时给出了切实可行的建议方案。这份奏折为戊戌变法的教育改革指明了方向，推动了近代教育改革事业的发展，成为近代教育史上有名的纲领性文件，同时它对当前国家的教育改革具有重要的借鉴意义。

[①] 作者简介：林晓彤，贵阳学院阳明学与黔学研究院中国哲学专业硕士，主要研究方向：中国哲学。吴小丽，哲学博士，贵阳学院阳明学与黔学研究院研究员，北京大学哲学系访问学者，主要研究方向：中国哲学与佛教哲学。

[②] 张周全：《李端棻研究资料汇编》，中央民族大学出版社2022年版，第16页。

一、《请推广学校折》的教育改革思想

《请推广学校折》是李端棻教育改革思想的重要部分，从对当时社会现实的现状分析入手，系统地阐述了李端棻多年扎根教育事业所得出的适用于中国传统教育的改革思想。

（一）重视人才的选拔，主张为国育才

《请推广学校折》开篇就指出："时事多艰，需才孔亟"，国家正处于危难之际，需要有才之士共同来商讨和实行治世救国的方案。在他看来，人才对想要变法自强的国家来说是不可或缺的重要因素，"人才之多寡，系国势之强弱也"，他将有用人才与国势的强弱联系起来，足以强调其重要性。所以他请求统治者"特降明诏，求通达中外能周时用之士，所在咸令表荐，以备擢用"[1]，但甲午战争后，面对帝王的求贤，却鲜有人应诏，缺失有用之才共商国家大计。求才的艰难在李端棻看来，"非天之不生才也，教之之道未尽"，中国并非没有人才的诞生，主要原因在于传统教育的不足之处；而对于"教之之道未尽"的原因，李端棻在奏折中进行了深刻的分析。第一，各地学堂的教学内容单一，只学西语西文，有关"治国之道，富强之原"的一切要书都未曾涉猎学习，丢失了办学的初心所在；第二，各地学堂针对不同的学科领域并未设立各自的斋院，且"生徒不重专门"，造成学生不能专心学习某一领域，导致各个领域未能有高精尖的人才；第三，针对需要绘测和游历勘察的学科，没有提供相应的条件，致使"日求于故纸堆中，终成空谈，无自致用"[2]，理论需放于实践中来证实，否则终成空谈，无实用之处；第四，学堂的开设正处于旧制度急需改革而新制度尚未成形的阶段，制度里存在的核心问题未得到解决，学习新学的学生其发展前途不明朗，无法激发大众对新学科、新知识的求学欲望；第五，设立的学堂数目太少，学生也少，"今十八行省只有数馆，每馆生徒只有数十"[3]，无法为国家治理提供源源不断的人才。这五个弊端足以看出，李端棻认为学校教育成就有用人才，同时人才的教育培养应是为国家和社会发展服务，要避免教育出只会纸上谈兵、无真才实干、无救国之心的庸才，所以，学校教育该是教育改革的重点所在。

---

[1] 张周全：《李端棻研究资料汇编》，中央民族大学出版社2022年版，第16页。
[2] 张周全：《李端棻研究资料汇编》，中央民族大学出版社2022年版，第17页。
[3] 张周全：《李端棻研究资料汇编》，中央民族大学出版社2022年版，第17页。

（二）主张推广学校，强调兴学育才

从对"教之之道未尽"的原因分析中可看出，李端棻认为，人才缺失的主要原因在于学校在推广以及教学制度上出现问题。学校的教育是人才的形成与培养的重要因素，"作人之风当遍于率土"，国家需要拥有一定数量的学校，这对人才的形成是切实可行的有效途径。因此他主张"自京师以及各省府州县皆设学堂"，在府州、省、京师皆设立学堂，号召欲读书者都来学习，尤其是"府州县学，选民间俊秀子弟年十二至二十者入学，其诸生以上欲学者听之"。他希望通过在全国各地设立学堂来扩大人才的基数，在一定层面上为国家提供源源不断的人才。同时，李端棻也对府州县学、省学和京师大学这三级学堂的教学内容、教学方式以及学源等提出不同的具体要求。针对府州县学，它招收年十二到二十的学生，主要学习四书、通鉴等传统古籍；而省学招收年二十五下且为举人以上的学生，主要学习经史子及国朝掌故诸书；最后京师大学招收年三十以下，且为贡监及以上，在这个阶段学习的内容与省学类似，但在此基础上要求学生选择一门作为主要研究学习的方向，努力在此方向做到专精。最后通过这三级学堂的教育、选拔，学业有所成并投身于国家社会工作中的学生，给予他们同官员一样的待遇和荣誉。在这样的氛围之下，会极大地激发人们的向学之心，形成良好的社会风气，越来越多既懂治世之理，又掌握专业技能的爱国士人进入社会，为国家发展提供中坚力量。因此，扩大学校规模、数量，改革教学体制，完善学校教育，这在李端棻看来是教育改革的重点所在。除此之外，李端棻认为"然课其记诵而不廓其见闻，非所以造异才也；就学者有日进之功，其不能就学者无讲习之助，非所以广风气也。今推而广之，厥有与学校之益相须而成者，盖数端焉"[1]，故在学校教育改革之外还提出"五纬"，用以辅助学校教育。他主张设立藏书楼，创立仪器院，开设译书局，广泛设立报纸馆，选派优异的学校学子在外游历，整合更多的优势资源，完善、创立更多元的人才培养方式，培养出更优秀、全面的人才。

（三）呼吁改革体制，注重中西结合

李端棻在《请推广学校折》中所分析的问题及提出的解决方案，是对整个中国传统的教育体制的改革。李端棻主张推广学校，建立新的教育学制体系，在全国设立三级学堂；建立近代课程教育体系，认为各地学堂除了教学中国典籍外，还应开设新兴课程辅之，解决"格致制造诸学，非终身执业，聚众讲求，

---

[1] 张周全：《李端棻研究资料汇编》，中央民族大学出版社2022年版，第18页。

不能致精"① 的问题。在府州县学，要求学生学习各国的文字和语言，以及算学、天文、地理和各国历史，这些基础性的人文学科知识；到了省学，则增加了格致、制造、农桑、矿业、时事、交涉等专业性、技术性更强的学科；在京师大学，延续省学的课程，并在此基础上要求"惟益加专精，各执一门，不迁其业"。李端棻在原有的教育、教学体系上进行改革，可以很明显地看到，他引入近代西方教育的教学内容和教育体制，对原有的教程进行了一次大型的补充和调整，说明他看到了国家在人才培养方面缺失所在，期望培养出"技能自成，才不可胜用"的专业人才。三级学堂的划分也可以看作是人才选拔的三个关卡，府州县、省、京师各有生源限制和不同的课程内容，其中是层层递进的，李端棻希望通过这三层的考核、教育、选拔来为国家治理输送专业型人才，"一归科第，予以出身，一如常官"。李端棻在奏折中所期望建设的教育学制体系和课程教育体系借鉴了西方的教育体制，是中西结合式的，符合时代的潮流，"为晚清废除科举制度和建立近代教育学制体系起到了先导作用"，"为中国近代教育课程体系的建立奠定了基础"②。

二、《请推广学校折》的借鉴意义

李端棻的《请推广学校折》所呈现的教育改革思想是中国教育发展史上的重要宝藏，它精准地指出了当时教育的弊端与缺失所在，为戊戌变法的教育改革提供了重要依据，在中国近代教育的改革中常能看到其思想光芒的闪烁，时至今日它依然对当代的教育发展具有重要借鉴意义。

（一）重视人才的培养与选拔

李端棻在《请推广学校折》中，对人才培养的重视和强调是很明显的，人才对某个具体领域的发展，对社会团体的壮大，对社会不断发展、国家不断强盛来说是不可或缺的一部分，甚至某些时候可以引领发展，起到关键性的作用。教育是为了培养人才，师范教育的目的是培养优秀的教师，给予受教育者最健全、专业的师资队伍，保障国家在教育层面上能够平稳、顺利地发展。所以，师范教育也需在培养人才上加大投入的力度，尤其是各类师范高校。以往教师的选拔大多从各师范院校进行，还有通过学校考核，非师范生也能够进入中小学授课，前者常被质疑懂教书但学科素养不补充，后者会存在缺乏授课技巧的

---

① 张周全：《李端棻研究资料汇编》，中央民族大学出版社2022年版，第16页。
② 梁瑞、邹宝萍：《李端棻教育思想及其实践探析》，《贵州师范学院学报》2021年第12期，第4页。

问题。针对教育行业人才不够专业、授课方式不够新颖等问题，2023年国家推出"国优计划"，它包括推免选拔、在读研究生二次遴选两种选拔方式，包括试点高校自主培养或者与师范院校联合培养两种培养方式，旨在培养更高质量的人才。也就是说，国家在原有师范教育的基础之上，增加了新的人才选拔方式和人才培养模式。在选拔上，那些极为优秀的人才直接推免选拔，在读研究生二次遴选，为教育留住人才；在培养上，加强各高校与师范院校的合作，推动更多"双一流"高校参与师范教育，既保留师范性的特色，又要能够兼具学术性。教师作为知识的传授者，要具备会授课、授好课的能力，同时也要不断提高学科专业素养，而高校和师范院校的合作，可帮助推动汇聚优势学科和师资，提升师范教育的专业化水平，弥补双方在师范教育上的不足，为教育行业输送优秀的教师。

前有李端棻从课程制度和学制体系来进行教育改革，弥补人才的缺失，如今，师范教育也存在新问题、新情况，我们解决问题的落脚点和手段也落实在人才培养上，以及建设新的教学体系。

（二）注重理论与实践相结合

李端棻在写出《请推广学校折》前，曾出任过多地的乡试主考官，长年的教育工作经历使他看到了中国传统教育存在的问题，正是这样的实际经历使他观察到当时教育体制存在的隐患，因而他在奏折中所提出的教育改革方案是符合当时中国的实际情况的，是切实可行、可操作性强的方案。放在今日，我们要寻找师范教育的发展之路，解决当下存在的问题也需要深入到现实中去。师范教育最终的目的是培养一批面向国民的教育工作者，解决问题也该从受教育者以及整个教育行业中去考察，针对群体中出现的问题有的放矢地加以解决。问题的解决需要以实践为基础，同时师范教育中对学生的培养也需强化实践课程。当前的师范教育仍存在理论与实践脱节的问题，但教育理论是具有实践性的，我们的人才培养不仅要注重传授丰富的理论知识，而且充足的实践经验也是不可或缺的，要深化学校和社会"两个课堂"的结合，有意识地培养学生的教育实践能力和专业综合水平。同时学校也需要积极地、更大范围地为学生提供参与教育实践，接受实践锻炼的机会。例如，扩大设立与中小学合作培养人才的实践基地，让师范生真正走入课堂教学中，深刻感受到教育的实践性，使得学生在实践中学会以理论为指导，夯实自身的理论基础，将理论与实践更好地结合起来，培养出高素质教育人才。李端棻也曾在《请推广学校折》中强调了实践的问题,"诸学或非试验绘测不能精,或非游历勘察不能确"①,他就主张学生应该多实践、四处游历,在试验和游历中证实自己所学知识的合理性、实用性,在实践中提高自己的见识,增长社会实践经验,强调学生应该做到学以致用,这样的教育思想观念放在今日仍然是我们所强调要加强的,可见李端棻深知中国教育长期存在的问题,同时也给出了符合当时实际情况的方案。

(三) 立足实际情况大胆创新

李端棻在面临当时中国教育急需改革却始终不得其法时,提交了《请推广学校折》,支持并呼吁对传统教育体制进行改革,吸取、借鉴新的教育体系的合理、成功之处,提出建立与以往不同的教育学制体系与课程教育体系。当前我们的师范教育也存在旧的、需要修正的问题,无论是在教学上,还是在培养学生的创新能力上。在教学中,我们要学会借鉴其他成功的经验,对现存的教学方式大胆改革,积极尝试新的教学方式。时代在不断地变化,未来的师范教育在发展中一定会遇到层出不穷的问题,所以需要师范教育在教学培养上牢记不可满足现状,要根据实际情况大胆对不合理的、不符合发展实际的漏洞之处进行创新性的改革,只有创新才能在发展道路上走得更远,甚至有可能会抓住未来的发展方向,使我国的师范教育走在前沿位置。而在培养学生创新能力上,要注重培养学生的创新思维能力,培养学生独立思考能力,鼓励学生大胆尝试新想法,提供更多的平台机会来锻炼学生的创新能力。师范生作为未来的教育工作者,应该具有创新思维能力,这样才会懂得更好地去激发受教育者的创新思维,培养出创新型人才为国家发展服务。

三、小结

李端棻的《请推广学校折》在它所处的时代为中国近代教育改革提供了切实可行的方案,它不仅指出了当时教育存在的弊病,而且对现代教育事业改革发展也具有重要意义。重视人才的培养与选拔,注重实践,对旧体制大胆创新改革,他在其中呈现出的教育改革思想极具时代价值,时至今日都在为我们所研究,使我们从中受到启发。当代师范教育发展可以从李端棻教育思想中找到改革的思路,寻找到适合中国国情的教育发展道路。

---

① 张周全:《李端棻研究资料汇编》,中央民族大学出版社2022年版,第17页。

李端棻育人思想及其当代价值研究

冷 强 陈培各①

(六盘水市民族中学,贵州六盘水,邮编:553000;
贵州医科大学,贵州贵阳,邮编:550001)

摘 要 李端棻是我国近代教育改革的先驱,他的《请推广学校折》是近代教育改革的先声。李端棻高举教育强国、人才强国大旗,提出改革教育体制的建议,对当前我国实施科教兴国战略、人才强国战略、创新驱动发展战略具有指导意义和实践意义。

关键词 李端棻;育人思想;当代价值

习近平总书记在党的二十大报告中强调,必须坚持科技是第一生产力、人才是第一资源、创新是第一动力。"办好人民满意的教育","完善科技创新体系","加快实施创新驱动发展战略","深入实施人才强国战略","培养造就大批德才兼备的高素质人才,是国家和民族长远发展大计"。②围绕科教兴国和人才强国战略,奋力推动教育高质量发展。1896年李端棻提出《请推广学校折》,对清末教育体制进行改革,期望通过人才培养实现国家富强。深入研究李端棻育人思想的历史蕴含和当代价值,对于中华民族建设现代化强国,为实现第二个百年奋斗目标和中华民族伟大复兴中国梦具有一定的借鉴意义。

---

① 作者简介:冷强,男,六盘水市民族中学中级教师。主要从事高中历史教学及教育研究。陈培各,女,贵州医科大学口腔医学院副科级组织员,讲师。主要从事中国历史文化的研究工作。
② 《习近平著作选读》(第一卷),人民出版社2023年版,第27-30页。

一、李端棻育人思想之述评

(一)李端棻及其时代背景

李端棻,字苾园,贵州省贵筑县(今贵阳市)人。一生为人之道得之其叔李朝仪,为学之道得之其舅何中宪,弱冠补博士弟子员。同治二年(1863)中进士,入翰林院任编修,后历任山西、广东、云南、四川及山东等省乡试主考官及顺天乡试、会试总裁,全国会试副总裁,赏拔梁启超。光绪二十二年(1896),李端棻向光绪帝上《请推广学校折》,建议在全国进行教育体制改革。两年后擢升为礼部尚书,大力支持并参与变法,戊戌变法失败后被革职流放新疆。光绪二十七年(1901)赦回贵阳。被聘为经世学堂讲席。教学中,他坚持宣传卢梭等人的学说,传播维新思想,注重教育和人才培养,有《请推广学校折》《普通学说》《苾园诗存》等著作存世。

李端棻所处的时代是社会矛盾尖锐、新的社会力量和社会思潮兴起的时期。随着西方资本的入侵,洋务运动的开展,新的社会阶级和社会思潮也随之产生。鸦片战争后,"天下爱国之士,莫不焦心竭虑,忧国之将危将亡,思有以挽回补救之策"。为挽救积贫积弱的清王朝,复兴中华,增强民族自信力,从"师夷长技以制夷"到"师夷长技以自强",天下爱国之士从不同角度寻求救国方案。新兴阶级和先进士大夫开始思索如何改变积贫积弱的局面,如何培养出时代需要的人才,这是当时亟须解决的问题。李端棻在与黎庶昌交往中阅读了卢梭的《民约论》、赫胥黎的《天演论》等,使他的眼界大开,萌发了改革痹症的思想观念。《马关条约》签订后,康有为、梁启超公车上书,大力鼓吹维新变法。李端棻早与梁启超有交往,受其影响也赞同他们的主张,认为"人才之多寡,系国势之强弱"[1],希望培养有真才实学的建国人才,于是向光绪帝上了《请推广学校折》。

(二)李端棻的育人思想

李端棻育人思想基于教育是立国之本、强国之道。在《请推广学校折》中,开宗明义"奏为时事多艰,需才孔亟,请推广学校以励人才而资御侮"[2],强调

---

[1] 周术槐:《李端棻:近代教育改革的先驱》,西南交通大学出版社2020年版,第43-46页。

[2] 周术槐:《李端棻:近代教育改革的先驱》,西南交通大学出版社2020年版,第43-46页。

人才培养对于国家富强有重要意义，认为"人才之多寡，系国家之强弱"①。

李端棻提出完整的人才培养体制。他认为人才培养"匪限于一途"②，人才的培养应根据课程内容、学习时间"分斋讲习"。同时提出"设藏书楼、创仪器馆、开译书局、广立报馆、选派游历者"的五项建议。关于教学课程设置，他在《普通学说》中说："何等学堂应用何等教科有一定之程，故其书特便教授。"③ 提出人才培养分为两种："一教时者，学成即以致用也；一穷理者，毕生优游于一学之中，穷其已发见者以增进人类智识者也。"④ 他认为培养出来的学生要"等其荣途，一归科第，予以出身，一如常官"⑤。通过学校建设、教学内容、课程设置、教学体制变革，能在社会形成良好的风气，吸引青年学习技能，国家人才会源源不断。

总而言之，李端棻认为人才培养的重要途径是学校，学校培养人才要从三方面着手：其一是初级人才培养。府州县学，"选民间俊秀子弟十二至二十者入学，其诸生以上欲学者听之。学中课程，诵《四书》《通鉴》《小学》等书。而辅之以各国语言文字及算学、天文、地理之粗浅者，万国古史近事之简明者，格致理之平易者，以三年为期"⑥。其二是中级人才培养。省学，"选诸生二十五以下者入学，其举人以上欲学者听之。学中课程，诵经史子及国朝掌故诸书，而辅之以天文、舆地、算学、格致、制造、农、商、兵、矿、时事、交涉等学，以三年为期"⑦。其三是高级人才培养。京师大学，"选举贡监三十以下者入学，其京官愿学者听之。学中课程一如省学，惟益加专精，各执一门，不迁其业，以三年为期"⑧。只有整合各方资源，加大人才培养力度，才能够实现"以修内

---

① 梁茂林：《李端棻上〈请推广学校折〉遇到的执行难》，周术槐主编：《李端棻：近代教育改革的先驱》，西南交通大学出版社2020年版，第43页。
② 周术槐：《李端棻：近代教育改革的先驱》，西南交通大学出版社2020年版，第43-46页。
③ 见李端棻：《普通学说》。
④ 见李端棻：《普通学说》。
⑤ 周术槐：《李端棻：近代教育改革的先驱》，西南交通大学出版社2020年版，第43-46页。
⑥ 周术槐：《李端棻：近代教育改革的先驱》，西南交通大学出版社2020年版，第43-46页。
⑦ 周术槐：《李端棻：近代教育改革的先驱》，西南交通大学出版社2020年版，第43-46页。
⑧ 周术槐：《李端棻：近代教育改革的先驱》，西南交通大学出版社2020年版，第43-46页。

政，何政不举？以雪旧耻，何耻不除？"① 的局面。

二、李端棻育人思想与高校人才培养之关联

李端棻育人思想可取之处是经世致用。他强调"分斋"培养和"普通学"推广，摒弃传统四书五经，开设格致、制造、农、商、兵、矿等新式学科以便于时代所需人才的培养。从这个角度出发，提出以学校为"经"，以设藏书楼、创仪器馆、开译书局、广立报馆、选派游历者为"纬"的"一经五纬"的教育方略，推广新式学堂，实现对新型人才的培养。

培养什么人、怎样培养人、为谁培养人是教育的根本问题。李端棻强调专门人才的培养。清末"中学为体，西学为用"的思潮大兴，李端棻强调府州县学、省学和京师大学在人才培养方面要分门别类，因材施教。"其省学、大学所课，门目繁多，可仿宋胡瑗经义、治事之例，分斋讲习。"② 这种分专业分班级学习的模式，不仅是对洋务运动时期教育模式不专业的修改，也是对新式学堂教育质量的保证。这一构思，为近代教育改革及现代高等教育发展奠定了基础。

当前，在深入学习贯彻党的二十大精神，实施科教兴国战略，强化现代化建设人才支撑方面，李端棻的教育思想、人才培养思想仍然值得我们借鉴。高等教育是我国教育体系的重要组成部分，是拔尖创新人才培养的主渠道。面对高等教育的新形势、新任务和新挑战，要以习近平新时代中国特色社会主义思想为指导，不断强化人才培养的中心地位，持续深化教育教学改革，努力创新人才培养模式，进一步提升人才培养质量。

三、李端棻育人思想的当代价值

李端棻作为近代教育改革先驱，他的《请推广学校折》《普通学说》提出了一整套教育改革建议，囊括学校建设、课程设置、师资队伍、人才培养等方方面面，对当前建设教育强国，深化高等教育综合改革仍有借鉴意义。

（一）人才兴则国家强

"国有贤良之士众，则国家之治厚；贤良之士寡，则国家之治薄。"③ 李端

---

① 周术槐：《李端棻：近代教育改革的先驱》，西南交通大学出版社2020年版，第43—46页。
② 周术槐：《李端棻：近代教育改革的先驱》，西南交通大学出版社2020年版，第43—46页。
③ 《墨子·尚贤上》，吉林大学出版社2011年版。

菜认为人才是国家强盛的关键，视学生为"国脉"。1903年京师大学堂的学生集会抗议俄国侵占东北领土，受到清政府的镇压。李端棻得到这一消息义愤填膺，写下了《闻京都学生遇害》一诗："黑气漫漫压帝畿，嘻嘻怪事是耶非。学堂未获收明效，文字翻能贾祸机。猰剃同胞曾得计，摧残国脉更何悲。党人两字真心法，一网轻投漏网稀。"① 其中"猰剃同胞曾得计，摧残国脉更何悲"一句，流露出他对清政府屠杀青年学生、"摧残国脉"的愤慨和抗议。

"功以才成，业由才广。"党的二十大报告指出，培养造就大批德才兼备的高素质人才，是国家和民族长远发展的根本大计。高校肩负着为祖国培养人才的重任，要全面贯彻党的教育方针，落实立德树人根本任务，深化教育领域综合改革，加强教材建设和管理，完善学校管理和教育评价体系，抓好广大青年学子的思想教育和学业教育，培养社会主义建设者和接班人。

（二）教育兴则国家强

教育是国之大计、党之大计。教育兴则国家兴，教育强则国家强，党的二十大报告提出的"统筹职业教育、高等教育、继续教育协同创新""加强基础学科、新兴学科、交叉学科建设""加强教材建设和管理"② 等内容，与李端棻教育思想有很多契合点。深入研究李端棻的教育改革思想，汲取精华，对推动我国教育高质量发展具有很高的借鉴价值。

培养什么人是教育的首要问题。李端棻认为要培养"救时"的人才，针对"救时"人才的培养，他提出了"一经五纬""分斋讲习""普通学说"等观点。通过改革现行教育体制，大兴教育。他的教育思想核心是教育强国和改革创新，这与党的二十大报告提出的"教育、科技、人才是全面建设社会主义现代化国家的基础性、战略性支撑"高度契合。

总之，从历史和现实的角度看，维护政治统治、维系社会稳定的基本途径中，教育是重要一环。李端棻作为近代中国教育改革的先驱，被称为京师大学堂的首倡者、戊戌变法的领袖，享有"中国近代教育之父"的美誉。他站在时代前列倡导教育改革、培育新式应用型人才，他的"一经五纬"教育改革框架，不仅有效指导了当时的教育改革，而且其精髓为当前科教兴国、人才强国战略的实施具有指导和借鉴意义。另外，李端棻是一个关心国家命运和人民疾苦的爱国主义者。为了挽救民族危亡，他积极支持和参与变法维新，试图通过革新

---

① 李端棻：《闻京都学生遇害》，载张周全主编：《李端棻研究资料汇编》，中央民族大学出版社2021年版，第60页。

② 《习近平著作选读》（第一卷），人民出版社2023年版，第28页。

政治制度和改革教育体制来改变国人的思想意识，通过培养各类受过新式教育的人才来提高国人的素质，振奋民族精神，以实现中华民族伟大复兴，这种伟大的爱国主义精神也值得我们学习和称赞。

刘其沛及其女婿们的"端棻情缘"

李持平[①]

(首钢贵钢公司,贵州贵阳,邮编:550001)

摘　要　刘其沛(?—1910)是笔者的曾外祖父,生前是贵阳"刘成仁绸缎庄"的主事,逝世后留有贵阳"大十字"的商铺,更在贵阳民间传颂着"五女婿四名人"的美誉。其中,刘其沛的四个女婿:肖协臣、周步瑛、贾功台、李希曾均为清末民初贵阳教育界的名人,也都系李端棻的"学生"。本文旨在深入探讨刘其沛之四位女婿与李端棻之间的历史渊源,指出他们如何深受李端棻教育改革思想之熏陶,得以全面发展与成长,进而为地方教育的革新与发展做出了卓越贡献。刘其沛的四位女婿,作为李端棻教育理念的实践者与传承者,他们的成就与影响,无疑是对李端棻教育思想的最好诠释与传承。

关键词　李端棻;刘其沛;"端棻情缘";教育改革

一、刘其沛的"端棻情缘"

刘其沛(?—1910)是笔者的曾外祖父,生前是贵阳"刘成仁绸缎庄"的"大老板"。逝世后不仅留有贵阳"大十字"的商铺,还留下"五女婿四名人"的贵阳佳话。其中,刘其沛的四个女婿均为清末民初贵阳教育界的名人,也都是李端棻的"学生"。刘其沛和他的四个女婿是李端棻回到贵阳"传播民主开新风"的受益者。以下叙述相关情况。

邱镛怡在《刘其沛和他的儿孙们》一文中介绍:明末清初,中国发生了一次大移民,史称"湖广填四川"。江西吉安府太乙堂青年农民刘氏,相传是汉中山靖王之后,随移民大潮到达贵阳郊外的中曹司。中曹司,是清代改土归流新建立的镇级单位。在优惠宽松的移民政策鼓励下,刘其沛开荒种地,勤奋劳作,

---

[①]　作者简介:李持平,首钢贵钢公司原党委宣传部部长。业余从事近代历史人物的研究工作。

生儿育女，耕读传家。于是，贵州高原众多的坝子中又多了一个欣欣向荣的村落，以姓氏命名，取名刘家寨。

清道光年间，刘氏后人刘其沛长大成人，他是母亲李夫人的独苗苗。李夫人系贵阳中曹司石板哨富绅千金，自幼受到良好教育，熟读四书五经、孔孟之道，为培养他的儿子殚精竭虑，费尽心思。刘其沛自幼聪明好学，身体健硕，对新事物充满好奇，智商情商过人。在母亲谆谆教导下，他拒绝科举八股奔仕途，一心仿前贤沈万三的经商之道。他主持刘氏家政之后，就组织人力加大垦荒种植，开源节流，就近引贵阳花溪河水灌溉刘家寨田土；同时在贵阳大十字开设"刘成仁绸缎庄"，经营时尚的苏杭绸缎。刘其沛凡事亲力亲为精心策划，经营有方，诚信天下，很快又在广州、长沙等地开设分号，财务雄厚，名噪一时。

据传，有一年，刘其沛故土江西吉安遭受水灾，家乡来信求助。在其母亲的劝说下，刘其沛向老家捐银数万两。对此，他并没有向外界张扬，其善举是由家乡吉安官府上报到京城的。道光皇帝获悉后，龙颜大悦，赐"乐善好施"牌坊，派人建于刘其沛所居的刘家寨前。同时，还赐凤冠霞帔、黄马褂，赏其沛为三品官，刘母李夫人为三品恭人。一时间，刘家寨如明星闪耀，佳话传往十里八乡。为谢皇恩，刘其沛差人送中曹司自产大米到北京紫禁城，故有中曹司的米是贡米之说。

刘其沛逝世后葬于贵阳紫甲塘的密林中，规格依清朝葬制，面积周长九丈。本来设有石华表，不知何故未竖立，现深埋于坟前地下。

刘其沛的儿女是"学"字辈，他一生育有五男五女。他的女儿都没有学名，嫁到谁家就在刘姓前加夫家姓，刘姓后为氏字，这是当时的惯例。其中四位小姐分别嫁给贵阳名门：肖协臣、周润初（步瑛）、贾功台和李希曾。这四位都是贵州近代史有记载的教育名家，他们参与创办的达德学校、正谊学堂、贵阳女子师范等校为近代贵州培育了许多革命者、学者，为兴黔富民做出了重大贡献。刘氏四位女儿相夫教子，操理家务。她们是贤内助，是成功者背后的功臣，没有辱没家风。

本文因篇幅所限，对刘其沛家族的第三代略加介绍。

1. 易家训，是刘其沛大女婿肖协臣的外孙。易是美籍华人，流体动力学家，出生在贵阳，抗战时期中央大学毕业，美国艾奥瓦大学博士，曾在贵州大学执教。他先后在美国、加拿大、法国多所大学任教和指导研究，是美国工程院院士、台湾"中央研究院"院士。20世纪70年代初期回国访问，到贵阳中曹司访亲寻根。

2. 刘文馨，是刘其沛的孙女。她与贵州省工委成员李余生是夫妻。省工委成员、革命烈士李策自幼在刘家寨长大，是刘其沛孙女刘文华的表弟。

3. 刘文锦，是刘其沛的孙子。他是抗战将领，参加过日本投降的签字仪式。

刘其沛的"端棻情缘"。作为清末贵阳商界与"蔡恒泰""群明社"等齐名的"刘成仁绸缎庄"的"大老板"，刘其沛生意做得红火，家训"崇八德、慎三思"是典型的儒家传承。刘成仁绸缎庄所在的大十字，是贵阳市中心。李端棻回到贵阳，家宅就在大十字附近的勇烈路。这里的乡贤、商家都将与李端棻交往列为幸事，有些还将子弟托付李端棻受教育。如万家商铺的子弟万勉之、王家药店的子弟王佩芬等，都曾受教于李端棻。1902年李端棻受聘为经世学堂主讲，1902年以后，李端棻等人创建贵阳公立师范学堂，在贵阳影响极大。1905年万勉之、王佩芬等被派往日本留学4年。学成回国后，万勉之成为李端棻的侄女婿。

大十字附近的达德学校的黄干夫与李端棻关系不同寻常。李端棻1907年逝世之前，还在工作人员的搀扶下赴达德参观黄干夫从日本购回的教学仪器展示会，对黄干夫说："余方以耄庆，何期今日喜见乡校之兴乎！"这16个字，是欣喜、是期望，是对家乡教育事业发展的由衷祝贺。

刘其沛的绸缎庄在达德学校附近，他是李端棻"传播民主开新风"的拥护者和支持者。刘其沛将4个女儿嫁给李端棻的"学生"，在他心目中，李端棻不仅是"变法英雄"，还是满腹经纶学贯中西的贵州"大儒"。

1906年贵州铁路矿务总公司成立，公司为民办，总经理李端棻属民选。作为商人的刘其沛有投票权，他的一票自然投给了李端棻。

二、长女婿肖协臣的"端棻情缘"

肖协臣（1870—1935）是刘其沛的长女婿，贵阳人，光绪二十八年（1902）变卖家产，自费前往日本留学，学成回国。1905年在区境小河坎（今市府辖区小河巷）"肖氏宗祠"创办"私立正谊两等小学堂"。肖协臣矢志办学的义举得到贵州巡抚沈瑜庆的支持，沈拨文昌宫及其毗连的关帝庙（今区境会文巷）作为校舍。

肖协臣反对女子缠足，主张女子应走出家门去求知求学，通过谋得生存权争取男女平等。他主张男女平等，1911年又于大马槽创办蕴贞女子小学并任校长。蕴贞只收女生，故称为正谊女子小学。后来，"正谊""蕴贞"两校合并，称为正谊小学。后发展为有初中的正谊学校（现贵州师大附中），校训为"诚敬勤朴"。该校师资力量雄厚，加上严格的管理，教学质量蜚声省内外，贵阳的达官贵人和富商都愿把子女送到正谊学校就读。

正谊学堂办学严谨，培养出贵州著名数学家陈寿轩、打响贵州辛亥革命第一枪的陈树青等栋梁之材。

肖协臣生活俭朴，注重节俭，却经常慷慨资助贫寒学子，并为他们做长远打算。

1935年，肖协臣先生逝世。噩耗传来，朋辈震惊，送葬之众，挽联之多，极为隆重。第二年，正谊学校师生在校内竖立纪念碑，以志敬仰学校创办人肖协臣。这正是"诚敬勤朴作校训"，"正谊精神誉筑城"。（参考何静梧文章）

肖协臣的"端棻情缘"。贵州著名书法家张星槎的文章《埋头苦干的教育家肖协臣》中有"李端棻在经世学堂主讲时肖先生（肖协臣）曾在那里学习"的叙述，表明肖协臣是李端棻的学生。

三、三女婿周步瑛的"端棻情缘"

周步瑛（1885—1974）是刘其沛的三女婿，1902年考入李端棻创办的贵阳师范学堂，1905年留学日本，为当年贵州派出151名留日学生中四年学制的少数专科生之一。1910年学成归国，受宣统皇帝接见并被派往山西某县任知事，同时被聘为北京清华留美预备学校教员，次年返回家乡任职于贵阳南明中学（现贵阳一中）。

1921年贵州公署筹办贵州省立女子师范学校，委周步瑛为校长。此后，周步瑛担任校长长达8年，并亲自任课。他知识渊博，除精通数学外，还通晓日语和英语。他教学有方，讲课语言简练，深入浅出，学生易懂易记。1929年他在四川大学教授椭圆函数，该门课程难度很大，且无教材，他自编教材，内容丰富而易懂。他在解析几何、四则杂题等方面造诣很深，当时北京师范大学《教学周报》经常引用他的教材。另外，他在这方面还有专著，在上海商务印书馆出版，惜于1932年"一二•八"淞沪抗战中毁于炮火。1940年春，全国大学生掀起反饥饿运动，他同情和支持学生的爱国行动，被学生推为四川大学运动领导人之一。学校当局忌之，借口其教学"不受学生欢迎"，委派他人接替。他愤然离开川大去教中学。中华人民共和国成立后，周步瑛定居贵阳，1952年调任贵阳师范学院数学系教授。这时他已过了退休年龄，但仍坚持继续工作，严寒酷暑，风雨无阻，数年不请一次假。每当上课，学生还未坐好，他就出现在讲台上了。他担任贵阳市数学理事会理事长职务，身体力行开展科研活动，为培养青年学科带头人做了许多实事。如系统地编写算术和平面几何讲义，开展"几何学的作图问题""非欧几何学概要""几何度量问题""反演变换的理论与应用"等专题研究，给全市中学数学教师做《轨迹几个定义的商榷》《关于近似计算的理论与实践》《函数概念》等报告，帮助青年助教编写几何参考书等，解决了中学数学教学上的许多困难和问题。

周步瑛乃教育界前辈，声誉斐然，但他非常谦虚，从不自傲。1951 年成立贵州数学学会时大家推举他主持，他却推荐他的学生肖文灿（贵阳师范学院院长）为理事长。1953 年肖文灿调到云南大学，众议又推举他为理事长，他仍辞不就，而是推荐贵州大学赵咸云教授担任。

1958 年，贵州大学重建，周步瑛在数学系当教授。时年他已逾七旬，仍坚持教学和科研，并常以新社会教师地位、待遇今非昔比为例，教育学生要全心全意为社会主义事业服务。其为人诚朴，更能怜孤恤寡，常济人于贫困。他毕生致力于教育事业，为国家培养输送了大量人才。1965 年农历十一月十六日是他的 80 寿辰，谢根梅、徐廷栋、孟慰苍等多人在贵阳饭店设宴为他祝寿，作祝联云：

同门遍西南，师传弟，弟传师，数不清园内桃李鲜花，衣钵相承历六代；
大德增寿纪，寿益康，康益寿，好一派眼前桑榆晚景，弧觞庆祝满八旬。

1974 年 3 月 14 日，周步瑛在贵州大学因病逝世，终年 89 岁。生前遗言，将他死后不多的积蓄散发给老贫困难的亲友。

贵州史家何静梧在《创办省立女师的教育家周步瑛》一文中评价："周步瑛为贵州教育奉献了一生，堪称贵州教坛一代名师。"周步瑛逝世后将所有藏书捐赠贵阳学院图书馆。

周步瑛的"端棻情缘"。周步瑛 1902 年进入贵阳师范学堂，为第一批优秀生。1905 年留日时与万勉之、王佩芬、邓文波等被列入 22 名学制四年的专科生之列。这些留日生，学成毕业归国即返桑梓服务家乡。他们大多为贵阳公立师范学堂的第一期学生，应该属李端棻推荐。

四、四女婿贾功台的"端棻情缘"

贾功台（1886—1968）是刘其沛的四女婿，贵阳人，出身于教育世家，其父贾国均曾任惠水县教谕。

贾功台幼读私塾，宣统元年（1909）考入贵州通省公立中学堂。辛亥革命时参加该校组织的学生保卫队，1912 年毕业后进入肖协臣创办的正谊学堂任教，1919 年出任南明分校校长。

1923 年贾功台任私立志道小学（即现贵阳市省府路小学）首任校长。1929 年后毛光翔和王家烈主黔政时，分别委任贾功台为省政府资政和省政府参议。

他还三次连任贵阳教育会会长,但其在担任社会职务期间,一直未离开过志道小学。中华人民共和国成立后,贾功台为省文史馆馆员,省政协一、二、三届委员,1968年逝世。

贾功台的"端棻情缘"。贾功台毕业于贵州通省公立中学堂,现为贵阳一中的"杰出校友"。贾与同学们大多是崇拜乡贤李端棻的莘莘学子,且家教厚重,与李端棻精神浑然天成……

五、幺女婿李希曾的"端棻情缘"

李希曾(1891—1925)是刘其沛的幺(小)女婿,贵阳人,出生于小康商家。李希曾是笔者的祖父。由于历史原因,父亲对他的家事从来闭口不提。

父亲李士鹏出生于1920年,5岁丧父,16岁丧母,他从长辈的口述中获知一些关于李希曾的情况。民国三十二年,即1943年,父亲从大夏大学毕业后,走访长辈,特别是他的姨父周步瑛,并将了解到的情况用很有功底的小楷书写下来,但是被笔者束之高阁。直到笔者年逾七十,孔夫子的"六十耳顺,七十随心所欲不逾矩"才让笔者老老实实地研究起父亲对祖父的介绍。

"先严希曾公字儒宗生于清光绪十七年,十二岁入通省中学以最优等成绩毕业,执教南明二中。旋东渡扶桑专政治,返国后任省议会议员兼秘书,被选为出席国会代表。先严以先祖母年高多病不忍远离,举荐胡庆雯氏前往时,刘显世任贵州督军邀主黔省教政。当时黔省教育落后,乃言力当发展扶植小学教育以固根本。后以早岁用思积劳,身体疲弱遂辞去职务返乡摄养。历年余卒以肺疾不治逝世时年三十六岁。当先严弃养时,鹏(父亲名)仅五岁年幼无知,诸事不复能记忆,仅得诸长辈口述并参证遗物略记。"这篇介绍为繁体字加草书,半文半白慢慢地看,边看边猜还要边计算(要把光绪年换算成公元纪年),最后恍然大悟:周步瑛长祖父6岁,而且还是清政府外派留日生,但并不等于笔者的祖父也是;也才知道贵州的"军阀"政府,也不完全是"饭桶",曾经外派过留日学生,祖父则是其中之一。笔者祖父的留日情况,在后来又得到了证实,只是30年后的今天笔者才知道这一情况。

在写本篇文章时,大姐谈到改革开放的1985年,父亲的表哥从美国到贵阳省亲。当时父亲健在,大姐参加了父亲为他表哥设的接风宴。父亲将家中的一本老相册拿给大家传看。父亲的表哥在大陆时是何应钦的警卫团长,他一眼看到祖父标准的西装相片就不假思索地说:"士鹏,你的父亲是留日的,这就是当时的出国照,西装里面套马甲,马甲口袋中还装怀表。"

李希曾的"端棻情缘"。笔者父亲留下的老相册中还有一张全家福照片。

"全家福"中有四代共12人，其中作为商人的曾祖父李尉文踌躇满志，四个姑太曾就读于当时的贵阳女学堂，祖母和伯祖母则不亢不卑，更有祖父李希曾毕业于李端棻创办的通省中学。透过这张老相片可以看出，辛亥革命前的贵阳教育、商业、实业，包括社会政治呈现了一些新气象，一定程度上反映了当时的社会现实，反映了李端棻在贵阳兴教育、重实业的情况。

李端棻对近代教育改革的贡献

余政潼　吴小丽[①]

(贵阳学院阳明学与黔学研究院，贵州贵阳，邮编：550005)

摘　要　1840年鸦片战争之后，中国逐步沦为一个半封建半殖民地性质的国家。在此背景下，中华民族想要摆脱这种危机，只有变法图强，其中关键之一就是改革以往腐旧的教育体系。晚清大臣李端棻作为戊戌变法的首创者，一生致力于教育改革。本文主要从李端棻的早年、戊戌变法期间以及其晚年对贵州教育事业的贡献作简要论述。

关键词　李端棻；戊戌变法；中国近代教育

1840年鸦片战争以后，随着帝国主义列强的疯狂侵略，这个历史文化悠久的文明古国被不断地推向半殖民地半封建的深渊之处。在弱肉强食的时代背景下，落后便要挨打受欺。虽然执政者们只顾保住头上的皇冠，但中华民族一直以来反抗外来侵略的气节却在民众中长存。所以，诞生了像林则徐、龚自珍和魏源这样的首批用心洞察世界的人士。他们是坚决主张吸纳外国新颖科学技术，"借鉴西方人的长处以对抗西方人"这一思想的公益活动的热衷者。

中日甲午战争的失败，已经表明洋务运动无法挽救旧中国。就这样，一批思想开明的中国人提出了维新变法的主张。他们公然与当时的保守派进行辩论，引发了全国对时政的讨论热潮，成立了以改革和自强为目标的学术会议，全国各地开设新型学校，并出版时政媒体，寄希望于通过进行改革和强制性的救国行动来实现目标。"对于这场中国近代史上轰轰烈烈的维新变法运动，人们最熟知的代表人物是康有为、梁启超和被称为'戊戌六君子'，遭杀害于北京菜市口

[①] 作者简介：余政潼，贵阳学院中国哲学硕士研究生，研究方向：中国哲学。吴小丽，女，哲学博士，贵阳学院阳明学与黔学研究院研究员，北京大学哲学系访问学者，主要研究方向：中国哲学与佛教哲学。

的谭嗣同、杨锐、刘光第、林旭、杨深秀、康广仁等人。但是作为戊戌变法运动重要领袖人物之一的李端棻，却往往被忽略。"① 其时李端棻先生又在维新变法运动中担任礼部尚书一职，是这场被称为"百日维新"运动的积极发起者和坚定拥护者。

一、李端棻早年求学历程

李端棻，字苾园，出生于1833年，去世于1907年，来自贵州贵阳，是当代著名的政治家与改革家，他的故乡位于贵州省贵筑县，也即今天的贵阳市。他是北京大学的倡导者、戊戌变法的推动者以及我国近代教育的奠基者，曾在山西、广东和山东等省担任乡试主考官，全国会试的副主持，任云南学政、监察御史、刑部左侍郎、仓场总督，还出任过礼部尚书。"在光绪二十二年，1896年，他是最早提出设立京师大学堂（今北京大学）的人。"② 在光绪二十五年，1899年，他开始推崇康有为和梁启超，支持戊戌变法。出生于贵阳府属贵筑县的李端棻，由叔叔李朝林代为教养。李朝林在道光二十五年（1845年）中进士，用知县的身份分配到河北，先后任河北平谷知县、三及河知县、大兴知县、晋南路厅和东路厅同知职务等，并在三河知县任上，创办了许多书院。就这样，李朝林的经历深深地影响了李端棻以后对于教育问题的看法。

李端棻这些经历也让他深刻地认识到教育的重要性，李端棻的叔父李朝仪，一位深具远见卓识的教育家，其创建书院的壮举，对李端棻戊戌变法时期的教育改革思想产生了深远的影响。这一举措不仅彰显了李朝仪对教育事业的无限热忱，更在李端棻心中播下了发展中华民族自身人才的种子，使其深刻认识到教育改革对于振兴民族的重要意义。因此，李端棻在年少时期，凭借他努力学习的精神，成功地走完了他的早期学习路程：在1852年（咸丰二年），他被委任为博士弟子员，接着在1862年（同治元年），他在顺天乡试中脱颖而出，而后在次年的会试中被升级为进士，走进翰林院担任编修和内阁学士的职务。到了1872年（同治十一年），他被赋予云南学政的职位，并接着在山西、广东、云南、四川以及山东等省任职乡试主考官和顺天乡试、会试总裁，以及全国会试副总裁。到1889年（光绪十五年），他被委任为广东乡试主考，之后被调派为刑部侍郎、工部侍郎、仓场总督。"在1898年光绪二十四年，常被选为礼部尚书。这些丰富的任职经历既让早年时期的李端棻拥有了十分充足的职务经验，

---

① 周术槐：《李端棻：近代教育改革的先驱》，西南交通大学出版社2020年版，第53页。
② 周术槐：《李端棻：近代教育改革的先驱》，西南交通大学出版社2020年版，第36页。

也对以后察觉旧中国教育体系的弊端之深有了十分深刻的见解。"①

在李端棻所提倡的教育改革中，人才定义的确立，以及他寄希望于中华民族人才的展望，都要求实现"具备治国理政的宏大才干，能担负起国家的重大使命，有能力掌控时代的潮流，处理危机，才能有所成就"。这与梁启超在《清光禄大夫礼部尚书李公墓志铭》中对李公主导的考试选拔了许多当时的知名人士，获得社会公认的描述是一致的。

二、李端棻在戊戌变法时期对教育改革的贡献

1889年秋，李端棻这位内阁学士被委派为广东乡试的主持考官。其时的乡试已隐含"经世致用"题意，李端棻阅卷时，发现名为梁启超的考生，文笔似"熔金铸史"，深以为赞，将其录取为乡试第八。在光绪二十二年（1896），他呈交给皇上中国首个教改的框架性文书《请推广学校折》，并被允许在北京师大（即现在的北京大学）进行教育推广。他的努力促使在各个省份、城市、区县范围内设立不同级别的学校，全方位传播新教育。"在诏书中，光绪帝重点提到李端棻在折中请建京师大学堂的建议。对李端棻《请推广学校折》一文中教育改革思想进行分析研究，对我国当前教育发展和教育改革有着重要的借鉴价值和历史意义。"② 而一旦皇权公告废弃科举制度，人们的学习关注点就会有所转变，我们则可以因此推动他们去学习新的文化、新的知识（当时正包括九门学科），塑造出新的思维模式。在未来十年或二十年中，我们将培养出众多的合适之才，继而发展农业、工业、国防、医学等，中国何愁不能壮大！他还提议建立各种图书馆、设备博物馆和翻译机构，广泛开设新闻社，并派送留学生去海外学习等。他的这些建议已经通过，并且在两年内逐项落实，这标志着现代化转型的开始。当时，皇帝不仅同意了李端棻先生的改革良策，还在全国推广《请推广学校折》，并同时废除了长达千年的科举制度，实现了一个跨时代的伟大变革。

他将洋务派的旧的教育体系进行了详尽的澄清和修正。剑拔弩张地批评，无论是同文馆、实学馆还是武备学堂，虽然已经运行了20年以上，但这些洋务运动的成果只停留在学习西方语言和文化，对于治理国家、提升国家地位的关

---

① 张建新：《李端棻与中国近代教育改革》，《贵州民族学院学报》（哲学社会科学版）2007年第1期，第28页。
② 程妙洪、吴小丽：《戊戌变法中〈请推广学校折〉的主要思想与意义》，《中北大学学报》（社会科学版）2021年第2期，第76页。

键知识，却鲜少涉及。因此，他强调必须对旧的教育体系进行深刻的改革，其核心不在于八股文的研究，而在于富国和强兵的策略。因为提出变革旧的教育体系是李端棻首先提出并制定具体政策的一个重要举措，所以被誉为"中国近代教育第一人"可谓名副其实。在"百日维新"发生的两年前，李端棻领悟到一个国家的强大与否是由人才的丰富程度决定的。在1896年6月，他向光绪皇帝递交了一份名为《请推广学校折》的报告，倡议通过扩充教育规模来培养人才并预防未来的问题。那时即便已经存在着同文馆、实学馆、广方言馆、水师武备学堂、自强学堂等教育机构，李端棻仍然认为，光绪皇帝对全国进行的实力人才及博学之士的征集，收效甚微；即便有那么一两个回应，也仅限于关注个人修养而并未着重解决问题。他指出，关键在于人才培养的理想状况未能实现。这也就是说，中华民族不是没人可用，而是在这种旧有的体制和腐旧的国体之下，又怎么会培育出真正的实用之才呢？

"《请推广学校折》这本由大普及学堂出版的书籍，被后来的人们广泛地作为研究材料使用，其中大部分的看法都有着高度的一致性。"① 《民国贵州通志·人物志》对此书在那个历史时期产生的社会影响进行了深度解读。在该志中记载："李端棻提出的理念包含了从首都到各级省、府、州、县的学堂建设，这与后来废弃科举，全力发展学堂的行为有着惊人的相似性；他更是提出了在府、州、县的学堂中选举优秀公民的10至12岁的子女入读，这与后续各级学堂的做法如出一辙；他提倡25岁以下的学生自学，这与后来各省的中等学堂的运作模式相吻合；他主张大学选拔30岁以下的举股、监生入读，并对京城的愿意学习的公务员开放，这与后来大学堂、士学馆、分科大学、法、财政等学堂的做法颇为接近；他建议通过选择优秀儿童，进行分斋讲习等方式，赋予他们与省官相等的地位，这与后来学部考试、京城以外的学堂以及海外留学生毕业，采用举股、论文考核、进士出身、除授书法部等官的做法一脉相承；他主张建立图书馆，正是后来开设图书馆的先行者；他倡导实地考察的观念，也成为后续资助学生海外实践新学的源头。"

而在"1898年7月（清朝光绪二十四年），中国的中央政权创建了第一个高等教育机构，这就是京师大学堂。"② 此学堂的创立最早是由李端棻在1896年（清光绪二十二年）提出，接着则得到了康有为和梁启超的积极支持，最终由清

---

① 周术槐：《李端棻：近代教育改革的先驱》，西南交通大学出版社2020年版，第68页。
② 萧超然：《京师大学堂创办述略》，《北京大学学报》（哲学社会科学版）1985年第1期，第37页。

政府投资设立。它被誉为在中国历史上第一个拥有近代元素的高级普遍性教育机构。尽管因为"戊戌政变""义和团运动"以及八国联军侵华等因素曾导致其暂停开办，但最终在1902年（清光绪二十八年）复苏，并在辛亥革命后被重命名为北京大学。据此，李端棻被后人公认为京师大学堂的创始人，自然也是北京大学的缔造者与奠基人。在当时，人们常用"生命不息，奋斗不止"来赞扬这位伟大变革首创者英雄，尽管没有任何人想在李端棻的头上戴上英雄桂冠，但他以69岁高龄，在经历了一段长途流放之后，回到故乡依然壮心如初，却实属罕见。虽然失去了礼部尚书头衔，失去了朝廷这座舞台，但这只不过是让他在角色上发生了一次转换：从维新变法的倡导者与坚定的支持者，变成了以贵州为阵地推行变法宗旨的实践者与具体的执行者。

在1901年返回故乡后，直至1907年因病去世，李端棻在这6年里总是以"发扬民风，引领后继者"为己任，不知疲倦地工作着。因为贵州的巡抚邀请他担任经世学堂的讲席，他坚定地定下每个月至少两次公开讲演的计划，并将"以学问立身，精心培养品性"等价值观灌输给学人，以便将来他们能顺利地服务于朝廷。

三、李端棻晚年对贵州改革教育的贡献

在1901年（光绪二十七年），付出过无尽努力和牺牲的李端棻在被流放的路上得到了赦免，得以返回他的家乡贵阳。他随即投入贵州的教育事业中，以此来实现他的教育改革的宏大愿景。李端棻回到贵州以后，没有如许多告老还乡官员那样，品茗饮酒、吟诗作赋、乐享暮年，而是继续将变法改革的思想传之家乡，更奋勇地奔波在他自己《请推广学校折》中所言的强国宗旨中。他于第二年返乡之后很快创办了贵阳师范学堂，并迅速将贵阳府中学堂更名为贵州省公立中学堂，也即我们现如今所熟知的贵阳一中。贵阳一中也变成了贵州省最主要的公立中学，为贵州教育的进步建立了基础，并对贵州教育的提升产生了深远的影响。

1907年11月17日，李端棻在贵州省贵阳市去世，终年75岁。梁启超在李端棻逝世之后，为他撰写了墓志铭《清光禄大夫礼部尚书李公墓志铭》。在墓志铭中，梁启超盛赞了李端棻对教育改革的献身精神。当然，李端棻先生不仅在维新运动中率真创新，也在对后人的教育培养上尽心尽力。已经年届75岁的李端棻在生命的最后关头写信给他的学生梁启超，遗赠给国家的最终信条是："虽然我已经超过70岁，但我的意志和精神还像年轻人一样，只要我没有离开世界，我就会继续在你们年轻一代的后面，尽我最大力量为国家做贡献。"

在世时，李端棻曾说要将这些年间省下来的白银献给贵州通省的公立中学作为学校经营的资金，他的全部人生都毫无保留地贡献给了教育。他的救国之心始终未变，而他的爱国精神将永存。由于李端棻身体力行地鼓动有识之士尽力发展近代教育，以至贵州各地出现争相创办新式学堂的景况，接着又在省内刮起了渡海留学、开阔视野之风。也正是因为李端棻先生这种身体力行的带动，使得不仅在全国出现文风创新的新气象，在黔中之地更是涌现出一大批有为之士。

四、结语

在中国的历史长河中，社会对待从事教育工作的人们的敬仰态度始终深植在每个人的心中。尽管在近代，选择肩负起教育职责只触碰到了教育系统的一部分；但我们回眸观察自我们的民族崛起开始的百年历史，关于教育在中国举步维艰的情况——当国家面临鸦片战争后的社会动荡，大众无助，社会痛苦，历经"前所未有"的剧变时，教育就成了知识分子面对国家生死攸关的决定时的至关重要的工具。而李端棻也在这场时代洪流中崭露锋芒，成为代表"教育救国"理念的象征性人物。虽然"教育救国"的潮流有起有落，但最终虽未直接进入历史的中心舞台，却揭开了"五四运动"辉煌历史篇章的序幕，同时为今日复兴的道路上"科教兴国""教育强国"的理念奠定了坚实基石，为此铺平了道路。

梁启超在为李端棻撰写的墓志铭中有"其言将行其人萎，功耶罪耶良史知"这样一句话。"只有经历过历史上的'教育救国'之路，我们才能深刻理解从李端棻到蔡元培、张伯苓、陶行知、黄炎培等中国近代的教育家们的辉煌，才能感触他们和他们族裔持之以恒地为教育事业作出贡献的源初理念。"①

1911年，李端棻去世四年后，中华民国建立了。翌年，他倡导的京师大学堂被重塑为国立北京大学，标志着新文化运动的开始。经过1919年李端棻逝世12年之后，在五四运动的激发下，公众愤怒激增，北京大学作为我国最高学府和思想文化的中心，引领了覆盖全国的反抗帝国主义攻击和封建思想的运动。经历过五四运动的试炼，北京大学的教职工和学生首度扬起了马克思主义的旗帜，他们也成为中国共产主义智识人士和领导力量的奠基人，使北京大学成为中国共产主义运动的初期发源地。"北京大学的过去不仅拥有这光辉璀璨的历

---

① 何幼兰：《李端棻与近代中国教育》，《贵阳学院学报》（社会科学版）2006年第4期，第15页。

史，也承载着不可忘怀的历史，在成为中国现代思想最前沿推动者的同时，为中华民族伟大复兴培养了一代又一代的战士。"①

---

① 石胜昌：《简论李端棻的改革思想》，《安顺学院学报》2012年第6期，第109页。

李端棻：一位影响我家两代人的传奇人物

蓝　毅①

摘　要　李端棻是近代知名的教育改革家、政治家。戊戌变法失败后，李端棻被贬往新疆。然其尚未入疆，便被清廷特赦，得以回到贵阳故土。在贵阳，李端棻教育改革的初心未改，依然积极传播新学。李端棻在贵阳传播新学的过程中，我家两代人深受李端棻先生的影响。一是我的外公蓝泽熙，一是我的伯父万勉之。我的外公在李端棻先生的影响下，曾考取贵州的举人。我的伯父在李端棻先生的影响下，曾留学日本。伯父留学归国后，还曾迎娶梁启超先生的夫人李蕙仙女士的侄女李淑兰为妻。回首这一段历史，我深切地感受到李端棻先生的先见之明。李端棻先生不仅影响了近代中国教育改革的历史进程，还深刻地影响了我家两代人的前途命运。李端棻先生是一位永远值得我们敬仰的贵州乡贤。

关键词　李端棻；蓝泽熙；万勉之

这里说的两代人，并不是传统意义上的父子关系，准确地说是以笔者的角度而言的两代人。这段奇缘发生在李端棻遇赦回归桑梓贵阳后的事。

李端棻，贵阳人，幼年失怙，与母相依为命。后得舅舅何亮清教授学有所成，29岁中举，翌年中进士入翰林院。1889年（光绪十五年）秋季，以大学士身份出任广东乡试主考官时，发现一位叫梁启超的考生，以"镕金铸史"的文笔应答考题，很是欣赏，遂将梁录取，并将堂妹李蕙仙许配梁为妻。

鸦片战争后，中国大门洞开，洋务运动卓有成效，而清廷颟顸自大，故步自封，拒绝融入世界文明。甲午战败，李端棻目睹洋务运动"富国强兵"的成果化为乌有，以及清廷内政的腐败，痛感君主独裁之弊，开始向洋看世界，希

---

①　作者简介：蓝毅，男，毕业于贵州大学法律专业。主要从事贵州历史文化的研究，自由撰稿人。

望通过维新变法，寻求从根本上改变中国命运之路。他的维新思想影响和启迪了流寓京师的黔籍人士，并推动了康有为、梁启超发动著名的"公车上书"。在这场运动中贵州学人积极参与，在现存的603人名单中，贵州竟有学子95人，几乎占六分之一。

1896年，李端棻向光绪皇帝上《请推广学校折》，指出应试教育之蔽，提出在京师和全国各省、府、州、县皆设新式学堂，并提出建图书馆、实验室和出版社，向科学发达国家派留学生等新举措。希望革故鼎新教育制度，为国家培养有用人才，以雪国耻。

李端棻的这一奏请，可谓集思广益，承上启下，顺应时代潮流，为中国历史上第一座集西方先进科学之大成规模化综合型的新型最高学府绘出了蓝图，促成了"京师大学堂"的建立，推动了中国教育近代化的进程。

在戊戌变法中，李端棻力排众议，办实务，荐人才，筹划教育，调和矛盾，表现出超人的识见和胆气，他虽退居幕后，但已实际成为此次变法中的灵魂人物。变法失败，"六君子"被杀。李端棻上书以"滥保匪人"之咎，请求惩处；同时资助梁启超逃亡。其成不邀功，败不诿过的品质，以及从容善后的淡定，其高风亮节的为人，实在令人钦敬。"京师大学堂"在这次变法中硕果仅存，保留至今。

李端棻被罢官回乡后，以开通贵州风气为己任，倾情教育，培育英才，充当新学的传播者。他任经世学堂主讲时，笔者外公蓝泽熙于1903年在贵州乡试中举（第十二名）。据现存榜卷资料显示，在9位受知师一栏中，按先后排序，第四名赫然是"李苾园夫子"；另一位则更具有戏剧性，我的伯父万勉之（勖忠）于1905年获巡抚林绍年钦点，成为贵州历史上首批9名官费赴日留学生之一。同时，值得一提的是这9名留学生之中，还有我的九舅公王佩芬。

当年，那些学子告别家乡东渡扶桑，临行之时向李端棻行弟子礼一段虽无明确的文字记载，但也应是不争的事实。

宣统三年（1911），伯父万勉之归国，迎娶梁启超夫人李蕙仙之侄女李淑兰为妻，成了李端棻的侄女婿，这是李老夫子生前未想到的。其时，李端棻已仙逝4年（1907年去世），墓之木拱矣！

前不久笔者在一本《贵州二百年历史名人传》（下卷，第623页）中第一次看到将笔者大伯、二伯及父亲一并罗列介绍："万勉之（勖忠）兄弟三人，二弟万勷忠（号仲青），毕业于贵州武备学堂，任贵州独山哨所哨长，不幸两年后（1907年）病殁寨蒿营次。三弟万勤忠，字徐如，北京俄文法政专门学校留俄预备班毕业。后到广州投军，考入黄埔军校第三期。万勉之娶贵阳李端棻侄女，也是梁启超夫人的侄女（李淑兰）为妻……"

李端棻生活在大清王朝衰败的时代，亦是中国人觉醒图强的时代。由于大清王朝已是百孔千疮，摇摇欲坠，因此时代既需要李鸿章这样的能臣"裱糊匠"，更需要睁眼向洋看世界的实务人物。李端棻返回桑梓，在贵州传播立宪思想，使立宪派逐渐成为贵州社会的一支重要政治力量。

贵州立宪派的形成，既反映了社会进步的不可阻挡之势，同时也凝聚了李端棻以开通风气为己任的不朽之功。李端棻逝世后，唐尔镛、任可澄、华之鸿、乐嘉藻等人成为贵州立宪派的代表人物。这些人大都为李端棻的亲朋故旧、晚生后辈。唐尔镛、任可澄、华之鸿等人皆为贵阳的名门望族，财力足，影响大，自追随李端棻宣传立宪、开办教育以来逐渐掌控了贵州的教育大权，进而渗透到贵州的政治，为辛亥革命的社会转型准备了条件。

立宪派经过三次国会请愿运动的失败，终于放弃了与清廷的合作，继而与革命派联合推翻了清王朝的统治。贵州辛亥革命的成功，是以无血的斗争实现的，可谓一场绅士运动，大大降低了社会转型的成本，成为研究辛亥革命的一个活标本。

由于李端棻对笔者家两代人有着深刻的影响，又有姻亲关系，因此对他关注较早，故撰成此文就教于方家。

李端棻：晚清文化的一面旗帜

康振贤[①]

(广东省中山市贵州商会，广东中山，邮编：528400)

摘　要　李端棻是"戊戌变法"的精神领袖，京师大学堂的倡办者，中国"大臣言新政者第一人"；其思想在贵州的传播成为清末贵州宪政运动的思想高地，为辛亥革命贵州实现无血变革做出了卓越的贡献。我们强调李端棻是晚清文化的一面旗帜，主要是基于三个方面的考虑：一是李端棻组织策划了戊戌维新活动。其向光绪帝举荐的维新人才，对推动戊戌维新活动的开展发挥了极其重要的作用。二是李端棻首倡设立京师大学堂，为推动中国教育的近代化做出了卓越贡献。三是李端棻在贵州的宪政活动与新学传播活动，开启了贵州文化教育的新天地。

关键词　李端棻；精神领袖；新学传播

李端棻是戊戌变法的精神领袖，京师大学堂的倡办者，中国"大臣言新政者第一人"；其思想在贵州的传播成为清末贵州宪政运动的思想高地，为贵州辛亥革命实现无血变革做出了卓越的贡献。

李端棻（1833—1907），字苾园，贵州贵阳人。幼年失怙，与母相依为命。后得舅舅何亮清教授学有所成，29岁中举，继而中进士入翰林院。先后担任云南学政，山西、广东、四川、山东等省乡试主考官，历任御史、刑部侍郎、工部侍郎、礼部尚书等职。在广东担任乡试主考官时，独具慧眼，成为梁启超的伯乐。值得提出的是，在梁启超的两位老师中，康有为为其奠定了学术功底，李端棻则开阔了他的眼界，提高了他的格局，因此梁从中举到成为戊戌变法的领袖人物，李端棻栽培之功是不容忽略的。

甲午战败，李端棻目睹洋务运动"富国强兵"的成果化为乌有，以及清廷

[①] 作者简介：康振贤，贵州独山人，现任广东省中山市贵州商会理事，自由撰稿人。

内政的腐败，痛感体制之弊，因此看到大局之外的大局，希望通过维新变法，寻求从根本上改变国运之路。他的维新思想影响和启迪了流寓京师的黔籍人士，乃至康有为、梁启超发动著名的"公车上书"，一时名动京城。据现存资料载：在这场运动的 603 人名单中，贵州竟有 95 人，几乎占六分之一。而李氏家族中就有李瑞棻、李端棨、李端椮、李端荣等人赫然在列。

2023 年是李端棻诞辰 190 周年，回望历史，感慨万千。昔日的时代弄潮者仍站立潮头，形成一块文化精神高地，令人高山仰止。缅怀那段逝去的岁月，从李端棻的见识与勇气中，更能体会历史的借鉴意义。

一、"戊戌变法"的精神领袖

李端棻，清同治癸亥科（1863 年）进士，因才干出众在同治、光绪两朝均被委以重任。1889 年（光绪十五年）秋季，他以大学士身份出任广东乡试主考官时，发现一位叫梁启超的考生以"镕金铸史"的文笔应答考题。他慧眼识珠将梁录取，并将堂妹李蕙仙许配给梁为妻。

有了李端棻的知遇，梁启超之师康有为也才搭上时代的顺风车，有机会进入朝廷建立人脉，为其后戊戌变法种下了前因。但长期以来，戊戌变法史的研究，均以康有为、梁启超为中心进行叙事，甚至称为"康梁变法"，而忽略了李端棻在这场变法中的地位和作用。

1894 年甲午战败，彻底葬送了"洋务运动"以来的改革成果，不仅激起天下读书人忧愤的爱国之情，也激发了李端棻等维新官僚对清廷腐败政治的反思，开始向洋看世界，希望通过维新变法，寻求改变中国命运之路。

戊戌变法作为自上而下的社会改革，其推动者是由三个层面共同完成的，即由光绪皇帝决策、康梁策动擘画、李端棻等维新官僚参与和推动而实现的。三者之间缺一不可。康有为、梁启超通过"公车上书""强学会"等活动，逐渐向官僚阶层靠拢，联系日益频繁。凭经验，康、梁认识到"变法本原，非自京师始，非自王公大臣始不可"。鉴于李端棻的政治关系，自然成为他们结交官僚阶层的一条重要途径。李端棻与康有为结缘，自然始于梁启超。李为朝廷大员又为前辈，故康有为对之一直尊敬有加，以"苾园老"称之。

1892 年，李端棻以刑部侍郎之衔，走进清廷中央权力层边缘，以后又转任工部侍郎、仓场总督等要职，进入帝党（维新派）的圈子。1896 年 6 月 12 日，李端棻上《请推广学校折》，开启了近代教育体制改革的先声。

"胶州湾事件"发生后，康有为上《上清帝第五书》，指出再不变法国家将面临亡国之祸，"且恐皇上与诸臣求为长安布衣而不可得矣"。对于冒犯圣颜的这份折子，当时无人敢为代递，李端棻挺身而出联络九卿上折支持。九卿之中竟无一人敢联名，最后李端棻一人具折上奏。在这里，能看到问题可谓"识"，敢以身犯险是为"胆"。李端棻能获康有为"抗疏维新冠九卿"的赞誉，绝非无凭。

　　光绪皇帝要变法，人才是首要的条件，变法伊始光绪就多次下诏网罗。李端棻认识到康有为长于谋划而不屑于事务，谭嗣同勇于任事而不避斧钺，因而综合两人之长，合并密荐于光绪皇帝。李端棻此举成为打通光绪皇帝、维新官僚、康梁三者之间关系的关键所在，对光绪皇帝重组组织系统，组建维新派班子有着举足轻重的作用。如任命礼部六堂官，任命军机四卿等。

　　在守旧派攻击康有为甚嚣尘上之时，李端棻不但不避讳，而且在守旧派欲驱逐康出京时，又竭力保护之，使康得以留在京城，参与变法擘画。当日本前首相伊藤博文访问中国时，李端棻保举康有为作为迎送使。李端棻所做的这些努力，对平衡当时的变法局势具有非常重要的意义。在百日维新中，李端棻还奏保16人入试经济特科，他们分别为：严修、狄保贤、崔朝庆、宋梦槐、程先甲、熊希龄、唐才常、戴修礼、曾习经、徐勤、罗普、欧榘甲、韩文举、寿富。其后诸人皆为维新人士。

　　从李端棻荐举康有为等维新派人士，到光绪皇帝任命礼部新堂官、军机四卿，再到光绪皇帝决意开"懋勤殿"，并亲自定入值顾问官名单，维新派的组织系统已逐渐成形，在整个过程中李端棻无疑是个关键性人物。

　　毫无疑问，光绪皇帝要变法，离不开维新官僚的拥护；康有为要变法，离不开维新官僚的支持。显然维新官僚充当着承上启下的角色，正是有了他们的参与，并利用手中的职权推行新政，变法的大幕才得以顺利拉开。

　　光绪二十四年（1898）6月11日，光绪帝发布《明定国是诏》宣布变法，并召见康有为，任命他为总理衙门章京，准其专折奏事，筹备变法事宜，史称戊戌变法。

　　光绪皇帝颁布的新政内容主要为经济、军事、文教乃至政治等方面，当时的现实是慈禧太后掌握着军政实权，而光绪帝则只有起草上谕权。于是，康有为上《请大誓臣工开制度新局折》，提出三条变法举措："一曰：大誓群臣以革旧维新，而采天下舆论，取万国之良法"；"二曰：开制度局于宫中，征天下通才二十人为参与，将一切政事制度重新商定"；"三曰：设待诏所，许天下人上书"。

　　"开制度局"和"设待诏所"，反映出维新派要求掌握政权的愿望。毫无疑义，康有为此三条变法举措，实为维新派变法运动的政治纲领。不开制度局，维新派就没有变法的领导权,而抓不到领导权就掌握不到变法的主动权,变法的目标就不可能实现。因此开设制度局,是维新一个不可或缺的核心内容。然而,康有为此议遭到了守旧派的否决和抵制,以致变法全面受阻。李端棻即上《变法维新条陈当务之急折》进行折冲。遗憾的是,李此折已佚,但据相关档案文献记载,该折包括四个方面的内容:(1)御门誓群臣;(2)开"懋勤殿"选通人入值,议定新法;(3)改定六部则例;(4)派朝士归办学校。李端棻此折以开"懋勤殿"为核心,以维新派进宫掌握变法的领导权为目的,与康有为的开制度局为核心的变法目标相比,这一陈请更具有操作性。李端棻这一方案,很快得到光绪皇帝的重视,成为百日维新晚期维新派竭力争取实现的目标和动能所在。

李端棻开懋勤殿和康有为开制度局,两者有共同之处,都要求维新派进宫议政;但开制度局除要求掌握新政的立法权外,还要求具有行政权。李端棻开"懋勤殿"的诉求,除要求参与新政的立法权外,只要求内外大臣延聘维新派参与政事,并无"制度局"所涉及的掌握行政权问题,毫无疑问减轻了反对派的压力,更具有操作性。由于开"懋勤殿"清廷已有祖制,因此李的这一奏请显示了其对全局的洞察力以及行政的驾驭能力,不得不令人感佩。另外,李端棻提出开懋勤殿"并延聘东西各国政治专家,参议制度"的内容,即所谓维新派请客卿(外籍顾问)之说,与康有为开制度局之比,其视野之开阔、格局站位之高,更是康所不及的。故光绪皇帝将李端棻倚为股肱之臣,擢升为礼部尚书,并决定开"懋勤殿",以其为首席顾问。

1898年7月3日,光绪帝正式下诏,批准设立"京师大学堂",其后又批准了梁启超草拟的《奏拟京师大学堂章程》。"京师大学堂"的创建,李端棻有倡议之功,从而拉开了中国教育向近代化转型的序幕。

随着改革的深入,各种政令倾泻而下,越来越多的人怀疑改革的出路何在。由于这种疾风暴雨式的改革既缺少相关的政策配套,又不给时间缓冲,更不考虑现实的操作性,越来越多的中坚力量开始变成改革的阻力。原来改革的支持者也开始袖手旁观,一股反对改革的大潮正在酝酿之中,甚至连变法的核心人物都已预感到变法的失败。

光绪帝久居宫禁,长期受佞语所困,疏于对外面世界的了解;康有为虽以进士出身,授工部主事,但毕竟刚步入官场,既缺行政经验,又无足够可用的人脉。在新旧斗争异常尖锐的背景下,康有为于幕后主持变法,光绪帝则在前台推动一系列改革,不免犯有方向性错误,亦有操作性失误。例如,康有为的"废八股疏上",由于忽略了天下读书人的感受,以致遭到守旧派的多方阻挠,并宣称嫉恶康有为如仇敌，说其"摇惑人心，混淆国是"；还有人参康有为"聚集匪徒，招诱党羽"，"遍结言官，把持国是"。

李端棻毕竟老成谋国，一眼就看到了问题所在，分析了科举制度对人才教育的种种弊端，提出对新式学堂培养的人才应该"等其荣途，一归科第，一如常官"。言下之意就是给予进新学堂的学子与科举出身相等的国家待遇，保证新学校培养的人才为社会所接受，以完成新教育体系的转型，同时使科举制度不再成为教育改革的障碍。这无疑为康有为提出废除科举提供了政策补丁。然而，康有为既无行政经验，又不自我检讨，反而对反对者予以反击，并结盟唐才常，派人四处活动于军队将领中，最后竟准备以极端手段包围颐和园捕杀西太后，最终把一场变法演化为政变。

康有为把党争的潜规则变成了明斗，为变法的失败留下了伏笔，其在政治方面的稚嫩也暴露无遗。农历八月初五（9月20日），康有为事泄离京南下。次日，慈禧太后再出"训政"，宣告变法失败。由于戊戌变法只维持了3个月便戛然而止，故史称"百日维新"。其硕果仅存"京师大学堂"而已。

二、创建京师大学堂的办学理念

第二次鸦片战争后，清廷意识到闭关锁国已难以维持，实行了"改革开放"推行洋务运动，但国家人才匮乏，难以满足现实的需要。甲午战败后，"强国梦"成为全国上下的共同追求，然而人才的困扰也成了清廷的一块心病。于是以光绪皇帝为代表的清廷为变法图强，明诏求贤。原以为天下人才很快就会聚集京师，等候选用，但诏书下达数月，不仅应者寥寥，就是个别士大夫毛遂自荐也往往难堪大用。

面对困局，社会开明人士普遍认识到，旧式教育已无法为国家提供能够适应新时代的人才，洋务运动中所建造的新式学堂（如同文馆，培养翻译人才）也无法为国家提供足够的可用之才。有鉴于此，一些有眼光的士大夫提出了自己的看法和建议，如张之洞上《吁请修备储才折》提到"外洋之强在于学"；胡燏棻上《变法自强书》提到"广兴学校"，指出人才缺乏是国家之急的本原，必须改革教育。这种与时俱进的思想形成共识后，吹响了中国教育体制改革的时代号角。

1896年6月12日，刑部左侍郎李端棻呈上《请推广学校折》，提出"人才之多寡，系国家之强弱也"，并针对洋务运动以来的教育失败以及教育改革的方向，提出了系统性的建议。李端棻提出教育制度改革的措施，首先要推广学校教育，特别强调要在京师建立大学堂，在各省州县依照大学堂的要求，根据自身的需要和条件建立相应的新式学校，形成遍布全国、体系完整的教育制度。开放学校，普及教育，为大众提供受教育的机会。教育要与社会相适应，必须与时俱进。对学校的课程和学制进行改良，按照分科、分专业、理论与实践相结合的要求，制定一套完善的教育制度。

在"京师大学堂"的办学规模上，李端棻认为要作为全国学堂之首，至少要符合京师首善之区的地位，因而在经费上必须优先保障。虽然朝廷财政困难，但哪怕动用皇家私款也要满足办学需要，让其规模大成。

戊戌变法启动后，光绪皇帝迅速批准了李端棻的奏折，下令筹办"京师大学堂"，李端棻擢升为礼部尚书（相当于教育部长兼文化部长），以推动全国的教育规划进一步深化改革。

李端棻的倡议和推动，促成了"京师大学堂"的创立。该学堂以高级人才的培养作为出发点，故生源的要求是在监贡生、京官等稍具学识的基础上予以录取；在课程和教学上则要比省学等其他学校更加精益求精；对学生的教育更专业化，使学生在三年学制中不改变专业学习，深入钻研，以期获得专业化培养的目的。

李端棻认为建立"京师大学堂"仅仅有学校是不够的，要想让学校发挥效率，培养出人才，还需要五种配套的设施和政策：

第一，设立藏书楼（公共图书馆）。李端棻指出中国许多学子出身贫寒，有志气却没有经济实力，甚至连基本的图书都无法获取，更遑论其他。为此，他认为必须设立公共图书馆，一方面可使贫困学子能够获取图书，得到学习机会；另一方面打破了旧式藏书楼封闭的流通模式，使社会各阶层都能够通过公共图书馆而获得新知，进而成为传播文化的渠道。

第二，建立仪器院（实验室）。李端棻认为，实验室是近代科学产生和发展的基石，只有通过创办实验室，结合学校的理论教育，躬亲实验自易专精，而学有所成，这是昔日纸上空谈不能比拟的。格致实学，实事求是，才能够培养出理论与实践相结合的人才，以满足国家的需要。

第三，设置译书局。书籍是传播知识的重要渠道，而近代知识又以西方知识为主，要发展近代化教育，就必须大量地翻译西方各种书籍，引进西方科学、政治、文化以弥补中国之不足。他针对洋务运动时期创办的译书局（同文馆）对书目更新太慢、数量太少的弊端，提出"京师大学堂"要与世界文明接轨，与时代发展同步，因此应在京师设立译书局；同时在全国遍设译书机关。通过廉售的方式扩大受众，实现文化普及，以取得最大的效果。

第四，广开报馆。建立报馆是拓宽舆论空间的重要手段，亦是让全国上下了解时事的重要途径，是开启民智转俗士，腐儒为才俊、干才的关键所在。他认为西方之所以能够政令通畅，就是因为通过报纸的传播，信息对流，使得全国上下对于时事不出家门就能知晓。这样，人们就会拓宽视野，回归常识，不再闭目塞听而成为井底之蛙，民智也会在开放的风气中得到普遍开发。而洋务运动以来的报馆，一则太少，二则阅读群体过于狭窄，所以必须普遍设立新闻报馆。不仅要报道和介绍西方的最新资讯及发展，而且要注重国内风情的传播，要积极报道国内的变动，以打破信息闭塞的状态。这不仅关乎教育，也对于维新政治具有十分重要的现实意义，是医治维新变法所面对的政治上壅塞之弊的良药。

第五，选派游历。即选派留学生出国。"读万卷书，不如行万里路"，向来被读书人奉为圭臬，因为考察学习也是掌握知识的重要途径。李端棻针砭洋务运动以来选派留学生未收大效的两大弊病：要么选派的都是官吏、职员，对学习漠不关心或有心无力；要么选派的学生学识浅薄，极易被西方的风气所浸染，以致无法成为国家所需要的人才。他认为，要依托"京师大学堂"选派留学人员，这样就能两弊俱免。游历一般分为两个部分：一部分人是出国留洋，向西方获取新知；一部分人是游历全国，了解国情。李端棻建议给予留学生国家政策和待遇，同时要建立起奖优惩劣的有效机制。留学生在留学期间要学有所成，要下到工厂了解实情，提高动手能力。对于游历全国之士，则要求其对全国的物候、矿产、商务加以考察。对于这项工作，国家要全力支持并在规定的年限内发给薪水，对他们的著作要鼓励出版。另外对那些游手好闲、工作学习懈怠的人，要罢官免职，褫夺功名予以淘汰。李端棻欲通过制度建设进行权责利的捆绑，形成有效规范的管理机制，这对革新洋务运动以来游学政策的混乱和低效起了积极的匡正作用。

李端棻提出了对新式学堂培养的人才应该"等其荣途，一归科第，一如常官"，给予他们与科举出身相等同的功名。此举既是为天下莘莘学子谋出路，也是保证新学校培养的人才能为社会所接受，形成学校与社会的无缝连接，同时使科举制度不再成为新式教育的障碍。最后，李端棻在奏折中认为，通过以上"以大学堂为经，五项配套为纬"的新型教育制度建设，"自十年之后，贤俊盈庭，不可胜用矣。以修内政，何政不举？以雪旧耻，何耻不除？"

李端棻的教育理念，成为中国近代教育改革的顶层设计。

1898年7月3日，京师大学堂在孙家鼐的主持下在北京创立，美国传教士丁韪良任西学总教习。由梁启超草拟的《奏拟京师大学堂章程》被认为是中国首个高校章程。该章程提出了"中学为体、西学为用"的办学方针，认为"二者相需，缺一不可，体用不备，安能成才"，强调大学堂的核心是培养人才，把"乃欲培植非常之才，以备他日特达之用"奉为创办大学堂的目的。京师大学堂的创建，开启了中国近代教育改革风气之先，由李端棻领衔拉开了中国教育向近代化转型的序幕。

1898年9月21日，百日维新失败，而京师大学堂以"萌芽早，得不废"。慈禧保留了新政中正在艰难筹建的京师大学堂，使之成为"戊戌政变"后唯一硕果仅存的纪念。当时《国闻报》报道：（"戊戌政变"后的）"北京尘天粪地之中，所留一线光明，独有大学堂而已。"1912年民国建立，将"京师大学堂"改名为北京大学。通过对李端棻及其京师大学堂办学理念的考察，我们找到了民国初年大师林立如过江之鲤的原因所在，也找到了北京大学之所以成为思想高地的遗传密码。

三、贵州立宪运动的思想高地

1911年11月4日，贵州自治学社和宪政预备会联合发动起义，推翻了清王朝在贵州的专制统治，为辛亥革命取得全面胜利留下了值得记忆的一页。要展开历史的叙事，显然绕不开李端棻。

作为戊戌变法中的一位重要人物，李端棻上书以"滥保匪人"之咎，请求惩处，被褫夺官职流放新疆。1901年，朝廷推行新政后，他被赦免回到贵阳。但老骥伏枥其志未减，他在桑梓大力宣传立宪思想，致力于贵州社会移风易俗的推动和文化的促进，因此李端棻是贵州立宪思想的启蒙者和贵州清末立宪运动的主要奠基人。

庚子事变后，清廷痛定思痛，决定全面改革，于1901年4月成立了督办政务处作为规划新政的机构，逐步推出各项新政，史称"清末新政"。清末新政起止时间长达10年，前后大致分为两个阶段：第一阶段涉及政治、经济、军事、文化、教育等层面的改革；第二阶段为预备立宪，重点在于政治体制的改革。

回到贵阳的李端棻，虽已年逾七旬，但报国之志未减。其堂妹李蕙仙从日本给他寄来梁启超所办《新民丛报》，上面刊载有梁启超关于"新民说"的很多论述，再次点燃了他的激情。他在给梁启超的信中说："昔人称有三岁而翁，有百岁而童，吾年虽逾七十，志气尚如少年，天未死我者，犹将从诸君子之后，有所尽于国家矣。"可见其老当益壮，宁移白首之心，穷且益坚，不坠青云之志。

1902年，李端棻受贵州巡抚邓华熙之邀主持"经世学堂"。其时，贵州教育刚经严修改革，提出"学以致用"的主张，要求学子熟悉经世之学，留意军国富强之策和民物利弊之源，努力成为有用之才。由于新式学堂在贵州刚兴起，仍保持着书院的月课制度。李端棻认为戊戌变法虽已失败，但"萌芽新政要推行"，自己有责任充当新学的传播者，于是慨然以奖掖后进开通贵州风气为己任，亲自登台任教习，成为传道授业者。

第一次月课，李端棻出题为"卢梭论"。所有的学生都不知道卢梭为何人，于是翻遍了像《尚友录》《历代名臣录》等一类的书籍，也找不到出处。后来，李拿出梁启超主编的《新民丛报》，把上面刊载的卢梭传记给大家传写抄阅。大家方知卢梭是个外国人，法国18世纪伟大的启蒙思想家。

李端棻主持月课，是以《卢梭论》《培根论》为命题，阐发西人民权自由思想，将卢梭与中国的孔子、孟子相提并论。由于当时黔地较为封闭，思想守旧，民智未开，学生闻所未闻，不免大惊小怪，遭到阻力和抵制。于是，他在贵阳王家巷（今勇烈路）私宅，招集学生讲学，继续介绍西方的学术思想，如孟德斯鸠的《三权分立论》、达尔文的《进化论》、赫胥黎的《天演论》等。李端棻宣讲的这些学说，遭到贵阳守旧势力的诽谤，被讽刺道："康梁余党至今多，请尔带将颈子摸；死到临头终不悔，胆将孔孟比卢梭。"面对诽谤，李端棻并无"悔悟"之心，只是认为自己所言不被人理解而遗憾，故写了一副对联，悬于学堂墙壁上，以表心迹。联曰：

我犹未免为乡人，甫邀恩命释回，莫补前愆，敢冒觍躯堪表率；

师不必贤于弟子，所愿英才崛起，突超先辈，庶几垂老睹文明。

1903年，李端棻在他撰写的《普通学说》一书中，将西方的数理化、政治、法律、地理、经济学等课程作为教学的基本内容。与《京师大学堂章程》相比，《普通学说》剔除了"经学第一，理学第二，中外掌故学第三，诸子学第四"等内容，而成为一个较为彻底的西学课程表。

在此期间，李端棻还与于德楷、乐嘉藻、李裕增为"谋黔省教育之发展，振兴贵州文化，培养新学师资以应教育发展之需求"，共同商议集资创设贵阳公立师范学堂。该学堂以贵阳次南门外雪涯洞、丁公祠、昭忠祠、来仙阁为校址，定名为"贵阳公立师范学堂"。公推于德楷为总办，其他三人为帮办。据有关史料记载，"贵阳公立师范学堂"为全国第一所中等师范学堂。

1904年，在中外要求赦免戊戌维新党人的呼声和压力下，清廷被迫赦免政治犯，李端棻得以平反，恢复了政治待遇。政治身份的恢复，使李端棻致力开展的立宪活动得到了更多的空间。同年，受湖广总督张之洞之邀，李端棻赴武昌一游。

张之洞也是贵州人，又是继曾国藩、李鸿章后洋务运动的领袖人物，为中华民族重工业、轻工业及近代军事的发展做出了开创性的贡献。由于思想契合，老友相见不免感慨万千。在湖北游历期间，李端棻目睹了湖北蓬勃的新政活动，以及文化建设事业的勃勃生机，对湖北乃至全国各地开展收回路矿利权等活动感受尤深。回黔后，李端棻即倡导本省的收回路矿利权的活动，并发起成立了贵州铁路矿务总公司，被推举为总理。

1905年底，李端棻联合士绅于德楷、唐尔镛、任可澄、华之鸿等，将原设北书院的贵阳府中学堂移至雪涯洞，改设为贵阳中学堂。光绪三十二年（1906），这所学堂改称通省公立中学堂。此时的李端棻虽垂垂老矣，步履艰难，仍时常由人搀扶巡视贵阳各学校，并尽力捐款助学。

1906年，根据清廷学部《奏定学堂章程》规定，李端棻与唐尔镛、任可澄、华之鸿联衔提议在原省学务公所的基础上，成立贵州教育总会筹备会。李端棻与唐尔镛、任可澄、华之鸿成为该会成员，他们倾情教育，培育英才，为贵州教育的发展起到了重要的推动作用。据民国《贵州通志》统计：1902—1910年，全省共开办各类学堂683所。其中小学655所、中学6所、师范学堂及师范传习所10所、实业学堂3所、高等学堂6所。此外，还有军事性质的学堂共3所。贵州教育的勃兴，使这些接受学校教育的学生乃至外派的留学生，以后大都投身于社会大潮，呈现出民国社会万马如龙出贵州的特殊现象。

对于君主立宪这一政治目标，李端棻为之奋斗而充满信念。其诗云："天地区分五大洲，一人岂得制全球。国家公产非私产，政策群谋胜独谋。君为安民方有事，臣因佐治始宣流。同胞若让平权义，高枕无忧乐自由。"（《政治思想》）"君不堪尊民不卑，千年压制少人知。奴隶心肠成习惯，国家责任互推诿。峡经力士终能剖，山有移公定可移。缅昔宣尼垂至教，当仁原不让于师。"（《国家思想》）对于立宪政治，李端棻特别强调：当今之世所最急的，就是教育与政治；所急需的，教习与深于政治原理之人。他强调教育与政治的作用，强调教习与深于政治原理之人的作用。这是李端棻经过戊戌变法洗礼后的经验总结，亦是非常符合近代中国社会变革的国情所在。

清廷在预备立宪的过程中，通过着手建立日本式的君主立宪模式，以维护自身统治。根据出国考察宪政的清宗室载泽、端方等五大臣的意见，清廷于1906年下诏预备立宪，并于翌年在中央筹设资政院，在各省筹设谘议局以推行立宪。在此背景下，贵州立宪派正式形成，这反映了社会进步的不可逆转，其中也凝聚了李端棻以开通风气为己任的不朽之功。

1907年1月15日（光绪三十三年十月十二日），李端棻在贵阳逝世，享年75岁，葬于贵阳永乐李氏祖茔。李端棻逝世后，唐尔镛、任可澄、华之鸿、乐嘉藻等人接踵承继宣传立宪，成为贵州立宪派的代表人物。他们通过开办教育逐渐掌控了贵州的教育大权，进而渗透政治获得话语权，对社会形成重大影响，为贵州辛亥革命的社会转型准备了思想和舆论条件。

立宪派经过三次国会请愿运动的失败，终于放弃了与清廷的合作，而与革命派联合推翻了清王朝的统治。贵州辛亥革命的成功，是以无血的斗争而实现的，大大降低了社会成本，可以算得上一场绅士运动，无疑在中国近代史上有着积极的示范意义。

李端棻是戊戌变法的精神领袖，是京师大学堂的倡办者，中国"大臣言新政者第一人"。其思想在贵州的传播，成为清末贵州宪政运动的思想高地，为辛亥革命贵州实现无血变革做出了卓越的贡献。

李端棻遗著《苾园诗存》一卷，载于1949年版《贵阳文献汇刊》第五期。这本集子收录了他的诗作百余首，都是七言律诗，多为感时抒怀、咏物、记事、酬答之作，由他的表弟何麟书记录提供。这些诗主要是戊戌变法失败后，李端棻数年之间有感而作。反映了他在变法失败后，虽历尽坎坷仍矢志不渝，政治思想仍趋向以维新挽国家于危亡的人生写照。

李端棻的学校教育改革思想探析

周 艳 王福元[①]

(贵州师范大学文学院,贵州贵阳,邮编:550025)

摘 要 李端棻作为中国近代教育之父,对清末教育改革事业做出了重大贡献。李端棻在教育目标、教育对象、教育内容等多方面提出了诸多创见,形成了独特的学校教育思想,并在赦归贵州后付诸实践,在社会上起到了启蒙的作用,对中国教育近代化具有先驱的意义。

关键词 李端棻;学校;教育;改革

李端棻(1833—1907)是清朝著名的政治家、改革家、教育家,对清末的维新变法和教育的改革事业做了很多贡献。尤其是在教育领域,李端棻有着独特的见解,李端棻在教育目标、教育对象等方面提出改革主张,在赦归贵州后开展一系列教育改革实践,为推动中国教育近代化进行了有益探索,在中国近代教育史上有着重要的位置。探讨李端棻的学校教育改革思想,不仅对学校教育史研究有较大的学术价值,而且对深化当前中国教育综合改革也有现实意义。

一、论教育对象:面向大众

传统官学教育对象范围是十分狭窄的,呈现出等级化、特权化、小众化的特征。即使到后期出现了很多的新式学校,其教育对象仍十分受限。李端棻主张扩大教育对象,实现教育普及化、大众化。

中国古代教育制度和教育内容存在众多的不合理之处,或受时代所限,对社会以及世人都产生了深远的影响。西周时期"学在官府",是西周教育最显著

[①] 作者简介:周艳,1996年生,贵州师范大学文学院2022级硕士研究生,主要从事贵州教育研究。王福元,1980年生,贵州师范大学文学院副教授,主要从事中国古代文学、贵州历史名人、贵州教育研究。

的特点。教育机构设立于官府之中,国家有文字记录的法规、典籍文献以及祭祀典礼的礼器全部掌握在官府。官府垄断着学术典籍,只有官府有学,而民间无学。"唯官有书,而民无书。唯官有器,而民无器。唯官有学,而民无学。"①深刻地揭示了西周时期教育的特点。春秋时期私学兴起,由"学在官府"变为"学在四夷",教育对象有所扩大。孔子提出"有教无类"的主张,认为不论贫富贵贱,每个人都应该享有受教育的权利。但其教育内容根据阶级有所不同。《孟子》中的《滕文公章句上》写道:"劳心者治人,劳力者治于人。"② 所谓"劳心者"是指奴隶主,他们除了学习日常的知识之外还需要学习如何统治奴隶。"劳力者"则承担所有的生产劳动,他们所学习的内容基本上是生产劳动的知识。"劳心者治人,劳力者治于人"把教育与生产劳动相分离,让那些贫穷的"劳力者"只能世世代代接受相同的知识。

扩大教育对象。晚清时期建立了很多新式学堂,教育对象大大地扩大了,但是在偏远地区依旧没有条件和途径来学习和增加见闻,学子们依旧没有机会接受新式教育,教育对象依旧被现实条件所限。李端棻并没有安于现状,而是积极探索,倡导扩大教育对象。李端棻在《普通学说》中说:"睹吾乡人十未尝不思为学,而或蔽或偏,莫能自拔。竭其所知,与为学诸君求进取之途,著之于编,以求众览。"③指出家乡学子并不是不想学习新知和了解外面的世界,但是由于贵州处于偏远地区,无法获得学习以及增加见闻的条件。所以他愿意尽自己所能为贵州学子创造条件。因此李端棻在经世学堂任主讲时撰写了《普通学说》,贵州学子通过《普通学说》自修自习掌握新知和增加见闻。李端棻在贵阳创办了"贵阳公立师范学堂",为贵州学子提供便利。李端棻希望通过《普通学说》普及教育、扩大教育对象,为国家培养更多的掌握新知的"时用"人才。

二、论教育目标:培养时用人才

鸦片战争之后,面对西方列强的坚船利炮,清王朝无能为力,中华民族迎来前所未有的奇耻大辱与无尽的灾难。为了让国家强大起来,洋务派开始引进西方军事装备、机器生产和科学技术。但是,洋务运动并没有让中国富强起来。在教育方面,洋务派开设了许多新式学校,京师设同文馆,各省设立实学馆、

---

① 王炳照:《简明中国教育史》,北京师范大学出版社2007年版,第32页。
② 万丽华、蓝旭译注:《孟子》,中华书局2016年版,第45页。
③ 李端棻:《普通学说》,武庙铅字活版所光绪二十九年(1903)铅印本,第1页。

水师武备学堂、自强学堂等新式学校，中外学术都有讲授。但是，李端棻依旧发出了"非天之不生才也，教之之道未尽也"的感慨。李端棻所提到的"才"并非指有学问、有才能的人，而是指国家所需的新型时用人才。李端棻审视了当时的人才需要状况，提出"号称士子者固应人人自奋于学界之中，一求供当时之用"①，指出教育要以培养时用人才为目的，分析了"非天之不生才也，教之之道未尽也"的原因所在。

晚期新式学堂虽然已经开始学习西方的知识，但是只停留在学习西方的语言以及学习浅层面上的军事和技术，有关如何治理国家、如何让国家变得更富强等内容都没有涉及。李端棻在《请推广学校折》中提出："诸馆皆徒习西语西文，而于治国之道，富强之源，一切要书，多未肄及。"②晚清时期，在"数千年来未有之强敌"和"数千年来未有之变局"的时代背景下，洋务运动应运而生。随着洋务运动的发展，洋务派对新式人才的渴望与需求日益增强，对创办新式教育的认识与积极性日渐增高。洋务派创办了大量新式学堂，这些学堂大致可分为外国语学堂、军事学堂和技术学堂。其中外国语学堂有京师同文馆、上海广方言馆、广东同文馆、湖北自强学堂等，"由洋文而及诸学，共须八年。馆中肄习洋文四种：即英、法、俄、德四国文字也"③。在学习洋文时，主要是翻译条子，练习文法和译书。虽然这些学堂还涉及军事学堂和技术学堂，但是各个专业没有细致的划分，学生的学习没有针对性和专业性，只是停留于表面。

读书作为获得功名的途径之一，已经有一千多年的历史，而现在新式教育要想改变家长以及学子们的读书是为了考取功名这一想法，短时间内是不可能实现的。李端棻看到了这一点，说道："利禄之路，不出斯途。俊慧子弟，率从事帖括以取富贵，及既得科第，遂于学绝，终为弃材。今诸馆所教，率自成童以下，苟逾弱冠，即已通籍；虽或向学，欲从末由。"④首先，隋代出现了科举制度，从隋代到清光绪二十七年，科举制度经历了一千三百多年。科举制度把读书作为登上仕途的敲门砖，新式教育则培养学生成就事业的才能。读书以做官为目的的观念第一次受到巨大的冲击，因此新式教育也面临巨大阻力，封建顽固派认为科举制度和新学之间存在着不可调和的矛盾。其次，有一些思想先

---

① 李端棻：《普通学说》，武庙铅字活版所光绪二十九年（1903）铅印本，第2页。
② 李端棻：《请推广学校折》，载汤志钧、陈祖恩编：《中国近代教育史资料汇编·戊戌时期教育》，上海教育出版社1993年版，第116页。
③ 陈学恂：《中国近代教育史教学参考资料》，人民教育出版社1986年版，第116页。
④ 李端棻：《请推广学校折》，载汤志钧、陈祖恩编：《中国近代教育史资料汇编·戊戌时期教育》，上海教育出版社1993年版，第116页。

进的学子想要钻研新学却不知道如何去学。

晚清时期,已经有不少先进人士意识到了西方国家之所以强大的原因,倡导要学习西方的自然科学和社会科学,也积极地探索实践,但收效甚微。李端棻针对这一现象分析了原因所在:"格致、制造诸学,非终身执业,聚众讲求,不能致精。今除湖北学堂外,其余诸馆,学业不分斋院,生徒不重专门。"① 这里特别指出了物理、化学等学科的特点以及要求,提出了分专业以及实践的重要性。当时不少新式学堂开始学习西方的自然科学和社会科学。以外国语类学校同文馆的两个教学计划为例:其一,先学习外文然后学习其他实用科学的"八年课程表";其二,无须学习外文,仅靠译文来学习实用科学的"五年课程表"。八年课程表所包含的内容大体可分为三类:一是外语,包括各馆所习外文;二是自然科学,包括数学、物理、化学、天文测算等;三是人文科学,包括各国历史、万国公法、富国策、地理金石等。五年课程表只包括后两类课程。除此之外,同文馆在公布课程表时特意说明:"至汉文经学,原当始终不已,故于课程并未另列。向来初学者每日专以半日用功于汉文,其稍进者亦皆随时练习作文。"② 从中不难发现学子所学有汉文经学、外语、各国的历史、公法以及物理、化学等学科,内容非常之庞杂,什么都学但什么也不精。

李端棻突破了只在某一领域的改革,始终把变法、人才、教育三者作为一个整体来考虑,从时局变化的现实出发提出改革封建教育,培养人才以济世用。李端棻是通过科举入仕的,他深知科举制度专注考试、忽视现实的弊害。李端棻认为洋务派所设立的新式学校也都只是单纯学习西方的语言文化,依旧达不到为国家培养时用人才的目的。随着经济社会的发展,李端棻认为传统教育的教学内容已经不能适应社会发展的需求,理论与实践严重脱离,不能致精,终成空谈,无以致用,导致国家长期培养不出真正的有用之才。

"经济社会发展需要多样化、多规格的专门人才。传统人才观追求'全才',视技能技术为'奇技淫巧'。"③ 随着经济的发展,李端棻认识到国家所需要的是多样化、多规格的专门人才。为了高效率地培养专门人才,他提出将学生进行分斋,每斋的教学重点不同。这是培养专业性人才的有效方法,既符合教育改革的需要,也是对中国传统教学制度的继承和发扬。分斋制最早由北宋教育家胡瑗(993—1059)提出,经宋、元、明、清的发展演变,成为我国较为完善

---

① 李端棻:《请推广学校折》,载汤志钧、陈祖恩编:《中国近代教育史资料汇编·戊戌时期教育》,上海教育出版社1993年版,第116页。
② 朱有瓛:《中国近代学制史料》,华东师范大学出版社1989年版,第71、72、73页。
③ 陈超凡:《王韬学校教育改革思想探析》,《教育评论》2017年第5期,第156-160页。

的教学制度。分斋教学设有两斋,即经义斋和治事斋。经义斋主要学习六经经义,目的主要是将学生培养成有所作为的官吏。治事斋分为治民、讲武、堰水和算历等科,目的是培养实用的技术管理人才。李端棻提出"学业不分斋院,生徒不重专门"的弊端,"可仿宋胡瑗经义治事之例,分斋讲习",即实行分斋教学制度。

李端棻晚年在贵州创办学校,坚持为国家培养时用人才,围绕为国家培养时用人才的教育目标,把办学与救亡图存、社会现实紧密结合起来,对招生制度、教学内容、教学方式等进行了全面革新。除此之外,李端棻还积极传播新学,在经世学堂主讲时,第一次月课就让学生写论说文,题目为"卢梭论",并把自己珍藏的《新民丛刊》上的卢梭传记给大家传阅抄写。第二次月课出题为"培根论",把《新民丛刊》上有关培根的传记给大家传阅抄写。在讲学的过程中,李端棻向学生介绍了西方的学术思想,如达尔文的进化论、赫胥黎的天演论以及孟德斯鸠的三权分立等。教学模式并非只有学堂,李端棻希望通过自己所著的《普通学说》,为那些没有学习条件的人士提供进学之路,《普通学说》的内容包括了西方的自然科学和社会科学。李端棻改变了贵州传统学校教育模式,开创了贵州近代学校教育之先河,培养了一大批时用人才。

三、教育内容:结合实际引西学

中国的传统教育以儒家经典为主要教授内容,"向其传授三纲五常的封建伦理观念,使其在内心之中树立起以君主为纲的观念,从而达到巩固国家统治稳定社会秩序的作用和目的"[1]。随着西方列强的入侵,经籍的内容显然不能再是教授的重点。"洋务派认为,西方学术的长处主要在于算学、格致、天文、军事技术、制械技术方面,而中国传统的伦理哲学、经史诸学才是最完美的。因此几乎所有的洋务学堂都将中国传统的伦理学说以及经史诸学置于课程的首位,而西学的课程则基本限于语言学习以及自然科技的范畴。"[2] 李端棻在《请推广学校折》中对此进行了批评,他充分地认识到洋务派在教育内容方面存在的问题,认为中国的教育不仅要有古代典籍,更为重要的是将外国语言文字、自然科技技术以及实践作为课程内容。纵观李端棻的教育思想和实践活动,他所倡导的教学内容不仅与西学有关,而且也结合了国情,主要包括以下三个方面。

加强外语学习,加快翻译西方典籍。中国与西方国家的来往日益密切,需

---

[1] 张玥:《董仲舒教育思想对西汉学校教育的影响》,《学理论》2019年第10期。
[2] 戴岳:《李端棻〈普通学说〉课程思想论析》,《教育文化论坛》2017年第6期。

要语言文字来实现相互交流。洋务教育倡导学习外国语言文字，但"徒习西语西文，而于治国之道、富强之原，一切要书，多未涉及"①。李端棻认为，学习西方语言是认识西方、学习西学的前提，主张要教授西方语言文字。但学习外国语言文字不能只停留在交流上，应在学好西方语言文字的基础上"广集西书之言政治者、论时局者、言学校农商工矿者及新法新学近年所增者，分类译出……"②李端棻在《请推广学校折》里提出应该开设译书局。译书局要全面翻译西方的各类书籍，其内容要与时俱进，关注西方的最新成果，从而让国人了解和掌握西方先进的技术以及知识。

学习自然科学技术和社会思想。随着沿海地区口岸的开发和国内风气的渐开，学习西方先进技术逐渐成为近代中国的社会潮流。李端棻主张把西方的自然科学技术包含在学校教育内容中，加强数学、物理、化学、自然地理等自然科学知识的讲授。除此之外，所学课程内容"各执一门，不迁其业"③。李端棻认为要按学科分类讲习并只专研一门课程，致精，致深，才能培养出真正对国家有用的人才。李端棻在贵州讲学，内容涉及卢梭、培根学说和天赋人权、自由平等思想、达尔文进化论、孟德斯鸠三权鼎立说等知识。

实际操作能力纳入课程内容。李端棻认为，"诸学或非实验测绘不能精，或非游历察勘不能确"④，指出学习科学有的需要实验测绘，有的需要游历察勘。李端棻把学生的实际操作纳入教育内容中，鼓励学生出国留学或游历各省，并予以严格考核。出国学生"纵览乎彼之工厂，精益求精，以期大成"⑤；同时规定，"游历各省学生既有探测各地矿产、土地以期发展商务的义务，也有获得报酬及其他奖励的权利，但若懒惰不求则有被罢免的惩罚"⑥。这与过去的只读书、不注重实践大不相同。

四、结语

中国学校教育近代化，是在对传统教育批判、传承的基础上，学习借鉴西

---

① 郑永华：《〈请推广学校折〉：开启中国教育近代化进程的珍贵档案》，《北京档案》2019年第11期。
② 李端棻：《请推广学校折》，载汤志钧、陈祖恩编：《中国近代教育史资料汇编·戊戌时期教育》，上海教育出版社1993年版，第116页。
③ 陈学恂：《中国近代教育文选》，人民教育出版社1984年版，第63页。
④ 李端棻：《请推广学校折》，载汤志钧、陈祖恩编：《中国近代教育史资料汇编·戊戌时期教育》，上海教育出版社1993年版，第116页。
⑤ 陈学恂：《中国近代教育文选》，人民教育出版社2001年版，第66、67、68页。
⑥ 李端棻：《普通学说》，武庙铅字活版所光绪二十九年（1903）铅印本，第3页。

方近代教育的先进理念和方法，逐步实现学校教育目标、教育对象、教育内容等方面的近代化。坎坷的科举历程、独特的人生经历、浓烈的爱国之心，使李端棻成为一名出色的教育改革家。他提出许多富有价值的学校教育改革思想，并积极付诸实践，加速了中国学校教育近代化进程。在教育对象方面，李端棻推崇教育的普及。在教育目标方面，李端棻主张培养时用人才。在教育内容方面，李端棻结合实际引进西学，促进了中西文化的融合。总之，李端棻学校教育改革思想和实践超越同时代大多数教育家，为推动中国学校教育近代化进行了有益探索，提供了宝贵借鉴，产生了深远影响。李端棻学校教育思想和实践活动可能会存在一些历史局限和不足，但不能因此否定他为中国学校教育近代化所做的努力和贡献。学习借鉴李端棻学校改革思想和创新精神，对全面深化教育综合改革，大力推动中国教育内涵式发展，具有重要的现实意义。

李端棻教育思想研究

刘艳娜　吴小丽[①]

(贵阳学院阳明学与黔学研究院，贵州贵阳，邮编：550005)

摘　要　李端棻作为一名儒官，虽然他的教育思想是以儒学为根本，却与时俱进，善于推陈出新；学习西学，积极接受新学说新知识，这在当时是难能可贵的。时至今日，以现代人的视角审视，李端棻的教育思想展现出很强的实用性和现代性，对贵阳乃至更广泛地区的现代教育具有一定的启示作用。

关键词　李端棻；教育思想；《请推广学校折》

李端棻，字苾园，于道光十三年（1833年）在贵阳出生。李端棻祖籍湖南省清泉县，祖父李之治于乾隆晚期随军入黔[②]，并在贵州入籍。其父李朝显于嘉庆二十一年（1816年）中贵州举人，但早逝，幼年李端棻与母何氏相依为命。李端棻的教育多由其五叔李朝仪和其舅何亮清承担。何亮清的为学思想和为官经历都对李端棻产生了重要影响。"以至晚年李端棻仍感念跟随舅舅学到的'为学之道'。"[③] 李端棻在早期是一名合格的儒家传统官员，在担任云南学政期间，管理云南的教育工作，积累了教育经验，逐渐形成了自己独特的政治见解。在云南从事教育的工作经历，使得李端棻在外国势力对清政府虎视眈眈的政治背景下察觉出清政府的教育模式的问题，并与时俱进，转变教育思想，逐渐选拔

[①] 作者简介：刘艳娜，女，贵阳学院阳明学与黔学研究院中国哲学专业硕士，主要研究方向：中国哲学。吴小丽，女，哲学博士，贵阳学院阳明学与黔学研究院研究员，北京大学哲学系访问学者，主要研究方向：中国哲学与佛教哲学。

[②] 赵青在《李端棻家世考》中写道："贵阳李氏入黔始祖李之治随军入黔，入贵州籍，在原籍清泉县已无籍，故其子孙便都以贵州籍参加科举考试。""最晚在贵阳李氏第一个举人李朝显以贵筑籍中举的嘉庆二十一年（1816）之前，又因为清朝有入籍二十年以上方可参加科举考试的规定，其进入贵州的时间可能在嘉庆元年（1796）之前，也即乾隆后期。"

[③] 赵青：《李端棻家世考》，《贵州文史丛刊》2021年第1期，第100页。

具有新式教育思想的士子，梁启超就是其中之一，也为戊戌维新变提供了不少新式儒家学者。

李端棻的《请推广学校折》是其新式教育思想成熟的标志，也是近代教育改革的重要转折点。

一、《请推广学校折》主要思想特点

在结识梁启超之前，李端棻就已经具有改革新式教育的念头。在结识梁启超之后，这个念头不断生长，促使李端棻在公车尚书期间上书《请推广学校折》。

（一）提出背景

鸦片战争使得不少有识之士睁开双眼，将视野从科举考功名逐渐转向世界，学习西方的知识，其中不乏为官者。这些有识之士进行了一场引进西方军事装备、生产机器和知识文化的运动。虽然这场运动最终以失败告终，但使不少学者意识到了清政府的弊端，并逐渐改变自己传统的、保守的思想，逐渐接触西学，接受新思想，为维新变法打下了基础。

李端棻出生在鸦片战争前夕。贵州相对闭塞，受鸦片战争和洋务运动影响较小。李端棻父亲早逝，生活困难。受其叔叔和舅舅的思想影响，李端棻在早期是一名传统的儒官。在1872—1876年出任云南学政期间，由于云南政治背景复杂，李端棻意识到教育应当与政治环境相配合。也正是因为这一经历，李端棻开始选拔具有新式思想萌芽的学子。1889年，李端棻担任广东乡试主考官时，见梁启超的答卷颇有见解，与之交谈之后颇为赏识，就把自己的堂妹李惠仙嫁于梁启超。"李端棻与梁启超两人之间，就在座师的基础上，再加上了姻兄的双重关系。两年后梁启超北上京城与李蕙仙完婚，由李端棻亲手操办。"[1] 李端棻与梁启超多次交谈，其思想颇受梁启超影响。可以说，李端棻是梁启超为官的助力，梁启超是李端棻接触新思想的一个间接途径。

清政府在甲午中日战争战败后签订了丧权辱国的《马关条约》，消息传入京城，激起了广大学子的愤怒。不少学子联合上书，即"公车上书"。在"公车上书"中，"'现存之题名录共计603人，时贵州省占96人，约总数之1/6'。在这些上书士人中却有如此多的贵州学子，且其中就有4人是李端棻的堂兄

---

[1] 郑永华，《〈请推广学校折〉：开启中国教育近代化进程的珍贵档案》，《北京档案》2019年第11期，第46页。

弟……李端棻曾多次出任各地乡试考官，其中有许多人为李端棻提拔的名士。"① 可见新思想对李端棻、对贵州影响之大。关于《请推广学校折》，有学者认为它并不是李端棻独自一人完成的，而是梁启超代为拟稿，由李端棻呈上。"五月初二日正式奏呈，五月下旬，李端棻致函梁启超，特意告知'月前所上一疏，饬交礼部、总署会议，准驳尚未覆议。候有定议，再为寄知'，所言'月前'所上之奏疏，即经两人参与、而由梁启超代拟的《请推广学校折》。"② 也可以说，《请推广学校折》是维新变法的前奏。

（二）主要思想

《请推广学校折》系统地指出了当下教育制度存在的问题。

针对授课内容，李端棻指出教育没有抓住根本的问题。"诸馆皆徒习西语西文，而于治国之道，富强之原，一切要书，多未肄及。"③ 认为当下学校过于重视西学，忽视了为官的基本素养，即为官者要有治理国家和百姓的能力。李端棻还指出学校授课存在广而不精和不重视实践的问题。"聚众讲求，不能致精；今除湖北学堂外，其余诸馆，学业不分斋院，生徒不重专门。"④ "未备图器，未遣游历，则日求之于故纸堆中，终成空谈，无自致用。"⑤ 李端棻认为，学校授课内容过于杂多且不分科而授，不利于学子精通一门学业，反而流于表面，对学子并没有太多实质上的帮助。

针对教育目的，李端棻指出当下教育过于强调功利性。"利禄之路，不出斯途，俊慧子弟，率从事帖括以取富贵，及既得科第，逐与学绝，终成弃材。"⑥ 学习的目的是求取功名进而为官并没有错，但问题在于学习不仅仅是这一个目的。而当下的教育则过于强调功名利禄，忽视了教育本身所具有的目的性，即使人明智。针对教育规模，李端棻认为，当下社会急需大量的人才，但是所设立的学堂数量不足，并不能使全国各地的学子都能接触到新式学堂。

针对这些问题，李端棻给出了相应的措施。在教育制度上，主张在"京师以及各省府州县皆设学堂"⑦，完善教育体制，分设省府、州、县三级教育体

---

① 王美东：《李端棻年谱》，《贵州世居民族文献与文化研究》（年刊）2016年版，第80页。
② 郑永华：《〈请推广学校折〉：开启中国教育近代化进程的珍贵档案》，《北京档案》2019年第11期，第46页。
③ 张周全主编：《李端棻研究资料汇编》，中央民族大学出版社2021年版，第16页。
④ 张周全主编：《李端棻研究资料汇编》，中央民族大学出版社2021年版，第16页。
⑤ 张周全主编：《李端棻研究资料汇编》，中央民族大学出版社2021年版，第17页。
⑥ 张周全主编：《李端棻研究资料汇编》，中央民族大学出版社2021年版，第17页。
⑦ 张周全主编：《李端棻研究资料汇编》，中央民族大学出版社2021年版，第17页。

系；分设课堂，严格选拔进入学堂学习的学子，并派学子出国游历，以期提高学子的专业技能。还提出要设立藏书局、仪器院、译书局和报馆，以丰富学子的知识，开阔民众的视野。

二、李端棻教育思想的主要内容

李端棻的教育思想与当时的国情相符合，并且主张学习西学，这对于一名以传统儒士入官的为官者来说是很难得的。李端棻的教育思想即便是在当代，也是非常有价值的。

（一）明智与名利并重

2020年9月，习近平总书记在教育文化卫生体育领域专家代表座谈会上说："要坚持社会主义办学方向，把立德树人作为教育的根本任务。"从根本上来说，教育的目的就是使人明智立德。

"本国地理、本国历史各为普通学之一。然习此二科应较他学为稍深乃能足用，以此为本国人特别应有之智识，较切于人类普通应有之智识也。我国读书人往往有并此不知者，是可叹也。今有十龄外学童异姓之人，见之问其居址何处不能答，问其宅之大小不能答，问其家有何人、具何物、执何业而皆不能答。"①

李端棻在《普通学说》中主张学习普通之学，普及基础知识教育，就是为明智，不至于使学子学而无知，没有利国利民、救国救民之心。李端棻在《请推广学校折》中指出了学子过于重视名利而在为官之后放弃学习的问题，这就说明李端棻并不反对追求名利，而是反对为追求名利而死读书、获得名利后不读书之风气。

（二）救时与穷理并重

"今日读书应分两途：一救时，一穷理。救时者，学成即以致用也；穷理者，毕生优游于一学之中，穷其已发见者，探其未发见者，以增进人类之智识者也。穷理者，时时求胜人；救时者，处处求及人。国家乂安之时，非多有穷理之士，不能维持永久。若今日危急存亡之秋，救时之学断不可缓亦不可少。"②

李端棻认为读书学习之用途分两种，一是救国，一是求学。学术上的造诣是一个国家长久发展的基础，但国家教育应当与国家情况相适应。在太平时期

---

① 张周全主编：《李端棻研究资料汇编》，中央民族大学出版社2021年版，第25页。
② 张周全主编：《李端棻研究资料汇编》，中央民族大学出版社2021年版，第23页。

盛行求学之风无可厚非，但在国家内忧外患、社会动荡之际，则更应该培养国家需要的专业人才，只有这样，国家才能渡过危机。在清政府内忧外患的背景下，李端棻并不是不重视求学之风，只是审时度势，认为比起求学之风更应该培养能够救国的专业的技术人才。

（三）理论与实践并重

明清之际，纯学术之风盛行，学者多做纯学术而忽略实学。虽然有黄宗羲、李贽等思想家提倡实学，主张"经世致用"，但流于形式的学风依然盛行。

"实践是检验真理的唯一标准。""实践才能出真知。"理论学习要经过实践才能知道其正确与否。只有理论学习而没有实践是很难发现问题之所在的。

"未备图器，未遣游历，则日求之于故纸堆中，终成空谈，无自致用。"[①]李端棻站在客观的角度审视当时的学术之风，发现教育依然是重视理论知识的教授而忽略学生的实践。因此，李端棻提出设立仪器局，让学堂学子进行实际操作，这样才能提高学子的专业技能。所谓"知己知彼，百战不殆"，李端棻还主张选派学子游历游学，只有让学子在外国学习游历，了解西方国家，才能做出更加准确的判断。

（四）学子与民众并重

李端棻在注重学子培养的同时，也不忘让普通百姓了解天下事。于学子，分设课堂，设立仪器局，开设译书局，选派学子出国、出省游历；于百姓，开设报馆，使"阅报之人，上自君后，下及妇孺，皆足不出户，而于天下事了然也"[②]。既着重培养学子的知识与能力，又使百姓知天下事，激发百姓的民族团结之心。虽然李端棻这一行为的出发点政治成分较大，但使得百姓逐渐了解国家之事、世界之事。

三、李端棻教育思想对近现代教育发展的启示意义

李端棻在《请推广学校折》中主张在京师、省府州县分设学堂，而"在戊戌变法时期，光绪帝曾下诏将省会定为高等学堂，府厅定为中学堂，州县定为小学堂"[③]。这种教育分化体制已经具有了现在的高等教育和中小学教育体制的模型。17世纪的德国教育就已经具有了义务教育、国民教育和大学教育的体系，

---

① 张周全主编：《李端棻研究资料汇编》，中央民族大学出版社2021年版，第17页。
② 张周全主编：《李端棻研究资料汇编》，中央民族大学出版社2021年版，第20页。
③ 程妙洪、吴小丽：《戊戌变法中〈请推广学校折〉的主要思想与意义》，《中北大学学报》（社会科学版）2022年第2期。

引发不少国家教育体系的改革，成为其他国家发展教育的借鉴模型和创新基础。可见，李端棻积极接受新事物，积极接纳西方的教育体系。显而易见，李端棻的教育思想对当时的教育体系改革有很大影响，最明显的标志就是上文提及的维新变法的遗产——京师大学堂。

李端棻为官期间，洋务运动盛行。洋务运动主张学习西学，创办新式学堂，学习西方的科学技术。洋务运动的新式学堂的授课内容大致可分为三种：一是外语，注重学习西方语言，培养大量的翻译人才以做外交人员；二是军事，学习西方先进的军事制度和设备以提高国家的军事能力；三是技术，学习西方先进的科学技术，如生产机器等，以提高国家的生产力。虽然洋务运动取得了一定的成绩，也为国家培养了大量的人才，但是洋务运动的新式学堂存在一个致命问题，那就是课堂教授的内容西学为多，并没有以儒学治国之道为基础。在封建制度下，社会划分为士、农、工、商四大阶级，其中以士为最高，商的地位最低。科举制度下的学子要想跨越阶级只能通过科举考试，而自科举制度建立以来，为学者大多为考取功名而学。洋务运动的新式学堂儒学内容较少，于科举考试用途不大。这就导致新式学堂招到的学生较少，甚至还有部分新式学堂的学子走上了科举的道路以求取功名。

李端棻就在《请推广学校折》中指出了这一点：

"夫二十年来，都中设同文馆，各省立实学馆、广方言馆、水师武备学堂、自强学堂，皆合中外学术相与讲习，所在而有。而臣顾谓教之之道未尽，何也？诸馆皆徒习西语西文，而于治国之道，富强之原，一切要书，多未肄及，其未尽一也。"①

李端棻主张新式学堂要分设学科，学科内容要以儒学为根本。李端棻认为即便是新式学堂也是以选拔人才、遴选新思想的官员为主，为官人才者，要以儒学为治国之本。这就为新式学堂的学子在一定程度上解决了仕途之忧，并对科举考试产生了一定的冲击，为近现代教育改革奠定了基础。

随着维新变法落下帷幕，李端棻也退出了政治舞台。李端棻先是上折自请处罚，而后被贬新疆，又因病被赦免回原籍贵州贵阳养老，时年69岁。但李端棻并没有因此放弃改革教育的初衷，在返回贵阳之后，仍从事新式教育实践活动。1902年，李端棻被聘请为贵州新经世学堂讲席，并在贵州新经世学堂讲授西学，传播新思想。李端棻的教育思想对贵州的影响深远，其传播的新思想虽然受到了部分人的反对，但也使得越来越多的贵州学子逐渐探索新学。

---

① 张周全主编：《李端棻研究资料汇编》，中央民族大学出版社2021年版，第16页。

李端棻的教育思想具有与时俱进、推陈出新的特点，但他的教育思想依旧是以儒学为根本。并在此基础上，学习西学，积极接受新学说、新知识，这在当时是难能可贵的。时至今日，回看李端棻的教育思想，仍具有很强的实用性和现代性，对贵阳现代教育的发展具有一定的启示作用。

第一，教育制度要与时俱进。教育领导者要高瞻远瞩，制定符合国情、符合时代要求的教育制度，改善教育环境。

第二，教育形式要与时俱进。教师要勇于探索新的教育方式方法，激发学生学习的兴趣和爱好。学校教学设备也要与时俱进，传统授课与现代科学技术相结合，创新新式课堂。

第三，教学内容要符合当下国情的需要，培养国家需要的专业人才。

李端棻的教育改革思想及其价值研究

万 亮 李 理①

(贵阳学院阳明学与黔学研究院, 贵州贵阳, 邮编: 550005)

摘 要 李端棻作为中国近现代教育改革的杰出代表, 其思想为当时中国教育体制的革新注入了新的活力与动力。首先, 李端棻的教育改革源自对陈腐体制与传统八股制度的僵化的认识。其次, 李端棻在构筑新教育典谱方面具有杰出贡献, 如强调学府重塑、实用教材以及理论与实践的有机结合。最后, 李端棻的教育思想具有重大价值: 解放传统, 开创教育新模式。这一教育思想犹如一盏明灯, 照亮了现代教育道路, 激励我们反思教育体系, 为培育能迎接未来多样挑战的新一代全面型人才而努力。

关键词 李端棻; 教育; 价值

一、李端棻教育改革的渊源与背景

传统教育在中国历史上扮演重要角色, 然而, 现实逐渐显露其僵化。清代科举制度规定的八股文范式, 要求学生墨守经典, 限制了学生创造力。在这一背景下, 李端棻呼吁解放思想、进行实践创新, 更贴近当今社会的需求。他的反思启示我们, 教育需要与时俱进, 培养具备广度和深度的综合型人才。

(一) 传统制度的僵化

传统的教育制度, 作为社会发展的产物, 曾在一定时期充当了知识传承和社会精英培养的重要角色。然而, 随着时代的演进, 这一制度的局限性逐渐显露, 引发了对改革的呼声。在这样的背景下, 李端棻逐渐崭露头角, 成为推动教育改革的先驱。他以独特的眼光和深刻的洞察力, 审视了传统教育制度的僵

---

① 万亮, 1995年生, 男, 汉族, 四川成都人, 贵阳学院阳明学与黔学研究院硕士研究生, 研究方向: 劳动哲学。李理, 女, 汉族, 1999年生, 贵州贵阳人, 贵阳学院阳明学与黔学研究院研究生, 研究方向: 历史唯物主义。

化问题，对其进行反思。

传统的书院体系，虽然在传承文化方面发挥了重要作用，但知识面狭隘，使得学生难以拥有多元化的知识体系。例如，"传统的书院专授中国的儒学，洋务学堂只教西文，培养翻译，训练水师、武备人员"①；同时，洋务学堂片面聚焦于西方科技，培养翻译和特定领域的人才，忽视了培养学生综合素养和广泛知识背景的重要性。这导致学生学业分割，视野狭隘，难以适应日益复杂多变的社会需求。

而在学业方面，传统制度未能确立学科划分，学生缺乏系统的专业培养，导致他们难以在特定领域取得深入的知识和技能。更严重的是，一旦投身科举竞争，许多学子为了追求功名，将全部心力投入应试，从而导致对实际知识的漠视。结果，他们虽获得一时之成，却在实际中无所作为。

更为严重的是，传统教育制度下的科举考试，虽然能够给予成功者荣耀，却限制了学生对真知的追求。许多学子为了应付应试，不得不放弃兴趣爱好，这造成了人才的浪费和社会创新的缺失。

李端棻深刻认识到这些问题，意识到传统教育制度的局限性。他的教育改革方案以培养全面发展的人才为目标，主张融汇中西文化，跨越学科边界，注重实践和创新能力的培养。他的理念旨在培养具有独立思考能力、跨学科素养和社会责任感的新一代人才。因此，李端棻教育改革思想的兴起并非偶然。他深刻反思了传统教育制度的不足，审视了学生学业分割、知识面狭隘和应试教育的问题。他的改革思想契合了社会对于创新型人才的需求，成为潮流的引领者。他以独特的智慧和勇气，为培养适应未来发展的人才，打开了一扇通向新世界的大门。

（二）科举八股的束缚

清代的八股，被视为一种套路化的文章范式，要求应试者按照特定的结构、格局和表述方式来行文。"自汉以降，朝廷历来以科举取士。清代的科举考试，规定八股为文章的范式，应答必须符合朱熹的《四书集注》等经典。"② 八股的束缚让学生的创造性和个性失去了发挥的空间，八股文模式被形容为"头巾箱"，学生将思路塞进预设的格局中，最终缺失了自我思考和独立表达的能力。

---

① 秋阳：《李端棻传》，贵州民族出版社 2000 年版，第 68 页。
② 秋阳：《李端棻传》，贵州民族出版社 2000 年版，第 24 页。

朱熹的经典注释体系，虽然有其价值，但在清代的教育中被过于强调，使得学生对其他知识产生了偏颇的认知。这种片面的教育，使得学生的视野受限，难以拓展知识面，也不利于创新和综合素养的培养。正是在这样的背景下，李端棻开始了教育改革之路。他意识到，传统的教育模式已经不足以培养适应现代社会需求的人才。他提倡以学生为中心的教育，注重培养学生的独立思考能力和批判性思维，以及实践和创新能力。他主张突破教育的束缚，拓展学生的知识面，让他们能够在不同领域中自由交融、积极探索。

综上，科举八股和传统经典注释体系的束缚，为李端棻教育改革提供了背景。他的改革思想在一定程度上针对当时教育的局限，试图从根本上改变教育的模式，培养更具综合素养和创新精神的人才，为中国教育的未来描绘出一幅丰富多彩的画卷。

二、李端棻构筑教育新典谱

在近代中国的教育领域，李端棻先生以其深刻的理论构建和坚韧的实践探索，创造了一幅引人瞩目的画卷。从学堂改革到选才民间，他的贡献不仅在于思想的创新，更在于对教育的践行，为中国教育注入了新的活力和方向。

（一）学堂重耕，乘风破浪

教育作为社会发展的重要支柱，其改革一直备受关注。李端棻提出的教育改革方案，引人瞩目地融合了中西两种截然不同的教育评价方式。阮朝辉认为："李端棻所推行的是一种中西结合的课程评价方式，既有中国科举考试的'评点法'，也有西方的量化计算法。"[①] 李端棻的方案旨在去除繁文缛节，为学生创造更自由的学习环境。通过"评点法"，学生能够在作文等形式中展现个性和思想，培养创新能力和独立见解。与此同时，引入"量化计算法"也有助于学生客观地认识自己的长处和不足，从而更有针对性地提升自己。这种双重评价方式，促使学生在追求学科深度的同时，培养综合素质和批判性思维。如今的社会充满多元化和不确定性，传统的评价方式可能难以满足学生的多样化需求。李端棻的方案正是针对这一现实提出的解决方案。通过中西融合的评价方式，学生能够培养更强的能力，从而更好地适应社会的发展变化。这样培养出的人才不仅拥有深厚的学科知识，还具备批判性思维、创新能力和跨学科的综合素质。

---

① 阮朝辉：《李端棻的课程论思想及其影响探析》，《贵阳学院学报》（社会科学版）2019年第14期。

李端棻的教育改革措施为"去除八股的弊端,不仅局限在传统书籍的学习,还开设外语、算学、天文、地理、格致、制造和农、工、商、矿业及时事外交等方面的课程"①。这为学生指出了更加广阔的学习路径。这种多元课程的设置,不仅有助于学生拓宽知识领域,更能够培养他们的跨学科能力和实践能力,使学生更好地适应未来社会的发展需要,成为全面发展的新型人才。这种全面发展的教育也培养出具备批判性思维和创新能力的新型人才。学生在多元课程的学习中,不再局限于传统的学科,而能跳出框架,勇于思考和质疑。在未来的职业生涯中,贡献新的思路和创意。

(二)选材民间,蕴藏千秋

传统的教育常以经典为纲,但李端棻敏锐地认识到民间文化是瑰宝,主张以百姓生活、智慧为课程基石。这是一种革命性的教育思想,让教育回归生活、回归人民,让千百年来蕴藏在民间的智慧得以充分发掘。因此,李端棻建议"选材民间"②。从祖辈口耳相传的谚语,到乡村庙会上的民间戏剧,无不蕴含着民间生活的哲理、情感。李端棻强调的"选材民间",正是要将这些鲜活的、深刻的故事融入课堂,让学子在知识的海洋中感受到千百年来积淀下来的文化智慧。从而让教育与生活对话,与人民心灵相通。

李端棻提出的"选材民间"思想,既是对传统文化的重视,更是对现实需要的回应。在全球化的背景下,传统文化逐渐淡化,年轻一代对本土文化了解不多。而民间文化,正是我们民族的精神瑰宝。通过"选材民间",我们能够将这些宝贵的文化资源传承下去,让新一代了解自己的根,增强文化自信。"选材民间"不仅仅是知识的汲取,更是人才的培养。在李端棻的教育改革思想中,这是一种全面发展的培养,既注重知识的传递,也注重学生的情感和品德的培养。通过从民间选才,不仅能够让学生获得知识,更能够激发他们对生活、对人性、对社会的思考。这种培养方式,能够让学生在知识的海洋中航行,同时也能够在情感的天空中翱翔。

正如周术槐先生所言:"在高校的人才培养过程中,应当充分考虑民众的需求与声音。"③ 这一观点呼应了李端棻的教育改革思想中"选材民间"这一理

---

① 黄江华、蒋顺平:《李端棻:近代中国教育改革的先驱》,《黑龙江史志》2009年第6期,第124页。
② 黄江华、蒋顺平:《李端棻:近代中国教育改革的先驱》,《黑龙江史志》2009年第6期,第124页。
③ 周术槐:《用党的群众路线统领高等教育事业的改革与发展》,《党史博采(理论)》2014年第11期。

念。教育的目标不仅是传递知识，更在于培养能够适应社会需求、具有创新能力和实践能力的人才。而人才的培养，则在于紧密连接民众的需求。这种联系，恰恰体现在"选材民间"这一策略中。通过从民间生活、民间智慧中提取教材内容，教育不仅能够更贴近学生的实际需求，也能够更好地激发他们的兴趣和思考。因此，李端棻的教育改革思想所提倡的"选材民间"，正是为了更好地满足民众的教育期待，为人才培养打下坚实的基础。这也再次彰显了教育与社会的紧密联系，以及教育应当服务于社会和人民的使命。

（三）理路指航，实践铸舟

中国近代教育发展历程中，李端棻先生犹如一颗璀璨的明星，撰写出了引领时代的新篇章。他的贡献不仅仅是理念的创新，更在于践行，为中国的教育进程指引了方向。当前，学界一致认为："李端棻先生在中国的近代教育中，从理论到实践，都作出了开拓性的贡献。"① 李端棻将"理论"视为行动的萌芽。在他的理论探索中，最引人瞩目的是他对教育目标的重新审视。他认识到教育的本质在于培养全面发展的人才，而非单纯的应试机器。他提出的教育目标追求"以人为本"，注重培养学生的创新能力、批判思维和实践能力，这为中国的教育思想注入了新的活力。

李端棻的贡献不仅限于理论层面，更在于他坚持的实践探索。"李端棻在《请推广学校折》中明确提出'业必待测验而后致精、学必待游历而后证实'的知行理念。"② 这彰显了他对于教育实践的坚持与重视。这一理念不仅强调了实践的重要性，也体现了他对学生全面素质培养的关切。通过实际操作与经验检验来加深对知识的理解，他深知单纯的理论探讨远不如实践来得有效。这一观点在他的教育活动中得到了充分体现。他鼓励学生积极参与实践活动，以实际行动来验证和丰富所学知识。他倡导学生进行游历，亲身体验社会，拓宽眼界，丰富人生阅历。这种注重实际操作和亲身体验的教育方式，使学生不仅能够掌握知识，更能够将知识运用到实际生活中，培养出具有实践能力和创新力的人才。

综上所述，李端棻在教育领域的贡献既体现在理论的创新，更在于他对实践的坚持与探索。他的知行理念，强调了实际操作与经验检验的重要性，为学生素质的培养提供了宝贵的经验。这一理念不仅在李端棻的时代具有重要意义，

---

① 梁家贵：《李端棻研究综述》，《周口师范学院学报》2022年第1期。
② 阮朝辉：《李端棻的课程论思想及其影响探析》，《贵阳学院学报》（社会科学版）2019年第3期。

也为我们当今的教育实践提供了有益启示，引导我们更好地培养具有实际能力和创新力的新时代人才。

三、李端棻教育思想的重大价值

李端棻的教育理念不仅在当时引领了教育改革，在今日仍具有深远启示。通过解放传统思想束缚和创新教育模式，李端棻为培养具备跨领域能力和创新思维的新时代人才开辟了道路。本部分将重点探讨李端棻教育思想的重大价值，集中关注他突破学科壁垒、培养全面创新人才方面的贡献。

（一）解放传统思想，创新教育范式

李端棻教育改革思想，为近代中国教育带来了深刻的变革，促进了思想的解放，具有重大价值。这体现在教育体制、教学方法、学生素养培养等多个方面。第一，解构僵化的教育模式。李端棻敏锐地观察到传统教育模式中"八股文"等的弊端，倡导"去除八股的弊端"，摆脱死记硬背的学习，从根本上理解和应用知识。第二，挖掘民间智慧。李端棻的"选材民间"思想，将民间的智慧和文化纳入教育内容，打破了传统教材的限制，也让学生更贴近生活，感受到真实的人情世态。通过"选材民间"，学生能够深刻理解传统智慧，从而更好地应用于现实生活，为文化的传承注入了新的活力。第三，促进综合素质发展。李端棻的教育改革思想突破了传统教育的学科边界，鼓励学生进行实地考察和游历，培养跨学科的综合素质。这种全面发展的教育模式有助于学生增长知识，在实际生活中展现出多样化的能力和素养。第四，弘扬民族文化。李端棻提出的"选材民间"理念，强调从民间汲取智慧，传承和弘扬民族文化，有助于增强文化自信，为国家的文化传承做出积极贡献。

李端棻这一思想的重大价值还体现在对创新教育范式的构筑中。第一，有助于培养创新型人才。李端棻教育改革思想强调实践与创新，鼓励学生在实际操作中积累知识，培养实际应用能力和创新思维。这种创新教育范式培养了一代具有创新能力的人才，为社会的发展和创新注入了源源不断的动力。第二，李端棻鼓励学生实践探索，强调理论与实践结合，培养学生的实际能力。这种创新教育范式强调知行合一，通过实际操作来验证和丰富所学知识。学生通过实践，不仅加深了对知识的理解，更培养了解决问题的能力和创新思维。这种教育范式促使学生不再局限于课堂，而是走进社会，体验真实世界，为创新能力的培养打下坚实基础。

综上所述，李端棻教育改革思想对思想的解放与创新教育范式的塑造，具

有重大价值。他通过"举办新式学堂,强调理论与实际的联系,强调实验的重要性"①,通过"选材民间"的方式,让学生在日常的学习中感受到民间文化的智慧。他强调实践与知识的有机融合,培养出更具创造性和实用性的新时代人才。李端棻的理念启示我们,教育应该与时俱进,赋予学生更多的自由与创造的空间,让他们成为具有传承精神和创新能力的社会栋梁。

(二)突破学科壁垒,培养全面人才

李端棻的教育思想突破了传统学科壁垒,强调多元课程的融合。"李端棻将课程教学扩大到政治、经济、历史、地理、数学、物理、化学、矿学、商学、兵学、卫生学等,诸多学科。"② 这种突破传统学科壁垒的举措,为学生提供了更广阔的学习领域,让他们能够在不同的领域中获得启发,培养出更具创新力和批判性思维的能力。这一创新思想的重大价值在于,丰富了学生的知识体系,提升了他们的综合素质。学生通过接触多领域的知识,能够更好地理解不同学科之间的关联,培养综合分析和综合创新的能力。这种能力在当今复杂多变的社会环境中尤为重要,能够使人才更好地适应社会的发展需求。传统的教育往往注重知识的灌输,而忽视了学生的综合素质和实际能力。李端棻的教育改革思想强调培养学生的创新能力、独立思考能力和实践能力。他提出的"去除八股的弊端"不仅仅是摒弃传统的应试教育,更是为了让学生能够在多样的课程中发展自己的兴趣和特长,从而培养更具全面素质的人才。

此外,李端棻突破学科壁垒的举措也为学生的个性发展提供了空间。他倡导的多元课程设置,让每个学生有机会发现和发展自己的兴趣和特长,不再受限于单一学科的束缚。这种个性化的教育方式,有助于激发学生的学习兴趣和创造力,培养出更具个性和独立思考能力的人才。因此,李端棻先生的这种创新思想在当今教育领域仍然具有重要价值。

四、结语

在探索李端棻的教育改革思想及其价值的过程中,我们跨越了传统教育的阴霾,穿越了历史的迷雾,仿佛漫步在一幅扑朔迷离的历史画卷之中。科举八股等,令知识之花无法自由开放。李端棻以昂扬的斗志,将教育的旗帜插在新式学堂的土地上。他的理念渗透于每一节课程中,不仅解放了传统的思想束缚,

---

① 黄江华、蒋顺平:《李端棻:近代中国教育改革的先驱》,《黑龙江史志》2009年第6期。
② 秋阳:《李端棻传》,贵州民族出版社2000年版,第97页。

更在教育的殿堂中吹响了新时代的号角。他强调实践与理论紧密结合，实用与知识有机融合。这种教育方式旨在培养学生的实际应用能力和创新思维，为社会的进步和发展奠定了坚实的基础。他的教育思想，如一股清泉，润泽着师生的心田，激发出勇于实践的勇气，点燃了创新的火焰。在李端棻的教育世界中，学科壁垒仿佛被粉碎，全面人才的培养成为他追求的目标。他将课程扩展到政治、经济、历史等多个领域，为学生提供了更宽广的学习空间。这种突破传统学科束缚的尝试，为培养具备广泛知识背景和跨领域能力的人才铺平了道路。历史的篇章一页页翻过，李端棻的教育思想在我们面前展开了一幅富有色彩的画卷。这幅画卷揭示出他创新教育、突破学科壁垒的教育理念，以及这些理念所带来的价值。李端棻的教育思想在今天依然回响，鼓舞着我们在教育的舞台上展示更加精彩的表演。因此，让我们怀揣着李端棻的教诲，继续前行，为教育的未来献上更加绚烂的篇章。

李端棻教育思想对贵州师范教育的影响

胡定华 刘春廷[①]

(贵阳学院阳明学与黔学研究院,贵州贵阳,邮编:550005)

摘 要 李端棻是推动贵州本土师范教育的典范。1901年,69岁的李端棻被赦回原籍贵阳后,为贵州教育谋求发展并创办了贵阳公立师范学堂。该学堂是贵州第一所师范学堂,开创了贵州师范教育的先河。1902年李端棻受聘主讲贵阳经世学堂,并将推广西方新学、开启贵州教育新学风作为使命。之后编撰《普通学说》,创办贵州教育总会筹备会,主张游历,积极推动贵州留学教育的发展。李端棻重视人才的培养,言传身教,推动新教育的普及,为近代贵州师范教育的蓬勃发展奠定了坚实的基础。

关键词 李端棻;教育思想;贵州师范教育

一、李端棻教育思想形成的历史背景

李端棻是中国近代杰出的政治家、教育家,他的教育救国思想的形成背景可以追溯到中国晚清社会和他多年来与教育为伍的个人经历。

在清末,尤其鸦片战争之后,清政府政治腐败,经济落后,人民生活水平低下,丧权辱国之事接连发生,中国传统教育体制遭到人们强烈的质疑。随着中日甲午战争以失败告终,清朝廷在日本军国主义的武力压迫下,被迫签署《马关条约》,国家受辱,民族陷入空前的危险之中。处于水深火热之中的中国民众,深感忧虑,深刻反思并积极寻求拯救国家、振兴民族的出路,要求"废科举""兴新学"的呼声日益高涨。李端棻自幼聪明好学,是历经层层科举考试,"正途"进入仕途的。他的政治履历,除短暂出任过工部侍郎与刑部侍郎

[①] 作者简介:胡定华,女,汉族,湖南长沙人,贵阳学院阳明学与黔学研究院在读研究生。主要研究方向:伦理学。刘春廷,女,汉族,山东淄博人,贵阳学院阳明学与黔学研究院在读研究生。主要研究方向:伦理学。

外，其他职位都和教育相关：他先后任山西、广东、云南等地乡试主考官、顺天县试、云南学政及礼部尚书等职。丰富的教育执政经历，使他十分了解科举制度的不足，也深刻认识到教育落后是中华民族积弱不振的原因。基于这些经历，李端棻提出了教育救国的思想。他主张"教育为国之大计"，要振兴国家，就必须从教育着手，培养有国家责任感和经世致用之能的人才，建立起适应当时社会发展需求的教育体系。李端棻指出，中国传统教育乃至近年建立的各式学堂，由于其教学内容、教学方法、教学制度、教学目标等原因，导致培养出来的人才无法适应社会的需求。

朝野主张变法者大多认为改革教育既是变法之根本，也是长远之计。而其首要之举即为废八股、开办新式学堂，教育救国这时已成为有识者之共识。至戊戌变法期间，越来越多的有识之士倡议"废科举"。李端棻深感教育的重要性，指出："国于天地，必有与立，言人才之多寡，系国家之强弱也。"① 清政府在甲午战败后开始认识到人才的重要作用，尝试改革，并将国家富强、民族振兴寄托于经世致用的人才，因而开始了大规模的征召。然而几个月过去，响应的人极少。要么是因为不信任清政府，要么是因为人才本就不多，所以真正可以为朝廷所用的人才极少。而且，仅有的这么一小部分人能力也一般，鲜有能力挽狂澜之人。可见，中国的传统教育已经难以培养出满足社会发展需求的人才。李端棻意识到这一问题，并深刻地指出其原因："非天之不生才也，教之之道未尽也。"②

值此国家危难之际，李端棻改革教育之心越来越强烈。他认为，要解决上述问题，首先要建立新式学堂，全面发展近代教育；在教育体制、内容和方法上进行改革；只有这样，才能做到"人争濯磨，士知向往，风气自开，技能自成，才不可胜用矣"③。经过十余年的发展，教育的作用将得到充分的体现，中国民众的精神面貌、中国内政外交均将发生重大的变化，10年以后，贤俊盈廷，不可胜用矣。以修内政，何政不举？以雪旧耻，何耻不除？④

二、李端棻教育思想的主要内容

李端棻的教育改革实践，与他的教育改革思想是分不开的。他的教育思想

---

① 陈学恂：《中国近代教育文选》，人民教育出版社2001年版，第63页。
② 陈学恂：《中国近代教育文选》，人民教育出版社2001年版，第63页。
③ 陈学恂：《中国近代教育文选》，人民教育出版社2001年版，第64页。
④ 陈学恂：《中国近代教育文选》，人民教育出版社2001年版，第64页。

主要包括以下三个部分。

(一) 教育救国、育才兴邦的思想

李端棻在任期间，正是日薄西山的清朝遭受着来自西方的军事入侵和文化冲击的动荡时期。在多国入侵、国运日渐衰落的情况下，李端棻认识到，如果没有一群忠义能干的经世致用之士，是不可能拯救中华民族于水火之中的。故而在《请推广学校折》中，李端棻着重强调"人才之多寡，系国势之强弱"。他指出："巨厦非一木所能支，横流非独柱所能砥，天下之大，事变之亟，必求多士，始济艰难。"① 就清政府下诏求贤，但"应者寥寥"的现状，李端棻认为其根本原因在于科举制度培养的人才与时代发展不相适应。他指出清末教育体系存在诸多弊端：首先，教育没有将强国兴邦置于首要目标，所有学堂仅仅是学习西学西语西文，而对于治国理政、国家富强之法，现有的主要书本大都没有涉及；其次，教育过于泛泛，且缺乏针对成人的职业教育，未能为国家培养出高精专、适应社会需求的应用型人才，即"诸馆未备图器，未遭游历，则日求之故纸堆中，终成空谈，无自致用"。此外，接受教育的人口数量过少，故而能够脱颖而出，担当富国强国之任的人才更是少之又少，即"士之欲学者或以地僻而不能达，或以额外而不能容。即使在馆学徒，一人有一人之用，尚于治天下之才万不足一"②。

李端棻认为教育应培育能服务于国家和社会的实用人才，而非一味追逐名利，没有一技之长，也没有救国救民之志的平庸之才。这从李端棻担任广东主考官时，将"来百工则财足""离娄之明，公输子之巧"作为考题也可以看出一些端倪。

(二) 主张中西结合、重视精英教育的思想

李端棻深刻认识到人才的作用，尤其强调精英人才群体的重要性。针对晚清教育难以培养出经世致用之人才的问题，李端棻认为必须对当前的教育体系进行全面的改革，并在《请推广学校折》中进行了较为全面的论述。

李端棻提出改革教育体系，设立高级学堂，即精英教育，倡导培养高精尖人才。建议在府州县各学堂中，除四书五经等传统文化课外，增设各国语言文字、古今史事及算术、天文地理、哲学等课程，在各省增设"天文、舆地、算

---

① 汤志钧、陈祖恩：《中国近代教育史资料汇编——戊戌时期教育》，上海教育出版社1993年版，第116页。
② 汤志钧、陈祖恩：《中国近代教育史资料汇编——戊戌时期教育》，上海教育出版社1993年版，第116-120页。

学、格致、制造、农桑、兵、矿、时事、交涉"等专业科目;在京师大学,开展"选举贡监生年三十以下者入学……唯益加专精,各执一门,不迁其业,以三年为期"①的高等精英教育。李端棻所列出的科目,除医学没有提到外,涵盖天文、地理、数学、物理、历史、军事、外交、农业等学科,是对以往课程体系的一次大改革,旨在培养出一批"技能自成,才不可胜用矣"的既专且精的应用型人才。1902年,李端棻受聘主讲经世学堂时期,为完善课程体系而编撰的《普通学说》也充分体现了其精英教育的思想。该书罗列了算术、几何、代数、中国地理、中国史、世界地理、世界史、地文、地质、理化、生理、博物、政治、法制、经济、伦理、教育等17类课程。对每一类课程,还列举了其中所含的科目,如世界地理学科应教授"世界地理、普通万国暗射图、万国地志、东洋历史地图、东亚三国地志、世界读史地图、世界大地图、地球仪、地球图"②。这些都体现出对高精专应用型人才的渴求,其"中西结合"的教学改革理念,既与当时时势相适应,又为近代教育体系的确立打下了坚实的基础。

(三) 普及大众教育、开化民智的教育思想

晚清时期,四亿人口的泱泱大国,真正能接受教育者却少之又少。抛开"女子无才便是德"的落后思想,当时的清王朝"十八行省只有数馆,每馆生徒只有数十"。清末无才可用,很大一部分原因是当时受教育者人数少。然"夫救亡图存,非仅恃一二才士所能为也"。李端棻深刻认识到普及教育的重要性,故而奏请"自京师以及各省、府、州、县皆设学堂。府州县学选民间俊秀才子子弟年十二至二十者入学。其诸生以上欲学者听之"③。李端棻虽未明确各地学堂的数量,却提出"每省每县各改其一院,增广功课,变通章程,以为学堂"。也就是说,各县均需设立官办学堂。并且,"民间俊秀子弟年十二至二十"这一年龄范围的学生显然属于大众教育范围,其学生数量肯定比府州县学堂、书院的人员要多。这样一来,可供各省学堂及京师大学堂选招的人才数量也会大大增加。

清政府人才匮乏,积弱已久。李端棻指出,兴办学堂只是兴贤教能的第一步,毕竟中国还有众多贫困潦倒的爱学之士上不起学堂,买不起书,甚至无处借书,以至孤陋寡闻的人数不胜数。但在西方各国,均有建立图书馆,"都会之

---

① 汤志钧、陈祖恩:《中国近代教育史资料汇编——戊戌时期教育》,上海教育出版社1993年版,第118页。
② 阮朝辉:《李端棻的课程论思想及其影响探析》,《贵阳学院学报》2019年第3期。
③ 熊贤君:《中国近代教育行政史》,人民教育出版社2014年版,第97页。

地皆有藏书",藏书多的可达上百万册,且"许人入观",因而民众成才数量众多。① 并且,西方上至王公大臣,下至妇女儿童,均喜欢阅读报刊,实现了足不出户而知天下事。与之相比,李端棻真切体会到提升国民文化素质的重要性,提出"设藏书楼""开译书局""广立报馆",希望通过这些开放式教育设施的建设,使"向之无书可读者,皆得以自勉于学"②,避免"弃才"的情况发生;同时让国民均有机会睁眼看世界,使国之俊才能够有国际视野,改变民众愚昧无知的现状,最终实现"识时之俊日多,千国之才日出矣"③ 的人才培养目标。

三、李端棻对贵州师范教育的影响

贵州地理位置偏僻,交通闭塞,教育文化与其他地方相比,一直以来都相对落后。学堂数量稀少,且学子大多只知孔孟程朱之学,对于新学、西学少有接触。因此筹划创办更多的新式学堂,开展新式教育,培养更多适应时代发展的新式人才,成为李端棻晚年身体力行的主要目标。

(一)倡导创办贵阳公立师范学堂,开贵州师范教育先河

维新运动以惨败告终,康有为与梁启超出走,李端棻则被革除官职,流放新疆,直到1901年69岁高龄之时,才获赦免回到了家乡贵阳。这一年,慈禧等人开始认识到改革的重要性,迫于各方压力,清政府不得不在1901年9月重新推行"新政",颁布"大兴学堂"的法令。如此一来,《请推广学校折》中所提出的诸多举措就得以付诸实践。李端棻虽然年事已高,体弱多病,但他并没有失去当年的热情和斗志,认为要推行新政和新学,首先需要改革教育,培养出一批符合这方面的实用型人才。李端棻积极奔走筹划,寻求志同道合之人,创办学堂。1902年,李端棻与于德楷、乐嘉藻等人"以忠君爱国为本源,教授中学以上诸学课"为宗旨,出于"谋黔省教育之发展,振兴贵州文化,培养新学师资以应教育发展之需求"的目的,在贵阳次南门征用一片老建筑群,合力创办了贵州第一所新式师范学堂——贵阳公立师范学堂,开贵州师范教育先河。之后由于种种原因,自1905年起,贵阳公立师范学堂数易其名,历经"师范教育讲习会""贵阳官立师范传习所""贵阳官立师范简易科"之名,辗转数地之

---

① 梁瑞、邹宝萍:《李端棻教育思想及其实践探析》,《贵州师范学院学报》2021年第12期。

② 汤志钧、陈祖恩:《中国近代教育史资料汇编——戊戌时期教育》,上海教育出版社1993年版,第119页。

③ 汤志钧、陈祖恩:《中国近代教育史资料汇编——戊戌时期教育》,上海教育出版社1993年版,第120页。

后，又回到次南门外"贵阳公立师范学堂"原址，以"贵州官立优级师范选科学堂"之名继续办学。该校几年时间即为贵州培养了一大批新式教师，为近代贵州师范教育的快速发展奠定了基础。

此后，在李端棻创办新式学堂的影响下，贵州相继创办了一批新式的中小学堂，甚至还设立了女子学堂。据《贵州通志》统计，1902—1910年间，全省创办了中小学661所，正规师范学堂2所，简易师范学堂及师范传习所共8所，实业学堂3所，高等学堂6所，军事学堂3所。随着各式学堂的相继创办，新式教育体制在贵州得以逐渐推广，使贵州的师范教育事业出现前所未有的新气象，涌现许多学有建树的新式教师、新式人才，近代贵州教育得到长足发展。

（二）主讲经世学堂，引领新式教育

1902年，贵州总督邓华熙委任李端棻在贵阳经世学堂授课，使得李端棻得以继续推广维新思想，传播西学，从事新式教育实践活动。贵阳经世学堂是贵州第一所新式学堂，是在李端棻上书《请推广学校折》后，由时任贵州学政的严修倡导创办的。在经世学堂授课期间，李端棻将其一直倡导的"教育改革"理念付诸实践，全身心地致力于贵州教育事业的发展。在教学过程中，他注重学生能力培养，主张通过各种方式对学生进行爱国主义和民族精神启蒙教育。并将推广西方新学、开启贵州教育新学风作为使命。他认为尽管维新变法未能如愿，但已经萌芽的新政仍需不断推进。在所授课程中，积极推广西方资产阶级的政治思想，包括"卢梭论"、赫胥黎的"天演论"以及孟德斯鸠的"三权鼎立论"等科学和政治理论。推广自然科学知识和治理国家的理论，提高公众对此领域的认知。提倡西学东渐，"谆谆以开通风气，导引后进为务"①，"教以之身度，品根坻之学"②。尽管当时有些人对这些新思想嗤之以鼻，但它为贵州的学风注入了新的活力，同时也为贵州学术文化的发展开辟了新的局面，吸引越来越多的人去探索新的学术领域。李端棻在贵州学人中享有极高的声望和影响力，他经常通过公开聚会召集年轻学子座谈，向他们介绍梁启超主编的《新民丛报》，推广西方学术，向贵州士林普及新的文化思想，开拓贵州先进知识青年的思想境界，引领新式教育之风。

（三）编纂《普通学说》，弥补师资力量的不足

由于贵州教育长期滞后和教学资源匮乏，许多人虽勤奋好学，但苦于家庭贫困，无法获得进入学堂学习的机会。针对这一现状，1903年，李端棻撰写了

---

① 任可澄：《贵州通志·人物志》，贵州人民出版社2001年版，第201页。
② 任可澄：《贵州通志·人物志》，贵州人民出版社2001年版，第201页。

《普通学说》一书。该书以主讲课程为主,辅之以时政、哲学、教育学等课程。该书内容丰富,资料翔实,全面介绍了西方普学课程,涵盖数学、物理、化学、政治、经济、伦理、算术、几何等16个学科领域,为学生提供全方位的学习体验。他在书中阐述:"当今之世所最急者,教育与政治;所急需者,教习与深于政治原理之人。"李端棻认为,教师的职责并非在于维持生计,而是致力于普及教育,培养新人才。他还提出:"吾国之不治也,乃在于不能得良师益友。"因此,李端棻认为,必须重视师资队伍建设,加强师资培训,才能推动贵州教育事业的发展。光绪二十九年七月,贵州官书局刊印出版了《普通学说》,书中内容丰富且通俗易懂,为那些自学者提供了学习资源,受益者众多,填补了教学资源和师资力量的不足。

(四)创办贵州教育总会筹备会,解决办学后顾之忧

为了促进贵州教育事业的全面发展,除了积极倡导参与创办学堂,李端棻、唐尔镛、任可澄、华之鸿等人于1906年共同创办贵州教育总会筹备会,为新建学堂的师资、经费、设施等方面提供了更好的保障,从而解决了办学堂的后顾之忧。教育总会的设立,使得学堂的创办和管理得以进一步完善,办学之风愈加兴盛。在此期间培养的学子,许多人在完成学业后,又回到贵州各学堂担任教习,为之后贵州师范教育的蓬勃发展做出了重大贡献。

(五)主张游历,使贵州留学教育得以兴起

面对贵州土地贫瘠、民不聊生、百废待兴的状况,李端棻认为开化民智、振兴实业刻不容缓。而要适应社会发展,发展教育事业及选派留学生学习国外先进科学技术是重中之重。因而李端棻大力提倡"游学",并亲自负责贵州外派学生的考选,曾于1905年共计选派151名学生赴国外学习。自此,贵州的"游学"教育得以兴起。这批留学生在国外接受全新教育,学习外国的先进科学技术、前沿知识,学有所成后大多又回到贵州,将所学知识传授给更多人,参与贵州教育和其他行业的建设,成为当时贵州师范教育和社会发展的中坚力量。

四、结语

李端棻以自身的努力改变了贵州的教育事业,使得贵州这个位于西南边疆的省份,在晚清书院改学堂的进程中意气风发。让贫困落后的贵州,在改革的浪潮中冲锋在前,推动着犹豫不决的清政府积极改革教育,也极大地改变了大众对于贵州"弱势文化"的印象。李端棻在逝世前数月,还写信给梁启超:"我虽年逾七十,志气尚如少年,天不死我,我将从诸君子之后,有所尽

于国家矣。"① 他将满腔爱国热情给予这个国家，给予百姓。在他的临终遗书中提到，要将自己节省下来的一千两银子捐献给贵州通省公立中学，以供教育发展之用。这位"敢为天下先"的老人，为贵州教育的发展做到了"鞠躬尽瘁，死而后已"。他对贵州教育事业的贡献，不仅体现在对于近代教育体制的改革上，更深刻影响了贵州当代教育的发展，造福于子孙万代。他的思想，他的精神，永远值得我们纪念和学习。

---

① 任可澄：《贵州通志·人物志》，贵州人民出版社2001年版，第202页。

"实学"对李端棻教育改革思想的影响研究

崔伊健[①]

(贵阳学院 阳明学与黔学研究院,贵州贵阳,邮编:550005)

摘　要　李端棻是中国近代著名的教育家和思想家,梁启超称他为"二品以上言新政者,一人而已",在维新变法中占据重要地位。他在为官初期,多次出任学政,积累了他以后能够在教育上提出改革的经验,这时他的学问主要是程朱理学,距离后来的新政思想还有很大的距离。这期间他的思想发生了巨大的变化,从传统儒学思想中走出来,受到"实学"思潮的极大影响。其《请推广学校折》和《普通学说》,从学堂设置到课程设置,可以看出"实学"思想对李端棻教育改革中的具体实践的影响。

关键词　李端棻；教育改革；实学

一、李端棻教育改革的内容

李端棻的教育改革思想集中体现在《请推广学校折》和《普通学说》中,其内容的形成主要经历了三个阶段：教育思想产生的背景、"推广学校"的改革方案、课程的教育实践。这三个阶段是一以贯之的关系,从早期接触新思想催生其教育改革思想的萌芽,到《请推广学校折》对改革旧式书院的一般性教育改革主张,再到著《普通学说》时亲身参与教育实践中。李端棻重视教育、重视人才、经世致用的思想贯穿始终。

李端棻处在近代中国教育转型的关键时期。光绪二十一年,甲午战败,清政府在马关与日本明治政府签订了不平等的《马关条约》,标志着清政府力图达到"自强""求富"目的之洋务运动的破产。《马关条约》的签订使得日本获得巨大利益,其侵略野心不断膨胀。该条约使中华民族危机空前严重,大大加深

---

① 作者简介：崔伊健,男,贵阳学院阳明学与黔学研究院哲学专业硕士研究生。主要从事伦理学的学习与研究。

了中国的半殖民地半封建程度。在文化心理上,败给邻国日本这一结果深深地刺激了士大夫阶层的心理,使他们从"天朝上国"的迷梦中醒来。为挽救民族危机,救亡图存,光绪皇帝于光绪二十一年七月十九日发布推行变法的谕令,提出了10项变法内容:修铁路、铸钞币、造机器、开矿产、折南漕、减兵额、创邮政、练陆军、整海军、立学堂。由此在全国拉开了轰轰烈烈的维新变法运动的序幕。李端棻作为维新派的重要人物,他意识到,要想挽救民族的未来,唯有通过教育这一途径,而旧有的教育已经不能满足社会发展的需要,以新式学堂这种崭新的教育方式代替是大势所趋。他认为,国家救亡图存,人才是根本。他在《请推广学校折》中指出:"国于天地,必有与立,言人才之多寡,系国家之强弱也。"洋务时期新学教育对人才的培养,有许多不足之处和弊端,以至"罕有济难瑰玮之才","而人才乏绝至于如是,非天下不生才也,教之之道未尽也"①。

李端棻的教育改革方案正是针对当时学校教育的诸多弊端而发,他首先痛陈当前学校教育的弊病:一是教学内容存在弊端。洋务运动以来,虽开办了一些新式学堂,如同文馆以及各省的实学堂、自强学堂等,但"诸馆皆徒习西语西文,而于治国之道,富强之原,一切要书,多未肄及"。教学内容仅仅学习西学的皮毛,未触及西学的根本。二是学业未做到精细化。"今除湖北学堂外,其余诸馆,学业不分斋院,生徒不重专门。诸学或非试验测绘不能精,或非游历勘察不能确。"三是学风空疏,与实践严重脱离。"今之诸馆,未备图器,未遣游历,则日求之故纸堆中,终成空谈,无自致用。"四是现行科举制度仍是大多数学生谋生之路,新式学堂的学生毕业之后难有科举成功者的待遇。"俊慧子弟,率从事帖括以取富贵,及既得科第,遂与学绝,终为弃材。"科举制下的学生多以读书做官为目的,对知识、技能的获得热情不大。五是新式学堂和其培养的学生数量都太少,而且教学质量差,远不能满足国家对于人才的需求。"今十八行省只有数馆,每馆生徒只有数十……即使在馆学徒,一人有一人之用,尚于治天下之才,万不足一。况于功课不精,成就无几。"在分析以上五点弊病后,李端棻总结道:"此诸馆所以设立二十余年,而国家不一收奇才异能之用者,惟此之故。"

为革新教育,李端棻认为,首要之举是"自京师以及各省、府、州、县,皆设学堂"。在全国各地开办学堂,形成自下而上的、有层次的、完整的教育体系。新式学堂分为三个层级:一是建立府州县学堂,选取12岁到20岁的俊秀

---

① 谭佛佑:《论李端棻对中国近代教育改革的重大贡献》,《人文世界》2011专辑。

子弟入学，其他年龄以上的想学的自由入学。课程除《四书》等儒家经典典籍外，增设西学内容，学习各国语言文字算术和各国历史的简要知识。二是建立省学堂，对具有"诸生"学历者，做出"年二十五以下"的年龄限制。为了减少阻力，对在科举教育制度下取得"举人"以上功名者，不做年龄限制，自愿自由入学。课程设置虽然与府州县学堂大体相同，但是进一步加多、加深。三是建立京师大学堂。对科举取得"贡监生"功名者，做出"三十以下"的年龄限制。已经身为京官者，不做年龄限制，自愿自由入学。虽然课程设置、学习期限与省学相同，但需要做到"益加专精，各执一门"，所谓"不迁其业"，就是必须做到学以致用。可以看出李端棻结合学生的不同年龄、学业能力来具体安排不同的课程内容这一做法具有科学性，在课程内容方面更强调专业化，但对西方学习的程度是有限的。他倡导学习西方的自然科学技术，但仍然主张以学习四书、经史子集以及国朝掌故诸书为主，而以西学为辅。

李端棻教育思想的第三个阶段体现在他编著的《普通学说》一书中。这时他被赦回乡，对教育改革的初心仍未改变，继续力倡西学，推行新式教育，为贵州培养新式人才。《普通学说》开篇说："睹吾乡人士未尝不思为学，而或蔽或偏，莫能自拔。竭其所知，与为学诸君共求进取之途，著之于编，以求众览。"① 李端棻认为，想要在贵州实现教育普及，应该从基础知识的学习开始，即"为学之最初一步，普通学是也"。他认为扎实丰富的基础知识对于求学十分重要，并对应该掌握的"普通学"进行了介绍，并概括说："普通学之最不可少者，曰算术，曰几何，曰代数，曰中国地理，曰中国历史，曰外国地理，曰外国历史，曰地文，曰地质，曰理化，曰生理，曰博物，曰政治，曰法制，曰经济，曰伦理，凡十六科，如上所列。"② 从《普通学说》的课程内容来看，有西方的自然科学和社会科学。此时李端棻对"新学"内容的认识，已经远超之前的洋务派，和之前《请推广学校折》相比，删去了一些经学的内容，更加重视西方科学和社会政治的学习。

二、"实学"对李端棻教育改革思想的影响

什么是"实学"？学术界主要有四种概括：1. 反理学思潮；2. 早期启蒙思想；3. 经世致用思潮；4. 个性解放和人文主义思潮。20世纪80年代，一些学者开始使用"实学"概念来概括明清的学术思潮。进一步研究发现，宋代已有

---

① 李端棻：《普通学说》，武庙铅字活版所光绪二十九年（1903）铅印本，第1页。
② 戴岳：《李端棻〈普通学说〉课程思想论析》，《教育文化论坛》2017年第6期。

许多学者使用"实学"概念，使得"实学"研究上推至宋代，同时许多学者对"实学"概念的解释上也出现分歧，莫衷一是，本文主要关注"实学"概念的反理学和经世致用方面，其他内容因不在本文讨论范围内，暂且不论。明清之际，学风僵化，学校沦为科举的附庸。随着社会生产力的发展，具有资本主义萌芽性质的商品经济发展迅速，实学思潮兴起，反映在教育领域就是对于人才的培养呈现新的特点。教育家们开始对传统的教育理念进行理性批判和深刻反思，提倡经世致用，注重科学，注重"实政"。① 李端棻作为著名的教育家、改革家，对于清末的维新变法和教育改革事业做出了重要贡献。正如上文所讲，其教育思想有一个发展过程。李端棻的儒学思想变化对其教育思想的影响是主导性的，促使其教育改革的措施也不断完善。

（一）李端棻儒学思想的变化：从程朱理学到"实学"

李端棻从小受到良好的启蒙教育和浓厚的儒家文化浸润，这为他日后继承儒学奠定了基础。他说："吾一生为人之道，得之吾叔；为学之道，得之吾舅。"有这两位良师的教诲，李端棻培养了儒士的优良品格，亦继承了传统儒学的修身、齐家、治国、平天下的人文精神。同治二年，李端棻考中进士，入翰林院，正式步入仕途，为大学士倭仁、尚书罗惇衍所器重。倭、罗皆笃信理学，是当时的理学名家，二人对李端棻影响较大。梁启超曾说："倭文端、罗文恪方倡程朱学以厉末俗，公咸从奉手有所受焉。"在其出任云南学政期间，曾奖励秀才甘维桐的妻子何氏题有"古井澄波"四个字的匾额，意在提倡节孝之风。可见其受理学影响。李端棻儒学思想的演进不仅受到家学师承的影响，亦有朋友对他的影响。李端棻好与贤者为友，所交好友皆为当时的名士，既有丁宝桢、张之洞等儒家名臣，又有梁启超、康有为等维新人士。其中梁启超对李端棻的思想产生了重要影响。李、梁二人因为姻亲关系朝夕相处近10年，此10年李端棻的思想发生剧烈变化，从一个循规蹈矩的官僚，变为支持维新变法的维新大吏，这种变化离不开梁启超维新思想的影响。他认识到科举考试以及传统教育方式的弊病，学无以致用则终成空谈，国家危难之际，唯有进行教育改革方能培养出济世之才。他从科举制度的拥护者变成了批判者、改革者。

纵观李端棻一生的经历和思想演变的历程，家学与师承的熏染，朋友交往思想火花的碰撞以及时代环境与社会思潮的冲击，多种复杂动因的影响，使他逐渐形成了以经世、爱国、革新、平权为主要特色的思想。② 他承继了儒学

---

① 步进智：《明清实学思潮史学术讨论会综述》，《哲学动态》1985年第10期。
② 何音娥：《论李端棻儒学思想之演进》，《汉字文化》2023年第23期。

"为天地立心,为生民立命,为往圣继绝学,为万世开太平"的士大夫精神,并发扬了经世致用的"实学"思想。他曾鼓励后学儒生要中外兼修,他在诗中写道:"儒修料想兼中外,西学昌明更欲东。"由此看出,李端棻的思想已经超出传统儒学并试图对传统儒学加以改造。他一方面是思想开明的维新人士,一方面是深受儒学浸润的传统士大夫。这种双重身份使其对于传统儒学如何吸纳西学有着更为理性和实际的考虑。他并非全盘否定"旧学",而是认为对儒学如程朱理学加以改造,可以适用于古今之变。对于儒学的重新审视使其得出"素王学术无古今"这一结论。

(二)"实学"思想对李端棻教育改革思想的积极影响

随着晚清内忧外患、封建制度的没落,教育已经不能适应社会发展的需要,在教育中占统治地位的宋明理学也暴露出一系列问题。理学沦为空疏无用之学,戴震的"酷吏以法杀人,后儒以理杀人",是对理学的辛辣讽刺,而对理学思想尖锐的批判凸显了教育家们渴望培养新式人才的深刻关切。科举制度在明清时期实行的是"八股取士",以四书五经为考查范围,以程朱学说为考试标准。考试内容狭隘、形式单一。考生把科举考试当成谋求利益的手段而非以经世为目的,造成学风腐化。同时学子们独立思考的能力被禁锢,科举制度下的取士与社会现实有着根本上的价值冲突。[①] 主张教育应以实用为目的,为现实培养经世致用人才的"实学"思想为开明的教育家们所接受并迅速传播开来,在此思潮的影响下,人才如何转型成为教育学家们的关注重点。

教育改革的核心在于课程培养方案的修改,它的主要目的是接纳西学。在课程改革的过程中,一个重要特点是在"实学"的名义下接受西方知识。李端棻在《请推广学校折》中提出的以经史子集和国朝掌故的课程为主,而辅之以各国语言文字天文地理算学等自然科学和社会科学课程的主张,说明李端棻这时仍是以中为体,以西为用的思路。他对于西方知识的接纳有一个逐渐深入的过程。而实学对于西方学说的接纳体现为两点:一是实学本身也是明清之际儒学思想中的一个重要范畴,它指的是对儒家道德和社会关切有实用意义的学问,与西方自然科学注重经验实践有相通之处;二是将西方知识纳入实学的名义下,使之在新的课程设计中占据突出地位。就教育改革的现实推行来说,可以减少保守派给改革带来的阻力,更具可操作性。强调"实学"与西方知识相融合的这一思路,在康梁二人那里体现得十分充分,并由此影响李端棻对课程改革的深入程度。康梁二人也致力于教育改革。1891年康有为在广州建立一所私立学

---

① 邵明:《明清实学思潮对人才培养的影响》,《宜宾学院学报》2013年第5期。

校，名为长兴学舍，其教学内容就是将儒家中的社会思想和西方的政治价值观融合在一起。事实上，李端棻后来走得更远，在《普通学说》中，他删除了梁启超"参以中学"的"经学第一，理学第二，中外掌故第三，诸子学第四"等内容，使课程成为一个彻底的西方普通学课程。由此可见，"实学"思想对于李端棻而言，不仅对其教育改革具有指导性作用，而且在课程的具体改革中可以减少改革阻力，实践操作层面也大有帮助。

三、结语

李端棻一生致力于近代中国的教育改革，是我国近代教育事业的先驱，为我国近代教育做出了基础性、开拓性的贡献。他的教育思想是一个完整的体系，从教育理念、教育目的到课程设置和安排、教育实践和应用等，都极其详尽完备。他的教育改革不仅为我国近代培养了大批新式人才，而且其教育理念在今天仍然闪烁着智慧的光芒，对于我们今天的人才培养仍具有历史意义。另外，李端棻作为积极的教育改革者，同时也是一个传统的儒生，不难想象他在那个时代推行教育改革需要付出多大的牺牲。在他身上我们看到了坚忍不拔的品格，其儒学思想的深刻变化对他本人来说是一种艰苦的考验。考察李端棻的教育改革思想，挖掘其"实学"思想的源头活水，对于我们从儒学方面看待李端棻的教育改革大有裨益，也是研究儒学现代化的重要思想资源。

李端棻教育改革的影响研究

张铭洋①

(贵阳学院阳明学与黔学研究院，贵州贵阳，邮编：550005)

摘 要 随着民族危机的进一步加深，晚清重臣李端棻提出的教育改革方案对之后中国近代教育体系的建立起到了重要的推动作用。他的教育理念和改革举措，不仅为当时的中国教育事业注入了活力，也为后来的教育改革奠定了基础。因此，李端棻被誉为"中国近代教育奠基人"之一，在中国教育史上的地位举足轻重。

关键词 李端棻；中国近代；教育事业

一、引言

李端棻（1833—1907），字芯园，号信臣，祖籍湖南衡州府清泉县（今衡阳市衡南县），出生于贵州贵筑（今贵阳）。同治二年（1863）进士，选翰林院庶吉士，散馆授编修。历任云南学政、国子监祭酒、内阁学士兼礼部侍郎、刑部侍郎、仓场侍郎、礼部尚书等职。他是京师大学堂（今北京大学前身）的首倡者、戊戌变法主要推动者、堪比庐陵的教育家、贵州新学领路人、贵州通省公立中学堂创办人（贵阳一中前身）。

在我国社会正经历急剧转型的风起云涌的时代，身为晚清重臣的李端棻，凭借其非凡的胆识与眼光，毅然打破陈规旧习，积极拥抱新知识，勇敢地引领了一场波澜壮阔的改革潮流。特别是在推动中国近代教育改革的理论与实践方面，他倾注了巨大的心血，不仅提出了许多富有前瞻性的教育理念，还身体力行，将这些理念付诸实践，为中国近代教育的蓬勃发展注入了强大的活力。

---

① 作者简介：张铭洋，女，贵阳学院阳明学与黔学研究院哲学专业伦理学方向硕士研究生。主要从事伦理学的学习与研究。

二、李端棻教育改革的背景

1840年的鸦片战争是中国近代史上一个重要的分水岭。这场战争标志着中国开始沦为半殖民地半封建社会。鸦片战争不仅导致中国独立自主地位的丧失，也促进了自然经济的解体，这给中国的传统经济和社会结构带来了巨大的冲击，但是也推动了中国近代化的进程。在战争之后，中国的有识之士开始认识到国家面临的问题和危机，进而积极寻求改革振兴的道路。从"师夷之长技以制夷"到"师夷之长技以自强"，他们逐渐认识到如果想让国家走向富强，还必须深入地学习西方的先进文化、变法经验、教育思想和学校制度，等等。

甲午战争打破了东亚地区原有的国际秩序，这场战争导致中国和日本的地位发生了根本性变化。这种"数千年未有之变局"进一步加剧了中华民族所面临的民族危机，民族意识也随之觉醒。各路文人名士纷纷指出"外洋各国不但强于兵，更强于教育，强于人才"，于是"兴学以济时艰"①的社会呼声更加强烈。但是此时的所谓"兴学以济时艰"，仍然停留在思想层面。

此时的李端棻既不像抱残守缺的顽固派一样排斥向西方学习，也不像浅尝辄止的洋务派一样只学习西方的皮毛。他认为洋务运动作为一场试图通过学习西方科技和管理制度来振兴国家的运动，在很大程度上未能满足社会需求的原因是未能真正深入西方的"治国之道"，所以使得洋务运动无法从根本上改变国家的命运。因此，要实现国家振兴，仅仅学习西方的科学技术是远远不够的，更为关键的是要学习西方的思想观念以及教育制度，这才是西方"治国之道"的精髓所在。于是在此基础上，李端棻开始把眼光转向教育改革，进而上书光绪皇帝，谏言在国家统一政令之下参照西方学制，建立一套新的学校体系，以更好地发展新式学堂，培养新式人才，以适应时代发展的需求。

三、李端棻教育改革的内容

李端棻认为："巨厦非一木所能支，横流非独柱所能砥，天下之大，事变之亟，必求多士，始济艰难。"② 李端棻列举了晚清教育存在的五大弊端：第一是教育未能承担起强国兴邦的责任；即各学校教学只注重西方语言文化的研究，而对于治国兴邦之道"一切要书，多未肄及"。第二是教育没有培养符合国家需

---

① 《张文襄公全集》，中国书店1990年版，第678页。
② 汤志钧、陈祖恩：《中国近代教育史资料汇编——戊戌时期教育》，上海教育出版社1993年版，第117页。

196

求的专业人才，即"学业不分斋院，生徒不重专门"。第三是教育未能培养满足社会需求的应用型人才。李端棻发现，由于实践设备和实习机会上存在的不足，导致学生无法将所学知识有效地运用于实际中。第四是缺乏成年人职业教育，即"诸馆所教，率自成童以下，苟逾弱冠，则已通籍，虽或向学，欲从未由"①。第五是受教育者数量太少。他指出有志于求学的士子可能因地处偏远而难以接受教育，或因贫困而得不到资助。即使在书院中受训练的人才也仅限于个别使用，并不能真正具备治理天下之才。因此李端棻开始了他的教育改革道路，主张教育应该培养能为国家和社会提供实际服务的人才，而不是培养追求名利、没有专长、缺乏振兴国家意识的庸才。

（一）兴设各级学堂，改革教育制度

光绪二十二年（1896），李端棻向朝廷奏呈《请推广学校折》，主张兴办学堂，普及教育，培养经世致用之才，以增强国力，改变国家受列强欺凌的局面。他认为造成"罕有瑰伟之才"的原因是当时洋务学堂"教之之道未尽"②。于是为了改变以往洋务办学之失，培养"奇才异能"之士，李端棻疏请在北京设立京师大学堂（今北京大学前身），以国家培养高级专门人才。除在京师建立京师大学堂，作为全国办学的榜样之外，又奏请设立各省、府、州、县学堂，作为地方培养人才的基地。

在此基础上李端棻提出了一整套办学纲领：首先规定了学生的入学年龄和学习期限。他建议各级新式学堂的学习年限为三年。为了更好地衔接新旧两轨教育系统，李端棻提倡吸收原属于旧学系统的官生、监生、贡生、举人，并放宽对他们入学年龄的限制，鼓励他们到新式学堂求学。③ 其次规定各级学堂由低到高根据不同要求来设定学制以及教学内容，要求府州县课程诵"四书""通鉴"等书，辅之以粗浅的外文、算学、天文、地理等；省学课程中增设天文舆地、算术、农桑、制造、兵矿、时事、交涉等；京师大学课程"惟益加专精，各执一门，不迁其业，以三年为期"。由于科目繁多，建议"分斋讲习，等其荣途，一归科第，予以出生，一如常官"，以达到"风气自开，技能自成，才不可胜用"之目的。李端棻的《请推广学校折》的主张最终得以全面施行，以人才强国的思想，至今仍不失其进步性，足见其高瞻远瞩。

---

① 汤志钧、陈祖恩：《中国近代教育史资料汇编——戊戌时期教育》，上海教育出版社1993年版，第118页。
② 中国史学会编：《戊戌变法》（二），神州国光社1953年版，第292页。
③ 苏林琴、杨家榜：《论李端棻"承思启行"的学制改革设想》，《黑龙江高教研究》2016年第8期。

（二）创建图书馆体系，开展新式教育

李端棻认为建立学堂只是兴贤教能的第一步，培养人才还需有社会教育辅助体系，即建立"藏书楼"，"开设译书局、广设报馆"。

李端棻指出，好学上进之人多属贫寒之士，他们虽然有着强烈的读书求知的欲望，却囿于购买力有限，苦于难以向地主、豪绅借书以读，导致读书不多、阅书不广、见识浅薄。如果长期这样下去，尽管泛舟于学海，仍旧难免孤陋寡闻、见识狭隘，因为知识匮乏而一事无成的"不知凡几"。这极大地阻碍与延滞了我国青年才俊的涌现。相比之下，西方各地都建立了相应的藏书楼，收藏的图书数量达到千万册，并且允许民众进入阅览。这种"藏书楼体系"使得西方培养了大量的人才。通过这种对比，李端棻深切感受到了藏书楼对提高民众教育水平的重要性，并希望通过建设藏书楼来使得那些没有读过书的人都能自我激励去学习，从而避免出现"弃才"现象。

李端棻进而指出，不仅京师亟需设置大型藏书楼，全国十八行省的省会及通都大邑，均应一体兴建，逐步完备。不仅种类务期繁复，而且储藏量务必大增，形成覆盖全国范围的图书馆体系。业已滞碍的中国图书业，唯有急起直追才能赶超国外。"设藏书楼"的主张得到了光绪帝以及一部分比较开明的清朝官员和爱国人士的支持，一时之间，各大书籍印刷机构纷纷设置藏书楼。从1896年到1898年，三年间全国共建学会87个，大都设有藏书楼。[①] 这些"藏书楼"已有近代图书馆的萌芽。

（三）发展家乡教育，开启乡民智慧

维新变法失败后，李端棻因密荐康有为、梁启超、谭嗣同，被发配新疆。中途遇赦回到家乡贵阳，此时的他已年近古稀，但他并没有因为年老多病而失去原先的激情和斗志，相反他认定"萌芽新政要推行"，变法才是国家强盛的必由之路。因此，他积极投身于家乡的文化教育事业，并为贵州近代民主思想的传播做出了重要贡献。

光绪二十八年（1902），李端棻募集资金，在贵阳次南门外创办了贵州第一所师范学堂——贵阳公立师范学堂。学校的课程包括算术、几何、代数、博物、化学、日文、万国历史和万国地理等，聘请了两位日本教员来授课。这所学堂是贵阳师范学校的起源，自此，贵州有了正式的师范教育。光绪三十一年（1905），李端棻将原设于北书院的贵阳府中学堂移至雪涯洞，改设为贵阳中学堂。次年（1906），该校更名为通省公立学堂，即今天的贵阳一中前身。在李端

---

① 转自卢刚：《近代图书馆的先身——学会藏书楼》，《求索》2003年第3期。

菜的影响下，贵州教育界开始关心国家大事，忧国忧民者日渐增多，社会上涌动着变法改良的思潮。新文化、新思想的传播，不仅为贵州传统教育的近代化奠定了基础，而且也为贵州辛亥革命的爆发准备了社会条件。

四、李端棻教育思想对近代中国教育的影响

早期资产阶级改良派和封建统治阶层中的开明士大夫在努力探求，希望中国能早日摆脱贫困落后，迅速走向富强，逐渐意识到"学"是国家民族自立自强的出路之一。在民族危亡的紧急关头，李端棻的革新思想和变革精神，为民族复兴和民族教育、民族文化的发展做出了卓越贡献。

自李端棻进行教育改革以来，近代国人逐渐摒弃了根深蒂固的"臣民"观念。在面临国家和民族存亡危机的背景下，近代国人开始觉醒并意识到自己作为公民的责任。李端棻提出的以经世为目的的社会教育思想在一定程度上促进了传统教育向近代民主新式教育的转化，提高了中华民族的整体素质，并为未来社会教育的发展提供了重要参考。

关于将"端棻文化"融入贵州高校人才培养体系的思考

周术槐　张学艳[①]

(贵阳学院李端棻研究院　贵州贵阳，邮编：550005；
贵阳学院生物与环境工程学院，贵州贵阳，邮编：550005)

摘　要　李端棻是近代中国伟大的爱国者。"端棻文化"是中华优秀传统文化的重要组成部分，也是贵州高校特有的文化资源优势。如何将"端棻文化"传承好、开发好、利用好，是广大文史研究者、爱好者都在思考的问题。本文结合贵州高校人才培养的实际，强调要将"端棻文化"融入高校人才培养的体系之中。为此，提出了四个方面的具体举措。

关键词　"端棻文化"；贵州高校；人才培养

一、背景及问题

党的十九大报告明确指出，文化是一个国家、一个民族的灵魂。文化兴国运兴，文化强民族强。没有高度的文化自信，没有文化的繁荣兴盛，就没有中华民族伟大复兴。要坚持中国特色社会主义文化发展道路，激发全民族文化创新创造活力，建设社会主义文化强国。党的二十大报告再次强调，要增强中华文明传播力影响力。坚守中华文化立场，提炼展示中华文明的精神标识和文化精髓，加快构建中国话语和中国叙事体系，讲好中国故事、传播好中国声音，展现可信、可爱、可敬的中国形象。两次党的代表大会关于文化建设的精神表明，文化对于一个国家、一个地区的发展具有十分重要的作用。"端棻文化"是以李端棻的政治教育改革活动及其影响为载体的一种独具特色的文化。这一文

[①] 作者简介：周术槐，男，博士、历史学三级教授，贵阳学院李端棻研究院院长。主要从事历史文化的研究与教学工作。张学艳，女，贵阳学院生物与环境工程学院本科专业学生。主要从事生物学与文化学的学习与研究。

化在贵州乃至全国有着十分重要的影响。在中国教育现代化的历史进程中，以李端棻为杰出代表的晚清一代教育改革先驱做出了卓越贡献。晚年回到贵阳后的李端棻，不忘教育改革的初心，在传播新学、推进贵州新式教育发展方面功勋卓著。对此，在贵州高等教育人才培养的过程中，我们建议，应努力将"端棻文化"融入贵州高校人才培养体系之中。基于这一考量，2023年7月至8月，贵阳学院本科学生文化宣讲团，在笔者的指导下，选取了贵阳地区5所高校校园文化建设作为调研主题。通过调研发现，学生们对"端棻文化"的概念十分陌生，对于李端棻先生的优秀事迹所知甚少。"端棻文化"的教育居于缺失状态。

二、原因分析

（一）《中国近代史》教材中李端棻先生的"缺位"，导致"端棻文化"的缺失

"中国近代史"课程属历史文化学院历史专业学生的主体专业课程之一。在调查的5所院校中发现，由于受传统"革命史"观的影响，在历史学专业学生使用的国家统编教材《中国近代史》中，至今没有将李端棻先生的名字写入其中。涉及戊戌变法的内容时，强调更多的是康有为、梁启超的变法维新活动与具体历史事迹。至于李端棻在变法维新中的活动与主张基本没有编入教材内容之中。专业教师在授课中，如果对李端棻先生有所了解的，在课程教学中或许增加李端棻有关的教学内容。如果对李端棻先生的活动与事迹缺乏深入了解的话，更多的是照本宣科。此情况导致"端棻文化"在《中国近代史》专业课程中的缺失，学生无从通过专业课程的教学途径认识与了解"端棻文化"。

（二）《中国近现代史纲要》教材中李端棻先生的"缺位"，导致"端棻文化"的缺失

《中国近现代史纲要》属高校思政课的主要课程之一。在调查的5所院校中发现，该课程所编教材《中国近现代史纲要》涉及的"维新运动的兴起和夭折"内容中，同样没有将李端棻参与维新运动的相关内容编入其中。这样，学习《中国近现代史纲要》的学生也无从认识与了解李端棻其人其事。

（三）学生的文化实践活动中，"端棻文化"仍处于缺失状态

李端棻是近代贵州历史文化名人。其教育改革思想与理念，直接影响到包括贵州在内的近代中国教育的发展。由他负责撰写并向光绪皇帝递交的《请推广学校折》，在近代中国教育发展史上具有重要地位。李端棻对近代贵州教育的

影响已被贵州史学界所公认。在贵州，涉及李端棻的文化遗迹主要有：贵阳市第一中学、贵阳市达德学校、贵阳市师范学校、贵阳市南明区永乐乡李端棻纪念馆、永乐乡李端棻古墓。调查中发现，除贵阳学院校史馆中展陈有李端棻的文化事迹之外，其他4所高校完全没有陈列与李端棻相关的事迹材料。在被调查的5所高校学生文化实践活动中，同样没有考虑将与贵阳李端棻文化相关的遗迹列入其中，从而导致"端棻文化"仍处于缺失状态。

三、建议

（一）在贵州高校公选课中开设"端棻文化"课程

李端棻是近代中国教育改革的先驱。其改革创新意识、忧国忧民意识、积极进取意识、致力西学意识、无私奉献意识等，已成为"端棻文化"的重要内涵。高校开设"端棻文化"选修课程，不仅可以厚植学生的爱国主义意识，提升学生的人文科学素养，而且还可以丰富高校公选课的内容，让更多的师生了解李端棻，认识李端棻，切实增强广大师生对贵州文化的自信，服务于贵州"强省会"的需要。

（二）在贵州高校思政课"中国近现代史纲要"课程中增加"端棻文化"的教学内容

李端棻是戊戌变法的领袖与主要策划人。由于受传统"革命史观"的影响，其组织策划、参与戊戌变法的事迹鲜为人知。党的十一届三中全会以来，随着历史研究本性的回归，李端棻在戊戌变法当中的作用逐渐得到学界认识与肯定。北京师范大学历史学专家明确提出，近代中国，如果没有李端棻，戊戌变法的历史要改写。此论是对李端棻在戊戌变法时期作用的充分肯定。在高校思政课《中国近现代史纲要》教学中增加"端棻文化"的内容，可以丰富该课程的教学内容，让学生认识历史背后真实的故事，增强该课程对学生的吸引力，提升课程学习的时效性。

（三）在贵州高校马克思主义理论学科中二级学科"中国近现代史基本问题研究"方向建设中增加"端棻文化"的研究内容

"中国近现代史基本问题研究"涉及的内容很多。其中，近代教育改革的问题，属该学科方向必须面对的基本问题。我们在该学科方向的建设中增加"端棻文化"的内容，可以在人才培养中让学生更深入地认识与了解这一段特殊的历史。让学生知晓中国教育近代化的非凡历程，探索今天中国的教育是"从哪里来，到哪里去"这一问题。

（四）在贵州高校学生社会实践活动中增加"端棻文化"的实践内容

"端棻文化"是贵州宝贵文化资源中的一朵绚丽的花朵，也是我们践行党的十九大、二十大精神的重要载体。"端棻文化"是贵州高校特有的文化资源优势。在贵州高校学生社会实践活动中增加"端棻文化"的内容，主要围绕李端棻相关的历史文化遗迹进行。我们可以让学生到中国第一历史档案馆感受"端棻文化"，也可以让学生到北京大学校史馆感受"端棻文化"。我们可以让学生到南明区永乐乡"李端棻古墓""李端棻纪念馆"感受"端棻文化"，也可以让学生到贵阳一中、贵阳达德学校、贵阳一中李端棻中学感受"端棻文化"。学生通过沉浸式体验的方式，用心、用情、用脑去感受"端棻文化"，感受李端棻优异的人格魅力。

专题二 02

吴雁南教育思想与教育活动研究文集

仰望学术丰碑：编辑《史海深潜——吴雁南文选》之思

熊宗仁[①]

(贵州省社会科学院，贵州贵阳，邮编：550001)

摘 要 吴雁南先生是中华人民共和国成立后的一代史学大师。他的史学研究成果在全国颇有影响。我与吴先生相识相知25年。25年来，吴雁南先生的大师风范给我留下了极其深刻的印象。吴雁南先生不仅平易近人，为人谦和，而且还极力提携后辈。作为后辈的我，在与吴雁南先生交往的过程中，可谓受益良多。在"贵州学者文丛"编辑出版之际，由我来负责编辑吴雁南先生的研究成果，深感荣幸之至。本文从吴雁南先生的成长过程与学术轨迹中对其生平事迹作了较为全面的总结与评述。

关键词 吴雁南；贵阳师范学院；社会思潮

无论是讲因缘，还是讲必然与偶然，也许是前世千百次的擦肩而过，才换来今生与吴雁南老师的相遇。从相遇到相别的25年间，他知我教我信我；我敬他学他爱他，事实上却并不全然了解他。感谢"贵州学者文丛"编辑委员会的信任，更切记吴雁南夫人何正清老师的殷殷嘱托，在选编他各时期各领域的代表作时，我像面对云遮雾绕的高山，虽仰视却不识其峰之高峻；也像濒临浩渺无际的静水，虽凝望却不知其流之深浅。我以虔诚的步履，去丈量他的学术历程；我用初学者的心态，去体认他的博大胸襟。我似乎才看清他用德、才、学、识奠筑的史家丰碑之挺拔伟岸，才更深切地感悟他传道、授业、解惑的师者之宽广深厚。

不知从什么时候起，人们行文时都称他为先生。而我因习惯成自然，从相

[①] 作者简介：熊宗仁，贵州省社会科学院历史研究所原所长、研究员，贵州省史学会荣誉会长。主要从事中国近现代史和贵州经济史研究。

识到而今乃至而后，仍称呼他为吴老师。虽然流于俗，反而顺心顺口、自然亲切，故文中也不想求雅而改称他为先生。几个月来，他就在我眼前，在我心中，依然笑容可掬、儒雅谦恭，说话做事总是慢条斯理，不愠不怒，举重若轻，慎笃好思，博闻强识而又谨言慎行。

我与老师的相识，有缘有分。1966年7月，我毕业于今贵州师大的前身——贵阳师范学院。由于"文化大革命"已经在横扫一切了，我历史系毕业后原望考研究生继续深造的人生轨迹由此中断，后来被分配到兴义地区师范学校（今黔西南民族师范学院的前身）任教。该校不缺历史教师，而我自幼喜欢绘画，又喜欢文学，我遂成了该校的美术教师兼语文教师。1977年，贵州各地区都要筹建一所高等师范专科学校。"四人帮"刚粉碎不久，百废待兴，全国都没有大专的历史教材，于是，学校便分配我设法编写中国通史的教材。自然就先到母校寻求帮助。我到曾教过我们中国古代史而又特别喜欢我的胡克敏老师家求救，胡老师自然把他能提供给我的资料都给了我。但他认为他所能提供参考的资料太有限，主动要引荐我去拜会我们离校后才从北京人民教育出版社"下放"到系里的吴雁南老师。他说，只要有吴的指点和帮助，我领受的任务定能完成。胡老师将我带到吴老师家，我并没有感到拘谨。不知是前世修来的因果，还是今生注定的缘分，吴老师和他夫人何正清老师让我一见如故，待我如家人一般。我说明来意，吴老师不仅给了我一套中国通史的本科教材，还教我如何保留主线、框架，删繁就简，使之适合师专使用。我刚编写完一套师专的中国通史教材，便遇上贵州省哲学社会科学研究所招考研究生，因此捡了个便宜，顺利进入研究班学习。1979年5月，省里批准成立贵州省社会科学院，我们这批研究生结业后大部分留院工作。我就留在历史研究所，从此成了吴老师的门外弟子。在参加章开沅、林增平主编、老师任中册主编的3卷本《辛亥革命》编注索引的工作中，我开始接触到包括隗瀛涛先生在内的史学名家。在参与国家"六五"社科规划重点项目"西南军阀史研究"的工作中，在参加老师主持的宣讲中国近代史并参编讲座教材的过程中，在参加老师任总主编的《中外历史新编》编写会上，以及接待国内外史学家的过程中，特别是20世纪八九十年代，凡是有我和老师同时参加的全国性或国际性的学术研讨会，老师都要把我介绍给他熟悉的史学名家。于是，我认识了戴逸、金冲及、彭明、来新夏、张宪文、张海鹏、林家友、陈旭麓、路遥、戚其章等一批中国当代的史学名家，并与中国社会科学院近代史所的专家们有了较多的联系。特别是由于老师之介，我与台北"中央研究院"近代史所有了初步的交往。老师既是我进入学术之门的引路人，又是我能够登堂入室的推荐者和提携者。特别是1988年奠定我学术基础的《何应钦传》书稿完成后，老师欣然为我作序，与我同担了当时相当大的非学术的风险。在20世纪90年代，他让我协助他带研究生，并为他们开讲座，聘我为贵州师大文化研究室兼职教授，多次担任他所带的硕士生论文答辩委员会委员，参与他主持的贵州名人名家口述历史的整理编写等工作。与其说我协助他，不如说他在带我。老师的良苦用心，我是深铭肺腑的。

几个月前，当我接到何正清老师和贵州人民出版社的电话，要我负责"文丛"中吴雁南文选的编辑任务时，我明知其难，力有不逮，但没有丝毫犹豫，做了"于公于私我都会尽力"的表态。我确实尽力了，但未必能如何老师和出版社之愿，难免提心吊胆，惴惴不安。

我没法去穿越吴老师经历过的73年的岁月，我比他小15岁，虽也对"肃反""反右"等运动有模糊的记忆，尤其对"文革"的浩劫有糊涂中的清醒，却没法感受吴老师、何老师伉俪所遭逢的极"左"横行的际遇。在选编"文选"的过程中，我不可能卒读经何老师和他门内弟子们初步整理出版或存档的文章378篇，译文4篇，独著或主编的著作、教材23种，参编的著作、讲稿、讲义等总字数超过1800万的著述，更无时间与精力去涉猎收藏在贵州师范大学档案馆里的信函、书法和蜡染作品。我只能在我所熟悉的领域，在别的学者整理和研究他的阶梯上去选择我以为能代表他的学术水平的文章编入"文选"。由于"文选"规范所限，吴雁南文选就难以求全，更因我的学识局限，吴雁南文选更难求准求精了。吴老师的一生，便是一部皇皇巨著，我在他辞世14年之后，重新去读这部巨著，可能情感更胜于理智。我以为这是一种可以谅解的偏执和过失。因为发自肺腑的真情，寄托着对老师在天之灵的慰藉，他不会责备我的。再从读者的角度去看，不同年龄、不同旨趣、不同视野的人，去读吴老师的作品和他这个人，定会得出不同的它和他。我选入吴雁南文选的文章，着重于学术视野，所选的不同历史时段、不同研究领域、不同的代表作，未必都能真的是"代表"，我只能凭我的心智去选择或割舍了。那些在国内外都产生重大影响的他独著或主编或合著的鸿篇巨制，只能在本卷的《学术年表》中存目，供有心的读者去检索了。本卷能让一般读者去管中窥豹，虽只见一斑，也足显其庞大。而真正的研究者，除了去精读吴老师的原著外，还可去读《吴雁南文集》编辑委员会编辑、贵州教育出版社2003年8月出版的6卷本、总字数达200多万字的《吴雁南文集》，以及他的弟子和其他学者研究他的著述，特别是吴老师弟子陈奇教授主编的《吴雁南评传》。这些著述为我的选编工作提供了门径。若要认识思想睿智、为"官"清廉、为人谦和、情趣丰富、灵肉鲜活的吴雁南，还得去贵州师范大学档案馆中研究那些尚未发表或鲜为人知的"编余"

资料，定能淘得真金，取得真经。

热情如火，勤奋为薪，燃烧着吴老师的智慧和潜能，烛照着中国史坛，更引导着数以百千计的门外门内弟子，去探寻历史的真实。吴老师对历史的钟爱，使他为之倾注了毕生心血。2001年8月7日，他在临终前夜，还与关门弟子谈论毕业论文，足见其对学术的痴迷、对学生的负责和对教育的担当。

吴老师1929年2月25日出生在四川省荣昌县吴家镇一个小学教师的家庭，自然得到良好的书香家风熏染。他10岁始入小学，3年后便考入县城私立伯桥中学。因学业优等，只读了5个学期就考入省立成都高中部学习。1948年9月，他考入四川大学法律系。在川大法律系学习期间，吴老师结识了后来成为他夫人的何正清老师。中华人民共和国成立后，吴老师决意另觅新校，学习他自幼就喜爱的文史。1950年秋，他考入东北师范大学历史专修科，从此与史学结下不解之缘。他于1952年秋毕业，后被分配到东北师大附属中学任历史教师。东北师大有学贯中西的名师云集，该校附中向以教学科研并重，这使他在完成教学任务之余，能够刻苦攻读许多当时的名家名著。他结合自己的教学经验，在1954年的《历史教学》1月号上发表了处女作《在历史教学中的几点体会》。学术闸门既已打开，历史智慧的泉涌便奔流直下。他先后在《史学月刊》《新史学通讯》《历史教学》《历史教学问题》《历史战线》《吉林教育通讯》等刊物上发表文章，系统地阐发自己对历史教学中的教材、教学、考核诸环节的独特见解，受到各有关方面的关注。1960年他被调入人民教育出版社，任中学历史教材编辑。从此，全国数十年间所使用的中外历史教材，都不乏吴老师的贡献。

教材的相对稳定性，并没有妨碍他在学术上的适度超前性。1957年，年仅28岁的他在《史学月刊》第8期发表了第一篇真正意义上的学术论文——《试论太平天国起义前洪秀全的政治思想渊源》。之后，他相继就太平天国的土地问题、政权性质、制度架构、人物评价等问题发表文章，既挑战了权威观点，又自成一家之言，得到史学界的肯定和认同。著名史学家荣孟源先生对吴老师在太平天国史研究中的崭露头角，大加点赞："后生可畏，后生可嘉。"吴老师文章中所挑战的，正是荣孟源、罗尔纲等学术权威。他在20世纪五六十年代就脱颖而出，除了他过人的治史者的禀赋和勤奋外，诚如他自己所言，在京工作的十余年间，结识了大批学界名流，且有许多同辈学者成为他的莫逆之交，为他尔后在中国近代史领域大展宏图，积聚了厚重的人脉资源。他曾经回忆说："我这一辈子运气好，遇到许多老师。首先是荣孟源、罗尔纲先生的指点和帮助，使我这个初出茅庐的青年，得以在史学界蹒跚起步。我的许多论文，亦多次得到著名史学家吴晗、翦伯赞先生的指导，使我在研究史学上得到宝贵启示。"

（转引自《吴雁南文集·序·书评·其他》第6卷，第296页）这也体现了老一辈史学家的学术薪火传承，亦是当代史学界应当去继承弘扬的优良传统。

吴老师庆幸自己的运气好，其实，人人都知道"机遇是给予早有准备的人"这句名言或者俗话所蕴含的道理，但不是人人都能像老师一样早有准备蓄势待发。

荣孟源先生针对吴老师所发的"后生可畏，后生可嘉"的点赞并非只是一时一领域，而是印证了吴老师40多年的学术造诣，同时也反证了老一辈学人辨才识才用才的伯乐眼光与胸怀。继在太平天国史领域勇立潮头之后，在辛亥革命史研究、中国近代社会思潮研究、中国经学史研究、阳明心学研究，特别是担任贵州师范大学校长后对高等师范教育教学研究以及中国历史知识的普及等领域和方面，他的可畏可嘉都一以贯之。他的许多著作一经问世，便好评如潮，并通过《人民日报》《光明日报》《历史研究》等权威报刊的宣传推介享誉海内外。如他主编的4卷本共213万余字的《中国近代社会思潮》出版之后，便被学界誉为中国近代史和中国近代思想文化史研究的创举。《中国日报·北京周末》外文版发表长篇书评，向海内外推介；《光明日报》以整版篇幅刊登了国内外知名学者的笔谈，称"创新之处颇多，是学术界的一部力作"。其学术价值和现实意义"将居国内领先水平"，"拓宽了中国近代史研究面，为中国近代思想文化史研究做出了重要贡献"；"是目前为止篇幅最长、规模最大的系统研究近代社会思潮的专著"；"可为21世纪的中国人提供借鉴"。（转引自《吴雁南文集·序·书评·其他》第6卷，第306-307页）正如戴逸先生在该书卷首的题词中所称赞的那样："囊括了近代的主流思潮与非主流思潮"，揭示了影响近代中国走向的历史合力。该书系国家"八五"社科规划重点课题，在结题出版前，我有幸成为该课题的专家鉴定人之一。我在鉴定意见中曾写道：该课题"以多学科、多层次的研究，既见树木，也见森林，突出了各种思潮所处的社会历史环境，从物质、制度、运作和思想文化四个层面上，对近代中国出现过的50多种社会思潮或思想进行了立体的、多层次的解剖，揭示了近代中国历史发展的大趋势，其研究的辐射力远远超过思想文化史研究的领域"。我在中国近代史，特别是中华民国史研究和贵州文化史研究上，得益于这部巨著的地方难以细数，它在某些方面甚至对我有启蒙的价值。

我深感自己没资格就吴老师对贵州学术乃至中国史坛的影响做准确的价值判断，因为当代中国一流的史学家们对他的成就早有如实的定论和高度的赞誉。这不是在他逝世后的吊唁之词中才有的赞誉，而是在他生前跟踪他的学术步履时，史学家们就认定他是中国史学界卓越的学术带头人之一。

关于他的学术造诣水平，贵州还闹了一个笑话。20世纪90年代，我参加了一次国际学术研讨会，会议间歇中，国内几位一流的史学家对我说：20世纪70年代末期，吴雁南领衔申请在贵阳师范学院历史系招收中国近代史专业硕士研究生，你们贵州省教委在他的申报表上填写意见时，竟然十分谦虚地认为贵州贫穷，教育落后，学术水平有限，希望评委们给予照顾。国家学术委员会的评委们看了这样的推荐意见都感到可笑。大家认为吴老师的学术水平在全国都是一流的，申报个硕士导师还需要照顾吗？我听后大有"不识庐山真面目，只缘身在此山中"之慨。我也曾多次设想过：假如没有那场"文化大革命"，吴老师、何老师夫妇断不会"下放"到历朝历代贬官谪戍地的夜郎故地，那么贵州学者在当今中国史坛上能有今天的影响吗？在中国学术思想史上，王阳明被贬谪到贵阳修文，有龙场悟道的石破天惊之举，因而构建了以他为代表的明代中国儒学的巅峰。王阳明之后的500多年间，贵州虽代有才人辈出，但能够与国内一流学者比肩者，近代只有郑珍、莫友芝、黎庶昌三人。当代学者中，我认为在史学领域非吴雁南莫属。有学者们称赞他"雄踞西南，遥控中原"，但他不是学阀，而是希望年轻学者能超越他的良师益友。所以，他对每一位他的研究生和他所结识的省内外追求上进的年轻史学工作者，总是殚精竭虑地教育、鞭策、提携、奖掖，帮助他们登堂入室，在中国史坛上有一席之地。我以为贵州迄今并没有人在总体上能超越他。国家和贵州省给予吴老师诸多殊荣，并任命他为贵州师范大学校长，也是这次编辑出版"贵州学者文丛"，把吴雁南先生列为贵州史学界首选人物的深意所在。希望他对当代和后世都是一个标杆、一种学术引领。

对于每一个孜孜以求不断进取的学者而言，没有遗憾的人生，似乎都是不完美的。残缺才是人生的最美。

同吴老师交往的日子里，我知道他一生中还有两大遗憾。

一是因为肺癌手术成功后再度转移复发，扼杀了他已经酝酿多年、早已成竹在胸的《中国社会思潮通史》的鸿篇巨制。他计划在《中国近代社会思潮》研究的基础上，上伸下延至古代和当代，将中华悠久的传统思想文化与改革开放以来如洪波涌起或暗流渗透的各种社会思潮有机地连接起来，为培育当代的主流价值观提供借鉴。他在与病魔抗争中所发表的有关文章及研究路径、写作构想，一定会有后之来者去完成他未竟的"中国社会思潮通史"研究。所以在老师的灵堂前，我才献上这副挽联："先生去也，古史残卷谁能续，岂惟蜀水哭声重；吾侪来者，新书一篇我难写，顿觉黔岭太息多。"这绝非应景之作，而是我与老师在生死两界间的心灵沟通。

二是他作为当代贵州史学界和高等师范教育界的领军人物，却没能为贵州申报到一个历史学科的博士点。老师的这一遗憾，也是我愧对他的地方。20世纪90年代前期，贵州师范大学历史系已有两个硕士点，招收硕士研究生已积累了十多年的经验。凭老师的水平，早已超越了博士导师的水平，而博士点申报人的年龄却限制很严。当时老师已年过63岁，被卡在"年龄"这道似乎在理却又无理的门槛外。我作为老师的门外弟子，也协助他带过研究生。当时，因为我在何应钦与中华民国史研究、贵州史特别是贵州近现代史研究、中共党史和"三农"问题等领域的研究，为老一辈史学家和学术界所认可，年龄也才50岁。在老师心目中，便将我作为贵州申报历史学科博士点的人选。为弥补我学识、资历特别是带研究生方面的短板，他与时任四川大学副校长，同样是国内知名的中国近代史专家隗瀛涛先生洽商出一变通之法：作为贵州师大引进人才的试验，把我的人事关系由贵州省社会科学院转至贵州师范大学历史系，再由四川大学历史系聘我担任兼职博导；积累两年博导的经验后，再由我领衔为贵州申报历史学科的第一个博士点。由于我当时已是省社科院历史所主持工作的副所长，社科院不同意调出，而我也因各种劝说陷于彷徨犹豫之中，终致调师大历史系之事搁浅。事后思之，即便我按吴老师设计的路径调入师大，聘至川大，也未必就能实现贵州历史学科博士点零的突破。当然，世事没有"如果"，过去了的就是曾经的念想。因为这一小插曲，我更感知老师对我的关爱之切、期望之高。

吴老师病重期间，省里正筹备编写《夜郎之光》的报告文学集，拟写作100位贵州各行各业的精英事迹，并决定由我执笔写作吴老师的事迹。我想抽时间与吴老师多交谈几次再动笔。不料病魔没有给我这个机会，吴老师竟这样带着满腹经纶走了。为了弥补这一缺憾，我写成《笔下波澜惊史坛，蹊边桃李映学苑——追忆吴雁南先生》，发表在2001年第4期《史志林》上，倾诉我与老师这20多年的情愫。

1972年，吴老师夫妇从北京来贵州后，便把贵州这片贫穷却藏富藏宝、虽然落后但不乏智慧与潜能的土地当作自己的第二故乡，在这里扎根开花结果。他敏感地意识到阳明学说是贵州研究中国思想文化史的富矿，也是他研究中国社会思潮通史中的重要链接。他以世界和中国的视野去观照贵州与阳明学说之间的前世今生。他在主编《中国经学史》《清代经学通论》之后，又出版了《心学与中国社会》的专著，随之便把学术研究的聚焦点放到集心学之大成者王阳明及其后学的身上。他主编了"阳明学研究丛书"，出版了专著《阳明学与近世中国》，发表了研究阳明心学的系列文章。在他的建议和倡导下，贵州从20

213

世纪 90 年代开始便连续举办了多届王阳明国际文化节和国际学术研讨会，向世界展示了贵州对阳明学的扬弃、传承、弘扬和利用的群体功力。今日贵州在落实习近平总书记提出的继承和弘扬中华优秀传统文化、培育和践行社会主义核心价值观的号召中，走在全国前列。主打阳明文化牌已成了省委和贵阳市领导以及贵州学界战略性的共识。以此反观老师对阳明学说的研究和倡导，他又无愧于先知先行者。

在完成编辑《史海深潜》的过程中，不仅是我重温老师教导的难得机遇，更是我与老师心灵的反复对话，离老师更近，也更真切了。我仰望名叫"吴雁南"的这座学术丰碑，对历史科学的认知也更深刻了。

历史研究并非只在引导人们走近过往的真实，更在于启示人们活在当下，走向未来。纵观老师的学术历程，他做到了"论史通古今，著书谋经世"。我以为这就是史学家炼成的范式。他已毫无保留地传播给我们：点、线、面、通——迈向学术殿堂之路。不管别人怎么理解，我始终作如是观。

老师毕生的心血、贡献，并非只闪耀在那些从国家到地方、从社团到个人授予的难以计数的荣誉桂冠之上，也不仅只珍藏在那些超"等身"的著述之中，还传承在他直接和间接教导过的学生、晚辈以及他们的学生之中。"仰之弥高，钻之弥坚"，我理解这才叫风范永垂、精神不朽！

创新：吴雁南先生的学术灵魂

陈 奇[①]

(贵州师范大学，贵州贵阳，邮编：550001)

摘 要 吴雁南先生是中国当代著名的历史学家，在太平天国史、辛亥革命史、中国近代社会思潮、儒学与传统文化等诸多领域取得了具有国内领先水平的重大的突破性成果。渊博的学识，厚重的理论素养，秉笔直书的学术勇气，杰出的组织策划能力，厚道包容的人格魅力，特别是强烈的创新意识与开拓精神，是吴雁南先生能在诸多领域取得杰出成就的原因所在。创新是吴雁南先生的学术灵魂。

关键词 吴雁南；学术研究；开拓创新；灵魂

吴雁南先生生于1929年，四川省荣昌县（今属重庆市）人。1948年考入四川大学法律系；1950年初退学，入湖北人民革命大学；同年秋考入东北师范大学历史专修科，攻读自己所钟爱的历史专业。1952年秋毕业，执教东北师范大学附中；1956年调北京56中，1960年调人民教育出版社任历史编辑。1972年下放贵州，分配贵阳师院历史系任教，历任历史系副主任、贵阳师院院长、贵州师范大学校长。担任过中国史学会理事、贵州史学会理事长、贵州省社会科学界联合会副主席、贵州高师研究会理事长、贵州省中华文化研究会副会长、中国史学会中国近代史优秀论文评选委员会通讯评委等学术职务。2001年去世，享年72岁。吴雁南先生是中国当代著名的历史学家，在国际上也有一定影响。他发表了近400篇文章，独著、合著、主编出版了著作25种、60余册，总字数达到1000多万字。在太平天国史、辛亥革命史、中国近代社会思潮、儒学与传统文化等诸多领域取得了具有国内领先水平的重大的突破性成果。1986年，国务院授予他"国家级有突出贡献中青年专家"称号。渊博的学识，厚重的理论

[①] 作者简介：陈奇，男，贵州师范大学教授、贵州省文史研究馆馆员。

素养，秉笔直书的学术勇气，杰出的组织策划能力，厚道包容的人格魅力，特别是强烈的创新意识与开拓精神，是吴雁南先生能在诸多领域取得杰出成就的原因所在。创新是吴雁南先生的学术灵魂。

一、"照旧交粮纳税"为表征的土地政策

吴雁南先生的学术研究起始于20世纪50年代。同那个时代的大多数历史学者一样，他的研究也是从太平天国史开始的。太平天国把历代农民战争推到了最高峰，其主要标志，就是颁布了纲领性的文件《天朝田亩制度》，制定了旨在反对封建大地主土地所有制、均分土地的方案。但是，太平天国在实践中是否否定了封建大地主土地所有制，是否实行了均分土地、"耕者有其田"的政策？流行的观点是太平天国实行了均分土地、"耕者有其田"的政策。1958年，吴雁南先生在《历史研究》上发表了《试论太平天国的土地制度》一文。文章长达1.8万字，以大量确凿的文献资料，特别是1854年杨秀清、韦昌辉、石达开等王联名奏请、经天王谕准实行的"照旧交粮纳税"，也就是在承认旧有的地主土地所有制前提下的交粮纳税政策，有力地论证：太平天国不仅在后期"没有实行'耕者有其田'的政策"[①]，就是在势力鼎盛的前期也没有实行这项政策，它始终没有也不可能实行"耕者有其田"的政策。在《关于太平天国前期的土地制度》《从天王诏书中看太平天国的土地制度》等文章中，他进一步申述、论证了自己的观点。《人民日报》对他的观点作了报道。

中国的革命走的是农村包围城市、最后夺取城市的道路，革命的主力军是农民，因而学者大多对历史上的农民起义、农民战争有着特殊的感情和偏爱。20世纪五六十年代，太平天国史研究是历史研究的"显学"，研究中普遍存在着不适当地拔高农民战争的倾向。土地问题是太平天国研究中的一个重大问题。在这个问题上，当时流行的、主流的、权威的观点是：太平天国实行了均分土地的政策。"照旧交粮纳税"为表征的太平天国土地制度观点的提出，不仅需要超强的学术见识，而且需要极大的学术勇气。须知五六十年代是阶级斗争为纲的时代，政治气氛和学术气氛都远不似现在开明，论争的另一方又都是太平天国史研究的专家和权威，而先生那时不过是一位不到30岁的中学教师。当时，有人不曾料到，在如此重大的学术问题上敢于与权威争论的竟然是一位年轻人，因此在文章中谨慎地称他为"先生"。五六十年代，"先生"称呼不似现在可以

---

① 吴雁南：《试论太平天国的土地制度》，载《吴雁南文集》（1），贵州教育出版社2003年版，第58页。

任意使用，那是对年长的专家学者的称谓。正是这篇论文，使先生成为史学界小有名气的人物。若干年之后，先生的观点得到了学术界的认同，包括罗尔纲先生在内的史学专家放弃了自己的看法，并把这项成果视为太平天国史研究中取得的最大成就。

从50年代末到90年代，吴雁南先生发表了30多篇有关太平天国史的论文。在《关于太平天国政权的两重性》《再论太平天国政权的性质》《太平天国的等级制度与政体》《太平天国的圣库制度》《乡官制度考》等文中，吴雁南先生指出，太平天国既不是完全的革命政权，也不是完全的封建政权，而是兼具革命性与封建性的两重性的政权。他的观点，成为关于太平天国政权性质的一派学术见解，得到了太平天国研究界不少学者的赞同。《试论太平天国起义前洪秀全的政治思想渊源》一文就荣孟源先生关于洪秀全的思想主要渊源于天地会平等思想的观点提出疑问，认为洪秀全的政治思想不仅与"天地会平等思想相联系"，而且与中国古代"儒家大同思想"以及"原始基督教义中某些平等因素"相联系。① 荣孟源先生是著名的史学家，又是史学前辈。面对如此大胆的挑战，论文发表之前，《史学月刊》编辑部责任编辑前往请教荣孟源先生。开明的荣孟源先生对作者勇于创新的观点大为赞赏，连称"后生可畏，后生可嘉"。

二、民族矛盾和阶级矛盾的交织

20世纪70年代末、80年代，在继续太平天国史研究的同时，吴雁南先生的研究重心转向辛亥革命史。辛亥革命是中国从封建社会向近代社会转型时期的里程碑。研究辛亥革命，有助于帮助人们加深对中国近代化历史必然性、重要性和紧迫性的认识，有助于总结近代中国社会转型时期政治、经济、文化思想等诸多方面的经验教训，为中国的现代化提供借鉴。对辛亥革命做出如实的研究、评价，有助于增进海峡两岸的认同感，促进祖国统一大业的早日实现。包括辛亥革命在内的中国近代史研究在改革开放的新时期特别活跃，原因即在于此。这个时期，吴雁南先生撰写发表了有关辛亥革命的研究文章30余篇，出版了论文集《孙中山与辛亥革命》，与路文彩先生共同主编出版了论文集《孙中山与近代中国》，参加了《辛亥革命史》的编写。《孙中山与辛亥革命》收入19篇论文，多数均未公开发表过。加上译文以及90年代发表的7篇论文，吴雁南先生一生撰写发表了有关辛亥革命的文章50余篇。50多篇论文主要涉及辛亥革

---

① 吴雁南：《试论太平天国起义前洪秀全的政治思想渊源》，载《吴雁南文集》（1），贵州教育出版社2003年版，第12页。

命时期的土地问题、兴办实业问题、工农群众斗争问题、会党问题、留学生问题，涉及孙中山、章炳麟、刘师培、邓实等人的思想研究。在关于孙中山实业思想的 4 篇研究文章中，他探讨了孙中山关于中国近代化工业结构、铁路布局、海港建设、内河整治、经济开发及对外开放的构想，具有极强的现实借鉴意义。60 年代发表的《辛亥革命时期中国社会的主要矛盾》一文，既不同意这个时期只包括一个反封建的主要矛盾的观点，也不同意当时的主要矛盾仍是中华民族同帝国主义的矛盾的观点，认为辛亥革命时期中国社会的主要矛盾是中国人民同帝国主义、封建统治者之间的矛盾，是两种矛盾的交织。文章深入地探讨、论述了这种社会矛盾在表现形式上不同于以往的新特点。80 年代，他在一些文章、著作中进一步补充、完善了自己的观点。这个观点形成有关辛亥革命时期中国社会主要矛盾的第三种见解，为学术界部分学者所赞同。这个时期，他参加了章开沅、林增平两位先生主持的 3 卷本、120 万字的《辛亥革命史》一书的编写，并与隗瀛涛先生一起任中卷主编。这部著作是中华人民共和国成立以后关于辛亥革命的篇幅最大、体例观念最新、最为系统的著作。他参与主编的第 2 卷，突破了前人的框架，开辟了新的研究领域，首次用较大篇幅评述了 20 世纪初年资产阶级革命党人中出现的国粹主义、无政府主义思潮并做出了全新的评价。他没有按照传统观点简单地把辛亥革命时期的国粹主义思潮斥为"复古倒退"思想或地主阶级反满思想，首次对这一思潮做出了基本肯定的评价。认为"辛亥革命前几年间，在资产阶级革命营垒里出现的国粹主义思潮，基本上还是围绕着同盟会'三民主义'的政治纲领发挥它的宣传作用的"。他也没有对辛亥革命时期的无政府主义思潮简单地予以全盘否定、批判的做法，认为"在中国当时历史条件下，无政府主义思想作为资产阶级思想体系，在旧民主主义时期仍具有一定的反封建意义"①。在《清末无政府主义、虚无主义思潮》一文中，他进而对辛亥革命时期的无政府主义思潮做出了基本肯定的评价，认为这一思潮"有一定积极作用，又有一定的消极影响，而积极的进步的作用却是主要的"②。他的研究得到了国内外学者的好评。日本学者狭间直树、森时彦在《中国历史学的新潮——辛亥革命研究》一书中说，《辛亥革命史》"从正面提及国粹主义和无政府主义，并从各个侧面展开讨论，这是前所未有的，因而极大地触发了人们的关注"。1984 年，教育部《人民教育事业的巨大成就——纪

---

① 吴雁南、隗瀛涛主编：《辛亥革命史》（中），人民出版社 1980 年版，第 183、220 页。
② 吴雁南：《清末无政府主义、虚无主义思潮》，载《儒学与维新》，河南大学出版社 1991 年版，第 420 页。

念建国 35 周年》一文总结中华人民共和国成立 35 年来全国高校社会科学研究成就时，表彰了 4 项成果，其中之一即《辛亥革命史》。1988 年，该书获得国家教委高等学校优秀教材一等奖。

三、集中国近代社会思潮研究之大成

20 世纪 80 年代，吴雁南先生主要从事辛亥革命史的研究，同时着手社会思潮史的研究。这项研究在 90 年代末达到了高潮。他认为，每当社会处于大变革时期，思想界总会呈现极为复杂的情况，潮流纷呈，碰撞交融。作为改革者，必须充分注意到各种思想动态，充分估计到各个阶级阶层、各种不同利益集团对社会改革的心理承受能力。中国近代社会是一个发生激烈而深刻变化的时期，上承古代，下接现代，中西思想、新旧思想交流、碰撞、融合，社会思潮起伏跌宕，异彩纷呈。这个时期既有精英思想，也有民众思想；既有先进思想，也有落后思想；既有主流思想，也有非主流思想。全面研究这个时期的社会思潮，尤具学术价值和现实意义。80 年代中期，他主持编写了 40 万字的《清末社会思潮》，并于 1990 年由福建人民出版社出版。著作论述了戊戌维新到辛亥革命这一时期爱国主义、变法维新思想、革命民主主义、君主立宪思想、教育救国和实业救国思想、国粹主义、无政府主义、社会主义等八种潮流，揭示清末社会思潮的五大特点：巨大的爱国主义热潮、资产阶级民主主义成为时代的旗帜和当时社会思潮的主流、超越思想甚为突出、复古倾向比较浓厚、超越现实同复古倒退结合在一起。这部著作是当时关于清末社会思潮的较为系统研究的著作，是最早以"社会思潮"命名的中国近代思想史研究著作之一，荣获华东地区优秀政治理论图书一等奖、第五届中国图书二等奖。

90 年代初，吴雁南先生在完成了国家"七五"社科课题"心学对中国社会的影响"之后，紧接着又主持了国家"八五"哲学社会科学规划重点课题"中国近代社会思潮"的研究工作。历时 6 年，课题最终成果《中国近代社会思潮》于 1998 年由湖南教育出版社出版。课题研究人员达到 50 多人，分布在贵州、湖南、湖北、甘肃、福建、北京、广东广大地区；跨度上起鸦片战争，下至中华人民共和国成立前夕；成果篇幅达 6 卷、210 万字。著作对近代中国百年间纷繁复杂的社会思潮做了全面、系统的分析研究，充分体现了中国近代社会思潮发展的多样性以及曲折复杂的特点，从广阔的视野探讨了中国近代社会思潮之间的矛盾、斗争、渗透和影响。著作所涉及的既有主导思潮，如哲学上的变易思想、进化思潮、唯物史观，政治上的爱国主义、民主主义、社会主义；也有非主导思潮，如文化上的保守主义、自由主义、社会改良思潮；还有一些消极的、

反动的思潮,如复古思潮、卖国主义等。对一些难度大的问题,如国家主义、好政府主义等,也做了可贵的探索。对前人涉足不多的思潮,如神秘主义、非基督教思潮等,也做了较深的研究。著作的重要特点之一,是对文化领域各种思潮给予充分的关注,涉及了旧民主主义革命时期的进化思想、中体西用思潮、国粹主义思潮、佛学复兴思潮、神秘主义思潮、教育救国与科学救国思潮;新民主主义革命时期的东西文化论战、科学与人生观论战、非基督教思潮、中国社会性质论争、中国社会史问题论争、平民教育思潮、新启蒙思潮、文化复兴思潮、"战国策"派文化思维与政治主张、自由主义思潮等。著作出版以后,学术界好评如潮,《中国日报·北京周末》外文版发表长篇书评,向海内外推介;《光明日报》以整版篇幅刊登了国内知名学者的笔谈。评论称《中国近代社会思潮》"规模宏大,内容丰富","史料丰富,论证严密","是目前为止篇幅最长、规模最大的系统研究近代社会思潮的专著","创新之处颇多","可为21世纪的中国人提供借鉴"。①《中国近代社会思潮》是中国近代社会思潮研究的集大成之作。

四、最早重启经学研究的学者之一

80年代,吴雁南先生在开辟社会思潮史研究的同时又开创了经学史的研究。经学由儒学演变而来。儒学是先秦诸子百家中的一个学派,西汉中叶,它成为封建地主阶级的统治学说,独尊为经学。历史上,经学内部先后出现过三个大的派别,即今文经学、古文经学、理学。清代经学繁盛,三个学派相继复现,此起彼伏。经学的演变分合,无不与社会的政治、经济、思想文化学术息息相关。中国传统文化博大精深,而传统文化的核心即是儒学。在漫长的封建社会,儒学是地主阶级施行统治的经典学术,中华人民共和国成立以后,它自然而又简单地被置于否定、批判的位置,极少有人研究。直到80年代初,研究儒学的成果仍局限于几本甚为粗略的小册子。吴雁南先生认为,儒学并非糟粕一团,它包含着极其丰富的、民主性的精华。对民族传统文化不能视而不见,更不能抹杀。以马克思主义的观点为指导,批判地继承以儒学为主体的中国传统文化,是建设具有中国特色的社会主义新文化不可缺少的因素。"文革"结束以后,吴雁南先生发表了30多篇经学研究论文,主编出版了近代以来第一部以马克思主义为指导整理清代经学演变历史的专著《清代经学史通论》、第一部系统论述心

---

① 《本书顾问及题词》,载吴雁南、冯祖贻、苏中立、郭汉民主编:《中国近代社会思潮》(1840—1949)第一卷,湖南教育出版社1998年版,卷首页。

学对中国社会的影响的专著《心学与中国社会》、第一部以马克思主义为指导整理中国经学演变历史的专著《中国经学史》，成为1949年以后经学长时期遭受冷遇、批判甚至摧残情况下中国大陆最早重启经学研究的为数不多的学者之一。他的研究在揭示经学封建意识形态本质特征的基础上，对经学在中国传统文化中的价值和意义做了客观的分析评介，着力发掘经学蕴含的积极意义；重视经学对中国社会政治、学术、文化教育、民族精神和社会风貌深远影响的探究。

吴雁南先生的经学研究，经历了由清代经学到心学，进而王学，最后中国经学通史的历程。80年代初，他为研究生教学需要编写了《清代经学史略》讲义。80年代后期，他邀请学人参加，对讲义修订增益，于90年代初主编出版了《清代经学史通论》。该书是近代以来研究清代经学演变史的第一部专著。它力图将清代经学置于清代历史发展的大潮中，探究经学源流与当时学潮、政潮的关系，揭示经学的各个派别——古文经学、今文经学、理学，到了清末均成为资产阶级鼓吹改革、革命的学术工具，走向异端，这同时也就标志着传统经学的基本终结。90年代中期，他约请学者，主编了50多万字的《中国经学通史》，2001年9月由福建人民出版社出版。他为中国经学编写一部通史的夙愿终于实现，可惜他生前未能看到这部著作的正式出版。著作不仅对中国经学的发展演变、对垒融合做了完整的论述，而且对经学在中国历史长河中的巨大影响进行了历史唯物主义的、实事求是的分析评价。在揭示、批判封建纲常伦理本质的同时，对其崇尚理想人格讲求节操、倡言开拓进取自强不息、尚道德重修身、激励勤劳勇敢大无畏精神、高扬爱国精神等积极因素予以充分的阐发，揭示它对中华民族精神形成的重要意义。

90年代初，在《清代经学史通论》一书定稿以后，吴雁南开始主持国家"七五"哲学社会科学课题"心学对中国社会的影响"。课题最终成果、专著《心学与中国社会》书稿于1992年冬完成，1994年初由中央民族学院出版社出版。心学是理学的一个派别，即主观唯心主义理学，是中国历史上一个重要的儒学派别。历来的研究囿于主观唯心主义的界定，似乎其学说不崇实际，忽视其在特定历史条件下的积极功能。《心学与中国社会》坚持历史唯物主义的态度，着力探究心学在特定历史条件下为有识之士利用发挥，改铸成应变、变革和革新的思想主张，从而对当时的思潮、政潮产生积极作用的一面。由于过分夸大心力的作用，即便是有识之士的利用，也会产生消极的影响。对此，《心学与中国社会》也加以剖析和揭示。稍后，他致力于心学之集大成者——王阳明心学的研究，主编了《阳明学研究丛书》，出版了他的专著《阳明学与近世中国》，进一步发挥了自己的观点。第一，心学称颂人的伟大与尊严，昂扬人的主体意识。心学宣称"人者,天地之心",以为天地之中,人是最尊贵的。又称"吾性自足",不论贫富贵贱、贤与不肖,均可成为圣人。认为人的良知是宇宙万物的本原和主宰,一切事物、思想、教条,都应以吾心之良知为标准加以审视,而不以任何圣贤之是非为是非。这种高昂的主体意识,大大推动了人们的思想解放,推动了人们对人道的追求,鼓舞人们冲破旧的传统,冲破封建专制的罗网。明清之际出现了思想解放的潮流,其先导就是作为心学大成的王学。第二,昂扬人的主体精神,强调心力的作用。特别是在近代中国,内忧外患,境况日下,在人们四顾茫茫、找不到救星的时候,心力决定论对增强人们的自信心起着非常积极的作用。"方寸撑尘寰",历史的责任感、使命感和主体精神的昂扬,催促着、鼓舞着志士仁人奋不顾身、一往无前,从事惊天动地、前无古人的事业,即使糜肉流血,也在所不惜。虽然近世中国志士仁人至大至刚的浩然之气的张大有多方面的因素,然而不能不说同心力学说有一定关系。第三,心力过分夸大人的主体精神的作用,助长了人们过急过热的情绪,往往使人脱离实际,超前行动,也就不能引导革新事业真正走向成功。吴雁南先生曾多次说到他研究心学、研究社会思潮的用心。他说中国近代以来总是存在着一种过急、超前的心态,洪秀全的农业社会主义、孙中山的主观社会主义、新民主主义革命时期党内的三次"左"倾路线、中华人民共和国成立以后的"十五年超英赶美",就是这种表现。心力决定论就是这种过急心态的一种理念支撑。研究心学和社会思潮史,可以为今人的决策提供一些历史的经验教训。

半个世纪的学术生涯中,吴雁南先生以其渊博的学识,厚重的理论素养,秉笔直书的学术勇气,杰出的组织策划能力,厚道包容的人格魅力,特别是强烈的创新意识与开拓精神,在太平天国史、辛亥革命史、中国近代社会思潮、儒学与传统文化等诸多领域取得了具有国内领先水平的重大的突破性成果。创新是吴雁南先生的学术灵魂。在当今这个学风浮躁的社会,重温吴雁南先生的学术创新思想、创新精神,无疑具有重要的借鉴意义。

吴雁南先生与新中国的经学史研究

陈 奇[①]

(贵州师范大学,贵州贵阳,邮编:550001)

摘 要 "文革"结束以后,吴雁南先生发表了 30 多篇经学研究论文,主编出版了近代以来第一部以马克思主义为指导整理清代经学演变历史的专著《清代经学史通论》、第一部系统论述心学对中国社会的影响的专著《心学与中国社会》、第一部以马克思主义为指导整理中国经学演变历史的专著《中国经学史》,成为 1949 年以后经学长时期遭受冷遇、批判甚至摧残情况下中国大陆最早重启经学研究的为数不多的学者之一。他的研究在揭示经学封建意识形态本质特征的基础上,对经学在中国传统文化中的价值和意义做了客观的分析评介,着力发掘经学蕴含的积极意义;重视经学对中国社会政治、学术、文化教育、民族精神和社会风貌深远影响的探究。

关键词 吴雁南;经学研究;最早重启;社会影响

一、最早重启经学研究的学者

"文革"结束以后,吴雁南先生发表了 30 多篇经学研究论文,主编出版了《清代经学史通论》《心学与中国社会》《中国经学史》3 部经学著作[②],成为 1949 年以后经学长时期遭受冷遇、批判甚至摧残情况下中国大陆最早重启经学研究的为数不多的学者之一。

西汉中叶,儒学独尊为经学。此后两千多年中,经学始终是封建时代的统治学术、权威理论形态、国家政治生活的理论依据,研究著述浩如烟海。晚清

[①] 作者简介:陈奇,男,贵州师范大学教授、贵州省文史研究馆馆员。
[②] 论文集为《吴雁南文集》第 4 卷《儒学与中国社会》。《清代经学史通论》,云南大学出版社 1993 年版;《心学与中国社会》,中央民族学院出版社 1994 年版;《中国经学史》,福建人民出版社 2001 年版。

及民国时期,伴随着中国社会的近代化转型,作为统治学术的经学逐渐退出主流地位,逐渐回归到作为学术的儒学。

五四新文化运动提出"打倒孔家店",在清算传统儒学的专制、愚昧思想的同时,不适当地进入全盘否定儒学的民族文化虚无主义误区,儒学研究开始衰微。不过,民国时期,执政者的意识形态尚未处于与传统儒学水火不相容的地步,政权的力量尚未达于禁绝儒学研究的程度,儒学研究还是有相当的成果。据《民国时期总书目》收录统计,有著作430余部,代表性的如周予同为皮锡瑞《经学历史》所做注释本、范文澜在中共中央党校的演讲《中国经学史的演变》、马宗霍的《中国经学史》、中译本泷熊之助的《中国经学史概说》、中译本本田成之的《中国经学史》、周予同的《经学概论》《经今古文学》、钱穆的《朱子新学案》、蒙文通的《经学抉原》等。① 皮锡瑞的《经学历史》最早刊行于光绪三十三年(1907),是中国第一部通史性经学史专著。民国年间出版的为数不多的几部通史性经学史专著,两部是中国人撰写的:马宗霍的《中国经学史》、范文澜的《中国经学史的演变》;两部是日本人撰写、由中国人翻译的:泷熊之助的《中国经学史概说》、本田成之的《中国经学史》。范文澜在中共中央党校的演讲《中国经学史的演变》,运用马克思主义理论对中国经学两千年来的演变做了明晰的梳理,在学术上自有很大的价值。但是,那仅仅是数万字的小册子,甚为简略;他的研究是为了对经学进行批判。演讲"曾深受毛泽东的称道。称道的内容很早便在学术界流传,大意是非但中国经学必须全盘否定,即使清代乾嘉汉学家的经学研究,也仅有负面价值,属于烦琐哲学,必须批判,而且批得越凶越好"②。其他几部经学史著作,"多以经书本身的整理、研究、解释和阐发为中心"③,很少从儒学与社会的互动角度进行研究。

1949年中华人民共和国成立以后至"文革"近30年间,在阶级斗争理论指导下,儒学被斥为封建地主阶级的学术而予以否定,儒学研究成为少有人问津的领域甚而禁区,仅仅在有关的中国哲学史著作中有所涉及,仅有数种关于《论语》、《周易》、孔子的著作。

"文革"时期,儒家文化更是遭受了毁灭性的摧残。1966年破除旧思想、旧文化、旧风俗、旧习惯的所谓"破四旧"运动中,几乎所有的传统文化、现

---

① 参见北京图书馆编:《民国时期总书目》之《哲学、心理学》,书目文献出版社1991年版。
② 朱维铮:《增订版前言》,《周予同经学史论著选集》,上海人民出版社1996年版,第6页。
③ 吴雁南:《前言》,载《清代经学史通论》,云南大学出版社1993年版,第1页。

代文化都被打入"旧文化"的范畴；很多知识分子被视为与"四旧"有瓜葛的群体，游街示众，批判斗争。儒家文化、儒家思想理所当然地被列为"旧文化""旧思想"之首。那些带有"忠""孝"一类儒家文化色彩的名称被视为封建残余，一律改为具有革命色彩的新名；孔子像、孔庙、贞节牌坊被捣毁殆尽；无论是私家收藏的，还是学校、科研单位、公共图书馆、文博部门收藏的儒家典籍统统被查抄、封存甚至付之一炬。如果说，"破四旧"是对儒学载体即儒学的物质形态的摧残，亦即对儒学的表层的摧残的话，那么，1974—1976 年间的"批林批孔""评法反儒"则进而以理论批判的形式，对儒学进行了内在的、深层次的摧残。大略统计，同期全国出版的 500 多部关于儒学的著作，全部都是讲"儒法斗争"的，已失去了学术研究的意义。这些著作或者讲"儒法斗争"史，或者汇编"儒法斗争"史料，或者讲历史上劳动人民的"反孔"。报刊、广播充满了"尊法反孔"宣传。此外，还组织大批人员，深入机关、部队、工厂、学校、街道、农村宣讲"儒法斗争"史。这些文章、著作、宣讲材料，把秦以来的历史都歪曲为儒家与法家"两条路线斗争史"，声称儒家都是反对变革、坚持复辟倒退的，法家都是坚持变革的、进步的；一切历史的进步都是法家的功劳，一切历史的反动都是儒家的罪过；一切有作为的人物都是法家，历史上所有的反面人物都是儒家。

了解"五四"以后儒学研究衰微的历史，明白 1949 年以后 17 年间中国大陆儒学研究的状况，人们就能够更为深切地体会到吴雁南先生在"文革"结束后率先恢复经学史研究的开拓性意义。他是在经学长期遭受冷遇的情况下中国大陆最早重启经学研究的为数不多的学者之一。

二、中国经学史研究的新篇章

经学是由儒学演变而来的。儒学形成于春秋战国时期，为民间学说，属于诸子百家中之一家。西汉中叶，儒学独尊为经学，成为封建国家的统治学术、权威理论形态。经学与儒学紧密相连，但又不完全相同。儒学侧重于学，侧重于学理的研究；经学侧重于术，侧重于如何以儒学作为统治之术的研究。儒学虽侧重于学理的研究，但儒学自身主要研究的是政治学理、道德伦理，主要是人文科学学理，因而包含了社会治理之术；经学侧重于如何以儒学作为统治之术的研究，但也包含着学理的研究。学理之中有术，治术之中有学。清代汉学是东汉古文经学在清代的变异形态，它不是官方经学，却是清代实际上流行时间最长、最为兴盛的经学流派。汉学引导知识分子埋头考据、远离政治，为清王朝的统治帮了大忙，这是它负面成分。然而，汉学在儒家典籍的训释方面，在中国古代文字学、历史学、文学、天文学、地理学、数学、目录学、辨伪学、辑佚学等几乎所有的学科领域内取得了前所未有的成就。就以最为人诟病的儒家尊卑贵贱等级礼仪思想而言，从社会管理、治理的角度而言，它也包含着社会角色意识这一普遍的、永恒的合理内核。更不用说忠恕之道、和而不同、天人合一这些深邃幽奥的学理。经学、儒学存在了数千年，在数千年的社会中发生了重要的甚至垄断性的影响、作用，从某种意义上讲，从总体上看，它也是那个时代文明的结晶，是适应那个时代要求的产物。从今天的视野看，它有糟粕，但也有精华，有值得后人汲收、借鉴之处。

晚清、民国时期，伴随着中国社会的近代化转型，作为统治学术的经学逐渐退出主流地位。这种退出，是指作为学术统治地位、独尊地位的退出，指作为国家权威理论形态、主流意识形态、政治生活的理论依据的退出，并非其中学理成分的完全退出，并非作为经学前身的儒学的完全退出，不意味着对儒学、经学不能继续研究。随着封建时代的结束，经学退出了主流地位，逐渐回归到作为学术的儒学。作为一种延续了数千年的学术、延续了数千年的意识形态，儒学也好，经学也好，是不可能完全退出历史舞台的，要想人为地令其完全退出历史舞台也办不到。作为学术的儒学，其负面成分会继续残存一段时期，其合理性成分会成为新时代学术、文化、思想的有益养分。今天的文化是昨天文化的传承和更新，今天的历史是昨天的历史的传承和创新，新文化的创立离不开对传统文化的扬弃，任何一个民族都不可能割断自己的文化和历史。传统与现代既相冲突又彼此联系，既有阻力又具有动力，既有缺陷又具有现代化价值和自我转换的能力。文化是时代性和民族性的统一。时代性表明现代化是世界上所有的民族共有的历史趋向和理想追求，中国也不可能例外；民族性表示任何一个民族的现代化都有独特的演进方式和不同的展现形态，中国同样如此。传统文化中的很多观念、精神、思想，都是现代化文化转型中的宝贵财富。

20世纪70年代末，"文革"结束，实事求是、解放思想的路线渐次确立，儒学研究的大环境渐次具备。针对长期以来的民族文化虚无主义做法，吴雁南先生强调指出："对祖国的优秀历史遗产不能视而不见，更不能抹煞，必须以马克思主义的观点方法批判地继承，为社会主义现代化服务。"[①] 他以敏锐的学术眼光，预感到科学地总结经学或者说儒学这份中华民族的宏大文化遗产，对于建设改革开放新文化的重大意义，因而开始了对经学或者说儒学的研究。"文革"结束，他加入了由章开沅、林增平主持的大型《辛亥革命史》的编纂，与

[①] 吴雁南：《后记》，载《儒学与维新》，河南大学出版社1991年版。

隗瀛涛共同主编中册。在他撰写的辛亥革命时期的国粹主义思潮中，一反过去完全否定的观点，对国粹主义思潮做出了基本肯定的评价。国粹主义倡导弘扬传统文化的精华以达到救亡图存、反清共和的目的，所倡扬的国粹，重要内容之一就是传统的儒家文化。国粹主义思潮的研究成为吴雁南先生转向专门儒学研究的契机。80年代初，他着手清代经学史的研究，编写了《清代经学史略》，供本科、研究生教学使用。其后，历经十来年的修改、补充，于1993年公开出版了由他主编的近代以来第一部以马克思主义为指导整理清代经学演变历史的专著《清代经学史通论》。民国年间出版的梁启超《中国近三百年学术史》及钱穆《近三百年学术史》，"虽都以清代经学史为主干，有不少精辟见地"，但都不是清代经学史的专著，特别是"未能将清代经学的发展变化同明中叶中国社会生产方式的某些变化联系起来，同西学东渐联系起来，因而未能阐明清代经学历史的规律、特点和历史地位"[1]。90年代初，他着手心学研究，1994年主编出版了《心学与中国社会》，首次就心学"对中国社会的影响作了比较系统的论述……填补了一项学术空白"[2]。1990年，他开始策划通史性经学著作《中国经学史》的编撰，2001年出版了由他与另外两位学者主编的50多万字的《中国经学史》。关于通史性经学著作，晚清、民国年间的几部"多以经书本身的整理、研究、解释和阐发为中心"[3]，很少从儒学与社会的互动角度进行研究。1949年至"文革"时期，更不可能编写了。"文革"以后，儒学研究渐次复苏，80年代有50来部著作问世，但没有一部通史性质的。90年代及其后，儒学研究形成热潮，粗略统计，90年代不下400部，2000年有80多部，出现了数种通史性著作：广东教育出版社1998年版姜林祥主编7卷本《中国儒学史》、中州古籍出版社1991年版赵吉惠的《中国儒学史》、广东人民出版社1996年版马勇的《儒学兴衰史》、黑龙江出版社1995年版刘孟骧的《中国儒学史话》、上海人民出版社2000年版李申的《中国儒教史》。不过，这些通史性著作都是以"儒学"而非"经学"命名的。经学与儒学是有区别的，作为封建时代统治学术的经学，其负面成分更严重，更为后人诟病，研究的难度更大，更需要研究者的学识与勇气。《中国经学史》是吴雁南集自己经学研究大成的通史性经学著作，是中华人民共和国成立以后的第一部通史性、学术性经学著作，是近代以来第一部以马克思主义为指导整理中国经学演变历史的专著。

---

[1] 以上引文见吴雁南：《清代经学史通论》，云南大学出版社1993年版，第31-32页。

[2] 陈梧桐：《一部有创见的心学研究著作——评〈心学与中国社会〉》，《贵州文史丛刊》1994年第3期。

[3] 吴雁南：《前言》，载《清代经学史通论》，云南大学出版社1993年版，第1页。

吴雁南先生对新时期经学研究的贡献不仅在于率先开启经学研究，不仅在于创造了断代经学史清代经学史、心学对中国社会的影响、中国经学通史等研究的若干第一，而且在于在经学史研究中提出了一系列新见解。其一，"所谓的'经'，只是先秦各家各派以及官府的重要著述与典籍而已"①。其二，"中国的经学形成于西汉"，春秋战国时期只能是经学的"孕育阶段"。② 其三，把学术流派的演变与经学盛衰演变及其研究方法、特点结合起来，将经学的演变分为西汉今文经学、东汉古文经学、魏晋南北朝多元化倾向经学、隋唐统一和变异的经学、宋代功利派经学及性理阐释经学、元明时期衰微的程朱理学和兴起的心学、清代经学等7个时期。其四，重视历代少数民族政权经学的研究，将少数民族政权经学思想作为中国经学史的重要部分。其五，重视经学对中国社会政治、学术、文化教育、民族精神和社会风貌深远影响的探究。

在上述研究成果中，吴雁南先生对经学在中国传统文化中的价值和意义做了客观的分析评价。鉴于长期以来对传统经学的研究侧重于否定、批判的状况，他在揭示经学封建意识形态本质特征的基础上，着力发掘经学蕴含的积极意义。其一，崇尚理想人格，以天下国家为己任，讲求节操。其二，开拓进取，倡言维新，自强不息。其三，尚道德，崇礼义，重修身。修身的目的在立德，最重要的道德规范是仁与义。其四，勤劳、勇敢、大无畏精神。其五，爱国精神。儒家严华夷之别，其民族精神一是保卫家国和华夏文明，二是将严华夷之别同尊王的大一统观念相结合，种族歧视的色彩并不浓厚。③ 传统经学所以蕴含这些积极意义，在于作为经学前身的儒学"曾经是一个具有进步性的学派，儒学的始祖孔子是具有'两重性'的思想家"；儒学典籍中含有诸如民本、大同一类"富有人民性的内容"，具有"损益变革的思想和其他优秀遗产"。④

发端于五四时期的现代新儒家，历经梁漱溟、唐君毅、杜维明代表的三个阶段，对儒学的"返本开新"、儒学的至善人格追求、生命哲学、天人之道、儒学的宗教性及其普适价值进行了极具意义的、卓有成效的思考。西方启蒙时代以来的"人类中心主义"在为世界创造价值的同时，也带来了地球家园的危机。儒家的"天人合一"、人道与天道融合，超越自己、超越家族、超越国家、超越"人类中心主义"，才是人性、生命的真正的、全部的含义，它是广泛意义上的最高宗教境界。"当关注中心移向天人合一的时候，便超越了世俗的人本主义

---

① 吴雁南等主编：《中国经学史》，福建人民出版社2001年版，第2-3页。
② 吴雁南等主编：《中国经学史》，福建人民出版社2001年版，第7页。
③ 参见吴雁南等主编：《中国经学史》，福建人民出版社2001年版，第27-32页。
④ 吴雁南等主编：《中国经学史》，福建人民出版社2001年版，第676-677页。

这一启蒙精神的带有明显的人类中心说特色的形式。这一整合……可能很适合作为一种新的全球伦理学说达到起点。"① 现代新儒家在我国港澳台地区乃至海外形成颇具声势的派别,为儒学的现代化转型及走向世界做出了重要的贡献。"文革"以后,大陆学术界启动了与海外新儒家的交流,介绍、研究、评介、借鉴新儒学的观点、主张、思想,充分肯定新儒家对传统儒学的发掘、开新、弘扬、推广之功。新时期的大陆儒学研究,与海外新儒家互为犄角,声气相通,趋于炽热,硕果累累。20 世纪 90 年代以来,儒学团体的涌现如雨后春笋,儒学研讨会令人目不暇接,出版专著不下千种。联合国教科文组织泰勒博士说:"当今一个昌盛、成功的社会,在很大程度上,仍立足于孔子所确立和阐述过的很多价值观念。这些价值观念是超越国界、超越时代的;属于中国,也属于世界;属于过去,也会照鉴今天和未来。"② 2005 年,联合国教科文组织决定,以孔子的名字命名,设立"孔子教育奖",奖励在教育和文化方面做出突出贡献的各国政要和专家。儒学走出了国门,走向了世界。传播儒学,成为中国在国际上提升文化软实力的重要内容之一。儒学研究兴盛局面的形成,包括吴雁南先生在内的一批学者在"文革"后率先恢复、开展、推动儒学研究,功不可没。

---

① 杜维明:《文明的冲突与对话》,湖南大学出版社 2001 年版,第 181-183 页。
② 转引自汤恩佳:《儒教儒学儒商对人类的贡献》(上),香港孔教学院 2006 年版,第 13 页。

《中国近代社会思潮》成书经过与启示

赵 泓[①]

(华南理工大学,广东广州,邮编:510641)

摘 要 吴雁南等人主编的4卷本《中国近代社会思潮》是在国家哲学社会科学"八五"重点规划项目成果基础上撰写而成,1998年由湖南教育出版社出版。作者详细回顾了这部书的编撰及出版经过,总结了编撰出版经验以及对当下学术出版活动的启示。

关键词 吴雁南;中国近代社会思潮;编辑出版

吴雁南、冯祖贻、苏中立、郭汉民主编的4卷本、220万字的《中国近代社会思潮》1998年由湖南教育出版社出版,迄今已23年,但迄今在学术界仍颇有影响力,被史学界同仁公认为这一领域的集大成之作。我曾参与这部书的编纂工作,并忝列第二卷副主编。通过回顾这套书的编纂出版经过,希望对学术著作的编撰和出版有所裨益。

一、编纂与出版经过

4卷本《中国近代社会思潮》是国家重大社科基金项目。1992年,由贵州师大原校长、著名历史学家吴雁南教授领衔申请的"中国近代社会思潮"获得国家"八五"规划哲学社会科学规划重点研究项目立项。原贵州社会科学院副院长冯祖贻、华中师大历史系苏中立教授、湖南师大历史系郭汉民教授是项目的重要组织者和参与者。这一项目在已有研究成果《清末社会思潮》基础之上,增加了《古代乌托邦与近代社会主义思潮》《民初社会思潮》等内容,丰富了中国近代社会思潮的内涵。1995年10月,湖南教育出版社编辑刘新民得知"中

[①] 作者简介:赵泓,华南理工大学新闻与传播学院教授。主要从事新闻写作、历史文化的研究与教学工作。

国近代社会思潮"这一重点项目诞生了一系列成果,即将结题,于是主动联系吴雁南教授,希望双方通力合作,争取作为社重点图书出版。双方一致认为,在时间跨度上,原来研究截至五四时期还不够,应延伸到1949年前后。另外,思潮的面也应更宽,应包含一些非主流但也很重要的社会思潮。1995年12月,吴雁南教授邀约冯祖贻、苏中立、郭汉民几位主编在贵阳召开碰头会,讨论项目结题和4卷本《中国近代社会思潮》的框架以及人员组织安排等事宜。

1996年9月27日,"中国近代社会思潮研究"项目结题鉴定会在贵阳召开。鉴定组专家学者有华中师大原校长、著名历史学家章开沅教授,台湾著名近代史学者张朋园教授,四川大学原副校长、著名历史学家隗瀛涛教授等。鉴定组组长章开沅教授在项目结题鉴定报告中认为,该课题"篇幅宏大,视野开阔,资料翔实,史论结合,评价公允,提出了一些有创见的观点,提供了有新意的研究思路,居于国内领先水平,具有重要的学术价值和现实意义"①。这天正值张朋园教授70岁生日,晚宴上特意准备了生日蛋糕为他祝寿。

比较课题而言,4卷本《中国近代社会思潮》是一个浩大的工程。为实现这一目标,吴雁南教授在研究思路的把握、体例的确定、人员的配备与协调等方面起到了关键作用。他先构思、拟出提纲初稿,提供基础参考书目,然后和分卷主编协商使之完善,同时落实编写人员。他撰写导论、绪论和部分重点、难点章节,聘请知名专家学者充当顾问。吴雁南教授主持召开过多次《中国近代社会思潮》编撰及出版会议,如1996年4月,他跟几位主编与湖南教育出版社领导、责编在长沙召开会议,讨论全书体例和纲目编写。同年6月,又在武汉华中师大与章开沅教授召集的几位专家学者一起讨论书稿提纲。1997年9月,该书主编、主要撰稿人及责编在长沙研讨书稿,并邀请本书顾问、中国社科院近代史所耿云志研究员赴会指导。1998年1月,在长沙召开研讨会,邀请本书顾问、南京大学中华民国史研究中心主任张宪文教授赴会指导。经过多次研讨、不断打磨,终于定稿。

该书在内容结构、理论探讨上都有所创新。在内容创新上,一是对中国近代社会思潮做了全景式阐释,时间跨度长109年。尤其弥补了过去学界对1919—1949年间社会思潮研究的不足,而且体大思精,展现了近代中国"百家争鸣"局面。全书涉及中国近代50多种社会思潮,内容极为丰富,囊括了近代的主流思潮与非主流思潮。这些种类繁多的思潮,充分反映了那个时代矛盾的复杂性,充分展示了近代中国思想界"百家争鸣"的新局面。二是对中国近代

---

① 苏中立、涂光久:《家国情怀的历史书写》,华中师范大学出版社2019年版,第367页。

社会思潮特点的归纳，言简意赅，切中肯綮。在理论创新上，一是"厘清了思潮的内涵并确定了研究立足点"；二是"以爱国主义和近代化作为近代社会思潮的评价标尺"；三是"注重社会土壤分析"。①

作为全书总主编，吴雁南教授立足于整个近代史，从宏观上全面考察了各种社会思潮，认为中国近代社会思潮围绕着"走近代化道路"的主题，呈现了一些新的特点。他在全书绪论中，概述了中国近代社会思潮的内涵和特点，以及中国近代社会思潮形成、演变和发展的社会土壤，给全书奠定了基调和大体框架。"在编书过程中出现的一些具体问题，包括谁的书稿不能用，谁的书稿要改写或重写，以至编、章、目的安排和调整等等，也多是由他指点和裁定。如'反洋教思潮的兴起'一章，能不能采用？有的主编认为原稿不宜采用，有的主编认为原稿略加修改可以用。我认为该稿要经过较大修改才能用。最后吴先生决定由我找人改写，增加一名作者，后来改写稿增加了一倍的内容，几位主编一致同意采用。"②

我有幸作为课题组成员，撰写了"激进民主主义思潮""新村主义与工读思潮"等章节，并忝列第二卷副主编。这卷主编是苏中立教授，我的大学任课老师，给我们开过"中国近代文化史"选修课，也是我的本科毕业论文《试论蔡元培的中西文化观》的指导老师。苏老师学养深厚，为人谦逊，做事踏实。从保留至今他的来函中，其行事风格可见一斑，我们也能从中一窥该书编撰的一些情况，故抄录如下：

> 赵泓同志：
>
> 请您在编写或修改时，考虑如下问题：
>
> 一、要反映该思潮的兴起过程和概貌，显出"潮"来。二、重点问题、重点人物或创新部分应深入论述。三、对该思潮的评价力求全面、客观、公允。四、质量上要高于学术界已有的相关成果，并显现出自己的特色。五、编、章、节、目之间不要前言。六、字数一定要控制在规定的限度内。七、注释要全、详（另附要求一份）。八、引文一定要核对原文。九、个人文集要注最全或最新的，如最全的《饮冰室合集》、最新的《孙中山全集》。

---

① 王代莉：《吴雁南先生与中国近代社会思潮研究》，贵州师范大学硕士学位论文，2005年5月，第39-41页。

② 苏晖：《中国近代思想文化研究——苏中立、涂光久文集》，武汉出版社2018年版，第390页。

附言：请将此精神转告张恒平同志，并请他于 6 月份将"国粹主义（思潮）"改写完。

苏中立 96.4.

赵泓同志：

近好！

吴雁南教授于 1996 年 4 月 23—27 日和湖南教育出版社负责同志在长沙湖南师大主持召开了编写会议，随后又在武汉华中师大历史所和章开沅教授一起主持召开了座谈会，对《中国近代社会思潮》编写提纲进行了较为充分的讨论，提出了许多宝贵的修改意见，吴雁南教授、胡本昱编审作了总结，归纳起来主要有以下要点：

一、起点要高，一定要在掌握国内外研究状况和现有成果基础上，有所创新并写出自己的特色。

二、史料要详。一定要在掌握丰富的史料基础上进行编写，切忌抄袭别人成果，如转述较多，应注明参阅书目。

三、内容要全。一定要对社会思潮从各个层面进行立体研究，不仅要写精英人物的思想，而且要写下层群众的思想，要多层面包括各个阶级、阶层，各个集团、派别、政党来展示社会思潮的丰富内容。

四、源流要明，一定要把每一思潮之间的源流，来龙去脉写清楚，并反映各个思潮之间的联系，纵横交错。

五、分析要深。一定要加强综合分析，使每一思潮以及各种思潮之间形成一个统一的整体。

六、评价要准（平），一定要对每一思潮进行实事求是的评价，做到平实、公允，既要突破某些既有框框，又要坚持四项基本原则。

七、注释要齐，出版社将另发关于技术处理的要求的文字材料。注释要求：

著作：作者、书名、卷次、出版社年月、页码。

文章：作者、篇名、期刊名、号、年月日。

详情见"会议纪要"，并以会议纪要为准。

附：

一、出版社将发材料有：会议纪要、编写提纲、关于技术处理的要求。

二、四卷交稿时间（指作者交稿时间）：

第一卷 1996 年 6 月，第二卷 1996 年 12 月，第三卷 1996 年 12 月，第四卷1997年6月。

苏中立　1996.5.2

赵泓同志：

你好！已寄去材料，谅已收到。

关于激进民主主义一章，反复思考，提纲还不完善，现考虑如下：

一、陈独秀和激进民主主义思潮的兴起

二、维护资产阶级民主共和思潮的深入发展

三、从天赋人权到人权与科学并重

四、人的发现与价值重建

五、新的思想解放潮流

为什么要增加"陈独秀和激进民主主义思潮的兴起"呢？一则前面主导思潮都见有人物于标题，如康有为、孙中山等，二则兴起情况必须先集中讲一下，才看出思潮的全貌，"二、三、四"三个题都是就某一方面内容讲的，不可能概述全貌。

兴起情况和后面内容不要重复，如何处理，请酌情考虑。

"新的思想解放潮流"属于意义方面，从思想启蒙的角度写，写出新意。

总之，这一章很重要，有许多新的探索，时间跨度有的很长，请你在全面阅读有关材料之后，再综合考虑编写提纲，以作修改，并要花大力气收集资料和有关新的理论，只好让你辛苦了，致谢！

其他问题后述。

张恒平一章已临近交稿时间（6月），请你催促。

致

礼！

苏中立　96.5.18

来信中还附有"关于《中国近代社会思潮》（四卷本）若干技术处理的规定""关于技术处理的若干要求"等，规定十分详细。

围绕这本书的编撰、出版，4位主编以及他们与作者、责编之间，经常往来函件讨论，反复切磋。如1994年6月14日，吴雁南在致苏中立函中指出："《民初社会思潮》一书（注：即《中国近代社会思潮》第二卷）是重头戏，因此要特别麻烦阁下,有不足之处,即请大刀阔斧修改。"① 1995 年 9 月 10 日冯祖贻研究员致苏中立函:"第一卷稿'民主革命思潮'已经压缩,大致 5 万多(估计 5.3—5.5 万之间),多了一些,但很难压了,请你看看,能否再压一些?'无政府主义'按要求,只能重新改写。最近冗事较多,还不能动笔,待将杂事处理后再说。"② 1997 年 11 月 2 日郭汉民教授致苏中立函:"拜读第一卷四编二十章纲目,总的感觉甚好,很有新意,只是篇幅略显不均,例如第三章应是重点,仅 2.4 万字,第十九、二十章应次要或一般的章,却有 3.5 万字和 4 万字。而且目录显示全书已有 59 万字,实际印出至少 65 万字,所以有些章的篇幅可考虑再考虑再压缩一些。"③ 1998 年 2 月 18 日湖南教育出版社编辑刘新民致苏中立函:"《中国近代社会思潮》第三、四卷的统稿工作正在紧张地进行。如果时间允许,我将于 3 月初携第三卷原稿前来华中师大向您求教。"④ 1998 年 5 月 3 日湖南教育出版社社长、本书责编之一胡本昱编审致苏中立函:"为撰写思潮巨著,您和其他几位主编耗费了不少精力,您所做的工作尤其艰辛而富有卓著成效。我们几位责编和社里几位领导都十分钦佩和感谢。今日另封寄上第二卷清样,其中尚有少数地方需要请您在百忙中挤时间进行稽核。"⑤

1998 年 8 月,煌煌 4 卷本《中国近代社会思潮》正式出版。本书 4 位顾问——中国史学会会长戴逸、中国人民大学校长李文海教授、中国社科院学部委员耿云志研究员、南京大学张宪文教授分别写了题词刊于扉页。其中张宪文教授的题词为:"《中国近代社会思潮》一书,规模宏大,史料丰富,论证严密,全面、系统地研究了近代中国各种社会思潮的产生、发展和演变轨迹,并在前人研究基础上,提出了许多有创见的观点,对史学研究做出了突出贡献。"出版后好评如潮,本书顾问戴逸、张宪文、中央党史和文献研究院主任金冲及、广东社科院院长张磊、四川大学副校长隗瀛涛、山东社科院戚其章研究员在 1999 年 4 月 30 日《光明日报》第 9 版发表一整版评论,认为该书"创新之处颇多,是学术界的一部力作","解决了中国近代社会思潮的体系问题","对史学研究"做出了突出贡献。

当然,研究者也指出该书不足之处,如"对经济思潮、经济自由主义、民族主义思潮、军国民教育思潮等,尚未来得及系统整理、归纳。由于相关资料

---

① 苏中立、涂光久:《家国情怀的历史书写》,华中师范大学出版社 2019 年版,第 432 页。
② 苏中立、涂光久:《家国情怀的历史书写》,华中师范大学出版社 2019 年版,第 442 页。
③ 苏中立、涂光久:《家国情怀的历史书写》,华中师范大学出版社 2019 年版,第 444 页。
④ 苏中立、涂光久:《家国情怀的历史书写》,华中师范大学出版社 2019 年版,第 447 页。
⑤ 苏中立、涂光久:《家国情怀的历史书写》,华中师范大学出版社 2019 年版,第 446 页。

收集较难,是书虽然强调下层民众,但还是展现得不够"。"各卷对各种思潮的探索详细不一,有的章节陈述多于分析,有的章节视野不够宽广。全书后两卷,由于时间仓促且难度较大,因此分量明显少于前两卷,而且有些思潮发掘不够。"① 但它仍是目前为止篇幅最长、规模最大的系统研究近代社会思潮的专著,对中国近代史学研究做出了重大贡献。

吴雁南教授在主持完成"中国近代社会思潮"重大项目后,又开始构想"中国古代社会思潮"与"中国现当代社会思潮",以求打通整个中国社会思潮。惜乎天不假年,在《中国近代社会思潮》出版3年后,吴雁南教授溘然长逝,给史学界留下了一个巨大的遗憾。

二、对当下学术编纂与出版的启示

4卷本《中国近代社会思潮》历经6载寒暑终于隆重推出。又过了23年,至今仍然具有学术生命力,其成功对学术著作的编纂与出版有以下三点启示。

(一) 作者背景和前期成果决定了出版价值的取舍

本书4位主编都是功力深厚的学者,课题主持人和总主编吴雁南教授更是在海内外具有崇高声望,曾获得国家级有突出贡献专家称号,著述宏富,尤其是在中国近代社会思潮研究领域积累了丰硕的成果。早在20世纪70年代末,他参加章开沅、林增平主编的《辛亥革命史》一书时,就与隗瀛涛一起担任中册主编,并撰写了其中的《国粹主义思潮》和《无政府主义思潮》。1990年,他和冯祖贻、苏中立主编的《清末社会思潮》出版,这是国内第一部有关晚清社会思潮研究的专著,当年即荣获华东地区优秀图书一等奖,次年又荣获第五届国家图书奖二等奖和光明杯优秀学术著作三等奖。冯祖贻研究员在民主主义思潮和无政府主义思潮、苏中立教授在爱国主义思潮和教育救国思潮、郭汉民教授在维新思潮和立宪思潮等研究领域,成果在全国处于领先地位,这为"中国近代社会思潮研究"获批国家"八五"重点社科规划项目立项奠定了坚实的基础。在项目实施期间,又诞生了一系列成果,在1995年出版了《古代乌托邦与近代社会主义思潮》一书,并完成了《民初社会思潮》一书的初稿(后纳入《中国近代社会思潮》第二卷)。湖南教育出版社编辑了解到这些信息后,敏锐地意识到这些成果具有很高的学术价值和出版价值,因此主动约稿,共襄盛举。

---

① 王代莉:《吴雁南先生与中国近代社会思潮研究》,贵州师范大学硕士学位论文,2005年,第46页。

（二）编写人员的物色与组织协调至关重要

4卷本《中国近代社会思潮》主编4人，副主编、作者近60人。这一庞大工程的实施，人员的物色和协调至关重要。这需要主编具有深厚的学识，以及人格的魅力和责任担当。在组织社会思潮研究写作班子中，吴雁南教授确实起到了卓越的学术带头人和总主编的作用。他杰出的组织策划能力是经过长期锤炼形成的。20世纪60年代到70年代初，他在人民教育出版社任编辑时，就参与过著名历史学家范文澜主编的"历史小丛书"的策划和编辑，并撰写了其中的《贾思勰与齐民要术》一书，这使得他较早熟悉大型图书项目的组织协调工作。他在70年代末参与编写的《辛亥革命史》是一部规模宏大、首次全景式反映辛亥革命史的巨著，他担任中册主编并发挥了骨干的作用。80年代至90年代初，他主编了《清末社会思潮》《大同国粹与政潮》《儒学与维新》《心学与中国社会》等多部学术著作，以及多卷本教材《中外历史新编》，积累了丰富的经验，因此能指挥若定。吴雁南教授还利用其丰富的人脉资源邀请戴逸等史学大家担任本书顾问，出谋划策。该书出版后，又邀约一批知名学者研讨，发表书评，扩大了本书的影响。

4位主编中，吴雁南教授与冯祖贻研究员早在编写《辛亥革命史》时就曾合作共事。80年代中期开始，吴雁南教授将研究重点放在近代社会思潮研究领域。为寻求合作者，他通过华中师大章开沅校长和历史系孙玉华教授的介绍认识了苏中立教授，从此开始了长期合作。苏中立教授是国内知名的严复研究专家，功底深厚，一向淡泊名利，任劳任怨，在《清末社会思潮》和4卷本《中国近代社会思潮》编写、统稿过程中，投入精力最多。本书4位主编除郭汉民教授外，其他3位原本就是《清末社会思潮》主编，郭汉民教授也是这本书的重要作者，是"中国近代思潮史研究的推动者和领军人物之一"[1]，因此合作基础牢固。4卷本《中国近代社会思潮》拟上马时，吴雁南教授邀请郭担任全书总主编之一。郭汉民教授不负众望，他利用湖南师大作为中国近代史研究重镇的优势，组织了一批年富力强的作者队伍，在第三、四卷的编撰中起到了关键作用。第三、四卷由郭汉民分别和莫志斌、陈先初担任主编。莫志斌、陈先初两位教授都是中国近现代思想史研究领域的领军人物。参与编撰的年轻学者也都拿出了高质量的稿件，如当时还是硕士研究生的张艳撰写的《新启蒙运动的兴起》，首次对20世纪30年代左翼人士发起的这次思想运动进行了全面梳理和评价，填补了思潮史研究的一项空白。

---

[1] 张艳：《郭汉民与中国近代思想史研究》，《文学教育》2016年第10期。

(三) 严谨的治学态度和扎实细致的作风

为充分保证著述质量，吴雁南教授和其他主编一起把关，一是严格挑选作者，通常选择在该领域已有相关研究成果，甚至有的成果已经处于领先水平的。对于不合格的稿件，若能经过修改达到要求，则安排修改或派人协助修改；若仍未能达到要求，则坚决不予采用。出于关爱晚辈后生，吴雁南教授提携了几位研究生参与其事。那时毕业不久的我也得以厕身其中，但我和几位同门撰写的稿件最后都得到了一致好评。我撰写的《新村与工读主义思潮》部分内容在期刊发表后，还被《新华文摘》《中国人民大学报刊复印资料》转载，说明质量是可靠的。二是十分重视体例的统一和纲目的合理性。编撰会议有两次专门讨论体例和纲目问题，会后根据大家的意见不断进行调整、优化。一部大的著作，若体例、纲目出现问题，则影响全局，缺憾很难弥补。在这点上，几位主编和本书顾问起到了定海神针的作用。在定稿阶段，几位主编一丝不苟地分头通读全书，对标题、文字都做了认真处理，力求体例结构的整齐统一。三是强调资料文献的权威性和准确性。文献资料是研究的基础，吴雁南教授要求作者熟悉史料，所引文献一定要准确无误，注释一定要翔实。定稿人要认真查对作者所引原文，并统一和规范全书的注释体例。这部书分为4卷，作者众多，他要求把所引的资料书籍统一到最具权威或最有影响的大型资料丛刊中，把多种版本的个人文集统一到最新或最有影响的文集当中。这不仅难度大，工作量也巨大。考虑到华中师大近代史所资料比较齐全，他派研究生曾光光（现暨南大学历史系教授）专程到华中师大协助苏中立教授统稿，并负责统一、核对注释，历时近3个月。这种严谨细致的作风殊属难得，值得继承与发扬。

吴雁南先生的高等教育思想

徐 杨①

(贵州师范大学历史与政治学院,贵州贵阳,邮编:550001)

摘 要 作为国内知名历史学家和史学教育家,吴雁南先生不仅在历史研究领域蜚声海内外,而且对如何发展高等教育也有颇为前瞻和务实的见地,形成了系统务实的高等教育思想。针对贵州教育发展的实际状况和未来方向,吴雁南先生主张建立面向社会需要的开放性教育观,强调德、行、才并举的人才观,并提出了大处着眼、小处着手的教育管理思想,为推动贵州高等师范教育的发展做出了积极贡献。

关键词 吴雁南;教育思想;大教育观

2021年8月18日,是恩师吴雁南先生逝世20周年的纪念日。吴先生是国内知名的历史学家,他在太平天国、辛亥革命、经学史及社会思潮等研究领域所取得的不凡成就早已享誉学术界;吴先生也是一位教育家,他扎根贵州高等教育事业,不仅倾尽心血培养了一大批优秀的青年史家,而且对贵州高等教育、师范教育以及研究生教育发展的方向和策略,提出了许多独到的见解,形成了丰富而系统的高等教育思想,至今仍有积极的借鉴意义。

一、面向社会需要的开放性教育观

1983年,吴雁南先生就任贵阳师范学院(今贵州师范大学)院长。身为一校之长,吴先生一面坚持进行其酷爱的史学研究和历史教学,一面对如何发展贵州高等教育事业进行了系统深入的思考,并提出了一系列颇具前瞻性和创新性的教育观念。首先,针对教育改革的现实要求以及贵州经济社会发展状况,吴先生提出要打破将教育同学校等同起来的传统教育观念,建立多样、开放

---

① 作者简介:徐杨,女,贵州师范大学历史与政治学院副教授。

和综合的大教育观。① 他多次指出,过去那种将教育局限于正规化学校教育的观点,是一种"与小生产、小农经济为主体的社会相适应的"狭隘教育观。从贵州学校教育相对落后、经济社会发展急需各类人才的实际出发,如果单纯将发展教育的着力点放在多办学校上,是远远不能满足贵州改革发展的现实需要的。贵州教育改革的首要任务是建立新的、开放的教育观念。这种新教育观应该是一个综合的大系统,包括婴儿教育、幼儿教育、小学教育、中学教育、中等职业教育、高等教育、继续教育、职工教育、农民教育、老人教育等。教学方式除正规的学校班级授课外,可以有函授、电视教学、自修、进修、讲习、研讨等方式。就教学时间而言,有全日制、半日制、半脱产教育、业余教育等,其特点是时间长、空间广、效益高,有利于智力开发、多出人才、出好人才。② 吴雁南先生所提出的大教育观,不仅对于短时间内满足经济社会建设对人才的急迫需求具有积极作用,更重要的是,它是一次教育改革道路的有益尝试,引导教育工作者深入思考如何因地制宜,利用多渠道、通过多种形式发掘人才、培养人才。这些有益的尝试,在当今社会仍有积极意义。

其次,就如何在现实中落实大教育观,吴雁南先生提出了系统的实施方案。一方面,他主张立足本土实际,多快好省地开发智力资源。针对贵州基础教育薄弱、高层次人才数量稀少的现状,他建议要加强对农村地区知识青年和土专家的科学技术培训,帮助他们掌握实用技术知识,让他们成为贵州乡村发展的带头人。尤为可贵的是,基于大教育观的理念,吴先生深刻反思了以往学校教育与实践教育相脱节的弊端。他指出,厉行教育改革,落实教育要面向社会主义建设的精神,就应当在中小学适当开设职业技术课程,将基础教育与职业教育结合起来。从贵州实际情况来看,这样的教育改革模式,对于许多没有机会进入高等学校学习的农村学生而言,是极有现实意义的。与此同时,高等教育也要努力践行理论联系实际,不仅要培养学生的理论素养和学科知识,也要培养学生的实践能力。另一方面,吴雁南先生主张办好适应性强的综合性中专,按专业设若干科,同时担负起农村实用技术的推广、研究和培训任务。与正规大学相比,综合性中专主要是面向生产建设,主要为县区工农业生产服务,它的办学水平,将直接关系贵州农村的智力开发和经济发展。

---

① 吴雁南:《实现观念转变、深化教育改革》,《贵州高师教育研究》1988 年第 1 期,转自《吴雁南文集》第 5 卷,贵州教育出版社 2003 年版,第 157 页。
② 吴雁南:《农村智力开发的几个问题》,《人才》1988 年第 1 期,转自《吴雁南文集》第 5 卷,贵州教育出版社 2003 年版,第 151 页。

此外，作为大学校长，吴雁南先生反复强调高等院校要主动开展教育改革，积极践行大教育观。他明确提出高等学校的课程设置要主动回应社会主义改革和建设的需要，要注重将基础理论和应用科学结合起来，大力开展应用科学的研究，要变强调知识教育为主为培养和发展学生智能为主。从学校的管理来看，要变闭门办学、闭门读书的封闭式教育为开放式教育。他鼓励推倒学校与社会之间的藩篱；推倒教育同科学、技术、文化艺术之间的藩篱；推倒各类教育之间的藩篱，提倡大专院校兼办函授、成人教育等各类教育；推倒各类正规学校之间的藩篱，充分利用各校之间的人力、物力，把教育办得更活一些，给受教育者更多上进的机会；鼓励打破学校、各系、各单位之间的壁垒，允许学生按规定有限度地跨系选课。① 吴先生的这些教育主张，切中高等教育改革的关键问题，明确了贵州高等教育发展的基本方向，体现了鲜明的务实精神和创新意义。

二、德、行、才兼备的人才观

作为教育工作者，吴先生把毕生的心血都倾注到下一代的培养中，他对什么是社会主义人才有着深入的思考。吴先生认为，社会主义建设人才首先应该是有理想、有道德、有高尚情操的年轻人。他说："一个人如果不晓得自己要学些什么，应该干什么，应当奔向何方，没有这些，只顾眼前小惠，是不可能有什么作为的。一个人追求的目标越高，他的才力发展越快，我相信这个道理。"② 但是，所谓理想、道德、情操是有阶级性的，吴先生反复强调，"我们的理想、道德、情操，必须是马列主义、毛泽东思想指导下的共产主义理想、道德和情操"③。吴先生认为，青年人各有自己的追求和理想，但个人的理想和要求都要服从于共产主义这个远大目标，服从于社会主义的建设事业。在具体的教学实践中，吴先生十分重视对学生理想信念的培养。一方面，他在向研究生提出基本学习要求的时候，把学会做人放在首位，鼓励学生把今天的学习与明天的事业和未来的理想联系起来，不断攀登。另一方面，他始终坚持用马克思主义的理论方法武装学生的头脑，指导学生的学习和生活。在教学中，吴先

---

① 吴雁南：《实现观念转变、深化教育改革》，《贵州高师教育研究》1988年第1期，转自《吴雁南文集》第5卷，贵州教育出版社2003年版，第158-159页。
② 吴雁南：《努力办好函授教育，为"四化"建设培养人才：在1985年函授新生开学典礼上的讲话》，贵州师范大学《函授通讯》1985年第4期，转自《吴雁南文集》第5卷，贵州教育出版社2003年版，第133页。
③ 吴雁南：《谈谈校风问题：1986年5月在贵州师范大学共青团干部培训班上的讲话》，载《吴雁南文集》第5卷，贵州教育出版社2003年版，第135页。

生把唯物史观的培养放在极为重要的位置,为此专门开设了《马克思主义经典著作选读》等研究生课程,要求历史学科研究生要精读马克思主义经典著作,能科学运用唯物史观分析问题和解决问题;在生活中,他时常联系自己的经历和感悟,分析马克思主义世界观和方法论的科学性,潜移默化地帮助学生建立科学的人生观和价值观。

吴雁南先生深知,理想、道德、情操从来就不是抽象的东西,它们会透过人们的言谈举止具体体现出来。因此,他不仅重视青年人才道德信念的培养,而且也十分关注他们的行为养成。吴先生认为,学习是持续不断的过程,青年学生要成才,一定要有毅力,要有坚持不懈的精神,坚韧执着是青年学生十分宝贵的行为特质。他常常结合自己的经历,强调青年人要想在事业上取得成就,没有诀窍,只能是勤奋学习、刻苦钻研、顽强战斗。吴先生强调青年学生应该具备虚心好学的行为习惯。他多次提到,随着科学技术的迅猛发展,青年学生和教师需要面对很多新事物、新信息,没有虚心求学的态度,是很难全面掌握新知识新技巧的。尽管吴先生没有面面俱到地探讨青年人才行为养成的内涵,但是他对学生行为习惯的引导,对于学生的成长是十分重要的。

吴雁南先生明确指出,青年学生要成为社会主义建设人才,必须具备扎实深厚的知识和博学多闻的才能,为此,他结合历史专业的特点,对学生提出了点、线、面、通的培养目标。所谓点,就是学生首先从具体的学术点入手,逐步建立自己的专业体系。这样既可以循序渐进地开展专业学习,又可以有所侧重地寻找自己的专业关注点。所谓线,就是建构起具有一定逻辑顺序的历史知识线索,它体现了学生知识学习的系统性。所谓面,则是强调学生要将各条线索交织成面,从而"在一门学科的基础上,成为百科全书式的人物"①。所谓通,则是知识建构的最高境界,它既要求学生能实现多层次知识内容的融汇,也要求学生能把理论学习与实践服务紧密结合,形成举一反三的迁移能力。点、线、面、通既是专业学习逐渐深化的实施路径,也是青年人才知识体系日趋完善的具体表现。而吴雁南先生以德为先,强调德、行、才兼备的人才观念,既为高等教育的人才培养道路指明了方向,也为年轻一代的健康成长明确了目标,因而具有积极的现实意义。

---

① 吴雁南:《点、线、面、通——面向学术殿堂之路》(对研究生的报告),载《吴雁南文集》第5卷,贵州教育出版社2003年版,第216-217页。

三、大处着眼、小处着手的教育管理思想

作为贵阳师范学院的校长,吴雁南先生十分重视探索高效的人才培养机制,提出了一套由宏观到微观的教育管理方案。在他看来,高等教育首重校风建设和学风建设。良好的校风,取决于青年学生的道德风貌。一方面,高等院校要坚定不移地用马克思主义思想武装学生,把握校风建设的主流方向;另一方面,高等院校要有重点、有针对性、由低到高、循序渐进地培养良好校风。例如,他针对贵阳师范学院破坏公物现象十分突出的状况,主张以开展爱护公物教育为突破口,有计划、有步骤地狠抓校风建设,优化学校风气。校风建设与学风建设紧密相关,吴雁南先生十分重视好学风地树立。他针对大学生学习生活中主要面临的问题,提出了好学风的具体内容。① 第一是勤奋,要以忘我的劳动,取得学习上的突破;第二是严谨,为此,他提出了"好读书、好求甚解"的学习要求,提倡学生以严谨忠实的态度对待科学;第三是要多思,发扬创新精神,要在学好知识的基础上培养自学能力、分析问题和解决问题的能力;第四是要善于支配时间,珍惜和充分利用自己的时间。吴先生对校风建设的基本要求,既有针对性,又有可行性,反映了他务实严谨的工作思路。

吴雁南先生清醒地认识到,要建设高质量的高等院校,培养社会主义建设所需要的专业人才,必须在提高本科教学质量上下功夫。为此,他提出了本科教学的五点管理办法。② 第一是加强调查研究,调整系科、专业课程设置,制定学校人才培养的具体的、规范化的质量标准。吴先生建议由学校组织力量对贵阳师范学院1982届以来毕业生的思想政治、业务素质和工作能力进行一次全面系统的调查研究。在此基础上,根据国家培养"四有"人才的总目标,优化教学计划、教学内容和教学方法。重点是加强学生基础训练,拓展其知识面,着重能力培养。同时,减少课堂教学时间,增加自学和第二课堂时间,减少必修课,增加选修课,允许跨系选课、跨校选课,加强实验、实习和实践环节教学训练。鼓励教师自编教材,压缩课堂教学内容,改革教学方法,让学生有时间多读书、多实践。第二是建立教学检查、质量评估和主讲教师责任制度。吴先生认为,高等院校应建立校长、系主任、教研室主任和正副教授听课评课制度,

---

① 吴雁南:《谈谈校风问题:1986年5月在贵州师范大学共青团干部培训班上的讲话》,载《吴雁南文集》第5卷,贵州教育出版社2003年版,第137页。
② 吴雁南:《振奋精神、解放思想、深化改革、办好师大——贵州师范大学深化改革,提高本科教育质量的初步设想》,载《吴雁南文集》第5卷,贵州民族出版社2003年版,第167页。

建立教学质量评估制度，对教学质量特别优秀的教师实行奖励。各科的主讲教师要经过专家小组的主讲资格审查，经主管教学的校长批准后才能上课，以保证教师专业水准和教学质量，主讲教师要对课程质量全面负责。第三是改革招生、学籍管理和毕业分配办法。吴先生建议实行师范院校单独招生，增加有一定实践经验的学历不达标的中小学教师和愿意从事教师工作的在职人员的新生入学比例。搞活学制，成绩优秀的学生可以跳级，学习成绩达不到本科要求的仅发给大专文凭。全面实行德、智、体综合评分，优生优分的办法，并创造条件，逐步过渡到供需见面、双向选择、不包分配。第四是加强师资队伍建设。建立严格的考核奖励制度，奖罚分明，加强教师的岗位培训，努力改善教师的工作条件和生活条件，帮助教师成长。第五，加强学生的专业思想教育和师德教育，把"为人师表"放在重要位置，充分体现师范院校思想教育工作的师范性。

具体务实的教学实施手段和人才培养方法，是落实高等院校教学管理目标的根本路径，对此，吴雁南先生总是身体力行加以实施和推广。作为贵州师大首批硕士点的核心导师，吴先生积极探索研究生培养方式，形成了一套颇为高效且具推广性的研究生教学方案。吴先生在各种场合不断强调，无论是研究生教育还是本科生教育，都要抓牢抓实学生的理论素养、学术素养的训练。作为知名历史学家，吴先生十分重视培养学生的马克思主义理论素养，不仅在研究生课程中专门开设马克思主义经典选读的专业课程，而且在历史教学中非常重视训练学生用唯物史观分析问题的能力。为此，他专门挑选中国近代史研究中的热点问题，鼓励学生去搜集并分析马克思主义史学观是如何看待和分析这些问题的，并将学生的学习成果汇编成《马克思主义经典作家论中国近代史》。这不仅激发了学生的学习兴趣，也切实提升了学生的马克思主义理论素养。为了培养学生扎实的学术素养，吴雁南先生创了了一套涵盖课前、课中和课后的研究生培养方法。所谓课前培养，就是要求研究生做好历史学习的预习和准备。吴先生要求每一位研究生在入学前要认真阅读中国近代史的经典学术著作，并完成10万—20万字的读书笔记，以帮助学生建构基本的知识框架。在每次专业课前，吴先生也会布置阅读书目及要求，以供学生自主学习所用。课中培养是指吴先生强调课堂学习中学生自主意识的发掘。学生们都知道吴老师的专业课有两个基本要求：一个是要求学生陈述阅读的内容及心得，以了解学生自主学习的内容；一个是要求学生在课堂上提问，专业课下课时间往往取决于学生提问水平的高低。只有学生提出了具有思维含金量的问题，吴先生才会放心下课。通过这些方法，学生不仅调动起自主学习的主动性，而且也培养了问题意识，有利于历史思维的训练。课后训练，是指通过学术研究作业和活动的实施，循序渐进地培养学生的研究意识。吴先生一直坚持在研究生中开展半月一次的论文交流会，每次交流会指定两名同学报告自己近期的研究成果，其余同学则针对他们的研究进行提问和讨论。通过这样热烈而开放的学术交流，同学们的学术视野和研究意识不断得到提升。

  由此可见，吴雁南先生虽然没有提出深奥的教学理论，但是他对贵州高等教育的思考，既贴合贵州经济文化发展的现实状况，又具有易于推广实施的务实性，对于促进贵州高等教育发展和史学教育的进步，发挥了重要作用。

吴雁南先生与中国秘密社会史研究

梁家贵①

(安徽阜阳师范大学,邮编:236037)

摘 要 吴雁南先生(1929—2001),四川荣昌(今重庆市)人,贵州师范大学原校长,我国著名历史学家、教育家,国家级有突出贡献专家,获国务院政府特殊津贴。吴先生著述极其丰硕,发表文章超过300篇,撰著、主编史学著作21种60余册。中国秘密社会史研究只是吴雁南先生研究领域极小的一部分。文章梳理了吴雁南先生相关的研究概况、学术影响,归纳了四个特点,总结了两点启示。

关键词 吴雁南;中国秘密社会史;辛亥革命

吴雁南先生,贵州师范大学原校长,我国著名历史学家、教育家,国家级有突出贡献专家,获国务院政府特殊津贴。吴先生著述极其丰硕,发表文章超过300篇,撰著、主编史学著作21种60余册。吴雁南先生一生涉猎领域极广,从历史教学法到历史教材编纂,从古代史到近现代史,从政治史到思想史、文化学术史,在太平天国史、辛亥革命史、中国近代社会思潮史、儒学与传统文化领域,都取得了具有重要影响的突破性成果;中国秘密社会史研究只是其中极小的一部分。但是,月光虽弱,折射的仍是太阳光;河川虽多,均入大海。笔者对于吴雁南先生的学术成就可谓"高山仰止、景行景止"。限于能力和水平,拟从中国秘密社会史研究这一视角管窥吴雁南先生的治学成就,为进一步推进相关研究提供思路和参考。

---

① 作者简介:梁家贵,男,山东省茌平人,吴雁南先生1996届硕士研究生,现为阜阳师范大学党委委员、继续教育学院院长、安徽省干部教育培训阜阳师范大学基地办公室主任,教授、历史学博士,主要从事中国近现代社会史教学与研究。

一、吴雁南先生中国秘密社会史研究概况

秘密社会，又称为"秘密结社"，是"一种具有秘密宗旨和礼仪的，从事特殊的宗教、社会和政治活动的秘密团体。在旧中国，就是一些异端的教派和会党组织。在旧中国，即指一些民间的秘密教门如白莲教、清茶门等和民间的秘密帮会如天地会、青洪帮等"①。长期以来，学术界对中国秘密社会组织的起源、性质，以及在中国历史进程中的作用等方面存在较大的分歧。

1984年10月，由复旦大学历史系、华东师大历史系、上海社会科学院历史所等单位发起，上海市历史学会、上海师大历史系主办的近代中国会党问题学术讨论会在上海师大举行，来自全国15个省市的60多名史学工作者参加了会议。会议共收到论文39篇，并就天地会的源流和性质以及会党在中国近代史上的地位与作用等问题展开了热烈的讨论。这次会议影响巨大，《人民日报》于1985年1月4日做了报道。吴雁南先生参加了这次会议，并提交了与夫人何正清女士合写的《略论天地会的起源》一文。② 这是笔者所发现的吴雁南先生最早涉及秘密社会史研究的一篇论文。该文提出的观点，在有关天地会的起源和性质、天地会与民间宗教的关系等方面视角新颖、独树一帜，引起了与会人员的高度关注，并由此在中国秘密社会史研究领域占有一席之地。

实际上，吴雁南先生开始中国秘密社会史研究要远早于此。1976年，吴雁南先生参加《辛亥革命史》编写工作。按照分工，与隗瀛涛先生一同主持编写中册。该册于1980年由人民出版社出版。在这一过程中，吴雁南先生敏锐地注意到会党的存在及其所拥有的巨大力量，以及对辛亥革命进程所产生的巨大影响。因此，吴雁南先生在书中除了对辛亥革命时期社会主要矛盾、资产阶级革命派与农民的关系问题进行研究外，还对会党的性质、与资产阶级革命派的关系，以及辛亥革命的影响等方面做了广泛的研究，提出了自己独到的观点。③

应该说，吴雁南先生从事中国秘密社会史研究的时间集中在20世纪70年代末至80年代中后期，也就是对辛亥革命史研究领域深耕细作、砥砺前

---

① 蔡少卿：《中国秘密社会》，浙江人民出版社1989年版，第1页。
② 据《吴雁南先生年谱简编》载，吴雁南先生提交这次会议的论文为《辛亥革命时期会党的性质、地位和作用》（见朱健华、陈奇主编：《吴雁南文集》第6卷，贵州教育出版社2003年版，第329页），似有误。
③ 陈奇主编：《吴雁南评传》，贵州人民出版社2010年版，第112-115页。

行之际。① 抑或可以这么说，吴雁南先生关于中国秘密社会史的研究开始于 20 世纪 70 年代末，也就是得益于辛亥革命史研究时的灵感触动，主要相关成果如下。

《农民战争与会党》，与何正清女士合著，西南师范大学出版社 1989 年版。

《清末"民变"研究中的几个问题》，原刊于河南社科院编《学术研究辑刊》1980 年第 2 期，收入《吴雁南文集》第 2 卷。

《清末资产阶级革命派与会党》，原刊于《贵阳师院学报》1981 年第 3 期，收入《吴雁南文集》第 2 卷。

《辛亥革命高潮中会党和农民的起义》，收入《吴雁南文集》第 2 卷。

《辛亥革命时期会党的性质、地位和历史作用》，收入《孙中山与辛亥革命》，贵州人民出版社 1986 年版。

《略论天地会的起源》，与何正清女士合著，收入《会党史研究》，学林出版社 1987 年版。

可以说，在短短的不到 10 年中，吴雁南先生在中国秘密社会史这一研究领域留下了一串深深的脚印。现就吴雁南先生在中国秘密社会史研究领域的学术影响略举几例。

史学界对天地会起源和性质的看法早有分歧，至今未能取得一致意见。

何正清、吴雁南在《略论天地会的起源》一文中提出天地会创于明末清初说。他们认为"天地会起源于顺康年间"，"起源的地点不限于四川，更不限于东南，而是在同一时期内先后出现于我国南北西东多处"。②

文中谈到了摩尼教对天地会的影响。③

《毛诗注疏》对各阶层盟诅所用牺牲做了规定："君以豕，臣以犬，民以鸡。"《史记索隐》说："盟之所用牲，贵贱不同，天子用牛及马，诸侯以犬及豭，大夫以下用鸡。"④

何正清、吴雁南在《略论天地会的起源》一文中，从思想渊源、社会条件

---

① 笔者曾查阅吴先生早年的学术论文。在他有关太平天国史研究中，曾涉及天地会、号军，如《太平天国乡官制度的几个问题》（见朱健华、陈奇主编：《吴雁南文集》第 1 卷，贵州教育出版社 2003 年版，第 302-319 页）、《刘仪顺号军的北伐计划》（朱健华、陈奇主编：《吴雁南文集》第 1 卷，贵州教育出版社 2003 年版，第 337-340 页），但仅是作为研究对象的一个事例，并未深入下去，似乎不能作为专门的研究。
② 邵雍：《近代中国会党问题学术讨论综述》，《上海师范大学学报》1984 年第 6 期。
③ 邵雍：《近代中国会党问题学术讨论综述》，《上海师范大学学报》1984 年第 6 期。
④ 转引自吴雁南、何正清著：《农民战争与会党》，重庆，西南师范大学出版社，1989 年，第 14 页

等方面进行探考。① 其认为,从天地会的思想渊源看,天地会似起源于明末清初,因为天地会受道教影响极大,而此时正是道教势力较大之时;从社会条件看,明朝早已具有产生天地会一类社会组织的条件;至于天地会创立的具体时间,应以起于明清之际为是。理由是:天地会的形成有一个很久远的过程,早在明代就出现了天地会的雏形。从明代万历年间到清朝初年已有很长一段时间了。而且在清初的刑律中也有所反映。如顺治初年,刑律对"异姓结拜兄弟者"只"处以鞭一百"。到顺治十八年改为"凡歃血结盟、焚表结拜弟兄者着即正法";康熙年间的《大清律例》中对此又做了更为严酷的规定。所以,天地会具体起源于顺治、康熙年间;起源的地点不限于四川,亦不限于东南,而是在同一时期内先后出现于我国南北东西多处。②

还有一种意见认为,会党的主要成分是破产的农民、手工业者以及无业游民。他们提出,毛泽东当年写的《中国社会各阶级的分析》一文,把"三合会""哥老会"等一类秘密结社看作是以"失了土地的农民和失了工作机会的手工业工人"为主的组织,反映了近代会党的发展,是同封建经济结构的解体联系在一起的,因而是"符合当时这个组织的实际情况的"③。

1989 年 12 月,西南师范大学出版社出版了由吴雁南和夫人何正清女士合著的《农民战争与会党》一书。书中对于天地会产生的时间、背景、创始人、宗旨及其来源等提出了自己的见解和结论,成为立论有据的一家之言,拓宽了人们的研究视野。④

此外,马建堂在《论晚清时期的陕西会党》《陕西会党与辛亥革命》两文中均引用了吴雁南先生辛亥革命时期会党的观点。⑤

二、吴雁南先生中国秘密社会史研究特点

梳理吴雁南先生的学术生涯,不难发现,在不同的时期有不同的研究重点,无论是早期的历史教学研究还是太平天国史研究;无论是辛亥革命史研究、高

---

① 张长水:《天地会创始人道宗身世行踪稽考》,《福建文史》2010 年第 3 期。
② 陈君慧编著:《中国通史悬疑档案》第 4 册,吉林出版集团有限责任公司 2013 年版,第 665-666 页;祥云:《天地会起源于何时?》,载李炳清、施宣圆编:《历史之谜》,人民日报出版社 1991 年版,第 256-257 页。
③ 饶怀民:《辛亥革命时期会党研究综述》,《湖南师范大学学报》1990 年第 6 期。
④ 陈奇主编:《吴雁南评传》,贵州人民出版社 2010 年版,第 115 页。
⑤ 马建堂:《论晚清时期的陕西会党》,《乐山师范学院学报》2009 年第 4 期;马建堂:《陕西会党与辛亥革命》,《郑州航空工业管理学院学报》2013 年第 4 期。

等教育还是文化史、思潮，以及阳明学研究等，均成果丰硕，成一家之言，可谓"横看成岭侧成峰，远近高低各不同"。中国秘密社会史研究只不过是吴雁南先生学术长河中泛起的一朵美丽的浪花。对于吴雁南先生在包括中国秘密社会史研究在内的诸多领域取得如此辉煌的学术成就，戴逸先生在《吴雁南文集·序一》中做了很好的诠释，即"勤奋著述，好学深思"①。此外，笔者认为，吴雁南先生有关中国秘密社会史的研究还有以下几个特点。

（一）注重理论方法

科学研究，尤其是哲学社会科学研究必须有一定的理论方法指导，唯其如此，才能使研究具有明确的指导思想、研究目的以及清晰的研究思路。吴雁南先生深谙此道，不仅要求他的学生认真研读经典著作，并切实在研究中运用，而且身体力行。他的包括中国秘密社会史研究在内的研究成果，均以辩证唯物主义和历史唯物主义为指导，做到了史中含论、论从史出，史论结合，具有很强的说服力。例如，《辛亥革命高潮中会党与农民的起义》一文在评价辛亥革命中农民、会党的反抗斗争的历史作用时，就引用了毛泽东的《唯心史观的破产》《中国革命和中国共产党》《新民主主义论》《论联合政府》《实践论》等论著的观点。②

在论述辛亥革命时期会党的性质、作用时，吴雁南先生力排众议，认为会党虽然成分很复杂，但大体上属于下层社会的劳苦大众，所以会党"能成为资产阶级革命派联系群众的纽带"。吴雁南先生认为，从资产阶级革命派联络会党并与之结成联盟看，资产阶级往往是通过会党把各阶层反清力量集中到自己手里。会党不仅是辛亥革命中追随资产阶级革命派的重要社会力量，而且成为革命党人联系和组织革命力量的纽带；会党是辛亥革命中的重要社会力量，在辛亥革命中起了巨大的作用，对推翻清朝的反动统治发挥了重大的作用。吴雁南先生指出，虽然能否将会党称为民族民主革命的"马前卒"，或把会党看作辛亥革命的元勋，还有待商榷，但是，"会党同新军在推翻清朝统治的斗争中，都起了重大作用"；虽然由于会党的散漫性、破坏性未得到克服和改造，给辛亥革命

---

① 戴逸：《序一》，载朱健华、陈奇主编：《吴雁南文集》第1卷，贵州教育出版社2003年版，第2页。
② 朱健华、陈奇主编：《吴雁南文集》第2卷，贵州教育出版社2003年版，第220-229页。

带来了危害，但会党在辛亥革命中的积极作用是主要的。①

在《清末资产阶级革命派与会党》一文中，吴雁南先生运用辩证唯物主义和历史唯物主义观点，客观评价了辛亥革命时期会党的作用及其与资产阶级革命派的关系：

> 会党在辛亥革命中起过巨大的作用（对于推翻封建帝制、建立民主共和制度作出了重要贡献）；同时也有过消极的影响。资产阶级革命派虽然有过"改造"会党的打算，却是在发挥会党的革命性与克服其消极性方面都未取得应有的结果。②

很显然，吴雁南先生的上述观点运用辩证唯物主义和历史唯物主义的发展的观点和辩证的观点，以及历史分析、阶级分析、具体问题具体分析、一分为二等方法。

（二）注重社会政治活动及其内在的原因

如前文所述，中国秘密社会史研究领域还存在诸多有争议之处，比如天地会、哥老会、白莲教、摩尼教等秘密社会组织的起源、性质，等等。吴雁南先生的中国秘密社会史研究既关注这一领域存有争议之处，关注秘密社会在各个时期的社会政治活动及其作用，更注重分析其内在的原因。他在论著中经常引用恩格斯的一段话："唯物史观是以一定历史时期的物质经济生活条件来说明一切历史事件和观念，一切政治、哲学和宗教的。"③ 在这一指导思想下，吴雁南先生首先考虑的是秘密社会的社会政治活动及其作用。例如，他在分析会党的性质以及资产阶级革命派的会党策略前提下，充分肯定会党在辛亥革命时期的社会政治活动及其积极作用，"应当说，武昌起义爆发后革命高潮的迅速形成，是同会党的斗争分不开的"。辛亥革命后，资产阶级革命派与会党分道扬镳，原因是什么？吴雁南先生从二者的本质区别以及自身因素等方面做了中肯的分析。他指出："资产阶级革命派与会党的联盟，从本质来说，是剥削者与被剥削者之间的联盟，它的基础是不巩固的。"中国民族资产阶级是帝国主义时代、半殖民地半封建社会的民族资产阶级，除了具有一定程度的反帝反封建的革命性外，

---

① 吴雁南：《辛亥革命时期会党的性质、地位和历史作用》，载《孙中山与辛亥革命》，贵州人民出版社1986年版，第244-251页。转引自陈奇主编：《吴雁南评传》，贵州人民出版社2010年版，第113-115页。
② 朱健华、陈奇主编：《吴雁南文集》第2卷，贵州教育出版社2003年版，第154页。
③ 恩格斯：《论住宅问题》（1872年5月—1873年1月），载《马克思恩格斯文集》第3卷，人民出版社2009年版，第320页。

还具有突出的软弱性和妥协性,这主要体现为在土地问题上不赞成用暴力革命手段"夺富人之田为己有",因此反对农民起来推翻封建地主在农村的统治;而广大下层群众则非常希望立即获得土地,他们在反对封建统治阶级在乡村的统治方面,有的比资产阶级革命党人坚决,这必然触及他们中的一些人的土地和利益。此外,从会党本身来看,他们"很能勇敢奋斗,但有破坏性",这势必引起资产阶级革命派的不满,并以此作为镇压下层群众的口实。①

(三)注重与重要历史时期、重大历史事件的契合

唯物史观认为:"在充分认识了该阶段社会经济状况(而我们那些专业历史编纂学家当然完全没有这种认识)的条件下,一切历史现象都可以用最简单的方法来说明;同样,每一历史时期的观念和思想也可以极其简单地由这一时期的经济的生活条件以及由这些条件决定的社会关系和政治关系来说明。"②

吴雁南先生的中国秘密社会史研究,无论是探究天地会的起源,还是剖析秘密社会组织的社会政治活动,从不单纯地就事论事,而是将其放在宏阔的历史背景下进行考察,注重与所处的重要历史时期、重大历史事件的契合。例如,针对有关天地会起源存在的诸多观点,尤其是长期存在并拥有重要影响的传统观点如"康熙"说、"雍正"说,以及20世纪60年代由蔡少卿先生提出、七八十年代由秦宝琦先生进一步论证的"乾隆二十六年"说等。吴雁南先生和夫人何正清从更宽广的视野来探讨天地会的起源:一是从纵的视角,考察中国古代歃血盟誓、结拜异姓兄弟等习俗,追溯天地会的历史渊源;二是从横的视角,考察道教、白莲教、摩尼教同天地会的历史渊源。最后得出结论:天地会一类会党的雏形出现于宋元时期,形成的时间"至迟不晚于顺康年间";至于会党起源的地点则"不限于四川,更不限于东南,而是在同一时期内先后出现于我国南北西东多处";创教之人并非万提喜,而是年代久远的朱、李两姓。③这一结论视野开阔、有理有据,说服力强。

(四)注重史料的运用

翔实的史料是开展包括中国秘密社会史研究在内的历史研究的前提,只有占据了翔实的、第一手的史料,所得出的结论才能令人信服。吴雁南先生高度

---

① 朱健华、陈奇主编:《吴雁南文集》第2卷,贵州教育出版社2003年版,第144-147页。
② 恩格斯:《卡尔·马克思》(1877年6月中),载《马克思恩格斯文集》第3卷,人民出版社2009年版,第459页。
③ 陈奇主编:《吴雁南评传》,贵州人民出版社2010年版,第115页。

重视史料的运用。纵览他的著述，莫不是运用了翔实的史料。例如，吴雁南先生和夫人何正清女士合著的《略论天地会的起源》一文，粗略统计，仅引证文献就达到近30种，主要有：

《摩尼教残经》（一）（《陈垣学术论文集》）

《摩尼教残经》（二）（《陈垣学术论文集》）

《摩尼教如中国考》（《陈垣学术论文集》）

《渭南文集》卷5《条对状》（《宋代三次农民战争史料汇编》）

何乔远：《闽书》卷七《方域志·泉州府晋江县》（《两宋农民战争史料汇编》上编）

《茹蔬说》（《两宋农民战争史料汇编》）

《宋朱会要辑稿》

《佛祖统纪》卷三十九（《宋代三次农民起义史料汇编》）

《青溪寇孰轨》（附《容斋逸史》）（《宋代三次农民起义史料汇编》）

《近代秘密社会史料》

《明季北略》

谢国桢：《明代农民起义史料选编》

《军机处录副奏折》

《洪门志》

《天地会文献》

《潘司空奏疏》《兵部奏疏》（《四库全书》史部奏疏类）

《天地会始于明季说》（《子曰丛刊》第五辑）

《中国秘密社会史》

《天地会文献录》

《天地会》（档案资料）

《洪门小引》[《天地会》（档案资料）]

《大清律例》

《广西东兰州天地会成员姚大羔所藏会簿》[《天地会》（档案资料）]

洪焕椿：《李定国和郑成功三百年祭》；郭影秋：《谈郑成功和李定国的关系》（《郑成功研究论文集》）

王先谦：《东华录》，康熙朝卷十三、十四、二十六等

张兴伯：《天地会起源》（《明清史国际学术讨论会论文集》）

253

《李国英顺治六年十一月揭贴》(《明清史国际学术讨论会论文集》)①

三、吴雁南先生中国秘密社会史研究启示

吴雁南先生的中国秘密社会史研究尽管只是他研究领域一个极小的部分，但他仍给予我们许多重要的启示。

一是勿以选题小而不为。探究历史真相是历史研究的根本所在，也是一切历史学研究工作者追求的目标。尽管吴雁南先生的研究旨趣并不在中国秘密社会史研究，只不过是在研究过程中涉及这一领域，但他仍严肃对待、严密论证、严谨治学，最终成一家之言。因此，我们在研究中遇到任何一个历史问题，只要有条件、有能力，就应该积极探索，务求得出令人信服的结论。哪怕是研究过程中的一个历史细节，我们也不应随意应付、草草了事。

二是勿忘历史学工作者肩负的使命。我国自古就有"文以载道""以史为鉴"的治学传统，因此，在从事史学研究时要注重阐释研究对象的历史作用、历史影响及历史启示。唯物史观认为："人们的观念、观点和概念，一句话，人们的意识，随着人们的生活条件、人们的社会关系、人们的社会存在的改变而改变，这难道需要经过深思才能了解吗？"②吴雁南在对中国秘密社会组织进行研究时，不仅努力正本溯源，更关注他们的社会政治活动及其在中国历史进程中的作用，充分体现了一位历史学家探究历史真相、总结历史规律并积极为现实服务的强烈责任感、使命感。现实生活中的吴雁南先生不仅具有深厚的理论素养，而且密切关注社会的发展。他曾在不同场合说："社会科学工作者不一定是社会活动家，但必须了解社会；不一定是政治家，但必须懂得政治；不一定是哲学家，但必须有深厚的马克思主义哲学的根基。"吴雁南先生是这样要求他的学生的，他本人也是这样做的。

"俯视白云低，高处应知寒。"这是吴雁南先生自撰的一副对联，是吴雁南先生孜孜追求的人生境界，也是他学术研究旨趣的最好体现。作为吴雁南先生的弟子，作为一名历史学研究工作者，笔者对吴雁南先生的道德文章可谓"高山仰止、景行景止"，虽不能至，然心向往之。

---

① 何正清、吴雁南：《略论天地会的起源》，载中国会党史研究会编：《会党史研究》，学林出版社1987年版，第35-49页。

② 马克思、恩格斯：《共产党宣言》(1847年12月—1848年1月)，载《马克思恩格斯文集》第2卷，人民出版社2009年版，第50-51页。

吴雁南先生与太平天国史研究述评

周松柏[①]

摘　要　作者认真研读吴雁南先生关于太平天国史研究的、被中国知网收录的相关文章，就所论及洪秀全的政治思想、太平天国的土地制度、太平天国的政权性质、太平天国的人物画问题、太平天国运动与夷夏观的演变、太平天国运动与儒家的心性之学等六个方面，做简要述评。谨以此文，隆重纪念吴雁南先生逝世 20 周年。

关键词　吴雁南先生；太平天国史研究；述评

一、关于洪秀全政治思想的研究

1957 年，吴雁南（1929—2001）先生《试论太平天国起义前洪秀全的政治思想渊源》一文，发表于当年《史学月刊》第 8 期。[②] 在该文中，年仅 28 岁的吴雁南先生就太平天国起义前洪秀全（1814—1864）的政治思想渊源，与研究太平天国史的前辈专家荣孟源（1913—1985）先生商榷。荣孟源先生基本上认为洪秀全的革命思想渊源于天地会，只是从基督教那里借来"上帝"和"耶稣"两个名词，作为号召民众革命的旗帜。当时还是青年学者的吴雁南先生，对此观点表示不赞成。吴雁南先生认为，虽然洪秀全生长在当时"天地会"最活跃的两广地区，在思想上受其影响是很自然的，但是如果把"天地会"的思想作为洪秀全政治思想的主要渊源，从而否认儒家大同思想和基督教原始教义

[①] 作者简介：周松柏，生于 1949 年 9 月。贵州民族大学教授，博士。2001 年 4 月，经吴雁南先生写信郑重推荐，继先生之后，成为中国太平天国史研究会理事会理事。2020 年 12 月 18 日，当选贵州省老年学学会第五理事会理事，被聘为贵州省老龄智库专家。2020 年 6 月，入选贵州省社会科学界联合会主办的《贵州人文社科》2020 年第 2 期封底人物"黔中英才"。2021 年 3 月 1 日，荣获国家社科基金项目成果 2021 年 2 月认真负责鉴定专家称号。2021 年 5 月 15 日，当选贵州省史学会第八届理事会理事。

[②] 吴雁南：《试论太平天国起义前洪秀全的政治思想渊源》，《史学月刊》1957 年第 8 期。

对洪秀全的影响，那就很难解释以下几点疑问。

第一，"久受儒家思想熏陶"的洪秀全为什么不吸取自己早年就十分熟悉的儒家平等思想即"大同思想"，而吸取不太满意的天地会"以拜天为父，拜地为母"的教义作为理论基础呢？

第二，为什么"太平天国"的政纲和制度更多与儒家大同思想和制度发生关系，而很难发现其内容和"天地会"有更深厚的联系呢？

第三，如果说洪秀全与基督教的关系仅仅限于借用"上帝"和"耶稣"两个名词，那么，为何有些基督教原始教义又为洪秀全所吸取呢？

以上疑问，充分说明吴雁南先生对荣孟源先生观点的不赞成，是站得住脚的。

1958年，吴雁南先生《试论洪秀全政治思想的主要特征》一文，发表于当年《人文杂志》第4期。① 在该文中，吴雁南先生认为，研究洪秀全的政治思想即太平天国革命指导思想的特征，对于研究太平天国性质问题和中国近代思想史，有着十分重要的意义。吴雁南先生根据19世纪中叶国内外情况，以及太平天国的《天朝田亩制度》② 与《资政新篇》③，探讨了洪秀全的政治思想，提出了自己的见解。

吴雁南先生指出，无论在太平天国前期或者后期，洪秀全的政治思想均具有启蒙思想的特征。

洪秀全的政治思想，要求粉碎封建制度，要求人们在经济上、政治上、社会地位上一律平等，主要代表了农民的利益和萌芽中资本主义发展的需要。

因此，太平天国革命的指导思想——洪秀全的思想，绝不是单纯的农民阶级的思想，而是区别于历史上旧式农民革命起义领袖的主张，具有近代启蒙思想的特征。洪秀全及其建立的太平天国的要求如果实现，将是在中国实现资本

---

① 吴雁南：《试论洪秀全政治思想的主要特征》，《人文杂志》1958年第4期。
② 《天朝田亩制度》是太平天国时期颁发的一部纲领性文件，是洪秀全根据《原道救世歌》《原道醒世训》等著作中阐述的平等思想提出来的。1853年（太平天国癸好三年）建都天京（今南京）之后颁布。
③ 《资政新篇》是太平天国天王洪秀全族弟洪仁玕（1822—1864）所撰政书，1859年刊行。洪仁玕1859年4月被封为干王，总理全国政事。他向洪秀全提出了一个改革内政和建设国家的新方案——《资政新篇》。经洪秀全批准后，作为官方的文书正式颁行，是太平天国后期的重要文献。《资政新篇》具有鲜明的资本主义色彩，是近代中国的先进人士最早提出的发展资本主义的近代化纲领，集中反映了当时先进的中国人向西方寻找真理和探索救国救民道路的迫切愿望。但由于农民阶级自身的局限性以及没有付诸实施的客观环境和条件，对太平天国革命的发展未产生显著作用。

主义，而不再是像旧式农民起义那样成为封建社会改朝换代的工具。

从太平天国革命的指导思想上看，其革命性质不是单纯的农民战争，而是带有资产阶级性质的农民战争。

太平天国先烈们在自己的理想指导下进行了不屈不挠的战斗。虽然没有将中国从半殖民地半封建社会的悲惨道路中挽救出来，使中国走上资本主义的道路，但太平天国革命给予封建制度沉重的打击，为中国资本主义发展开辟了道路。从太平天国革命为中国资本主义发展开辟道路的作用和结果上看，以及太平天国革命所提出的任务来看，太平天国革命都是不同于历史上众多旧式农民战争的。

二、关于太平天国土地制度的研究

1958年，吴雁南先生《试论太平天国的土地制度》一文，发表于当年《历史研究》第2期。① 在该文中，吴雁南先生认为，土地问题是太平天国革命的中心问题。正确理解太平天国的土地制度，对探讨太平天国革命性质问题，具有重要意义。

时年29岁的青年学者吴雁南先生，不赞成既是著名的太平天国史研究专家，又是史学界老前辈的罗尔纲（1901—1997）先生关于"太平天国……实行耕者有其田的办法，是在建都天京后就开始的……允许地主收租乃是后期江苏、浙江有些地区的太平天国地方政府改变了中央原来的土地政策"的观点。指出根据史实来看，罗尔纲先生的观点是值得商榷的。太平天国农民革命仍然是我国近代历史上没有工人阶级领导的农民起义，不可能提出明确的政治纲领和彻底反封建的土地纲领。罗尔纲先生引以证实太平天国实行耕者有其田的史实既不充分，而且其中一些史实的准确性又是大可质疑的。相反，太平天国的史实和其他方面的记载，都较准确地证明太平天国是允许地主存在的，但限制其收租额即减轻地租，并未实行耕者有其田的政策。

1958年，吴雁南先生《从"天王诏书"看太平天国的土地制度》一文，发表于当年《史学月刊》第10期。② 在该文中，吴雁南先生讲到，1860年4月太平军在忠王李秀成的统率下，攻克苏州、常州。9月天王洪秀全下诏，重申太平天国对苏州人民的基本政策。这份"天王诏书"是研究太平天国土地制度的一个重要史料。

---

① 吴雁南：《试论太平天国的土地制度》，《历史研究》1958年第2期。
② 吴雁南：《从"天王诏书"看太平天国的土地制度》，《史学月刊》1958年第10期。

这份"天王诏书"原文有以下内容：

> 朕诏苏省及所属郡县四民知之……朕览秀胞（即李秀成）本奏，历述苏省所属郡县新附，四民前经胡妖抽捐抽税，竭尽尔等膏脂……兹经天朝统率大众，奉行天讨，救民水炎之中……四民既列版图，各宜遵守条命，信实认真，克守天教……朕格外体恤民艰，于尔民应征钱漕正款，令该地佐将酌减若干……其各体谅朕心，益坚信认，安居乐业，同顶爷哥朕幼纲常，同享真福于万万年也。钦此。
>
> 太平天国庚申十年九月二十四日诏。

不难看出，"天王诏书"包含两个目的和内容。一是宣传拜上帝会的教义，劝人信"真道"；二是宣传太平天田的仁政，减轻赋税。

该"诏书"丝毫没有涉及实行"耕者有其田"的土地政策问题，说明限制并允许地主收租是太平天国一般的政策，太平天国是在允许并限制地主收租额的基础上来减轻人民负担的。

由此可见，只有在中国共产党领导下的农民，才能真正在中国历史上实行"耕者有其田"的土地革命，过分美化历史上的农民革命是不对的。

1960年，吴雁南先生《关于太平天国前期的土地制度》一文，发表于当年《西北师大学报》（社会科学版）第Z1期。① 在该文中，吴雁南先生强调，研究太平天国前期的土地制度，应当注意这样一个事实，如果太平天国真正实行了"耕者有其田"的制度，那么，无论从革命或反革命方面来看，都是一件惊心动魄的大事。在革命或反革命方面的记载中，必然有所反映。

然而，历史事实恰恰相反，无论从革命或者反革命的记载方面考察，都只字未涉及太平天国斗地主、将土地平分给农民、实行耕者有其田的事。从他们的记载里透露出来，太平军是允许地主收租的，是允许地主做乡官的。虽然一方面因为地主的利益在若干方面受到一些限制与打击，因之对太平天国革命政府表示不满，但是另一方面有的地主则因为太平军允许地主收租和做乡官，而对太平军颂声大起，并投奔太平天国革命。

三、关于太平天国政权性质的研究

1980年，吴雁南先生《再论太平天国政权的性质》一文，发表于当年《贵

---

① 吴雁南：《关于太平天国前期的土地制度》，《西北师大学报》（社会科学版）1960年Z1期。

州社会科学》第3期。① 在该文中，吴雁南先生讲到，1978年，他在成都写了《关于太平天国政权的"两重性"》一文，此文已收入北京太平天国史研究会编的《太平天国史论文集》。《关于太平天国政权的"两重性"》一文，比较全面地论述了太平天国政权性质具有革命性、封建性等"两重性"。吴雁南先生认为，经过一年多时间，史学界对此一问题的讨论，有了很大进展。他感到，对一些问题有进一步阐述的必要。他的《再论太平天国政权的性质》一文，在对太平天国政权的革命性做出极有说服力的论述之基础上，对太平天国政权的革命性，做了以下令人耳目一新的总结。

虽然作为一个贯穿一个历史阶段或社会形态的统治，农民起义是不可能做到的，但是在农民的革命运动中，却可能建立短暂的农民革命政权。太平天国政权，就是这样的一种政权。它既有一定的封建性，又具有革命性。

以洪秀全为首的农民革命政权，作为农民革命斗争的工具，曾经起过巨大革命作用。太平天国领导的革命斗争，成为当时历史前进的动力。

太平天国政权，自建立就具有革命性、封建性等"两重性"，这是由农民的阶级地位所决定的。在革命过程中，太平天国的封建性虽然有所加强，但是一直到太平天国失败，其革命性都没有发生质的变化，它始终坚持着反对外国侵略和反对国内封建统治的革命斗争。

如果否定或者不承认太平天国政权的革命性，就会把太平天国政权说成是一种新的封建政权，就会把一场轰轰烈烈的农民反对地主阶级残暴统治的阶级斗争，说成是一场新封建主义者反对旧封建主义者的斗争，把一场你死我活的政治大搏斗看成单纯的争王称霸的权位之争。这样做的结果，必然导致将中国封建社会中农民革命运动与农民革命战争基本勾销，必然导致否定阶级斗争是阶级社会的基本线索和真正历史发展动力的马克思主义论断。

如果否定太平天国政权的革命性，那就必然否定其指导思想和政纲的革命性。这必然会导致美化封建主义，否定农民阶级在历史上提出的"平等"和"平均"等反封建主张，甚至提出要洪秀全等提出过这种主张的农民领袖对中国社会的落后负责的荒谬观点。在一些史学研究者的笔下，贬低农民阶级达到了惊人的程度。马克思主义从来就认为，人民不仅是历史的主体，而且是历史的真正创造者。在太平天国时期，农民是中国革命的主要力量。如果农民被斥为历史的绊脚石，那么，当时社会发展的动力究竟是什么呢？难道会是清朝反动统治者和地主阶级吗？！

---

① 吴雁南：《再论太平天国政权的性质》，《贵州社会科学》1980年第3期。

因此，尊重历史和实事求是的史学研究者，绝对不会赞同否定太平天国运动与太平天国政权革命性的观点。

四、关于太平天国人物画问题的研究

1981年，吴雁南先生《关于太平天国人物画问题——从侍王府的几幅人物壁画谈起》一文，发表于当年《文物》第9期。① 在该文中，吴雁南先生既不赞成罗尔纲先生根据太平天国的一些遗物和涤浮道人《金陵杂记》一书做出太平天国不准画人物的论断，也不赞成罗尔纲先生认为太平天国之所以不允许画人物，其目的在于对外打击敌人，对内加强团结，反对个人崇拜的观点。从以下几个方面，吴雁南先生与罗尔纲先生展开商榷。

第一，浙江金华太平天国侍王府②建筑中画有人物的彩色壁画，是目前发现的太平天国王府壁画艺术中保存比较完好的一处，对研究太平天国的艺术很有意义。侍王府现存比较完整的人物壁画中，四幅春夏秋冬四季捕鱼图、两幅采樵图等六幅人物画，都生动而形象地表现出太平天国境内劳动人民的生活和劳动情景。这说明，太平天国是允许画人物的。

第二，太平天国前期，关于东王杨秀清允许画人物，也有记载。反对太平天国革命的张汝难在《金陵省难纪略》一书中写道："东（王）贼居前悬一图，画贼攻城状，城内慌急兵败状，贼旗标南（王）、西（王）贼名，记其事于图上，谓'某日天兵攻破某城，天父图此与我，故以晓示各军'。"张悬于总理国政、戎机的东王杨秀清府邸的这幅画，是一幅鼓舞全军将士奋勇杀敌的宣传画。这就足以说明，太平天国的高级领导是允许画人物的。

第三，细读《金陵杂记》一书的有关记述，可以得出如下结论。其一，太平天国对各级领导的门画有着严格的规定，按官职分别画凤、龙、虎、象、狮、豹、鹿、兔等动物。对墙画则规定，大体画鱼、雁、鹅、鸭、鸡、凤、花、鸟之类。其二，对堂壁画无定制，爱画何物即绘何物，包括可以绘人物。由此可见，罗尔纲先生提出的太平天国"不准画人物"的论断，是不符合他所依据的《金陵杂记》一书的原意的。

---

① 吴雁南：《关于太平天国人物画问题——从侍王府的几幅人物壁画谈起》，《文物》1981年第9期。
② 侍王李世贤（1834—1865），广西藤县大黎乡人，忠王李秀成的堂弟。太平天国后期的重要将领，1860年封为侍王。1861年，他由安徽、江西进军浙江。5月28日，他率领太平军攻克金华之后，遂以金华为中心，建立太平天国浙江根据地。侍王府为当年李世贤在浙江的指挥中心。

第四，太平天国对各派绘画艺术，是各派兼容，还是一派独盛呢？从目前的材料来看，还没有发现太平天国禁止一派、提倡一派的现象。罗尔纲先生在《绍兴太平天国壁画调查记》一文里，引用一位农民的话说："太平天国打进了绍兴，问人会做什么，就叫他做什么，那些船花师父说会绘画，太平天国就叫他们画壁画。"这里给人们提供了一个很值得注意的史实。太平军并没有强迫人们去做自己不会做的事情，而是让人们继续去干他们所能干的事情。这一史实足以说明，太平天国并无把那些绘人物的画师通通强迫"改行"而禁止画人物的措施。还有一个史实，在周邨先生的《太平军在扬州》一书里，提供了画家陈若木在天王府里挥笔描画人物的情景。充分说明太平天国革命对各派艺术是采取兼容的态度。

吴雁南先生列举和论述的以上几个方面的历史事实，毫无疑问地表明，太平天国自始至终都是允许人物画存在的。

五、关于太平天国运动与夷夏观演变的研究

1991 年，吴雁南先生《太平天国运动与"夷夏观"的演变——纪念金田起义 140 周年》一文，发表于当年《贵阳师专学报》（社会科学版）第 2 期。[1] 在该文中，吴雁南先生指出，1840 年鸦片战争之后，中国人对万国的传统看法即"夷夏观"有了很大的变化，太平天国对这种变化起了很大的促进作用。

太平天国运动促进了中国人"夷夏观"的变化。鸦片战争期间及其以后，先进的中国人开始开眼看世界，发现西方各国颇有长处，是文明发达的先进民族。于是，出现了向西方学习的新潮。在这种新潮中，林则徐（1785—1850）、魏源（1794—1857）、姚莹（1785—1853）等一批有远见卓识之士，起了主导作用。特别是魏源，他总结了抗击英国侵略的经验，提出"师夷之长技以制夷"的著名主张。这一主张，把朴素的执干戈以卫社稷与保家卫国的斗争提升到理论高度，成为近代中国人救亡图存、振兴中华的战斗纲领。魏源认为，西洋人之长技有三点。一为战舰，二为火器，三为养兵练兵之法。对这些西洋人之长技，中国人应当急起直追。魏源提出，我国既要发展近代军用工业，又要发展近代民用工业。魏源还表现出对西方民主制度的向往。魏源的上述思想和主张，说明当时在个别的中国人中，对外国人的看法，已经开始发生变化。传统的"夷夏观"特别是"用夏变夷"的观点，在神州大地将遭到猛烈的冲击。太平

---

[1] 吴雁南：《太平天国运动与"夷夏观"的演变——纪念金田起义 140 周年》，《贵阳师专学报》（社会科学版）1991 年第 2 期。

天国运动顺应了这种趋势，大破特破"用夏变夷"的传统观念，将其普及并深入群众之中。

太平天国学习西方，开始于洪秀全学习梁发（1789—1855）的传教小册子《劝世良言》。① 这本书首先帮助洪秀全改变了"用夏变夷"的传统观念。洪秀全读这本书，最先映入眼帘的便是人人都是上帝的子女，天下男人都是兄弟，天下女子都是姊妹。1845年，他在《原道救世歌》里写道："天父上帝人人共，天下一家自古传。""普天之下皆兄弟，灵魂同是自天来。上帝视之皆赤子，人人相残甚恻哀。"在此基础上，他提出患难与共、有无相恤、各自相安享太平的理想。基于这种观念，后来他干脆把外国人称作"洋兄弟"。如果孤立地就事论事，似乎可以强调洪秀全的这些议论只是一些宗教活动。然而，只要结合太平天国学习西方的全貌，特别是近代中国从林则徐到孙中山向西方学习的大趋势，就可以看出这绝非偶然的宗教冲动，而是整个历史长河的巨浪中所显现的一朵浪花。正是因为洪秀全摒弃了"用夏变夷"的观念，才给他学习西方打下了基础。因此，不能低估洪秀全接触《劝世良言》之后在观念上所发生的巨变，即从"夷狄"到"兄弟姊妹"的观念形态上破天荒的变化。

与此同时，在封建士子或一些地位较低的官员中分化出一部分人，主张学习西方，实行资产阶级性质的改革，成为初步具有资产阶级维新思想的知识分子或者思想家。其中容闳（1828—1912）、王韬（1828—1897）等都同太平天国运动有过联系。前者建议太平天国当局实行军事、政治、经济、教育等改革，并表示愿做太平新政的"马前卒"。后者为太平军的战略献策，表示一片忠诚，"伏枕筹思，急于报效"。容闳在其论著中，公开赞扬太平天国运动"使人民警醒"，"其可称为良好结果者惟有一事，即天假此役……使全国人民皆由梦中警觉，而有新国家之思想"。容闳、王韬在同太平天国运动接触之后，都增强了"新国家之思想"，并在此后成为近代中国第一批主张实行变法维新的著名思想家。

---

① 梁发1789年生于广东省肇庆府高明县（现佛山市高明区）西梁村的一个农民家庭。梁发是中国基督新教重要人物，是基督新教的第一位中国传教士，以及第一个参加近代化中文报刊编辑、出版工作的中国人。因为当时传教士主要活动在广东，所以吸收的信徒主要是广东人。梁发最重要的著作是1832年所写的《劝世良言》。《劝世良言》基本上是九本小册子合订在一起。其中一部分是从圣经的《旧约全书》《新约全书》的教训中选出来的。另外一部分讲述基督教的教义。梁发使用非常浅显、一般人易懂的话，把基督教教义和一部分圣经精选出来，编成《劝世良言》。洪秀全初期对基督教的接触，就是来自《劝世良言》。该书对洪秀全创立的太平天国，产生了很大的影响。

容闳在《西学东渐记》① 一书中的论述，不仅是对太平天国运动与一代新思维崛起的论证，而且包括了他亲身经历的感受。洪秀全作为一个历史时代学习西方的先驱，不仅容闳等人受其影响，而且清末的孙中山（1866—1925）、黄兴（1874—1916）等资产阶级革命杰出领导人也深受其鼓舞。孙中山以"洪秀全第二"自居，把自己的革命事业，视为洪秀全太平天国革命的继续与发展……孙中山不仅赞许洪秀全唤起国人投入反清的民族主义斗争，而且十分赞许洪秀全的政治经济措施。孙中山直言不讳地说："民生主义……在前数十年，已有人行之者，其人为何？即洪秀全是也。"研究太平天国史的著名专家萧一山（1902—1978）、简又文（1896—1978），都将太平天国革命运动视为近代"国民革命运动之先驱"……他们的观点，大体同容闳一致，都认为太平天国运动促进了中华民族走向觉醒，摒除旧习而接受"新国家思想"，开19世纪下半叶与20世纪初一系列改造近代中国运动之先河。太平天国运动猛烈冲击传统的"夷夏观"，其施政纲领尤其是《资政新篇》绘制了向西方学习的蓝图，在中国近代历史上具有不可低估的深远意义。

六、关于太平天国运动与儒家心性之学的研究

1994年，吴雁南先生《太平天国运动与儒家的"心性之学"》一文，发表于当年《黔南民族师专学报》第1期。② 在该文中，吴雁南先生指出，太平天国的英雄们一反几千年来所谓的"夷夏观"，称"洋人"为"兄弟"。他们从农民的利益出发，一方面对西方的基督教教义进行改造；另一方面对传统儒学进行冲击和改造，力图铸造一种中西结合的思想武器。他们顺应历史潮流，"师夷之长技以制夷"，掀起了学习西方的新潮。起初是洪秀全既接纳基督教某些教义，创立拜上帝会，又对西方先进的军用器械技术表现出浓厚的兴趣。到了太平天国后期，洪仁玕撰写的《资政新篇》，获得洪秀全的支持而刊出，进一步地表现出农民英雄们学习西方的意向。洪秀全所用以进行宣传的《原道救世歌》《百正歌》《原道醒世训》《原道觉世训》等，都以儒家精神为重要支柱。虽然太平天国曾经掀起声势浩大的"批孔"活动，但是对孔子及其学说，仍然是基本上给予肯定的。洪秀全明确表示孔子"功可补过，准他在天享福"。太平天国后期，作为一人之下、万人之上的军师和干王洪仁玕，更是毫无顾忌地宣称：

---

① 容闳：《西学东渐记》，湖南人民出版社1981年版，第57页。
② 吴雁南：《太平天国运动与儒家的"心性之学"》，《黔南民族师专学报》1994年第1期。

"本军师生长儒门。"太平天国对儒学的冲击，只是批判其中严重阻碍太平天国运动开展的某些内容。作为小生产者的农民，不是先进生产力的代表者，不能以一种新的思想理论体系取代封建主义思想。在经过激烈斗争之后，他们又不能不退回到旧的状态中去。虽然他们都向西方寻找真理，但是没有也不可能摆脱作为封建社会精神支柱的儒学之影响。根深蒂固的儒学，乃是中国古代文化学术的总汇，其中包含一些民主的精华。因此，作为农民领袖的洪秀全与洪仁玕，从太平天国运动的实际需要出发，接受儒学的影响，特别是其中"心性之学"的影响，既是必然的，又是必需的。

从太平天国革命斗争的需要看，要发动农民起来反对强大的敌人，并同中国的传统积习进行斗争，首先需要组成一支气壮山河，敢于斗争，充满必胜信念的革命队伍。"心性之学"和基督教的原始教义，都能为洪秀全提供丰富的思想资料。"心性之学"讲"本心""良心""恻隐之心"以及"是非之心""羞恶之心"，归结为"修身""正心"。这就很自然地同崇拜独一尊神皇上帝的"斩邪留正"结合起来。洪秀全笔下的皇上帝，是一位至仁至善的至尊真神，是代表"正"的集中体现者。谁站在皇上帝的对立面，谁就被视作"邪"或者"妖"，就要被打翻在地。这个皇上帝，是"天下凡间大共之父"。天下男女，都是皇上帝的子女，不仅要敬拜皇上帝，而且要以皇上帝为榜样，至仁至善，遵奉皇上帝的意旨，"斩邪留正"，力挽狂澜，拨乱反正，放胆杀妖，廓清海内。陆九渊和王阳明的心性之学"近于高明而不中庸"，"不怕天，不怕地"，使人在奋进的斗争中具有不妥协的精神。洪秀全所谓的"从来正可制邪，自古邪难胜正"以及其所谓的"过于忍耐或谦卑，殊不适用于今时，盖将无以管镇邪恶之世也"，就是这种精神的表现。

洪仁玕同洪秀全一样，借助中国古代"心性之学"的思想资料，为振兴太平天国服务。太平天国后期，人心涣散，信仰动摇。洪仁玕在宣传"真道"中，采用传统"心性之学"中的"本心""良知"等一类思想资料，强化了"攻心"即做好思想激励的内容，借以树立"志顶江山"、气吞宇内之概。洪仁玕在《钦定士阶条例》里写道："皇上帝创世真经不可错认，宜以本心良知理会一番，便见心心相印。"洪仁玕吸取"心性之学"的思想资料，强化政治宣传激励工作，要求发扬人的主体精神，重树革命雄风和信心。这在太平天国后期的对敌斗争中起了很大作用。人是需要有精神的，革命队伍更需要坚不可摧、牢不可破的精神力量。在太平天国革命中，农民英雄们强调精神的作用，其经验是很宝贵的。值得反思的是，无限夸大人的主体精神，毕竟是不科学的。过分强调人的主体精神，使得太平天国领导者们有的时候不能实事求是地分析主客观形势，不能正确地处理国政和军事，给太平天国带来了相当大的消极影响。这种教训，同样应当吸取。

总而言之，吴雁南先生是一位尊重历史和实事求是的史学研究者。吴雁南先生研究太平天国史，兼具史才、史学、史识、史德。就史才而言，吴雁南先生对以上六个方面太平天国历史事件的叙述和对史料的组织，富有逻辑性与生动性，文字简洁，条理清楚。就史学而言，吴雁南先生具有广博的太平天国历史知识，掌握资料丰富，考证史料严谨。就史识而言，吴雁南先生对太平天国历史所持的观点和立场，是有理有据，站得住脚的。就史德而言，吴雁南先生对太平天国史的研究，体现出其作为历史学家所应具备的人品、道德和修养，著文立论之"心术"，是纯正可嘉的。尤其难能可贵的是，1957年，吴雁南先生才28岁，还是一位青年学者，便能够就太平天国起义前洪秀全的政治思想渊源，与研究太平天国史的前辈专家、荣孟源先生展开商榷。1958年，吴雁南先生29岁，就在权威期刊《历史研究》上发表文章，根据史实，与著名的研究太平天国史的权威专家、史学界老前辈罗尔纲先生就太平天国的土地制度展开商榷。至于吴雁南先生关于太平天国政权性质的研究，关于太平天国运动与夷夏观演变的研究，关于太平天国运动与儒家心性之学的研究，都是颇有新意的。吴雁南先生对太平天国史研究的重大贡献，独具特色的尊重历史事实、坚持实事求是的治学思想，对后辈学者势必产生莫大的榜样作用与激励作用。

对太平天国史的研究，充分体现出吴雁南先生是奉行"传道授业解惑"①之师道的典范。为了弘扬吴雁南先生的师道，笔者谨以此文，隆重纪念先生逝世20周年！

---

① 韩愈（768—824）所著《师说》中的"传道授业解惑"，是指教育的综合的过程。传道、授业、解惑，三者并行。

吴雁南、何正清先生与中国秘密社会史研究
——兼及啯噜初期档案的新发现

郑永华①

（北京市社会科学院史志学研究所　100101）

摘　要　吴雁南、何正清先生在中国秘密社会史研究方面的主要成就，可以归结为三个方面。一是关注学术热点，从更长的历史时段与文化生态，进一步探讨会党的起源与性质。二是对朱一贵起义、林爽文起义、辛亥革命时期等几个清代会党发展的重要环节，进行追踪研究。三是将秘密社会与农民问题、清末"民变"、资产阶级革命派等重大理论问题联系在一起，从而得以在更加宏观的历史背景下，把握与分析中国秘密社会。应该说，吴雁南、何正清先生进行的秘密社会史研究，是学术界琴瑟和鸣的典范之一。学术传承最重要的旨趣，就是在于不断超越，不断创新。本文利用新发现的啯噜初期档案，对几个相关的问题略做探讨，以作为吴雁南、何正清先生秘密社会史研究专题方面的学术纪念。

关键词　吴雁南；何正清；啯噜档案

基于秘密社会在清代的盛行，尤其是秘密会党在辛亥革命时期发挥出来的巨大作用，早在20世纪七八十年代，吴雁南、何正清先生就开始对中国秘密社会史的相关问题进行探讨，陆续发表了一系列学术成果。② 总体而言，吴雁南、何正清先生在中国秘密社会史研究方面的主要成就，可以归结为三个方面。一

---

① 作者简介：郑永华，男，北京市社会科学院史志学研究所，历史学博士。主要从事中国历史文化的研究工作。

② 这些研究成果，陆续以论文的形式发表在各学术期刊或论文集中。具体包括：《略论1901—1905年间农民群众反帝反封建的斗争》，《山西师院学报》1978年第3期；《清末"民变"研究中的几个问题》，《学术研究辑刊》1980年第2期；《辛亥革命研究中的几个问题》，《重庆师范学院学报》（哲学社会科学版）1980年第4期；《辛亥革命与农民

是关注学术热点,从更长的历史时段与文化生态,进一步探讨会党的起源与性质。二是对朱一贵起义、林爽文起义、辛亥革命时期等几个清代会党发展的重要环节进行追踪研究。三是将秘密社会与农民问题、清末"民变"、资产阶级革命派等重大理论问题联系在一起,从而得以在更加宏观的历史背景下,把握与分析中国秘密社会。学者对此给予了高度评价,认为吴雁南、何正清先生有关中国秘密社会史方面的系列研究,"含有不少突破传统观点的新见解","贯古通今,追溯会党的历史渊源……全面考察天地会同长久以来的歃血、结拜、教门的关系,是本书的一大创见","探讨了中国农民战争史的若干重大问题……有理有据,有血有肉,颇多创见"。[①]

应该说,吴雁南、何正清先生进行的秘密社会史研究,是学术界琴瑟和鸣的典范之一。从家乡四川到首都北京,再到毗邻四川的贵阳,两人携手与共,相互扶持数十年。在学术研究方面,则充分发挥各自的特长,既分工又协作。可惜此后不久,何正清先生由于身体原因,不得已放弃秘密社会史研究。而吴雁南先生则将其学术兴趣,转向经学史、社会思潮、阳明心学等方面。虽然如此,两人对于中国秘密社会史的探索,仍以薪火相传的方式,继续在学界产生了学术影响。其中一传弟子当中,就有梁家贵、欧阳恩良以及笔者等继续关注秘密社会史。这很大程度上反映出吴雁南、何正清先生在秘密社会史研究方面的学术传承。[②]

正如俗语所言,"学如积薪,后来者居上"。学术传承最重要的旨趣,就是

问题》,《纪念辛亥革命七十周年学术讨论会论文集》上,1981年;《清末资产阶级革命派与会党》,《贵阳师院学报》(社会科学版)1981年第3期;《辛亥革命高潮中会党与农民的起义》,1984年;《刘仪顺号军的北伐计划》,《贵州文史丛刊》1985年第4期;《天地会与道教、白莲教》,《贵阳师院学报》(社会科学版)1984年第4期;《天地会的歃血盟誓与结拜兄弟历史渊源》,《贵州师范大学学报》(社科版)1985年第4期;《简论天地会的起源》,《贵州社会科学》1986年第4期;《摩尼教与天地会》,《宗教学研究》1986年;《朱一贵起义与天地会》,《贵州大学学报》(社会科学版)1986年第2期;《朱一贵起义后天地会的发展》,《贵州师范大学学报》(社会科学版)1987年第1期;《略论天地会的性质》,《贵州师范大学学报》(社会科学版)1988年第3期。此后结集出版了《农民战争与会党》一书,参见西南师范大学出版社1989年版。

① 参见中央民族大学陈梧桐教授为《农民战争与会党》一书所写的序,西南师范大学出版社1989年版。
② 梁家贵1993—1996年在贵州师范大学随吴雁南先生攻读硕士学位,2002年以《抗日战争时期中国教门、帮会研究——以山东为中心1937—1945》为毕业论文,获得南京大学博士学位。此后以山东、安徽为研究重点,侧重于抗日战争时期到新中国成立初期,陆续发表《抗日战争时期山东秘密社会研究》(2004)、《民国山东教门史》(2008)等

在于不断超越,不断创新。以下利用新发现的啯噜初期档案,对几个相关的问题略做探讨,以作为吴雁南、何正清先生秘密社会史研究专题方面的学术纪念。

哥老会为中国"三大帮会"之一,对近代社会尤其产生了深远影响。一般认为哥老会的酝酿与发展,与清代中期活动在四川等地的啯噜有着非常密切的关系,因而学界很早即重视啯噜的起源与演变,发表了大量成果。① 但受史料缺乏的限制,有关啯噜于萌芽初期的史事,看法尚不尽相同。近期学者找到乾隆初年以及雍正末年的原始档案,对啯噜的语义、初兴、活动特点等问题进行了新的探讨。认为雍正年间贵州出现的"鹘掳子"即啯噜子,其名称"应起源于川黔汉族对外来抢掳的少数民族的称谓"②。学者发现利用的啯噜初期档案共计3件,其一是署理四川巡抚印务、四川布政使方显于乾隆四年十月所上的奏折③;其二是四川巡抚纪山于乾隆八年十月所上的奏折④。这两份奏折在《清实

成果,现为阜阳师范大学教授。欧阳恩良 1994—1997 年在贵州师范大学随吴雁南先生攻读硕士学位,2003 年以《形异神同——中国秘密社会两大系统比较研究》为毕业论文,获得中国人民大学博士学位,后以贵州、西南的秘密社会为研究重点,陆续发表《中国秘密社会》第四卷(合著,2002)、《形异神同——中国秘密社会两大系统比较研究》(2004)、《西南袍哥与辛亥革命》(2011)等成果,现为贵州师范大学教授。郑永华 1994—1997 年在贵州师范大学随吴雁南先生攻读硕士学位,1997 年以《辛亥时期秘密会党之社会心态》为毕业论文,获得贵州师范大学硕士学位,2000 年再以《清代惩治教门研究:1636—1835》为毕业论文,获得中国人民大学博士学位。此后陆续发表《清代秘密教门治理》(2003)、《近代以来的会道门》(合著,2012)等成果,现为北京市社会科学院研究员。

① 代表性论文与专著,如张力:《啯噜试探》,《社会科学研究》1980 年第 2 期;胡昭曦等:《啯噜考析》,原刊《四川省史学会史学论文集》,四川人民出版社 1982 年,收入胡昭曦《巴蜀历史文化论集》,巴蜀书社 2002 年版;常建华:《清代啯噜新研》,原刊《清史论丛》,辽宁古籍出版社 1993 年版,收入常建华:《清代的国家与社会研究》,人民出版社 2006 年版;吴善中:《晚清哥老会研究》,吉林人民出版社 2003 年版;龚义龙:《清代巴蜀"啯噜"始源探析》,《陕西理工学院学报》(社会科学版)2011 年第 2 期;龚义龙:《清代巴蜀"啯噜"性质研究——以〈清代巴县档案〉与巴蜀古籍为依据》,《重庆师范大学学报》(哲学社会科学版)2011 年第 3 期;吴善中:《清初移民四川与啯噜的产生和蔓延》,《清史研究》2011 年第 1 期;梁勇:《啯噜与地方社会的治理——以重庆为例》,《社会科学研究》2013 年第 1 期,等等。
② 常建华:《清代"啯噜"的初兴与语义新考》,《四川大学学报》(哲学社会科学版)2019 年第 3 期。
③ 录副奏折,署理四川巡抚印务、四川布政使方显奏为严拿啯噜匪党整饬地方事,乾隆四年十月初六日,档号:03-0330-028,缩微号:022-0666,原档藏中国第一历史档案馆,下同不注。
④ 录副奏折,四川巡抚纪山奏请严究治啯噜匪棍缘由事,乾隆八年十月十一日。档号:03-1248-046,缩微号:088-2699。

录》中已有摘录，并一度被学界视为清代官方"最早提到啯噜"的档案史料。①作为四川主管官员查处啯噜的原始记录，学者新发现的两份原始档案，其记载的内容无疑更为详细，也更为准确，可以从多个方面补充《清实录》摘录的缺略，"保留了丰富的基层社会情状"，大大加深我们"对于雍乾之际啯噜兴起的了解"。② 学者利用的另一份档案为雍正十三年六月湖广总督迈柱所上奏折，其中提及贵州有一等"混名叫鹳掳子"的无赖土棍乘苗民起事烧杀掳掠，将移咨贵州巡抚严拿处治。③ 迈柱所称贵州"鹳掳子"即后来的"啯噜子"，因而该折将记载啯噜活动的档案由乾隆初年上推至雍正末年。这对于研究啯噜初兴时期的史事，同样具有不可替代的史料价值。④ 不过与主治其地、主办其案的四川巡抚不同，雍正末年湖广总督迈柱之所以移咨贵州"严拿鹳掳子"，主要在于其率军入黔"会剿苗匪"，关注点着重于军事方面的"善后"。因而与乾隆初年四川专题查处啯噜的两份奏折相比，尚不无继续探讨的空间。以下在前贤研究的基础上，进一步挖掘啯噜初期的原始档案，并就几个问题再做探讨，以推动相关研究的进一步深入。

一、初期啯噜档案的新发现

雍正十三年湖广总督迈柱在"苗乱"善后过程中如何移咨贵州"严拿鹳掳子"，贵州有关部门接到咨文后是否付诸实施，尚未发现相关档案，实情尚待考察。不过经过检索，在乾隆四年署理四川巡抚方显向朝廷奏报之前，四川巡抚硕色就已于乾隆三年初有关入川贫民沦为"匪贼"的奏折中，专门论及四川啯噜的治理问题。这份档案不仅在时间上比乾隆四年署理四川巡抚方显的奏报更早，载录的内容也更为翔实，而学界尚未见引用，现全文移录如下：

---

① 学者认为，"在现可查见的档案史料当中，最早提到啯噜的是乾隆四年（1739年）十月署四川巡抚、布政使方显的奏折"。不过征引者一般据《清实录》，奏折全文则直到近期方为学者发现。参见吴善中：《晚清哥老会研究》，第19页。最近仍有论文提到："查《清实录》等文献，四川官员有关'啯噜'的奏报始于乾隆四年，以后乾隆八年、十二年、十三年、二十二年、二十三年、三十七年都有关于'啯噜'为乱的奏报。"见孙华：《七曲山文昌宫"除毁贼像碑"》，《故宫博物院院刊》2019年第11期。

② 常建华：《清代"啯噜"的初兴与语义新考》，《四川大学学报》（哲学社会科学版）2019年第3期。

③ 湖广总督迈柱奏陈办理会剿黔苗安插黔黎事宜八条并咨移黔抚严拿鹳掳子折，雍正十三年六月二十四日，载《雍正朝汉文朱批奏折汇编》第28册，江苏古籍出版社1988年版，第656页。

④ 常建华：《清代"啯噜"的初兴与语义新考》，《四川大学学报》（哲学社会科学版）2019年第3期。

四川巡抚臣硕色谨奏，为奏闻事：窃查川省昔因兵燹，人少地宽，土著无几，食物甚贱。故各省贫民，每多相率入川。近来生聚日繁，米粮渐贵，无赖流寓途穷食艰，辄思为匪为贼。更兼川民篱壁散处，非若别省之深屋厚垣、聚族而居，可以守望相助。故奸匪欺其孤零，易于窃劫；事后则深山密箐，易于伏藏。而从前牧令等官，又多姑息讳匿，以致盗贼滋炽，公行无忌。内有一种啯噜名色，实系游棍，呼朋引类，三五成群。竟敢于众人属目之地，持械行凶，明肆抢夺，大为商民之害。臣到任后，随将讳盗诬良之印捕严行查参，稍涉柔懦之署员酌量调换。一面严饬府、州、县设法缉捕，一面会同提臣王进昌密差弁兵，分途查拿。历据成都等府属，获报啯噜匪贼数十起。内如情罪稍轻者，臣即批令分别枷责，递回原籍收管。其积匪滑贼、拒捕伤人之犯，则令按律究拟。数月以来，各属共勤缉捕，省西、省南等处之盗匪渐觉敛戢。而省东之重庆、夔州一带地接湖广，水陆交通，每多流寓，奸宄乘机窃劫。盖轻弃乡井入川谋食之人，多系别省失业之辈，若不严加惩创，无以弭盗安民。然不分别抚辑，亦恐饥寒交迫之流寓，进无所事，退无可归，仍不免相率而为贼。臣查川省地虽渐辟，尚多可垦。向因有官庄纳租之重累，故现在之民每藉端揎阻，流寓之人亦畏租惮垦。今蒙皇上天恩，已将官租革除，则凡有可垦荒地，俱可任便招垦。臣已行令各属，先将可垦之地踏勘登记。如有流寓失业之人，即令酌拨垦种，仍令先给执照，以杜争端。俟成熟之日，分别水旱，照例升科。其有赋性凶横，形迹诡秘，不任力作，惟务游荡者，即令申严保甲，查逐回籍。俾淳良者得以安业，而奸匪者无所托足。至访闻得匪盗最多之重庆、夔州所属长寿、荣昌一路，虽严饬地方官加意捕缉，犹恐未易靖尽。臣复会同提臣王进昌遴差慎干弁兵，分途前往，密访会拿。此等豺狼，势难革心，惟有严行诛锄，以期地方宁谧，良民安枕。所有川省向多奸匪情形，及现在办理缘由，理合据实奏闻，伏乞圣鉴。为此谨奏！

（朱批：）川省向多奸匪，汝到任一日，即为汝之责矣。嗣后务须弭盗安民，以靖地方。至招垦一事，须妥协办理，则实为有益之事也。①

硕色为满洲正黄旗人，监生出身，雍正年间授户部主事，累迁至陕西巡抚。

---

① 朱批奏折，四川巡抚硕色奏为各省贫民相率入川途穷食艰为匪为贼并现办情形事，乾隆三年二月十六日。档号：04-01-01-0032-030，缩微号：04-01-01-006-0556，原档藏中国第一历史档案馆，下同不注。

乾隆二年三月，硕色由陕西巡抚调任四川巡抚，五月中旬到任。① 硕色此次奏报四川啯噜的治理问题，值其入蜀就任尚不足一年。他在折中称"一面严饬府、州、县设法缉捕，一面会同提臣王进昌密差弁兵，分途查拿"，仅省城附近的成都等府，即已"获报啯噜匪贼数十起"，省西、省南等处亦"渐觉敛戢"。至于啯噜活动频繁的省东重庆、夔州等地，亦"会同提臣王进昌遴差慎干弁兵，分途前往，密访会拿"。同时又提出招垦安插啯噜的抚辑之方，谓若不对外省入川的失业流民多加抚辑，"亦恐饥寒交迫之流寓，进无所事，退无可归，仍不免相率而为贼"。可见这是硕色赴任四川巡抚之后，对于全省查拿、治理啯噜问题的汇总专报。折中提及的"提臣"即时任四川提督的王进昌，更早在乾隆二年的下半年，就以"究治川省匪棍游民恶犯"的名义，向清廷奏报其到任后查处啯噜的经过，折称：

> 四川提督臣王进昌谨奏，为奏明事：窃查川省地方，向有楚陕匪棍，游手无业，流入川东、川北及附省各处。每于乡镇市集，三五为群，诱人赌博压宝，恃横生事。或逢山僻孤店，即强食酒饭，不与钱文；窥伺单客，抢夺行李。并有假充差役，吓诈村愚；甚至昏夜合伙，肆行窃劫。因其踪迹无定，来往不常，民间呼为啯噜子。臣于莅任后，访闻此等恶犯亟宜剪除，但朝东暮西，非可常法就弋。当与抚臣硕色会商，各于标下挑选干练千把，酌带健兵，改扮装服，密往四路，分头躧捕，陆续具报拿获，移交有司究治。数月以来，宵小知警，俱各敛迹，地方现已安静。目今田功告竣，通省秋收约计八分以上，春麦蚕豆，生发弥野，汉夷乐业，气象蒸蒸。所有地方情形，理合奏明，仰慰圣怀，伏乞睿鉴。为此谨奏！
>
> （朱批：）览奏，朕怀诚慰。地方之事，原应如此，时刻留心。②

王进昌为江苏铜山人，入川之前担任湖北宜昌镇总兵等职。乾隆元年九月，署理湖广总督史贻直曾谓其"久任楚中，于苗疆事宜尤所熟谙"，推荐王进昌担任湖北提督一职。不过高宗接奏后，一方面认为"王进昌着实去得"，同时以湖

---

① 朱批奏折，四川巡抚硕色奏为途经四川广元至绵州察看得雨情形及米粮时价事，乾隆二年五月二十六日。档号：04-01-24-0004-014，缩微号：04-01-24-001-1475，原档藏中国第一历史档案馆，下同不注。

② 朱批奏折，四川提督王进昌奏为究治川省匪棍游民恶犯现在地方安静并秋收分数等情形事，乾隆二年十月十六日。档号：04-01-01-0013-029，缩微号：04-01-01-003-0608。

北提督另已委人署理，决定候他省提督出缺，再予提拔。① 两个月之后，王进昌即接到升任四川提督的谕令，次年春入蜀就任。② 乾隆二年十月奏报查处啯噜的奏折，距王进昌就职任事不过7个月，而折中提及"数月以来，宵小知警，俱各敛迹，地方现已安静"，可知他查拿啯噜的行动，显然是在赴任之后即与四川巡抚硕色会商，于春夏之间在全省推行。如前所述，雍正十三年六月湖广总督迈柱曾移咨贵州查拿"鹎掳子"。"久任楚中，于苗疆事宜尤所熟谙"的王进昌当时恰为其下属，或有机会与闻贵州"鹎掳子"扰害不法诸事。故而他一经提升四川提督，赴任伊始即致力查处，并由此将川省啯噜问题引入朝廷中枢的视线。

二、啯噜初期史事再探讨

乾隆初年再次发现的两件原始奏折，将四川官员查处啯噜问题的时间，由此前的乾隆四年上推至乾隆二年。这也是目前所见明确记作"啯噜"的最早记载，具有重要史料价值。以下据此就啯噜初期史事的几个问题再做探讨。

（一）关于啯噜的初始语义

啯噜为四川"土语"，学界对其语义来源进行过长期探讨。一般认为，"啯噜"与"孤娄""牯辘""哥老"等词汇的发音相近，因官方档案记作"啯噜"，后来"遂引以为常"，成为专有名词。不过对其具体的语义来源，仍有多种看法。第一种意见认为，啯噜系"'孤娄'音转之说，似较接近原意"，指的是"一群衣服褴褛、不遵'礼节'的无业游民"。③ 第二种意见认为，啯噜可能为"牯辘"的音转，"起自彝语，人们以此来形容这一无业武装团体行踪不定，来去如飞的特点"④。第三种意见则从档案入手，认为啯噜系"孤娄""牯辘"的音转，该说法与早期档案的记载不符，"缺乏说服力"，其本意应为"赌钱者"，后来泛用于指称外来移民中的某些"不法"之徒。⑤ 近期学者根据新发现的雍

---

① 朱批奏折，署理湖广总督史贻直奏为提臣杨凯办事轻率挟诈怀私据实奏闻并请以王进昌为湖广提督等事，乾隆元年九月十五日。档号：04-01-16-0003-037，缩微号：04-01-16-001-1024。
② 朱批奏折，四川提督王进昌奏报重庆等上任沿途地方乾隆二年二月地方雨水情形事，乾隆二年三月。档号：04-01-24-0003-011，缩微号：04-01-24-001-1043。
③ 张力：《啯噜试探》，《社会科学研究》1980年第2期。
④ 胡昭曦等：《啯噜考析》，载《巴蜀历史文化论集》，巴蜀书社2002年版，第202-206页。
⑤ 吴善中：《晚清哥老会研究》，吉林人民出版社2003年版，第30-32页。

正末年档案,又提出贵州出现的"鹘掳子"即啯噜子,其含义的关键"在于'鹘'字","从'鹘掳子'的行动特点来看,其迅猛掠杀凶残的特点,颇似隼属动物",因而综合而言,"鹘掳子"即啯噜子的语义,"应起源于川黔汉族对外来抢掳的少数民族的称谓,其活动特点是'多人'出现并抢掠,具有群体性与流动性,喜欢'扮作乞丐',或在大村市镇强讨物件,或在僻地乡村强抢,抢夺是其谋生手段"。①

以四川"土语"发音相近来对"啯噜"的语义进行追溯推测,似乎面临两个很难圆满解决的问题。一是从时间而言,两者之间到底孰先孰后,难以遽断。二是从空间分布而言,两者的传播范围是否重合,亦不易明确。因而各地两个发音相近的词汇之间是否存在必然的因果关系,很难给出符合历史逻辑的证明。基于此,学者转而从查处啯噜活动的早期档案入手,无疑成为相对可靠的方法。不过从迈柱奏折的描述来看,雍正末年贵州出现的"鹘掳子"即为后来的啯噜子,确切无疑。但认为由此可以将啯噜语义的探讨"再推进一步",甚至达到"基本解决问题的程度",则尚存疑问。因为综观迈柱奏折全文,其实并没有涉及"鹘掳子"的语义问题,而仅仅提及贵州有一种纠集多人的"无赖土棍",经常闯入大村市镇"强讨物件",或于偏僻乡村人少之时"强抢",同时惯于乘"苗乱"之机浑水摸鱼,"入村烧抢","混名叫鹘掳子"。从"会剿逆苗、安插黔黎"的角度,迈柱奏称"已咨移黔省严拿,审实即尽法处治"。② 所谓"混名叫鹘掳子",指的应是贵州地方民众以"鹘掳子"称呼这些"无赖土棍"。折中记录的,不过是地方称呼的语音,而与"鹘掳"两字的字面含义,并不具有必

---

① 常建华:《清代"啯噜"的初兴与语义新考》,《四川大学学报》(哲学社会科学版) 2019 年第 3 期。
② 迈柱之折主要是奏报"会剿黔苗"事宜,仅在善后部分提及咨移黔省严拿"鹘掳子",其文谓:"再,黔苗自己田土荒芜不耕,日事焚劫,若野无所掠,皆成亡命,率性暴横,有不焚劫不能存活之势,我兵会剿,有杀不尽不便歇手之局。更有一等无赖土棍,勾引多人,扮作乞丐等辈,闯入大村市镇,口称难民,强讨物件,如遇僻地乡村人少,便行强抢,又于黑夜在村庄左右放火呐喊:'苗子来了,大家逃命!'村内居民误听惊窜,伊等即入村烧抢,妇女不及奔逃,亦被掳去,混名叫鹘掳子。臣已咨移黔省严拿,审实即尽法处治。若留监所,势必内外勾通滋事,徒添祸根。凡有应行之事,臣俱咨会黔省督抚提臣商酌办理。……所有臣现办会剿逆苗,安插黔黎各事,宜相应胪列具奏。……朱批是:所奏大概与廷议皆合,可敬慎办理,据实奏闻。"见湖广总督迈柱奏陈办理会剿黔苗安插黔黎事宜八条并咨移黔抚严拿鹘掳子折,雍正十三年六月二十四日,载《雍正朝汉文朱批奏折汇编》第 28 册,江苏古籍出版社 1988 年版,第 656 页。参见前引《清代"啯噜"的初兴与语义新考》,《四川大学学报》(哲学社会科学版)2019 年第 3 期。

然的关系。至于引为佐证的《金川纪略》，学者也早已指出："根据大量的档案材料可以认定，啯噜是从移民中产生的。程穆衡（认为四川啯噜'本始于口外，渐流入内地'）的说法不确。"① 也就是说，根据雍正末年的迈柱奏折，尚不能合理推导出"很可能当地土著称来抢掳的'苗子'为'鹘掳子'"，进而认为"'鹘掳子'（啯噜子）应起源于川黔汉族对外来抢掳的少数民族的称谓"等结论。②

而再次发现的乾隆二年档案，为"啯噜"的语义提供了新线索。四川提督王进昌在折中首先指出：川省地方"向有楚陕匪棍，游手无业，流入川东、川北及附省各处。每于乡镇市集，三五为群，诱人赌博压宝，恃横生事。或逢山僻孤店，即强食酒饭，不与钱文。窥伺单客，抢夺行李。并有假充差役，吓诈村愚。甚至昏夜合伙，肆行窃劫。因其踪迹无定，来往不常，民间呼为啯噜子"③。这是目前所见官方使用"啯噜"一词的最早档案，也首次就"啯噜"语义做出了明确说明。虽然王进昌并未就"啯噜"一词的来源进行详细考察，但这是他数月来查处啯噜案件的归纳与总结，无疑值得格外重视。在主导啯噜查处的王进昌看来，四川民间之所以将游手无业、四处犯案的"楚陕匪棍"称为"啯噜子"，主要原因即在于其"踪迹无定，来往不常"的行动特征。这也可以得到后续档案的佐证。乾隆三年二月，四川巡抚硕色在奏折中也提及"内有一种啯噜名色，实系游棍，呼朋引类，三五成群"，特别强调啯噜作为"游棍"的性质。④ 乾隆九年十一月，御史柴潮生在奏折中指出，入川觅食的四方游民，"始则力田就佃，无异土居，后则累百盈千，浸成游手。其中有等桀黠强悍者，俨然为流民渠帅，土语号为啯噜，其下流民听其指使"，径将啯噜视为入川"流民"的魁首。⑤ 乾隆十年上半年，山东道监察御史张汉再次提到，"啯噜子一种，多是福建、广东、湖广、陕西亡籍之人递窜入川，结成恶党，各州县皆此

---

① 吴善中：《晚清哥老会研究》，吉林人民出版社2003年，第20页页下注。
② 常建华：《清代"啯噜"的初兴与语义新考》，《四川大学学报》（哲学社会科学版）2019年第3期。
③ 朱批奏折，四川提督王进昌奏为究治川省匪棍游民恶犯现在地方安静并秋收分数等情形事，乾隆二年十月十六日。档号：04-01-01-0013-029，缩微号：04-01-01-003-0608。
④ 朱批奏折，四川巡抚硕色奏为各省贫民相率入川途穷食艰为匪为贼并现办情形事，乾隆三年二月十六日。档号：04-01-01-0032-030，缩微号：04-01-01-006-0556，原档藏中国第一历史档案馆，下同不注。
⑤ 军机处录副奏折，御史柴潮生折，乾隆九年十一月初六日。载《康雍乾时期城乡人民反抗斗争资料》下册，第634页。

辈盘踞,大概居无定所,每于州县赶集之区占住闲房","一经缉拿,则此县逃之他县,积年累月不获到案,无可如何"。① 凡此种种,可见乾隆初年的官员论及啯噜时,多强调其"实系游棍""俨然为流民渠帅""大概居无定所"等基本特点。后人总结时,亦侧重四川啯噜"皆流民恶少"的特性。② 这些记载与王进昌描述的"因其踪迹无定,来往不常,民间呼为啯噜子",基本上前后一致。

在王进昌看来,外省入川后游手无业的"匪棍",因"踪迹无定,来往不常",而民间称呼极近"国鲁",故加"口"旁表示读音,而以"啯噜"两字记之。"啯噜"一词由此确定,此后成为官方档案乃至民间文献的通用术语。至于强调其生活无着的"孤婆",以及含有行动迅速之意的"轱辘"等说法,也从不同侧面表述了啯噜活动的某些特征,但尚未见于早期文献,很可能是啯噜流行后各地民众逐渐附会添加上去的。比较明显的例子,是后人以"啯噜"称呼"赌徒"的说法。乾隆时期的李调元即在《啯噜曲》序中明确声称:"蜀人呼赌钱者通曰啯噜,皆作平声,如曰辜奴。"民国年间的《华阳县志》亦谓:"哥老会,人曰袍哥……好赌曰孤露子。"学者曾据此认为,啯噜在四川土语中,"本意为'赌钱者',即赌徒,亦即是一些不事正业、孤注一掷的光棍、泥腿,后来被四川土著用来指称外来移民中的一些'不法'之徒。"③ 然而查乾隆十一年的档案,四川按察使仓德虽然指出啯噜"遇场市则居然诱赌,入肆店则白索饮食。逢单客则抢夺公行,遇孤村则攫物无忌",将"诱赌"列为啯噜危害社会的首要活动,但其后又建议将啯噜分类定罪,谓"如仅止掏摸穿窬、酗酒打架、白索酒食、偶然聚赌,罪止枷杖者,询系实在无藉啯噜,照依本律加二等治罪",又说到"如白昼抢夺、初犯诱赌、金刃伤人、眇目坠胎等类,凡犯该徒罪者,俱发边远充军"云云。④ 在仓德看来,有的啯噜不过是"偶然聚赌",或者为"初犯诱赌",则显然不能将"赌博"视作啯噜普遍具有的本质特征。由此可见,将啯噜视为"赌钱者"即"赌徒"的看法,很可能是乾隆中期以后的情况,而不能认定为乾隆初年"啯噜"兴起时的原始语义。

---

① 录副奏折,山东道监察御史张汉奏请饬川抚严拿啯噜子缘由事,乾隆十年九月初四日。档号:03-1249-021,缩微号:088-2785。按:此件无日期,档案管理人员判断的"乾隆十年九月初四日"有误。
② 王鉴清修、向楚等辑:民国《巴县志》卷九。《新修地方志丛书》"四川方志之六",台湾学生书局1988年版,第1241页。
③ 吴善中:《晚清哥老会研究》,吉林人民出版社2003年版,第30—32页。
④ 朱批奏折,四川按察使仓德奏为川省啯噜危害地方请定治罪之条以戢奸匪事,乾隆十一年十月二十八日。档号:04-01-01-0139-018,缩微号:04-01-01-021-2353。

(二) 乾隆三年重庆清理啯噜"积案"的可靠性

民国《巴县志》记载：重庆知府李厚望字培国，直隶蔚县人，"康熙四十七年进士，乾隆元年由户部郎中出守四川宁远，三年调重庆。先是四川有啯噜者，皆流民恶少，强悍嗜斗，动成大狱。而重庆为甚，积案几当通省之半。厚望至，阅其牍，叹曰：'此皆无知犯法者也'，为核其殴抵者上之，得省释者数百人"①。对此，早期学者曾引为分析四川啯噜前期活动的重要史料。② 但后来学者又注意到，《巴县志》"虽指出乾隆三年重庆即有啯噜犯案，但《巴县志》不是档案史料，且出于民国时期"，因而采取相对谨慎的原则，仍以见于《清实录》的"乾隆四年"作为"最早提到啯噜"的档案史料。③ 不过查考档案，乾隆三年初四川巡抚硕色在奏折中提到，"而省东之重庆、夔州一带地接湖广，水陆交通，每多流寓，奸宄乘机窃劫。盖轻弃乡井入川谋食之人，多系别省失业之辈，若不严加惩创，无以弭盗安民"，将关注重点转向川江。又称"至访闻得匪盗最多之重庆、夔州所属长寿、荣昌一路，虽严饬地方官加意捕缉，犹恐未易靖尽。臣复会同提臣王进昌遴差慎干弁兵，分途前往，密访会拿"④。仅隔一个月，硕色又以重庆"五方杂处，民俗刁悍，匪盗之多，事务之繁，甲于各府"，而宁远知府李厚望到任以来，"化导土民，抚辑番蛮，办理明敏，循声懋著"，奏请将其调补重庆知府，"庶可弹压整理"，得到允准。⑤ 两相对照，可知硕色之所以将李厚望从宁远知府平调到重庆任职，一个重要任务就是查处川东严重的啯噜问题。硕色奏折中提出分别惩处的原则，称"不分别抚辑，亦恐饥寒交迫之流寓，进无所事，退无可归，仍不免相率而为贼"⑥。而李厚望到达重庆后，也对此前的啯噜积案采取了区别对待的方针，"为核其殴抵者上之，得省

---

① 王鉴清修、向楚等辑：民国《巴县志》卷九。《新修地方志丛书》"四川方志之六"，台湾学生书局1988年版，第1241页。
② 胡昭曦等：《啯噜考析》，载《巴蜀历史文化论集》，巴蜀书社2002年版，第206页。
③ 吴善中：《晚清哥老会研究》，吉林人民出版社2003年版，第19页及注释。
④ 朱批奏折，四川巡抚硕色奏为各省贫民相率入川途穷食艰为匪为贼并现办情形事，乾隆三年二月十六日。档号：04-01-01-0032-030，缩微号：04-01-01-006-0556，原档藏中国第一历史档案馆，下同不注。
⑤ 朱批奏折，四川巡抚硕色奏请以李厚望调补重庆府知府等员缺事，乾隆三年三月二十七日。档号：04-01-12-0010-080，缩微号：04-01-12-002-2181。
⑥ 朱批奏折，四川巡抚硕色奏为各省贫民相率入川途穷食艰为匪为贼并现办情形事，乾隆三年二月十六日。档号：04-01-01-0032-030，缩微号：04-01-01-006-0556，原档藏中国第一历史档案馆，下同不注。

释者数百人",与硕色的查处要求基本相符。① 由此可见,民国《巴县志》所载乾隆三年重庆知府李厚望清理啯噜积案的史料,虽然为后人"据畿辅志补",却与原始的档案材料形成互证,确切可信,成为啯噜前期活动的重要个案。

(三) 初期啯噜的活动区域

学者探讨啯噜兴起的过程时,提到"大量的档案材料表明,乾隆年间,按地理区域划分啯噜,主要有两支,一支活动于四川、湖北、陕西三省交界高山老林地区;一支活动于川江上游沿江的重庆至夔州一段及其沿岸地区"②。不过此为乾隆中后期四川啯噜的分布概况,与初期啯噜的活动区域并不相符。乾隆二年最早查处啯噜的四川提督王进昌注意到,川东、川北以及省城附近州县多有"游手无业"的啯噜,"每于乡镇市集,三五为群,诱人赌博压宝,恃横生事。或逢山僻孤店,即强食酒饭,不与钱文;窥伺单客,抢夺行李。并有假充差役,吓诈村愚;甚至昏夜合伙,肆行窃劫"③。乾隆三年四川巡抚硕色则强调,啯噜作为"游棍",常常"呼朋引类,三五成群。竟敢于众人属目之地,持械行凶,明肆抢夺,大为商民之害"④。乾隆四年,署理四川巡抚方显也提到,啯噜子"结连党羽,三五成群,暗藏刀斧,白昼抢夺,乘机窃劫,无恶不作。乡村市集,人多受害"⑤。乾隆八年四川巡抚纪山更明确说到,湖广、江西、陕西、广东等外省入川的无业游民,"勾引本省不肖奸棍,三五成群,身佩凶刀,肆行于乡镇集场之间,号曰啯噜子。始则强食酒饭,继则索取盘费。稍不遂意,即行凶抢夺,或白日闯人入户,攫取钱财;或路遇年少儿童,强拉奸宿"⑥。到乾隆十年,御史张汉仍称,"结成恶党"的啯噜子盘踞四川各地州县,"大概居

---

① 王鉴清修、向楚等辑:民国《巴县志》卷九。《新修地方志丛书》"四川方志之六",台湾学生书局1988年版,第1241页。
② 吴善中:《晚清哥老会研究》,吉林人民出版社2003年版,第27页。
③ 朱批奏折,四川提督王进昌奏为究治川省匪棍游民恶犯现在地方安静并秋收分数等情形事,乾隆二年十月十六日。档号:04-01-01-0013-029,缩微号:04-01-01-003-0608。
④ 朱批奏折,四川巡抚硕色奏为各省贫民相率入川途穷食艰为匪为贼现办情形事,乾隆三年二月十六日。档号:04-01-01-0032-030,缩微号:04-01-01-006-0556,原档藏中国第一历史档案馆,下同不注。
⑤ 录副奏折,署理四川巡抚印务、四川布政使方显奏为严拿啯噜匪党整饬地方事,乾隆四年十月初六日。档号:03-0330-028,缩微号:022-0666。
⑥ 录副奏折,四川巡抚纪山奏请严拿究治啯噜匪棍缘由事,乾隆八年十月十一日。档号:03-1248-046,缩微号:088-2699。

无定所，每于州县赶集之区占住闲房，时于集上纠众行强，酗酒打降，非赌即劫"①。乾隆十一年四川按察使仓德亦称，啯噜往往无所顾忌，"遇场市则居然诱赌，入肆店则白索饮食。逢单客则抢夺公行，遇孤村则攫物无忌"②。可见初期啯噜的活动地域，主要集中在人多货积的乡镇集市。也正是缘于此点，纪山称其惩处啯噜渠魁时，"或照光棍例治究，或特设大板大枷立毙数人，以其罪名揭示于乡镇集场，庶若辈知有畏惧"，将乡镇集场视为警示啯噜的主要场所。同时特意对御史张汉所提"间有聚党山中者"的指控提出反驳，称为"不无传闻过甚"。③

当然，经过官方多次查禁，啯噜活动地域也由初期公开的乡镇集场，逐渐向治理相对薄弱的州县交界、老林山区，以及人口流动频繁的沿江一带转移。乾隆八年四川巡抚纪山就注意到，啯噜的聚集地点"多在州县交界处所及离城窎远地方。往来多由僻径，夜行出没。各有记认暗号，招示同类，羽党渐多"，表明啯噜活动地域有所变化。④ 这也是啯噜遭遇查禁以后，开始由公开转向地下的反映。

三、结语

综上所述，可将本文探讨的主要内容小结如下：

1. 依据目前档案，"啯噜"一词最早见于乾隆二年十月四川提督王进昌的朱批奏折，此后官方相沿成习，逐渐成为专用名词。

2. 王进昌提出民间以"啯噜"相称的原因，主要在于"其踪迹无定，来往不常"。这是关于"啯噜"一词最早，也最明确的说明。学者发现的雍正十三年贵州"鹘掳子"史料，乃是"啯噜子"之前的另一种记法。但认为"鹘掳子"（即"啯噜子"）的称呼"起源于川黔汉族对外来抢掳的少数民族的称谓"，则

---

① 录副奏折，山东道监察御史张汉奏请饬川抚严拿啯噜子缘由事，乾隆十年九月初四日。档号：03-1249-021，缩微号：088-2785。

② 朱批奏折，四川按察使仓德奏为川省啯噜危害地方请定治罪之条以戢奸匪事，乾隆十一年十月二十八日。档号：04-01-01-0139-018，缩微号：04-01-01-021-2353。

③ 录副奏折，川陕总督庆复、四川巡抚纪山奏为分别轻重惩办啯噜党以靖地方事，乾隆十年八月二十二日。档号：03-0282-013，缩微号：019-0182。

④ 录副奏折，四川巡抚纪山奏请严拿究治啯噜匪棍缘由事，乾隆八年十月十一日。档号：03-1248-046，缩微号：088-2699。由于录副奏折难以辨认，学者曾误将档案中的"各有记认暗号"，录为"各省记认暗号"，进而得出"啯噜'记认暗号'，以省籍拉帮结伙"的推论，不确。见前引《清代"啯噜"的初兴与语义新考》，《四川大学学报》（哲学社会科学版）2019年第3期。

尚无可靠史据。认为啯噜系"孤娄"或"轱辘"音转，或将之视为"赌钱者"即"赌徒"等看法，也可能是啯噜在川蜀地区流行以后附会上去的，非其最初的原始语义。

3. 新发现的啯噜初期档案，将清代查处啯噜的时间由此前公认的乾隆四年上推到乾隆二年。这也成为清代啯噜作为社会问题浮出水面的重要标志。乾隆三年重庆知府李厚望清理啯噜"积案"的记载，同样可以得到档案佐证。

4. 啯噜主体为各省入川后脱离了土地约束与家族管制的无业"游民"。初期主要活动于各地的乡镇市集，三五为群，恃横生事。乾隆初年遭遇大规模的查禁以后，啯噜开始由公开转向地下，活动区域也由乡镇集场逐渐向治理相对薄弱的州县交界、老林山区以及人口流动频繁的沿江一带转移。但认为啯噜在乾隆初年即"以省籍拉帮结伙"，则是对相关档案的误读。

总之，初期啯噜的主体，为各省入川后脱离了土地约束与家族管制的无业"游民"。初期主要活动于各地的乡镇市集，三五为群，恃横生事。随着时间的推移，啯噜的不法行为不断增多，最终引发官府的查禁。其中乾隆二年到乾隆四年，是四川查处啯噜的第一次高潮。四川提督王进昌、四川巡抚硕色、署理四川巡抚方显陆续上奏，成为初期啯噜活动最详尽的档案记载，也是清代啯噜作为社会问题浮出水面的重要标志。清代大规模查处啯噜活动的时间，遂由此前见于《清实录》的乾隆四年，上推到朱批奏折所载的乾隆二年。《巴县志》中记载乾隆三年重庆知府李厚望对于啯噜"积案"的清理，同样可以得到档案佐证。所有这些，为探索啯噜初兴时期的基本情况与活动特点，提供了详细可靠的原始记录，有利于将相关问题进一步推向深入。

印象雁南师

周术槐①

(贵阳学院李端棻研究院，贵州贵阳，邮编：550005)

摘　要　我与吴雁南先生朝夕相处七年。在这七年中，雁南师对我言传身教，恩爱有加，让我受益终身。雁南师不仅是全国知名的历史学家，而且还是杰出的教育家。他为我国的历史研究与高等人才培养做出了卓越贡献。本文通过系列生动具体的案例，从两个方面追述了对雁南师的总体印象。文章既肯定了雁南师的教学方法，也肯定了雁南师人才培养的成效。

关键词　吴雁南；政治立场；历史学家

雁南师何人？雁南师四川荣昌人，贵州师范大学首任校长，国家级知名历史学家。雁南师的一生，是致力史学研究与教育的一生，是积极进取开拓创新的一生，是为国家各级各类人才培养做出卓越贡献的一生。我步入吴门，始于1994年丹桂飘香的金秋。此后，得益于先生的谆谆教诲，前后长达7年。其间，雁南师渊博的学识，独特的教育方法，高尚的品格，风趣幽默的语言艺术，独特的人格魅力，让我受益终身，永远难忘！在雁南师离世22年后的今天，每每念及与恩师相处的岁月，如在昨日，历历在目，心中总是充溢着满满的温馨与感激。现将我对雁南师的两点印象综述如下，以供"雁南后学"②研究的专家与学子们参考。

---

① 作者简介：周术槐，男，贵阳学院李端棻研究院院长、历史学三级教授。先后在湖南耒阳坛下中学、集贤中学、贵州师范大学、贵阳金筑大学、贵阳学院工作。硕士就读于贵州师范大学，博士就读于四川大学。主要从事历史文化、思想政治教育、社会舆情的教学与研究工作。现为贵阳学院哲学专业伦理学方向硕士研究生导师。

② 在这里，笔者首次提出"雁南后学"这一概念，目的是期望对吴雁南先生的研究能够深入持续下去。"雁南后学"作为贵州的一个文化现象，发源于贵州师范大学，影响则

一、印象一：影响力——雁南师是一位富有鲜明政治立场的历史学家

思想政治教育，是高校人才培养的核心与灵魂。我国的高等教育，是中国特色社会主义的高等教育。这一特定的性质，决定了我国高校人才培养的工作，不管是哪一个学科，都必须旗帜鲜明地讲政治。不讲政治的人才培养工作，是没有方向的人才培养工作，是与中国特色社会主义性质的高等教育格格不入的。强调鲜明的政治性，这是中国特色社会主义高等教育的一贯要求。对此，江泽民同志明确指出："我们必须加强马列主义教育，既要讲理论，又要摆事实，使他们真正认识到，只有坚持共产党的领导，只有坚持走社会主义道路，我们的国家才能兴旺发达。"[1] 新形势下，面对教育领域出现的新情况新问题，习近平总书记尤其强调要做好青年人的思想政治工作。习近平总书记强调："广大青年要坚持用邓小平理论、'三个代表'重要思想、科学发展观武装头脑，把理想信念建立在对科学理论的理性认同上，建立在对历史规律的正确认识上，建立在对基本国情的准确把握上，不断增强道路自信、理论自信、制度自信，增强对坚持党的领导的信念，永远紧跟党高举起中国特色社会主义伟大旗帜。"[2]

雁南师作为一位富有鲜明政治立场的历史学家，不仅在本科人才培养中强调要坚持正确的政治理论方向，在硕士研究生的培养工作中尤其强调要坚持正确的政治理论方向。在《坚持社会主义方向，加强思想政治教育》一文中，雁南师就高校办学方向的问题做了详尽的论述。他说："伟大的革命，需要伟大的理论。……毛泽东思想的创立，是时代的需要，人民的希望，革命所需，历史发展的必然。中国人民革命的历史证明：没有马列主义、毛泽东思想，中国革

遍及海内外。这不仅是基于吴雁南先生生前为我国的史学教育研究与人才的培养做出了卓越贡献，而且也基于吴雁南先生的影响达于海外。他生前不仅到过日本和中国台湾访学交流，而且还极力主张对外办学，重视外籍教师的引入，推动了贵州师范大学与美国奥克兰大学的联合办学，切实践行了李端棻先生所倡导的"选派游历"的办学理念。贵州的师范教育能有今天这样的格局，李端棻先生的开创之功固然重要，也与吴雁南先生努力践行李端棻先生的教育改革宗旨有着十分密切的关系。吴雁南先生多年担任贵州省高师研究会理事长。笔者作为吴先生的爱徒，曾先后前往贵州的毕节师专、凯里师专、铜仁师专参加各校办学20周年的庆典活动。吴先生在贵州高师教育中的影响力由此可见一斑。相信"雁南后学"概念的提出，对拓展吴雁南先生的研究有着重要的推动作用。

[1] 《江泽民同志关于青少年学生思想工作的论述》(1989—1999)，转引自求是杂志社文化编辑部编：《学习江泽民同志关于教育问题的谈话》，红旗出版社2000年版，第5页。

[2] 中共中央文献研究室编：《习近平关于青少年和共青团工作论述摘编》，中央文献出版社2017年版，第21页。

命就遭受失败；背离了马列主义、毛泽东思想，革命就遭到挫折或损失；高举毛泽东思想伟大旗帜，革命就无往而不胜。……毛泽东思想是我们党、我们民族的宝贵的精神财富，将长期指导我们的行动。"具体到学校工作层面，雁南师强调："我们的学校是社会主义的学校。坚定地沿着社会主义的道路前进，关键在于加强党的领导和发挥马列主义、毛泽东思想的指导作用，把思想政治工作放在首位。"①

雁南师这样说，在实际教育与研究工作中也是这样做的。譬如，在学校历史专业硕士研究生的培养工作中，他经常讲，作为一个社会科学专业的研究者，在其研究成果中如果没有马克思主义理论的思想元素，就如同喝白开水一样，无滋无味，深度不足。为了强化学生的马克思主义理论素养，雁南师要求学生不仅要主动读马列理论的书，而且还要读马列主义理论家的个人传记或故事。

在贵州师范大学读研期间，我印象最深的是，雁南师当时要求我们阅读美国记者埃德加·斯诺撰写的《红星照耀中国》和《共产党宣言》两本书。对前者的阅读，目的就是要让我们了解中国革命的艰辛历程，认识毛泽东思想的发展过程。对后者的阅读，目的是让我们掌握科学社会主义理论的产生与具体内容，掌握辩证唯物主义和历史唯物主义的方法论，明确资本主义灭亡和社会主义胜利的历史必然性。

在历史专业硕士研究生的培养过程中，为了深化学生对中国历史上农民战争问题的认识，雁南师专门吩咐教学管理人员油印《马克思恩格斯列宁斯大林关于农民战争问题的一些言论》（摘录）稿（以下简称《摘录》）分发给所有历史专业的硕士研究生学习。《摘录》有32页、40篇文稿。内容涉及农民战争的历史作用、农民战争与统治阶级、农民战争的思想方法三个方面。摘录的文章与书目，马克思的著作有：《哲学的贫困》、《关于保护关税主义、自由贸易和工人阶级的演说》、《共产党宣言》（马克思恩格斯合著）、《德法年鉴》、《德意志意识形态》（马克思恩格斯合著）、《资本论》、《路易·波拿巴政变记》。恩格斯的著作有：《自然辩证法·导言》《社会主义由空想发展为科学》《一八四八年至一八五〇年的法兰西阶级斗争》《论封建制度的解体及资产阶级的兴起》《德国的制宪问题》《德国的革命与反革命》《论俄国的社会关系》《法德农民问题》《德国农民战争》《美国战争底教训》。列宁的著作有：《给农村贫民》《社会民主党在一九〇五至一九〇七年第一次俄国革命中的土地纲领》《"农民改

---

① 吴雁南：《坚持社会主义方向，加强思想政治教育》，《贵阳师院》1984年1月18日，第2版。

革"和无产阶级农民革命》《第二国际彻底破产》《社会主义的原则与一九一四至一九一五年的战争》《给同志们的信》《莫斯科工会和工厂委员会第四次代表会议·关于目前形势的报告》《在工业博物馆群众大会上的演说》《社会主义的原则与一九一四至一九一五年的战争》《全俄社会教育第一次代表大会·关于用自由平等口号欺骗人民》《什么是"人民之友"以及他们如何攻击社会民主主义者?》《"农民改革"和无产阶级农民革命》《"农民改革"和无产阶级革命》《资产阶级如何利用叛徒》《列夫·托尔斯泰是俄国革命的镜子》《托尔斯泰和无产阶级斗争》《俄国社会民主工党(布)第七次全国代表会议(四月代表会议)·在讨论土地问题时驳尼·谢·安加尔斯基》《论立宪幻想》《政论家札记》。斯大林的著作有:《和第一个美国工人代表团的谈话》《莫斯科建城八百年纪念日的祝词》《和德国作家艾米尔·路德维希的谈话》《悼列宁》。①

雁南师在自己的研究中同样注重用马克思主义理论来支撑自己的观点。譬如,1978年雁南师撰写的学术论文《关于太平天国政权的"两重性"》,全文字数近16000字,引用经典作家的观点就有7处。在论及农民政权能否创造新的经济制度问题上,文章引用了列宁《托尔斯泰和无产阶级斗争》中的观点。在论及农民战争中所建立的政权有无历史根据的问题上,文章分别引用了列宁《在全俄运输工人代表大会上的演说》、马克思《〈政治经济学批判〉序言》、恩格斯《卡尔·马克思》中的观点。在论及太平天国政权究竟属于什么性质的问题上,文章引用了恩格斯《论俄国的社会问题》和《法德农民问题》中的观点。在论及太平天国政权的"两重性"问题上,文章分别引用了马克思、恩格斯《德意志意识形态》,毛泽东《组织起来》,斯大林《悼列宁》中的观点。②经典作家相关观点的引用,进一步增强了文章的针对性、说服力和影响力。表明作者在历史研究中,始终能够秉持辩证唯物主义和历史唯物主义的立场来开展历史研究。

又如,在1982年参加西南军阀史学术研讨会时,雁南师以《学习历史唯物主义,研究军阀史》作为参会文章。在该文中,雁南师指出:"在军阀史研究中,怎样学习和运用历史唯物主义的基本原理,这是一个新的课题。"雁南师指出,过去学界在研究近代中国军阀史时,由于方法论上的错误,对军阀在整个近代中国历史研究领域的地位存在认识不清的问题。根据历史唯物主义的基本

---

① 见贵州师范大学历史研究所油印稿:《马克思恩格斯列宁斯大林关于农民战争问题的一些言论》。
② 吴雁南:《关于太平天国政权的"两重性"》,1979年4月成都举办的"太平天国学术讨论会论文"油印稿。

观点,"历史唯物主义从来就把社会生活中各现象的相互联系和相互作用看作是社会发展的规律。从这个角度看,军阀史是近代中国历史不可分割的重要组成部分"。因此,在研究近代中国军阀史时,雁南师强调,一方面,要重视科学理论的学习,重视阶级分析方法,做到运用历史唯物主义的基本原理来研究近代军阀史;另一方面,不能忽视基本史料的分析与整理,做到"详细占有材料,把握事实的总和,不能从概念出发,更不能把经典作家的一些论断当作标签和套语"[1]。这表明,雁南师强调,在历史研究活动中,我们不能将经典作家的观点当作教条,生搬硬套。活学活用经典作家的观点,从事实出发,从具体的史料出发,这是开展历史研究应有的基本态度。

二、印象二:亲和力——雁南师是一位富有深厚亲和力的历史学家

亲和力,就是不骄傲,不自卑,以平和、耐心、自信的态度去对待身边的每一个人。安静地听别人讲话,热情地参与谈话。不以自己为中心,顾及别人的心情,善于调动气氛。重视每一个朋友,重视每一个相遇的人。亲和力的反义词,就是自高自大,目空一切,自以为是。在学校人才培养中,强调亲和力,是拉近师生距离、融洽师生关系的重要方式。雁南师作为享受国务院政府特殊津贴的有突出贡献的历史学家,在人才培养工作中,具有深厚的亲和力。他始终保持谦和的教师形象,不自大,不自傲,大力扶持年轻学者,与学生保持平等交流,让学生倍感亲切,值得信赖。

案例一:亲近学生的课堂教学模式

在课堂教学中,良好的教学方式,可以激发学生的学习兴趣,融洽师生之间的关系。雁南师无论是给本科学生授课,还是给硕士研究生授课,都注重提问式的教学方法的运用。所谓提问式的教学方法,即学生提问,老师解答,师生互动的教学方法。在雁南师看来,学生提问的过程,也是启发学生努力思考的过程,同时也是锻炼学生学习能力的过程。雁南师指出,课堂教学仅有教师的"独角戏"是不够的,还必须有学生的广泛参与,注重发挥学生的主观能动性。而提问式的教学方法则是充分发挥学生主观能动性的有效方法。它不仅考验学生的提问能力,也考验教师解答问题的能力。学生必须努力学会提问,教师必须努力学会答问。通过提问与答问,师生双方都意识到自身在课堂教学中的重要性。通过提问教学法,不仅活跃了课堂教学的氛围,也激发了学生对课

---

[1] 吴雁南:《学习历史唯物主义,研究军阀史》,1982年7月西南军阀史学术讨论会参会论文油印稿。

程学习的兴趣。可谓一举多得，一举双赢。

案例二：改进学生的科研素养培养方式

雁南师认为，硕士研究生的学习不能仅仅满足于知识的积累，更要注重自身科研能力的培养。在学习的过程中，不仅要善于发现问题，更要善于解决问题。在雁南师的鼓励下，我们自觉养成研究型学习的习惯。记得我的处女作《浅析〈政府说〉的思想特征》于1996年在《贵阳师专学报》（社会科学版）公开发表，该文就是在学习辛亥革命史的过程中通过研读辛亥人物雷铁崖的著作而形成的一篇习作。这一习作的公开发表，凝聚了雁南师的心血。雁南师不仅从谋篇布局视角提出了宝贵的意见，而且文章的一些段落，雁南师也是提笔字斟句酌地予以修改。此情此景，至今仍历历在目。

在雁南师看来，学生科研能力的培养、科研成果的数量与质量都很重要。他认为，没有数量的话，未来的职称评定自然会受到影响。但没有质量的话，不仅影响职称评定，更会影响到个体的科研形象。当时为了培养我的科研能力，雁南师可谓用心良苦。20世纪90年代，由于电脑的使用尚未达到普及的程度，更多的科研工作者写作时都是以钢笔书写。雁南师每次完成一篇文稿之后，都让我重新誊抄一遍。其实雁南师的钢笔字遒劲有力，完全可以直接交到学报或其他刊物发表。现在回想起来，当年先生之所以这样做，实际是在用这种方式来提升我的科研能力。我后来能留贵州师范大学先生身边工作，也是先生直接关心关爱的结果。

案例三：亲近学生的谆谆教诲

雁南师不仅是我们的经师，也是我们的人师。他不仅教我们做事，也教我们做人。切实做到寓教于学、寓教于事、寓教于行。

首先，雁南师认为，人生要有不断看书学习的意识。在雁南师看来，看书学习，这是人生当中的头等大事。人生顺畅时，要看书。人生失意时，更要看书。1994年春末夏初，我们硕士研究生面试以后，雁南师就给我们布置了看书学习的任务。要求我们结合专业学习的需要，阅读河北师范大学苑书义教授主编的《中国近代史新编》（三卷本）。全书近150万字。为了防止我们走过场，雁南师强调，在阅读的同时，要做好读书笔记，秋季开学时要提交检查。这对于我们这些来自乡村中学的教师来讲，实属严峻的考验。既考验我们的阅读能力，也考验我们做读书笔记的能力。1994年的那个暑假真的辛苦呀。白天我们要干农活，晚上要冒着酷暑与蚊虫的叮咬"啃"三卷本的《中国近代史新编》。为了读研，我们必须听老师的话，阅读的同时做好读书笔记。记得我足足写了10万字的读书笔记。这在我的求学生涯中，似乎还是第一次做这么大的读书工程。

其次，雁南师认为，人生要有不断斗争的意识。先生强调，人的一生不可能永远一帆风顺。我们不仅要与形形色色的人接触，而且还会遇到各种艰难险阻。不仅要面对各种舆情的压力，而且还要面对因能力不足而带来的困境。在这种状况之下，就必须有坚强的斗争意识。不仅与自己斗，还要与客观环境斗。对此，雁南师时常引用孙中山先生所说的"夫天下之事，其不如人意者固十常八九，总在能坚忍耐烦，劳怨不避，乃能期于有成"①作为教育我们的依据。与此同时，雁南师还以自己为例，称自己这一生就是不断地与各种不良现象做斗争走过来的。他说，善于斗争，犹如山间春笋。春笋出土，这是必然规律。即使用饭碗盖住山中春笋，春笋仍会冲破饭碗的阻力，破土而出。

最后，雁南师认为，人生要有不断提升自己情商的意识。先生认为，足够的情商，是人生获得成功的重要保障。有的人，能力强，智商高，但因情商不足，往往难成大器。有的甚至因情商不足而自毁前程。情商的高低，主要表现在待人接物、说话做事方面。有的人说话中听，有的人说话难听。有的人做事得体，有的人做事失体。这就涉及个体的情商问题。譬如，众人聚餐，谁主动点餐，谁主动倒茶水，谁主动添饭，这都是有讲究的。在公共场合，有的人热情大方，有的人麻木不仁，诸如此类的问题，都涉及个人情商的问题。在雁南师看来，我们应不断提升自己的情商，努力为自己塑造良好的形象，营造宽松活泼的做事氛围。

案例四：结缘"端棻后学"，让桃李得以永远芬芳

在雁南师的研究成果中，虽然没有涉及李端棻先生的研究，但其在贵州师范教育的发展中不仅努力践行了李端棻先生的教育改革宗旨，而且还为"端棻后学"的研究助了一臂之力。此乃为一般人不为所知之事。此事在贵州大学历史学者钟家鼎先生研究李端棻先生的专著《李端棻评传——兼论维新官僚在戊戌变法中的地位与作用》一书的"后记"中做了详尽记录。钟家鼎先生记述："1995年秋，贵州文化与传统文化国际学术研讨会暨中国历史文献研究会十六届年会在贵阳召开，我提交大会的论文为《李端棻与戊戌变法新论》。该论文为我研究乡贤李端棻的第一篇习作。在论文讨论会上，分组长贵州师大历史系教授吴雁南先生亲自推荐该论文作为大会发言论文，此事对我是一个很大的鼓励，

---

① 张金超：《孙中山人生箴言》，广东省出版集团、广东人民出版社2011年版，第111页。

也是我将李端棻作为固定研究对象的重要原因。"① 在此，感谢贵州大学历史与民族文化学院的钟家鼎先生对雁南师当年奖掖后学的记述。雁南师作为知名的历史学家，对李端棻先生的优异事迹不可能不知晓。同时，雁南师对李端棻先生在戊戌维新中的贡献是持肯定立场的。然而，正是因为雁南师的温馨举动，成就了钟家鼎先生的大作《李端棻评传——兼论维新官僚在戊戌变法中的地位与作用》的写作与出版。这不能不让人感慨，雁南师在有生之年结缘"端棻后学"，让桃李得以永远芬芳！

---

① 钟家鼎：《李端棻评传——兼论维新官僚在戊戌变法中的地位与作用》，《后记》海南出版社2004年版。

试论吴雁南先生的史学成就
——以思想史研究为中心兼谈我与吴雁南先生的历史因缘

黄 诚①

(贵州大学历史与民族文化学院，贵州贵阳，邮编：550025)

摘 要 吴雁南先生（1929—2001），是国内知名的历史学家。他长期活跃在教育科研领域，并致力于教育教学、教育出版、教育管理和学术研究工作。他一生从事教育科研事业，他的学术研究涉及的领域颇多，且学术研究成果丰硕，可谓著作等身并具影响。本文从三个方面对吴雁南先生史学研究取得的成就做了全面的分析。在此基础上，对吴雁南先生思想史研究的特点进行了概括。与此同时，本文还认为，吴雁南先生在其学术生涯中，与贵州大学也有着十分密切的关系。这不仅表现在，吴雁南先生曾经以贵州大学的名义发表过学术研究论文，而且，吴雁南先生还与贵州大学历史学的杰出代表们也有过交集。由此可见，吴雁南先生是一位学术视野极其开阔的知名学者。

关键词 吴雁南；史学研究；海纳百川

吴雁南先生（1929—2001）是国内知名的历史学家。他长期活跃在教育科研领域，并致力于教育教学、教育出版、教育管理和学术研究工作。他一生从事教育科研事业，学术研究涉及的领域颇多，且学术研究成果丰硕，可谓著作等身并具影响力。据统计资料显示，"吴雁南先生一生笔耕不辍，撰写发表了近400篇文章，独著、合著、主编出版了20多种、60余册著作，总字数达到1800多万"②。他的研究在国内外产生了重要和广泛影响，国务院授予他"国家级有

---

① 作者简介：黄诚，男，哲学博士，文化遗产学博士后，贵州大学三级教授、历史与民族文化学院副院长、贵州儒学研究会副会长、贵州省史学会副会长、贵州省重大文化工程"阳明文化转化运用工程"学术委员会委员，主要从事中国思想史、区域文化史、东方思想与文化遗产、民间珍稀文献研究。

② 陈奇主编：《吴雁南评传》，贵州人民出版社2010年版，第26页。

突出贡献中青年专家",美国黄兴基金会授予他"黄兴研究荣誉证书",英国伦敦大学图书馆收藏其著作,是海外汉学家研究中国近代史的学者必读之书。①他在业界颇受学者认同和尊重,著名学者戴逸先生云:"他(吴雁南)为人宽厚,办事认真,治学勤奋,分析问题条理细密,是一位学识与品行兼优的君子。他平时言语不多,但开会讨论学术问题总是积极发言,且议论风生,时有创见。"②金冲及先生云:"(吴雁南)在中国近代史研究方面,特别是对中国近代社会思潮的研究作出了重要贡献。"③足见吴雁南先生在学术界为人为学品格和学术成就及学术影响力。

吴雁南先生的史学研究题域多样,所涉领域颇为广泛,而囿于笔者的学术眼界与知识系统,很难完整呈现吴先生在史学研究诸多方面的突出成就。故本文基于笔者专业研究之认知,就吴雁南先生的思想史研究试作粗浅分析,一探先生思想史研究方面的面相。又因笔者与吴雁南先生曾有一段因缘关系,故论及其思想史研究之前,有必要就此缘分做一简要的回溯,以期能够以史见情、以情见事和以事见人,还原笔者与吴雁南先生在人、事、物关系中的情境。

一、重温一段历史因缘:我与吴雁南先生"相识"的历史印记

我在 30 年前,即 20 世纪 90 年代初上大学的时候,从我的《世界古代史》专业课程授课老师——贵州大学历史系教授刘自成先生的叙述中,知道了吴雁南先生是贵州师范大学历史系的教授、闻名全省的著名学者,并了解到他在历史学专业领域内权威刊物——《历史研究》上发表过关于太平天国的学术研究论文而充满由衷敬意,他的形象在我的脑海里留下了深深的抹不去的历史印记。

我与吴雁南先生一直未曾有缘谋面。大约在 1999—2000 年间,我曾有报考吴雁南先生硕士研究生的想法,于是主动写了一封书信,谈及学习历史的感悟,并向他表达了报考研究生的意愿。书信寄出之后,我内心时常忐忑不安,并期待能有先生的音讯。没过多久,我收到吴先生的回信。小心翼翼地拆开后,看到是落款为"周术槐"代回信的内容,大致谈到先生因健康原因长期住院,已不再有精力指导研究生。闻此音讯,内心感到十分遗憾,虽然求学梦想难以成真,但真心期待先生能早日康复,使我能够有机会向他当面请教史学问题。然

---

① 陈奇主编:《吴雁南评传》,贵州人民出版社 2010 年版,第 26 页。
② 陈奇主编:《吴雁南评传》,贵州人民出版社 2010 年版,第 8 页。
③ 陈奇主编:《吴雁南评传》,贵州人民出版社 2010 年版,第 27 页。

而这一念想至今未能实现,因为 2001 年先生去世了(先生去世是我多年后才知道的)。幸运的是先生的弟子"周术槐"的名字,一直深藏在我的记忆之中,成为连接我与先生的一种无形纽带。2019 年,在贵州财经大学举办的贵州省史学会常务理事会和学术年会上,我被推荐增补为常务理事、副会长,并在会上见到未曾谋面的"周术槐",感到十分欣喜,对其充满了万分敬仰。周术槐现已是贵州省史学会副会长、贵阳学院李端棻研究院院长和知名教授,在省内史学界享有盛誉。因有追随吴雁南先生就读研究生未了之心愿,于是尊称周术槐为周师兄,由此,我与周师兄有了更多的见面和接触的机会。周师兄多次邀我参加其主办的李端棻学术会议,我有时因事未能赴会,但都会推荐自己指导的硕士研究生撰写论文参加会议。

此次会议,周师兄再次发来邀请,因有吴雁南先生专题讨论,盛情难却,于是欣然接受邀请并努力撰写论文,一是借此机会缅怀令人敬仰的吴雁南先生,努力学习他治学的宝贵经验和在史学研究中的思想与方法,积极探索他在史学研究方面的杰出成就;二是学习周师兄推动和弘扬黔学研究的决定和信心,学习他痴心不改地传承师道和坚守李端棻研究锲而不舍的学术精神。

二、吴雁南先生历史研究之概观

吴雁南先生的史学成就表现在方方面面。在他学术生命成长、发展的每一个重要阶段,皆与时偕行,对文史问题进行深入思考。吴雁南先生的学术研究,大致可分为以下几个阶段。

其一,20 世纪 50—60 年代,为吴雁南先生学术生命之发轫时期。在迈入学术道路之初,因受学术界广泛关注于中国近代史中太平天国史研究的历史大背景之影响,吴雁南先生也将研究方向和注意力投入太平天国的研究中来,"同那个时代的很多历史学研究工作者一样,吴雁南也热衷于太平天国史的研究"。[①]故有学者称:"吴雁南的史学研究肇始于太平天国史研究。"[②] 这一观点虽与吴雁南先生实际开始学术研究不相吻合[③],但亦道出了吴先生关注太平天国史之研究乃是一不争之事实。先生《试论太平天国的土地制度》刊发在《历史研究》

[①] 陈奇主编:《吴雁南评传》,贵州人民出版社 2010 年版,第 6 页。
[②] 陈奇主编:《吴雁南评传》,贵州人民出版社 2010 年版,第 29 页。
[③] 吴雁南先生开展太平天国史研究之前已有学术论文发表,但多是教学研究论文。如 1954 年,吴雁南在《历史教学》1 月号发表了其学术生涯的第一篇文章《在历史教学备课中的几点体会》。参见陈奇主编:《吴雁南评传》,贵州人民出版社 2010 年版,第 3-4 页。

1958年第2期上,可说是其研究太平天国史最具代表性的成果。论文依赖于大量的史实、史论结合,提出"太平天国是允许地主存在但限制其收租,并未实行耕者有其田的政策"①的论见,是对罗尔纲先生关于太平天国定都天京后即开始"实行耕者有其田的办法"观点的商榷,是与史学界流行观点相反的论见,"曹国祉和龙盛运等纷纷从不同角度和层次支持吴雁南的观点"②。牟世安在《人民日报》第七版学术动态专栏发表了《关于太平天国革命史若干问题的讨论》一文,指出:"当前关于太平天国土地政策有三种学术观点,其中一种就是以吴雁南为代表的观点。"③"1961年罗尔纲放弃了太平天国实行了耕者有其田的土地政策的观点。"④他也撰写了有关太平天国土地问题研究的系列论文,如《关于太平天国前期的土地制度》《从"天王詔书"看太平天国的土地制度》等,对土地制度问题进行了深入、广泛的研究,故有学者评云:"太平天国土地研究是吴雁南这个时期最具开创性成果。"⑤同时,在研究太平天国史的过程中,他还进行辛亥革命史问题研究的探索。他的《辛亥革命时期中国社会的主要矛盾》⑥是其关于辛亥革命史问题研究的开山之作。无论是太平天国史研究,还是辛亥革命史问题研究,一方面反映了学术与政治密不可分的关系;另一方面表明他关注和重视革命史研究是其学术成长过程中的一大兴趣点。

其二,20世纪70—80年代,是吴雁南先生学术探索与转型阶段。吴雁南先生将学术重点放在对辛亥革命史问题研究方面,开始对中国近代社会思潮研究进行初步探索,继而逐步开启了社会史与思想史相结合的学术研究道路。辛亥革命史研究是其学术生命的重要环节,具有承上启下的学术转型作用。⑦故有学者称:"辛亥革命史在吴雁南史学研究中占有极为重要的地位,他后来的经学史研究和社会思潮研究都发轫于此。"⑧这一时期在辛亥革命史研究方面发表的论文,有《剥掉麒麟皮,戳穿"蛀虫"心——评辛亥革命时期张百麟在贵州的反

---

① 吴雁南:《试论太平天国的土地制度》,《历史研究》1958年第2期。
② 陈奇主编:《吴雁南评传》,贵州人民出版社2010年版,第48页。
③ 陈奇主编:《吴雁南评传》,贵州人民出版社2010年版,第49页。
④ 陈奇主编:《吴雁南评传》,贵州人民出版社2010年版,第49页。
⑤ 陈奇主编:《吴雁南评传》,贵州人民出版社2010年版,第29页。
⑥ 吴雁南:《辛亥革命时期中国社会的主要矛盾》,《辛亥革命五十周年纪念论文集》下册,中华书局1962年版。
⑦ 有学者称,辛亥革命史研究是吴雁南学术生涯中承上启下的中间环节。参见陈奇主编:《吴雁南评传》,贵州人民出版社2010年版,第126页。
⑧ 陈奇主编:《吴雁南评传》,贵州人民出版社2010年版,第77页。

革命活动》①《辛亥革命研究中的几个问题》②《清末资产阶级革命派与会党》③《辛亥革命与农民问题》④《再论辛亥革命的特点》⑤《时代·腾飞·社会主义——孙中山前期思想试析之一》⑥《中国新纪元的曙光与人类光明的前景——孙中山早期思想试析之二》⑦等,并产生了广泛的社会影响。"他多次应邀出席了辛亥革命研究的国内外重大学术会议"。⑧ 涉及社会思潮之研究有《明末清初的反理学潮流》⑨《试论清末社会思潮的特点》⑩《章太炎的资产阶级民主主义思想》⑪《儒学与维新——近代史研究札记之一》⑫《经学与清末政治风云——再论儒学与维新》⑬ 等,关涉思想与社会思潮之研究,尤其是儒学与维新之研究,展示了思想史与社会政治史相结合之研究理路。故这一时期对思想史的关注,成为吴雁南先生学术研究新的时代取向。

其三,20世纪90年代至21世纪初,是吴雁南先生学术研究立体多面与圆融一体的重要时期。一是继续辛亥革命史的研究,形成四十余年耕耘不辍的辛亥革命研究成果。"从1960年发表研究辛亥革命的第一篇文章《辛亥革命时期中国社会的主要矛盾》到2001年发表最后一篇文章《孙中山与二十世纪中华文

---

① 吴雁南:《剥掉麒麟皮,戳穿"蛀虫"心——评辛亥革命时期张百麟在贵州的反革命活动》,《贵阳师范学院学报》(社会科学版)1977年第1期。
② 吴雁南:《辛亥革命研究中的几个问题》,《重庆师范学院学报》(哲学社会科学版)1980年第4期。
③ 吴雁南:《清末资产阶级革命派与会党》,《贵阳师范学院学报》(社会科学版)1981年第3期。
④ 吴雁南:《辛亥革命与农民问题》,载中华书局编:《纪念辛亥革命七十周年学术讨论会论文集》(上),中华书局1983年版。
⑤ 吴雁南:《再论辛亥革命的特点》,《重庆师范学院学报》(哲学社会科学版)1981年第4期。
⑥ 吴雁南:《时代·腾飞·社会主义——孙中山前期思想试析之一》,《贵州社会科学》1986年第8期。
⑦ 吴雁南:《中国新纪元的曙光与人类光明的前景——孙中山早期思想试析之二》,《贵州师范大学学报》(社会科学版)1986年第3期。
⑧ 陈奇主编:《吴雁南评传》,贵州人民出版社2010年版,第128页。
⑨ 吴雁南:《明末清初的反理学潮流》,《贵阳师范学院学报》(社会科学版)1984年第3期。
⑩ 吴雁南:《试论清末社会思潮的特点》,《中州学刊》1985年第4期。
⑪ 吴雁南:《章太炎的资产阶级民主主义思想》,《贵州师范大学学报》(社会科学版)1987年第3期。
⑫ 吴雁南:《儒学与维新——近代史研究札记之一》,《贵州师范大学学报》(社会科学版)1988年第2期。
⑬ 吴雁南:《经学与清末政治风云——再论儒学与维新》,《贵州大学学报》(社会科学版)1988年第4期。

化复兴思潮》,他在辛亥革命史这块园地里辛勤耕耘40余年。"① 为推进辛亥革命研究做出了积极贡献。二是持续深化与推进思想史与社会史的结合研究,"关于儒学史、社会思潮史研究的著作论文中有相当部分涉及,对儒学尤其是心学对辛亥革命的双重性影响,社会思潮中的无政府主义、国粹主义思潮在辛亥革命中的作用等都做了深入的研究"②。如《理学与清末政潮》③《清代经学的特点》④《经世之风的兴起——近代经学研究之一》⑤《心学与辛亥风云》⑥《春秋战国社会思潮概论》⑦ 等是这一时期的代表性学术成果。三是尤其是心学、王阳明成为这一阶段吴雁南先生关注的主要话题,并撰写了一系列心学论文,如《孙中山与心学决定论——兼论心学与19世纪末20世纪初的政潮》⑧《谭嗣同"合同志以讲明心学"》⑨《思孟学派儒家的心性说及其特点》⑩《王阳明的大同理想》⑪ 《王阳明的"三代王道之治"》⑫ 《王阳明的忧患意识与"知行合一"》⑬《王阳明的"百死千难"与"致良知"》⑭《简论王阳明"致良知"说的特点和意义》⑮《王阳明与近世中国》⑯《王阳明与儒学复兴运动——纪念王氏"龙场悟道"490周年》⑰,以心学为中心开展儒学研究。吴雁南先生以近代

---

① 陈奇主编:《吴雁南评传》,贵州人民出版社2010年版,第77页。
② 陈奇主编:《吴雁南评传》,贵州人民出版社2010年版,第77页。
③ 吴雁南:《理学与清末政潮》,《史学月刊》1990年第1期。
④ 吴雁南:《清代经学的特点》,《中州学刊》1990年第2期。
⑤ 吴雁南、陈奇:《经世之风的兴起——近代经学研究之一》,《贵阳师专学报》(社会科学版)1990年第3期。
⑥ 吴雁南:《心学与辛亥风云》,《历史研究》1992年第4期。
⑦ 吴雁南:《春秋战国社会思潮概论》,《重庆师范学院学报》(哲学社会科学版)2001年第3期。
⑧ 吴雁南:《孙中山与心学决定论——兼论心学与19世纪末20世纪初的政潮》,《中山大学学报论丛》1992年第5期。
⑨ 吴雁南:《谭嗣同"合同志以讲明心学"》,《史学月刊》1992年第6期。
⑩ 吴雁南:《思孟学派儒家的心性说及其特点》,《贵州民族学院学报》(社会科学版)1993年第1期。
⑪ 吴雁南:《王阳明的大同理想》,《贵州文史丛刊》1992年第2期。
⑫ 吴雁南:《王阳明的"三代王道之治"》,《贵州师范大学学报》(社会科学版)1994年第3期。
⑬ 吴雁南:《王阳明的忧患意识与"知行合一"》,《贵州社会科学》1995年第2期。
⑭ 吴雁南:《王阳明的"百死千难"与"致良知"》,《黔东南民族师专学报》1995年第2期。
⑮ 吴雁南:《简论王阳明"致良知"说的特点和意义》,《贵州文史丛刊》1995年第4期。
⑯ 吴雁南:《王阳明与近世中国》,《学术研究》1996年第11期。
⑰ 吴雁南:《王阳明与儒学复兴运动——纪念王氏"龙场悟道"490周年》,《贵州文史丛刊》1999年第4期。

社会思潮为根基，不断扩大延展中国经学史研究，主编的《清代经学史通论》①《中国经学史》②可谓是儒学研究的重要探索，进一步完善了其思想史研究的思索。由此，吴雁南先生的学术研究具有了立体多面倾向与思想和历史圆融一体之特色。

三、吴雁南先生的思想史研究及其特点

思想史研究是历史研究的重要内容。就其概念而论，思想史，简言之，即思想的历史。换言之，指思想的形成、发展与演变史。吴雁南先生的思想史研究题域广泛，其中社会思潮、经学史、心学研究是重要内容。尤其是社会史与思想史的结合的研究方式，构成了他思想史研究的基础性范式和方法论体系。

其一，吴雁南先生的思想史研究，主要体现在对"社会思潮"的研究方面，且更多地表现为社会思想史之研究。因此，他主编的《清末社会思潮》③，被学者视为"中国近代思想史的新探索"④。是著"将思想家的个体汇到社会群体中去，力图从宏观的角度更高层次地把握近代社会进步思想的主脉络"⑤。精英与大众均在社会历史的大脉络中精彩出场，从而展示了一个鲜活的历史生活世界。吴雁南先生提倡的这一学术研究方法，在推进思想史的研究上乃是独具慧眼、另辟蹊径，在探讨社会思潮中具有创造性与开拓性，故有媒介评云："在思想史研究中是一项开拓性的工作。"⑥吴雁南先生在《清末社会思潮》基础上，着力完成的四卷本《中国近代社会思潮（1840—1949）》⑦，宏观、全面地考察了中国近代社会各种思潮，"充分反映了中国近代社会这个特殊时代所呈现出来的矛盾的复杂性，展示了近代中国思想界'百家争鸣'的新局面"⑧。与此相关问题的研究，亦具有思想史宏大叙事的历史逻辑。

其二，吴雁南先生的思想史研究，侧重或偏向经学，故其思想史研究，乃

---

① 吴雁南主编：《清代经学史通论》，云南大学出版社1993年版。
② 吴雁南、秦学顺、李禹阶主编：《中国经学史》，福建人民出版社2001年版。
③ 吴雁南主编：《清末社会思潮》，福建人民出版社1990年版。
④ 林增平、郑焱：《中国近代思想史的新探索——评〈清末社会思潮〉》，《近代史研究》1991年第6期。
⑤ 林增平、郑焱：《中国近代思想史的新探索——评〈清末社会思潮〉》，《近代史研究》1991年第6期。
⑥ 《清末社会思潮简介》，《福建新书报》1991年11月20日。
⑦ 吴雁南、冯祖贻等主编：《中国近代社会思潮（1840—1949）》（全四卷），湖南教育出版社1998年版。
⑧ 陈奇主编：《吴雁南评传》，贵州人民出版社2010年版，第212页。

是以经学为中心的儒学思想史研究。其研究成果主要表现在由福建人民出版社于2021年出版的《中国经学史》①中。表明他对经学的研究乃是其主要研究方向。他充分肯定经学对于中国政治、学术与文化的重要影响。经学之研究是他儒学研究的基础，也是他挖掘传统资源为社会服务的关键。在他看来，"经学是解释、阐明和研究儒家经典的学问"②，"在儒家经典的基础上建立起来的经学，在古代中国传统文化中长期居于主导地位，对中国的政治、学术、文化教育、民族精神和社会风貌都产生了深远的影响"③。该书系其主编完成的国家"七五"期间哲学社会科学研究项目"陆王心学对中国社会的影响"，最终成果《心学与中国社会》一书在1994年正式出版。④尽管《中国经学史》研究成果后出，但是作为"陆王心学对中国社会的影响"研究的基础性作用无可撼动。这一基础性研究难度很大，所涉及的研究范围与内容非常广泛，后出在所难免。在《中国经学史》中，吴雁南先生特别强调经学在中国传统文化中的地位和作用。在他看来，经学"对封建时代中国政治的影响尤深"⑤，在中国文化教育中居于主导地位⑥，对于中华民族精神的形成具有重要意义⑦。因此，挖掘传统资源，不仅能够丰富学术思想研究，而且能够弘扬传统文化并服务于当代文化建设。

其三，心学是儒学思想史研究的重要内容。吴雁南先生对心学极为关注，尤其是阳明心学研究，他倾注了较多心血。其心学研究不仅展示了对传统儒学思想资源的深度开掘，亦显示了重在建立思想与历史、思想与社会交相辉映的立体化研究格局。如《心学与中国社会》一书，乃是思想史与社会史结合的典范，并贯穿在他的经学、心学研究中。其《"心学"、今文经学与康有为的变法维新》一文，认为康有为之心学为孔学之一部分，并非专指陆王心学⑧；并进一步指出康有为的学术见解是，孟子承子思之后，把孔子学说的主观方面加以发挥，从内出，言扩充，直指本心，尊德性，传心学。⑨ 吴雁南先生指出，康有

---

① 吴雁南、秦学颀、李禹阶主编：《中国经学史》，福建人民出版社2001年版。
② 吴雁南、秦学颀、李禹阶主编：《中国经学史》，福建人民出版社2001年版，第1页。
③ 吴雁南、秦学颀、李禹阶主编：《中国经学史》，福建人民出版社2001年版，第15页。
④ 吴雁南：《前言》，载吴雁南、秦学颀、李禹阶主编：《中国经学史》，福建人民出版社2001年版，第1页。
⑤ 吴雁南、秦学颀、李禹阶主编：《中国经学史》，福建人民出版社2001年版，第15页。
⑥ 吴雁南、秦学颀、李禹阶主编：《中国经学史》，福建人民出版社2001年版，第20页。
⑦ 吴雁南、秦学颀、李禹阶主编：《中国经学史》，福建人民出版社2001年版，第25页。
⑧ 吴雁南：《"心学"、今文经学与康有为的变法维新》，《近代史研究》1989年第2期。
⑨ 吴雁南：《"心学"、今文经学与康有为的变法维新》，《近代史研究》1989年第2期。

为在此采取偷梁换柱的方法，把陆、王作为孟子的传人，把朱熹说成是荀子的传人，如此则陆、王成为孔孟的正宗。① 在研究中，吴雁南先生找到了心学与今文经学在义理扩充中的相通性，即言"微言大义""不忍之心"及其所蕴含的豪迈气概和济世情怀，故其看到了心学有助于康有为建立变法维新的理论基石。这一独特的眼光使心学与康有为的变法维新有机地勾连了起来，心学与今文经学成为康有为维新思想的内在动能。在吴雁南先生的视界中，"近代中国的维新运动，虽说是学习西方的运动，然而却又是紧紧地同发掘中国传统文化的精华联系在一起的，亦即同发掘近代中国传统文化的主体儒学的精华联系在一起的"②。可见，心学已成为吴雁南先生分析和探究近代中国社会变革和发展问题中的又一重要的方法或视域。其《心学与辛亥风云》更是以宏阔的视野勾画了资产阶级革命派利用"心学"倡言革命的历史状态和真实情景，并从积极和消极正反两方面的作用入手，客观地评价了"心学"对于资产阶级革命的意义和影响。其研究旨趣乃在于注重历史与思想之互动交融，以思想驾驭历史，以历史说明思想，成为吴雁南先生在近代社会思潮研究中的新探索。在阳明研究上，如《王阳明与儒学复兴运动——纪念王氏"龙场悟道"490周年》③ 一文，在回顾和分析儒学发展和面临佛教弹压困境等不利形势中，指出王阳明不断吸取佛道资源并通过"龙场悟道"开启了心学资源整合之路，从而建立起独特的良知思想体系。吴雁南先生对阳明心学研究，并非进行单向度的儒学研究，他还善于从中国思想文化发展的具体实际切入，进行细致深入的探究与分析，他说："学术文化的演变与发展要适应历史文化潮流，不能固步自封，逆潮流而动。自隋唐以来，儒、佛、道'三教合一'已成为一股不可阻挡的潮流。王阳明在创建其学术思想体系的过程中，一是坚持以我为主，二是坚持开放性原则，吸收本学说以外多种优秀文化，为我所用，丰富发展改革儒学，使其学术思想体系具有'一体多源'的特色。"④ 显而易见，吴雁南先生关于阳明心学思想的研究，注意到了儒释道三教关系对阳明心学及其思想体系建构之影响。故提出"一体多源"的论断，不仅体现了思想创建的主体性原则，而且体现了开放性胸怀。关键还在于说明海纳百川、多元互动并形成立体化格局，乃是思想体系建

---

① 吴雁南：《"心学"、今文经学与康有为的变法维新》，《近代史研究》1989年第2期。
② 吴雁南：《"心学"、今文经学与康有为的变法维新》，《近代史研究》1989年第2期。
③ 吴雁南：《王阳明与儒学复兴运动——纪念王氏"龙场悟道"490周年》，《贵州文史丛刊》1999年第4期。
④ 吴雁南：《王阳明与儒学复兴运动——纪念王氏"龙场悟道"490周年》，《贵州文史丛刊》1999年第4期。

构的重要理论导向。

  吴雁南先生的史学成就远远不止以上所述。笔者以粗浅的眼界去审视前辈学者视野宏阔、洞见幽深的学术成果及思想，总感觉有些力不从心而无法驾驭。在书写中语不中的，甚至在材料使用上挂一漏万，故感到十分汗颜。然而，面对困难我还能贸然执笔，不仅有上述的历史因缘，还在于与周师兄在几个月前有约定，即要参与他组织举办的学术会议。除此之外，我在梳理吴雁南先生论文中还发现先生还曾以署名为贵州大学教授的作者身份发表过学术论文，这也进一步增进了我对先生的一种亲切感。因此，在繁忙中加班草成拙文，以期以文赴会，不负约定。拙文不妥之处，请各位方家批评指正。

忆《中国近代社会思潮》书稿的整理与校对

曾光光[1]

(暨南大学历史系,广东广州,邮编:510632)

摘　要　《中国近代社会思潮》系吴雁南先生生前的扛鼎之作。这部宏大的思想史研究巨著,开辟了近代中国历史研究的新领域。笔者作为吴雁南先生的弟子,曾深受吴雁南先生的厚爱。在该著作出版的过程中,承蒙吴雁南先生的厚爱与信任,笔者亦作为该书的编者,参与了该书的编辑与校对。对于此段经历,现在回想起来,已成为笔者求学生涯中的一段十分珍贵的回忆。

关键词　吴雁南;《中国近代社会思潮》;道德文章

1996年7月,我考入贵州师范大学文化研究室,师从著名历史学家吴雁南教授攻读中国近现代史方向的硕士学位。当时贵州师范大学历史学方向的教学科研机构是三驾马车：一是历史系；二是历史研究所；三是文化研究室。吴老师从贵州师范大学校长任上退休后,就以新成立的文化研究室为依托继续从事教学科研工作。

我刚入学不久,即在1996年9月下旬,就有幸参加了吴老师主持的国家"八五"期间哲学社会规划重点研究项目"中国近代社会思潮"的结项会议。9月27日,课题结项鉴定会议在贵州师范大学云岩老校区教育培训中心二楼会议室举行。参加会议的专家有华中师范大学原校长章开沅教授和苏中立教授、游建西博士;四川大学原副校长隗瀛涛教授和谢放教授;贵州省社科院院长蒋南华研究员、副院长冯祖贻研究员;贵州师范大学副校长刘鸿庥教授及来自台湾中研院近代史研究所的张朋园、黄克武两位教授。当时贵州师范大学文化研究室、历史研究所的部分研究生也参加了会议。由于时间久远,上面所列参会人

---

[1] 作者简介:曾光光,北京师范大学博士,中国人民大学博士后,暨南大学教授、博士生导师。主要从事中国近现代思想文化史研究与教学工作。

员的名单恐有错漏之处。关于此次会议的详细情况,张朋园先生在《少小离家老大回》一文中有较为细致的记述。

吴老师作为课题组负责人在会议上做了结项报告。报告结束后,课题鉴定组组长章开沅教授发表结论性意见。意见认为:该课题成果"篇幅宏大、视野开阔、资料翔实、史论结合、评价公允,提出了一些有创见的观点,提供了有新意的研究思路,居于国内领先水平,具有重要的学术价值和现实意义"。

这次会议召开时,正值章开沅、张朋园两位先生七十寿辰。在会议开幕式后的招待宴上,吴老师还专门订了生日蛋糕,为两位先生贺寿。在祝寿词中,吴老师祝两位寿星"增福增寿""永远幸福"。

对于此次会议盛况,吴老师在9月27日日记中也有记载:"自九月二十日至今日,会议始告一段落,昨晚的祝寿,把会议的热烈气氛推向高潮。除各家有名学者外,向阳生副秘书长,曹新忠副秘书长出席为章(开沅)、张(朋园)两寿星祝贺。曹新忠副秘书长赠条幅,陈馆长送画,文化研究室学生献'高山景行'条幅祝寿,曹秘书长引吭高歌,欢乐的气氛大涨,情绪极为热烈。此种场面,规模如此之高,内容如此之丰富,宴会如此之活跃,高雅有趣,极为罕见。"①

记得在开会茶歇时,吴老师与章开沅先生聊天,我正好在旁边。吴老师指着章先生问我,你知不知道他是谁?我回答不知,吴老师笑着说,这么有名的学术大家你都不知道,以后要好好向章先生学习。当时我是初入学术之门,似懂非懂。现在回想起来,颇多感慨。

"中国近代社会思潮"课题结项以后,出版工作就提上了议程,最后商定由湖南教育出版社出版。

1997年2月底,刚开学不久,有一天吴老师通知我到他家中,问我愿不愿意到华中师范大学参加课题书稿的校稿工作。我当时还是一名研究生一年级的学生,听到这个任务,惶恐之余也很兴奋,欣然接受了这一任务。考虑到华中师范大学图书馆、资料室的开放时间,校稿工作没有放在假期,而是安排在5月至7月间进行。

为何要选择到华中师范大学进行校稿工作,吴老师主要有以下几个方面的考虑:一是资料问题。校稿的一个主要任务是核对史料。《中国近代社会思潮》研究时段长、问题多,涉及的史料繁多。贵州师范大学当时的相关史料收藏无法满足校稿要求。华中师范大学设有中国近现代史研究中心,其资料室有关中

---

① 引自周术槐主编:《吴雁南日记》,西南交通大学出版社2016年版,第28页。

国近现代史的资料充足全面。该中心收藏资料之丰富，给我留下了深刻的印象。华中师范大学图书馆及历史系的资料室的相关资料也非常丰富。二是《中国近代社会思潮》课题负责人之一的苏中立教授就在华中师范大学历史系工作，可为查找资料提供种种方便。三是住宿便利。华中师范大学中国近现代史研究中心在桂子山上有一栋独立的小楼，为方便来访学者，设有访问学者工作室。距离该研究中心不远即是学校的招待所，这就为校稿工作提供了极大的便利。

临行之前，吴老师让我到家中给我讲了有关校稿的注意事项。回想起来，大致有以下几项：

其一是安排工作任务。我此行的主要任务是核对书稿所涉史料，同时纠正文稿中的字句、标点的错漏。吴老师特别强调要逐条核对，一条都不能漏过。在看稿过程中，如果发现写作问题，涉及文稿较大范围的修改调整，一定要与苏老师商量。

其二是给我讲解了核对史料的方法。关键点主要有三：一是在核对时一定要找到原本，如果有多个版本，最好采用权威版本。二是史料出处的统一问题。有关同一个人物或事件的相关史料，其出处尽量统一到权威版本。三是每条史料的出处标记要尽量完整，作者名、著作名、出版社、出版时间、页码等缺一不可。四是在对照史料时，若时间充足，可看看史料上下文，看看书稿中的解读有无曲解。

其三是关于修改标记符号的使用问题。吴老师找出自己的文章修改稿，给我详细讲解了有关校稿修改标记符号的标注法及相关细节。

吴老师、苏老师做事很是细致，在我没有出发之前，他们就我赴武汉一事已经多次互通电话沟通。苏老师还专门派自己的一名学生在武昌火车站接我，可惜我出站时没有细看，加之当时还没有手机，错过了接站的同学。

抵达华中师范大学的第二天，我即到苏老师家中领取书稿，并听取相关安排。苏老师已事先给我办好了学校的校园卡，详细讲解了到校图书馆、系资料室查资料的具体方法。苏老师当日还留我在家中午餐，苏老师的夫人涂光久老师专门炖了海带排骨汤。吃完饭后，苏老师即将家中所藏的部分常用文集如《严复集》《饮冰室合集》等整理出来，让我分批带到所住宾馆。苏老师住在华中师范大学东门附近，距离中国近现代史研究中心距离颇远。我每次去苏老师家都会带回一些资料。临走之前，从各处借来的资料堆满了床边。时值盛夏，将这些资料一一还回，很是费了些工夫。

领取书稿后，拿着厚厚的稿件，我才具体感受到此行任务的艰巨性。《中国近代思潮》共分4卷，200余万字，参加写作的作者达数十位。这些作者主要是来自全国各高校及各级社科院的科研人员。由于当时电脑还未普及，汇总后的书稿一部分为打印稿，主要部分为手写稿。书稿的整理、校稿工作颇为繁重。

校稿对于我来说自然是一个学习提高的难得机会。当然，我在校稿中也发现了一些问题。

一是史料版本的统一问题。由于参与作者来自全国各地，书稿史料出处版本多有差异。吴老师要求尽量统一，如梁启超的文章，要尽量统一为中华书局1988年出版的《饮冰室合集》影印本。由于书稿体量大、史料多，统一出处的工作量自然不小。

二是史料出处的完整问题。一些作者引用史料不完整，如有的不标明文章名，有的缺少页码。特别是从大块文章中摘取的引言，在当时资料电子化还有欠缺的情况下，要去具体定位是一件需要耐心的事情。有时为了核对一条问题史料，甚至要花费数天时间去翻阅查找。

由于时间匆忙，加之一些史料确实难以查找，我在离开武汉时，最后还有一些史料难以补全出处。我均一一标记、记录转交给了苏老师。书稿出版后，我在翻看的时候，发现这些问题均得到了妥善的处理。

回到贵阳后，我即向吴老师汇报了校稿的相关工作。我记得当时吴老师对我说："在以后很长一段时间内，很难有人会在中国近代思潮这一课题上有大的动作了。"吴老师还高度评价了苏中立老师，说苏老师在学术上能吃苦，能啃硬骨头，不计较名利，高风亮节。

1998年，《中国近代社会思潮》4卷本正式由湖南教育出版社出版，出版后受到各方好评。戴逸先生认为该书为"学术界的一部力作"，张宪文先生称其"对史学研究作出了突出贡献"，苏双碧称赞该书的出版"是一颗丰实的硕果"。现在距离该丛书的出版已有25年，今日视之，该书关于中国近代社会思潮的总结、梳理、分类等仍具有重要参考价值。当时能在吴雁南老师指导下参与丛书的校稿修改工作，于我个人来说，不仅是一个学术实践与提高的难得机会，也使我对老一辈史学家的道德文章有了更为真切的体会。

吴雁南与中国"三农"历史研究[1]

刘纪荣[2]

(安徽财经大学中国合作社研究院 安徽蚌埠 233001)

摘 要 吴雁南是新中国首批成长起来的历经共和国初期、"文化大革命"、改革开放后的新农村建设而跨入 21 世纪的当代著名历史学家。他始于对太平天国农民运动的深入研究,以中国社会结构中的核心群体——农民为立足点,聚焦于中国社会思潮中历久弥新的主线——重农思想,这一思想深刻体现了华夏文明中农耕文明的精髓。他较早地涉足了中国古代农业制度与农业技术的广阔领域,并矢志不渝地投入以农民为主体的农民起义与农民政权的研究之中。他致力于揭示旧式农民的思维方式,旨在探索解决当代中国社会发展中农民问题的有效途径。同时,他为新时期的社会主义现代化新农村建设,特别是农村教育服务事业,作出了独树一帜且富有历史意义的贡献。他的研究引领了一个别开生面的历史研究新趋向,成为新中国"三农"历史研究的先驱。他不仅是新中国史学界农业技术科普领域的杰出代表,更是当代中国对"三农"问题情感最为深厚的历史学家,以及最具历史情怀的"三农"问题专家。他的一生,充分体现了新中国第一代知识分子忧国忧民的赤子之心与深沉挚爱。

关键词 吴雁南;三农问题;中国农史

一、前言

吴雁南(1929—2001),四川荣昌(今重庆市)吴家镇人,1950 年秋进入东北师范大学历史专修科,从此与中国历史的科学研究与人才培育结下了不解

---

[1] 本文得到国家社会科学基金项目"百年中国农村合作教育研究"(编号:19BZS088)资助。

[2] 作者简介:刘纪荣,生于 1968 年,湖南茶陵人,南开大学历史学博士,安徽财经大学中国合作社研究院研究员、中国社会科学院农村发展研究所农林经济管理博士后、高级访问学者,主要从事中国近现代乡村社会史、合作经济史及当代"三农"问题研究。

之缘。先生笔耕史坛近半个世纪，论域广博，著作等身，尤以"中国近代社会思潮研究"享誉海内外。先生生前一直在积极策划、编写一部上千万字的可通古贯今的"中国社会思潮通史"，借以为21世纪的中国人提供借鉴。无奈病魔夺命而去，享年七十又二，真可谓"鞠躬尽瘁，逝而难已"，着实令人扼腕叹息。先生治学勤勉，教书育人，一生笔耕不辍，留下了总计达1800多万字、年均超25万字的海量文稿。对此，龚书铎先生曾深有感叹："雁南教授治中国历史，于思想史尤致力，多有贡献。其为学谨严，为人谦抑，可钦可佩。"作为"新中国著名的历史学家"，先生较早就获得了国务院授予的"国家级有突出贡献的中青年专家"荣誉称号，故此，学界多以吴先生为中国近现代史尤其是思想史研究见长；而从社会思想史视角看来，最早以"农耕文明"著称于世界的中国社会历史发展进程中的每一个阶段，都凸显着中国社会结构中的主体——农民的应有地位。任何忽略或忽视这一社会主体价值取向的历史研究都难以经得起真正的推敲与锤炼。这也是先生发心决意从事中国近现代社会思潮乃至整个中国社会思潮通史研究的旨趣所在。

这里首先需要说明的是，最早作为历史研究对象的中国"三农"（即农业、农村与农民），一开始并不是一个整体概念，也没成为专门的"问题"，而是各自分开、单独从事的。但由于农业是农民和农村的主业，农村是农业生产地和农民生活场所，农民是以农为生、以村为居的主体，三者密不可分，相辅相成。在两千余年漫长的中国"传统"社会发展历程中，由于"城乡经济的同一性"[①]所致，中国社会原本并不存在所谓的"三农"问题，最多只是农民与土地关系紧张问题，如历朝历代农民起义（战争）。只是随着国内资本主义的初步萌芽以及西方强力不断入侵，国门洞开，国外商品（俗称洋货）尤其是鸦片日益泛滥，严重打破了传统中国以"男耕女织"为主要特征的自然经济结构形态，终导致中国农村不断衰败，农民流离失所，中国传统农业也面临严峻考验。由是，中国"三农"才成为制约近现代中国社会发展进步的一大问题。很显然，先生并不是整体意义上的中国"三农"问题研究专家，而是作为一名史学工作者所秉持的应尽责任，以历史眼光尤其是从社会思想史的视角分别去解读中国农民、农业与农村问题，剖析导致中国"三农"问题的社会历史土壤。在发挥历史学科所具备较强的社会功能、"以正确理论武装人民"的同时，肩负起"为新时期

---

① 冯天瑜、何晓明、周积明：《中华文化史》，上海人民出版社1990年版，第141-143页。

社会主义现代化建设事业、为中华民族伟大复兴作贡献"的神圣职责与使命。①正是这种强烈的使命感，促使先生孜孜不倦、几十年如一日忘我工作，完成了一个又一个科研攻关难题，其中不乏与中国"三农"历史课题有关的精辟著述。除了已出版的多种社会思潮专著所论之外，仅从6卷本《吴雁南文集》收录的专题文章中就可发现，明确冠以或内容涵盖"农民、农业、农村"论述的就达20余篇，着重涉及农业制度与技术、农民起义与政权性质、农村教育与人才培育等（详见表1）。

表1 吴雁南与中国"三农"历史研究文献一览表

题 名	撰写或发表刊物	撰写或发表时间	涉及对象
《试论太平天国起义前洪秀全的政治思想渊源》	《史学月刊》	1957年第8期	农民政权
《试论太平天国的土地制度》	《历史研究》	1958年第2期	农业制度
《从"天王诏书"看太平天国的土地制度》	《史学月刊》	1958年第10期	农业制度
《关于太平天国乡官制度的几个问题》	手稿	1959年9月初稿	农村治理
《试谈唐代的土地制度和赋税制度》	《历史教学》	1960年第2期	农业制度
《关于太平天国前期的土地制度》	《历史教学与研究》	1960年第5—6期	农业制度
《关于太平天国政权的"两重性"》	手稿	1964年	农民政权
《太平天国的圣库制度》	《文物》	1976年第1期	农民起义
《辛亥革命与土地问题》	《光明日报》	1978.10.10	农业制度
《略论1901—1905年间农民群众反帝反封建的斗争》	《山西师院学报》	1978年第3期	农民起义
《再论太平天国政权的性质》	《贵州社会科学》	1980年第3期	农民政权
《试论隋末农民起义与唐末农民起义的特点》	《史学月刊》	1959年第11期	农民起义
《乡官制度考》	《北方论丛》	1984年第2期	农村治理

---

① 吴雁南：《我为什么要研究中国近代社会思潮》，见《吴雁南文集·中国社会思潮研究》（第3卷），贵州教育出版社2003年版，第1页。

续表

题名	撰写或发表刊物	撰写或发表时间	涉及对象
《辛亥革命高潮中会党与农民的起义》	手稿	1984 年	农民起义
《辛亥革命与农民问题》	《孙中山与辛亥革命》	贵州人民出版社 1986 年版	
《农村智力开发的几个问题》	《人才》	1988 年第 1 期	农村教育
《关于太平天国的政体》	手稿	1988 年	农民政权
《农民战争史上的伟大创举——太平天国的圣库制度》	手稿	1989 年	农民起义
《加强基础 面向农村》	手稿	1990 年 11 月	农村教育
《论中华文化的继承与开新》	《学术研究》	1999 年第 7 期	
《春秋战国社会思潮概论》	《重庆师院学报》	2001 年第 3 期	

从表 1 文献先后撰写或发表的时间可知，先生从事"三农"问题研究大致可分为三个阶段：1958—1964 年开创期、1976—1984 年延续期、1986—2001 年总结期。其中，最早涉猎的是农业制度与农业技术研究，最用心、最勤奋的是农民起义与政权性质研究，最终归结到农村教育与人才培育研究上。这些研究论述虽出自不同时代背景，却能融会贯通，自成一体，引领出一个别开生面的研究趋向，从而开启了新中国"三农"历史研究的先河。如有关太平天国政权的研究几乎贯穿了各个不同时期；在有关辛亥革命的研究中，又专门论及"土地问题"与"农民问题"。所谓读史明志，言为心声，先生留下的有关文字，不仅表明了他在不同时期研习探究中国"三农"历史所收获的发现与叙事，更展现了新中国第一代知识分子为国为民的责任担当及拳拳赤子之心。

二、最早涉猎农业制度与农业技术研究

中国是一个有着数千年高度发达的农耕文明的国家，中国农业的制度变迁与技术创新可谓层出不穷。一部中华农业发展史就是中国历朝历代农业制度变迁与技术创新最为集中的展现。而农业制度的核心就是土地制度，农业技术的核心则是在精耕细作基础上的不断发明、创新与应用。从表 1 所列文献可知，先生最早涉猎中国"三农"历史研究的代表作，是 1958 年刊发于《历史研究》第二期的《试论太平天国的土地制度》。时年，先生还不到"而立之年"，却有如此大手笔之作面世，且一举登上了中国史学研究领域的最高平台——《历史

研究》，真可谓意气风发，风华正茂，令人艳羡不已啊。随后于1959年正式出版的科普读物《贾思勰与齐民要术》，则集中体现了先生对中国农业技术的热忱推广与科学应用。该著行世二十多年后再版，且发行量巨大，惠及国内广大农业技术爱好者，更是功德无量。

（一）农业制度研究

先生一直对农业制度尤其是土地制度给予了特别关注与潜心研究，先后在《历史研究》《史学月刊》《历史教学》及《光明日报》上发表专题论文数篇。其中，最具影响力的当数《试论太平天国的土地制度》。这篇文章解决的一个核心命题是"如何正确理解太平天国的土地制度"。土地问题无疑是太平天国运动的中心问题，这更涉及如何分析看待太平天国政权性质的问题。《天朝田亩制度》的核心内容是确立土地分配原则，即"凡天下田，天下人同耕"，以求达到"有田同耕，有饭同食，有衣同穿，有钱同使"的理想社会。在中华人民共和国成立之前，尽管较早就有儒家"大同社会"的理想建构，晚近也有孙中山倾心追慕的"耕者有其田"的民生纲领，《天朝田亩制度》似乎有一种"承上启下"的制度路径。然而透过大量的史实材料充分论证，先生最后得出的结论是：太平天国是允许地主存在但限制其收租，并未实行耕者有其田的政策。① 这一论断的提出真可谓一石激起千层浪，对当时的学术界尤其是史学家引起了巨大轰动效应。因为就在此前，著名史学家罗尔纲提出了"太平天国实行了一种耕者有其田的政策"的观点在先，后有祁龙威教授提出的"（后期）太平军仍在苏福省广大地区实行耕者有其田政策"相呼应。② 先生之所以敢于向学界前辈的权威性观点发起挑战，源自深厚的史学功底，对历史客观事实的深刻认识、尊重与敬畏，以及对中华人民共和国国家命运走向强烈的现实思考与观照。

先生公开发表此文之际，恰遇中国农业制度"大跃进"的时代背景，即农村的土地制度正面临一个从土地私有向土地公有（集体所有）转变的转化时期。这或许出于为新中国土地制度变迁"背书"的政治需要，也或许是对不同史料的误读。先生在《历史研究》这个学术平台上"尝试性地讨论"了一回"太平天国的土地制度"，初步还原了部分历史真相，紧接着在《史学月刊》发表《试论太平天国的土地制度》，就先前的论断加以补充和佐证，并进一步指出，"实际上，太平天国革命仍然是我国近代历史上没有工人阶级领导的农民战争，

---

① 《吴雁南文集·太平天国研究》（第1卷），贵州教育出版社2003年版，第35页。
② 参见罗尔纲：《天朝田亩制度的实施问题》，载《太平天国史事考》，生活·读书·新知三联书店1955年版；罗尔纲：《太平天国史稿》，中华书局1956年版；祁龙威：《太平天国后期的土地制度》，《山西师范学院学报》1957年第2期。

就不可能提出明确的政治纲领和彻底反封建的土地纲领。"① 先生之功，唯于还原一个历史真相而已。

中国历代封建王朝的土地制度与赋税制度可谓一对孪生姐妹。出于对中国唐朝土地制度的兴趣，先生在《试论唐朝的土地制度与赋税制度》一文中指出，唐代均田制的基本精神和主要内容是北魏以来均田制的延续，租庸调制则是一种对农民的让步措施，初期得到比较切实地施行。其主要目的在于把农民束缚在土地上，直接控制劳动人口，保证赋税收入，缓和阶级矛盾。这对恢复农业和发展生产起了一定的作用，但由于均田制的施行不稳定也不彻底，唐后期还遭到严重破坏，不得已施行"两税法"后，土地兼并日益加剧，农民负担加重，阶级矛盾就进一步地发展了。②

从太平天国和唐代土地制度的研究中可以发现，农民与土地的紧张关系呈现一定的历史周期规律。如何摆脱困境并解决好这一紧张关系，可谓是中国革命的制胜法宝。毛泽东曾经指出，孙中山领导的辛亥革命虽然提出了"耕者有其田"的革命纲领，而其之所以失败的第一个重要原因就是没有分土地，没有满足人民对土地的要求，解决土地问题。先生因之深受启发，撰写《辛亥革命与土地问题》，就此展开了全面的分析。他首先指出，辛亥革命前夕，帝国主义侵略日益加深，使中国的土地问题更加严重，迫使农民挣扎在死亡线的边缘，造成农村生产力的大破坏，因此资产阶级民主革命需要一个农村的大变动。农民的反抗斗争实际上在革命前夜已风起云涌，以抗租、抢米、抗粮、抗捐、抗税动员起来的农民暴动在全国各地广泛开展，并成了革命重要的支持者和参加者。这些斗争使古老的中国面临着一个巨大的变动前景，促成了中国近代史上第三次革命高潮。然而，资产阶级革命派不仅没有满足农民的土地要求，又在武昌起义后镇压农民的革命运动，最终导致革命的失败。辛亥革命的历史证明，由于资产阶级的软弱性，它不愿也不能领导中国革命取得彻底胜利，更不可能解决土地问题，把农民从封建生产关系束缚下解放出来。因此满足农民的土地要求，发展生产力的这一历史使命，必然落到工人阶级的身上。③

从先生有关中国土地制度的系列研究中不难发现，包括太平天国运动在内的历朝历代农民战争以及资产阶级领导的辛亥革命，都无法满足中国农民对土

---

① 《吴雁南文集·太平天国研究》（第1卷），贵州教育出版社2003年版，第35页。
② 《吴雁南文集·教育教学·社会主义》（第5卷），贵州教育出版社2003年版，第109-119页。
③ 《吴雁南文集·辛亥革命研究》（第2卷），贵州教育出版社2003年版，第35-40页。

地的要求,只有在中国共产党领导下的农民才能在中国历史上实行耕者有其田的土地革命。① 尤其是在新民主主义革命阶段,中国共产党把土地制度的改革作为中国革命的一项基本任务,没收封建地主阶级的土地归农民所有,解放农民并由此得到了农民坚决地拥护。这就使中国革命获得了足以战胜一切敌人的最基本的条件。②

(二) 农业技术推广

中国历史上有着丰富的农业技术文化遗产,北魏人贾思勰③就是其中一位杰出的农学家,享有"中华农圣"的美誉。其代表作《齐民要术》是中国6世纪的一部最完整、最系统的农业科学著作,也是我国乃至世界上最早且保存至今的农书,是先生眼中的优秀中华传统文化的"珍品"。该著闪耀着中华祖先光辉的智慧和伟大的创造力,并用事实说明了"科学来源于实践""科学必须为生产服务"是一个颠扑不破的真理。早在1959年12月,中华书局就首次出版发行了先生编写的一部中国历史小丛书——《贾思勰与齐民要术》,发行量达32000册。这是中华人民共和国成立后首部系统性介绍农学家贾思勰并详细解读《齐民要术》的科普读物。令人意外的是,这部农学科普类的小册子竟然于1980年3月获得再版,且发行量再创新高,达到39000册之多,合计两版的发行量为71000册。该著发行量如此之大,购买者肯定不少,而读者一定是购买者的加倍多了。令人遗憾的是,如今该著一书难求,唯有在"孔夫子旧书网"上偶能寻获。

如果说该著的首次出版是赶上了新中国农业社会主义改造所特别需要的时代列车,那么1980年的再版则是沐浴在改革开放、建设有中国特色社会主义新时代的春风里。贾思勰的《齐民要术》共有9篇约11万多字,引用前人著述150多种,记载的农谚有30多条。全书包括了各种农作物的栽培技术,如播种、耕作、土壤、施肥、轮作、育种等,以及蔬菜栽培、果树培育、桑蚕事业、野生植物利用等;家畜家禽鱼蚕的饲养与疾病防治,以及农副渔畜产品的加工,以至文具、日用品的生产等,几乎对所有农业生产活动都做了比较详细的论述,堪称是"北朝时期物资生产和生活的指南"。贾思勰早年入仕为官,中年以后开始经营农牧业,亲自参加农业生产劳动与放牧活动。他认真考察和研究当地的农业生产技术,向具有丰富经验的农民请教。大约在北魏永熙二年(533)至东魏武定二年(544)间,积十余年写成了著名的农业科学著作《齐民要术》。而

---

① 《吴雁南文集·太平天国研究》(第1卷),贵州教育出版社2003年版,第81页。
② 《吴雁南文集·辛亥革命研究》(第2卷),贵州教育出版社2003年版,第40页。
③ 贾思勰,北魏末期山东益都(今山东寿光南)人,曾任高阳郡(今山东临淄)太守等官职,中国农业科技发展史上杰出的农学家,生卒年月不详。

在先生笔下，这是一部图文并茂、通俗易懂的小读物，更是一部结构完整、内容翔实且层次分明的大文章。先生仅用了 1.5 万余字，就把贾思勰其人及其如何完成《齐民要术》这部著作以及该著的主要内容做了全面的介绍，真可谓举重若轻，妙笔生花。该著"目录"清晰地显示了整体论述的框架结构：一、我国历史上有着丰富的农学遗产；二、杰出的农学家贾思勰；三、《齐民要术》和它的主要内容：(1) 不误农时，因地种植；(2) 精耕细作和保墒、抢墒；(3) 选种和浸种催芽；(4) 施肥和轮作套作；(5) 果树栽培；(6) 牲畜饲养；(7) 农村副业；四、结语。在先生看来，贾思勰不仅是中华农耕文明"尚农""重农""农本"思想的代表性人物，更是自秦汉以降重农社会思潮的领军人物。他不仅重视农业生产劳动，亲自参加生产实践，而且强调生产实践的重要意义。诚如一个农民不耕种，可以使一些人饥饿；一个妇女不纺织，可以使一些人挨寒受冻；所谓实践出真知，唯有善于学习生产实践方面的知识，才算真正有学问。[1]从历史的眼光来看，先生这部著述篇幅虽小，却特别强调了中华文化的继承与开新[2]，通过继承和开新中华文化，发扬光大先进的中国农业科学技术文化的历史遗产，推陈出新、广为应用。这对建设具有中国特色社会主义新文化，尤其是对农业技术的科学普及可谓功不可没，做出了一种特别难能可贵的贡献，真的是功在当代，利好千秋。因此，称先生为我国史学界农业技术科普第一人，先生实在当之无愧。

三、结语

先生是中华人民共和国首批成长起来的历经共和国初期、"文化大革命"、改革开放后的新农村建设而跨入 21 世纪的当代著名历史学家。为什么会选择"三农"历史研究作为他一生从事的不懈之求呢？这应该是一个非常有趣，同时也是所有关心、熟悉并热爱先生的学界朋友及后学都迫切想要得到答案的问题。为此，笔者时常翻阅先生著述，又不时陷入沉思。这抑或是先生充盈于心的人生志趣的自然而然，又或是时代"向科学进军"的积极召唤，更或是早已融入先生血液中的中华文化尤其是"重农"思想在新时代的完美展示。所有这一切，释放的均是先生"中国士人"的深沉而豪迈的家国情怀。

（一）人生志趣的自然而然

俗话说，父母是人生的第一个老师，兴趣则是个人成长中最好的老师。先

---

[1] 吴雁南：《贾思勰与齐民要术》，中华书局 1959 年版，第 1-6 页。
[2] 《吴雁南文集·儒学与中国社会》（第 4 卷），贵州教育出版社 2003 年版，第 353 页。

生早年进入文史领域学习并结下不解之缘,纯粹是个人志趣,既是志向所在,又是兴趣爱好。之所以选择中国近代史领域的太平天国史作为最初的学术研究突破口,切合自己的人生志趣当为首选。其中既有早年东北师大学生时代师承关系的影响,也与当时中国社会各界尤其是整个大的学术环境密切相关。

1950年秋,还是东北师范大学学生时代的先生,先后受教于多位国内知名学者,如精通中外历史的林志纯与担任中国近代史教学的孙守仁两位老师。孙守仁是当时大名鼎鼎的太平天国史研究专家萧一山弟子,其对太平天国史的讲解深得先生喜欢。先生后来进入太平天国史研究"颇受孙先生影响"[①]。先生发表在《史学月刊》1957年8月号上的第一篇历史论文《试论太平天国起义前洪秀全的政治思想渊源》,发表在《历史研究》1958年第2期上的《试论太平天国的土地制度》,以及在此基础上写成的有关"太平天国政权的'两重性'"系列文章,就是当时对太平天国时期农民的思想方式与农民政权性质等系列问题深入研究与思考后的学术心得体会,也是对当时学术热点问题的一种积极回应。当时正值全国解放初期,我国史学界对农民战争特别是对太平天国的研究快速崛起,俨然形成了一股较为显著的"太平天国学"研究热潮,以及与以前学界不同,甚至较为"偏高"的学术评价。先生即从史料出发,本着实事求是的精神,充分运用马克思列宁主义和毛泽东思想的立场、观点与方法,既全面又辩证地分析问题、解决问题,尽可能地还原那一段的史实真相。因此,完全可以说,先生正是以一种"自然而然"的研学方式融入新中国成立初期学术界快速呈现的"太平天国学"热潮当中并逐渐崭露头角的。先生一再强调指出,太平天国确实颁布了《天朝田亩制度》,却从未真正实行"耕者有其田"的政策。因为根据马克思主义基本原理,太平天国政纲《天朝田亩制度》是企图实现建立在绝对平均主义基础上的农民乌托邦,而这种乌托邦是无法实现的。只有在中国共产党的领导下,农民才破天荒地获得土地,实现"耕者有其田"。太平天国时期的农民就能够实现"耕者有其田"的坚持论者,固然强调了农民的作用,由于不符合历史实际,则在实际上降低了中国共产党的领导作用。先生从自己的人生志趣出发,自然而然地投身到当时的学术热潮中,从而逐步开启了他对包括太平天国时期在内的不同历史时期的中国农民这一历史主体的研究当中。

(二)"向科学进军"的时代召唤

先生曾多次指出,正是从1956年党中央发出了"向科学进军"的号召,才

[①] 何正清、吴君隆:《吴雁南先生年谱简编》,载《吴雁南文集》(第6卷),贵州教育出版社2003年版,第319页。

开始了对历史科学的研究。先生不仅研究太平天国史始于此，对农学的兴趣与关注也基本上始于此。据先生年谱简编记载，1956 年，先生响应党中央发出"向科学进军"的号召，除了搞好中学历史教学的本职工作外，还挤时间阅读历史专业书籍，并开始致力于农民战争史特别是太平天国的研究。成书于 1959 年由中华书局出版的《贾思勰与齐民要术》以及后续发表的有关农业技术推广系列文章，则是先生在"向科学进军"路上兼顾"农""史"的最好注脚。"农学"固然与历史学一样同属于现代科学的主要范畴，却又与历史学的社会科学属性不同，它不仅是一门完全意义上的现代自然科学，更是中华人民共和国培植国基的重要支撑。在先生看来，中华人民共和国现代意义上的农业科学无疑奠定在中国传统农学精华荟萃的基础上。由此，包含历朝历代农学家和农业技术与制度在内的完整的中国农业科学的历史研究，恰恰是一门史学与农学有机结合的综合性（跨）学科研究。在"向科学进军"的时代召唤下，先生完全是将自己的人生志趣自然而然地融入时代需要的大潮中，不断焕发新春，结出硕果。

如果说先生早年的人生志趣只是进入史学研究领域的一种原动力，那么"向科学进军"的新时代召唤则是先生在不经意间切入农学研究范畴的最为有利的推动力。新时代的召唤就是党和国家的需要，意味着人民的福祉、社会的安定。至改革开放初期，"解放思想，团结一致向前看"则类似于"向科学进军"的新呼唤。解放思想首先是树立理想志向、有所作为，其次是用马克思主义武装头脑，把自己从封建的、资产阶级、小资产阶级及小生产者思想方式的束缚或影响下解放出来，为无产阶级政治服务。20 世纪 80 年代初，先生在谈到当前历史研究的几个问题中强调，只有客观地研究昨天，才能懂得今天；历史研究服务于无产阶级政治，首先就必须实事求是、一丝不苟地考察历史事件的各个方面，尊重历史的客观性和科学性，这是史学工作者义不容辞的责任所在。[①] 作为一名史学工作者，怎样才能迈进科学研究的门槛呢？先生给出的答案既简单明了又富含深意：1. 解放思想、虚心勤奋是基础；2. 以马列主义、毛泽东思想为指导是关键，并在史实、史料上狠下功夫；3. 扬长避短，充分把握主客观条件，搞清研究动态，如此方能选好研究方向与课题；4. 必须坚定信心，绝不患得患失。[②] 历来科学研究无坦途，任何工作都不会一帆风顺。先生从个人的切身

---

① 吴雁南：《谈当前历史研究的几个问题》，载《吴雁南文集·教育教学 社会主义》（第 5 卷），贵州教育出版社 2003 年版，第 121-123 页。

② 吴雁南：《"怎样迈进科学研究的门槛"》，载《吴雁南文集》（第 5 卷），贵州教育出版社 2003 年版，第 183-195 页。

体会出发重重地嘱咐：搞好本职工作是顺利开展科学研究工作的关键；结合本职工作搞科研，最容易得到支持，最容易取得成果。

（三）"重农"思想的完美展示

泱泱中华，五千年文明，根基嵌在农耕中。悠悠历史，数万里长河，渊源始于重农。在以农业为生存根基的中国，农业生产的节奏早已与国民生活节奏相通；由农业节气演化而成的华夏（汉族）传统节日（包括最隆重的春节）多源于农事。中国人很早就认识到，农耕是财富的来源。在这样的文化氛围内，重农主义的产生便是顺理成章的事情。中华古圣先贤留下了太多关于农业生产是国家命脉的名言警句，如《周易》有言："'不耕获'，未富也。"① 中国"礼"文化的倡导者周公说："呜呼，君子所其无逸，先知稼穑之艰难，乃逸。"② 他认为，唯有先懂得农耕的重要和农民的艰辛，方可求得国家或社会安定。

秦人商鞅把"尚农"作为富国强兵的基础，力倡"农不败而有余日"，以便专力耕作，更禁止"不作而食"③。由此不仅形成中华文明中"重农"政策的滥觞，也成为一种华夏汉人尚农的普遍社会心理。

成书于战国末年的《吕氏春秋》进一步从理论上发挥了重农思想，确认了发展农业是成就霸业的基础：

"霸王有不先耕而成霸王者，古今无有，此贤者不肖之所以殊也。"④

此外，《吕氏春秋》还特别强调，诗书礼乐以为君子，农人与儒士正是农耕文明不可或缺的组成部分，共同构成中国式农耕文明"俗"与"雅"两个相互补充的层次。这种有别于《商君书》"雅、俗不分"的重农主义，逐渐成为秦汉以降中华农耕文明的社会主要潮流。

成书于西汉初年的《管子》认定，农人（即孝悌力田者）是社会的中坚力量，高倡以农为本、工商为末，并反复劝诫"明王"一定要"务本"以"安邦"，"重本"以"抑末"：

《管子》明确指出："凡治国之道，必先富民。民富则易治也，民贫则难

---

① 《周易·无妄》，载许嘉璐主编：《十三经》，广东教育出版社、陕西人民教育出版社、广西教育出版社 2005 年版，第 31 页。
② 《尚书·无逸》，载许嘉璐主编：《十三经》，广东教育出版社、陕西人民教育出版社、广西教育出版社 2005 年版，第 189 页。
③ 《商君书·垦令篇》，载袁行霈主编，商鞅著，蒋重跃解读：《商君书》，国家图书馆出版社 2022 年版，第 47-61 页。
④ 《吕氏春秋·贵当》，载［战国］吕不韦等著，夏华等编译：《吕氏春秋》，北方联合出版传媒（集团）股份有限公司、万卷出版公司 2017 年版，第 338 页。

治也。"

"是以先王知众民、强兵、广地、富国之必生于粟也。故禁末作，止奇巧，而利农事。"①

作为统治者的封建帝王们也深知农业繁荣是国固邦宁的根本所在，历朝历代帝王多有颁布重农诏书，宣示天下。如汉文帝刘恒（前203—前157）及汉昭帝刘弗陵（前94—前74）均下诏书强调农业生产的重要性。其中，汉文帝诏曰："道民之路，在于务本。朕亲率天下农，十年于今，而野不加辟，岁一不登，民有饥色。是从事焉尚寡，而吏未加务也。吾诏书数下，岁劝民种树，而功未兴，是吏奉吾诏不勤，而劝民不明也。且吾农民甚苦，而吏莫之省，将何以劝焉？其赐农民今年租税之半。"② 汉昭帝诏曰："天下以农桑为本。日者省用，罢不急官，减外繇。"③

由是观之，重农思潮可谓是中华农耕文明核心中的核心，是中国社会各种不同时期波涛汹涌之社会思潮的渊薮，是一种真正贯穿古今，涵盖上至帝王将相、下至平民百姓各个社会阶层的最为普遍且影响最为深远的社会公理。而北魏人贾思勰仅是其中一个承上启下、引领中国古代社会重农思潮的代表性人物。先生全面汲取了贾思勰及其《齐民要术》之精华，接续中国社会重农思潮之脉络，昂扬中华农耕文明在当代中国社会现代化进程中坚实且独特的基础性作用，故而较早既涉猎中国古代农业制度与农业技术研究，又发心勠力于以农民为主体的农民起义与农民政权研究，锐意揭示旧式农民的思维方式，以探寻解决困扰当代中国社会发展的农民问题；同时为新时期社会主义现代化新农村建设（尤其是农村教育服务）事业、为中华民族伟大复兴做出贡献。这其实充分表达了先生拳拳于胸的"三农"情结，又应该是当代中国社会"重农"思想的一个较为完美的展示。因此完全可以说，先生既是一名当代中国"三农"情结浓郁的历史学家，又是一名中华人民共和国首批成长起来的、具有历史情怀的"三农"问题专家。先生一生执笔史坛半个世纪，耕耘讲台近50个春秋，不断将自己的人生志趣融入新时代，尽情奉献，无私无悔，全面展现了新中国第一代知识分子忧国忧民的赤诚与挚爱。

---

① 《管子·治国》，载袁行霈主编，孙中原解读：《管子》，国家图书馆出版社2017年版，第303-304页。
② ［汉］班固著，东篱子解译：《汉书》，中国纺织出版社2019年版，第49页。
③ ［汉］班固著，东篱子解译：《汉书全鉴》，中国纺织出版社2019年版，第49页。

吴雁南先生与太平天国史研究

刘永生①

(贵州省招生考试院,贵州贵阳,邮编:550001)

摘 要 吴雁南先生对太平天国史研究做出了巨大贡献,主要表现在太平天国土地制度研究、太平天国政权性质研究以及对太平天国领袖人物的评价三个方面。吴雁南先生研究方法同他的研究成果可以给我们以很多有益的启示:一是进行历史学术研究必须有史胆;二是必须在认识史料价值意义的基础上,发掘可靠史料;三是开展历史研究必须以马克思主义理论为指导;四是开展历史研究要勇于创新。

关键词 吴雁南先生;太平天国;土地制度;政权性质;人物研究;启示

吴雁南先生的史学研究肇始于太平天国史研究。20世纪50年代末到70年代,太平天国史研究是中国近代史研究的一个非常热门的研究领域。当时几乎所有搞历史研究的学者都曾涉足过该领域,吴雁南先生就是其中之一。大批学者的积极参与,使得太平天国史的研究异彩纷呈。罗尔纲先生在史料的整理与考订方面成绩卓著;王庆成先生在史料收集方面、苏双碧先生在人物研究方面,均做出了巨大贡献;而吴雁南先生则根据相关史料,从不同角度对太平天国史研究的重大理论问题进行厘清,从而奠定了他在太平天国史研究领域的地位。

一、太平天国土地制度研究

20世纪50年代,中国共产党领导的新民主主义革命刚刚取得胜利。这个胜利是依靠以农民为主体的革命力量取得的,所以在历史学研究,尤其是中国近代史研究当中,存在着有意无意地拔高农民和农民战争的倾向。对于太平天国;

---

① 作者简介:刘永生,生于1971年,男,湖南衡阳人,历史学博士、博士后,教授,现任贵州省招生考试院命题处副处长。

对于太平天国的领导人物以及太平天国所推行的政策，难以客观、公正地做出评价。

1951年1月11日，《人民日报》发表社论《纪念太平天国革命百周年》，号召史学界认真研究太平天国的政权性质。由此，学术界开始了对太平天国政权性质的讨论。《天朝田亩制度》是太平天国颁布的一份最重要的文件，它的核心内容是实行平均分配土地的政策。

罗尔纲先生认为太平天国没有施行《天朝田亩制度》规定的平均主义分田法，但实行了耕者有其田的政策。他在《天朝田亩制度的实施问题》一文中指出："'天朝田亩制度'是一种农业社会主义思想，是空想的、不可能实现的。但是，当时太平天国根据废除私有财产制度的原则，依照实际情况，却实行了一种耕者有其田的政策。太平天国实行耕者有其田的办法，是在建都天京后就开始的。"① "允许地主收租乃是后来江苏、浙江有些地区的太平天国地方政府改变了中央原来的土地政策。"②

1958年，吴雁南先生在《历史研究》上发表了《试论太平天国的土地制度》一文，系统地阐述了自己的观点，认为："无论在太平天国前期，抑或后期"，"都是承认地主收租的，并没有实行'耕者有其田'的政策。"③ 此后，他陆续发表了《从"天王詔書"看太平天国的土地制度》《关于太平天国前期的土地制度》，对自己的观点做出了进一步的补充、完善。

吴雁南先生认为，在太平天国统治区域，佃户事实上占有了地主土地，不再向地主交租而直接向太平天国政府交纳粮税的现象的确是存在的。但这只不过是个别现象，而不是普遍的、主要的现象。最普遍、最主要的现象，则是太平天国实行以"照旧交粮纳税"政策为表征的、维系旧的封建地主土地所有制的政策。也就是允许地主向佃农收租，再由地主向太平天国政府交粮纳税的政策。至于佃户事实上占有地主土地以后，太平天国政府颁发田凭予以确认的说法，吴雁南先生认为基本上不可靠、不可信。

通过与其他学者的反复论辩，吴雁南先生提出了自己的观点：太平天国不只是后期，就是在前期，也没有实行耕者有其田的土地政策，而是实行以承认

---

① 罗尔纲：《天朝田亩制度的实施问题》，载《太平天国史事考》，生活・读书・新知三联书店1955年版，第205页。
② 罗尔纲：《天朝田亩制度的实施问题》，载《太平天国史事考》，生活・读书・新知三联书店1955年版，第212页。
③ 吴雁南：《试论太平天国的土地制度》，载《吴雁南文集》第1卷，贵州教育出版社2003年版，第58页。

封建地主土地所有制为前提的照旧交粮纳税政策。

吴雁南先生关于太平天国土地制度的新见解，引起了史学界的高度关注。曹国祉先生和龙盛运先生等纷纷从不同角度和层次支持吴雁南的观点。

1959年曹国祉先生发表了《论太平天国的土地政策》一文。文章指出："这种土地所有制（维持原日主佃关系的土地所有制——笔者注）还是太平天国主要的土地政策；它贯串着革命的整个时期，地区也遍及全国。"① 这实际上是赞成吴雁南的观点。

龙盛运先生对吴雁南的观点也持支持态度。他在《关于太平天国的土地政策》一文中认为："苏杭地区太平天国完纳银米的'定制'并不是什么新的东西，而是1854年确立的照旧交粮纳税政策的再版。即：承认地主是田粮的主要交纳者，肯定租佃关系的合法性。"苏杭地区不只是实行照旧交粮纳税政策，承认地主占有土地的合法性，甚至还"进一步积极维护地主"的利益。"太平天国对土地问题的态度是始终如一的，这就是普遍无例外的执行'照旧交粮纳税'的政策，也即承认地主占有土地的合法性。至于耕者有其田的政策则是不存在的。"②

1961年1月11日，牟安世先生在《人民日报》第七版学术动态专栏发表了《关于太平天国革命史若干问题的讨论》一文，指出，当前关于太平天国土地政策有三种学术观点，其中一种就是以吴雁南为代表的观点——"承认和限制地主收租的减租政策——太平天国放弃了'天朝田亩制度'中公有制的空想，承认了现有的私有制和土地制度，允许地主收租，招业主认田，领取太平天国田凭，限制租额，重新评定。无论在前期或在后期，都没有实行耕者有其田的政策"③。

1961年罗尔纲先生放弃了太平天国实行了耕者有其田的土地政策的观点。是年7月21日，他在南京为《太平天国史料丛编简辑》所作的序中说："曹蓝田《与邓太守书》、《拒诸亲友劝输粟书》，叙述太平天国于甲寅四年八月十七日（即清咸丰四年八月初一日）在安徽铜陵县开始照旧征收粮赋，说明了太平天国在建都天京后一年多就不得不准许地主暂时'照旧交粮纳税'，因此可见太平天国准许地主暂时收租这一个政策，并不是到后期才如此，更不是后期江、

---

① 曹国祉：《论太平天国的土地政策及其赋税制度》（上篇），《中山大学学报》1959年第3期。
② 龙盛运：《关于太平天国的土地政策》，《历史研究》1963年第6期。
③ 牟安世：《关于太平天国革命史若干问题的讨论》，《人民日报》1961年1月11日。

浙地区的一些个别的现象。"① 罗尔纲先生放弃自己原先太平天国实行了耕者有其田政策的观点，赞同吴雁南的观点，即太平天国没有实行耕者有其田的土地政策，而是实行以照旧交粮纳税政策为表征的封建土地所有制。

随着时间的推移，吴雁南先生的观点得到广泛的认可，成为史学界的共识。茅家琦先生主编的《太平天国通史》一书认为："太平天国除了实行减赋政策外，仍然承认过去的地主土地所有制。从苏浙太平天国当局所实行的具体措施来看，承认地主土地所有制的确是太平天国的主要土地政策。"② 李侃先生等著的《中国近代史》一书中也说："太平天国承认地主占有土地，并允许地主收租。封建的生产关系和阶级关系虽然受到冲击，但并没有改变。"③ 曾业英先生主编的《五十年来的中国近代史研究》一书在介绍太平天国土地制度研究时指出："大家一致认为太平天国未曾实施《天朝田亩制度》中的平分土地方案，但在太平天国是否实行过'耕者有其田'政策这一点上意见不一。随着新史料的不断发现和研究的日益深入，多数学者认为，太平天国自始至终并没有推行过'耕者有其田'政策，而是大体上实施'照旧交粮纳税'政策，即承认地主占有土地的合法性；……革命并没有改变整个所有制，旧的生产关系仍被保存了下来。"④

二、太平天国政权性质研究

党的十一届三中全会以后，在解放思想、实事求是方针的指引下，史学界围绕太平天国政权性质问题展开了一场热烈的讨论。在以翦伯赞先生为代表的传统的农民革命政权说和以孙祚民先生为代表的封建政权说之外，吴雁南先生提出了"两重性"政权说。

吴雁南先生既不同意农民革命政权说，也不同意封建政权说。在《关于太平天国政权的"两重性"》一文中，他提出"两重性"政权的观点。此后，他在《再论太平天国政权的性质》《关于太平天国乡官制度的几个问题——三论太平天国政权的性质》《太平天国前期的等级制度与政体——四论太平天国政权的性质》《儒家思想与太平天国——五论太平天国政权的性质》等文章中，进一步阐述了自己的观点。

---

① 太平天国历史博物馆编：《太平天国史料丛编简辑·前言》，中华书局1961年版。
② 茅家琦主编：《太平天国通史》（中），南京大学出版社1991年版，第435页。
③ 李侃等：《中国近代史》，中华书局1994年版，第64页。
④ 夏春涛：《太平天国运动史》，载曾业英主编：《五十年来的中国近代史研究》，上海书店出版社2000年版，第459页。

1978年，吴雁南先生在四川大学做了题为《关于太平天国政权的"两重性"》的学术报告，首次阐述了太平天国是一个"两重性"政权的观点。1979年5月25日至6月2日，北京太平天国历史研究会和南京史学会在南京联合召开太平天国史学术讨论会。这是中华人民共和国成立以后第一次在国内召开的大型国际学术讨论会。国内外知名史学工作者参加了这次大会，共向大会提交论文200多篇。吴雁南先生向大会提交的就是《关于太平天国政权的"两重性"》一文，其中明确指出：太平天国政权"是一种具有'两重性'的政权。既是代表农民利益的革命政权，又带有一定的封建性"[①]。

吴雁南先生认为，农民阶级确实不能改变旧的经济基础，但是，太平天国政权"作为反封建统治阶级的国家机器并成为它的对立物"，因而这个政权是"革命的，代表农民利益的政权"。[②] 太平天国政权的革命性主要表现在以下三个方面："这个政权在政治上，举起反对外国资本主义侵略和反对清朝封建统治的革命旗帜，在它的领导组织下……摧毁清朝许多地方政府，削弱了清朝的武装力量，推动了各族人民反对清朝封建统治的斗争"；"在它的领导下太平天国英雄们狠狠地打击了封建地主阶级"；"太平天国政权基本上掌握在劳动群众手里"。

吴雁南先生虽然肯定太平天国政权的革命性，但也指出了它的封建性。他认为太平天国政权"无法超越封建的社会经济的制约，不能不带有一定的封建性"。这种封建性主要表现在："第一，从政权组织形式来看，太平天国革命者提不出新的建设方案，他们吸取了中国古代奴隶社会、封建社会给他们提供的思想资料，形成了太平天国所特有的政治机构体系。"[③] "第二，由于太平天国政权没有科学的政治标准，在许多地方把地主分子作为争取对象，使大批地主分子混入地方政权。"[④]

关于太平天国政权"两重性"性质说，一些有关中国近代史研究动态介绍的著作都以李锦全先生的观点为代表。《近代史研究》编辑部编、人民出版社1986年出版的《中国近代史专题研究述评》和曾业英先生主编、上海书店出版

---

① 吴雁南：《关于太平天国政权的"两重性"》，载《吴雁南文集》第1卷，贵州教育出版社2003年版，第241页。

② 吴雁南：《关于太平天国政权的"两重性"》，载《吴雁南文集》第1卷，贵州教育出版社2003年版，第232页。

③ 吴雁南：《关于太平天国政权的"两重性"》，载《吴雁南文集》第1卷，贵州教育出版社2003年版，第243页。

④ 吴雁南：《关于太平天国政权的"两重性"》，载《吴雁南文集》第1卷，贵州教育出版社2003年版，第246页。

社于2000年出版的《五十年来的中国近代史研究》都以李锦全先生的观点为代表加以介绍，没有提及吴雁南的观点及文章。事实上，吴雁南先生早在1978年在四川大学做"关于太平天国政权的'两重性'"学术报告时，就已经明确提出了"两重性"政权说。在1979年南京召开的太平天国史学术讨论会上，他的观点得到不少学者如罗尔纲先生、林庆元先生等的认可。80年代，他的观点得到了李锦全先生、王天奖先生等的支持。因此，我们有理由认为，吴雁南是"两重性"政权说的代表之一。

三、太平天国历史人物研究

吴雁南先生除了对太平天国土地制度以及政权性质研究做出了巨大的贡献以外，对其他方面如太平天国领袖人物的评价以及妇女问题等也有较为深刻的研究。

吴雁南先生对太平天国人物进行评价时，不是简单地肯定或否定，而是实事求是、客观地进行一分为二的评价。他所评价的人物包括李秀成、石达开、洪仁玕以及洪秀全等，主要文章有《略论李秀成》《关于李秀成的评价》《也论石达开》《关于石达开的评价》《试论洪仁玕》《试论洪秀全》等。

1964年，吴雁南先生在《历史研究》上发表了《略论李秀成》一文，认为李秀成的"一生最主要最基本方面是在战斗中度过的。首先是反对清朝封建统治、对太平天国革命事业发展上的贡献，基本上是应当肯定的"。在当时"左倾"的政治气氛下，李秀成被当成一个叛徒，受到批判。吴雁南不同意全面否定李秀成，认为"既不能因为他有过重大作用而放松批判他被俘后的乞降变节举动，也不能因为他最后有过乞降变节举动而否定一切"①。他认为："科学地评价李秀成，既不全盘否定，也不能低估他的错误，更不能为他的错误辩护。由于他有过动摇变节行为，不能评价高了。从总的来看，他仍不失为太平天国后期的重要将领。"②

吴雁南先生在评价叱咤风云的农民英雄石达开的时候，认为石达开"一生活动的主流"是他"在前期的革命活动中对太平天国革命的发展做出了极大的贡献"。

---

① 吴雁南：《略论李秀成》，载《吴雁南文集》第1卷，贵州教育出版社2003年版，第148、149、150、151、152、158、160、164-165、167、171、176页。该文系与苏寿桐合写。
② 吴雁南：《关于李秀成的评价问题》，载《吴雁南文集》第1卷，贵州教育出版社2003年版，第229页。

对于太平天国后期的主要领导干王洪仁玕，吴雁南先生认为："洪仁玕是太平天国后期的政治家之一，是中国近代史上第一个提出资本主义政纲的杰出思想家。他的思想汇合了资本主义、儒家思想和农民的革命要求，唯心与唯物思想错杂地交织在一起，但基本上具有实事求是的唯物主义倾向，其宗教观同洪秀全并无本质差别。《资政新篇》是洪仁玕光辉的思想的主导方面，在当时历史条件下，实现这个纲领的物质基础是不够成熟的，同时这一纲领又不失为最杰出最进步的政治方案。在实际的革命斗争中，他最大的贡献是帮助天王总结了太平天国主要的政治、军事和文化方面的经验，提出了一些新的方针。他的'政权建设'、'文化改革'等思想可以说主要是革命实践的产物。"①

吴雁南先生对洪秀全有相当高的评价。他认为洪秀全"不仅是一位杰出的农民革命领袖，而且也是一位出色的思想家"②。但吴雁南先生并不讳言洪秀全在太平天国后期中的缺点和错误。

这种对历史人物的一分为二的评价既避免了不顾实际的拔高的趋向，也避免了过分夸大缺点错误从而一棍子打死的趋向。吴雁南先生在他对太平天国人物进行研究的过程中，自始至终地贯彻了这个原则。

吴雁南先生对太平天国妇女问题也有所研究。在《历史地评价太平天国的妇女问题——纪念太平天国金田起义一百四十周年》一文中，吴雁南对太平天国的妇女问题做了研究。史学界有人认为太平天国的妇女政策是十月革命之前人类最光荣最先进的行动，也有人对它持否定态度。吴雁南先生认为，对太平天国的妇女政策应该以一分为二的态度，实事求是地予以评价。

吴雁南先生虽然指出太平天国妇女解放运动的缺陷或不足，但他反对对太平天国妇女政策持全盘否定的态度，反对把太平天国的妇女和清朝统治区域的妇女等量齐观。太平天国运动在理论上很不充分，很不成熟，也很不彻底，但是它在实际行动中形成了空前的妇女解放的奇观：妇女可以参加政治、经济、军事、宗教等社会公共活动。这是必须予以高度肯定的。

四、小结

吴雁南先生为太平天国研究做出了巨大的贡献。他的贡献主要集中于以上

---

① 吴雁南：《试论洪仁玕》，载《吴雁南文集》第 1 卷，贵州教育出版社 2003 年版，第 112 页。
② 吴雁南：《试论洪秀全》，载《吴雁南文集》第 1 卷，贵州教育出版社 2003 年版，第 209 页。

所论述的三个方面：太平天国土地制度研究、太平天国政权性质研究以及对太平天国领袖人物的评价。吴雁南先生的研究方法同他的研究成果可以给我们以很多有益的启示。

首先，进行历史学术研究必须要有史胆。20世纪五六十年代的学术研究氛围远没有现在宽松，政治气氛太浓，要做出与时政不甚合拍的研究，需要极大的勇气；太平天国实行了耕者有其田政策观点的提出者，是当时学术界的权威，提出与之相左的新观点，同样需要极大的勇气。拥有史胆是历史研究者有所贡献的一个重要保证因素。进行历史研究应该敢于讲真话，敢于秉笔直书，不唯书、不唯上、不为尊者讳。特别是对历史人物进行评价时，不能随大流，只是一味地对历史人物歌功颂德，或者一味地贬斥，而应该把历史人物放到具体的特定的历史条件中去，看他是促进了历史的进步发展还是阻碍了历史的前进和发展。而且在对历史人物进行评价时，可能要受到来自社会的各种非学术因素的影响。这就尤其需要研究者具有相当的胆识，要敢于讲出历史的真相，要敢于面对来自各方面的压力。吴雁南先生在60年代客观公正地对李秀成进行评价时，许多同行都为他捏了一把汗，担心他受到冲击。吴雁南先生发表《略论李秀成》一文，并不是全盘否定李秀成，相反，对他做出了高度评价。这在当时是要冒政治风险的。苏双碧先生、王宏志先生在《和雁南的友情》一文中谈道："1964年的学术大批判中，史学界主要是批判李秀成的自白书。研究太平天国的专家罗尔纲先生，因把李秀成写自白书的事说成是苦肉缓兵计，而成了主要的批判对象。今天看来，这只是一种学术观点而已。雁南和苏寿桐先生（当时人民教育出版社历史编辑室主任）合写了《略论李秀成》一文，对李秀成做了比较客观的、实事求是的评价。但在当时大批判的锋芒下，这篇文章被认为是折中观点，甚至有为李秀成的'叛变'辩护之嫌。据说因此雁南思想有压力，但他仍坚持自己的观点，没有为权威所折服。"[①] 今天，我们的学术研究环境已经有了改观。我们所需要的胆识就是要敢于打破一些史学成见，从更新的角度去发掘，对历史进行更加深刻的多视觉、多角度的研究。吴雁南对太平天国土地制度的研究给我们树立了一个榜样。郭毅生先生在《天上人间，友谊绵远——怀念雁南兄》一文中不无感慨地说：吴雁南1958年提出的关于太平天国土地制度的观点，现在虽然已经成为史学界的共识，但在当年，他"却是一只顶着气

---

① 苏双碧、王宏志：《和雁南的友情》，载《吴雁南纪念文集》，贵州教育出版社2003年版，第15页。

流的先行雁，甘冒风霜和受批判之险的"[1]。

其次，史料对于历史研究具有极为重要的意义，它是史学研究的基础。新的学术观点要在史学界立住脚，就必须有很强的说服力，这种说服力就来源于支撑这个观点的史料。只有史料真实可靠，研究得出的观点、结论才会有说服力。关于太平天国的史料可谓汗牛充栋，真伪难辨。无论是清方还是民间地主阶级知识分子抑或是外国人，都对太平天国运动有所记载。这种多层次多角度的记载就造成了各种记载的抵牾。吴雁南先生在对太平天国进行研究时，非常详尽地列举出在当时所能够找到的史料。他的论文以详尽的史料著称。对于展现于眼前的史料也不可能全部使用，所以就要拥有对浩瀚的史料比较准确的判断。常见的史料中，有些价值极高的史料不太为人所注意。这就需要研究者对史料具有一定的敏感性，要充分发挥这样的史料的价值。在关于太平天国的史料中，三王联名上奏天王洪秀全一事，研究者大多见到了，但一般只是以它证明太平天国没有实行平均主义的分田法，却未能用它来论证太平天国没有实行耕者有其田的土地制度。吴雁南却发现这则史料所反映的历史真实，即太平天国并没有实行耕者有其田的土地政策，而是实行以照旧交粮纳税政策为表征的承认地主收租的封建地主土地所有制。历史研究是一个动态的过程，同时也是一个不断发现和公布新的史料的过程。随着新史料的公布，研究者应该及时修正自己的观点，或者利用新发现的史料进一步论证自己的观点。在这方面，吴雁南为我们做出了一个可效法的榜样。随着《天王诏书》的公布，吴雁南先生迅速撰文进一步论证自己关于太平天国土地制度的观点，从而加强了它的说服力。

再次，历史研究需要正确的理论——马克思主义理论的指导。研究历史要反映历史的真实，告诉人们真实的历史事实，澄清一些历史由于人为因素而造成的讹误。只有在了解了历史真实的条件下，才能够更好地理解历史，从而理解现实的由来。当然，历史并不是一面镜子，并不能原原本本地把历史风貌展现出来，而是无限地接近于历史的真实。研究历史的另一个目的在于总结历史的经验教训，为现实生活提供参考和借鉴。为实现这个目的，就必须有正确的理论——马克思主义的史学理论为指导。吴雁南非常重视阅读马列主义著作，他认为这对科学研究有很大的帮助："第一，有利于学习用马克思主义的立场、观点、方法来观察、分析和解决问题"；"第二，学习马列主义、毛泽东思想，

---

[1] 郭毅生：《天上人间，友谊绵远——怀念雁南兄》，载《吴雁南纪念文集》，贵州教育出版社2003年版，第23页。

可以帮助我们全面的辩证的观察研究问题，避免走极端及主观片面和简单化等毛病"；"第三，还可以从马列主义著作（其中包括毛泽东著作）的许多精辟论断中，直接得到教益"。①

最后，进行学术研究要勇于创新。进行学术研究，应该有自己独到的见解，不应该人云亦云；否则，就不可能有较大的成就。学术是一个无限发展的事业，任何一个学术研究领域，即使已经取得学界的共识，也还有相当的研究余地。在这个时候，只要认真地对所掌握的原始材料进行研读分析，从新的角度去发掘利用史料，还是有可能做出非凡的成就的。吴雁南并没有因为太平天国研究领域的泰斗罗尔纲先生已经做出了一些为当时史学界大多数人所认可的结论而放弃自己的研究。他在刻苦钻研原始史料的基础上，提出了和罗尔纲先生相左的学术见解。最终，他的学术见解得到史学界的广泛认可，成为史学界的共识。这对我们来说，确实应该认真地加以学习和借鉴。

---

① 吴雁南：《怎样迈进科学研究的门槛》，《黔南教育学院学报》1990年第3、4期合刊，《吴雁南文集》第5卷，贵州教育出版社2003年版，第186页。

吴雁南先生与辛亥革命史研究

黄江华[1]

(贵州中医药大学，贵州贵阳，邮编：550001)

摘 要 辛亥革命史在吴雁南先生史学研究中占有极为重要的地位，他后来的经学史研究和社会思潮研究都发轫于此。从1960年发表研究辛亥革命史的第一篇文章《辛亥革命时期中国社会的主要矛盾》到2001年发表最后一篇文章《孙中山与二十世纪中华文化复兴思潮》，他在辛亥革命史这块园地里辛勤耕耘40余年，取得了丰硕的成果，为推进辛亥革命史研究做出了重要贡献。吴雁南先生就辛亥革命时期中国社会的主要矛盾问题、资产阶级革命派与农民的关系问题以及会党的地位和作用、辛亥革命人物评价等有较多争议的问题进行了深入的探讨。他在辛亥革命史研究方面最大的贡献是提出了同盟矛盾论的观点，形成有关辛亥革命时期中国社会主要矛盾的第三种观点。他是第三种学术观点的主要代表。

关键词 吴雁南；辛亥革命；同盟矛盾论

辛亥革命时期的中国社会面临着错综复杂的矛盾：人民大众和封建主义的矛盾、中华民族和帝国主义的矛盾、资产阶级革命派与改良派之间的矛盾、清王朝统治阶级内部的矛盾等。弄清这一时期的社会主要矛盾，对于认识辛亥革命这一重要历史事件具有积极的意义。关于这一时期中国社会的主要矛盾问题，20世纪60年代初史学界即已展开激烈的讨论。1961年纪念辛亥革命五十周年学术讨论会上，围绕着毛泽东同志关于"辛亥革命是革帝国主义的命"[2]这一论断的不同理解，与会者就辛亥革命时期社会主要矛盾问题展开了热烈的争论。

---

[1] 作者简介：黄江华，男，贵州中医药大学马克思主义学院副院长，教授。
[2] 毛泽东：《唯心历史观的破产》，载《毛泽东选集》第4卷，人民出版社1991年版，第1513页。

324

当时主要有三种观点：以夏东元等人为代表的阶级矛盾论，以胡绳武、金冲及等人为代表的民族矛盾论，吴雁南先生则提出了同盟矛盾论。

吴雁南先生既不同意阶级矛盾论，也不同意民族矛盾论。他认为，辛亥革命时期的社会主要矛盾是"中国人民同帝国主义、封建统治者同盟之间的矛盾"①，是这两种矛盾的交织。

一、与阶级矛盾论者进行商榷

吴雁南先生认为，辛亥革命时期民族矛盾不是"相对缓和"，而是逐渐激化了。义和团运动被镇压、《辛丑条约》签订后，中国完全沦为半殖民地半封建社会。虽然帝国主义对中国的侵略由大规模的武装入侵转变为比较"温和"的经济侵略为主，但是帝国主义和中华民族之间的矛盾不是趋向缓和，而是采取了逐渐激化的形式。《辛丑条约》签订后，清政府成为帝国主义列强管理中国的工具，成为"洋人的朝廷"。列强利用其特权在中国大肆进行投资活动，进一步侵入中国内地，完全控制了中国的经济命脉。帝国主义在华投资主要以铁路投资和矿山投资为主。1895年到1913年不到20年间，列强"在中国开设的工矿的投资一亿三百多万元，超过了此前五十年投资四百八十二万九千元的十三倍多"。20世纪初的10年间，帝国主义"掠夺和控制了粤汉、正太、沪宁、津浦、沪杭甬等十多条铁路"，加上此前已攫取的京奉、京汉等线，"全国铁路干线全被帝国主义控制"。②

帝国主义在中国的投资，很大部分资金不是来自本国，而是来自对中国的掠夺。这种掠夺，主要是通过战争赔款、欺骗勒索以及胁迫清政府出让开矿权、采矿权等形式实现的。

为了垄断中国的金融和财政，外国在华开设的银行也越来越多。1895年至1913年，帝国主义在中国设立的银行有13所，分支机构达85处。外国银行凭借雄厚的金融实力和侵略特权，在华发行纸币，吸收私人存款，经管清政府的借款，控制和吞并中国的工矿交通企业和金融事业。中国的经济命脉和金融逐渐被帝国主义控制。

列强为了夺取中国的权益，加紧巩固并扩张各自在华的势力范围，彼此之

---

① 吴雁南：《辛亥革命时期中国社会的主要矛盾》，载《辛亥革命五十周年纪念论文集》（下），中华书局1962年版，第676页。

② 吴雁南：《辛亥革命时期中国社会的主要矛盾》，载《辛亥革命五十周年纪念论文集》（下），中华书局1962年版，第677页。

间明争暗斗，愈演愈烈。沙俄武装侵占东北后，拒绝撤兵，妄图变东北为"黄色俄罗斯"。日本为了夺取中国的东北，与俄国的矛盾日益尖锐。美国企图利用日本为自己开辟插足东北的道路。英国为了阻止俄国南下，亦支持日本对抗沙俄。日、俄为争夺东北爆发了日俄战争。沙俄除侵占中国东北外，还加紧侵略中国的西藏。而英国也乘沙俄与日本争夺东北之机，发动了对中国西藏的武装侵略。

英、德等国在长江流域的争夺亦很尖锐。德国提出租借洞庭湖或鄱阳湖，美、法两国兵舰也要求进入鄱阳湖；英、法帝国主义在西南地区也加紧进行侵略活动。1905年日俄战争结束时，欧洲已经笼罩着以英国同德国的对立为主的一场帝国主义战争危机，列强无暇东顾。瓜分中国的阴谋在1905年以后虽然一度缓和，但是在武昌起义爆发后，日本、英国等帝国主义国家妄图借革命的时机实现它们瓜分中国的野心。① 这一切说明《辛丑条约》签订以后，中国的前途仍然十分险恶，民族危机日益明显。因此，辛亥革命时期民族矛盾不是"相对缓和"，而是逐渐激化了。

吴雁南先生认为，辛亥革命时期帝国主义同中华民族之间的矛盾不仅采取了逐渐激化的形式，而且由于帝国主义侵略的加深，更给中国社会带来了严重的社会危机，国内社会矛盾也在进一步激化。但是国内社会矛盾的激化并不等于阶级矛盾就已经转化为中国社会的主要矛盾。在吴雁南先生看来，义和团运动失败、《辛丑条约》签订后，中国已经完全沦为半殖民地半封建社会，清廷成为"洋人的朝廷"。帝国主义无论是采取大规模的、直接的军事入侵手段，还是转化为"温和"的以经济侵略为主的方式，其侵略都是中国人民痛苦的最大根源。因此，在研讨辛亥革命时期中国社会的主要矛盾时，应当"首先注意它同中华民族和帝国主义这一中国近代史上最根本矛盾的关系"②。固然主要矛盾不能等同于根本矛盾，但主要矛盾要受根本矛盾制约。所谓根本矛盾就是最重要的、起决定性作用的矛盾。主要矛盾与根本矛盾有时是一致的，有时是不一致的。当帝国主义发动大规模的侵华战争时，民族矛盾就会成为主要的矛盾，也就是根本矛盾。如义和团运动时期，帝国主义和中华民族之间的矛盾上升为社会主要矛盾，也可以说是根本矛盾。在这种情况下，二者是相一致的。而义和团运动以后，帝国主义国家改变了侵华的手段和方式，采用经济、政治、文化

---

① 参见中国史学会：《中国近代史资料丛刊·辛亥革命》（第8册），上海人民出版社1957年版，第434-443页。

② 吴雁南：《辛亥革命时期中国社会的主要矛盾》，载《辛亥革命五十周年纪念论文集》（下），中华书局1962年版，第682页。

等比较"温和"的而不是直接军事的手段；采取间接的"以华治华"方式，而不是直接的殖民统治的方式。在这种情况下，中国人民反抗斗争的矛头更多地指向清政府。斗争主要表现为国内战争的形式。国内阶级矛盾成为主要矛盾，民族矛盾不再是主要矛盾。但是，民族矛盾实质上不是缓和，而是更加激化。它始终是中国社会的根本矛盾，制约着主要矛盾和其他矛盾。既然二者都在激化，所以用"同盟矛盾"来表述这个时期中国社会的主要矛盾显然更为准确、妥当。

二、与民族矛盾论者进行商榷

吴雁南先生不同意阶级矛盾论，认为辛亥革命时期民族矛盾不是缓和了，而是逐渐加深了。但他也不同意就据此而简单地将这个时期中国社会的主要矛盾定论为民族矛盾。他认为，辛亥革命时期，在民族矛盾逐渐激化的同时，中国社会的内部矛盾，即人民大众与清朝封建统治阶级的矛盾也显示出极其尖锐的客观现实。他从义和团运动失败以后各阶级力量的配备和调度、革命群众对革命的认识、资产阶级革命的政纲和革命斗争的形势四个方面论证了自己的观点。

首先，各阶级力量的配备和调度发生了变化。

吴雁南先生指出，义和团运动失败以后，西方列强通过空前苛刻的《辛丑条约》，从政治上、军事上、经济上大大加强了对清政府的控制。列强对中国的侵略方式从过去以大规模的武装入侵为主转化为政治的、经济的、文化的手段为主，即比较"温和"的方式。辛亥革命前10年间，小规模的、局部的军事入侵虽然不断，但是，类似义和团运动时期那样大规模的军事入侵没有了。帝国主义侵略手段的这种重要变化，使人们对民族危机的感受不像义和团运动时期那样直接、深重、紧迫了。相形之下，内部矛盾的尖锐性就显现出来了。对义和团运动的镇压以及抗击八国联军战争的失败，丧权辱国的《辛丑条约》的签订，使人们强烈地感受到了清政府的腐败和无能，进一步认识到要救国就必须推翻清政府的统治。人民群众一方面感受到民族危机的深重；另一方面感受到清朝统治阶级更加的腐败和无能，并把反抗和打击的主要锋芒指向清政府。

辛亥革命时期中国社会内部的矛盾显示出了特别的尖锐性。这个时期中国社会的主要矛盾既非一个民族矛盾所能概括，也非一个阶级矛盾所能概括。正是出于这样的分析，吴雁南先生提出了"同盟"矛盾论，即辛亥革命时期中国社会的主要矛盾是"中国人民同帝国主义和封建统治者同盟间的矛盾"①。

其次，革命群众对革命的认识发生了深刻的变化。

吴雁南先生认为，在辛亥革命时期，中国人民已经认识到要反对帝国主义，挽救中国的民族危机，就必须同时反对清朝卖国政府，把反帝与反封建结合起来，即反对中外反动同盟。这表明当时社会的主要矛盾应是中国人民同帝国主义和封建统治者同盟之间的矛盾。义和团运动被镇压以后，中国人民并没有被帝国主义和清政府的联合"剿杀"所吓倒，他们的反抗斗争此起彼伏，不屈不挠。东北人民的抗俄斗争、直隶人民的"扫清灭洋"起义、四川人民的"灭清剿洋兴汉"战斗，都吸取了义和团运动的经验，对革命斗争的任务和对象的认识都有所提高，开始自发地把反对帝国主义和反对封建政府结合起来。

吴雁南先生指出，虽然当时的资产阶级、小资产阶级的知识分子对革命的认识不一致，但总的来说，较之义和团运动时期，他们的认识水平有了显著的提高。他们认识到帝国主义侵略给中国带来的严重危机，揭露清政府的腐败无能和卖国罪行。他们把斗争的锋芒直接集中到清政府身上，认为"'满洲政府，实足以召瓜分'，'满洲政府一日不去，中国一日不能自立，瓜分原因一日不息'"②。义和团运动以后，中国社会的主要矛盾发生了变化，不仅是资产阶级，包括其他下层广大群众，已经认识到帝国主义与清朝统治者之间的关系。他们并不是像义和团运动时期那样，同帝国主义进行斗争，而是把斗争的锋芒直接指向清政府，体现了内部矛盾的极端尖锐性。

再次，资产阶级革命党人的政纲反映出了当时社会内部矛盾的尖锐性。

吴雁南先生认为，从同盟会的政纲来看，它不仅是一个反对帝国主义的政纲，更主要的是一个反封建的政纲。资产阶级革命派已经意识到清王朝已成为"洋人的朝廷"，帝国主义与清王朝是"一而二，二而一"。中国人民之所以受帝国主义的奴役，就是因为清政府的腐败和无能。要挽救民族危机，抵御外侮，就必须首先推翻清朝的统治。在当时人们的心目中，同盟会三条政纲中最重要的不是平均地权，也不是建立民国，而是推翻清政府的统治。因此，吴雁南先生指出，辛亥革命时期"人民斗争的锋芒主要针对清政府，人民的革命意向主要是反清朝统治；中国社会的主要矛盾不是中华民族同帝国主义的矛盾，而是

---

① 吴雁南：《辛亥革命时期中国社会的主要矛盾》，载《辛亥革命五十周年纪念论文集》（下），中华书局1962年版，第685页。

② 吴雁南：《辛亥革命时期中国社会的主要矛盾》，载《辛亥革命五十周年纪念论文集》（下），中华书局1962年版，第689页。

中国人民同帝国主义和封建主义同盟之间的矛盾"①。

最后,当时的实际革命斗争情形也发生了变化。

吴雁南先生指出,从当时实际的革命斗争情况来看,人民的革命斗争是既反对帝国主义,又反对封建主义。他列举了大量的史实来论证自己的观点。辛亥革命前10年间,人民革命斗争此起彼伏,反帝同反封建斗争相互交织。在辛亥革命时期,革命的各个阶层在反对清朝统治者这一点上是一致的,而这种总的意向和行动反映着社会主要矛盾,反映出这一时期革命斗争的特点。因此,在考察辛亥革命时期中国社会的主要矛盾时,就不能脱离当时革命斗争的特点。既然辛亥革命时期人民革命斗争的锋芒集中指向清朝封建统治者,同义和团运动时期直接指向帝国主义有显著不同,那么如果认为辛亥革命时期社会主要矛盾仍是中华民族和帝国主义之间的矛盾,显然是不符合历史事实的。

总之,20世纪初期,在民族矛盾逐渐深化的同时,阶级矛盾也显示出特有的尖锐性,中国社会的主要矛盾既有民族矛盾,也有阶级矛盾。特别是《辛丑条约》签订以后,帝国主义和清政府结成了反动联盟,清政府成为"洋人的朝廷"。因此,吴雁南先生提出了有别于民族矛盾论和阶级矛盾论的第三种观点——"同盟"矛盾论,即辛亥革命时期中国社会的主要矛盾是中国人民同帝国主义和清朝封建统治者同盟之间的矛盾。

三、吴雁南先生是"同盟矛盾论"的主要代表

1961年10月,中国史学会在武汉举行"辛亥革命五十周年学术讨论会",围绕辛亥革命时期中国社会的主要矛盾问题,资产阶级革命派与农民的关系问题,会党的成分、性质和作用以及一些人物的评价进行了热烈讨论。吴雁南先生提交了《辛亥革命时期中国社会的主要矛盾》一文。他在文章中以大量史实为依据,详尽地阐明了"同盟矛盾论"的观点。他的文章在大会上报告后,引起与会者的热烈讨论。会上虽然没有取得一致意见,"但多数学者倾向于吴先生的观点"②。《历史研究》《文汇报》和《光明日报》等报刊广泛报道了这次会议并介绍了吴雁南的观点。《光明日报》1961年5月19日以《辛亥革命时期社会主要矛盾问题的探讨》为题,介绍了同盟矛盾论的观点。③《历史研究》1961

---

① 吴雁南:《辛亥革命时期中国社会的主要矛盾》,载《辛亥革命五十周年纪念论文集》(下),中华书局1962年版,第692页。
② 关捷:《学富雕龙文修天上 才雄走马星陨人间》,载《吴雁南纪念文集》,贵州教育出版社2003年版,第32页。
③ 《辛亥革命时期社会主要矛盾问题的探讨》,《光明日报》1961年5月19日。

年第6期在《辛亥革命五十周年学术讨论会的一些问题》一文中介绍说，同盟矛盾论"认为中国人民大众对帝国主义和封建主义同盟的矛盾是主要矛盾"，因为义和团运动失败、《辛丑条约》签订后，中国人民对帝国主义和封建主义的矛盾都更加深刻化了。①《文汇报》1961年11月23日《关于辛亥革命时期社会主要矛盾和反满问题的讨论》一文对吴雁南先生的同盟矛盾论更是做了详细的报道。②

中华书局于1962年出版了由湖北省哲学社会科学学会联合会编的《辛亥革命五十周年纪念论文集》，吴雁南先生的《辛亥革命时期中国社会的主要矛盾》一文被选入。这部论文集所收入的文章，反映了当时中国大陆辛亥革命史研究的最高水平。1984年，日本辛亥革命史研究专家小岛淑男到中国进行学术访问时，对吴雁南先生说："我在当学生的时候，就拜读先生的文章了。"③他所指的就是这篇文章。

1991年，湖南出版社出版了由林增平等主编的《辛亥革命史研究备要》一书，介绍了吴雁南先生有关辛亥革命时期社会主要矛盾的第三种学术观点，将吴雁南作为主要代表之一加以介绍："吴雁南也主张辛亥革命时期中国社会的主要矛盾是中国人民同帝国主义、封建统治者同盟之间的矛盾。"④ 1991年，湖北人民出版社出版了由章开沅、刘望龄等主编的《国内外辛亥革命史研究综览》一书，将吴雁南先生的观点作为第三种观点的代表做了详细的介绍。书中指出，吴雁南先生不同意辛亥革命时期中国社会只包括一个反封建的主要矛盾的论点，"因为这时中国人民同帝国主义虽然主要不是展开直接的武装斗争，并不等于中国人民同帝国主义的矛盾日益缓和，恰恰相反，中国人民同帝国主义间的这一根本矛盾采取了逐渐激化的形式"。吴雁南先生也不同意中国社会的主要矛盾已由中华民族和帝国主义之间的民族矛盾，逐渐转化为人民大众与业已完全成为"洋人朝廷"的清朝封建统治者之间的矛盾的论点。因为这一提法忽视了主要矛盾必须受根本矛盾所制约，帝国主义在同清朝封建统治者结成的反动联盟中所起的主导作用。他也不同意当时社会的主要矛盾仍是中华民族同帝国主义间的矛盾，"因为按照这种说法，好像在辛亥革命时期中国人民同义和团运动时期一样，仍是同帝国主义进行着直接斗争"。他提出了"同盟"矛盾论，义和团运动

---

① 《辛亥革命五十周年学术讨论会的一些问题》，《历史研究》1961年第6期。
② 《关于辛亥革命时期社会主要矛盾和反满问题的讨论》，《文汇报》1961年11月23日。
③ 转引自陈奇、黄沛骊：《吴雁南先生传略》，载《吴雁南文集》（第6卷），贵州教育出版社2003年版，第298页。
④ 林增平等主编：《辛亥革命史研究备要》，湖南出版社1991年版，第36页。

失败后,"中国社会的主要矛盾同义和团运动时期相比较都发生了显著的变化,中国人民站在一边,帝国主义同封建主义站在一边,中国人民同帝国主义和封建主义同盟之间的矛盾成为主要矛盾"[1]。这充分肯定了吴雁南先生在这一问题上所做出的巨大贡献,他是"同盟矛盾论"的主要代表。

---

[1] 章开沅、刘望龄等主编:《国内外辛亥革命史研究综览》,湖北人民出版社1991年版,第42页。

立德树人：吴雁南研究生教育的理念与实践

敖以深①

（贵州省委党校，贵州贵阳，邮编：550025）

摘　要　吴雁南先生是贵州最早招收历史学硕士研究生的导师之一。在长期的研究生教育实践中，吴雁南先生始终将"立德树人"作为研究生教育的根本任务，坚持以马克思主义为指导，把"全面发展、求是创新"作为培养目标，高度重视学生科研能力的培养。吴雁南先生独特的研究生教育培养理念，给后人留下了宝贵的精神财富。

关键词　吴雁南；研究生教育；立德树人

研究生教育思想是吴雁南教育思想重要的组成部分，是吴雁南长期从事研究生培养指导工作的经验总结。吴雁南从1980年开始招收硕士研究生，是贵州师范大学最早的硕士生导师之一。在20多年培养硕士研究生的教学实践活动中，他形成了一套独特的培养教育模式，在研究生教育的指导思想、培养目标、培养方式、培养措施等方面有着独到的见解。

一、坚持以马克思主义为指导

研究生教育必须坚持以马克思主义为指导，这是建设有中国特色的研究生教育制度所决定的。"培养什么人，为谁服务，是研究生教育的根本问题。"②高等学校、科研机构招收研究生是为我国社会主义现代化建设培养高层次专门人才，将来要成为科学技术的骨干力量，有的要成为学科带头人，有的要担负国家和人民交给的重要工作。这就要求研究生必须具有较高的政治素质。政治

---

① 作者简介：敖以深，男，中共贵州省委党校教育长、教授、研究员，历史学博士，硕士生导师。研究方向：中国近现代史。
② 李煌果、王秀卿：《研究生教育概论》，科学技术文献出版社1991年版，第8页。

素质是研究生教育的生命线,具体说来,就是要求所培养的研究生坚持四项基本原则,有理想、有道德、有文化、守纪律,热爱祖国和社会主义事业,艰苦奋斗,勇于创新。有中国特色的研究生教育必须全面贯彻党的教育方针,坚持社会主义办学方向,坚持以马克思主义为指导;必须贯彻"面向现代化,面向世界,面向未来"的原则;必须坚持德智体美劳全面发展,培养新时期一代新人;必须加强党的领导和认真贯彻党的方针政策。只有这样,研究生教育才能有坚定的政治方向,才能培养和创造社会主义建设需要的新一代高级科技人才和干部队伍。

吴雁南培养研究生时,特别强调坚持马列主义,坚持以马克思主义中国化的系列理论成果武装学生,并把它作为培养研究生的指导思想。他说,加强对史学理论的研究,最重要的一点是"要努力提高马克思主义理论水平,把我们的研究置于马克思主义的指导之下"①。"只有用马克思主义的基本原理指导历史学科的研究,才能保证学术研究的正确方向。否则,只能导致研究生教育的失败。"② 只有学好了马克思主义,才能够正确地观察、分析、研究和解决问题,才能够高屋建瓴,提出一些独到的见解。在谈到自己科研工作的体会时,吴雁南说:"为什么从1957年开始能够发表一些论文?我首先归结于在1956年以前自学了马克思主义的一些基本著作和系统地学习了历史唯物主义原理,有比较浓厚的理论兴趣。"③

在教学实践中,吴雁南坚持马克思主义的指导地位不动摇,坚信马克思主义是科学的理论。在著述中,他反复强调科学理论指导史学工作的重要性。他认为史学工作者要把提高理论水平放在最重要的地位上,因为对史学研究而言,"正确的理论指导是具有决定意义的"④;能否做到坚持以科学的理论为指导,直接关系到研究生教育的成功与否。吴雁南常常对学生们说,从事社会科学研究的研究生"不一定是社会活动家,但必须了解社会;不一定是政治家,但必

---

① 吴雁南:《求索,创新,为社会主义服务》,载《吴雁南文集》第5卷,贵州教育出版社2003年版,第268页。
② 周术槐:《学术的开导者,人生的引路人》,载《吴雁南纪念文集》,贵州教育出版社2003年版,第237页。
③ 吴雁南:《怎样迈进科学研究的门槛》,载《吴雁南文集》第5卷,贵州教育出版社2003年版,第185页。
④ 吴雁南:《求索,创新,为社会主义服务》,载《吴雁南文集》第5卷,贵州教育出版社2003年版,第269页。

须懂得政治；不一定是哲学家，但必须有深厚的马克思主义哲学的根基"①。在他看来，研究生作为国家的高层次人才，必须有较强的理论素养，因为正确的理论是推动研究生教育的强大思想武器，有了正确的理论做指导，研究生教育才能达到预期的目的。他说："研究生的文章如果缺乏基本的理论思维，就如同喝没有加茶叶的白开水一样，显得苍白无力，不能给人留下深刻印象。只有理论素养提高了，才能增强研究生的思辨能力，写出有分量、有影响的文章。"②他特别注重对学生进行科学理论即马克思主义理论的教育，在研究生的入学考试中，考试科目就包括"历史唯物主义"课程，考试不及格者不能入学。入学后，开设有"马克思主义与近代中国""马克思主义伦理学""马克思主义史学理论与实践""毛泽东思想与邓小平理论研究"等理论课程。在他主编《中国近现代史专业硕士生学习指导丛书》时，《马克思主义经典作家论中国近代史》就是作为丛书第一部首先出版的。1989年11月，在贵州师范大学研究生会与历史研究所共同举办的"社会主义与中华民族腾飞"学术座谈会上，他再次强调指出："研究生平常要加强对马克思主义基本理论的学习，加强对时事政治的学习；当前尤其要学好江泽民总书记在庆祝中华人民共和国成立40周年大会上的讲话。"③

二、把"全面发展、求是创新"作为培养目标

以人为本，培养"全面发展、求是创新"的"四有"新人，是吴雁南培养研究生的总目标。研究生教育担负着培养高层次专门人才和发展现代科学技术的双重任务，它在社会生产力的发展和社会的现代化建设中，包括科技、经济、军事、文化等事业的发展中，占有重要的地位。它随着社会经济、科学、技术和教育事业的发展而发展，特别是在现代科学技术迅速发展和新技术革命挑战中，研究生教育发挥着越来越重要的作用。因此，吴雁南特别重视研究生的"全面发展、求是创新"。在《〈中国近现代史专业硕士生学习指导丛书〉总序》中，他指出："在当今我们的国家、民族处于划时代腾飞的关头，教育（包括社会各种形式的教育）是否可以突出'全面发展、求是创新'八个大字作为我们

---

① 周术槐：《学术的开导者，人生的引路人》，载《吴雁南纪念文集》，贵州教育出版社2003年版，第238页。
② 周术槐：《学术的开导者，人生的引路人》，载《吴雁南纪念文集》，贵州教育出版社2003年版，第237页。
③ 《贵州师大报》1989年11月15日。

培养人才的目标呢？这应当是肯定的。"①

吴雁南所说的"全面发展"，首先是做人和做学问的全面发展。他经常对学生们说："要做学问，先要做人。"在处理"做人"与"做学问"的关系中，他更倾向于"做人"，即"三分学问，七分做人"。他的学生们回忆说，每一届研究生入校之后，吴雁南都要亲自召开迎新会。在迎新会上，对新生所提出的第一个要求就是"四会"，即"学会读书、学会做人、学会写文章、学会说话"②。他提出的"四会"，出发点就在于希望能为国家培养出更多合格的、优秀的、高层次人才，使研究生教育切实做到"宽进严出"。其次是主张"专与通"的全面发展。他说："历史学原本是通才之学。所谓'究天人之际，通古今之变'就是这个意思。随着经济、社会的发展，学科分支日益精细，史学内部分许多专业、许多研究方向亦成为自然之理。但对学生的要求而论，仍应坚持博与专相结合，某一专业点的研究同大史学的'通'相结合。"③ 只有强调"通"与"专"相结合，才能"增强史学工作者适应社会发展需要的能力，即应变能力、竞争能力"。他尤其强调应变能力的重要性，"没有应变能力，就谈不上适应社会的需要，更谈不上竞争性"④。

吴雁南所说的"求是创新"，就专业教学而论，"主要是培养学生在掌握坚实专业知识的基础上，运用科学理论和已有的知识，发现、提出、研究、解决问题和求真创新的意识、品格和能力"。他说："二十年来，我们在中国近现代史专业硕士研究生的培养中，深切体验到学生创新能力的培养是一个系统工程，涉及素质教育的方方面面。"⑤ 他认为，培养学生求是创新能力的关键是通过教与学使学生发现自我的创新潜能，激发其强烈的创新意识，逐步养成一种创新思维的能动性。因此，在教学中，他反对注入式，提倡启发式，坚持问题导向，主张把教学的重点放在指导学生读书、提出问题、研讨问题上，启发学生在探索中形成自己的一得之见。"求是、存真、独见"，成为读书、研讨问题的基本

---

① 吴雁南：《〈中国近现代史专业硕士生学习指导丛书〉总序》，载倪英才等主编：《马克思主义经典作家论中国近代史》，贵州人民出版社2002年版，第1页。
② 周术槐：《学术的开导者，人生的引路人》，载《吴雁南纪念文集》，贵州教育出版社2003年版，第237页。
③ 吴雁南：《〈中国近现代史专业硕士生学习指导丛书〉总序》，载倪英才等主编：《马克思主义经典作家论中国近代史》，贵州人民出版社2002年版，第2页。
④ 吴雁南：《求索，创新，为社会主义服务》，载《吴雁南文集》第5卷，贵州教育出版社2003年版，第268页。
⑤ 吴雁南：《〈中国近现代史专业硕士生学习指导丛书〉总序》，载倪英才等主编：《马克思主义经典作家论中国近代史》，贵州人民出版社2002年版，第1页。

原则。根据学生的实际情况指导选定大小不等、难易不同的课题,在预定的时间内完成,激发学生在学习和研究中发现自我,并不断完善自我。

为达到"全面发展、求是创新"这一总目标,在教学实践中,吴雁南既注重知识的传授,又特别强调教学生如何做人。他对学生在政治上、学业上高标准、严要求。为了适应众多培养方向的需要,他尽可能自己开出新课。20多年中,他相继开出了《中国近现代史》《鸦片战争史》《太平天国史》《洋务运动史》《维新运动史》《辛亥革命史》《中共党史研究》《清代经学史》《心学与中国社会》《儒学与维新》《大同学说》《马克思主义伦理学》《近代社会思潮》《现代社会思潮》《史学评论》《中国近代思想史》《中国近代文化史》《西部开发研究》等20多门课程。在教学中,他强调夯实基础,认为基础深厚才能实现突破,才能多出成果、出大成果;提倡结合某些课题深入研究,以点带面,重点突破,在读研究生期间就能够发表文章;针对部分学生急于发表文章的情况,他告诫他们要谨慎,写出的文字必须是自己的,要对读者负责任,对自己负责,对历史负责。几十年之后,面对自己的文字,也能问心无愧。他主张讨论式、启发式教学。在学生认真阅读、大量阅读的基础上,解答重点难点问题,开阔思路,发现问题。他告诫学生要珍惜时间,勤奋学习,要脚踏实地做学问,切忌浮躁心理。他强调:"人在得意时,最好的办法是读书,教你不要忘乎所以;人在失意时,最好的办法也是读书,教你不要灰心丧气。"①

三、高度重视学生科研能力的培养

在整个社会教育体系中,研究生教育是一个独立阶段的教育,有着自己的教育规律。其特点之一,"就是研究生既是学生又是研究者,既要学习知识又要发展知识"②。这就要求研究生的培养必须在科研实践中提高,在实践中锻炼成长;要求把他们放在科学研究的前沿阵地,让他们在参加科学研究的实践中,养成严谨治学、勇于探索创新的精神。为此,吴雁南特别强调对学生进行科研能力的培养。他要求研究生们勤奋读书,在读研期间发表一至两篇论文。

1. 坚持教学与科研相结合。把科学研究引入教学过程,使教学与科学研究相结合,是培养研究生的重要手段,也是研究生教学的一个显著特点。吴雁南认为,把科学研究引入教学过程,才能使研究生的科研有组织、有计划地同经

---

① 周术槐:《学术的开导者,人生的引路人》,载《吴雁南纪念文集》,贵州教育出版社2003年版,第242页。
② 李煌果、王秀卿:《研究生教育概论》,科学技术文献出版社1991年版,第10页。

济和科技发展结合起来，才能为研究生坚持理论联系实际和全面发展创造条件。研究生通过参加科学研究获得多方面的综合训练，并在自学能力、科研能力、表达能力等方面得到实际锻炼。其一，把科学研究作为教学过程的一个重要环节，要求研究生完成并通过科学研究的一系列基本训练；其二，将国内外有关本学科专业的新的科研成果及时充实到教学内容中去，让研究生及时了解本学科的最新动向和发展趋势，使他们较快地接近学科发展的前沿；其三，研究生入学后，及早接触科研课题，在课程学习的同时进行文献调研，并通过开题报告、阶段论文等形式进行科研工作训练。

2. 重视学位论文选题。吴雁南指出，学位论文选题是研究生进行研究工作的开始，是学位论文工作的重要一环。选题在一定意义上对论文起着决定性作用，有的选题可使研究生和指导教师处于主动地位，取得重要成就；有的选题则事倍功半，甚至可能导致学位论文的失败。他强调，论文选题一般应掌握以下原则：其一，开拓性原则。要求研究生所选题目应是前人没有专门做过的；或虽已有人研究，但目前尚无理想的结果，有进一步探讨的广阔前景；或是目前在学术界有分歧，值得进一步研究的课题。在选题中，所研究的内容要明确，论文才有发挥和创新的余地。选择课题还应避免过于平淡和一般化，要具有一定的难度和一定的理论水平。其二，先进性原则。论文选题不仅要有创造性、有新的见解，而且应当对所研究领域的发展有推动作用。对于基础理论研究选题，要选择处于学科前沿，在科学技术发展与应用方面具有重要意义的课题。论文选题既要看到当前社会主义现代化建设的需要，又要看到学科未来发展的需要。其三，经济效益或理论研究价值原则。具有较好的经济效益和社会效益，是学位论文选题的重要参考因素。论文选题必须密切结合社会主义建设的实际，解决现代化建设中一些急需解决的难点，对国民经济和社会发展有一定的实际意义和理论研究价值，对生产起着指导和推动作用。其四，要根据自己的实际能力，也就是自己的理论、专业基础以及时间、地点等因素确定选题。

3. 重视学位论文的指导。学位论文一方面是研究生进行科学研究的总结，另一方面是研究生学习的总检查。撰写论文的过程，也是培养研究生分析问题和解决问题的能力、科学研究能力及独立工作能力的过程。吴雁南十分重视学位论文的指导。他认为，在完成学位论文阶段，无论是选题、方案论证、试验、理论探讨、数据处理或撰写，一般都应鼓励研究生独立思考，而导师给予点拨引导。在论文撰写过程中，随着科研工作的深入要不断地进行修改。有的要进行反复实验和验证，使论文立论明确，论据充分，数据可靠，结论正确。要循序渐进，要有不怕流汗的精神。"初写文章，要小题大做，不要跨度太大，大而无当,也无法驾驭材料。要主题一致,不要枝蔓太多。循序渐进,以小见大,相信持之以恒,会终有所成。另外,计划完成的文章要尽量按期完成。"①

4. 组织研究生积极参加并开展学术活动。这是研究生开阔视野、活跃学术思想、学习最新知识的有力措施,也是培养研究生创造能力的重要形式。吴雁南的主要做法是:其一,导师带领研究生参加学术会议,尤其是全国性和国际性的学术会议。这既是开阔眼界、深入学习的好课堂,也是研究生反映科研成果、接受专家检验、初露头角的好讲坛。其二,结合教学,在本系本专业内开展经常性的学术活动。这种活动范围小,方式灵活,与课程学习结合紧密。其三,由研究生组织相同学科或相近学科,举行校内或校际的学术交流会,启迪和活跃学术思想,获取知识、交流信息。其四,请国内外专家做学术报告,开阔研究生视野,使他们及时了解相关研究领域学术研究的最新动态。其五,办研究生刊物,或在校刊上开辟"研究生园地",进行学术探讨和交流,搭建研究生学术交流平台。

---

① 吴雁南:《点、线、面、通——面向学术殿堂之路》,载《吴雁南文集》第5卷,贵州教育出版社2003年版,第221页。

春风化雨　人生至幸
——忆恩师吴雁南先生

侯昂妤①

(军事科学院，北京，邮编：100091)

摘　要　吴雁南先生是我国知名的历史学家，结识吴雁南先生，是我的荣幸。吴雁南先生不仅是我学术成长的引路人，也是我生活当中的良师益友。在贵州师范大学读研的三年，吴雁南先生不仅让我学到了很多专业知识，而且让我懂得了许多为人处世的道理。如今细想起来，没有贵州师范大学三年的读研生活，就没有我今天事业的成功。在此，请让我深深地道一声："感谢恩师吴雁南先生！感谢贵州师范大学的精心培养！"

关键词　吴雁南；贵州师范大学；人生导师

1998年，因为机缘巧合，更因为雁南师"低进高出"的宽厚育才观念，我得以拜在先生门下，历史学从此成为我生命的一部分。蓦然回首，雁南师的思想和精神之光致远致久，始终引照我为人为学之路。一直不敢提笔回忆恩师，难以写出先生的"经师""人师"合一的人格魅力。

我大学学的俄语，所有的历史知识仅限于浅阅读。面试的时候，面对老师们的各种历史专业问题，我无知无畏地一一回答。被录取后何正清师跟我说：吴老师在面试你回来后，非常高兴，说有个学生懂得不多，答得不错。懂得不多，答得不错，这个评价让我既汗颜又感动。此后多年，我常常跟朋友和学生说起雁南师对我的初次印象，这八个字时时警醒着我。跟随雁南师学习思想史对我来说是极具挑战而又十分艰难的，雁南师知我基础薄弱，对我既严厉又包容，以老一辈学者大儒的精深学识和人格魅力影响着我。我体会到了学术的敬意和温情，从此，虽无知但有畏。

---

① 作者简介：侯昂妤，女，军事科学院研究员，主要从事近代军事史研究。

雁南师嘱咐我大量阅读，做好读书笔记，随问随答。入学不久，雁南师就要我写戊戌变法研究综述，这是我的第一篇学术习作。雁南师仔细把需要阅读的书目和资料一一列出，并给我拟好综述的框架结构和提纲，教我如何整理学界的观点，如何选用代表性文章，如何分析研究现状和不足。25年过去了，这篇手写的综述我依旧保存着，这是我的学术起点，是雁南师给我打下的史学训练的基础。这些年，我指导学生写的第一篇论文通常也是学术综述。

雁南师常常说，要多向不同的老师请教，视野尽量广阔一些。因为我原来学习俄语，先生担心我读历史荒废了俄语，用心为我找到了俄语老师李高华教授，上课地点就在李高华老师家。第一次去李老师家，是雁南师送我去的。李老师打开门，雁南师对李老师深深鞠躬：昂好就拜托您了。当时我很震撼，如今想来清然泪下。李老师指导我翻译一本俄语书——《十月革命的论争》。我的俄语学习在硕士期间不仅没有耽误，还得到了翻译训练。雁南师还请陈德禔老师指导我，陈老师及夫人冯老师都是历史系教授，对我谆谆教诲。陈老师教我读史料、做卡片，尤其是指导我做《孙中山全集》的读书笔记。在各种学术活动中，雁南师让我认识了来自海外和国内各地的名家学者，聆听他们谈学论史。地处贵州，我却能时时享受开放、精彩的思想和学术。雁南师和我们在一起的时间都谈学问和思考，散步、吃饭也如此。很多时候我听不太明白，但是雁南师和师兄、师姐们畅谈欢笑的样子，今天想来依然美好温馨，如同昨日。

读书期间，雁南师要我给贵州省委原书记、原省长苏钢做访谈口述史。基本上都是苏钢书记娓娓道来，徐文永同学和我录音、整理。苏钢书记给我们详细讲述了自己投笔从戎的经历、抗战时期在鲁西支队惊心动魄的战斗生活、延安整风的心得和收获。苏钢书记问我：你看过电影《铁道游击队》吗？我说：看过。苏钢书记说：我们真实的战斗和生活比电影更紧张激烈。我听着苏钢书记平实的语气，看着他朴素的白衫，肃然起敬。我第一次感觉历史离自己这么近，第一次感受到历史的震撼和温度。雁南师就是这样以各种方式对学生进行学术训练与熏染，教会我们做人与做事。多年后我在海天园公墓拜祭老师，苏钢夫妇的墓碑和雕像离老师的不远，园内林木苍翠，花草盎然。

大约读了一学期，雁南师给我选择硕士论文题目，希望我能做贺麟研究。贺麟学贯中西，是中国著名的哲学家、哲学史家，是"新心学"的创建者，新儒家的代表人物。我一头扎进贺麟的书中，如同读天书一般。一段时间后，我跟老师诉苦实在是看不懂。先生并没有责备我，温和地笑笑，想了想说：那你写王韬吧。我开始研究王韬。王韬是晚清变局中一个充满传奇色彩的人物。我的硕士论文的题目是《王韬：中国在"地球合一之天下"中的地位与作用》。

由此，我接触到了近代最早走向世界的政治家和思想家的日记和资料，我惊叹他们的思想远远超出了当时的认知，也感叹他们的思想在那个时代无法转为行动。在日后的研究当中，我对哲学产生了浓厚的兴趣，对自己的思维缺陷也越来越清楚，每每此时就懊悔当日没有听从吴先生的毕业论文安排，没有研究贺麟。常感叹，如果当时知难而进就好了。

谈到未来的打算，先生跟我说：你考博要么考北京，要么考南京、上海。我问：为什么。老师一边朗朗笑着，一边说：你从广西、湖南到贵州，从山区走向山区，还是要走出大山，看看外面的世界啊。后来，冥冥之中，按照老师的指引走出了山区。我在北京读博、博士后，工作。因为工作关系，我常常四处奔波，看过大漠落日，走过雪域高原，登过浪急海岛，见过很多有精彩人生的人。有很多事情和感受想和老师分享，想听老师的睿智之言和爽朗笑声。

2001年雁南师住进医院，我的毕业论文就是每天在医院接受导师的教诲完成的。雁南师每天在病房指导我，我回去修改，然后第二天再给老师看。当时，我并没有意识到老师的病情严重，看老师气色尚好，一如既往严格仔细地为我修改论文，谈论王韬其人其事。雁南师认为，王韬作为晚清的传奇人物，曾经在香港创办《循环日报》，以"强中以攘外，诹远以师长，变法以自强"为宗旨，他最具见地的思想在于，在未来天下合一的大势中，中国如何取得巨擘地位。老师命我以此为中心撰写硕士论文。20多年过去了，老师的惊人远见令人佩服。

每日在病房受训，当时既胆战心惊又愧疚难安，今天想来感激和敬重难以言表。在病房里，经常会迎来一些学界的老师来看望吴先生。吴先生每每和那些老师谈完，总会说：昂好，来给各位先生鞠躬。我恭恭敬敬地鞠躬。吴先生又对老师们说：以后昂好就拜托各位先生了。我那时总认为老师住一段时间就会出院，不承想，那是老师最后的时光，就是给我改论文，操心我答辩的事情。2001年6月12日，我答辩的时候，老师出现在会场，那是他生病住院以来唯一一次走出病房。他先介绍了我的情况，半小时的时间，老师很吃力，但是他始终神采奕奕，满是期许。介绍完我的硕士论文写作情况，吴老师对答辩老师们说：昂好就拜托各位了。然后老师离开会场。答辩结束时，答辩主席冯祖贻老师郑重嘱咐我以后做人做事不要忘了是吴雁南先生的学生。怎能忘记两袖清风、满心仁厚的恩师？两个月后，雁南师驾鹤仙去。

每个学生一点一滴的进步和成就，雁南师和何正清师都欢欣喜悦。雁南师曾经给我写过两幅字，一幅是"洪福齐天"。老师说：你姓侯，是齐天大圣，就送你"洪福齐天"吧。还送了一幅"俯视白云低，高处应知寒"，这也是老师

341

最喜欢的。2018年我拜望老师的墓碑和雕像,抚摸刻在墓碑上的这10个字,往日教诲历历在目。去看望何正清师,楼下花草盛开,家里的摆设依然如故。何老师和我一起回忆吴老师教训我的种种情形,才知道雁南师对我的缺点了如指掌,总以宽厚之心培育呵护。

我庆幸能随吴雁南先生学习历史,我庆幸能与师长和同学们相遇。

随雁南师读书

张成洁①

(岭南师范学院四史研究所，广东湛江，邮编：524048)

摘　要　李端棻是近代中国教育改革的先驱，是贵州师范教育的开创者与贡献者。贵州师范大学作为贵州全省师范教育的一面旗帜，其第一任校长是我国知名历史学家吴雁南先生。笔者对"端棻文化"的研究并无建树，但笔者是"端棻后学"的卓越代表吴雁南先生的史学硕士研究生。这一特殊经历，让笔者有幸近距离接触了解吴雁南先生。在这一过程中，吴雁南先生不仅让笔者学到了历史研究的知识与方法，而且在为人处世，成人成才方面，笔者亦受益良多。谨以此文，献给敬爱的吴雁南先生，愿吴雁南先生的风范永存！

关键词　吴雁南；良师益友；风范

"纪念李端棻诞辰190周年暨吴雁南师范教育活动研究"全国学术研讨会终于可以在疫情拨云见日后的筑城举行，我备感欣慰。我对李端棻并无研究，但"端棻后学"的杰出代表——著名历史学家吴雁南先生是我的恩师。我1997年投入吴先生门下接受严格而完整的硕士学术训练，转眼已经26个春秋，我已近"知天命"之年，先生也离开我们整整22年了。每每念之，怆然涕下。二十余年如白驹过隙，许多人和事早已随风飘散，但与先生相处的点点滴滴和学术江湖上流传的先生的传说，却如刀刻斧凿般萦绕在脑际。

初识先生是在大学期间阅读先生主编的《中国近代史纲》等教材，先生与众不同的编撰模式令我耳目一新。那时做梦也没有想到，有朝一日我会成为这本书作者的弟子。后来大学毕业报考研究生，也是习惯性地报考湖南师范大学。因英语0.5分之差，在郭汉民老师的推荐下调剂到贵州师范大学，由此成就了

---

① 作者简介：张成洁，女，岭南师范学院四史研究所所长，历史学博士、教授。主要从事中国近现代史研究。

我与先生的师徒缘分。面试前夜，我带上礼物礼节性地去拜访先生，学界闻名的"吴大帅""西南王"竟是一位和蔼可亲的忠厚长者。他微微地笑，不紧不慢地说……这是先生留给我的第一印象（这也许是我第二天面试毫不怯场的原因，我本是个胆小之人）。谈毕，先生和何师母送我出来，给我回了不少礼物，比我送给他的还要多。后来进入吴门以后听师兄们谈起，方知先生最反感别人给他送礼，曾有人送了咖啡什么的，结果被轰出家门。我吓出一身冷汗，心想也许是碍于郭老师的推荐，先生才饶我一命，于是以回礼的方式拒收我的礼物。经历此事后，本就不懂人情世故的我，不再给任何人走后门送礼，由此坚守了二十多年。

记得当初我与当时在大学工作的郑永军师兄一道面试。两道面试题：一道是评价李鸿章；一道是理解列宁的《托尔斯泰是俄国革命的一面镜子》中的一段话，由此评价太平天国。先生让我先选，我选择了较难的第二道题。大学期间我并非勤奋之人，胡乱看书时多，因为要备考研究生之故，我才收心看了一些学术著作和期刊。记得我把那些年的人大报刊复印资料看了个遍。这道题是借列宁的那段话来评价太平天国的两重性，对我来说并不太难。面试完，做答辩秘书的光光师兄送我出来，说"吴老师破例给你打了个优"。这是先生对我这个即将入门的弟子最初的鼓励，我铭记在心。

新生入学的迎新见面会，先生照例给我们提出的第一个要求是"学会读书、学会做人、学会作文、学会说话"。先生一直强调做人为先，"三分作文，七分做人"，他自己在这四个方面都做到了极致。先生一生博览群书，家几乎被书占满。先生一生主编和撰写的文字超千万之巨，不到而立之年就已在史学界崭露头角（1962年，据陈旭麓先生一次屈指统计，中国近现代史研究领域涌现的一批青年学者约20人，先生是其中崭露头角的一个——扬州大学祁龙威先生语）。先生的儒雅正直有口皆碑，先生的道德文章堪称楷模。毕业二十多年，如果说我有什么可以告慰先生的话，那就是我没有泯灭的正直和良知。我曾在我的博士论文后记里写道：

> 我的硕士导师吴雁南先生和张新民先生同样是我铭记一生的良师。我于1997年投入吴先生门下，那时，不谙世事的我，还没有学会沉下来做学问，而先生对我却寄予厚望，并坚信我是一个适合做学问的人。惭愧的是，读博之前，我在"两课"教学中消磨了十余年光阴，实在有负先生。如今哲人已萎，唯有用这篇博士论文来告慰先生的在天之灵。去年暑期，去贵阳探望80多岁高龄的师母，相拥而泣，往事历历，不能言语……

读研三年，先生对我们进行了严格而规范的学术训练。为了让我们打好学术基础，先生会定期给我们开书单，引导我们有计划地读书。记得先生开的书单里有斯诺的《西行漫记》、苑书义的《中国近代史新编》等。先生深知史料是治史之源，特别注重培养我们收集和发现史料的能力。先生曾把我们派到西南各大档案馆收集档案资料，为此，我和肖师兄去重庆档案馆泡了一个月。记得台湾学者张朋园先生的博士生来贵阳查资料，先生让我们弟子全体出动，为其在贵阳档案馆抄档案。那时档案开放程度还算好，换作今天，恐怕先生即使有心也无力了。应了那句老话，做学问要趁早。除了文献资料的收集外，先生还注重口述史料的整理。先生曾派我们去给贵州省委老领导、老革命家做口述记录，后出版成书。做学术综述是进行学术研究的基础性工作，为了让我们尽快了解和掌握中国近代史领域的学术前沿，先生让每一弟子分别做一个专题的学术综述介绍。我当时分的是鸦片战争。我做学术综述报告的那天，先生有事外出，后来先生特意又让我重新讲了一次。先生对我介绍综述时提到的一个新史料颇感兴趣，还力促我写出文章。尽管那篇文章最终也没有写出，但在读硕的三年里，我在《贵州文史丛刊》、《贵州师范大学学报》、台湾《新易》等杂志发表了《谭嗣同殉难的文化心态》《"五四人"的矛盾特质》等四篇小文。虽显稚嫩，但这是我学术入门的处女之作。这一切都得益于先生的教导。吴门弟子后来在各自的学术领域均有建树，都得益于学术训练起步时没有被"假大空"的那一套所浸染，都是在做扎扎实实的学问。

印象深刻的还有陪先生见各路学术大咖。贵州师大地处偏远，本没有和学术大家交流的机会，全凭先生的名望，把国际学术讨论会、全国性学术讨论会引到贵阳召开。在先生家里倾听那些大咖——先生的老友们谈笑风生，我就像一个小迷妹光顾着兴奋，并有感于他们惺惺相惜的友谊，全然不知这在同等层次的学校里根本是不可能的机会，也全然不知这样的日子并不会太久了。我一度天真地以为到老都能陪着先生一起学习做人、做事、做学问……

记得临近毕业去病房探望先生，先生笑着对我和师母说，小张是那种明知前面有座大山不想着怎么绕过去，而是硬碰上去的人。先生是了解我的。我这个不懂变通的性格让我一路走来吃了不少苦头。这是先生对我最后的告诫。弟子太愚钝，当时全然不知先生的良苦用心。先生走得太快太早了，走时正值我的父亲肺癌晚期在医院做手术。我终究没有能送先生最后一程。这是我无论怎么做都无法弥补的遗憾。苍天无眼，先生的"120工程"呢？

我曾困惑先生的境遇，一直不敢当面询问。后来从戴逸先生的回忆中略知了大概。20世纪50年代末60年代初，吴晗先生主持召开北京历史学会，时在人民教育出版社工作的先生是近代史组里活跃的一员。在那云诡波谲的年代，大家也因此受到株连。先生下放南下，从此再也没有回到北京。"文革"后按照政策先生是可以回到原单位的，人民教育出版社也发出了邀请，但先生选择留在贵州，把自己的余生献给了这片土地，献给了贵州的高教事业。正如先生好友、著名历史学家章开沅先生所说："雁南夫子（'夫子'是《辛亥革命史》编写组成员给先生封的雅号）晚年所悟之道正好与阳明相通，不仅是身世方面的相互感应，更重要的是都想在西南一隅的穷乡僻壤播撒文化种子，开发民智并进而追求社会革新……"

每每思念先生就会翻翻先生的著作和日记。先生作为史学大家，毕生著作等身，涉猎甚广，并在涉及的多个研究领域自成一家之言。先生作为教育大家，在 20 年研究生培养中，自创一套开放式办学、个性化施教的模式，拿到现在也是超前的。先生作为大学校长，一身正气，两袖清风，留下"不会当官"的美誉。弟子一直深感自己才疏学浅，无力评判先生的学问。另外，也许是先生在学问方面太突出，大家忽略了一个同样值得称道的大学校长身份。这里我谨记录先生作为大学校长的经历，来弥补被岁月遮蔽的先生的另一面，因为这涉及先生的理念、人格和气节。

我入吴门时先生已辞去校长职务多年，江湖流传太多先生"不会当官"的传说。先生任大学校长时间并不长，从 1983 年任职贵阳师范学院（1985 年更名为贵州师范大学）到 1989 年力辞校长之位前后仅 6 年时间。在此之前几年，先生多次请辞未准。即使不是唯一，先生也应该是中国高校史上为数不多主动请辞校长职位的人吧。先生此举，获得师大员工人人称颂。在那些削尖脑袋也要往里钻的人看来，先生力辞校长之位该是多么不识时务。我在大学浸润 20 多年，深知一校之长是一个多么大的资源。先生放着有权有钱的校长不做而专注于学问，这恐怕是先生"不会当官"的典型表现吧！

与那些官架子十足的人相比，先生的确"不会当官"。因为哪怕是小事，先生也不愿借校长身份麻烦他人。先生多年老友、贵州省社科院原副院长冯祖贻先生说："吴先生不愿麻烦人是出了名的，这是他'不会当官'之誉的由来，甚至别人可以代劳的事也事必躬亲。"冯先生回忆，某星期天社科院有个会议邀先生参加，先生怕星期天影响司机休息而颇为迟疑。深知先生为人的冯先生告知社科院备了交通车，他这才爽快地答应。这一点，兰州大学王劲教授也颇有同感。先生有次陪他去黄果树瀑布游玩，挤的是旅游大巴车。在旅游地，先生亲自替他排队买票端饭，而不是请人代劳。正如冯先生所言："不会当官"的评语恰是吴先生品质中最朴实无华的一面。

先生"不会当官",更在于他不懂也不愿借校长之位谋取任何私利。据我的师兄、师大历史系陈奇教授回忆,1984年夏天,先生主编的《简明中国近代史》教材编写会议在贵阳举行。会议讨论到深夜11点多,末班公共汽车早已停运。家住市区的代表对先生说:"你是一把手了,让学校派辆车,我们也沾沾光。"先生双拳一抱:"烦请诸公大街一游,也算是对我这个'新官'的支持吧。"外地学界友人来筑,先生也从不用公款招待,而是自设"家宴"。王劲先生在贵州工作期间就常光顾先生的"家宴",席间碰到过外地学者和日本访问学者。当然,这种"家宴"我们弟子也蹭过多次。

不仅对用车用餐这种小利毫不在意,住房分配这等大事也同样如此。先生任校长时,一家挤在30来平方米的小套间里。陈师兄描述:两间卧室,儿子占了一间,余下一间做自己的卧室兼书房,四壁、墙头立满了书架,直抵天花板。他对客人自嘲说:"这是顶天立地了。"狭窄的过道上摆满了桌子、椅子等家具,权当餐厅和会客厅。每每有客人来,只好先移动椅子才能开门。后勤的同志见先生家来访的客人众多,劝他要一间大一点的房子,先生总是不肯。先生当校长6年,教师住房应该也建了一批又一批。即使不用职权,就凭教授和"国家级有突出贡献专家"的头衔,先生本来也可以名正言顺地分上一套新房。然而,直到先生辞掉校长职位4年之后的1993年,贵阳实行住房制度改革,他才参加集资建房,搬进一套90平方米的新家,直到去世再也没有换过大房。那是我熟悉的地方,先生书多,所以依然是那种"顶天立地"的感觉。曾在师大历史系任教的中国人民大学李世安教授感慨:"对比当时有的学校的校长,一人包了半层楼,居住条件那么宽敞,吴先生的做法就特别令人敬佩。"

先生是一校之长,自然找他办事的人很多。想要提职的、想要分房的、想要经费的……先生都要他们一一找相应的部门,而不是把权力紧紧抓在自己手里。先生曾对陈师兄不无幽默地说:有人做官,手中的权越多越好,"我是权越少越高兴"。是啊!"权越少越高兴"的先生如何会当官。

无心谋取私利的先生,却一心想着为老师们争取权益。据先生好友、中山大学林家友教授回忆,先生有一次邀请他来贵阳讲学。先生亲自去机场迎接,不是用学校的公车,而是乘坐民航的班车,历时一个多小时到达机场,又经历一个多小时回到贵阳民航售票处,再转汽车至贵州师大先生府上,整整花了一个上午的时间。先生对林先生说:"贵州师大条件有限,我今天没有要学校派车来接你,我是想带个头,不解决贵州师大教授的用车,学校领导不能用车。"林教授愕然:"神州大地还有这样好的大学校长!"就餐时,先生进而说:"我是一校之长,教授办公事没有公车用,我怎么心安?如果我进出校门都坐校车,人

347

家会怎么服你？"先生这哪仅是为教授争取用车的权利，而是在践行一种大学理念——"教授治校"，教授才是大学的核心。这种理念上承蔡元培主政时期的北大，恐怕如今早已成为传说。先生很钦佩蔡先生主持下的北大优良作风，所以他用一个知识分子的良知与纯真，试图凭一己之力在自己主持的一小片天地里践行那崇高的理想。先生良苦用心的结果可想而知……

针对《文摘报》刊登"清河人为武大郎潘金莲鸣冤"之事，先生在日记中有感而发："结合鄙人任职校长期间的体验，党政领导研究的事，愈传愈谬。就一件事而论，赞成者传为反对者，反对者传为支持者，在方圆数里发生的事，真假错位，是非混淆尚且如此，何况千百年前一千平方公里之大范围发生之事乎。"先生到底是书生，官场的虚伪、欺诈、逢迎与倾轧，不是他这个儒雅纯真的夫子所能适应和玩得转的。"无心于官场的争权夺利，无心于玩弄权术，更无心于利用职权搞腐败"（贵州师范大学学生处原处长陈达能语）的先生，满脑子理想而道不得行，除了请辞还能做什么呢？先生力辞校长之位，除了想专心转做学问之外，是否有理想无法实现的无奈和隐痛不得而知。据赵泓师兄回忆，先生曾流露过对当初出任校长的悔意……

如今母校高楼林立，我们曾经居住的硕士楼早已不见。我相信，不管物事如何变换，历史终将铭记那个淡泊名利、正直无私，不是高高在上而是对教师极为尊重、对人才倍加爱护的老校长。我想这也是母校纪念先生的意义所在吧！

古有"立德、立功、立言"三不朽的人生标杆，先生的一生也是如此践行的。如今哲人其萎，唯有功德风范长存于世！

谨以此小文凭吊先生，也凭吊那再也回不去的时代！

张朋园、吴雁南与黔台史学交流[1]

杨金华[2]

(商丘师范学院，河南商丘，邮编：476000)

摘　要　在20世纪下半叶黔台史学交流史上，吴雁南、张朋园扮演了至关重要的桥梁角色。1989年，国民党当局放宽岛内民众赴大陆探亲限制，这一举措成为两岸民间文化交流的重要转折点。在吴雁南、余怀彦、冯祖贻等黔省学者的鼎力支持之下，张朋园得以在时隔43年后完成了首次返乡探亲夙愿。随着国民党当局于1992年逐渐放开大陆学者赴台学术交流限制，两岸史学交流由先前的"南学北移"的单向流动，转变为"南学北移""北学南移"双向并存阶段。得知吴雁南、冯祖贻、何才华等人有意赴台进行学术交流时，张朋园积极协助促成此事，并希望将私人藏书赠予贵州师范大学，以此作为国民身份的一份贡献。1996年，吴雁南负责的国家"八五"社科重点项目结项时，张朋园与章开沅、隗瀛涛共同担任该项目的评审专家。得益于吴雁南、张朋园、余怀彦等学者的苦心擘画，黔台史学交流得以顺利启动，为构建两岸命运共同体提供了又一范例。

关键词　吴雁南；张朋园；黔台；史学交流；两岸命运共同体

2001年8月，贵州近代史学界耆宿吴雁南因肺癌医治无效与世长辞。张朋园将个人珍藏的吴雁南书信原件寄回，并应邀撰写《回忆雁南先生》一文（收录于《吴雁南先生纪念文集》），简要勾勒两人交往经过。在20世纪下半叶黔台史学交流史上，吴雁南与张朋园扮演了重要的推手角色。两人交游虽为时不长（仅13年），却是黔台史学交流谱系中不可或缺的重要一章。长期以来，海

---

[1] 本文系2022年度国家社科基金青年项目"郭廷以与'中研院'近代史研究所早期发展研究（1955—1975）"（项目编号：22CZS079）阶段性研究成果。

[2] 作者简介：杨金华，商丘师范学院历史系讲师、汉梁文化研究中心研究员。

内外学界对于吴雁南、张朋园为黔台史学交流做出的学术贡献鲜有论及。① 下文在广泛援引吴雁南、张朋园等人未刊书信基础上，兼取《吴雁南日记》《张朋园先生访问纪录》等已刊文献，重新绘制两人学术交往的历史图景，俾能全面认识 20 世纪下半叶黔台史学交流的经过及其影响。

一、张朋园的贵州情结

张朋园，1926 年生，贵州贵阳人，著名历史学家。他出生于名叫合朋的普通村庄，父母均为地地道道的农民。出生不及半年，父亲因病离世。张朋园的幼年过得十分清苦，读书上学一度成为奢望。1937 年 7 月，全民族抗战正式打响，中国军队与日本侵略者在战场上陷入艰难的拉锯战。在爱国主义精神的指引之下，年仅 16 岁的张朋园于 1942 年投考军政部战时军用卫生训练所，高级护理班毕业后，留校担任助教。正因这段战时从军经历，其辞世后被安葬于南港军人公墓。

三大战役之后，国民党军队兵败如山倒。张朋园随国防医学院赴台，官衔一度至中尉。辗转流离三年后，他于 1952 年成功考入台湾师范学院史地系。大学毕业后，继续前往国文研究所攻读硕士学位，专业为博物馆学。② 1961 年 9 月，在李国祁、徐乃力牵线之下，进入中研院近代史研究所工作。后在恩师郭廷以循循善诱之下，张朋园正式步入史坛，逐步确立了"梁启超与清季革命"的研究方向。在福特基金会资助下，复于 1964—1966 年前往哥伦比亚大学东亚研究所、哈佛大学东亚研究中心深造，师从美国中国学领军人物韦慕庭及费正清。终其一生，著述等身，在知识分子、现代化研究等多个领域有杰出造诣，出版《梁启超与清季革命》《立宪派与辛亥革命》《梁启超与民国政治》《中国现代化的区域研究：湖南省，1860—1916》《郭廷以·费正清·韦慕庭：台湾与美国学术交流个案初探》《知识分子与近代中国的现代化》《中国民主政治的困境：1909—1949 晚清以来历届议会选举述论》《从民权到威权：孙中山的训政思想与转折兼论党人继志述事》等专著及几十篇研究论文。

张朋园起初只身在台湾，内心深处浓郁的思乡情结不时被压抑。当中研院近代史研究所开展第二期现代化研究计划之时，张朋园遂将云贵地区现代化的挫折及成败作为主要研究对象。尽管史料搜集不易、研究困难重重，他对故土

---

① 陈奇：《吴雁南评传》，贵州人民出版社 2011 年版；黄克武：《志业与传承：回忆张朋园先生》，香港《二十一世纪》2023 年第 2 期。
② 黄克武：《张朋园先生访问纪录》，中研院近代史研究所，2022 年，第 28 页。

的热爱始终如一，相继发表了《理性与傲慢：清季贵州田兴恕教案试释》《中国内陆地区对西力冲击的反应：云贵个案研究》《落后地区的资本形成：云贵的协饷与鸦片》《云贵地区少数民族的社会变迁及其限制》《云贵地区识字率的增进，1902—1949》《人才培植：云贵现代化的先决条件》《贫穷与疾病：云贵地区的瘴疠》等多篇论文，成为云贵地区现代化研究的奠基人。[1]

在20世纪80年代之前，由于两岸对峙，民间交往一度中断。1979年元旦，全国人民代表大会常务委员会发表《告台湾同胞书》，郑重宣告争取祖国和平统一的大政方针，呼吁"双方尽快实现通航通邮，以利双方同胞直接接触，互通讯息，探亲访友，旅游参观，进行学术文化体育工艺观摩"。[2] 1985年3月，时任中央对台工作领导小组组长、全国政协主席的邓颖超在全国台湾同胞代表会议上发表讲话，呼吁"台湾当局能够相应地放宽政策，以利于两岸同胞的来往"。[3]

随着年龄渐长，张朋园的思乡之情与日俱增，不时心生时不我待之感。他曾向弟子江勇振透露："读到贵州贫穷的资料，几乎叫人落泪。因之特别怀念这个我出生的地方，它今天是否还与五十年前一样？很有怀乡之情，想回去看看，但政局一直是死沉的。为了吃这一口饭，不敢任性，只好等，就怕过些年我的健康不能胜任，无法完成我的心愿。"[4]

二、张朋园首次探亲之旅及与贵州学界的互动

1978年，中美建交公报公布之后，两国民间经济文化交流日益密切。一批

---

[1] 张朋园：《理性与傲慢：清季贵州田兴恕教案试释》，《中央研究院近代史研究所集刊》第17期（上），1988年6月；张朋园：《中国内陆地区对西力冲击的反应：云贵个案研究》，中央研究院第二届国际汉学会议论文集编辑委员会编《中央研究院第二届国际汉学会议论文集》，中研院历史语言研究所，1989年6月；《落后地区的资本形成：云贵的协饷与鸦片》，《贵州文史丛刊》1990年第2期；张朋园：《云贵地区识字率的增进，1902—1949》，载《中华民国建国八十年学术讨论集》第3册，近代中国出版社1995年版；张朋园：《人才培植：云贵现代化的先决条件》，载陈三井编：《郭廷以先生九秩诞辰纪念论文集（上）》，中研院近史所，1995年；张朋园：《贫穷与疾病：云贵地区的瘴疠》，国父建党革命一百周年学术讨论集编辑委员会编：《国父建党革命一百周年学术讨论会论文集》，近代中国出版社1995年版。
[2]《中华人民共和国全国人民代表大会常务委员会告台湾同胞书》，载《改革开放三十年重要文献汇编》，中央文献出版社2008年版，第24页。
[3] 中共中央文献研究室编：《邓颖超文集》，人民出版社1994年版，第350-351页。
[4] 张朋园：《致江勇振》（1987年5月9日），资料由张朋园先生提供（下文书信资料出处从略）。

大陆学者纷纷赴美访问，不仅直接推动了中美文化交流的开展，更扮演了两岸史学交流的桥梁角色。在谢文孙、唐德刚等美国华裔学者居中牵线之下，两岸学者在时隔30多年之后在美国开始了一系列的"破冰行动"。1988年5月，"北美二十世纪中国历史学年会"在纽约召开。贵州师范大学哲学系教授余怀彦、华中师范大学校长章开沅及中研院近代史研究所研究员张朋园均应邀与会。会议结束之后，余怀彦主动与张朋园攀谈，询问其老家是否为贵州。得到肯定答复之后，余怀彦慷慨答应将代其寻找亲人。

1946年，张朋园自贵州镇远进入湘西，经芷江、凤凰等地，转至长沙，后南下衡阳，再转茶陵而去江西。在此后漫长的40余年中，张朋园一直默默等待返家探亲的机会。事实上，早在1980年在哥伦比亚大学东亚研究所讲学之时，张朋园即开始尝试与亲人建立联络。为了增加成功概率，他不仅向亲人直接写信，并致信贵阳市公安局，甚至在各大报纸上刊载寻亲消息。① 然因离乡时间久远，加之两岸此时并未直接通邮，去信石沉大海。余怀彦此番旧事重提，诚令其重燃希望，无形中拉近了他与贵州学术界的距离。

余怀彦返回贵阳之后，立即与中共贵州省委台湾事务办公室工作人员商洽。章开沅也致信贵州社会科学院副院长冯祖贻，请其相助。冯祖贻为人古道热肠，回信称："张朋园先生所托之事，我们尽力去办，现正从政府机构方面入手，并打算亲自去花溪滥泥沟探觅一下，好在不远，是能做到的事。张先生的书我们都读过，也曾向贵州有关方面谈过，他能来贵州探亲与交流，是我们的幸事。我们一定热诚接待，如有可能与张先生联系，请您代转达我们的诚意。"②

1989年5月3日，台湾当局正式开放岛内教职工寒暑假赴大陆探亲申请。张朋园闻讯难掩激动，一再向章开沅咨询返乡探亲应行注意之点，并请代为联系各相关机构："在昆明应该拜候哪些学者？贵阳除冯祖贻先生之外，必定还有许多学者可以指教我们的贵州研究。我们预计在昆明及贵阳各住一星期，一方面收集资料，一方面展开我的寻亲宏愿。""总之，归来在即，近乡情怯，何胜激动。"③ 恰于此时，在中共贵州省委台湾事务办公室工作人员及吴雁南、余怀彦、冯祖贻等人合力帮助之下，张朋园失联43年的亲人终于被找到。

作为贵州中国近代史学界的领军人物，吴雁南除学术造诣精湛外，亦热衷于促进中外学术交流及两岸史学交流。听闻张朋园有意返黔探亲，吴雁南亲自

---

① 此点承蒙余怀彦先生告知，尚此谨致谢悃。
② 冯祖贻：《致章开沅》（1988年7月28日）。
③ 张朋园：《致章开沅》（1989年6月1日）。

向其发起邀约:"欣闻阁下将于九月回黔探亲,十分高兴。阁下如能在黔讲学更是大幸事。我与怀彦先生商议,务祈阁下于百忙中到敝处讲学(贵州社会科学院冯祖贻先生亦已做好请阁下讲学的准备)。届时我同余先生当陪同阁下参观贵州风景区黄果树瀑布、龙宫,并就近代史研究中的问题向阁下请益。"①

在此之前,张朋园与吴雁南虽未谋面,但神交已久。他在回信中表示:"朋园远离故乡四十四年,承蒙余怀彦先生倾力相助,觅得家兄树臣的踪迹,喜出望外。此次归来,一则探望家人,再则拜候学界先进,我公著作等身,然海外不易完全得到,已拜读数种,见面后望多予指教。弟原先对近代政治思想史有兴趣,近年转向研究中国之地区现代化,以云贵为探讨范围,迟迟始追随诸先进之后,一知半解,惟抱持学习态度,得所进步。"② 1989年9月,张朋园与双胞胎女儿一起开启首次探亲之旅,经香港转机直飞武汉。旅汉期间,张朋园相继至华中师范大学、武汉大学进行学术座谈。赴黔之前,章开沅已为之妥善安排好接待事宜。尚未待其走下飞机,吴雁南、余怀彦、张新民等早已在接机口静候多时了。

为了让张朋园有宾至如归之感,吴雁南、余怀彦不仅全程陪同游览黄果树瀑布、龙宫、黔灵山等风景名胜,而且在历史研究所举办了一场学术报告会,时任所长何长凤教授、杨开宁教授、胡克敏教授等均参加座谈。首次返黔探亲,张朋园不但与失散43年的亲人多次欢聚,也与贵州史学界缔结了至笃情谊。吴雁南、冯祖贻、余怀彦等人同样收获满满,共同见证了黔台史学交流的重要时刻。返台之后,张朋园特地致函吴雁南表达感激之情,详述此次返黔心得及对家乡巨大变化的喜悦之情:"弟访贵阳最大之收获,为晤见贵校教授先生们,指教我贵州近代史之研究,感激不尽!师大为启迪民智的摇篮,设备完善,新建立的图书馆尤具规模,贵州的开发将更上层楼。而此次回乡,心情极为复杂,晤见家人,自不待言。一睹贵州四十年来之进步,尤为最大心愿。"③ 次年1月,吴雁南复函张朋园,告知黔省学者对其印象殊佳:"先生光临敝校讲学,文章道德,均为黔中学人所钦佩,尤其是严谨求是与开拓相结合的学风,堪为青年学子之楷模。您的访问给学界同仁留下了极为深刻的印象。"④

---

① 吴雁南:《致张朋园》(1989年7月31日)。
② 张朋园:《致吴雁南》(1989年8月24日)。
③ 张朋园:《致吴雁南》(1989年10月19日)。
④ 吴雁南:《致张朋园》(1990年1月10日)。

353

三、吴雁南首次访台见闻及反响

自20世纪80年代以来，开展两岸史学交流已然大势所趋。不少台湾学者或返乡探亲，或以文会友，令大陆学者印象深刻。不过，大陆学者赴台开展学术交流并非一帆风顺。1990年，在北京及广州召开的两场学术研讨会，实为两岸史学交流的重要起点。是年7月，孙中山与亚洲国际学术研讨会在中山市翠亨村举行。张朋园原本受邀参加，然因与中国社会科学院近代史研究所在8月底举办之首届近代中国与世界国际学术研讨会冲突，只得放弃。吴雁南则受邀参加孙中山与亚洲国际学术研讨会，阴差阳错之际，两人在当年未能重逢。不过，双方均盼有机会再次聚叙。

对于促进中外学术交流，不断拓展贵州师范大学的国际合作空间，吴雁南向来乐此不疲。自1987年之后，他多次走出国门，与狭间直树、野泽丰、岛田虔次、久保田文次等日本学者结下莫逆之交，并受邀参加由日本辛亥革命研究会组织的纪念辛亥革命80周年国际学术研讨会。[①] 而对于赴台访问，吴雁南同样念兹在兹。早在张朋园首次返黔之时，吴雁南即与之商议赴台访问事宜，一方面开拓个人眼界，同时为贵州师大与台湾各大高校及科研机构建立联络扮演桥梁角色。[②]

随着台湾当局于1992年逐渐放开大陆学者赴台访问审批限制，两岸史学从先前"南学北移"的单向流动，转变为"北学南移"与"南学北移"并存的双向流动阶段。时任中研院近代史研究所所长的陈三井在两岸史学交流史上扮演了重要的推手角色。1995年1月，第三届近百年中日关系研讨会拟在南港举行，中研院近代史研究所系主办方之一。对于此次大会，台湾方面格外重视。早在开会前一年，该所便向海内外学术界广发英雄帖。应邀与会者计有包括余绳武、吴雁南、张振鹍、陶文钊等在内的14位大陆学者。

俾使吴雁南此番访台可以顺利成行，张朋园向陈三井郑重推荐。[③] 鲜为人知的是，吴雁南是西南各省中唯一一位受邀专家，足见该所之重视。1994年1月，张朋园正式写信邀请吴雁南赴台开展学术交流。自此，吴雁南遂将赴台计划正式提上日程："阁下示知台北学界计划约弟前往尊处访问，深为感谢！盼告活动

---

① 吴雁南：《东京论史》，贵州师范大学历史研究所1993年，第1—10页。
② 张朋园：《旅行札记》（1989年10月7日）。
③ 吴雁南：《致张朋园》（1994年8月21日）。

内容，以便从容做些准备。"① 4月10日，吴雁南再度致函张朋园，以《清代经学史通论》《心学与中国社会》见赠，并透露两书主旨"在于弘扬中华文化，以利于国民道德品格之培养"。其中，"二册请阁下教正，二册请代交玉法先生；另二册，如有适当的先生，即请转赠"。② 8月，张玉法赴贵州、昆明访问，将陈三井拟具的邀请信随身带去。③ 9月27日，第三届近百年中日关系研讨会筹备委员会秘书长黄福庆致信吴雁南，透露近史所除提供会议食宿外，并报销台北至香港往返机票。④ 12月8日，吴雁南致函张朋园，透露与冯祖贻等学者编纂"贵州文化大系"的研究规划，"拟从文化角度对贵州的人文、历史进行探索，将宏观的探索与微观的考察结合起来，拟先列题20种"，届时当就选题向张朋园请教。⑤

1995年1月11—17日，吴雁南开启个人首次台湾之行（也是唯一一次）。11日中午，吴雁南与大陆其他学者同机抵台，受到陈三井、张朋园、张玉法等的热忱欢迎。12日，吴雁南发表论文《维新志士的对日观及社会文化心态——兼论戊戌维新时期的联日思潮》，由近史所研究员王树槐负责评议。王氏专研戊戌变法史，遂以《外人与戊戌变法》相赠。对于吴文、张朋园与王树槐均不吝赞词，在张朋园看来，"这是一篇高水平的论文，文长二万余字，论证非常详尽"。⑥ 吴雁南亦担任评议专家，对日本学者水野明之《日本的〈中国非国论〉的检讨》进行评议，认为该文"对著者的论点有极为深入的分析，同时也补充了一些不足之处。评论极为平实，真正做到了以文会友的用意"。⑦

赴台一次机会难得，张朋园力主吴雁南在台北多逗留几日。而其在台北的主要行程，悉由张朋园代为安排。在张朋园、黄克武等人陪同下，吴雁南相继造访了台湾师范大学、台北"故宫博物院"、新竹工业技术研究院及科学园区、近史所档案馆等机构。每至一处，均受到热情招待。至台湾师范大学参观时，受到吕溪木校长热情接待，两人深入交换治校经验。访问历史研究所时，吴雁

---

① 吴雁南：《致张朋园》（1994年2月7日）。
② 吴雁南：《致张朋园》（1994年4月10日）。
③ 吴雁南：《学术·友情·中华赤子心——访台散记》，载《吴雁南文集》编委会编：《吴雁南文集》第6卷，贵州教育出版社2003年版，第270页。
④ 黄福庆：《致吴雁南》（1994年9月27日），资料由贵州师范大学档案馆提供。
⑤ 吴雁南：《致张朋园》（1994年12月8日）。
⑥ 张朋园：《吴雁南教授访台》，载朱建华、陈奇编：《吴雁南纪念文集》，贵州教育出版社2003年版，第70页。
⑦ 张朋园：《吴雁南教授访台》，载朱建华、陈奇编：《吴雁南纪念文集》，贵州教育出版社2003年版，第70页。

南与王仲孚所长深入探讨硕士研究生培养方案。王仲孚详细介绍了历史研究所的办学历程及其经验，指出"目前博硕士的出路都没有问题，但已有硕士入高中执教者"。吴雁南则结合个人在培养研究生过程中的困惑，明确告以"贵州师大历史系目前只有硕士班学生四人，必须积极发展，提高贵州师资，学位课程尤需加强"。①

黔省学者首次赴台访问，贵州同乡会闻风而动，于1995年1月15日精心组织了一场欢迎晚宴。除了吴雁南、张朋园之外，应邀出席者合计十人之多，分别是前任会长张法乾、中阿文化经济协会秘书长丁慰慈、大法官李志鹏、贵州文献社社长胡国藩、易学会中华易学期刊委员会主任委员兼易学月刊社社长黄自信、国际同济会秘书长杨周焯、高雄技术学院筹备处主任谷家恒、中原大学教授刘廷献、工业技术学院教授王侠、同乡会总干事张家豪。席间觥筹交错、其乐融融。会长王华中对吴雁南首次赴台开展学术交流并取得的学术成就表示热烈欢迎，"同时感于中国从五四全盘西化运动以来……中国人背腹受敌，苦不堪言，有待大家来创新中华文化，求个自立自强之道"。

与会诸人把酒言欢之余，莫不期待今后黔台经济、文化交流更进一步。而在国家和平统一问题上，均认为须从长计议，"目前两岸当把焦点放在合作上，统一的问题慢慢来。将来水到渠成，两岸自必统一"。②依张朋园所见，吴雁南在贵州学术界位高权重，"一言九鼎"，"如何运用民间力量从事建设，为当前课题"，建议吴氏"多发挥影响力匡辅之"。③

吴雁南的台湾之行，不仅加深了台湾史学界对于黔省史学的认识，而且直接推动了黔台学术交流的发展。返黔之后，吴雁南向贵州师范大学校长何才华及历史研究所所长何长凤详细汇报了此次访台收获，并亲自撰写了一篇题为《学术·友情·中华赤子心——访台散记》的文章，发表于《当代贵州》创刊号上。除此之外，并向贵州省台办建言，"希望开展海峡两岸省部级以下官员的互访活动"。④嗣后，冯祖贻、何长凤、熊宗仁三人组团参加由近史所、中国近代史学会于同年8月联合举办的庆祝抗战胜利五十周年两岸学术研讨会。三人

---

① 张朋园：《吴雁南教授访台》，载朱建华、陈奇编：《吴雁南纪念文集》，贵州教育出版社2003年版，第71页。
② 张朋园：《吴雁南教授访台》，载朱建华、陈奇编：《吴雁南纪念文集》，贵州教育出版社2003年版，第72页。
③ 张朋园：《致吴雁南》（1995年9月8日）。
④ 吴雁南：《学术·友情·中华赤子心——访台散记》，载《吴雁南文集》编委会编：《吴雁南文集》第6卷，贵州教育出版社2003年版，第274页。

提交的论文题目分别是《抗战期间内迁人口对西南社会经济的影响》《抗战时期的贵阳文通书局》《国民政府准备抗战之策略与何应钦——对"亲日派"之我见》。① 据悉，此次会议总计邀请32位大陆学者参加，创下大陆学者赴台参会人数新纪录。

彼时适逢两岸高校合作如火如荼，时任贵州师范大学校长的何才华意欲与台湾师范大学、贵州同乡会取得直接联系。张朋园旋即与台湾师范大学、贵州同乡会商议，并将何氏简历寄去台湾师范大学地理系，会长李志鹏要设宴款待接风，"师大校长吕溪木教授及地理系均表欢迎前往参观，商谈合作事宜"。② 1995年9月18日，何才华开启赴台访问之旅。此次访台系应台湾忠信高级工商职业学校创始人高云东之邀，同行者尚有来自云南、贵州和其他地区的十余位专家。在为时两周的访问中，何才华与十余位专家分别造访台湾忠信高级工商职业学校、台湾师范大学和台湾大学。

四、张朋园参与"近代中国社会思潮"结项鉴定工作

余怀彦与张朋园私交甚笃，由衷希望张朋园再次返回贵州探亲。1995年上半年，余怀彦拟于来年7月在贵阳举办王阳明国际学术研讨会。1996年1月，张朋园致信余怀彦，流露再次返黔探亲之意。吴雁南闻讯十分高兴，回复说："阁下与雁秋先生，皆对中华文化有很高的修养与造诣，比翼光临黔中，必当为阳明学术会议大增光彩。"③ 碍于此时身体不佳，张朋园不克与会，但"展望十月可以回来。现在盘算行期，一有决定，当即上告"。④

是年5月，吴雁南致信章开沅，邀其至贵州一游，"并讨论21世纪史学之研究，借此庆其七十寿辰"。不经意间，吴雁南得知章开沅与张朋园同龄，遂萌生在贵阳举办学术会议为两人共同祝寿之意，借以营造一段两岸史学交流的学术佳话。此学术会议"乃一小型的高层次研讨会，以轻松活泼充实为特点，以期达到以文会友和休闲、游览合为一体之目的"。⑤ 得知张朋园即将再度返乡，吴雁南欣慰莫名："阁下十月来黔，此间学人闻之均为鼓舞。愿早定行期，弟即告章、隗等兄预做安排。并请雁秋处座偕同来黔，多所指点。贵州地处高原，

---

① 陈三井：《轻舟已过万重山——书写两岸史学交流》，社会科学文献出版社2011年版，第96页。
② 张朋园：《致吴雁南》（1996年9月3日）。
③ 吴雁南：《致张朋园》（1995年6月23日）。
④ 吴雁南：《致张朋园》（1996年6月7日）。
⑤ 吴雁南：《致张朋园》（1996年8月7日）。

丛山岭峻，闭塞守旧较他省为甚。阁下与尊夫人学贯中西，来此讲学，当能使此间学人开阔眼界，大得益处。贵州风光，颇有特色。公等来此，打算将旅游、学术研究、祝寿结为一体，生动活泼一些。"①

1996年8月24日，吴雁南前往省政府商议贵州师范大学历史研究所设立博士点事宜，省政府副秘书长曹新忠的（毕业于贵州师范大学）大力支持。9月下旬，由吴雁南担任首席专家的国家"八五"社科重点项目《中国近代社会思潮（1840—1949）》历经四年攻关、由30多位学者共同参与，正式迎来结项鉴定阶段。为俾更好地宣传最终成果，吴雁南精心组织了一场展望"二十一世纪社会科学研究学术研讨会"。除邀请贵州本地55位专家参加外，还约请华中师范大学历史研究所教授章开沅、四川大学城市发展研究所教授隗瀛涛、中研院近代史研究所研究员张朋园担任鉴定专家。研究成果近200万字，不啻一次集体攻关项目的典范之作。三人交口称赞，最终一致通过结项鉴定审核。② 关于聚会场景，据《吴雁南日记》载："（26日）的祝寿，把会议的热烈气氛推向高潮。除各家有名学者外，[中共贵州省委]向阳生副秘书长，曹新忠副秘书长出席为章、张两寿星祝贺。曹新忠副秘书长赠条幅，陈馆长送画，文化研究室学生献'高山景行'条幅祝寿，曹秘书长引吭高歌，欢乐的气氛大涨，情绪极为热烈。此种场面，规格如此之高，内容如此之丰富，宴会如此之活跃，高雅有趣，极为罕见。"③

此次访黔期间，张朋园不仅在贵州师范大学历史研究所举办从国会选举看民国精英分子的学术讲座，而且在贵州社科院、贵州文史馆等多个机构举行学术座谈。返台之后，他在致吴雁南信中略表感激之余，亦对未来的黔台史学交流寄望尤殷："你和贵州学术界给我们盛情的款待，使我们留下了许多美好的回忆。令我印象深刻的是，贵州的学术界一日千里，学者们在讨论会中高明议论，年青一代的思想活泼，显示黔省学术界的潜力无限，我相信在你的领导之下，不久必定会超越他省，建立一个新的风范。感谢你和社科院、文史馆等单位所设计的种种活动，家兄受宠若惊，章开沅先生与弟兴高跳舞，不知老之已至。内子雁秋、小女培凡、黄克武先生都说受益匪浅，不虚此行。将来台湾和贵省能进一步推动学术性的，我们引领以盼参加下一次的学术活动。"④

---

① 吴雁南：《致张朋园》（1996年7月9日）。
② 张朋园：《回忆雁南先生》，载朱建华、陈奇编：《吴雁南纪念文集》，贵州教育出版社2003年版，第67页。
③ 周术槐编：《吴雁南日记》，西南交通大学出版社2016年版，第28页。
④ 吴雁南：《致张朋园》（1996年10月18日）。

五、一次未竟的图书捐赠计划

在多年研究过程中,张朋园购置了数千册中西文图书。对于一个嗜书如命的学者而言,如何处理个人藏书颇费思量。然之于张朋园而言,个人图书的最佳归宿,莫过于将之全部赠送贵州师范大学,"借以聊表国民一分子的心意"。①1990年9月,张朋园向吴雁南首次表达赠书愿望。限于此时两岸尚未直接通邮,"关于赠书之事,目前条件尚不成熟"。②1991年7月,张朋园旧事重提。据余怀彦透露:"关于赠书之事,雁公已告我,弟认为此事不宜过急,可在您这次来后详加讨论之。"③

1997年5月21日,张朋园再次表达赠书之意。在此之前,汪雁秋(张朋园之妻,时任台湾"中央"图书馆国际交流与合作处主任)即向贵州师范大学邮寄40余本图书。为便于通过海关查验,包装贴以外文字样。④吴雁南与何才华反复详商,初步达成如下赠书协议:(1)专辟一室藏图书赠书,名"张朋园书库"或"张朋园汪雁秋文库";(2)聘请阁下为敝校客座教授,欢迎光临讲学;(3)文库建成时,请阁下偕尊夫人来此举行文库揭幕式与赠书典礼,并同时举行规格高、规模小的同仁学术会议"张朋园与中国近代史学讨论会";会后出一文集(由贵州师范大学文化研究所发行)奉送海内外。会议期间,住、食、交通由敝校负责;(4)刻一印章"张朋园文库藏",当加盖每册书扉页。⑤

5月30日,张朋园复函吴雁南,告以赠书设想:"我观察目前形势,年内两岸必可通航。我的计划是租一个小货柜,数千册书一个小货柜足敷装载。届时觅一适当的运输公司将之运入贵州,了却心愿。弟与雁秋之收藏,实无何突出之处。粗略分为中英文两类:中文部分有一些传统的典籍,如历代图书集成、四库丛刊正续编,都是在台湾影印的。其次为台湾出版的近代中国史,有的属于资料性质,有的属于专著,还有一些个人文集,如《梁启超文集》《胡适文集》等。机构出版品,则以近代史研究所及国民党党史会者较为完整。另外有一些杂志,如《传记文学》《汉学研究》《师大历史学报》等。英文部分,一是美国出版的《中国近代史研究》,不下五六百册。二是政治学、社会学、经济学各方面的书籍。我有一套《社会科学百科全书》(1968年版)算是较为稀有者。

---

① 张朋园:《致章开沅》(1988年12月16日)。
② 余怀彦:《致张朋园》(1990年9月20日)。
③ 余怀彦:《致张朋园》(1991年7月9日)。
④ 此点承蒙汪雁秋指示,谨此致谢。
⑤ 吴雁南:《致张朋园》(1997年5月21日)。

雁秋的书大半属文学方面，一套马克·吐温的著作，相当完整。"①

尽管此后张朋园与吴雁南一再就赠书事宜反复磋商，然限于彼时两岸并未直接通邮，加之图书总量过大，经由香港或者其他途径转邮，一旦出现意外将是巨大损失，故图书捐赠事宜迟迟未能敲定。吴雁南离世之后，此事一度被束之高阁。2005年1月，贵州师范大学图书馆致函张朋园，续商图书捐赠事宜："得知您准备将6000—7000册图书赠送给贵州师范大学图书馆，令我们十分感动。希望您先将图书的目录寄给我们，以便我们尽快接受您赠送的图书。"②

或可言之，正是这封短笺，断送了张朋园为家乡捐赠藏书的热情。此时他年近八旬、早已退休8年，根本没有时间与精力将全部图书逐一制成目录。他在致耿云志的一封信中直言："我原本想将之捐赠贵州师范大学，但自吴雁南先生过世之后，贵师大方面似乎不甚了解我的藏书是些什么性质，他们要我备一目录寄去，将近二万册的书，编目于我似甚困难。"③

纵然张朋园晚年念念不忘将个人藏书捐赠贵州师范大学，不料却成为一再延宕的未竟夙愿。无可奈何之际，只得另寻他法。2013年10—11月，中国社会科学院近代史研究所研究员李细珠至近史所访问，听闻张朋园的私人藏书迄未确定去向，遂允诺将代与金以林副所长接洽。金以林深知这批私人藏书具有较高的学术价值，当即表示将由中国社科院近代史研究所收藏。依据张朋园、黄克武、金以林等人商议结果，待张朋园辞世之后，其藏书将由黄克武全权处理。中国台湾学者与欧美学者著作捐赠中国社会科学院近代史研究所，中国大陆出版品则赠送东华大学。

六、结语

尽管在台湾生活40余载，张朋园对于家乡贵州始终魂牵梦萦。然碍于两岸政治长期隔绝，其内心深处的思乡情结不断被自我压抑，仅能通过探求云贵地区现代化的挫折与磨难稍加纾解。如果说他关于梁启超、胡适等知识分子的研究主要基于史家的学术取向及政治关怀，而关于云贵地区中国现代化研究的一系列论文，则是他浓烈乡愁情怀的具体表现。处于动乱年代的芸芸众生，去留何处并不完全取决于自己，亦可能被时代的洪流裹挟向前。张朋园只身在台，幸有郭廷以、韦慕庭、费正清等良师指引，加之个人勠力向学、勤奋踏实，终

---

① 张朋园：《致吴雁南》（1997年5月30日）。
② 贵州师范大学图书馆：《致张朋园》（2005年1月20日）。
③ 张朋园：《致耿云志》（2013年12月12日）。

成一代史学名家。尽管多数情况下并不能完全掌控个人命运，但在两岸史学交汇之际，他如愿以偿达成返乡探亲心愿。之所以完成探亲心愿，一方面与20世纪八九十年代两岸逐步走向交汇的历史大背景息息相关，另一方面则与章开沅、吴雁南、余怀彦、冯祖贻等一批大陆学者的鼎力相助密切相关。当吴雁南、冯祖贻、何才华等人有意赴台开展学术交流时，张朋园积极牵线搭桥，尽可能为黔台史学交流贡献一己之力。尤有进者，更希望将个人藏书无偿捐赠贵州师范大学图书馆，为家乡学子了解世界学术前沿开启窗口。在彼此交往过程中，张朋园、吴雁南等老一辈学人奉行学术至上原则，共同书写了40年来两岸史学交流谱系。他们希望国家走向富强，期待祖国统一大业早日实现，持续构建两岸命运共同体的努力亦不应被忽视。

本文首刊于《台湾历史研究》2023年第4期

辛亥革命中的隐秘角落
——吴雁南先生与会党研究述论

任 牧①

(贵州财经大学，贵州贵阳，邮编：550001)

摘 要 吴雁南是在辛亥革命史研究中较早关注会党问题的学者，此方面学界具体探讨鲜见。对其相关研究进行分析和梳理，可见清末民众抗争运动是吴雁南研究会党问题学术理路的源起，会党的性质、在革命中的角色以及会党与资产阶级革命派的关系是重点研究的方向。吴雁南在20世纪80年代初的探索，提出了若干深刻的见解和新颖的观点，是为同时代辛亥革命史中会党问题研究的先行者。

关键词 吴雁南；辛亥革命；会党

2021年是辛亥革命110周年，辛亥革命以巨大的震撼力和深刻的影响力推动了近代中国社会变革。百年来的相关研究可谓百花齐放、百家争鸣，以添砖加瓦之效将辛亥革命的历史丰碑渐次高筑。2021年也是我国著名的辛亥革命史专家吴雁南先生逝世20周年，历史年轮的因缘际会，在此回顾吴先生的相关研究是有意义的。会党问题在辛亥革命史早期的研究中，可谓"显学"中的"隐学"，20世纪七八十年代交汇之际，吴先生以其敏锐的学术视野和细致的史料爬梳，对这一议题展开了探索性的研究。以主编《辛亥革命史》为代表，吴先生与诸前辈开启了辛亥革命史的宏大构建，其价值和意义的重大已有公论。而与辛亥革命关系重大但在学界早期研究中著述不多的会党问题，吴先生是涉猎此处的先行者之一。本文拟取这一侧面，循吴先生足迹略察辛亥革命中的隐秘角落，或于见微知著中更显大家风范。

---

① 作者简介：任牧，贵州师范大学马克思主义学院博士研究生、贵州财经大学教师。主要从事中国近现代史的研究与教学工作。

一、学术理路的源起

会党在中国的历史悠久,是封建社会就已经存在的一类组织团体。古有洪门、天地会、三合会、哥老会等称谓,会众多是破产农民、游民、散兵游勇、贩夫走卒等底层劳苦大众,多采取歃血为盟、异姓结拜的组织形式。由于历代封建统治者的镇压,加之会党成员行事隐秘、内部通行各种切口暗语及江湖黑话,故学术界也将会党概称为"秘密社会"。现今中国秘密社会史的研究已经成为社会史领域的一大分支。中国历史上此起彼伏的农民起义很多都和会党关系密切,会党往往成为起义的领导和中坚力量,天地会林爽文起义、上海小刀会起义等都是例证。近代以降,随着封建社会自然经济的解体,加之资本—帝国主义的侵袭,庞大的破产失业群体绝大多数寄生于各种会党和秘密结社之中,又在革命高潮到来之时扮演了各自不同的历史角色。改写中国封建社会历史的辛亥革命无疑成为会党组织的最大历史舞台,会党对于辛亥革命的"成败得失"都产生过重要影响。但有关辛亥革命中的会党问题研究,在当年还只是萌芽阶段,可见于时人对研究现状的描述,如学者陈辉说:"在辛亥革命史中,会党是迄今研究很少的一个重要课题……由于过去对于会党研究得少,有些问题尚待进一步深入。"[①] 所以此处将会党问题称为辛亥革命中的隐秘角落,一是会党自身的秘密属性不为世人所熟知;二是学术界的研究视野尚未完全目及该领域。吴雁南先生在20世纪七八十年代的著述中就已经开始对这一隐秘角落进行初探,这一点是值得重视的。

梳理相关研究,可见吴先生是在70年代末对清末民众抗争运动的历史考察中就已经开始关注会党,这是其学术理路的源起之处。在1978年发表的《略论一九○一至一九○五年间农民群众反帝反封建的斗争》一文中,吴先生认为1901—1905年是辛亥革命的酝酿阶段。虽然资产阶级即将登上历史舞台,但农民依然是这一时期的主要革命力量。对于这一时期农民运动的剖析,能为旧民主主义革命提供规律性的启示,这是通过辛亥革命前的农民运动去洞察农民阶级和辛亥革命关系的一篇重要文章。吴先生总结了这一时期农民反帝反封建斗争的三个主要特点,其中两点都主要涉及会党:"二十世纪初年中国人民的反抗斗争具有鲜明的历史特点……第二,农民的反帝反封建斗争具有相当的普遍性、广泛性。……各种秘密结社之间也加强了联系和团结。在华北平原上,义和团

[①] 陈辉:《论辛亥革命中会党的性质和作用》,《华中师院学报》(哲学社会科学版)1981年第4期。

余部同其他秘密团体联合作战。在巴山蜀水之间，义和团同会党联合一致，协同打击共同的敌人。第三，会党和其他秘密结社非常活跃。这一时期，农民群众利用会党形式组织起义的在二十次以上，北方的小刀会，南方的天地会、哥老会、自布会、伏虎会、洪江会、鞭刚会等都先后发动起义。会党领导的起义，除了广西各族人民大起义，一九〇三年浙江宁海王锡彤领导的反洋教斗争等，都具有较大的声势和影响。"① 这里反映了吴先生在梳理辛亥革命前农民运动史料过程中的问题意识，即会党确实在当时的农民运动中扮演了重要角色，并概括为农民反帝反封建斗争的主要特点之一。这就预示着对于旧民主主义革命的考察，会党将是绕不开的议题。如果说对于农民运动中会党的作用和影响的总结是属于某种定性分析，那接下来吴先生还在文末详细梳理了历次农民运动的情况，并以简表的形式呈现定量分析的依据。据表可见，在1901—1905年间统计全国各地发生的83起农民反帝反封建斗争中，以会党为组织号召或密切关联的接近30起。② 吴先生在前述中得出了会党是农民运动中的重要角色的论断，正是建筑在对大量史料爬梳的基础之上。言之有据、言必有实，作为一名史学家的严谨治学态度也在老一辈学人身上显露无遗。历史研究来不得半点虚假，这也是我们后学之人必须坚持的基本史学素养。此外，吴先生还提出孙中山的"平均地权"（民生主义）思想的产生在某些方面受到了会党的影响。文中写到1899年兴中会和会党联络时，龙华会在其章程中就提出了包含土地问题在内的"社会革命"，所以说会党"同农民有着很密切的联系。一贯非常重视会党的孙中山，对会党反映的农民的土地问题，当有较深的感受"。这也是吴先生对于孙中山"平均地权"思想来源的一种意见。

吴先生的学术志趣重在研究辛亥革命，在其宏大的学术视野中从来不是就辛亥而论辛亥的，而是具备一种前后贯通的研究视觉，对于辛亥革命前的群众性抗争运动的考察就是典型，只有了解了辛亥革命前自发性的群众运动的情况和态势，才能更好地理解辛亥革命本身，才能更好地说清楚革命和社会、群众之间的互动关系。《清末"民变"研究中的几个问题》是吴先生考察辛亥前夜的另一篇文章，通过对1901年到1912年间"民变"的初步探索，重在说明以农民为主体的各阶层劳动群众同资产阶级的关系。这种讨论两个阶级在革命中互动关系的思路无疑是对辛亥革命史研究内涵的一种丰富。以破产农民、游民

---

① 吴雁南：《略论一九〇一至一九〇五年间农民群众反帝反封建的斗争》，《山西师大学报》（社会科学版）1978年第10期。

② 吴雁南：《略论一九〇一至一九〇五年间农民群众反帝反封建的斗争》，《山西师大学报》（社会科学版）1978年第10期。

为主体的会党在"民变"中同样发挥了重要的作用。"清末'民变'有哪些特点？有何历史作用？这是研究'民变'的一个重要问题。"在对这一主旨的探讨中，吴先生指出："这一时期的'民变'还具有以下特点：……会党在'民变'中起了很突出的作用。当时在全国大部分地区无不有会党活动。陕西、四川、湖南、两广、浙江等地区尤为突出。由会党发动和组织的'民变'，实际上多是工农群众的反抗斗争。蔡寄鸥在《鄂州血史》一书中说：'（会党）散则为民，集则成伙，当时之所谓"会匪"，实际上都是人民。'陶成章在《浙案纪略》中谈及会党成员听从统领的命令时说：'会中兄弟'一闻命，'市者无不即弃筐筥，耕者无不即弃耒耜。'这都说明了当时会党群众及其斗争的基本情况。因此，研究清末'民变'必须特别注意会党在其中的作用。"① "必须特别注意会党在其中的作用"是吴先生对于清末民变研究的一个心得总结。

会党在"民变"中的作用，换言之就是会党在以农民为主体的工农群众中所发挥的作用，沿着这条思路，吴先生开始探讨会党和资产阶级革命派的互动。孙中山从成立兴中会开始，就注意利用同劳动群众有密切联系的会党进行武装斗争。通过对工农群众和资产阶级革命派关系的诸多历史考察，吴先生在论述中提出了一些重要观点，如工农群众和资产阶级革命派关系"则更多地表现为通过会党同广大工农群众建立起一种特殊形式的联系"。"会党的主要群众是破产农民、失业的手工业者和游民，同城乡的一般工农群众的组织是有所不同的；但是它又同广大农民有着比较密切的联系，在辛亥革命前几年间，许多的地方的'民变'都是由会党组织和发动的。因此，资产阶级革命派通过会党的确在一定程度上又加强了对劳动群众的某种联系。"②《清末"民变"研究中的几个问题》的立意虽然不是专题研究会党，但于行文中涉及了辛亥革命和会党关系的几个重要问题。第一，明确了会党在清末"民变"中的重要作用，这一点即暗含了后续辛亥革命研究中会党的作用、会党在劳动阶级中的定位等问题必将被讨论。第二，资产阶级革命派通过会党与工农群众建立起革命的联系，会党的"中介"作用是否存在？这是辛亥革命中会党问题的一个重大侧面，后来学界为此多有争论。第三，会党的主要群众及其组织性质，以及会党和农民群众究竟是一种怎样的关系。此三点吴先生在文中进行了论述并提出相关见解，虽然并不是针对性的专题讨论，但的确是在同时代研究中较早开启话题的研究者。其中一些结论自然是不够成熟的，但依然具有开拓启迪的重要意义。

---

① 吴雁南：《清末"民变"研究中的几个问题》，《中州学刊》1980年第4期。
② 吴雁南：《清末"民变"研究中的几个问题》，《中州学刊》1980年第4期。

这里还有些题外话，吴雁南先生的妻子何正清先生曾致力于清代会党史的研究，并且形成了一系列在学界影响较大的成果。① 吴先生关于清末"民变"和辛亥革命中会党问题的关注，以及提出的前瞻性的研究结论，想来也和二位史学伉俪间学术志趣的相互影响不无关系。二人于 1989 年合著的《农民战争与会党》一书就是例证，该书收录了他们在各自研究领域已发表及未发表的论文，陈梧桐先生为本书作序时对二位的学术造诣给予高度评价，这才正是人生于爱情升华至精神世界的高度契合，可谓真正的志同道合。

综上所述，吴雁南先生在七八十年代通过研究清末民众抗争运动，洞见了会党在其中所扮演的重要角色，而后提出了会党和资产阶级革命派之间关系并考察了一些初步结论，进而深入辛亥革命与会党关系做进一步思考。总的来说，吴先生的相关研究并不是社会史的研究路径和方法，研究的指向也并非会党史，一些观点也还有商榷讨论的空间，但这并不是重点。重要的是一方面吴先生很早便将研究的探照灯打到了会党身上，使这个辛亥革命中的隐秘角落逐渐获得了学术之光，这种探索对于该领域的研究逐渐走向深入意义重大。另一方面吴先生并未止步于辛亥革命前会党问题的初探，在其后对辛亥革命的研究中也对会党问题进行了更加系统的思考。

二、20 世纪 80 年代初的探索

在前述对清末民众抗争运动的考察中，吴先生以敏锐的学术洞察力抓住了会党力量在农民运动中若隐若现的片段。当历史的场景来到辛亥革命这个更加波澜壮阔的场域之中时，吴先生更以其深厚的学养学识对辛亥革命中的会党问题进行了高屋建瓴的把握。其于 1980—1981 年间发表的《辛亥革命研究中的几个问题》《辛亥革命与农民问题》和《清末资产阶级革命派与会党》这三篇文章都间接或直接地探究了辛亥革命与会党的关系，提出了一些至今依然深刻的观点和见解。接下来就以上述著述展开对吴先生的研究回溯。

《辛亥革命研究中的几个问题》是探讨资产阶级革命派在辛亥革命中的地位与作用的一篇重要文献，通过对辛亥革命历史及方方面面的梳理，吴先生对于当时因特殊历史年代所形成的某些"左"的学术观点提出了质疑。文中指出："在一段时间内，有些同志提出，对辛亥革命时期的资产阶级革命派要立足于

---

① 吴雁南、何正清：《农民战争与会党》，西南师范大学出版社 1989 年版。

批？否定他们对广大群众起过领导作用和指导作用。这种意见，是很值得商榷的。"① 如何科学、客观、实事求是地评价资产阶级革命派在辛亥革命中的角色定位在当时是一个很大的议题。吴先生以翔实的史料为依据，反驳了"否定资产阶级革命派对广大群众起过领导作用和指导作用"的观点。既然对这种论断进行了驳斥，那就要正面论述资产阶级革命派是如何领导和指导群众开展革命的，这里吴先生明确提出了"资产阶级革命派通过会党同农民建立了一种特殊形式的联系"的观点，并主要以三个方面作为论据支持。一是孙中山在革命伊始就已经联络同群众关系密切的会党进行武装斗争，这是历史事实。二是武昌起义后资产阶级革命派开始镇压会党、农民武装，抛弃了曾经的盟友，"尽管如此，资产阶级革命派还是在一段时间里把一切革命活动吸引到反清的资产阶级民主革命运动之中，成为当时推动社会发展的主要动力之中的核心和主导力量"②。三是从阶级属性看，"会党的主要群众是破产农民、失业的手工业者和游民，同城乡的一般工农群众的组织是有所不同的；但是它又同广大农民有着比较密切的联系"③。这种天然的联系也正是资产阶级革命派以此接近农民的一座桥梁。在这篇文章中，吴先生认为会党在辛亥革命中其实发挥着一种联系农民阶层的"中介"作用，所以将这种历史事实称为"特殊形式的联系"。会党"中介"作用及革命"特殊形式的联系"的观点，在当时辛亥革命史研究中确实是一个视角独特的解读，对于阐述资产阶级革命派和广大群众之间的关系又多了一种诠释的维度。虽然就所及尚未能详尽考察这种见解是否为吴先生所首倡，但仅就可见的七八十年代相关研究中心已是早期涉及的探索者之一。

辛亥革命中资产阶级革命派和广大群众的互动关系一直是学界关注的议题。在半殖民地半封建社会的旧中国，农民阶级无疑是人民群众中最为主体的构成，辛亥革命与农民问题就成为主要的研究对象。一方面，吴先生在《辛亥革命与农民问题》中做了较多的阐述，特别是有关资产阶级革命派是否领导了农民，以及革命中是否与农民产生了联系的问题。通过文章可见，吴先生认为资产阶级革命派主要是通过会党与底层农民加强了联系，这和他之前的观点是一致的。"孙中山为代表的资产阶级革命派对于农民问题，曾给以较多的注意，并注意利

---

① 吴雁南：《辛亥革命研究中的几个问题》，《重庆师范大学学报》（社会科学版）1980年第12期。

② 吴雁南：《辛亥革命研究中的几个问题》，《重庆师范大学学报》（社会科学版）1980年第12期。

③ 吴雁南：《辛亥革命研究中的几个问题》，《重庆师范大学学报》（社会科学版）1980年第12期。

用同农民有较密切联系的会党进行武装斗争。"① "尽管农民同资产阶级革命派之间在革命要求方面存在不少分歧，它们之间还是开始逐渐形成了良好关系。"② 另一方面，对于这种会党、绿林武装的"中介"，也必须辩证看待，不能高估其历史作用。"会党的情况比较复杂，把所有会党反抗武装都看作农民武装或革命力量自然是错误的。但是在辛亥革命时期，四川的同志军、湖北江湖会领导的起义军，是以农民为主体的反抗力量却是事实。"③ 总的来说，会党在辛亥革命中起到了"一定的"联系农民阶级的"中介"作用，这是吴先生的基本观点。这篇文章还谈到了另一个重要议题，就是资产阶级革命派和农民之间联盟的破裂，其中以革命后资产阶级开始遣散、镇压会党为标志。当然，资产阶级和会党分道扬镳是否就意味着抛弃了农民阶级，这还是值得讨论的。文中的主要观点是要辩证看待资产阶级对于会党的态度，资产阶级革命派并不是铁板一块的，资产阶级对于会党的镇压，"上述情况，说它是一种主要倾向或普遍现象，是符合实际的；如果将它说成是唯一的，那就错了，谭人凤、刘崛等人则是不赞成对下层劳动群众的反抗活动一概采取镇压手段的"④。这是符合历史事实的，所以对资产阶级革命派的评价当然不能采取"一刀切"的态度。

前述种种学术史的回顾主要都是吴先生在相关研究中间接涉及会党问题的，或许是经过了一定时间的积累。其于1981年撰写的《清末资产阶级革命派与会党》则是一篇较为系统地对辛亥革命中的会党问题进行深入思考之作。文章提出了很多深刻见解和新颖的观点，是对辛亥革命中两种主要力量之间关系的详尽考察。本文至少阐明了五个该领域的重要议题：一是会党的性质；二是资产阶级革命派对于会党的态度；三是资产阶级革命派和会党的关系及其实质；四是资产阶级革命派对于会党的因应之策；五是对会党和资产阶级革命派的历史评价。下面就对这五方面进行简要的回顾。

第一，会党的性质问题。会党由于其秘密、隐秘的自身特性，加之组织成员的职业可谓五花八门，所以无论是农民、游民还是手工业者等都很难定义会党的主体成分。文中没有执着于对会党会众的烦琐考究，而是结合了辛亥革命

---

① 吴雁南：《辛亥革命与农民问题》，载《纪念辛亥革命七十周年学术讨论会论文集》（上），1981年。
② 吴雁南：《辛亥革命与农民问题》，载《纪念辛亥革命七十周年学术讨论会论文集》（上），1981年。
③ 吴雁南：《辛亥革命与农民问题》，载《纪念辛亥革命七十周年学术讨论会论文集》（上），1981年。
④ 吴雁南：《辛亥革命与农民问题》，载《纪念辛亥革命七十周年学术讨论会论文集》（上），1981年。

的历史大背景，整体考察了会党的阶级特性，提出"名目纷繁，兹不缕述，但皆以反清为主旨。尽管如此，从总的来看，它仍不失为下层群众的组织"①，"下层群众的组织"就是对于会党的阶级属性最好的概括。在半殖民地半封建社会的具体社会条件下，在民族矛盾、阶级矛盾并存的时代中，会党及其会众主体都是属于被压迫阶级。这种对于会党阶级本质的概括无疑是跳脱了空泛讨论会党成员身份职业的研究，只有将问题放到具体的社会历史条件中才能清晰，在这一点上吴先生关于会党的定性应该是深刻的。第二，资产阶级革命派对于会党的态度主要立足于"改造"。吴先生主要引用了刘揆一的《黄兴传记》中阐述的以民主共和的思想"改造"会党的意图，并且以同盟会与致公堂实行大联合为例证。这就与学界认为革命党人对于会党主要是"利用"的观点有所差异，这当然也是可以继续讨论的。第三，资产阶级革命派与会党在现象层面的关系是一定程度上的结盟，本质则是剥削者与被剥削者之间的联盟。这是吴先生本文所提出的一个相当敏锐且深刻的意见，可以说辛亥革命最终未能彻底胜利、最终脱离了广大人民群众，都和这种联盟之间的薄弱性密切相关。这是运用唯物史观和阶级分析法所得出的结论。因为资产阶级革命派并没有真正解决人民关心的土地问题，革命党人不能进行彻底的革命和自我革命，而随着革命形势的发展，双方的分歧必然会进一步加剧。这种剥削者与被剥削者之间的联盟一定是没有前途的。第四，资产阶级革命派中少数人"改造"会党的意见没有被采纳，出于自身阶级立场，资产阶级革命派主要对以会党为代表的下层群众进行了镇压。具体采用武力镇压、"和平"解散和遣散、改编与武力镇压并用的方式，这是通过历史考察梳理的资产阶级革命派对待下层群众所采取的主要手段。资产阶级革命派为什么急于消灭会党的武装？吴先生指出："最主要的原因是他们不希望枪杆子掌握在会党群众手里。军队是国家的主要成分之一。为了建立和巩固资产阶级对劳动群众的专政，资产阶级决不容许一支'异己'的会党武装力量的存在。"这就清楚地说明了马克思关于国家阶级本质的阐述，没有无产阶级专政就必然是资产阶级的专政，历史从来如此。由这个细微之处也可见老一辈史学家的马克思主义理论素养。第五，历史评价的问题。"会党在辛亥革命中起过巨大的作用（对于推翻封建帝制、建立民主共和制度作出了重要贡献）；同时也有过消极的影响。资产阶级革命派虽然有过'改造'会党的打算，却是在发挥会党的革命性与克服其消极性方面都未取得应有的结果。……

---

① 吴雁南：《清末资产阶级革命派与会党》，《贵阳师院学报》（社会科学版）1981年第10期。

资产阶级革命派对会党的态度,基本反映了对下层劳动群众的态度。"① 这里对于会党的历史作用进行了辩证评价,同时指出资产阶级革命派抛弃了联系人民群众的"中介",最终失去了群众基础,也可见关于会党"中介"作用的观点,吴先生所持是一以贯之的。

三、结语

吴雁南先生是一位贯通太平天国史、农民运动史、辛亥革命史、社会思潮、儒学等诸多研究领域的大家,本文所做只是在于见微知著、可见一斑之效。就是对于那个时代在辛亥革命史研究中相对关注较少的会党问题,吴先生也通过数量不多但质量很高的文章加以阐述。很多观点、意见都为进一步深入认识和理解辛亥革命提供了另一种视角。

例如,关于资产阶级革命派是否深入联系了农民阶级这个问题,史学界一般的观点是革命党人并没有深入发动群众,也没有展开一场由下至上的"社会革命",总而言之辛亥革命的不彻底就体现于此。但如果换一个视角,即革命党人是否通过某些"特殊形式"或如会党的"中介"联系了广大群众,就是所谓的"联系"是否也应该包括"间接联系"的形式,这当然就是一个十分值得思考的问题。回首 20 世纪 80 年代初,吴先生也是很早论述革命党人通过会党去联系底层群众的前辈学人之一,这种意见在当时确实也存在一些争论。如学者刘次涵就认为"资产阶级革命派并未考虑通过会党去动员农民,当然就谈不到深入农村去做工作了。因此,我们认为资产阶级和农民间没有出现过一种特殊形式的联合,也不可能出现这种联合"②;学者郭汉民也基本持这种观点③。会党史专家蔡少卿则指出:"如果承认辛亥革命时期资产阶级与农民存在过联盟的话,那末革命派与会党的联合,就是这种联盟的体现,此外是谈不上有什么联盟。"④ 此外,如隗瀛涛、陈汉楚、魏建猷、陈辉等同一时期的学者就认可会

---

① 吴雁南:《清末资产阶级革命派与会党》,《贵阳师院学报》(社会科学版) 1981 年第 10 期。
② 刘次涵:《关于辛亥革命时期会党的几个问题》,《兰州大学学报》1979 年第 7 期。
③ 郭汉民:《辛亥革命时期湖南会党的性质与作用》,《湖南师院学报》(哲学社会科学版) 1982 年第 5 期。
④ 蔡少卿:《论辛亥革命与会党的关系》,载《纪念辛亥革命七十周年学术讨论会论文集》(上),1981 年。

党发挥了联系农民的"中介、纽带"作用。① 无论如何,能成为两种观点意见争论的一方,能在当时群星璀璨的辛亥革命史研究群体中发出一家之言,就已经说明了吴先生在该领域的学养功力之深厚。

限于学识粗浅、能力有限,谨以此一侧面的学术回顾缅怀纪念吴雁南先生。虽然只是一个侧面,但诸如前辈们提出的在辛亥革命中的资产阶级革命派和群众的关系、革命党人和会党及底层群众这三方的互动等问题,依然是可以继续深入研究的话题。这些都可以称为辛亥革命史宏大叙事中的片段,但片段的考察必将会使整个历史图景的细节更加丰富,更加直达人心。吴先生对于辛亥革命中会党问题的研究正是对于历史片段重视的体现,以清末"民变"介入辛亥革命,考察辛亥革命与群众的互动关系,考察"民变"的主体与辛亥革命的主体间的关系,这是史学研究之"通";以会党问题切入考察资产阶级革命派与底层群众的关系,这是史学研究之"微"。史学研究领域庞杂,存在无数个数不清的"隐秘角落"。如果以"通"和"微"的心思去体察,相信也会使更多的学理之光照射到那些有待研究的历史角落。

---

① 隗瀛涛:《论同盟会与四川会党》,载《纪念辛亥革命七十周年学术讨论会论文集》(上),1981年;陈汉楚:《清末会党和辛亥革命》,《史学月刊》1982年第3期;魏建猷:《辛亥革命时期会党运动的新发展》,《上海师范大学学报》(哲学社会科学版)1981年第10期;陈辉:《论辛亥革命中会党的性质和作用》,《华中师院学报》(哲学社会科学版)1981年第8期。

吴雁南先生关于历史教学的论述对当前思政课教学的意义

刘 军[①]

(贵州师范大学马克思主义学院,贵州贵阳,邮编:550025)

摘 要 吴雁南先生对历史教学工作进行过许多阐述,主要观点包括正确确定教学的深度和广度、合理把握补充资料、灵活运用教学方法以及改进考核标准等几个方面。概括地看,这些阐述对当前推进思政课教学仍具有重要借鉴意义。

关键词 吴雁南;历史教学;思政课

吴雁南先生明确指出,历史课程的教学目的和主要任务就是培养学生爱祖国、爱人民、爱劳动的情感,帮助学生树立共产主义世界观和人生观,培养他们的共产主义道德品质。所以,历史课也是一门政治思想教育课程。[②] 在其执教生涯中,吴雁南先生对如何更好地开展历史教学工作进行过许多论述,细细品味,这些阐述对当前推进思政课教学仍然具有重要意义。

一、正确确定教学的深度和广度,对改革思政课教学模式提供了借鉴

吴雁南先生一直强调教学是一项艺术性的工程。他明确指出,教学工作的本身要求教师"精湛的掌握教材,而且要具有高度的教学艺术水平,以便把教材的精神实质传授给学生"[③]。在这里,吴雁南先生认为要艺术性地开展教学工作,首要的就是从学生实际出发正确确定教学的深度和广度。[④]

[①] 作者简介:刘军,男,贵州师范大学马克思主义学院副教授。主要从事近代中国历史文化的研究与教学工作。
[②] 吴雁南:《关于历史课的性质和任务》,《历史教学问题》1959年第1期。
[③] 吴雁南:《在历史教学备课中的几点体会》,《历史教学》1955年第1期。
[④] 吴雁南:《在历史教学备课中的几点体会》,《历史教学》1955年第1期。

就当前的思政课教学而言,要达到预期的教学目的,准确把握好讲授过程中的深度和广度同样显得非常重要。比如"纲要"和"概论"这两门课程,其中许多内容学生在中学阶段就已经学过,如果教师在教学过程中只是简单地照本宣科,学生就会觉得和他们之前了解的内容重复,没有听课的兴趣。如果教师讲得过深,发挥得过宽,他们又会觉得"超纲",不能完全听明白,也会产生厌学情绪。所以,教师在正式上课之前的备课这个环节,就可以借鉴吴雁南先生提出的方式方法。具体来看,要重点厘清这几个问题:第一,教材内容与中学相应内容重复的地方有哪些?第二,所任教班级学生的接受能力如何?基础知识怎么样?第三,在讲授中哪些内容是学生可能易于接受的或根本不用讲解即可能接受的?哪些内容是学生不太容易理解的?第四,哪些问题是学生最易于误解的?[1] 如果教师充分结合教材、教学目的与学生年龄特点等因素综合考虑了这些问题之后,必然会在具体的教学过程中对相关知识点的阐述在深度和广度上做到游刃有余,避免了过去那种做一套教学设计就可以从 A 班走到 B 班、从 A 专业走到 B 专业的简单化教学模式,从而使学生掌握和领会教师所教给他们的内容,既活跃了课堂氛围,又达到了教学目的。

二、合理拓展教学内容对提升思政课教学效果提供了参照

吴雁南先生认为,在历史教学的过程中,教师往往需要对许多知识点进行补充讲解,学生才能理解透彻。而对于如何把握补充资料,吴雁南先生提出了两个应该遵循的原则:第一,要从达到教学目的、讲清楚教学重点的需要出发,补充的资料必须是生动、具体、典型或有助于加深对教材相关知识点理解方面的材料(比如经典著作的引用等)。第二,要从教材的特点与学生的负担上去考虑,研究是否能为学生所当堂理解。[2]

同样,在思政课教学的过程中,对于诸多重要教学内容也需要进行延展式讲解。以"概论"课程为例,在很大程度上来说,"概论"课教材内容主要是对党领导人民在实践中积累的经验进行理论总结以及对前人知识的继承和发展。但教材毕竟是普及性读物,对于其中的某些重要内容,如果在教学中不加以展开阐述,很难将理论讲透,学生也不能真正理解。因此,教师要站在新的时代起点上依靠教材去引导学生深化对新时期党在马克思主义中国化时代化历程中所做出的一系列重大理论贡献的认识,就必须将教材中的重要教学内容展开来

---

[1] 吴雁南:《在历史教学备课中的几点体会》,《历史教学》1955 年第 1 期,第 50 页。
[2] 吴雁南:《在历史教学备课中的几点体会》,《历史教学》1955 年第 1 期,第 51 页。

分析，才能使学生"知其然"，并且"知其所以然"。

比如，在讲述"马克思主义中国化时代化的科学内涵"这一内容时，就可以根据吴雁南先生阐述的原则进行拓展式讲解。先提出"马克思主义中国化时代化是要做什么"作为铺垫，紧接着以解析原著为导引，分别介绍毛泽东在《论新阶段》中强调"根据中国的特点灵活运用"马克思主义；在《新民主主义论》中强调马克思主义必须"和民族的特点相结合"；在《中共中央关于共产国际执委主席团提议解散共产国际的决定》中强调"要使得马克思列宁主义这一革命科学更进一步地和中国革命实践、中国历史、中国文化深相结合起来"；在《如何研究中共党史》中则强调"我们要把马恩列斯的方法用到中国来，在中国创造出一些新的东西。只有一般的理论，不用于中国的实际，打不得敌人。但如果把理论用到实际上去，用马克思主义的立场、方法来解决中国问题，创造出新的东西，这样就用得了"。然后在此基础上引出马克思主义中国化时代化的科学内涵所具有的三层含义，并着力阐述"马克思主义中国化时代化"与"中国化时代化的马克思主义"的区别与联系，从而使学生对重要概念予以准确掌握。

又如，对于"马克思主义中国化时代化理论成果"这个问题的讲述，必须着力把握好其整体性。教师在授课过程中也可以根据吴雁南先生提出的原则做补充讲解，从而使学生能较为轻松地将该知识点当堂消化。首先让学生明确在马克思主义中国化时代化的历史进程中产生的理论成果；其次让他们从微观上理解这些理论成果各自形成的时代背景、主要内容及其历史地位；最后让他们从宏观上掌握这些理论成果的整体性，从而找到它们的衔接点。这样，才能将马克思主义中国化时代化进程中产生的理论成果讲清楚，把它们之间的关系讲透彻。

所以，依据吴雁南先生提出的原则，对思政课教学内容中的重要知识点做延展式讲述，既是从不同层面丰富和充实教学内容的需要，也是将教材体系向教学体系进行有效转化的需要。从实践来看，教师如果能把应该展开分析的内容与自己的研究专长结合起来，在讲述时就会更加挥洒自如，效果也会更明显。当然，延展内容的选取一定是教学大纲规定的重难点以及学生常会产生疑惑或误解的地方，切不可为了片面追求课堂效果而主次不分，选择一些无关或关联不大的内容进行所谓"延展"。正如吴雁南先生所说，补充材料的目的是使学生能更好地理解某一内容，在这个层面上来说，选取的补充材料往往是必需的。相反，对于那些"非十分必要的材料虽然在某种程度上能起一些好的作用，但亦不必补充"①。

三、灵活运用教学方法对改进思政课教学艺术提供了思考

吴雁南先生指出，在教学过程中，如何以最易于学生接受和了解的形式来传授教材？这就需要教师把教学变成一种艺术，而要做到这一点，一个十分重要的因素就是教师必须灵活、熟练和巧妙地运用教学方法。②

当前，在思政课堂上有时会出现这样一幕：教师在上面讲得唾沫横飞，学生在下面听得昏昏欲睡，或者自己做自己的事，教和学的分离像是教师在表演"独角戏"，造成较为尴尬的局面。索其解决之道，除了精心设计教学内容以外，另一个途径就可以借鉴吴雁南先生所说，在教学方法的运用上下足功夫。

首先，教学方法的运用要体现灵活性。在教学中，内容是核心，方法是载体，精心设计的教学内容的完美呈现离不开良好的方法做辅助。以"概论"课程为例，教材本身理论性较强，如果教师仅仅是进行空洞的说教，这种单调的灌输模式不但难以激起学生的兴趣，反而会让他们产生逆反心理。因此，必须根据不同的内容设计不同的方法，才能收到明显的教学效果。比如讲"发展"时，可将"十三五"时期在国家层面、社会层面发生的诸多变化与"十二五"时期做一对比，便可清楚地让学生认识到为什么"发展是硬道理"。没有比较，学生对中国国情、对前进道路上出现的矛盾和问题等可能缺乏客观的认识，中国特色社会主义制度的优越性就无法体现；没有比较，教师对许多问题的阐述就缺乏足够的说服力。因此，教学中可以恰当运用比较法，通过大量数据和事实的对比，帮助学生分析、取舍正确与错误。在全面、客观纵横比较与甄别中打动学生，使之心服口服，从而增强教学的生动性和丰富性。此外，诸如案例教学法、辩证法、专题讲授法等，均是比较常用的教学方法。总之，教师应根据教学实际综合选定不同的方法，只要运用得当，教学效果才会大为改善。

其次，教学方法的运用要突出情感。以"概论"课程为例，从教学大纲可以看出，"概论"课着力于强调思想和政治层面的价值导向与定向功能。这种强烈的目的性决定了在教学过程中，教师所传播的"思想火花"必须得到学生在情感上的对接与交融，才能让他们在内心认同并接受。所以，在课堂教学方法的选用上，无论采取何种模式，教师只要真正用心于其中，将方法情感化，才能达到启迪学生，并让他们信服的目的。具体来看，"概论"课教学中情感因素

---

① 吴雁南：《在历史教学备课中的几点体会》，《历史教学》1955年第1期。
② 吴雁南：《在历史教学备课中的几点体会》，《历史教学》1955年第1期。

的培养，需要教师转变观念，明确课堂讲授的根本是和学生一起探讨理论、研究问题、解决问题，而不是去灌输理论。因为同样的内容，有的班级学生听得津津有味，有的却听得索然无味，个中原因就在于情感的投入上面。所以，教师要树立"演出"理念，把每堂课都当成是一场精心准备的演出。因为同是讲理论，一个优秀的演说家之所以能抓住听众，并使听众的情绪随他节奏的起伏而波动，在于他将自身的激情融入演说内容当中，用情感去感染和打动了听众。同样，我们要让学生认同教材的理论，也应把教学内容加以情感艺术化地再现给学生。同时，演说家的成功还由于很好地实现了与听众的互动，让听众对其所讲理论产生共鸣。因此，教师在课堂上也应时刻关注学生情绪的变化，因为"感染力是让真理走进学生心灵的催化剂"[1]。如当谈到"社会主义荣辱观"时，既可以举出许多团结互助等方面的带有正能量的例子，也可以举出若干损人利己等方面的带有负能量的案例。对那些充分体现真、善、美的素材，教师要配以肢体语言对其高度肯定和褒扬，而对那些涉及各种假、恶、丑的现象，教师也要予以坚决鞭挞，表明立场，从而用情感去影响和培养学生对真、善、美的热爱和追求，对假、恶、丑的痛恨和摒弃，这样才能使学生对课堂教学产生浓厚兴趣。

最后，教学方法的运用要体现现代性。当代大学生成长在信息时代，喜欢追赶潮流，那种"一支粉笔、一块黑板、一本讲义"的传统课堂授课模式已与他们格格不入。以"概论"课程为例，因其内容本身的特殊性，要收到良好的教学效果，在教学方法的运用上除了要体现灵活性以外，还要体现现代性。所谓现代性，就是要充分利用好多媒体课件进行辅助教学，通过对各种教学资源的有机整合，从而赋予教学内容以生动活泼的表现形式。正如吴雁南先生所描述的那样，通过幻灯演出的方式来讲授相关内容可以收到很好的效果。[2]

高校思想政治理论课是一门实践性很强的课程，在教学中如果单纯依靠传统的教学手段进行教学，很容易使学生感到枯燥乏味和抽象难懂。随着社会的发展，应用现代化教学手段进行思想政治理论课教学已成为教学的必然要求，所以在现实的教学过程中要充分利用好多媒体教学技术。多媒体教学是以多媒体计算机、多媒体制作软件、投影仪和音响为主体教学工具，在教学过程中通过教学设计，运用多媒体计算机处理文本、图形、动画、视频和音频等多种教

---

[1] 齐春桓：《增强高校思想政治理论课教育教学的艺术性浅析》，《思想教育研究》2010年第3期。
[2] 吴雁南：《在历史教学备课中的几点体会》，《历史教学》1955年第1期。

学信息，把教学内容有机整合起来，充分利用多媒体教学具有的许多优势。第一，它能丰富教学内容，扩大知识领域。多媒体教学可以最大限度地调动有用资源，如利用视、听、读、写等功能可补充大量教材中没有的资料，把最新的科技成果引入教学过程。第二，它能调动和培养学生的学习兴趣。利用多媒体的图像、文字、声音、动画等功能进行教学，发挥其形象、生动、有趣、新颖的特性。第三，它能增加师生交流的机会，使教学氛围更加生动活泼，从而提高教学效率和质量。第四，它能通过网络拉近学生与社会现实的距离，可使学生更好地关注社会，增强社会责任感，提升学生解决实际问题的能力。总之，多媒体教学能够集文字、图片、声音、动画于一体，通过多媒体教学，可以把一些难以描述的材料形象、直观、生动地展示给学生，使抽象的理论具体化、高深的道理通俗化、复杂的问题简单化。同时，多媒体教学不仅可做到直观形象，更重要的是信息储存量大，信息获取快捷，比较符合学生的喜好，从而在教学的过程中更好地促进师生互动，使因材施教成为可能。所以，高校思想政治理论课教师要切实掌握好多媒体技术，充分发挥网络的有效功能，让思想政治理论课教学通过多媒体这一现代化的教学手段尽显活力，最大限度地集中学生的学习注意力、调动学生的积极性，从而获得良好的教学效果。

以"概论"课程为例，在讲述"建设创新型国家"时，可以节选《首席执行官》的片段给学生播放，通过一个个改编自海尔发展历程的片段实景，让他们真切地感受到海尔的巨大成功正是源于不断地创新与超越，从而加深对为什么要推进创新型国家建设的理解。由此可见，精心制作的多媒体课件确实能够起到改善课堂教学效果的作用。但必须指出的是，高校思想政治理论课教师在运用多媒体进行教学时，要始终认识到，任何教学手段的革新都必须以服务课堂教学内容为宗旨，所以要注意适度，切不可使教室成为电影院，不可使课件成为影片，不能让学生成为观众，更不能让教师成为放映员。课件设计要根据教学对象的特点和教学内容制定，在内容的选择上，要选取那些理论性强、用口述、板书难以表达清楚的内容，选取教学目标高、教材内容少、现实材料多的内容，才能达到预期效果。切忌主次不分，否则就会影响教学目的。

四、差异化的考核标准对推进思政课教学改革提供了启迪

目前，多数学校对思政课的考核主要采取期末考试的方式进行。学生的最终成绩大致由以下几个部分构成：第一，学生的考勤，以此来监督他们的到课率。第二，平时成绩，主要包括学生平时在课堂上的表现、完成教师布置的课后任务的情况等。第三，期末考试成绩，这部分由学生参加期末考试后取得。

然而，吴雁南先生在讲授历史课程时指出，要把政治觉悟作为评定学生最终成绩的重要内容之一。① 也就是说，对学生期末考核成绩的认定要采取一种新的评分标准来进行。具体操作就是在历史教学考查和评定学生的成绩时，不仅注意文化知识、认识水平，而且也注重学生的思想觉悟、道德品质。吴雁南先生指出，在学生回答个别具体问题时教师不必针对他们的思想品质增减分数，因为这在具体实行的过程中会产生许多困难而且过于烦琐。教师平时的工作主要就是深入了解与研究学生的思想情况。这样，在期终学习结束时，教师就可以针对学生的思想品质、觉悟程度减分或者加分。

毋庸置疑，今天我们对思政课教学采取的考核模式取得了明显的成效。但也不可否认，当前的考核方式确实存在着亟待改进的地方。举个例子，有的学生上课时每次都到位，教师布置的任务他们也完成得比较好，但就是在课堂上不认真听讲，或者根本没听讲，而期末最终成绩却是高分。原因很简单，他们在临近期末考试时，突击死记硬背，所以分数会比较高。这样一来，理想的考勤分数、理想的平时成绩和理想的期末考试成绩，他们最终自然而然可以拿到高分。这对那些学习态度端正、学习动机良好，只是输在短期记忆力"相对薄弱"的学生来说，很显然是有失公平的。不仅如此，靠这种短期突击拿到高分的学生可能还会在心里瞧不起思政课和思政教师，因为他们认为，就算平时根本不听课，只要考勤到位，把教师布置的平时作业完成，到期末时集中突击一下同样可以拿到高分。很显然，这种状况就会使那些积极上进、认真听讲的学生感到失落。更为严重的是，那种投机取巧的行为会届届相传，如果学弟学妹听说了，其中部分人就会照搬师兄师姐的"先进经验"，致使许多思政课教师都会产生现在的学生怎么"越来越难教"的感受，这种影响应该说是非常不好的。所以，如果我们把思想政治觉悟、道德品质细化为切实可行的量化标准，并将之纳入学生的最终成绩进行统筹考核，应该能够大大提升教育教学质量，从而不断增强思政课教学的实效性。同时，对于当前全面推进思想政治理论课教学改革也会提供具有可操作性的启迪。

---

① 吴雁南：《关于历史课的性质和任务》，《历史教学问题》1959年第1期。

吴雁南先生经学史研究旨趣初探
——以《中国经学史·导论》为考察中心

熊 艳①

(贵州师范大学文学院,贵州贵阳,邮编:550025)

摘 要 吴雁南先生是新时期率先开展中国经学史研究的学者之一,取得了一系列经学史研究的成果。这些成果的取得,与他的经学史研究旨趣密切相关。通过《中国经学史·导论》及相关背景性材料,可以发现他的经学史研究旨趣主要有:马克思主义唯物史观的指导下编撰新经学史的责任感与使命感、对经学与中国社会关系的热衷、开拓新的学术领域和方向的眼光和勇气以及马克思主义史学历史理性与对传统历史文化的温情与敬意融合。

关键词 吴雁南;经学史;《中国经学史》;《清代经学史通论》;旨趣

一、学术史回顾

关于吴雁南先生经学史②研究的始末,陈奇先生在《吴雁南评传》(以下简

---

① 作者简介:熊艳,生于1991年,女,贵州水城人,贵州师范大学文学院硕士研究生,研究方向:先秦两汉魏晋南北朝文学与文化。
② 按"经学是研究儒家经典的学问"。(金景芳:《研治经学之方法》,载《金景芳全集》第7册,上海古籍出版社2015年版,第3138页)"把诸经看成一门学问,做系统研究,如经传的名物训诂,或剖析其义理,或探讨群经源流发展历史,以及经书上种种问题的研究等,都包括在经学的范畴。"(李威熊:《中国经学发展史》上册,文史哲出版社1988年版,第3页;转引自叶纯芳:《中国经学史大纲》,北京大学出版社2016年版,第14页)"经学史"则是以历史上儒家经典研究的学者及著作,包括著作的影响为研究对象的学问。日本学者泷熊之助认为:"在中国经学史中所当论究之范围,大要在明孔门教学之典籍,经书之成立,及其性质传授等。此等研究,在中国各时代情形如何?会如何解释?如何讲求?此即经书之变迁发达史也。"([日]泷熊之助:《中国经学史概说》,陈清泉译,商务印书馆1941年版,第16页)周予同先生非常看重"经"在不同社会的作用及影响,故经学史研究的任务是"研究'经'的来源和性质,研究中国社会经济政治的变化如何在'经学'范围之内。""中国封建专制政府和封建统治阶级

称"《评传》")中做了详尽的叙述,中勾勒了先生经学研究的简要历程。不但如此,陈先生还在《评传》中,专辟第六、第七两章对其经学史研究做了全景式的考察。① 2007 年,陈先生分别在"第二届'近代文化与近代中国'学术研讨会"和"纪念贵州建省六百周年学术研讨会"上发表了《吴雁南先生与"文革"后的清代经学史研究》《吴雁南先生与新中国的经学史研究》两文②,正可与《评传》对读合观。此为学界研究、讨论和总结先生经学史研究成就之发轫期。同处这一时期的,还有诸多单篇纪念文字分别见于《吴雁南纪念文集》和其他学术期刊。总之,在对吴雁南先生经学史研究的探研方面,《评传》一书无疑具有"道夫先路"的作用和意义。

对于吴先生的具体经学史研究著述评价,起步于 20 世纪 80 年代,持续至近前。这是伴随着先生经学史著作发表而来的。1993 年,吴雁南先生历经 12 年修订增补的《清代经学史通论》一书终于出版,1994 年、1995 年、1996 年,冉启科、辛之、谢放及张守常四位先生分别在学术刊物上发表了专门书评。③ 此外,早在《清代经学史通论》的前身——《清代经学史纲》编订之后,陈文先生于 1988 年在《贵州师大学报(社会科学版)》④第 3 期发表了题为《吴雁南教授主编〈清代经学史纲〉》的简介。2001 年吴先生主编的《中国经学史》一书由福建人民出版社刊印后⑤,2002 年邹登顺先生以《一部颇具特色的学术新

非常有助于我们了解吴先生经学史研究"背后的故事"。如该书第一章第四节"为 21 世纪的中国人提供借鉴"如何利用'经'和'经学'来进行文化、教育、思想上的统治。""随着中国封建社会的发展,在不同的历史时代中,'经学'思想发展的规律是怎样的。"(邓秉元选编:《中国经学史论著选编》,复旦大学出版社 2015 年版,第 440 页)从吴雁南先生的著作《清代经学史通论》《中国经学史》来看,其研究领域准确地说,当是"经学史",故本文所拟标题亦以"经学史"为题。

① 陈奇主编:《吴雁南评传》,贵州人民出版社 2010 年版。
② 《陈奇文集》,团结出版社 2017 年版,第 758-769 页。
③ 依据文章发表时间先后,此四篇文章分别是:冉启科:《国学之研究,经学史之力作——简评〈清代经学史通论〉》,《贵州教育学院学报》(社会科学版)1994 年第 2 期;辛之:《贯古通今 厚积薄发——评〈清代经学史通论〉》,《贵州社会科学》1994 年第 3 期;谢放:《简评〈清代经学史通论〉》,《文史杂志》1995 年第 4 期;张守常:《一部具有现实意义的专著——简评〈清代经学史通论〉》,《重庆师院学报》(哲学社会科学版)1996 年第 1 期。
④ 陈文:《吴雁南教授主编〈清代经学史纲〉》,《贵州师大学报》(社会科学版)1988 年第 3 期。
⑤ 按,吴雁南先生《中国经学史》一书出版于 2001 年,其后人民出版社收录"人民·联盟文库",并于 2010 年出版。此为笔者目力所及的两个版本,孙洁《论吴雁南先生的经学研究》所说的"2009 年出版的《中国经学史》是吴雁南集自己经学研究大成的通史性经学著作"的表述不准确。

著——评〈中国经学史〉》为题，对该书的特色、意义和价值进行了初步的阐发。这虽然不是专门以吴先生的"经学史研究"为考察对象，但确是对《中国经学史》一书具有针对性的专门评介文章，其中某些结论也为之后的研究论著所采用。此后，学界对吴先生在太平天国史、辛亥革命史、中国近现代社会思潮以及教育思想方面的贡献，都有一定的著述予以关注和研究，唯有对其经学史研究方面的探讨略显沉寂。2020年，孙洁先生发表了《论吴雁南先生的经学研究》一文①，也即在2003年陈奇先生写就《评传》后的17年，吴先生经学史研究这一课题才再度引起关注。总的来看，学界对吴先生在社会思潮、辛亥革命、太平天国、教育等方面的研究已较为丰富，而对先生的经学史研究方面相关问题的探讨和总结较少，这方面的研究有待于诸位方家一起努力。

上述著作对吴先生经学史研究的史事探索已很清楚，本文则立足于先生所撰《中国经学史·导论》（以下简称"《导论》"），即《中国经学史》一书带有纲领性的部分，拟对其经学史研究旨趣做一番探讨。

吴先生在《导论》一文中，专门就中国经学史研究的主要问题——"孔子与六经""经学的特点""经学在中国传统文化中的地位和作用"等三节内容进行论述。他通过界定经学内涵、儒家与经学书院、经学阐发及衡论经学在传统文化中的地位和作用，层层推进、条分缕析地阐述了他的经学史观点及研究旨趣，我们亦将围绕此三大问题，探究其经学史研究旨趣。

二、关于经、经学、孔子与六经的界定

经学是以经典为中心的系统性学问，历史上儒家与经学关系尤为密切，故后世论及经学，无不从儒家学派的开创者——孔子入手，探寻孔子、儒家、六经与经学的关系。吴先生在《孔子与六经》这一节中，主要考察了"诸子与经籍""孔门与六经传习"两个问题，此为先生所做的"经学"溯源工作。

1. 诸子与经籍之关系

先秦时期的典籍中，非独儒家之"六经"专擅"经"之名，道家、墨家、医家、兵家等著作亦皆有称"经"者。假如我们把"经"限定在"六经"范围内，则先秦时期其他学派也照样引用经文以阐发本学派的思想，没有后世森严的师承门户之畛域。20世纪20年代，吕思勉先生即提出："九流之学，同本于

---

① 孙洁：《论吴雁南先生的经学研究》，《今古文创》2020年第11期。

古代之哲学；而古代之哲学，又本于古代之宗教。故其流虽异，其原则同。"①此即说在诸子学派分化前，当存在共同的知识背景或"公共思想资源"②。冯友兰先生在《中国哲学史》中对儒家与"六艺"的关系分析得更为明晰，他认为"所谓六艺本来是当时人之共同知识。自各家专讲其自己之新学说后，而六艺乃似为儒家之专有品，其实原本是大家共有之物也"③。因此，在分析先秦时期称"经"及道家对"六经"认知的基础上，吴先生基本上赞成蒋伯潜的六经为"古代道术之总汇，非儒家所得而似之也"的观点，因而他主张，"所谓'经'，乃是官府重要典籍和各学派的重要著述的称谓"④。为什么他会有如此论断呢？其实这与吴先生对先秦典籍的认知关系很是密切。在对"经"做出定义前，他曾举章太炎"经"为群书通称之例，并从当时其他典籍未称经的事实出发，批评此定义"过于宽泛"。紧接着，又举刘师培"经"是"群书之用文言者"这一缩小范围的概念，指出刘说"单从文字上立说，似亦缺乏说服力"。装帧形制和语言特点固然是判断文献比较重要的依据，然而对于"经"这一特有的事物，其思想内涵和学术体系无疑才是最为重要的考察方面。我们再回到吴先生对"经"的界定。"官府""各学派"是其重要的两个来源。后者上文已经论及，至若说"官府"则反映了先秦时期"学在官府"的实际情况，即使如诸子百家，汉代追溯其起源时，也有诸子出于王官之说。

经的概念已然明晰，那么，"经学"是否就是对上述范围内的典籍之研究呢？吴先生认为，"经学是解释、阐明和研究儒家经典的学问"，突出了"儒家经典"的地位。此定义看似与他"经"的定义不完全一致，其实，"经学"的定义是针对汉代"罢黜百家，表章六经"的后"经学时代"成立以及此后儒家以"五经"（乐经至汉已亡佚）、"六经"、"七经"、"九经"、"十三经"为研究对象的学问门类和学术体系而下的，自与先秦时期各家之"经"的称谓和意涵不同。

---

① 吕思勉：《经子解题》，载《吕思勉全集》（第16册），上海古籍出版社2016年版，第198页。
② 彭华：《阴阳五行研究》，《先秦篇》华东师范大学博士学位论文，2004年5月，第3-4页。
③ 冯友兰：《中国哲学史》（上册），商务印书馆2011年版，第59页。
④ 吴雁南：《导论》，载《中国经学史》，福建人民出版社2001年版，第2页。

2. 孔门与六经传习

孔子及其后学与六经关系之密切自不待言，翻检《史记·孔子世家》《仲尼弟子列传》及历代《儒林传》即可获知其盛况。2015年，江西省海昏侯刘贺墓发掘出土的《孔子衣镜》镜框背板载有孔子及其弟子的传记，可与《孔子世家》等合观。吴先生于此部分首先介绍孔子的生平及其私学教育活动，引述匡亚明先生论周代教育的内容指出，孔子时代凡欲参与贵族政治，皆需学礼、乐、射、御、书、数组成的六种"小艺"和《诗》《书》《礼》《易》《乐》《春秋》构成的六种"大艺"。他同意匡亚明先生所主张的早在孔子之前即有六经，"而后世所传之六经却多经过孔子的整理编订"①。在此，他还给出两点理由以佐证孔子删述六经之观点：

（1）从大量记载看，六经有过长久的形成过程，并非成于一时、出于一人之手。

（2）孔子创办私学，长期以《诗》《书》《礼》《易》《乐》《春秋》等典籍为教材，即使在此之前有一些传本，也不可能完全符合其教学的需要。②

对于第一点，吴先生以《诗经》的编次成书、吴公子季札至鲁观乐二事加以论证。《左传·襄公二十九》载"吴公子札来聘……请观于周乐"，是时鲁乐工为之歌《诗》之《周南》《召南》《邶》《鄘》《卫》《王》《郑》《齐》《豳》《秦》《魏》《唐》《陈》《小雅》《大雅》《颂》等诗歌，季札还分别做出评论。此时孔子不足10岁，"断无删订《诗经》之力"。借此证明孔子之前，"《诗》已有一种以上的本子"。其实，早在孔子之前的一些典籍文献也已开始引述六经文字，其同时代稍后则更多。清代经学家皮锡瑞曰："孔子以前，未有经名，而已有经说，具见于《左氏内外传》"③，差可说明问题。上古经典及其解说，确乎在《左传》《国语》中有载录。由此可见，吴先生从经书形成过程来看待孔子与六经的关系，是符合当时实际情况的。

对于第二点，吴先生既顺承第一点而继续展开讨论，又以自身从教的实际经验出发，论证孔子删述六经的可能性。因为孔子前的典籍"也不可能完全符合其教学的需要"，对其进行整理、编订使之符合教学需要，"犹如今天编讲义或课本一样"。在此基础上，吴先生还以《孔子世家》等文献为证，说明孔子"至少有两次集中力量对六经进行研究或整理"。另外，我们还须注意到，据

---

① 吴雁南：《导论》，载《中国经学史》，福建人民出版社2001年版，第5页。
② 吴雁南：《导论》，载《中国经学史》，福建人民出版社2001年版，第6页。
③ ［清］皮锡瑞著，周予同注释：《经学历史》，中华书局2008年版，第30页。

《孔子世家》所载，"孔子之时，周室微而礼乐废，《诗》《书》缺"①。《孔子衣镜》镜框背板文字亦曰："当此之时，周室威、王道坏、礼乐废、盛德衰，上毋天子，下毋方伯，臣詑君子□必四面起矣，强者为右，南夷与北夷交，中国不绝〈弟〉［如］缕耳"②，"故孔子闵王路废而邪道兴，于是论次《诗》《书》，修起礼乐"③。因而他的文献典籍整理活动不只是单纯的整理文献、编订教材，而且具有传承延续上古以来知识文化的伟大意义。于"六经"和经学而言，他将贵族教育的典籍文本，通过私学传之"三千弟子"而弘扬于天下，扩大了知识的受众及影响，"成王尔后两千多年中国学统的骨干"④。《太史公自序》追溯周公、孔子以及孔子卒后，曰："有能绍明世，正《易传》，继《春秋》，本《诗》《书》《礼》《乐》之际？'意在斯乎！意在斯乎！小子何敢让焉。"⑤也正表明太史公是肩负重建礼乐、传承文化的使命而来从事文献整理、著述撰写的相关活动的。美国学者夏含夷（Edward L. Shaughnessy）也认为，《周易》《尚书》《诗经》等典籍之所以在中国传统学术中具有崇高地位，"撇开其不容忽视的内在价值不谈，在一定程度上是因为这些经典书籍都被认为是夏、商、周三代的先贤圣人所创作，之后由孔子本人传承下来"⑥。这可能也与六经经典化及孔子地位尊崇有很大的关联。

　　按照吴先生的论证安排，他是将重心放在考察孔子与六经的关系以及孔子整理删述六经与其经典化的问题方面的，而对孔门后学传习六经、经学问题叙述简略、一笔带过，没有进一步展开，似较此目所拟标题所涉范围为小。

三、对"经学特点"的认知

　　通过上文分析吴先生对"经""经学"及孔子删述六经所做的溯源，能够

---

① （汉）司马迁撰，（南朝宋）裴骃集解，（唐）司马贞索隐，（唐）张守节正义：《史记·卷四十七·孔子世家》，中华书局1982年版，第1935页。
② 王意乐、徐长青、杨军等：《海昏侯刘贺墓出土孔子衣镜》，《南方文物》2016年第3期；朱凤瀚主编：《海昏简牍初论》，北京大学出版社2021年版，第345页。
③ （汉）司马迁撰，（南朝宋）裴骃集解，（唐）司马贞索隐，（唐）张守节正义：《史记·卷一百二十一·儒林列传》，中华书局1982年版，第3115页。
④ 徐复观：《先汉经学之形成》，《中国经学史的基础：周官成立之时代及其思想性格》，九州出版社2014年版，第14页。
⑤ （汉）司马迁撰，（南朝宋）裴骃集解，（唐）司马贞索隐，（唐）张守节正义：《史记·卷一百三十·太史公自序》，中华书局1982年版，第3296页。
⑥ ［美］夏含夷：《导论》，载《孔子之前：中国经典的诞生研究》，黄圣松、杨济襄、周博群等译，中西书局2019年版，第1页。

初步发现经学与传统文化的重要性也蕴含在典籍的整理与文化的继承当中。那么，"经学"作为一门学问，又有着怎样的特点呢？吴先生在此部分先述"经学"的孕育及肇端，再结合经学本身在汉代及之后两千年间的分合、演变，归纳出以下四个特点，此为先生对中国经学特点的理论认识：

（1）相对独立的经学形式及其在不同的历史发展阶段所出现的变化的时代特点和阶级性，都很突出。

（2）儒家经典为古代道术的总汇，具有多面性，经学的一些思想主张，不但为统治者所利用，而且被统治者所接受。

（3）求是、疑古、考证之风的兴盛。

（4）从对垒、融合到经学总结阶段的异端突起。①

首先来看吴先生的第一点论断，其关键是"经学形式"相对独立，不同阶段的经学之变的时代性、阶级性突出。自汉武帝"表章六经"、设立经学博士始，至民国元年（1912）南京临时政府废止读经，其间经历朝代甚多。在这一过程中形成了今文经学、古文经学、宋学等特色鲜明的研究范式和学术流派②，冯友兰先生将之总括为"经学时代"。在此时段内，"经学是中世纪中国的统治学说"，"自儒术独尊以后，中世纪中国占统治地位的经学，便以学随术变为主导取向。官方表彰的经传演讲，总在追随权力取向"。③ 这种时代的差异性既有历史本身演进的需要，也有经学附益相应时代现实政治需要的因素在内，非如此不足以致其用。"经学时代"历时非常长，内部变化亦多，皮锡瑞将之分别命名为"经学昌明""经学极盛""经学分立""经学统一""经学变古""经学积衰""经学复盛"等7个不同时代。吴雁南先生于此则列举了汉代《公羊学》、唐代《五经正义》之编撰、宋明理学、陆王心学、清代经学三派对垒与融合，旨在突出"经学"在不同时代、不同的阶级下的发展变化。此即他所关心的经学继承性而外的差异性，"观念性的东西不过是在人们头脑中变位易形的物质性的东西，在注意其继承性时，还应引向深层次的研究，进一步考察造成经学在各历史阶段的演变、发展以至衰落的根本原因"④。这也同徐复观先生所界定的

---

① 吴雁南：《导论》，载《中国经学史》，福建人民出版社2001年版，第8-11页。
② 按，经学三大派的概念只是取其粗略轮廓，其实经学在各自所处时代内涵非常丰富，并不以单一的面貌和学术风格呈现，非是笔者不注重其变化，此为论说方便之故，沿袭前人成说，特此识之。
③ 朱维铮：《简说中世纪中国经学史——过程与文献》，载《中国经学史十讲》，中信出版社2020年版，第2页。
④ 吴雁南：《导论》，载《中国经学史》，福建人民出版社2001年版，第8页。

经学史研究两部分内容之一的"经学在各不同时代中所发现、所承认的意义"①的表述若合符契。

其次,"儒家经典为古代道术的总汇"上文已有申说。对于其"多面性",在很大程度上当是基于经学家来源的广泛性和各时代特殊性需要而生发的。对于经文,历代经学家都或多或少有所看法,形成文字就是各种"传""注""疏"。其中,他们各自的思想、政见也多借着注释经典而阐发出来,这就会使得同一部经典,在不同时代的接受、使用、认知大相径庭,其背后的阶级属性也决定着经文的解释倾向,也即吴先生所说的"(经学)为历代统治阶级用来维护封建统治,具有明显的阶级性"。但是,经学典籍多自上古传承而来,其中所含嘉言懿行、人生哲理等,又是数千载真理探讨的结晶,故而能够超越时空局限和阶级局限,使得它们自身具有广泛的适应性。

再次,经学对中国古代"求是、疑古、考证"之学术风气及范式具有引导作用。西汉晚期古文经学兴起,由释读、隶定古文而延伸至经籍训诂、校勘、考证,进而形成了实事求是的学风。古文经学在汉唐大盛。与此同时,唐代后期啖助、赵匡、陆淳等不满汉唐之注疏,遂"舍传求经",直指先秦经典,"开宋儒疑经、议经之端绪"。宋儒由废汉唐旧注发展至疑经,吴棫怀疑《古文尚书》之真伪,并辨所谓"孔安国《尚书》传"为伪。阎若璩对此颇为称道,在《尚书古文疏证》卷八专列一目"言疑古文自吴才老始",即此。宋儒疑古辨伪影响甚巨,吴先生认为"实开明清辨伪之端绪"。"他们继承宋学的疑古精神,更远绍古文经学的求是学风,把疑古与求是相结合",在判断古书成书年代、古籍辨伪、考证等方面,均获得了不菲的成就。先生还引萧一山对清代疑古学风的评价,如"怀疑之成为风气""怀疑之解放",更指出"夫有怀疑而后有思想,有思想而后有建树。古今中外,一切学术之革新,未有不自'疑'字始者也",并指出怀疑、考证与求是对于思想解放的重要作用。清代晚期今文经学复盛,如康有为在利用资产阶级思想改造儒学的同时,将孔子的作用无限放大,"崇圣而近乎妖",并对古文经学发起总攻;古文经学派的章太炎则秉持"六经皆史"的观念,"去圣而近乎凡",消解了"经"本身作为制度性之"法"的意义,而将之归入史官、历史层面②,弱化乃至否认孔子删述六经的作用,而突出荀子、刘向、歆父子在文献整理与经学传承上的作用。至此经学发展面貌丕变,

---

① 徐复观:《自序》,载《中国经学史的基础:周官成立之时代及其思想性格》,九州出版社 2014 年版,第 3 页。

② 陈壁生:《经学的瓦解》,华东师范大学出版社 2021 年版,第 51 页。

走向传统经学的对立面,所谓"异端"突起。

最后,经学的发展历程包含着对垒和融合两个主要方面,至"总结阶段"而走向解构和终结。这一点当与第一点联系紧密,乃是经学在不同社会阶段的不同表现。经学自汉代诞生以来,分派、对垒和吸收、融合相伴而行以至于清。吴先生举出董仲舒"兼容百家",郑玄兼容经学内部派别,儒、释、道三教争胜到三教渗透、融合,形成了面貌一新的宋学。朱熹能够兼容佛、道思想,成为宋代理学的集大成者。清代学术史上经今文、古文、宋学并存,这种古学的复兴"不是历史上某一学派的简单重复",而是"(经学)对垒与融合相交错……表明经学已经进入总结阶段"①。与此前数千年所不同的是,自1841年始,西方列强挟第一次工业革命之威势,以坚船利炮打开清帝国的大门。至此,经学家们面对的环境已由"天下"走向"国家",必须对西方文明发出的挑战做出回应,同时也需要寻觅救亡图存的方法。按照人们通常所说的"半封建社会",封建经济仍然存在,资本主义经济也已产生,资产阶级思想亦随之兴起,以康有为、章太炎为代表的经学家分别走向资产阶级改良和民主革命之路。资本主义时代的到来使经济基础发生变化,进而政治上专制与帝制走向终结。与之紧密相关的是,宣称"天不变,道亦不变"的经学也失去其在政治、思想领域的主导地位。加之文化教育的变革,经学研究和经学教育式微,此时经学发展历史已步入"经学应当死亡""经学史应当研究"②的新阶段。

综上,在吴先生看来,经学的特点与其所处的社会历史背景密切相关,经学在不同阶段呈现的复杂性正源于其所依托的历史背景的复杂性。经学产生、分派、对垒、融合,也伴随着经学历史的发展步伐而变动。当社会经济与政治环境发生变化时,经学也会有相应的调整。而近代资产阶级民主政治的兴起、新思想的传入,使得此时期思想界呈现出纵横交错的格局,打破了经学、儒术独尊的传统地位。但是,无论如何,经学在两千余年的发展过程中,切实地参与了中国传统文化的建构。因而吴先生非常看重"经学"在传统文化中的地位和作用。这也是他把经学溯源、经学特点分析导入更深层次的文化分析层面的原因之所在。

四、对"经学在中国传统文化中的地位和作用"的认识

经学根植于中国传统文化之中,并在漫长的中古时期居于"主导地位",发

---

① 吴雁南主编:《清代经学史通论》,云南大学出版社2001年版,第22页。
② 秦敏、徐冠群:《朱维铮先生学术编年初稿》,载复旦大学历史学系编:《怀真集——朱维铮先生纪念文集》,复旦大学出版社2013年版,第322页。

挥着重要作用。因此，吴先生很重视考察经学传统文化中的地位和作用。而这种考察的背后有一定的学术目的，即如何认识和评价传统文化、经学，如何吸收其精华为当代社会主义文化建设服务。吴先生主要立足于中国传统政治、文化教育、民族精神三个方面对这一论题展开论述。

（一）经学与中国传统政治

在中国古代历史上，自西周以来就形成了"民为邦本""明德慎罚""敬天保民""民贵君轻"等诸多优秀的政治思想。及至汉代，《春秋》学兴起，公孙弘以《春秋》而白衣出身出任三公，《春秋》决狱更是将之运用到现实行政中。皮锡瑞说，汉代尊经，确实是把经学实实在在地施行了，"武帝罢黜百家，表章六经，孔教已定于一尊矣。……元、成以后，刑名渐废。上无异教，下无异学。皇帝诏书，群臣奏议，莫不援引经义以为依据。国有大疑，辄引《春秋》为断。一时循吏多能推明经义意，移易风化，号为以经术缘饰吏事"①。总之，经学与政治联系紧密，是因为"经学在长达二千多年的中国社会中，成为传统政治的指导思想。其理论和思想主张，直接切入政治，对封建时代中国政治的影响尤深"②。为了进一步说明经学对政治的影响，吴先生分别从德治与王道三纲、皇权大一统、变革与守旧三个方面进一步论证。

1. 德治与王道三纲互为表里

对于"德治"问题，吴先生以"民为邦本"为例进行说明，指出"以德天下""力行仁政"的思想主张成为儒家经籍中的一个基本点。这也成为历代君主及执政者的施政标准，开明有为或暴虐无道之君"无不以德治、仁政相标尚。这说明，即使是独夫民贼也不敢公开抛弃德治、仁政这面旗帜"。随着历史的演进，民本和德治思想历经数千载发展至今，国家仍在提倡以人为本、以德治国，这也是传统文化影响下的独特政治现象。

在传统政治模式中，君臣关系也是其中的重要一环，二者既相互联系，又相互制约。董仲舒一方面倡导"君为臣纲"，为君主专制集权张本；另一方面又强调民众、社稷重于君主，倘若君主违背民本、德治等政治轨范，则会招致上天降下灾异之谴告。"淫佚衰微，不能统理群生，诸侯背畔，残贼良民以争壤土，废德教而任刑罚。刑罚不中，则生邪气；邪气积于下，怨恶畜于上。上下不和，则阴阳缪盭而妖孽生矣。"③故后者必须以德治国、行修德政。在董氏的

---

① ［清］皮锡瑞著，周予同注释：《经学历史》，中华书局2008年版，第103页。
② 吴雁南：《导论》，载《中国经学史》，福建人民出版社2001年版，第15页。
③ （汉）班固撰，（唐）颜师古注：《汉书·卷五十六·董仲舒传》，中华书局1962年版，第2500页。

宇宙论模式中，君主和臣属之位是固定的，而在此之上则为"天"，因而可借"天意"来限制君权。另外，吴先生也推崇孟子所倡导的"格君非心"。即臣子以古圣先王嘉言懿行纠正君主之过，格其非心，也是限制君权的手段之一。但正如吴先生所指出的，"无论是天谴论，抑或是格君之'非心'说，都不可能阻止独夫民贼的倒行逆施"。毕竟在天人宇宙模式中，君主天然地占据优势地位。除了"天"之外，君主最大，且其权力是没有行之有效的约束措施的，无上的权力注定会使得"天谴""谏议"等限制措施流产。

2. 加强皇权与大一统

一门学术要获得权力的支持，其思想理论必须为权力背后的政治而服务。同先秦时期的儒学相比，儒学在解决汉初问题和君主集权方面呈现出与此前迥异的形态。如果说先秦儒家以"士志于道""从道不从君"为标的，那么发展到汉代，儒生为"致其用"而将阴阳五行学说纳入自身体系，从宇宙论的角度倡导"君权神授"。虽说也力图对君权做出一些限制，但这种努力是苍白无力的，其理想追求向现实境遇妥协，转为专制集权鼓吹造势。这种妥协和转型很是成功，"使儒生大量进入各级政府，从而获得参与和改造朝廷政治的机会"①。再从大的历史背景来看，春秋战国的天下分裂格局在秦汉得到解决，政治的大一统也随着"王国"问题的解决而完成。儒家倡导"《春秋》大一统"和崇尚君主集权，则促进了文化大一统的完成，故汉代"表章六经"是有其深刻的政治、文化根源的。自汉而后，正统儒家基本上都能得到专制政府的重视，对其后两千余年的政治影响深远。再者，"大一统"文化心理的形成，也塑造着后世的中华民族精神。如邓小平同志所总结的："在五千多年历史发展中，中华民族形成了以爱国主义为核心的团结统一、爱好和平、勤劳勇敢、自强不息的伟大民族精神。"② 这个"团结统一"的"统一"，当是受到传统文化影响而形成的文化心理，进而演化为中华民族精神的组成部分。"大一统的思想……使我们的中华民族增加了巨大的凝聚力。……而这也不能不归结于《春秋》大一统的思想。"③

3. 变革、更化、维新与因循守旧并存

吴雁南先生认为经学既有因循守旧的一面，又有变革、损益、维新的内容。在这部分，吴先生主要谈的是后者，即经学的"变革""更化"。经学因循守

---

① 陈苏镇：《〈春秋〉与"汉道"：两汉政治与政治文化研究》，中华书局2011年版，第616页。
② 余源培主编：《邓小平理论辞典》（第一卷），上海辞书出版社2012年版。
③ 谢谦：《经学与中国文化》，三环出版社1990年版，第23页。

旧，可能与其宇宙论相关。董仲舒说："道之大原出于天，天不变，道亦不变。"① 在这种天道观念下，守成比创造更容易得到认可。另外，经学的传承重"师法"和"家法"，"师之所传，弟子所受，一字毋敢出入；背师法即不用"②，这种传承方式也在客观上限制了创造力的发挥。

至于说变革、损益、维新，这与吴先生在"经学与中华民族精神"上阐述的"开拓进取，倡言维新，自强不息"联系紧密。一般认为，《易经》讲变化之道，主张"穷变通久""因时革命"。《革》卦之《象传》即曰"汤武革命，顺乎天而应乎人"，这也是儒家所津津乐道的"汤武革命"。《尚书·盘庚篇》亦倡言"人惟求旧，器非求旧，惟新"。《礼记·大学篇》引述"汤之盘命"。"苟日新，日日新，又日新"及《尚书·康诰篇》"作新民"，《诗经·大雅·文王》"周虽旧邦，其命维新"，"无不以一'新'字作为追求完善境界的伟大品格和思想原则"。③ 孔子在总结夏、商、周三代文化时，强调三代制度的"因革损益"。到了孟子那里则倡言"革命"，以"仁义"行与不行作为是否革命的标准。等到汉武帝时期，国家在反思秦制度之弊的同时，需要进行制度重建。董仲舒因之提出"更化"理论，即变秦代以法家思想为主导的治国理论为以儒家思想为中心的治国理论，崇尚仁政德教、黜退刑名法术。其在政治学说上"以儒家学说代替法家学说，以昭尧舜至治之道"。变革、损益及更化，是儒家学派立足不同的政治环境而提出的变革思想，有助于社会的自我完善和自我调节，为国家治理提供了一种具有创造力和张力的理论模式。

（二）经学在中国文化教育中的主导地位

经学是传统文化的重要组成部分，同时与文化教育直接相关的"经学"本身就是一个全面系统的学术体系，故历史上中国文化教育受其影响自是顺理成章的。吴先生从"哲学社会科学""文学艺术""传统教育"三个方面出发，论证经学在文化教育中的主导地位。

1. 经学与哲学社会科学

吴雁南先生从中国古代经学的发展实际出发，指出"自西汉'独尊儒术'以后，许多哲学家、思想家都是经学家，其哲学思想和政治思想往往通过对儒家经典的阐释和发挥，其著述多为经学著作"④。这个认识与冯友兰先生论"经

---

① （汉）班固撰，（唐）颜师古注：《汉书·卷五十六·董仲舒传》，中华书局1962年版，第2518-2519页。
② ［清］皮锡瑞：《经学历史》，周予同注释，中华书局2008年版，第103页。
③ 吴雁南：《导论》，载《中国经学史》，福建人民出版社2001年版，第27页。
④ 吴雁南：《导论》，载《中国经学史》，福建人民出版社2001年版，第20页。

学时代"的哲学多为经学有异曲同工之妙。①上揭反复申说经学在专制社会中的主导作用和核心地位,又因为经学是传统文化的法定正统,主导着意识形态,因而"社会科学的其他领域亦无不与经学息息相关"。吴先生举出司马迁崇黄老,"是非颇谬于圣人"之《史记》,"亦是以经学所阐发的君臣大义为指导原则"。非但如此,《史记》还有绍述《春秋》之义,足见经学对其影响之深。延及后世,传统史学论著的编纂重视帝王君臣、以经学为指导思想也是能够理解的了。但是,这种以经学为导向的史官及史学,相比上古先秦时期的职守、内涵及独立性发生了剧烈的变化。"在'儒术独尊'以后,古代史官曾经世代拥有的历史记述权,已经被君主信用的经学家,特别是董仲舒、公孙弘为核心的所谓《春秋》公羊学派夺去了"②,"史官的独立人格意识与独自的认识模式没有了,经学成了史官认识历史、编写历史的思想原则"③。

2. 经学与文学艺术

对于经学对文学艺术之影响,在文学尚未自觉的时期,文学与史学等学科一样,同样笼罩在经学的阴影之下。而在汉代文学自觉之后,作为主导社会意识形态指导思想的经学仍强势地影响着中古时期的文学创作。即使到了南朝梁代,刘勰撰《文心雕龙》时,仍以"经"及"经学"为最高指导思想来分析和看待文学的。是书开篇《原道》《征圣》《宗经》,"论文必征于圣,窥圣必宗于经"④,即表明了全书的总纲。经学对文学艺术的影响,自与其主导当时的思想密切相关,当然其内涵不止于此。吴先生分析经学对文学艺术影响之原因有三点:首先,因为经学在封建时代是法定的指导思想;其次,一些儒家经典如《诗经》《论语》《孟子》本身即具有很高的文学价值,成为文学的珍品;最后,历史上一些有名的文学家通经学或者自身就是经学家。

吴先生认为,经学所阐发的,诸如以仁为本、"民胞物与"的精神,崇尚伦理、重教化,以善为美的文学艺术理论以及文学艺术为政教服务等,对我国古代文学艺术的发展产生了很大影响。以孔子编《诗》为孔门教材为例,其重视

---

① 按,冯友兰先生认为:"在经学时代中,诸哲学家无论有无新见,皆须依傍古代即子学时代哲学家之名,大部分依傍经学之名,以发布其所见。其所见亦多以古代即子学时代之哲学中之术语表出之。此时诸哲学家所酿之酒,无论新旧,皆装于古代哲学,大部分为经学,之旧瓶内。"参见冯友兰:《中国哲学史》(下),商务印书馆2011年版,第4页。
② 朱维铮:《史学史三题》,载《朱维铮史学史论集》,复旦大学出版社2015年版,第6页。
③ 谢谦:《经学与中国文化》,三环出版社1990年版,第94页。
④ 王利器:《文心雕龙校证》,上海古籍出版社1980年版,第6页。

《诗经》的讽谏、怨刺功能。孔子积极号召学子学《诗》，主张"兴观群怨"说，追求《诗》之用，充分肯定其社会功能，即《诗》在学术、文学、人伦、政治上的意义。孔子编《诗》既注重其文学特征、价值，又重视其思想内容。故在文学审美上，他倡导"尽善尽美"说。以《韶》《武》二诗为例，孔子称前者尽善尽美，后者尽美而未尽善。毕竟武王伐纣，流血漂橹，以臣伐君，固然出于大义，但毕竟突破了君臣的伦理范畴。"善"是孔子思想中以仁政德治、仁义礼乐为中心的伦理道德观念。美是善的表现之一，因而评判作品需要达到形式之美与内容之善的统一。由此可见，"孔子的文学艺术观仍是坚持思想与文学艺术的统一、善与美的统一的"。此即是要求文学的艺术性与真、善、美达到统一。

另外，在经学的巨大影响下，词曲、戏剧、通俗小说等源于民间的"非正统文学"也深受正统观念的影响，逐渐被"驯化"，否则只有面对被禁毁的命运。从正面的意义上看，俗文学的正统化、雅化，"提高了自己的层次与艺术水平"①，实用功能更加凸显。从反面看，来自正统的"驯化"，在敦化人心、统一思想之际无疑也牺牲掉了文学本身的多层次性和多样性。

3. 经学对传统教育的影响巨大

作为一种占主导地位的学术体系，经学最直观的作用就显现在教育领域。吴先生说："经学对教育的切入最为直接，对其影响在一定意义上也可说是最大的。"自儒家学说被"定于一尊"之后，至民国元年（1912）南京临时政府废止读经，长达两千余年的历史中，百家之学式微以至于销声匿迹，"中国两千年的教育也主要是经学教育，所谓读书人也就是读经书的人"②。汉代经学重名物训诂、经传解说及灾异咎征模式，宋儒主张义理、心性之学的阐发，清代兼而有之，而彼时的教育内容也随着儒家的研究旨趣发生着变化。当然，无论怎么变，儒家经典的部类虽有变化而地位尚稳固。国家教育与人才选拔皆以此为中心，政教合一，正在把"学而优则仕"落到实处，儒家经学及其观念也通过儒学者得以推行天下。

经学未被废止以前，传统教育是以道德教育为核心的，兼有天文地理、人事百科、政治经济、文史哲等其他内容。但是，随着儒学、经学的心性化倾向加重，久而久之形成了"重人伦轻自然的学术倾向"③。而中国古代实用技术领

---

① 谢谦：《经学与中国文化》，三环出版社1990年版，第94页。
② 谢谦：《经学与中国文化》，三环出版社1990年版，第94页。
③ 张岱年、方克立主编：《中国文化概论》（修订版），北京师范大学出版社2004年版，第280–281页。

先世界的优势也在16—17世纪西方自然科学、实验科学的兴起后逐渐落伍。至西方列强入侵时，洋务派积极寻求技术救国、师法西方，顽固守旧的理学家仍在叫嚣："朝廷命官必用科甲正途者，为其读孔、孟之书，学尧、舜道，明体达用，规模宏远也。何必令其习为机巧，专明制造轮船、洋枪之理乎？"① 倭仁以为："立国之道，尚礼义不尚权谋。根本之图，在人心不在技艺。"专门的技术人才不能救国，奕䜣则指出"仅以忠信为甲胄，礼义为干橹，谓可折冲樽俎，足以制敌之命，臣等实未敢信"②。晚清之世界，已与数千载之前不同。自1500年地理大发现始，至第一次工业革命完成，新兴的资产阶级走上历史舞台并引领着世界发展的步伐。彼时清帝国昧于世界大势，重道德修养而轻科学技术，足见经学影响下的教育弊端之深重。纵使不论实用科技能否救国，然其以天朝上国的心态鄙弃外国，不肯认真反思国家失败之因，不认真寻求解救民族危亡之策，靠着两千余年前的"圣训"来拯救时局弊端，无异于刻舟求剑、缘木求鱼。

（三）经学与中华民族精神

"民族精神"是指"民族成员在长期的社会实践中创造的反映本民族整体利益和基本价值趋势或目标的价值观念和民族意识"③。吴先生以为，民族精神乃是民族文化心态的集中体现。经学在中华民族形成中具有重要意义，其意义主要通过以下五个方面来体现。

1. 崇尚理想人格，以天下为己任，讲求节操

上文已经论述过，以经学为主导的传统教育主要是道德教育，故其在人格培养、道德养成、人格完善诸方面皆有非常积极的作用和影响。儒家重视先王之道，崇尚古圣先贤的完美人格。他们从格物致知、诚意正心、修身齐家以至治国、平天下，有一套完整的修养系统，也正是"人人可以为尧舜"的进路。一方面，儒家推崇理想人格；另一方面，儒家又注重实践，勇于担当，"当仁不让于师""穷则独善其身，达则兼济天下""天下兴亡，匹夫有责"，凡此种种，古圣先贤的嘉言懿行、道德教训无不激励着后学以天下为己任，追求三代之至治。常言道，榜样的力量是无穷的。高尚的人格、英雄的事迹氤氲在五千年的中华文化中，滋润着后世子孙的灵魂。从这个意义上看，经学对中华民族精神

---

① 《同治六年正月二十九日掌山东道监察御史张盛藻折》，载中国史学会主编：《中国近代史资料丛刊·洋务运动（二）》，上海人民出版社1961年版，第29页。
② 《同治六年三月初二日总理各国事务奕䜣等折》，载中国史学会主编：《中国近代史资料丛刊·洋务运动（二）》，上海人民出版社1961年版，第33页。
③ 冯契主编：《哲学大辞典》（上），上海辞书出版社2007年版，第1005页。

的形成有着巨大深刻的影响也是其中应有之义。

2. 开拓进取，倡言维新，自强不息

上文讨论经学对传统政治之影响时提到了维新、损益、更化有助于社会的自我调节和完善，兹不赘言。前文也曾论及《易经》的变化之道，而《周易》之《乾》卦卦辞"乾，元亨利贞"之"乾"，马王堆帛书本《周易》经、传皆作"键"，《大象传》亦作"健"，"此为本卦之卦德"。"健是天体有规律地运转，永不停息，什么力量都不能阻止它，改变它。"[①] 足见《乾》卦纯阳至刚至健，方可积极有为、自强不息。而"自强不息"又是上文所引中华民族精神的组成部分。这种积极有为、自强不息的精神与变革、维新、坚忍不拔精神结合，亦如吴先生所言："千百年来，激励着一代又一代的中华儿女，为中华民族的繁荣昌盛，国家的富强，以至世界文明作出贡献，夙兴夜寐，奋斗不已，在历史上谱写了一页页极其光辉的篇章。"[②]

3. 尚道德，崇礼义，重修身

儒家重视道德修养的表述已有很多，上文也略做过讨论。一般认为孔子的思想以"仁"和"礼"为中心。"仁"属于内在层面的东西，"礼"则主要运用于外的秩序体系。"仁"与"礼"的关系，差可用"礼"与"乐"的关系相比附。《礼记·乐记》曰："乐由中出，礼自外作。乐由中出，故静；礼自外作，故文。"[③] 而"仁"与"礼"的配合满足了人们对内的自我修养、对外的交往准则。在儒家经学的熏陶下，"仁"与"礼"久而久之就成为人们日常所奉行的道德准则。"礼"自原始社会起源，经周公、孔子加以改造，至后世洋洋大观，中国也因"礼"而成举世闻名的礼仪之邦。"仁"以及与之相关的"义"则在人们的内在修养方面发挥着重要的作用。儒家也因之看作"仁义"的价值。《论语·卫灵公》载孔子论成"仁"："志士仁人，无求生以害仁，有杀身以成仁"[④]；孟子在此基础上偏向"义"阐发。《孟子·告子上》曰："生，亦我所欲也。义，亦我所欲也。二者不可得兼，舍生而取义者也。"[⑤] 自此之后，"杀身

[①] 金景芳、吕绍纲著，吕绍纲修订：《周易全解》（修订本），上海古籍出版社2005年版，第5页。

[②] 吴雁南：《导论》，载《中国经学史》，福建人民出版社2001年版，第28页。

[③] [清]孙希旦撰：《礼记集解·卷三十七·乐记》，沈啸寰、王星贤点校，中华书局1989年版，第987页。

[④] [梁]皇侃撰：《论语义疏·卷第八·卫灵公》，高尚榘校点，中华书局2013年版，第398页。

[⑤] [清]焦循撰：《孟子正义·卷二十三·告子》，沈文倬点校，中华书局1987年版，第783页。

成仁、舍生取义",为了成就"仁",哪怕付出生命也在所不惜。孟子则强调人可以为了某种真理、正义的价值取向而放弃自己的生命。由追寻一己之福、人格完善到为他人、群体、社会乃至天下谋福祉,塑造了儒家甘于牺牲、奉献的伟大人格范型。在此思想激励下,无数仁人志士为了中华大地抛头颅、洒热血,虽九死其犹未悔,着实值得人们深深地敬佩。

在"仁"与"礼"的关系上,吴先生赞同匡亚明之论,即"用仁和礼相互制约、相互辅佐,从而达到一种等级与仁爱对立与和谐统一,至于长治久安的小康王道之治"①。此论甚为精到,上文以"乐"和"礼"来比附"仁"与"礼"的关系,荀子也认为"乐合同,礼别异"②,"仁"由内作而追求广泛性,"礼"由外发而注重区别和差异性。一则维系社会运行的秩序,二则注重调节人际关系,故二者之相辅相成,才能使社会正常运行。

4. 勤劳、勇敢、大无畏精神

作为一个有着数千载历史的农业大国,"勤劳"是其最基本、最质朴的底色。吴先生在此引用《尚书》《论语》等经文为之证。需要指出的是,孔、孟论"勤劳"与《尚书》有所不同。"《尚书》所谈的'勤'多以统治阶级上层为对象",孔、孟"强调'勤'则扩大到民间,主张士子必须刻苦磨炼,方能有成"③。又,号称"郁郁乎文哉"的周朝,其始祖之德行在于农事,因其勤于稼穑而获得人们的认可。《大雅·生民》《周颂·思文》《尚书·尧典》以及上博简《容成氏》文献在对"后稷"的史事记叙和形象刻画上,均非常重视他的农业事功。《国语·鲁语上》曰:"稷勤百谷而山死。"④《淮南子·氾论训》曰:"禹劳天下,而死为社;后稷作稼穑,而死为稷。"⑤ 周德之初始,肇端于农业,周人勤劳俭朴,艰苦创业,而赢得人们的尊重。农业生产讲求一分耕耘一分收获,勤劳则是其中必不可少的美好品质。

"勇敢"一词通常被理解为不怕困难、危险,有胆量、不退缩。这从字面上讲,当然没有什么问题。而作为中华民族精神之一的"勤劳勇敢"之"勇敢"则是一种"大勇",而非个人的匹夫之勇、好勇斗狠。吴先生举出《孟子·梁惠王下》中"齐宣王好勇之事"为例,旨在颂扬君主、领袖当与天下民众同好恶,

---

① 吴雁南:《导论》,载《中国经学史》,福建人民出版社2001年版,第28页。
② [清]王先谦撰:《荀子集解·卷第十四·乐论》,沈啸寰、王星贤点校,中华书局1988年版,第382页。
③ 吴雁南:《导论》,载《中国经学史》,福建人民出版社2001年版,第31页。
④ 徐元诰:《国语集解》,王树民、沈长云点校,中华书局2002年版,第158页。
⑤ 何宁:《淮南子集释(中)、卷十三氾论训》,中华书局1998年版,第985页。

进而面对恶行时，能够"一怒而安天下"。《左传·哀公十六年》载有叶公之论"信"与"勇"很能说明问题，其文曰："周仁之谓信，率义之谓勇。"① 强调"勇"的内涵为"遵循道义"。孟子将"勇"的意涵扩大，其所谓"大勇"，"并非仅仅限于以有道伐无道，其主旨实在于为行天下大道，要有一种坚持原则而无所顾忌的大无畏精神"②。而勇敢与上文所述崇尚仁义的牺牲精神结合起来，激励了一代代中华儿女牺牲奉献，为天下兴亡鞠躬尽瘁、死而后已。

5. 爱国精神

爱国主义不用做过多阐述，盖因其本身即为中华民族精神的核心，上文已经引用了那段文字，兹不赘。《诗经》时代的人们为了保家卫国进行战斗，屈原行吟泽畔，为楚国危亡忧愁幽思；范仲淹忧乐为天下；文天祥丹心捍卫宋朝；林则徐为了国家利益，将生死置之度外；谭嗣同为唤醒国人，甘愿为变法流血牺牲，皆有"苟利国家生死以，岂因祸福避趋之"的爱国情怀，亦为仁人志士所激赏。

对于爱国的具体内涵，吴先生没有做过多探讨。他主要从华夷之辨、中华民族多元一体格局形成、中华文化认同等方面入手，指出："儒家经典的上述思想有利于各民族之间的融合，有利于华夏文化多元一体之形成，有利于中华民族大家庭的一体意识的形成与发展。"嗣后魏晋南北朝、宋、元、清等少数民族政权建立，皆能服膺中华文化，并以中华正统自居，延续前朝之文化统绪。"这都说明，中国各族（包括汉族和少数民族）作为中华民族大家庭的一员，其一体意识十分强烈。这种一体意识，对民族大联合、大一统国家的形成，无疑是重要的决定性条件之一。"③ 近代以来面对亡国灭种的危险，在民族融合和国家统一的基础上，各族人民能够和衷共济、不屈不挠地与列强抗争，捍卫了国家主权和民族独立。"这种爱国主义和献身精神，成为中华民族赖以自存、自强和振兴的精神支柱，是最可宝贵的优秀遗产。"④

五、结语

通过研读吴雁南先生所撰的《中国经学史·导论》及相关经学史著述，对于他的经学史研究旨趣问题，我们可以得出以下几点认识。

---

① [清]洪亮吉撰：《春秋左传诂·卷二十·哀公十六年》，李解民点校，中华书局1987年版，第885页。
② 吴雁南：《导论》，载《中国经学史》，福建人民出版社2001年版，第31页。
③ 吴雁南：《导论》，载《中国经学史》，福建人民出版社2001年版，第33页。
④ 吴雁南：《导论》，载《中国经学史》，福建人民出版社2001年版，第34页。

其一，以马克思主义唯物史观为指导从事经学研究的责任感和使命感。在吴先生之前，少有学者以马克思主义为指导，系统开展中国经学史研究。此前范文澜先生在20世纪40年代撰有《中国经学史的演变》，注重从阶级斗争的角度看待经学史的发展变化，并在汉学、宋学、新汉学三大界说的基础上展开论述，可视为以马克思主义研究经学史的开山之作。但是，该书甚简，体量近乎一篇长篇论文。吴雁南先生在组织此项研究时，尚无多少成例可以参考借鉴，"如何在马克思主义的指导下研究中国经学，撰著一部具有一定规模的学术专著，对我们来说，尚属一个新问题"①。正因为先生具有很强的责任感和使命感，故在从事"陆王心学对中国社会的影响"时，就筹划厘清经学的发展历程，准备撰写《中国经学史》。

其二，探求中国经学对中国社会的影响及规律。在《导论》中，吴先生数次提及经学在传统文化和中古社会的主导作用。他认为，"众所周知，还没有一门哲学社会科学像经学那样对中国封建社会的政治思想、文化学术和社会意识形态产生深远的影响"②。同时，"经学是中国传统文化的重要组成部分，对中国的政治、经济以至中华民族的形成与发展都曾发生重要影响。弘扬中华文化，为社会主义事业服务，有必要对中国经学做出历史的评价"③；"经学作为传统学术的重要组成部分，对中国社会发生了怎样的影响，是一个值得研究的问题"。④ 另外，他此前所研究的"陆王心学"对中国社会的影响，实则是从经学的角度展开社会史研究的。而《导论》的主要内容（第二、三小节），他早在1995年的《中国经学与社会的发展变化》一文中发表。透过该文篇题及论证，能够发现先生的经学史研究，一则是出于探求历史发展规律的需要；二则是坚持弘扬优秀中华文化，达到古为今用、服务于社会主义文化建设事业的目的，而非单纯地"信而好古""发思古之幽情"。这在先生1991年出版的著作《儒学与维新》里面也可以得到印证。吴先生认为："对祖国的优秀历史遗产是不能视而不见，更不能抹煞的，必须以马克思主义的观点方法批评地继承，为社会主义现代化建设服务。"⑤

---

① 吴雁南：《前言》，载《中国经学史》，福建人民出版社2001年版，第1页。
② 吴雁南：《绪论》，载吴雁南主编：《清代经学史通论》，云南大学出版社2001年版，第27页。
③ 吴雁南：《中国经学与社会的发展变化》，《贵州民族研究》1995年第4期，第12页。
④ 吴雁南：《前言》，载吴雁南主编：《清代经学史通论》，云南大学出版社2001年版，第1页。
⑤ 吴雁南：《后记》，载《儒学与维新》，河南大学出版社1991年版，第3页。

其三，开拓经学史研究的新领域、新格局。1949年至1976年间，中国大陆经学史研究非常薄弱，其中10年"文革"动乱时期更是陷入停滞状态。"文革"后期的"儒法斗争"展开对孔子和儒家的批判，更使这一问题超越学术而进入政治层面，其间关系错综复杂。20世纪80年代，吴先生及其同辈学者重开经学史研究，既有重诂传统文化的历史使命，也有拓展研究领域的学术旨趣。1980年，吴雁南先生招收第一届硕士研究生。"为了帮助张恒平弥补儒学知识的不足，吴雁南决定编写《清代学术史略》讲义。"① 此为吴先生专门从事经学史研究之始。也就在撰写《清代经学史通论》书稿的过程中，吴先生认识到此前经学史著作的不足："过去出版的经学史著作，多以经书本身的整理、研究、解释和阐发为中心。"先生在以往经学史著作阐明经学源流变化的同时，"力图置经学于中国历史发展的大潮中，将经学与政潮、学潮结合起来"，"研究传统学术与中国社会的关系，是近年来为研究中国国情所开拓的一大新领域，亦为传统学术的研究指出了新方向"。② 改革开放新时期，80年代兴起了文化热，至20世纪末则兴起"国学热"，与之并行的则是学术界对传统文化的现代化问题的热烈讨论。先生以敏锐的学术眼光，将经学史研究推向潮头。他的经学史研究著作《清点经学史通论》《心学与中国社会》《中国经学史》《阳明学与近世中国》《儒学与维新》都切实地践行了他的"社会思潮"研究这一理念，切实地为经学史研究开拓新领域、新方向。

其四，马克思主义史学素养和对中国优秀传统历史文化的温情与敬意的结合。作为一名马克思主义史学家，吴先生能够辩证地看待经学的长处与不足，更多地阐发其优长之处。这体现了"吴雁南的清代经学史研究，侧重于阐述经学的积极意义"③ 的价值倾向。此乃吴先生针对此前对儒学、儒家人物机械式地套用阶级分析法，"一刀切"、简单化地对待不同的人和事而发的。这种教条主义明显违背了历史唯物主义的科学性。吴先生能够准确理解和运行马克思主义思想指导经学研究，故能开辟符合时代要求的新的研究方向。不唯如此，据记载，吴先生早年有过一定的传统学术训练，诸如启蒙阶段的《三字经》《百家姓》《增广贤文》《四书》等，中学阶段较为系统地研读诸子百家书籍，对《荀子》《墨子》《韩非子》《四书》研读尤感兴趣。从学术上来说，这或许不足以

---

① 陈奇主编：《吴雁南评传》，贵州人民出版社2010年版，第252页。
② 吴雁南：《前言》，载《中国经学史》，福建人民出版社2001年版，第1页。
③ 陈奇主编：《吴雁南评传》，贵州人民出版社2010年版，第272页。

支撑他后来的经学史研究①，而对古代典籍的学习及认知培养了先生对传统文化的科学认知和崇敬之意。在纪念先生的文章中，《最后一位儒者》写道："他的淡泊，他的大度，他的坚毅，他的从容不迫，体现了一位儒者的风格。"② 先生在面对与传统文化、古代社会纠葛数千载的经学时，往往能从其历史情境出发，探寻其背后的联系。且先生所论多为文化的长处，确有"温柔敦厚""疏通知远"之风存焉。由此可见，吴雁南先生对经学、对古代社会的研究，当是在"了解之同情"的基础上，还有对历史理性及对历史的温情、敬意交融下展开的。

---

① 按：此本于陈奇先生的说法。陈先生认为："在太平天国研究中，他也涉及了儒学对太平天国的影响问题，但涉及的是儒学一般的、普通的学理，并未涉及专门的儒学学理。中小学时代，他也读过《四书》一类书籍，但距离系统的经学史研习相去甚远。经学史研究对吴雁南先生来说，同样是一个陌生而又有较大难度的领域。"参见《陈奇文集》，团结出版社2017年版，第759页。

② 朱健华、陈奇主编：《吴雁南纪念文集》，贵州教育出版社2003年版，第202页。

新文旅融合视域下"苾园"记忆赋能乡村产业振兴路径探赜

张语熙　黄秀平[①]

（贵阳学院阳明学与黔学研究院，贵州贵阳，邮编550005）

摘　要　以文塑旅，以旅彰文，文化产业作为国家鼓励发展的新兴支柱产业，是未来我国经济转型发展的新增长点，而优越的自然生态环境与丰厚的文化内涵是旅游业发展的核心竞争力。新文旅融合就是要深入挖掘中国传统文化内涵与旅游产业发展、保护生态紧密相交，将自然生态和地域文化特色融入其中。本文拟结合当下新时代构建新发展格局要求，立足贵州当地自然资源和历史人文禀赋，以我省文化名人李端棻永乐乡故里为载体，推动优秀传统文化创造性转化、创新性发展，既能守护先贤遗音，传承赓续文脉，提振中华民族的文化自信，又能盘活地区自然资源，窥思造景新业态，打造具有地方特色的文化品牌，这对于全面推进贵阳市南明区的乡村振兴具有重要意义。

关键词　李端棻；文化产业；苾园记忆；经济发展；乡村文旅

引言

党的二十大报告指出："全面建设社会主义现代化国家，必须坚持中国特色社会主义文化发展道路，增强文化自信，围绕举旗帜、聚民心、育新人、兴文化、展形象建设社会主义文化强国。"[②] 为深入学习贯彻党的二十大精神，落实国发〔2022〕2号文件的工作部署，支持贵州在新时代西部大开发中探索文化和旅游高质量发展的有效路径，文化和旅游部、国家文物局于2022年11月联合

[①] 作者简介：张语熙，女，贵阳学院阳明学与黔学研究院研究生。研究方向：伦理学。黄秀平，女，贵阳学院阳明学与黔学研究院研究生。研究方向：伦理学。

[②] 习近平：《高举中国特色社会主义伟大旗帜　为全面建设社会主义现代化国家而团结奋斗——在中国共产党第二十次全国代表大会上的报告》，北京：人民出版社2022年版，第42页。

印发了《支持贵州文化和旅游高质量发展的实施方案》，其主旨就是在推进贵州高质量发展中，要我们坚持以人为本的发展理念，在守住发展与生态的双向平衡上，借助我省的历史文化资源充分发挥文化铸魂、文化赋能的作用来推进文化产业与旅游产业的数字化升级，提高文化旅游设备"智造"程度，推动文化与旅游业态的融合与发展创新，以此更好地满足人民群众的文化需求，提升人民群众的精神力量。不仅如此，贵州省在第十三次党代会上也明确围绕"四新"主攻"四化"作为新时代推动全省经济社会高质量发展的主战略，将旅游产业化与新型工业化、新型城镇化、农业现代化一起推动经济社会高质量发展，做出围绕打造"双一流"旅游目的地，加快建设多彩贵州旅游强省的战略部署。贵阳市南明区积极响应，在2023年5月25日，率先召开《"永乐IP"、李端棻纪念馆座谈会》，主要围绕挖掘用好李端棻文化，推动文化产业与经济融合发展进行深入交流。永乐乡是贵阳南明区唯一的农业乡，具有独特的地理位置，有着良好的区位优势、生态优势，更是历史名人李端棻的故里，这与贯彻党的二十大精神和落实国发〔2022〕2号文件理念高度一致，更应着力挖掘历史文化内涵，展现林城魅力。永乐乡政府表示希望与企业加强交流合作，充分挖掘用好李端棻文化，进一步激活文化动能，推进文旅商数融合发展，探索打造集文化、康养、自然生态体验为一体的城市中心区近郊游目的地，助力文化产业与经济融合发展。为此我们需要厘清文化和乡村旅游融合的模式路径和发展机制：一方面，我们应深挖永乐乡的"李端棻文化"的文化价值内涵，进一步激发优秀传统文化的生机活力，为乡村文旅业注入灵魂。尝试试点开展"李端棻文化产业园"项目打造，以李端棻教育为主题，联动端棻墓、端棻纪念馆等周边相关资源，探赜李端棻文化内涵。另一方面，充分发挥李端棻文化优势，打造李端棻故里文化圈，弘扬教育改革创新精神，厚植底蕴激活文化动能，把李端棻故里文化打造成为专属于贵阳特色的知名IP文化品牌，推动文化产业与经济融合发展，引入更多优质消费业态、民宿品牌，推动展览和消费功能有机结合，发挥文化引领促进作用，贡献乡村文旅力量，落实文件精神，助力地方经济社会高质量发展，让贵州在"强省会"的征程中开新局、出新绩、谱写新篇章。

一、文旅融合：赋能乡村振兴新契机

（一）人文与旅游相耦合的发展现状

当下，在历史文化资源助推旅游经济的今天，"文旅融合内涵为文化和旅游产业及其相关元素相互渗透，交叉交汇重组，并逐渐打破原有产业的领域边界，相互融合形成一个全新共生体这一现象和过程。"这是因为以旅游为载体的文化承载了更加具象化的活动，因其所依附的人文气息、民族精神以及地域特质，与兼具欣赏价值的旅游景观形成双向耦合互动已成为学界及业界的一种共识，用文化推动经济发展，已成为中国经济增长的视角延伸。习近平总书记在党的十九大报告中指出："文化是国家和民族之魂。文化兴则国家兴、文化强则国家强。没有高度发展的文化自信，没有中华文化繁荣兴盛，就没有中华民族伟大复兴。"我们必须坚持走中国特色社会主义文化发展道路，激发全民族文化创新创造活力，才能建设社会主义文化强国。因此，与之相融合跨界并生的文旅产业也成为促进经济结构优化的重要推动力。特别是今年以来，随着一系列利好政策和举措落地生效，我国文旅业全面升温、强劲复苏。据各省官网公布《2019年—2023年上半年旅游数据的统计表》和《2023年上半年部分省份旅游数据统计表》可看出后疫情时代的来临大幅提升了人们的旅游出行意愿。官宣数据显示，2023年国内旅游总人次23.84亿，比上年同期增加9.29亿，同比增长63.9%。国内旅游收入2.30万亿元，比上年增加1.13万亿元，增长95.9%。而各省份掀起的消费热情，让全国文旅迅速爆红，则有利于进一步扩大内需，持续激发消费潜力，助力国内经济长虹向好的发展。正如恩格斯曾指出"文化上的每一个进步，都是迈向自由的一步"①，这不仅说明了文化进步是主体完成文化在价值上的自由和解放，也指明了文化发展的基本规律和价值归宿。无论是去"有风的地方"体验大理的慢生活节奏，还是到山东淄博感受"滋滋冒油的烟火气"，抑或是到贵州榕江观战"村超"感受多彩贵州民族体育文化风情，都让各省感受到文旅融合的春天来临。而如何持续打造文旅地标顶流IP，将"流量"转化为发展"留量"，来落实创新驱动发展战略，给旅游业注入新动能，对旅游业创新发展又有了新的要求。这需要我们多维度挖掘地方特色文化和旅游相连的新业态，不断推动文化产业升级，创新城市形象来推动文旅融合的高质量健康发展。

（二）李端棻：让千秋的文化记忆再现

人类要前进，中国文化软实力要巩固增强，优秀文化就是文化整体中具有卓越价值的部分。促进本省文旅融合的首要任务就是要深耕挖掘贵州本土的优秀文化，提高民族文化的自我保护与价值追求，这可以进一步激发优秀传统文化的生机活力，也是民族地区高质量发展，后发赶超的契机所在。作为贵州省

---

① ［德］弗里德里希·恩格斯，［德］卡尔·马克思：《马克思恩格斯选集》（第3卷），北京：人民出版社1995版，第456页。

贵阳市历史文化名人李端棻先生（字苾园），"贵筑人，由同治癸亥（1863）中进士入翰林。及为御史，以敢言著称于时。旋因亲叔李朝仪内擢顺天府尹，遵例回避，仍回原衙门供职。出入翰詹内阁，游升刑部侍郎，调补仓场侍郎，擢礼部尚书。以文学受德宗、穆宗两朝知遇，屡司文衡，一为顺天府乡试同考官，一为会试同考官，一为云南学政。历充山西、广东、四川、山东主考官，所至皆能识拔名宿，文风丕变。"① 他不仅大力支持康有为、梁启超变法维新，还积极参与戊戌变法运动。同时李端棻先贤也是我们近代教育开创的改革先驱，他的一生都将教育作为自己恪守的实践革命，不断助推地区兴学办学，积极推行新政，力主改革旧教育制度，在各省市州推广新学，兴建藏书馆、译书局、派遣国内学生出国深造。还在光绪二十二年（1896），作为首倡者疏请设立京师大学堂（今北京大学前身），而后于光绪二十七年（1901）回到家乡贵阳，又不忘初心，积极投身于贵州教育事业，创办了贵阳师范学堂（现贵阳一中），为贵州教育的兴起做出了利在千秋的贡献。在那个受封建思潮统治的年代他就高屋建瓴地认识到，"文化兴国人才强国之理"，认为"非天之不降才，教之之道未尽也"，而是教育之要义在于"救时与穷理"，要学以致用切实回答时代之需，更要保持对知识的不断探新以增进人类的智识，为推广学校兴建，他上疏了可誉为当时中国教育和文官制度改革大纲的《请推广学校折》，也正是这些理念影响了后来一大批革命者、改良者，使他们都选择献身教育救国。正如他的学生康有为早年著《教学通义》时就尖锐指出："今天下治之不举，由教学之不修也。"所以治国先治智，强国先强人，康氏反复强调"才智之民多则国强，才智之士少则国弱"的道理，反对封建统治者的愚民政策，希望人民获得知识，提高他们的科学文化修养。为此，康有为发表了普及平民教育的想法，指出"欲富强之自立，教学之见效，不当仅及于士，而当下逮于民，不当仅立于国，而当遍及于乡，必使全国四万万之民，皆出于学。"② 学生梁启超也说："亡而存之，废而举之，愚而智之，弱而强之，条理万端，皆归本于学校。"③ 李端棻先贤一生苟利国家生死以，一心为国兴教，哪怕在灯枯之时也曾为国留下赠言"吾虽年逾七十，志气尚如少年，天未死我者，尤将从诸君子之后，有所尽于国

---

① 冯楠：《贵州通志·人物志·李端棻传》，贵阳：贵州人民出版社2001年版，第201页。
② 马洪林：《康有为评传》，南京：南京大学出版社1998年版（2000.1重印），第83页。
③ 李声应：《"教育救国"思潮中的一代旗手——李端棻》，周术槐主编：《李端棻与近代教育创新研究》，贵阳：贵州文化音像出版2021年版，第34页。

家矣。"[1] 表明其心充满了感人的精神力量，而后还将自己攒下的一千两银子捐给通省公立中学堂作为办学经费，感悟先贤的智慧引领与重任担当，这是中华优秀传统文化，是发展社会主义先进文化的活水源泉，使祖国这条大河生生不息的继续奔涌澎湃流淌在我们的基因里，让中华文明绵延至今从未中断。

（三）永乐乡发展生态文旅的优势定位

新时代新征程，全面推进乡村振兴，必然要焕发乡村文明新气象。正如习近平总书记在党的二十大报告中提出的"全面推进乡村振兴"，强调"建设宜居宜业和美乡村"。因此我们以文旅融合作为乡村内生发展革新的切入点，正与李端棻先生的救时之理遥相呼应，因为文旅融合的首要任务是对历史文化和原生态自然景观进行深入挖掘，新时代新形势下将文旅融合融入乡村振兴的系统工程之中，乡土文化作为我国传统文明的发源地不能缺场。借助名人故里的当地生态自然与人文资源的本质特征，是做好名人故里的文化旅游及生态文明建设就成为传播文化和开发名人故里价值的有效方式之一。诚哉斯言，在努力推动乡村经济与文化协同发展的过程中，更需要我们厘清地方文化和经济发展优势之间的关系，而我省的历史文化名人李端棻先生一生功勋卓越为国利民，最后落叶归根，安息于省会贵阳市南明区的永乐乡。这里地处贵阳市东郊，总占地面积57.9平方公里，是"一带一路"世界非遗小镇开发建设和贵阳市乡村振兴的主阵地，具有贵州本土特色，融政治性、文化性、民族性于一体的民族元素和民族非遗文化之地。永乐乡区位优势显著、自然资源丰富、人文历史浓厚、生态环境秀美。在乡村振兴的带动下，永乐乡作为南明区仅有的一个农业乡，产业繁荣，农业产业基础长势良好，每年近万亩的桃园风光可吸引八方来客赏景游玩。这里的7个行政村里居住着47个村民组，3756户，共13035人，有着汉族、苗族、布依族等民族一家亲的和谐景象，青山环抱城郭且内外交通互联畅达，距贵阳市中心仅22公里，距贵阳国际机场9公里，东北与龙里县接壤，南与贵阳机场相连，西与市内情人谷、阿栗杨梅园风景区毗邻，据悉，目前贵阳市正在推进建设的旅游环线要通过永乐乡，这将为推进永乐乡建设发展奠定更加坚实的基础。同时隶属于爽爽林城贵阳的永乐乡不论是气候还是水资源都极为优越，这里的亚热带高原季风气候，一年四季无酷暑严寒，多年均温在14℃，让人体感舒适。这里水资源丰富，境内的河道属乌江水系，清水江支流，也是南明河二级支流，还有三条主要的河流羊角河、柏杨河、穿洞河和七处地

---

[1] 梁启超：《清光禄大夫礼部尚书李公墓志铭》，梁启超主编：《梁启超全集》第9册，北京：北京出版社1999年版，第5193页。

下出水点。所谓智者乐水，仁者乐山，自然的交融是人生命本身的需要，因为自然里有人类的集体记忆。自人类进入工业化时代后，人与自然接触的机会就不断减少，据《美国国家科学院院刊》上发表的一项研究报告，证实水声、鸟鸣声等大自然的声音有助于人们改善情绪，缓解压力，减轻痛苦，增强认知能力等，所以当我们接近大自然时，身心都能感觉到无比舒畅。对比普通城市钢筋混凝土式的霓虹灯人造景观而言，这里有着得天独厚的自然生态美景和丰厚的历史文化底蕴，可以称得上是一个环境优美、和谐有序的宜居新乡，也是一个能以绿色发展为底色，以满足人民美好生活新需求为终极目标的绝佳之地。

二、多措并举：开发文化产业园构建新理路

（一）政府主导，落实责任

在试点开展"李端棻文化产业园"项目打造的初步设计阶段，首先要坚持以习近平新时代中国特色社会主义思想为指导，立足新发展阶段，贯彻新发展理念，构建新发展格局，践行绿水青山就是金山银山的理念，用心呵护发展环境；其次需要我省政府主体和有关部门发挥职能，遵循规律、把握方向对新文旅融合赋能乡村振兴进行战略部署、统筹管理以及在服务职能上科学有效指导，进行专业的可行性研究分析。以不损害原有生态系统质量与稳定性为前提，对于土地使用过程中可能涉及的耕地、基本农田、生态保护等建设项目坚持从整体上进行规划论证与准确分析；从占用耕地、确保永久基本农田、用地规模、功能分区是否科学等方面提出合理性规划要求；在推动发展的过程中，充分尊重村民意愿，切实保护村民自身的权益，做好相关政策解读与政策宣传，调动当地村民参与共商共建的积极性，得到村民的理解认同与支持，做好生态环境要素分类和后续的服务和监管保障，完善生态环境监测体系和相关配套利好政策倾斜，加大财政投入扶持；压实开发生态环境保护责任，积极探索实践，对于规划用地开发建设需要征用的土地资源需要尽可能地做到面向绿色生态，建立农业生态治理补贴体系；坚持保护优先，平衡好经济效益、社会效益、生态环境效益，切实将主体的制度优势转化为生态文明建设需要的实践引领，让政府和各有关部门协同发力，在创新发展新业态的模式下按照统一要求协同推进项目建设，赋能乡村经济引领村民迈向一条生产发展、生活富裕、生态优良的文明致富可行之路。

（二）企业推动，招商引资

良好的区位和资源只代表大的市场环境和开发基础比较好，但一个文旅项

目是否能启动建设，必然离不开多元企业融合和大规模资金投入。旅游业是一项具有明显的外向性、关联带动性和可持续发展性的综合体、因此一个旅游项目想要成功的招商引资，首先就要塑造和改善地方形象，营造良好的投资环境，在商务旅游产品开发、旅游与招商工作中做足工作。一要对市场细分特点进行分析，找出旅游项目与市场受众群体的对接点；二要请专业招投公司对旅游项目进行高水准的项目策划和设计，为乡村旅游项目前期的招商资料准备和项目包装，具体涉及的资料可能有：乡村文旅的可行性研究报告、市场项目调研情况问卷、文化产业园项目推广建议书、招商引资的计划书以及目前配套出台的各类支持性的政策与保障性的法律文书才能够唤起投资商对该产业投资的意向。例如，海南省文昌市人民政府委托海南友邦旅游产业开发有限公司，策划编制《海南文昌阁宝玉文化旅游区项目》，成功引进辽宁省巨伦集团投资该项目20亿元；淄博沂源经开区创新实施管委会+公司+基金的经营模式，组建国有独资山东鲁中高新科技园区开发有限公司，创新基础设施建设加产业导入的模式，共引进9项数额达116.9亿元的投资；福清市通过乡贤"朋友圈"找项目来源，再与园区对接，针对性地开展产业链招商，最后配套线上对接、专业解读、绿色通道等服务，织成服务网，获谈46个总投资1882.27亿元的项目。虽然成功各有特点不可复制，但是这种集约化的发展方式最终获得多方共赢的案例，给我们后续的开发产业招商引资提供了有益的思路。

（三）教育并入，人才培养

友好亲切的人文氛围是当地居民良好传统文化的自然体现，因此文旅人才对塑造整体环境的影响至关重要，文旅产业的综合性决定了旅游服务工作人员目标牵引的复合多重性。文旅产业是一个复杂的综合体，包含客源地、目的地以及最新数字+旅游通道系统的设计运用，同时服务于开发区域内相关的文旅综合服务业，又影响着有关旅游发展的意识形态，使得旅游业功能性的扩展对其人才应用上有了新的需求。当前，乡村文旅产业发展相对滞后，一定程度上与人民日益增长的物质文化需求同第三产业服务水平建设落后的不平衡相关，李端棻先贤作为支持维新派的官员，是新式教育的宣传者和践行者，在百年前就知道舍教育无以立国立业，舍人才难以崛起中华，无文化何谈民族伟大复兴之理。在快速发展的现代化进程中，我们始终坚持发展是第一要务、创新是第一动力、人才是第一资源，特别是在一个涉及民生幸福的产业上，发展壮大更离不开人才的参与建设，而李端棻先贤在教育行业作为京师大学堂的首倡者以及贵阳一中的创立者，为贵州培养了一批又一批的知识分子。而今，贵州省内受"端棻文化"理念传承影响的学校不仅有贵阳一中、贵阳一中李端棻中学这类义务教育学校，还有贵州师范大学、贵阳学院这样的高等教育本科院校，因此开设相关专业培养专才，建立健全人才入乡激励机制，鼓励引导原籍原乡毕业生回乡就职，能够为后续的相关产业扩大发展培养输送储备兼具领导力、执行力和创新能力的复合应用型人才，也更为有效地满足文旅行业对高层次人才的需求。

三、李端棻莃苡园文化产业园运营模式设计要义

（一）互联网造浪，联动 IP 引流

文旅的核心是产业，产业的核心是运营，而传统景区营销中经常使用的旧式媒介不仅成本较高，而且内容承载量有限，比如，一张户外广告张贴画只能展示一幅风景宣传图；一则旅游推介的电视广告，也只不过几十秒钟，录像里的风景更是被专业设备进行过滤镜美化处理，不能让受众彻底信服。自山东淄博烧烤、云南大理有风的地方，以及贵州榕江村超在 2023 年爆火出圈赢得不菲的 GDP 收益后，就一夜掀起打造互联网 IP 品牌的文化风口，各地文旅局纷纷响应转变工作模式，利用互联网短视频平台借势造浪，鼓励本地居民用一个精准的核心定位来宣传家乡的优秀文化，以带#家乡话题#模式分享本省的优秀传统文化和游玩景观，以抖音平台为例，网友可在线通过每日推送的热门榜单或者景区认证的官媒来看到最真实的影像，包含照片、短视频、直播互动和旅游达人撰写的景区热评，让大众在尚未实际到达景点时就看到最真实的地理风貌和人文风情，对此憧憬而占领游客的内心，实现流量的转换变现。

（二）沉浸式体验，科技场景互动

在消费升级的大背景下，届时人们出游将更多关注文化、创意以及技术的革新运用。在过去几年人们出行往往都是通过当地的旅行社报名，或者到线上查询出游攻略，而今在新兴技术的引入下，应用科技+旅游模式丰富游览体验，运用智慧化管理提升景区服务是与时俱进的途径。2021 年 2 月，习近平总书记亲临贵州视察，赋予贵州"在推行数字经济的战略中抢占新机"的重要使命。2022 年 2 月，国务院印发《关于支持贵州在新时代西部大开发上闯新路的意见》（国发〔2022〕2 号），从国家层面赋予贵州"发展数字经济的创新区"的战略定位，要求贵州加快建设数字经济引领现代产业体系。有了政策的支持，建设李端棻莃苡园文化产业就可依托贵州强大的大数据科技，让"科技+旅游"融合更加深化，如利用数字化改造，完善升级分时段预约游览、流量监测监控、智能停车场等功能，使景区游览更加有序，既提升游览体验，也可研发数字化

体验产品、推广电子地图和其他智慧化服务,甚至让过去和未来互动,利用 3D 全息投影技术让游客带入角色与我们李端棻先生对话进行场景互动,沉浸式地感受贵州的历史文化,在"苾园故事"讲述中厚植爱国情怀,让到访出游的游客更加便捷舒适外,还能增加对贵州数字经济的可视化认识,达到抢占市场先机的作用。

(三)文化推荐官,收获专属文创

让人本价值回归,提升可持续性是促进文旅产品和服务优化提升,融合发展并持续赋予文旅消费的新内涵,是文旅项目持续提升业态品质保持生命力的重要环节,不容忽视。文旅消费由"以事物为中心"向"以人为本"回归,旅游者已不仅仅是景区观光的过客,而是消费环节中旅游内容制作和文化传播的重要参与者和贡献者。在文旅产品开发设计中,让前来参观游玩的旅客以点带面,以个人热点触发转化再输出反馈,形成文旅消费闭环。把原本的文旅消费营造成一种人人参与、人人获益的共享经济活动模式。利用园区内设计的游客互动环节,如跟着解说员或者时光走廊以做任务的形式学习李端棻先生的《苾园诗存》《普通学说》《请推广学校折》等相关著述,了解苾园文化的相关知识背景,通过分享学习到的知识内容到个人平台进行打卡推荐,可获得园区内公众号生成的具有个人符号与端棻文化共赏的专属创意文创纪念品,这样既生成了话题热度,对端棻文化进行了有效宣传,又不断增强游客和当地村民对文化的信心,使得更多的主体能够加入进来成为优秀传统文化的传播者和贡献者。

四、苾园文化产业——当代核心价值和意义旨归

(一)新形势下社会教育的有效进路

百年大计,教育为本。教育是立国之本、民族兴旺的象征,习近平总书记曾说过"教育是实现中华民族伟大复兴的一项决定性事业"。社会教育是家庭教育和学校教育的有效补充,也是提升国民素质基础有效的一环。古人推崇"游"与"学"相长,在创新以文化人的社会教育新形式上面对文化产业建设的价值判断中,也需要我们选择能够代表反映中国文化和民族精神的主流方向,输出具有广泛民族认同和强大生命力及有历史继承性和稳定性的文化内容。明朝《随园诗话·补遗卷一》中记载"读万卷书,不如行万里路"。我们不仅要在书中汲取知识和智慧,更要在人生旅途的轨迹中开阔视野认知,达到知行合一,文旅项目的开发建设让原本一些只能在书本上通过文字感知的景色在现实生活中得以展现,让知识变得"鲜活",让历史人物可以"重现"。在旅行的过程

中，通过以优秀的历史文化作为载体的人文景观，让我们能够沿着先贤之足迹、寻历史文化之遗踪，进而增进每个游客对端棻先贤的事迹、思想和理念的认识和了解，并从中汲取精神食粮，启发指导我们深刻理解端棻先贤"救时穷理，格物致知"的主张，然后习归于心，学以致用回答时代之问，解决时代之需，利用以文化人，以旅塑人这一社会教育途径自身蕴藏着的社会伦理价值向度预设与个人道德价值之诉求，借以外部手段或者他律方式来发挥道德规训功能，潜移默化地影响并约束着受教者思想观念与实际行为，继而创造实现出一个和谐、秩序良好的社会环境。

(二) 新发展下乡村振兴的创新驱动

在一味追求经济效益的城镇化发展和早期政策影响下导致中国"重工轻农"，在那个时候农村作为城镇的资源储备基地，为其提供大量的劳动生产要素，而城市的虹吸效应，造成乡村逐渐走向人才和产业的空心化，致使经济发展丧失原动力。建构新的发展格局，要坚持扩大内需的战略基点，其中一个重要方面是激发生产的内生力，借助乡村生态文化旅游这一重要辅助，重组乡村产业的新业态。特别是后疫情时代，伴随消费升级和生活观念的转变，恬静、惬意的短途乡村游越发受到城市居民的向往，旅行人次及收入逐年增长。我们通过实证性研究，在各地积极探索的形式下分析文化发展的路径机制，以第三方立场深入梳理和总结借鉴分析出当下国内已有无数个乡村文旅的成功案例，潜藏着绿水青山文旅产业中的金山银山，最典型的是陕西袁家村关中平原上一个只居住着62户人家的村寨，没有自然资源加持却能通过发展乡村旅游，先后荣获"国家4A级旅游景区""全国文明村镇"等20多项国家级荣誉。袁家村吸纳就业3000多人，甚至带动周边上万农民增收，年接待游客超600万人次，年旅游收入近10亿，村民人均纯收入超10万元。还有浙江莫干山在各个乡村围绕生态度假和特色民宿，构建了休闲康养、户外运动、文创市集、生态农业等多个产业。在政府的着力推动之下，近3年稳步创收20多亿元。根据联合国世界旅游组织的官方统计，旅游业牵涉的行业、产业超过110多个，是一业带百业的产业，具有"一业兴、百业旺"的乘数效应，这表明未来乡村旅游行业仍然存在着巨大的经济价值，为乡村振兴增添新动能注入更强动力定能带动贵州经济社会高质量腾飞。

(三) 新文明下文化自信的发展根基

文化自信，离不开对中华民族悠久历史的认知。在中国五千多年的文明发展历程中，作为世界四大文明古国之一，中华民族文化自信为中华文明延绵不绝自主发展的历史奠定基础，而反过来中华文明延绵不断自主发展的历史又提振着中华民族文化自信。贵州各个民族多样化的民俗文化以及民族之间的文化差异，造就了多彩贵州。但贵州除了民族文化多彩，还有自然风光多彩以及历史文化多彩，这里有著名的弥勒菩萨道场梵净山，世界著名大瀑布之一黄果树、国家5A级景区荔波小七孔，以及我们的红色文化、阳明文化、山茶文化、白酒文化相互依存交相辉映，这些都是属于中华民族的文化创造。党的十八大以来，习近平总书记先后两次深入贵州视察调研，在参加全国人民代表大会贵州代表团审议和党的十九大贵州省代表团讨论时要求贵州"守住发展和生态两条底线，培植后发优势，奋力后发赶超，走出一条有别于东部、不同于西部其他省份的发展新路""2023年5月25日，南明区召开打造'永乐IP'、李端棻纪念馆座谈会，围绕挖掘用好李端棻文化，推动文化产业与经济融合发展进行深入交流。"① 相信通过构建端棻文化"芯园记忆文化产业园"，充分挖掘宣传用好李端棻文化并团结联动省内文旅资源能够更进一步激活文化动能，促进优秀传统文化的创造性转化和创新性发展，使多彩贵州IP不断"出圈"，真正实现经济效益、生态效益和社会效益的同步增长，真正创造让百姓富裕、生态优美、文化自信的多彩贵州新气象。

结语

"求木之长者，必固其根本；欲流之远者，必浚其泉源"。中华优秀传统文化是中华民族的精神命脉，是涵养社会主义核心价值观的重要源泉，也是我们在世界文化激荡中站稳脚跟的坚实根基。深刻理解新时代文化使命的内涵要义促进文化繁荣，回归以人为本，以文化人的时代建设，构建新发展格局，推进文旅融合，利用李端棻优秀传统文化中的思想观念、人文精神以及德行感召与名人故里乡村的原生态自然景观相融合，推动文化创新性发展。而让文化产业和旅游产业进行数字化应用发展，促进旅游的提质升级，能为文旅产业高质量发展和为乡村振兴赋能提供不竭动力，是我们民族地区理论结合实际讲好中国故事，提升旅游内聚力，增强文化自信，推动文化和旅游业贯穿融会经济社会发展全局的优中之选。我们要继续贯彻落实党的二十大精神，牢牢抓住国发〔2022〕2号文件的重大机遇，让全国人民相遇"爽爽贵阳"，共赴文旅之约，奋力谱写新时代"强省会"新篇章。

---

① 贵阳网新闻频道：《南明区召开打造"永乐IP"、李端棻纪念馆座谈会-贵阳网（gywb.cn）》，2023年5月23日。

崇"实"致"用"：吴雁南先生的阳明学观

程妙洪①

(贵州电子商务职业技术学院，贵州贵阳，邮编：550003)

摘 要 阳明学不仅局限于个人修养层面的"心性之学"，还是影响了晚明至清代社会思潮的重要思想体系。吴雁南先生从"实学"视角切入，揭示了阳明心学中"崇实致用"的维度，通过弘扬人道精神，展现阳明学"求实""务实"的深刻内涵。鉴于阳明学本身蕴含的"实用"双重性，勾勒出理想社会的宏伟蓝图。

关键词 吴雁南；阳明学；实学

阳明学异于王阳明之学，王阳明之学仅能代表其个人之学问，而阳明学一般认为是以王阳明为奠基人，由王门后学对阳明思想之发展而成的学说体系。吴雁南先生是早期阳明学研究的重要学者，其史思结合、学用并行的研究方法形成了独特的阳明学观，对于现当代阳明学研究都具有一定借鉴意义。阳明学的研究大多侧重于阳明学说本身，从义理层面探讨"心性之学"。在吴先生看来，"心性之学"无疑是其重要理论基础，但并不能构成阳明学整个思想体系，在阳明思想主张中，包括了政治、哲学、历史、经济、军事、文化、教育等重要方面，故吴先生对于阳明学的研究，并不囿于阳明学说本身，对于阳明学产生与形成的历史背景、社会思潮等方面亦有关注。

阳明学不仅局限于个人修养层面的"心性之学"，还是影响了晚明至清代社会思潮的重要思想体系；不仅是晚清民主主义思潮之狂飙所起的青萍之末，亦是中国社会巨大变化之际启蒙思想的前导。吴先生认为，阳明学作为明清时期重要学派，具有以下特色：第一，称颂人的伟大与尊严。在封建主义时期昂扬

---

① 作者简介：程妙洪，男，哲学硕士，贵州电子商务职业技术学院助教，主要研究方向：中国哲学。

起人的主体意识的旗帜，倡导"吾性自足"，提出"愚夫愚妇与圣人同"之观念，推动了人们的思想解放，增强了人们的主体自信。第二，亟欲冲破传统。王阳明始终不离对本心的关注，强调知是知非之良知。这种对自我本心的关注，在吴先生看来，实际上是一种以自我为中心的"超人"，即以"我"为出发点，通过克私为公的功夫，最终回归到"我"这个本体当中。后者之"我"即阳明所说的圣人，应事接物都需要经过"良知"的省察，判决是私欲，还是天理。这种以自我为中心的"超人"与宋儒以"存理灭欲"来桎梏人们的模式大相径庭。阳明主张以人为本，包括阳明后学仍然着重于此，但在一定程度来看，阳明之本心虽与宋儒所求之"理"存在差异，但仍在传统之中。第三，阐发平等与民主思想。阳明所言良知是人人生来便具有的，所有差别皆是后天产生的，这也是人人平等思想的启蒙。第四，强烈的使命感与责任感。阳明自幼便喜好军事，以伏波将军为榜样立志报效国家，在龙场悟道之后，仍选择入世从政，救大厦于将倾。故阳明之学，不仅是心性之学，更是经世致用之实学。第五，颇具开放性和适应性。吴先生所言："阳明学是在中国社会面临大变革的情况下适应时代的需要而产生的。"① 这也注定了阳明学具有较强的包容性，如王阳明提出的学贵自得，以良知判断是非，以六经注我的态度解经，使人能解放思想，多出独解。然而，王阳明又言："人须在事上磨炼做功夫乃有益，若只好静，遇事便乱，终无长进。"② 在重义理的情况下，对于实践更加重视，在实践磨炼中求得真知。另一方面，王阳明对于其他学问并未有门户之见，强调儒释道本为一体，只是分成一个屋子内的三个房间，这大大拓宽了视野，有利于构建思想体系。在此基础上，阳明学所具有的实学特点，大致分为崇"实"与致"用"两个方面。

一、人道与崇实

自春秋战国以来，封建王朝的更迭，始终改变不了人们被压迫被奴役的状态，至宋明时期，更是有"以理杀人"的情况，人的地位远低于政权、王权。王阳明提出人人具有之良知，正是突出了人的主体地位，使人的精神能够跨越等级、制度等外在约束。吴先生认为："'人的发现'即是以人为本，追寻人道，

---

① 吴雁南：《阳明学与近世中国》，贵阳：贵州教育出版社1996年版，第6页。
② [明]王守仁撰：《王阳明全集》，吴光等编校，上海：上海古籍出版社2011年版，第104页。

昂扬人的主体意识，把人们的思想意识从封建教条束缚下解放出来。"① 人本论是近代在着重探讨的，吴先生将中国历史中对于人道的追寻大约分为三个方面：第一，作为个人，强调人人都具有人的尊严和平等、自由、独立之权，解放思想，发展自己的个性和能力，实现人生的价值；第二，作为社会中的一员，强调对群体、国家、民族以至人类的使命感和责任感，以修齐治平相标尚，寻求"三代王道之治"，进而至于"大同"理想社会；第三，注重经邦济世，提倡实学，把握现实。

王阳明晚年提出"致良知"，代表其学说体系臻于完善，所谓"良知"，王阳明解释为"灵明"："我的灵明，便是天地鬼神的主宰。天没有我的灵明，谁去仰他高？地没有我的灵明，谁去俯他深？鬼神没有我的灵明，谁去辨他吉凶灾祥？"② 故万事万物，皆在良知的发用流行当中，没有任何事物可以超出良知之外。因此阳明将良知提到了天地万物的主宰地位，人在天地万物亦不断受到重视，人即代表了天理、主宰。不仅如此，人的善恶亦不在于他的出身，阳明说："人胸中各有个圣人，只自信不及，都自埋倒了。"③ 亦是说每个人心中的良知是相同的，只要依着良知而行，皆能成圣成贤。都因为不能信此良知，并没有依此去做，所以才有善恶之分。因此，阳明尤其重视为学，学者大多是"困知勉行"之人，只有通过不断为学功夫，才能彻悟良知本体。然而，在为学中，阳明多言"立志"，其曰："先正云'惟患夺志'，但恐为学之志不真切耳。"④ 在阳明处，立志为学，即志于圣贤，亦是志于念念存天理，时刻使良知显露，即可成为圣贤。圣人一直都是普通民众难以企及的境界，但王阳明承认"满街都是圣人"，无疑对于平民百姓是一种莫大的鼓舞。不仅赋予了人以平等的地位，而且将人提升至至尊无上的地位，认为人即代表了天理，万物皆因良知而显露。这种对人道主义的称颂，在历史上无疑是具有很深远的影响与重要意义的。

阳明肯定了人的主体地位，自然关于人所做出的言行、思想都需要经过良知的省察审视。在为学功夫当中，阳明认为"人是天地万物之心"，所以儒家之

---

① 吴雁南：《阳明学与近世中国》，贵阳：贵州教育出版社1996年版，第14页。
② ［明］王守仁撰：《王阳明全集》，吴光等编校，上海：上海古籍出版社2011年版，第141页。
③ ［明］王守仁撰：《王阳明全集》，吴光等编校，上海：上海古籍出版社2011年版，第105页。
④ ［明］王守仁撰：《王阳明全集》，吴光等编校，上海：上海古籍出版社2011年版，第34页。

六经皆为吾心之记籍，并不能将其作为教条陈规来刻意遵守。"凡看经书，要在致吾之良知，取其有益于学而已。则千经万典，颠倒纵横，皆为我之所用。"①这与傲慢自我不同，阳明强调良知自然能知是知非，只要依良知之是非为是非，自然就是天理常道。故阳明反对朱子之学很大程度在于学者皆以朱子之是非为是非，尽管是孔子之言，若与此心不合，仍不敢以为是，阳明强调："夫道，天下之公道也；学，天下之公学也。非朱子可得而私也，非孔子可得而私也。天下之公也，公言之而已矣。故言之而是，虽异于己，乃益于己也；言之而非，虽同于己，适损于己也。"②故分辨经典是否有益于我之依据，不在于言语之多少、言者之权威乃至圣贤之光耀，而是要自信良知。这种自信在阳明后学仍十分注重，王龙溪更强调为学不仅要信得及，更要拼得性命。

龙溪曰："拼得性命，是为性命。"余（罗念庵）曰："如何？"龙溪曰："如今为性命不真，总是拼世界不下。如今说着为善，不是真善，却是要好心肠皆随人口吻，总是打毁誉得失一关不破。若是真打破之人，被恶人埋没一世，更无出头，亦无分毫挂带，此便是真为性命。能真为性命，时时刻刻只有这里著到，何暇陪奉他人？"③

龙溪所言"真为性命"即"拼得性命"，拼得性命指以圣学为自身之终极目标，能为此舍生忘死，有"朝闻道，夕死可矣"之决心。拼得性命即立得真志，所谓"毁誉得失"即是私意杂欲，被人情世故所累，不能信得及，或不能专一翕聚，皆不能打破此毁誉得失一关。吴先生认为，自信良知即克私为公，讲究"得宜"，如"当行则行""当止则止"。对于声色货利等万事万物中调节得当，也就不是私，不算作"人欲"。而这种克私为公所带来的直接体现，就是良知的呈现，阳明亦称为"真乐"，"'乐'是心之本体，虽不同于七情之乐，而亦不外于七情之乐。虽则圣贤别有真乐，而亦常人之所同有。但常人有之而不自知，反自求许多忧苦，自加迷弃。"④ 此"乐"因由良知的呈现而产生，而七情之乐是由外在事物的改变而产生。但二者皆由此心所发，故二者同一同异，"真乐"正是体现了王阳明对人道的关注，发挥了人的主体精神。而这种对人道

---

① ［明］王守仁撰：《王阳明全集》，吴光等编校，上海：上海古籍出版社2011年版，第238页。
② ［明］王守仁撰：《王阳明全集》，吴光等编校，上海：上海古籍出版社2011年版，第88页。
③ 徐儒宗编校整理：《罗洪先集》，南京：凤凰出版社2007年版，第61页。
④ ［明］王守仁撰：《王阳明全集》，吴光等编校，上海：上海古籍出版社2011年版，第79页。

的关注,恰是王阳明讲求"实学""实地用功"的最初出发点。

吴先生认为王阳明作为明清时期实学的先驱,有以下几点依据:第一,就阳明学的产生而论,乃王氏政治实践的产物;第二,阳明学自始至终指导着王氏的政治实践,是富有实践意义的学说;第三,阳明学强调"实地用功",致良知离不开"实学"。王阳明在龙场以"知行合一"之教教人,并尤其重视行,强调"天下之学无有不行而可以论学者",即是实践出真知的思想。对于为何提倡实学,从阳明对弟子徐爱的回答可知:"子以明道者使其反朴还淳而见诸行事之实乎?抑将美其言辞而徒以譊譊于世也?天下之大乱,由虚文胜而实行衰也。"① 在此,阳明以孔子删述六经为例,天下之乱,正是乱在繁复纷杂。"春秋以后,繁文益盛,天下益乱。始亦正暗合删述之意。"② 孔子对于书、诗、礼、乐等一毫不加多,但后儒只依自身见解,不求实行附会而成,故真正原义已然面目全非。然而,阳明认为重虚文轻实行的祸患远不及此,阳明所谓:后世大患,全是士夫以虚文相诳,略不知有诚心实意。流积成风,虽有忠信之质,亦且迷溺其间,不自知觉。是故以之为子则非孝,以之为臣则非忠。流毒扇祸,生民之乱,尚未知所抵极。今欲救之,惟有返朴还淳是对症之剂。③

重虚轻实之祸患不仅会祸乱当下,更会贻害后世。因此,阳明之学说虽是从本心出发,但其根本的问题意识仍然是如何解决当下重虚轻实之风,最终提出的学问宗旨也必然与此相对应。在吴先生看来,阳明所谓"实",包含了以下方面的内容:第一,诚心实意,要有务实之心。如阳明所谓:"名与实对,务实之心重一分,则务名之心轻一分;全是务实之心,即全无务名之心;若务实之心如饥之求食,渴之求饮,安得更有工夫好名?"④ 务实与务名相对,阳明倡导"全是务实之心",即消除务名之心;第二,反身实践,着实用功。阳明之学,不是只停留在理论层面,需要反身实践,弟子多次向阳明请教,阳明回答皆为"实地用功",只有如此,才能获得真知;第三,在事事物物上下功夫。阳明多次强调"事上磨炼"的重要性,只有将此心落实在物上,才能下得功夫;第四,

---

① [明]王守仁撰:《王阳明全集》,吴光等编校,上海:上海古籍出版社2011年版,第8页。
② [明]王守仁撰:《王阳明全集》,吴光等编校,上海:上海古籍出版社2011年版,第9页。
③ [明]王守仁撰:《王阳明全集》,吴光等编校,上海:上海古籍出版社2011年版,第228页。
④ [明]王守仁撰:《王阳明全集》,吴光等编校,上海:上海古籍出版社2011年版,第35页。

明确提出了实学一词。阳明曾说："郡务虽繁,然民人社稷,莫非实学。"① 因此,吴先生认为王阳明虽然是从属主观唯心主义的,但其注重实践、实学,以反对虚寂、沉空之学。

二、理想与致用

王阳明为学观念一直是积极入世,龙场悟道之后便将其所悟所感付诸实践,真正成为立德、立功、立言三不朽的圣人。晚年阳明提出万物一体,并将之前所言宗旨尽数归纳于此命题当中,吴先生从"致用"之角度分析,首先需要讨论的问题,是阳明心中之理想社会,并且他期望用何种方式来实现此理想。对于阳明心中之理想社会,吴先生从"三代王道之治"说起,阳明所认为的三代治世有如下几点:第一,以民为本。阳明强调"君以民存,亦以民亡",要求君王施行德政,济世忧民;第二,为臣应以道事君。作为臣子,不能奸佞诌媚,应守正不挠,直言谏诤;第三,为官要致其良知。为官要有民胞物与的思想,真正将百姓放在心中,才能真正实行仁政;第四,士人志于圣贤。作为学者,应该志在圣贤之学,反躬自省。吴先生将以上总结为阳明所揭之王道,亦是仁政。在当时的明朝,王阳明虽未直言是"乱世",但从其谓"非治世"来看,可知当时在他看来亟须挽复三代之治。吴先生认为从阳明论述中看,从"周衰而王迹熄"之后,社会变化倒而上溯之,分为两个阶段:其一,恢复"周衰"之世,明圣学、有无相恤的仁厚的社会秩序;其二,实行仁政、王道、小康,挽回三代之治。阳明对此所采取的措施始终围绕着"正人心,息邪说,以求明先圣之学",吴先生以"明圣学""有无相恤"视作通向"三代之治"的第一步纲领,而通过乡规民约所创建的和谐互助的社会,则是通向"三代之治"的第一步社会蓝图。但"三代之治"并非最终的目标,吴先生认为,以此之治达到小康,而后实现大同的理想社会。

王阳明晚年居越讲学,常提"万物一体"之旨,使人求得本性,能致其良知,说明万物一体思想,已经可以很圆满地阐释阳明先生的所有主张。要理解王阳明的"万物一体"论,就不得不谈到他在晚年时作的《大学问》,一方面他用"万物一体"论来解释《大学》,另一方面又用《大学》来印证万物一体论。在万物一体论中,一直有一个核心的主题贯穿其中,就是"一体之仁"是如何得以实现。正如孟子所说的恻隐之心,这是一种可以共通的道德情感,而

---

① [明]王守仁撰:《王阳明全集》,吴光等编校,上海:上海古籍出版社 2011 年版,第214页。

情由性而发,"仁"是立足于人,而推之于物,这种道德情感即为顺应天道与自然,这个"一体"即是对"仁"特质的一种描述。"仁"不仅是存在于人心之中,更存在于万物之中,"一体之仁"是"心体",即为"仁"所遍及万物,从而与万物融为一体的本体。阳明所说的"一体之仁"很多学者只诠释为与万物融为一体,而阳明所说的"万物一体"是广义上的"一体"。大同之道,王阳明亦在阐述"公私"思想,他反对以私害道,以私害公,"良知"即公,"私欲"即私,为学功夫就是在如何去私存公的过程当中。王阳明的上述思想主张,已具有"大同之道"的基本思想。对于阳明学所具有的改造社会的理念如何致用,吴先生列举了近代先贤的事例,如近代著名的爱国思想家魏源(1794—1857年),就尤其崇尚陆王心学,并称其为"百世之师"。在当时正处于沉沦时代的中国,一方面要力挽狂澜,就必须唤醒国人,振作精神,谋革新;另一方面又要面对现实,除弊、革新。前者需要人们有较强的意志、精神、心力,后者需要人们具有务实、求实、躬行践履的功夫。二者很容易分为两派,不知如何取度,魏源所言"造化自我""及之而后知""履之而后艰"等观点,皆与阳明学有莫大联系,并且其进一步提出"内心这其力弘",意为宇宙间所有运动,大如风雨雷电,小如人的知觉,皆是因"心之禽散"。由此形成魏源独特的改革观,成为近代唯心思想家的先驱。

王韬(1828—1897),原名利宾,他的变法维新思想,于太平天国革命运动失败以后形成。王韬的维新思想,以中学为体、西学为用为主,以儒学为主干线接纳西学。在儒学当中,王韬尤其推崇阳明心学,他称阳明"气象光昌,才华博大,清辉流照,皎日当空"等,极具赞美之词。吴先生从三方面论述王韬接受心学之影响:第一,用"智者以人事度天心"阐发变革观。孟子提出"天人合一",正是此说之来源,吴先生认为阳明承接孟子,直接将天人化为同体,提出"心即理",也就是说,人与天在本质上是相通的;第二,"实心行实政"。王韬始终要求将变法落实在实处,这亦是着重实践的精神;第三,心学言扩充的精神。阳明多言要有一个"狂者的胸次",正是因为"人皆可以为尧舜",故只要不断扩充此良知,就有气吞宇内的魄力。阳明学因其具有的独特理念,给予维新志士们莫大的力量,在黑暗中奋斗的战士,不仅要对抗敌人,更重要的是如何战胜自己。康有为(1858—1927),原名祖诒,是改革维新的重要代表人物。他在呼唤改革过程中,抑朱学、扬陆王,吴先生将康有为吸收心学表现在以下方面:第一,微言大义,托古改制。从孟子的"万物皆备于我",再到陆象山的"六经注我",再到阳明"心即理";第二,"心学"言扩充,而不倡言中庸。扩充可以给人们无穷的力量,有利于维新派倡言变革;第三,"心学"言良心、恻隐之心、不忍人之心，倡言仁义。这正是康有为陶铸其大同思想的重要资料。可见，康有为在维新变法以及陶铸大同理想的过程中，对阳明学是有一定程度偏好的。

三、结语

综上所述，阳明学不仅是一种只与个人心性修养相关的学说体系，更着重于个人、社会、国家、民族和谐关系的构建，个人的心性修养也是为了能够更好地入世，带给自己或他人以更好的生活。吴先生认为，阳明学对于社会国家有积极的影响作用，同时也存在着消极的一面：第一，阳明学过分夸大人的主体精神，易使人容易陷入主观情感当中，不利于人们实事求是认识研究国情现状，不能正确看待客观事实；第二，阳明学倡导狂放，悍然独往。阳明所言"狂者胸次"，易助长人们孤高自傲的态度，不利于人们的团结；第三，重德行轻问学。吴先生认为需视情况而定，如此观点对于国家科学技术的发展是有一定消极影响。因而，在吴先生看来，阳明学作为昂扬人道精神的学说体系，不仅对于个人修养功夫有着极大的积极作用，而且对社会思潮中也产生了深远的影响，然而，其潜在的副作用同样不能忽视。阳明学作为一种独特的思想资料，本身具有双重性，关键在于人们如何使用它。

吴雁南高等师范教育思想研究

刘春廷　胡定华[①]

(贵阳学院阳明学与黔学研究院，贵州贵阳，邮编：550005)

摘　要　百年大计，教育为本。教育事业的发展为我国综合实力的提高提供了切实可靠的人才保障。作为一名教育工作者，必须重视对学生的培养，特别要注重教师素质的提升。师范院校是教师专业化成长的摇篮，对于整个国家的长远发展起着十分重要的作用。因此，强化高等师范院校的建设是国家教育事业工作的重中之重。吴雁南先生作为贵州师范大学的首任校长，是贵州著名的历史学家、教育家。他从事教育教学工作达50年之久，具有丰富的教育教学实践经验。尤其是在高等师范教育方面，他提出了许多真知灼见，对推动贵州师范教育的发展做出了卓越贡献。研究其教育思想，对当代高等师范教育的改革与发展仍具有重要启示意义。

关键词　吴雁南；师范教育；当代价值

一、引言

吴雁南（1929—2001），中共党员，原名吴运鸿，四川省荣昌县（今属重庆）人，他是国家级有突出贡献的专家，国务院政府特殊津贴获得者，是我国著名的史学家和教育家。吴雁南先生毕生致力于历史研究和教育工作，在贵州当代教育史上占有重要地位。吴雁南先生的教育实践活动始于1952年，先后从事过中学历史教学、大学本科教学、研究生教学指导和高等学校管理等工作，参加过中学历史教科书、参考书和高等学校历史教材的编写。吴雁南先生曾对中国高等师范教育做了系统考察，对高等师范教育的使命与目标有着深刻认识，

---

① 作者简介：刘春廷，女，山东淄博人，贵阳学院阳明学与黔学研究院在读研究生，研究方向：伦理学；胡定华，女，湖南长沙人，贵阳学院阳明学与黔学研究院在读研究生，研究方向：伦理学。

提出了如何办好高等师范教育的主张。在贵州教育界，在全国史学界，吴雁南先生享有较高的声誉。如今，我国开启全面建设社会主义现代化国家新征程，对高等师范教育发展提出了更高的要求。本文通过对吴雁南先生高等师范教育活动实践及其相关思想的研究，为我国高等师范教育改革与发展提供一些参考。

二、吴雁南高等师范教育思想的主体内容

吴雁南先生在从事高等师范教育教学期间，不断地对自己的教育教学经验进行总结，并结合教育教学实践研究师范教育教学法，在改进教学中取得了突出成效。在教学实践中，他高度重视抓好学生的思想政治教育，注重学生综合素质的提高，强调科研的重要性，重视高校的建设革新，致力于提高办学质量。总结吴雁南先生的师范教育思想，离不开他长期的教育教学实践。吴雁南先生积极倡导高等师范院校"坚持用科学理论武装学生""坚持教学与社会实践相结合""坚持教学与科研并重""坚持教育改革"的教育理念。

（一）坚持党的领导，强化学生的思想政治教育

思想政治教育是"师范教育的一个极其重要的组成部分，它同智育、体育有机联系、密切配合，共同实现社会主义大学的根本任务。这正是我们社会主义教育同资本主义教育的本质区别"①。吴雁南先生深刻认识到，高等学校思想政治工作的根本职责在于不断提升师生员工的思想政治觉悟，增强凝聚力，充分激发他们的积极性。他在担任校（院）长期间多次强调："学校工作的中心和重点是根据党的教育方针和社会主义教育培养目标，培养有理想、有道德、有文化、有纪律，热爱社会主义祖国和社会主义事业的合格人才。"②

"不论是干部、教师、职工，都要做学生的表率，都要关心学生的思想，除加强德育课教育外，还要把政治思想教育同马列主义基础理论培养课教学结合起来，帮助学生建立革命的人生观和科学世界观；把思想政治工作同党团的日常思想政治工作紧密结合起来；把政治思想教育同专业课的思想内容结合起来。"③ 吴雁南先生主张高等师范教育应以马克思主义为指导思想，致力于打造具有中国特色的师范教育体系。作为一位杰出的教育家和学者，他始终把"教书育人"作为自己义不容辞的责任。在教学实践中，吴先生始终坚守马克思主

---

① 彭珮云：《大力加强高校思想政治工作队伍的建设》，《高教战线》1983年第5期。
② 谭瑾：《全校教师都来重视教书育人——校党委宣传部、学生处召开教师教书育人座谈会》，《贵州师大》（第37期）1986年4月30日。
③ 吴雁南：《坚持社会主义方向，加强思想政治教育》，《贵阳师院》1984年1月18日。

义的指导地位，坚信马克思主义是一种科学的理论，他在著作中强调科学理论对教学工作的指导作用。他认为教育工作者要把提高理论水平放在最重要的地位，因为对师范教育而言，"正确的理论指导是具有决定意义的"①。能否做到坚持以科学的理论为指导，直接关系到师范教育的成功与否。

在吴雁南先生看来，作为师范教育的一部分，必须具备高度的理论素养，因为正确的理论是推动教育发展的强大思想武器，只有坚持正确的理论指导，师范教育才能实现其预期目标。他说："文章如果缺乏基本的理论思维，就如同喝没有加茶叶的白开水一样，显得苍白无力，不能给人留下深刻印象。只有理论素养提高了，才能增强研究生的思辨能力，写出有分量、有影响的文章。"②因此，构建具有中国特色的教育体系，培养具备为社会主义现代化建设服务的高端专业人才，师范教育必须全面践行党的教育方针，坚持社会主义办学方向，以马克思主义为指导思想，贯彻"面向现代化，面向世界，面向未来"的原则，秉持全面发展的理念，致力于培养新时代的新一代人才，坚持理论联系实际的学风，把提高学生的思想道德素质放在首位。加强党的领导，全面贯彻党的方针政策，以确保党的事业稳步发展，这是办好高师院校的根本指导思想。

（二）注重实践教学，提升学生的社会实践能力

吴雁南先生十分注重高等师范教育中学生实践能力的培养。其在担任贵州师范大学校长期间，曾组织学生前往重庆红岩村或湖南韶山等地参观，以学习"中国革命史"为主题；在教授政治经济学中的"社会主义"部分时，曾安排学生前往工矿企业进行社会调研。还经常帮助学生联系工作实际，解决他们生活和学习上遇到的困难。他积极倡导学生积极参与社会活动，不遗余力地展开社会调研工作。为了培养学生热爱党和热爱人民的思想感情，他多次向同学们介绍革命事迹和革命斗争经验，受到广大师生的热烈欢迎。在他的鼓舞下，学校各系都高度重视将教学与社会实践相结合。例如，政教系组织参观、调查，要求学生撰写心得或调查报告，并安排法学课时，让学生前往法庭、监狱进行实习和参观，以切实增强思想政治教育专业学生的法治意识；体育系策划街头儿童体质咨询活动，提供身体素质检查服务。学校多次组织学生走向社会，接受教育心理咨询并将所学知识应用于社会实践，这一举措受到了社会的广泛赞誉。当时，《贵州日报》、贵州电视台、《中国青年报》、《人民日报》分别报道

---

① 吴雁南：《求索，创新，为社会主义服务》，载《吴雁南文集》（第5卷），贵州教育出版社2003年版，第269页。
② 周术槐：《学术的开导者，人生的引路人》，载朱健华、陈奇主编：《吴雁南纪念文集》，贵州教育出版社2003年版，第237页。

了学校社会实践活动的情况。1987、1988年,学校连续被中宣部、国家教委、团中央评为社会实践活动先进单位。①

　　吴雁南先生特别注重教育实习的环节,强调各系应根据专业特点,积极探索改进教育实习的途径。他认为:"师大培养出来的学生要到中学任教,必须理论联系实际,需要有较强的实践能力;理科学生还应有较强的动手能力,有一定的生产技术知识,毕业到中学任教,才能适应工作的需要。"② 吴雁南先生主张,在师范高等教育中,学校及各系应以培养目标为中心,结合教学实践,积极开展内容丰富、富有社会意义的活动。这是因为教师是人类灵魂的工程师,是知识和文化的传播者,肩负着培养社会主义建设者和接班人的重任。在《加强调查研究,深化教育改革》一文中,他指出:"社会之所以需要教育,就是因为它具有为社会服务的功能。这也是教育的生命力之所在。因此,我们一定要坚持教育为社会主义现代化建设服务的方针,大兴调查之风,了解社会的实际需要和长远的要求。"③ 学生通过社会实践活动,增强了对党、对社会主义的信念,加深了与工农群众的感情,增强了历史使命感和社会责任感。

　　吴雁南先生高度重视学生实习的重要性,对学生要求严格,从指导试讲到教案的编写和修改,再到正式讲课时的听课和评议等环节,他要求学生将实习与科研、毕业论文有机结合。在实习过程中引导学生总结教学方法,进行对比研究,并以此为基础撰写毕业论文。他还亲自撰写实习报告、论文,给同学们做示范。根据学校对毕业生的跟踪调查,那些重视教育实习的学生,在教学能力和教学效果方面表现突出。

(三)重视科研工作,提升师生的科研能力

　　教育的根基在于教学,而科研则是学校实力的基石。高等教育院校是汇聚科研人才的重要场所,而科研工作则是高校不可或缺的重要组成部分,它代表着学校的整体水平、学术竞争力以及对外形象。加强科研活动是衡量一所大学综合实力的主要标志,也是一个国家高等教育发达程度的重要指标。学校的科研环境和氛围良好,科研项目和成果数量和档次达到一定水平,将对学校的科研水平、学术竞争力和学校形象产生积极而深远的影响。因此,搞好学校科研工作对于一所高等学校来说至关重要。

　　在吴雁南先生担任校长期间,为了跟上形势的发展步伐,提升贵州师范大

---

① 贵州师范大学校史编写组:《贵州师范大学六十年》(内刊),2001年,第160页。
② 吴雁南:《农村智力开发的几个问题》,载《吴雁南文集》(第5卷),贵州教育出版社2003年版,第155页。
③ 吴雁南:《加强调查研究,深化教育改革》,《贵州师大》(第60期)1988年1月30日。

学的科研水平，更好地服务于教学事业，他将抓好学校的科研工作视为学校管理工作的重中之重，曾言："我管的事都是学校关于教学、科研、制度建设及发展方面的大事。"① 科学研究工作要有明确的指导思想，必须从实际出发，不提不切实际的口号，也不要脱离现实问题。他主张对教学科研管理体制进行改革，建立一个专门的科研机构，以推动科研事业的发展；加强与国外的合作，深入开展科学考察和研究，邀请国际知名专家和学者前来我校授课，同时鼓励学校教师积极响应邀请，前往海外进行学术交流和研究；对杰出的科研成果进行评选；致力于推进学科建设，充分发挥教师科学研究的优势和重点学科的作用，构建涵盖多个学科领域的跨学科研究学科群。这些措施有力地促进了高校科研事业的发展。在他的领导下，贵州师范大学的科研事业有了很好的发展。

吴雁南先生极为注重学生科研能力的培养，将其视为一项至关重要的任务。在教学实践中，他主张在本科学习阶段也应该注重培养学生的科学研究能力，以便他们能够在未来的职业生涯中不断探索和创新，提高自己的学术水平。1978年，他被委任为贵阳师范学院历史系副主任，担负着全系科研工作的重任。为了提高教学质量，加强系里师资队伍建设，他常到有关单位进行调查研究。在担任系行政领导职务期间，他积极争取并组织教师外出进修，制订了历史系1980年至1982年的科研计划和中国近代史教研室教师的外出进修计划，积极鼓励青年教师参加科研活动。在指导研究生的教学过程中，坚持将教学和科研有机结合，强调学术规范，对学生的毕业论文提出了严格的要求，并进行认真的指导。他经常参加学术活动，积极倡导青年知识分子开展科学研究。在学校管理中，科研工作的重要性备受吴先生的高度关注。

吴雁南先生主张将科研融入教学过程，通过参与科学研究，学生们可以获得多方面的训练，在自学、科研和表达等方面得到实际锻炼。

（四）改革学校管理体制，重视学校的高质量发展

在担任院（校）长期间，吴雁南先生不遗余力地致力于提高教学质量，主张对学校管理体制进行改革。1984年，他针对高校管理体制方面的种种弊端，提出了一项关于学校改革的意见，指出："必须把教育改革作为一项战略任务来抓。高等教育的改革，内容是多方面的，有的要尽快完成，有的则需要较长的时间，逐步推进。当前则要认真抓好管理体制的改革。"为确保学校内部管理体制改革的顺利推进，吴雁南先生主张"简政、任贤、放权"，呼吁全校师生员

---

① 陈建林：《深切怀念敬爱的好师长吴雁南教授》，《荆门职业技术学院学报》2001年第5期。

工,"站在改革的前列,坚决支持和领导改革,结合我院实际,大议大论改革问题,人人献计献策,提出改革提案,大兴改革之风,努力开创我院的新局面"。在他的领导下,学校管理体制改革的工作纷纷展开,呈现蓬勃发展的态势。

吴雁南先生认为,在高等学校的管理工作中,应将提升学校的办学水平和教学品质置于核心地位。要使高校成为教学、科研与社会服务相结合的基地,就必须重视师资队伍的培养,努力提高师资质量,这是办好一所大学的关键之一。他曾以书面形式向省领导提出申请,希望在贵州师范大学建立第一个社科博士点,并主导制定了学校"八五"规划,主张改善办学条件;重视科学研究工作,提出要以科研带动教学,要求各部门密切配合。他高度重视学校校风的塑造,强调加强师资队伍建设,坚信积极推进研究生教育是提升教师素养和学术水平的必要途径。

吴雁南先生在教育教学和学校管理中,始终从实际出发,提倡学以致用,认为"教育与生产劳动相结合,这是培养社会主义建设者和接班人的根本途径"。在谈到教育怎样才能与生产劳动相结合时,他强调,在新的历史时期,"最重要的就是整个教育事业必须同国民经济发展的要求相适应。教育必须为经济建设服务,经济建设必须依靠教育。对师范院校来说,培养适应社会主义市场经济需要,适应普及九年义务教育需要的合格的中学教师,是社会主义经济建设的发展和普通教育改革对教育改革的客观要求,也是当前科教兴国的必然趋势"①。他主张结合贵州实际,加强科技开发,为贵州经济建设服务。

简言之,吴雁南先生是中国共产党领导下的教育教学工作者,要使高校真正成为教学、科研与社会服务相结合的基地,就必须重视师资队伍的培养,努力提高师资质量,这是办好一所大学的关键之一。凭借其深厚的马克思主义教育理论基础,他在复杂而艰苦的教育实践中积累了丰富的经验,提炼出了一些富有创造性的思想观点。作为一名教育工作者和党的忠诚战士,他始终牢记自己的职责,兢兢业业地奉献于教书育人的岗位上,其辛勤付出在贵州高等教育的蓬勃发展中得到了充分体现。吴雁南先生的杰出成就和卓越贡献在教育界引起了广泛的赞誉。1986年9月18日,时任贵州省委书记的胡锦涛同志到家看望吴先生,劝其继续校长工作②,这是肯定其教学水平和管理能力的有力佐证。

---

① 吴雁南:《贵州省高等师范院校教育与生产劳动相结合及学生工作研讨会闭幕词》,载《吴雁南文集》(第5卷),贵州教育出版社2003年版,第214页。
② 何正清、吴君隆:《吴雁南先生年谱简编》,《吴雁南文集》(第6卷),贵州教育出版社2003年版,第330页。

三、结语

深入探究吴雁南高等师范教育思想，有助于深刻理解贵州当代教育发展的脉络，提升对贵州省情的准确认知，同时对解决当前高等院校改革所面临的一系列突出问题，如教学资源匮乏，智育与德育失衡，科研与教学失衡，部分学生道德品质下降、诚信观念缺失、社会责任感和做人准则缺失等，具有重要的现实意义。

总的来说，作为贵州师范大学的校长，吴雁南先生在不断实践中发扬民主精神，总结经验，形成了一套完整的高等师范教育理念，不仅对当时贵州师范大学的建设产生了积极的影响，而且对现代高校的建设具有重要的意义和可借鉴价值。尤其是他对于高师院校发展方向的认识，为当今我国高校师生培养模式提供了很好的参照。以深耕学术为核心的教育理念，倡导自由、民主、开放的学术氛围，构建兼容并包的高校管理制度等。这些都是我们今天所提倡的大学精神与高等教育改革的宝贵经验。在当代不断涌现的新情况和新问题中，吴雁南的高等师范教育思想仍然具有远见卓识和引领性，这表明他的思想深邃广博，视野开阔。随着我国新时代教育的演进，对吴雁南高等师范教育思想进行科学解读，为其注入全新的思想内核，从而为我国高等师范教育的蓬勃发展提供有力指引。因此，对于当前我国高等教育的发展而言，重新审视吴雁南的高等教育思想，以应对全球形势的变化和社会发展的挑战，具有极其重要的理论和实践意义。

浅谈吴雁南先生于史学教育理论之贡献

汪 营①

(贵阳学院阳明学与黔学研究院,贵州贵阳,邮编:550005)

摘 要 自古以来,史事不分家,每个理论的产生都与特定时代背景密不可分。踏访吴雁南先生思潮理论萌发所扎根的时代沃土,时值辛亥革命前期,中国面临内忧外患、亡国灭种、生死存亡之大巨变,吴雁南先生对近代史学思潮的分析有别于当时多数学者的观点。他认为无政府主义和国粹主义都不只是空想空谈,而是对推动中国革命的发展具有积极作用;其为学究史一体,为中国的史学教育奉献出了最好的年华,直至生命的最后一刻依然坚守在教育岗位。剖析其探索精神的当代价值,有益于摆正后生之定位,追逐人生崇高之理想。

关键词 吴雁南;近代史学思潮;教育

一、为学路

吴雁南教授,历任历史系主任、贵阳师范学院院长、贵州师范大学校长、贵州省史学会理事长、贵州省社会科学界联合会副主席;发表文章300多篇、出版著作30余部,计1500余万字,有"黔王"美誉。

1929年,吴雁南出身于一个书香之家,父亲乃从教人员,吴雁南从小便受传统蒙学的浸染,跟随父亲诵读《三字经》《百家姓》《增广贤文》等,为其对文史学浓厚兴趣的培养、在该领域获得卓越成就埋下了伏笔。

从1947年到1950年,吴雁南先生相继就读于四川大学法律系和东北师范大学历史系,之后开启了他在史学道路上的征程。1952年秋,吴雁南先生作为一名历史教师留校属中学任教。其独立自学和钻研精神,养成了他在做学问时保持敏锐的学科嗅觉和超前的为学特色,能够在史学工作中显示独到的见解和清

---

① 作者简介:汪营,女,贵阳学院阳明学与黔学研究院中国哲学专业硕士,主要研究方向:中国哲学。

晰的认知力，不断开拓新领域，为他的卓越成就奠定了坚实的基础。遭遇1955年的"肃反"运动，从莫须有的罪名中洗脱出来后，于1960年被调入人民教育出版社，任中学历史教材编辑。其间，他公开发表约20篇教学论文，相继刊登于《史学月刊》《新史学通讯》《历史教学问题》《历史战线》《吉林教育通讯》等刊物，涉及中学历史教学的性质、任务、教案编写、课题教学、复习考核等问题。[1]

"文革"以后，吴雁南先生被送到"五七"干校锻炼，接受劳动改造。1972年，吴雁南在其夫人的陪同下被下放贵州，分配到贵阳师范历史系任教。由于"文化大革命"的冲击，高等学校的教材编写与出版几乎处于停顿状态，且教材严重缺失。为保证各门课程正常上课，贵阳师范学院积极组织各系教师自编教材。吴雁南埋头苦干，主编的大学本科生或研究生使用的教材、参考书共14种40余册，讲义7种，约90万字。他编写的《中国近代史讲义》，成为重庆师院历史系、贵阳师院历史系的试用教材。

改革开放之初，吴雁南先生组织贵州大学、兰州大学、湖南师院等多个高校的教师对试用教材进行了反复修改，福建人民出版社于1983年分册出版。随后，吴雁南先生又联合20余所高校协作编写高校教材《中外历史新编》，主编为吴雁南先生。全书共6卷7册，由贵州人民出版社先后于1989年和1990年出版。除教材类书籍的编著以外，吴雁南先生还对近代思潮有着独到的见解，编著了多部史学研究相关书籍，直到离世的前夕还在与其最后一届门生讨论史学材料的收集问题，可谓一生都奉献给了教育工作。

2001年，吴雁南先生与世长辞，一颗学界巨星就此陨落。此前的吴雁南先生正着手于《中国思潮通史》的编撰，同时组织了一批古代社会思潮的写作班子，在他们的共同努力下拟定出了当代社会思潮编写大纲，可即将召开的研讨与吴老先生却没能参加。回归天道的他也许心怀颇多遗憾，但这更是文坛的损失。

二、思潮史

《旧唐书·魏徵传》中载："以铜为鉴，可以正衣冠；以人为鉴，可以知得失；以史为鉴，可以知兴替。"含义不言而喻，用铜当镜子，我们可以检查衣冠是否整齐；用人当镜子，可以检查自己身上的优缺得失；用历史当镜子，可以知道国家兴亡衰落的原因。由近及远、由小及大，旨在循序渐进阐述"史"之

---

[1] 刘纪荣：《三年师恩一世情——追忆先师吴雁南先生》，《学术界》2008年第3期。

重大效用。而今，莘莘学子研圣贤、阅经典无一可以跳脱出其"史"其源而独究其精髓之处，从而发现其当代价值，进而品其现实意韵。此处亦是如此，身临吴雁南先生近代思潮的研究史，可以近距离感受其思想产生的精神火花温度。

吴雁南先生对近代思潮的研究主要包括以下两个方面。

（一）对无政府主义思潮的思考

辛亥革命爆发前期，无政府主义传入中国。最先是由小资产阶级知识分子提出来的一种救国方案，当时人民深受压迫、内忧外患，人们期待无政府的美好愿景，虽然不切实际，但却是对现实苦难的慰贴和对自由平等的渴望与追求。在此时代背景下，无政府主义思潮可以在历史洪流中掀起一丝微涟轻澜似乎也不那么难理解了。由于这种无政府愿想属于空想，当时许多人将其归为对于马克思的反对，主要是由于其与唯物主义相悖。吴雁南先生对于这一思潮的定位并没有随大流，对于该思潮的兴起给出了大胆求实、视角全新的评论，即无政府主义在革命政治道路上扮演的是一个积极助推的角色，并非完全空想。他在《清末无政府主义、虚无主义思潮》一文中做了细致的分析与详细的阐述。他认为，辛亥革命爆发前，"中国革命的任务是反帝反封建，工人运动在中国还未兴起，马克思主义还没有为中国人所真正理解。中国人接受无政府主义的影响或鼓吹无政府主义思想，就绝大多数人来说，不是为了反对马克思主义、反对革命，而是为了推进中国革命，为中国谋幸福"[①]。结合当时的现实来看，吴雁南先生这一论断是较为全面和客观的，比起将无政府主义粗暴地扣上反马克思主义帽子，吴雁南先生对于无政府主义多了一个将目光投放于历史背景的视角。吴雁南先生对无政府主义的探讨，无疑是有着积极作用的，有着勇于尝试创新的探索精神，为对历史思潮的理解打开了一个全新视野。

（二）对国粹主义思潮的分析

20世纪初年，在一部分资产阶级、小资产阶级知识分子中出现了一股"复兴古学"的社会思潮，即国粹主义思潮。1905年，"国学保存会"的成立以及《国粹学报》的创刊是这股思潮的标志。其代表人物为章太炎、刘师培、邓实、黄节等人。国粹派认为，"国粹"指中国固有文化之精华，主要包括中国的"语言文字""典章制度""人物事迹"等。他们认为，这些都是中国传统文化的长处，只要明晓这些长处，"就是全无心肝的人，那爱国爱种的心，必定风发泉

---

① 吴雁南：《清末无政府主义、虚无主义思潮》，载《儒学与维新》，河南大学出版社1991年版，第420页。

涌，不可遏抑"。其具体主张，一是"用国粹激动种姓，增进爱国的热肠"①。即借国粹宣传排满光复、救亡图存。二是区别"国学"与"君学"，反对封建统治，寻找变革政体、实行民主共和的根据。三是效法欧洲"文艺复兴"，从传统文化中发掘中国近代化所需要的成分。② 吴雁南先生在《国粹主义思潮》一文中认为，这种社会思潮的产生，"有其特定的历史环境与阶级基础，不可以与封建顽固派的复古主义思潮混为一谈"③。国粹学派在"辛亥革命前几年间的活动基本上是应当肯定的"④。吴雁南先生结合历史实际，从国粹主义发展的根本原因这一视角进行分析，阐明了这是时代压迫下，封建资产阶级知识分子的一种自我保护机制，而手中的武器就是他们从小根深蒂固、最为熟悉的传统文化。他肯定了国粹主义社会思潮诞生的合理性以及它的积极作用，同时也强调了它与封建顽固派的复古主义思潮不可混为一谈的性质。吴雁南先生敏锐地发现，中华民族除了饱受国土被侵略带来的苦痛，还要面临文化入侵的悲怆，国粹主义的兴起更像是一种自救模式。吴雁南先生认为，国粹主义是具体国情下的一种自救的爱国主义思潮。吴雁南先生对国粹主义思潮的剖析在学术界受到了广泛的关注和认可，多数学者认为不应该把国粹主义思潮单一地看成一种倒退复古思潮。日本学者石田米子认为，吴雁南先生"把国粹主义视为文艺复兴重加考察，分析其产生的基础，以及对其在反清斗争和亚洲反帝反殖民主义斗争的联合主张所起的积极作用加以评价，对其思想内容及其与资产阶级革命派的思想上的发掘很深……对于这些思想，不是停留在作两方面的评价，或者只对其消极作用下一个断语，而是论及这些思想产生的历史必然性，并且看到它们与当时资产阶级革命思想的特点的联系，这是很有意义的"⑤。

三、教育魂

吴雁南先生在从事中学历史教学期间，不断地对自己的教育教学经验进行总结，并结合实践研究中学历史教学法，在改进历史教学中取得了突出的成效。

---

① 章太炎：《演说录》，《民报》第6号。
② 王代莉：《吴雁南先生与中国近代社会思潮研究》，贵州师范大学硕士学位论文，2005年，第9页。
③ 吴雁南：《国粹主义思潮》，载《吴雁南文集》（第3卷），贵州教育出版社2003年版，第183页。
④ 吴雁南、隗瀛涛主编：《辛亥革命史》（中），人民出版社1980年版，第158页。
⑤ 转引自吴雁南：《相聚在京都》，载《吴雁南文集》（第6卷），贵州教育出版社2003年版，第234页。

从 1952 年到 1960 年，他在《历史教学》《历史战线》《吉林教育通讯》《新史学通讯》《教育研究集刊》《史学月刊》《历史教学问题》《历史教学与研究》等杂志上发表了《在历史教学备课中的几点体会》《在历史教学中怎样提问旧课》《在历史教学中怎样运用启发式谈话》《怎样克服学生历史知识中的形式主义》《对高中课本中国历史教材内容的一些体会》《在历史课中联系实际的基本途径》《在历史教学中怎样加强课堂复习因素》《在高级中学课本中国历史第一册教学中怎样指导学生学习教科插图》《在历史教学中的板画》《在历史教学中怎样使用图解和文字表解》《打破王朝体系，讲劳动人民历史》《关于历史课的性质和任务》《略论中国封建社会内部的分期问题》《试谈唐代的土地制度和赋税制度》等教研论文，内容涉及中学历史课的性质、中学历史教学法以及中学历史教师的素质等。[1]

1958 年，毛泽东同志发表关于教育方针的讲话，引起历史教育界关于历史课程性质的讨论。吴雁南先生积极响应，参与其中。他强调，"历史课是进行政治思想教育突出重要的学科之一"[2]。他认为，"中学的历史课是一门政治课"。[3] 20 多年后，他从历史学本身的特点出发，认为它具有以下社会功能：第一，历史作为一门科学，同其他学科一样，首先在于传授知识，具有教育功能。第二，历史科学是一门包罗万象的综合性学科，在一定意义上说，是社会科学的基础学科。第三，历史学在一定意义上是现实的一面镜子，又是现实的影子。第四，历史学是一门揭示历史发展规律的科学，是探索各民族、各国家所特有规律的主要手段和途径。[4] 这些论断离不开他对历史学的长期深入学习和思考，也成就了他对于历史课程开设的独到见解。学习历史不仅仅是为了了解史实、熟悉历史事件，更应该是为了指导同学们对自我的价值观、人生观以及世界观的思考。在掌握客观事件的前提下可以发挥自身的主观能动性，树立自我的独立人格，找到契合自我梦想的世界。

他从教学工作者和学生两个不同的视角阐述了历史课程性质的见解。从学生视角，他给出了一些历史学习过程中应该把握和运用的有效方法。主要包括

---

[1] 敖以深：《吴雁南教育思想研究》，贵州师范大学硕士学位论文，2005 年 5 月。
[2] 《我们的倡议——北京天津部分中学历史教师的跃进倡议书》，《历史教学》1958 年 4 月号。
[3] 吴雁南：《关于历史课的性质和任务》，载《吴雁南文集》（第 5 卷），贵州教育出版社 2003 年版，第 90 页。
[4] 吴雁南：《发挥历史科学的社会功能 在两个文明建设中做出贡献》，载《吴雁南文集》（第 6 卷），贵州教育出版社 2003 年版，第 144-150 页。

以下几点：第一，他倡导同学们以启发式谈论的方式把握历史线索，将新知识和旧知识相结合，形成问题构架，这个过程也就是对于历史人物及历史事件的一个思考过程，从而激发同学们形成自己的历史知识体系。如此看来，我们会发现简单的陈述与描绘是无法满足吴雁南先生对于启发式谈话教学的基本要求的。第二，他强调历史教学的特点一定不是形式主义的死记硬背，而是理解性学习的活动性思维。从教学工作者的角度，他鼓励教学工作者积极开发学生的思维活动，深刻研习教材内容，熟练掌握教学奥义，如此才能更好地提高教学质量与效率。对于教学工作者的板书，他也进行了阐述。这些零散的细节看起来十分普通，但也是教学工作者更好地服务于教育工作的因素。

四、体用之

吴雁南先生将毕生的精力聚焦于史学研究和教育研究，二者紧密相连，相辅相成，你中有我，我中有你。一方面，他在教育实践活动以及对教学法的研究中萌发了对史学研究的浓厚兴趣，他的史学成就在一定程度上可以说是在长期的教育实践中深入钻研教材、重视科学研究的结果；另一方面，他在史学研究领域取得的巨大成就又有助于他教育教学水平的不断提高。他之所以能够从一名普通的中学历史教师成长为誉满史坛的硕士研究生导师，一个重要的因素就是他勤于研究。[①]

他完成了多部具有独特视野的历史著作，编撰修订出一本又一本史学课本，写出创榛辟莽之作——《清末社会思潮》和《中国近代社会思潮》，为中国史学研究做出巨大贡献。他对史学研究秉持的大胆求实、勇于创新的精神，是一笔宝贵的财富。作为新时代的新青年，我们的目光除了专注于先贤的著作和知识体系，更应该学习他们为学创作的精神，以求能跨越历史时空，与历史伟人同频共振。

---

① 敖以深：《吴雁南教育思想研究》，贵州师范大学硕士学位论文，2005年5月。

后　记

2023年，是中国近代教育改革先驱李端棻先生诞辰190周年的纪念年。在这个特殊的历史时刻，贵州作为李端棻先生的出生地，贵州的史学工作者应当主动积极地为李端棻先生发声。而贵阳学院李端棻研究院作为全国"端棻文化"研究的重要阵地，牵头组织全国性的纪念李端棻先生诞辰190周年活动，属其当然的职责范围。在这一背景之下，在贵阳学院党委与行政的大力支持下，我们于2023年11月8日至10日间，在极富历史文化底蕴的青岩书院组织召开了"纪念李端棻诞辰190周年及吴雁南教育活动学术研讨会暨贵阳市第十三届社科学术年会"。其目的不仅仅在于纪念李端棻先生诞辰190周年，更主要的是在于弘扬李端棻先生的爱国创新意识，让"端棻文化"焕发出更加夺目的光彩。切实推进贵州四大文化工程的建设，服务于贵州乃至全国民众精神文化生活的需要。

本次会议收到来自省内外专家学者和研究生朋友撰写的参会论文95篇80余万字。由于受出版经费以及文集篇幅的限制，只好忍痛割爱，选取部分研究者的论文编入本文集。在此，谨向研究成果未录入本论文集的作者深表歉意。

在历次"端棻文化"论坛活动中，2023年的"端棻文化"论坛所产生的影响是空前的。这不仅体现在参会人员的广泛性上，更体现在媒体报道的深度上。从参会人员来看，有大学教授、专门研究机构的研究员、广大文史爱好者、博士生导师和研究生朋友。从媒体报道的层面来看，《贵州日报》天眼新闻网、动静贵州网对本次论坛活动分别做了静态与动态的报道。其中，特别是《贵州都市报》，用了两个版面，对本次会议的盛况做了全面的报道，产生了重要影响。

本次会议之所以将贵州师范大学首任校长吴雁南先生列为研究对象，主要是基于李端棻先生对贵州师范教育所做出的开创性贡献因素的考虑。在贵州师范教育发展的历程中，贵州师范大学是贵州师范教育的一面旗帜，而吴雁南先生作为贵州师范大学的首任校长，忠实地践行了李端棻先生教育改革的理念，为推动贵州师范教育的发展做出了重要贡献。由此，将吴雁南先生作为"端棻后学"来研究，亦属实至名归之举。更何况吴雁南先生曾对贵州大学钟家鼎老师开展的"端荣文化"研究产生过重要的引领性影响。这在本文集周术槐先生所撰写的《印象雁南师》一文中已有明文阐述。

在本论文集即将出版之际，借助光明日报出版社平台，我们要表达我们的诚挚谢意。感谢自 2017 年以来，为"端荣文化"研究与传播做出重要贡献的领导、专家与朋友。

首先，我们要感谢贵州省人大常委会原副主任、贵州省知名学者顾久先生一直以来对"端荣文化"建设的大力支持。在我们组织的"端荣文化"论坛活动中，顾久先生身体力行，多次到会议现场致辞，发表热情洋溢的讲话，表达对"端荣文化"的极力推崇与高度认可。

其次，我们要感谢贵阳学院党委与行政的大力支持。贵阳学院李端荣研究院自 2017 年 7 月成立以后，先后组织召开了七次"端荣文化"论坛。论坛的开展，编辑出版了以"端荣文化"为主题的系列图书。论坛的开展，推进了"端荣文化"的研究，传播了"端荣文化"的声音，扩大了"端荣文化"的影响。这些成果的取得，是在贵阳学院党委与行政的大力支持下取得的。其中，特别要感谢贵阳学院党委书记吕保平、原校长邓朝勇、党委副书记赵福荣、党委宣传部部长许晓璐。正是因为学校领导的大力支持，"端荣文化"建设才得以持续取得具有广泛影响力的显著成就，并赢得了社会普遍认可。

再次，我们要感谢贵州省社会科学院原党委常委、副院长、享受国务院政府特殊津贴专家冯祖贻先生。冯祖贻先生是最受人尊敬的全国知名史学家。为了推进"端荣文化"的研究与传播，冯先生可谓殚精竭虑、不遗余力。冯先生不仅就每次"端荣文化"论坛方案提出宝贵意见，而且不顾年事已高，每年亲自披挂上阵，撰写多篇颇有影响力的"端荣文化"研究论文，为"端荣文化"研究成果撰写出版前言。冯先生的敬业求实精神，开拓进取意识，堪称一代楷模，永远值得我们史学后辈尊敬与学习。

最后，我们要感谢一直以来陪伴我们开展"端荣文化"研究的文史界的领导与朋友。主要有：四川大学历史文化学院博士生导师陈廷湘老师，贵州省文史研究馆原副馆长史继忠研究员，贵州师范大学博士生导师、副校长欧阳恩良老师，贵州省史学会会长杨斌老师，贵州省社会科学院的赵青老师，安徽阜阳师范大学的梁家贵老师，安徽大学的钱耕森老师，复旦大学的傅德华老师、刘平老师，北京市社会科学院的郑永华研究员，首钢贵钢公司党委宣传部原部长李持平先生，贵州省文史研究馆馆员谭佛佑老师，贵阳市历史学会常务副会长陈金萍女士、李守明老师，中共广东省委党校的许桂灵研究员，贵阳康养职业大学健康管理学院党委书记王利，贵州民族大学的莫子刚老师、李浩老师，贵州中医药大学的贺菊莲老师，贵阳学院的刘宗棠老师、陈立生老师、余文武老师、赵平略老师、刘继平老师、余小龙老师，贵州大学的黄诚老师、张明老师，贵州省乡村振兴研究院的秦仁智先生……由于篇幅所限，这里就不一一列举了。千言万语，化作一句话：衷心感谢所有大力支持"端菜文化"建设的领导、专家与研究生朋友。

编者

2024 年 10 月 1 日于贵阳学院明理楼 418 室